COMENTÁRIOS AO CÓDIGO DE PROCESSO CIVIL

PONTES DE MIRANDA

COMENTÁRIOS AO CÓDIGO DE PROCESSO CIVIL

TOMO XVII
(Arts. 1.211 a 1.220)

2ª edição
Revista e aumentada

Atualização legislativa de Sergio Bermudes

Rio de Janeiro

1ª edição – 1978
2ª edição – 2010

© Copyright
Pontes de Miranda

CIP – Brasil. Catalogação-na-fonte.
Sindicato Nacional dos Editores de Livros, RJ.

M645c	Miranda, Pontes de, 1892– Comentários ao Código de Processo Civil, tomo XVII: arts. 1.211 a 1.220. Rio de Janeiro, Forense, 2010. ISBN 978.85.309.2871-1 1. Direito processual civil – Legislação – Brasil. I. Brasil. Leis, decretos, etc. Código de Processo Civil. II. Título. CDD – 348.023 349.881023 CDU – 347.91/.95(81) (094.46)
78-496	341.46

O titular cuja obra seja fraudulentamente reproduzida, divulgada ou de qualquer forma utilizada poderá requerer a apreensão dos exemplares reproduzidos ou a suspensão da divulgação, sem prejuízo da indenização cabível (art. 102 da Lei nº 9.610, de 19.02.1998).

Quem vender, expuser à venda, ocultar, adquirir, distribuir, tiver em depósito ou utilizar obra ou fonograma reproduzidos com fraude, com a finalidade de vender, obter ganho, vantagem, proveito, lucro direto ou indireto, para si ou para outrem, será solidariamente responsável com o contrafator, nos termos dos artigos precedentes, respondendo como contrafatores o importador e o distribuidor em caso de reprodução no exterior (art. 104 da Lei nº 9.610/98).

A EDITORA FORENSE se responsabiliza pelos vícios do produto no que concerne à sua edição, aí compreendidas a impressão e a apresentação, a fim de possibilitar ao consumidor bem manuseá-lo e lê-lo. Os vícios relacionados à atualização da obra, aos conceitos doutrinários, às concepções ideológicas e referências indevidas são de responsabilidade do autor e/ou atualizador.

As reclamações devem ser feitas até noventa dias a partir da compra e venda com nota fiscal (interpretação do art. 26 da Lei nº 8.078, de 11.09.1990).

Reservados os direitos de propriedade desta edição pela

EDITORA FORENSE LTDA.
Uma editora integrante do GEN | Grupo Editorial Nacional
Endereço na Internet: http://www.forense.com.br – *e-mail*: forense@grupogen.com.br
Travessa do Ouvidor, 11 – Térreo e 6º andar – 20040-040 – Rio de Janeiro – RJ
Tels.: (0XX21) 3543-0770/(0XX11) 5080-0770 – Fax: (0XX21) 3543-0896

Impresso no Brasil
Printed in Brazil

À memória de meus pais

MANUEL PONTES DE MIRANDA
e
ROSA CAVALCANTI PONTES DE MIRANDA.

OBRAS PRINCIPAIS DO AUTOR

I. JURÍDICAS

Sistema de Ciência Positiva do Direito (1922), 2 Tomos; 2ª ed., 1972, 4 Tomos.
Os Fundamentos atuais do Direito Constitucional (1932).
Tratado do Direito Internacional Privado, 2 Tomos (1935).
Tratado de Direito Privado, Tomos I-LX, 4ª ed.
Tratado das Ações, I-VI (1970-1976), o VII tomo em composição.
Comentários à Constituição da República dos E. U. do Brasil (1934), Tomos I e III.
Comentários à Constituição de 10 de novembro de 1937, 1º e 3º Tomos.
Comentários à Constituição de 1946, 3ª ed., Tomos I-VIII.
Comentários à Constituição de 1967, Tomos I-VI; 2ª ed., com Emenda nº 1; 2ª tiragem.
La Conception du Droit Internacional privé d'après la doctrine et la pratique au Brésil, Recueil des Cours de l'Académie de Droit International de la Haye, T. 39, 1932.
La Création et la Personnalité des personnes juridiques en Droit International privé, Mélanges STREIT, Athènes, 1939.
Nacionalidade e Naturalização no direito brasileiro (1936).
À Margem do Direito (1912).
História e Prática do Habeas Corpus (1916); 7ª ed. (1972), 2 Tomos.
Tratado de Direito de Família, 3ª ed., 3 Tomos (1947).
Da Promessa de Recompensa (1927).
Das Obrigações por Atos Ilícitos, 2 Tomos (1927).
Dos Títulos ao Portador (1921); 2ª ed., 2 Tomos.
Fontes e Evolução do Direito Civil Brasileiro, história, lacunas e incorreções do Código Civil (1928).
Tratado dos Testamentos, 5 Tomos (1930).
Tratado do Direito Cambiário: I. Letra de Câmbio. II. Nota Promissória. III. Duplicata Mercantil. IV. Cheque, 2ª ed., 4 Tomos (1954-1955).
Tratado de Direito Predial (1953); 5 Tomos, 2ª ed.
Comentários ao Código de Processo Civil (de 1939), 2ª ed., Tomos I-XV.
Embargos, Prejulgados e Revista no Direito Processual brasileiro (1937).
Tratado da Ação Rescisória contra as Sentenças (1964), 4ª ed., 5ª ed., 1976.
História e Prática do Arresto ou Embargo (1937).
Conceito e Importância da "unitas actus" (1939).
Die Zivilgesetz der Gegenwart, Band III, *Brasilien* (Einleitung von Dr. PONTES DE MIRANDA), unter Mitwirkung von Dr. PONTES DE MIRANDA u. Dr. FRITZ GERICKE, herausgegeben von Dr. KARL HEINSCHEILIER (1928).
Rechtsgefühl und Begriff des Rechtes (1822).
Subjektivismus und Voluntarismus im Recht (1923).

Begriff des Wertes und soziale Anpassung (1922).
Brasilien, Rechtsvergleichendes Handwörterbuch, do Prof. Dr. FRANZ SCHLEGELBER-
    GER, em colaboração (1929).
Questões Forenses, 8 Tomos (1953).

II. DE FILOSOFIA

O Problema Fundamental do Conhecimento (1937), 2ª ed. (1973). *Garra, Mão e Dedo* (1953).
Vorstellung von Raume, Atti del V Congresso Internazionale di Filosofia (1924), Napoli,
    1925.

III. SOCIOLÓGICAS

Introdução à Sociologia Geral (1926), 1º prêmio da Academia Brasileira de Letras.
A Moral do Futuro (1913).
Democracia, Liberdade, Igualdade, os três caminhos (1945).
Introdução à Política Científica (1924).
Método de Análise Sociopsicológica (1925).
Os Novos Direitos do Homem (1933).
Direito à Subsistência e Direito ao Trabalho (1933).
Direito à Educação (1933).
Anarquismo, Comunismo, Socialismo (1933).
Los Princípios y Leis de Simetria en la Sociologia General, Madri, 1925.

IV. LITERÁRIAS

Poèmes et Chansons (1969).
Obras Literárias (1960), 2 Tomos.
A Sabedoria dos Instintos (1921), 1º prêmio da Academia de Letras, 2ª ed., 1924.
A Sabedoria da Inteligência (1923).
O Sábio e o Artista, edição de luxo (1929).
Penetração, poemas, edição de luxo (1930).
Inscrições da Estrela Interior, poemas, edição de luxo (1930).
Epiküre der Weisheit, München, 2ª ed. (1973).

NOTA SOBRE A ATUALIZAÇÃO LEGISLATIVA

4.308 notas! Eis o quanto demandou a atualização legislativa destes *Comentários ao Código de Processo Civil*, de Pontes de Miranda, sem dúvida o maior e o mais fértil jurista brasileiro de todos os tempos. Somem-se as centenas de comentários do atualizador às normas supervenientes à morte do autor, para que se tenha a ideia da extensão do trabalho.

De novo, quero destacar, louvar e agradecer a contribuição do Dr. Marco Aurélio de Almeida Alves, de notável formação acadêmica, aperfeiçoada em Cambridge, também à atualização deste último tomo.

Não posso nem quero deixar de agradecer à Forense, em particular à sua diretora Regina Bilac Pinto, símbolo vivo da grande editora e das suas tradições, a honrosa incumbência da atualização dos 17 tomos, em cuja republicação se veem, muito nitidamente, todos os funcionários que, de algum modo, concorreram para ela.

Santo Agostinho diz que o coração canta alegria, não pelo que começa, mas pelo que termina. Fica, então, registrado o meu contentamento, pela certeza da minha contribuição para a perenidade destes *Comentários*, que haverão de iluminar as normas e os princípios neles analisados, pelo futuro adiante.

Rio de Janeiro, março de 2010

SERGIO BERMUDES
Professor de Direito Processual Civil da Pontifícia
Universidade Católica do Rio de Janeiro. Advogado.

TÁBUA SISTEMÁTICA DAS MATÉRIAS

LIVRO V

DAS DISPOSIÇÕES FINAIS E TRANSITÓRIAS

1) Direito intertemporal	3
2) Processos pendentes.	3
Art. 1.211	3
1) Incidência e lugar em que incide.	3
2) Início de incidência do Código de Processo Civil.	4
3) Processos pendentes	11
4) Direito formal e incidência.	11
5) Dados históricos.	16
6) Conceitos científicos	20
7) Direito intertemporal das leis processuais.	30
Art. 1.212 e parágrafo único	44
1) Cobrança da dívida ativa da União.	45
2) Atos dos órgãos da União nas Justiças dos Estados-membros, do Distrito Federal e dos Territórios.	47
3) Petições e outros atos processuais.	47
Art. 1.213.	48
1) Cartas precatórias: citatórias, probatórias executórias ou cautelares	48
2) Natureza das cartas.	51
Art. 1.214.	51
1) Direito federal e Direito local.	51
2) Adaptação e limitações	51
Art. 1.215 e §§ 1º e 2º.	54
1) Eliminação dos autos	55
2) Desentranhamento de documentos.	57
3) Valor histórico	57
Art. 1.216.	57
1) Despesas de publicações.	58
2) Dever de publicação.	60
Art. 1.217.	60
1) Adaptação das regras jurídicas sobre recursos regulados em leis especiais e no Código de 1939.	60
2) Lei nº 6.014, de 27 de dezembro de 1973.	61
Art. 1.218.	63
Ações regidas pelo Código de Processo Civil de 1939.	64
1) Retirada de ações que constavam do Direito Processual Civil anterior	64

A. AÇÃO DE LOTEAMENTO E VENDA DE IMÓVEIS A PRESTAÇÕES

2) Loteamento e estrutura econômica.	65
3) Impugnação do pedido de registro.	68
4) Dúvida sem ter havido impugnação	69
5) Rejeição "in limine".	69
6) Sentença.	69
7) Dúvidas e provas.	70
8) Recursos.	70
9) Dúvida do oficial do registro	71
10) Pressuposto de se tratar de direito real.	71
11) Pré-contraente vendedor e pré-contraente comprador, relação jurídica entre eles.	72
12) Pré-contraente comprador e sua pretensão de direito material.	79
13) Pré-contrato em forma particular.	82
14) Natureza da sentença	82
15) Sentença com força executiva	83
16) Cláusulas do pré-contrato	83
17) Execução e não ficção.	83
18) Propriedade gravada.	84
19) Notificação.	84
20) Impugnação.	84
21) Instrução e procedimento.	85
22) Mora e ação do outorgado pré-contraente	85
23) Recurso	86
24) Pretensão a liberar-se	86
25) Alegações em caso de depósito.	87
26) A risco do promitente.	87
27) Cobrança de ofício.	87
28) Multas e dever do juiz	88

B. AÇÃO DE DESPEJO

29) História e natureza da ação de despejo	89
30) Legitimação ativa	95
31) Legitimação passiva	95
32) Pendência da ação de despejo	96
33) Citação do fiador.	96
34) Relação jurídica de locação	96
35) Rito processual da ação de despejo: princípio e exceção ao princípio da ordinariedade.	96
36) Pluralidade de réus.	97
37) Preclusão e não confissão.	97
38) Prazo para a contestação e outras regras jurídicas.	97
39) Exceção de benfeitorias necessárias ou úteis.	98
40) Reconvenção.	99
41) Litispendência e coisa julgada.	100

42) Abandono da posse do prédio antes de se proferir a sentença. 100
43) Imissão de posse. 100
44) Prazo para desocupar. 101
45) Habitantes do prédio 102
46) Retirada ou depósito. 103
47) Prazo irrenunciável e indispensável. 103
48) Óbice ao despejo 103
49) Direito de retenção do locatário e alienação do bem 104
50) Credores do dono ou titular do crédito sobre a coisa retenda. 105
51) Credores privilegiados e titulares de direitos reais. 107
52) Conteúdo de regra jurídica sobre suspensão do despejo. 109
53) Enfermidade grave 110

C. AÇÃO RENOVATÓRIA DE CONTRATO DE LOCAÇÃO DE IMÓVEIS DESTINADOS A FINS COMERCIAIS

54) Histórico da ação de renovação de contrato de locação de imóveis. 110
55) Pretensão à renovação, inconfundível com a pretensão à prorrogação do contrato de locação 111
56) Pressupostos da pretensão de direito material. 111
57) Espécies em que o réu não contesta ou contesta. 114
58) Diferença assaz relevante entre regras jurídicas 114
59) Natureza da sentença. 115
60) Conteúdo da contestação 116
61) Questão de derrogação de lei 117
62) Eficácia da sentença 117
63) Coisa julgada 118
64) Elemento mandamental da sentença 119
65) Renovação não é prorrogação 119
66) Início do prazo 119
67) Embargos de declaração. 120
68) Erro de terminologia 120
69) Cláusula de vigência no caso de alienação. 120
70) Erro de terminologia 121
71) Ciência dada pelo oficial de registro 121
72) Direito de retomada 121
73) Alcance da regra jurídica 122
74) Ônus da prova 123
75) Destinação do prédio que se pede 124
76) Direito material e indenização 124
77) Prazo para desocupação 125
78) Espécies 126
79) Impostos, taxas e contribuições 128
80) Ações exercíveis 130
81) Legitimação do locatário e da sociedade comercial de que faz parte..... 130
82) Sócio que não sucedeu à firma 130

83) Sócio sobrevivente ou herdeiro do sócio premorto 131
84) Sublocatário 131
85) Litisconsórcio entre o sublocador e o proprietário 132
86) Pretensão de direito material que têm os sublocatários 133
87) Direito à renovação 134
88) Espécie do locador estranho ao efeito 134
89) Pretensão contra o proprietário 135

D. PROCESSO DO REGISTRO TORRENS

90) Registro Torrens 135
91) Eficácia 135
92) Legitimação ativa 136
93) Imóvel rural 136
94) Condomínio e pedido de registro 136
95) Direito real 136
96) Documentos que hão de instruir o pedido 137
97) Atos jurídicos relativos ao imóvel 138
98) Encargos do imóvel 138
99) Foro 138
100) Particularidade das regras jurídicas 138
101) Dúvida e impugnação 140
102) Procedimento edital 140
103) Prazo 140
104) Custas 140
105) Notificações 141
106) Inserção na figura do réu 141
107) Recebimento e julgamento da contestação 141
108) Rito processual ordinário 142
109) Falta de contestação e matrícula 142
110) Procedimento edital e falta de contestação 142
111) Incapacidade e ônus da prova 142
112) Cognição inicial 142
113) Procedimento ordinário 143
114) Recurso e matriculação 143

E. AVERBAÇÕES OU RETIFICAÇÕES DO REGISTRO CIVIL

115) Conceito de registro civil 143
116) Restauração, suprimento e retificação 144
117) Outros registros públicos 146
118) Atribuições de inserção e de mudança 148
119) Direito judiciário material 148
120) Procedência do pedido 148
121) Falta de impugnação 149
122) Competência 149

123) Natureza da sentença 149
124) Eficácia de coisa julgada formal 151
125) Recurso 152
126) Averbação 152
127) Explicitação contida no art. 109, § 5° 153
128) Ações de filiação legítima e ilegítima 154
129) Correções de inexatidões materiais, erro de escrita ou de cálculo ... 155
130) Direito processual civil e direito material 155

F. BEM DE FAMÍLIA

131) Conceito e pressupostos 157
132) Circunstâncias posteriores 159
133) Ato de instituição 159
134) Dívidas anteriores 160
135) Ato jurídico à causa de morte e pré-contrato ou promessa unilateral de contratar 160
136) Procedimento edital 160
137) Publicação antes do registro 161
138) Competência do oficial do registro 161
139) Resumo da escritura 161
140) Reclamação de interessado 161
141) Eficácia real 161
142) Transcrição, e não inscrição 161
143) Transcrição e inscrição 162
144) Reclamação e suspensão do registro 162
145) Registro a despeito da reclamação 163
148) Natureza da decisão do juiz 164
147) Transcrição contendo o despacho 164
148) Cancelamento da transcrição 164
149) Instituição embutida em regra jurídica de transmissão 164

G. DISSOLUÇÃO E LIQUIDAÇÃO DAS SOCIEDADES

150) Sociedades de direito privado e de direito público 165
151) Dissolução "ipso iure" 166
152) Elemento declarativo comum às sentenças 167
153) Liquidação judicial 168
154) Legitimação ativa 168
155) Subsistência da sociedade 168
156) Devolução à Fazenda Pública 169
157) Quando é que se pode prescindir da ação de liquidação 169
158) Instrução da petição 170
159) Dissolução de pleno direito 170
160) Dissolução dependente de sentença 171
161) Poderes do juiz 174

162) Rito especial	175
163) Ação de liquidação	175
164) Liquidante	176
165) Nomeação do liquidante e determinação legal	177
166) Votação	177
167) Imperatividade da regra jurídica do art. 657, § 1º, 2ª alínea	177
168) Escolha feita pelo juiz	177
169) Limitação à incidência do art. 657, § 1°	178
170) Pluralidade de liquidante	178
171) Nomeação de liquidante e termo a ser assinado	178
172) Método de escolha, cogência do art. 658	179
173) Sequestro dos bens e nomeação de depositário	179
174) Deveres do liquidante	179
175) Inventário e balanço	180
176) Dever de cobrar e dever de solver	180
177) Balancete mensal da liquidação	181
178) Proposta da forma de divisão ou da partilha	181
179) Prestação de contas	181
180) Destituição dos liquidantes	181
181) Forma de destituição	182
182) Audiência dos interessados	182
183) Ação ordinária	183
184) Plano de partilha	183
185) Audiência dos interessados sobre o plano	184
186) Natureza da partilha entre sócios	185
187) Solução de todas as questões	185
188) Liquidante sócio e comissão	185
189) Comissão do liquidante	185
190) Retirada do sócio sem dissolução da sociedade	185
191) Ausência do comerciante ou sócio	186
192) Liquidação de firma individual	186
193) No juízo da arrecadação	186
194) "Actio populares"	187
195) Natureza da ação	187
196) Terminologia equívoca	188
197) Sociedade sem personalidade jurídica	188
1981 Processo da divisão e partilha	188
199) Sobrepartilha	188
200) Sociedades civis e sociedades comerciais	189
201) Recolhimento de importância em dinheiro	189
202) Qualificação segundo estatuto estrangeiro	189
203) Liquidação das sociedades, processo	189
204) Dissolução da sociedade sem personalidade jurídica	192
205) Natureza da sentença de dissolução da sociedade não personificada	193
206) Competência	193
207) Procedimento ordinário	193
208) Sociedades anônimas	194

H. HABILITAÇÃO PARA CASAMENTO

209) Habilitação, ato preparatório do casamento	195
210) Natureza da ação	195
211) Casamento religioso	196
212) Habilitação para o casamento civil	196
213) Certidão de idade ou prova equivalente	197
214) Declaração do estado, do domicílio e da residência atual dos contraentes e de seus pais, se forem conhecidos	199
215) Assentimento das pessoas sob cuja dependência estiverem, ou ato judicial que o supra	201
216) Declaração de duas testemunhas	202
217) Prova da inexistência de casamento anterior	202
218) Residência alhures	203
219) Prova de sanidade	204
220) Formalidade dos proclamas	204
221) Certidão de não oposição de impedimento	206
222) Residências dos nubentes em circunscrições diferentes	207
223) Registro dos editais	208
224) Dispensa de publicação	208
225) Elementos exigidos	209
226) Atestado de residência	209
227) Justificações requeridas	210
228) Ministério Público	210
229) Dispensa de proclamas	210
230) Iminente risco de vida	214
231) Audiência dos interessados	218
232) Justificação no juízo mais próximo	218
233) Habilitação posterior ou protraída	220
234) Habilitação dos nubentes	220
235) Casamento "in extremis"	221

I. DINHEIRO A RISCO

236) Direito comercial e dinheiro a risco	221
237) Dinheiro a risco e venda de mercadorias	221
238) Direito vigente	222
239) Prova das soldadas pagas	222
240) Prova da falta de fundos	222
241) Prova do pressuposto do art. 754. III	222
242) Remissão	222
243) Competência judicial	223
244) Eficácia da decisão	223
245) Natureza da sentença	223

J. VISTORIA DE FAZENDAS AVARIADAS

246) Fazendas avariadas e vistoria	223

247) Vistoria e exame administrativo 224
248) Presunção de entrega em bom estado 224
249) Derrogação do art. 318 do Código Comercial 227
250) Quinze dias de prazo 227
251) Protesto 228
252) Protesto preparatório 228
253) Direito material e direito formal 228

K. APREENSÃO DE EMBARCAÇÕES

254) Embarcações que se digam brasileiras sem o serem 229
255) Registro 230
256) Apreensão 230
257) Apreensão, posse mediata do juiz e posse imediata de depositário judicial .. 231
258) Arrolamento e inventário 232
259) Contrabando e apreensão 232
260) Competência da autoridade fiscal 232
261) Apreensão de navio e pertenças 232
262) Natureza da sentença 233
263) Venda judicial, natureza da ação 233
264) Dedução de despesas 233
265) Percentagem do depositário 233

L. AVARIA A CARGO DO SEGURADOR

266) Natureza da ação do art. 762 233
267) Início da ação 234
268) Avarias grossas e avarias simples 234
269) Peritos 235
270) Causa do dano 235
271) Individuação 235
272) Valor dos bens avariados 235
273) Presença e ausência dos interessados 235
274) Natureza da sentença 235
275) Recurso 235
276) Venda em leilão 235
277) Venda do navio 236
278) Cálculo da avaria 236

M. AVARIAS

279) Conceito de avaria 236
280) Pretensão à asseguração do pagamento da avaria 237
281) Caução e recusa de caucionar 238
282) Pretensão à tutela jurídica, por parte do capitão 238
283) Natureza das ações do art. 768, 1ª e 2ª alíneas 238

284) Alcance técnico do art. 766 do Código de 1939 238
285) Prazo e penalidade 239
286) Legitimação ativa para a regulação da avaria 239
287) Em que consiste a regulação da avaria 239
288) Impugnação e não impugnação 239
289) Ajustador e salário 240
290) Natureza da sentença 240
291) Cumprimento do mandado e recurso 240

N. SALVADOS MARÍTIMOS

292) Salvados marítimos e venda 241
293) Autorização judicial 241
294) Assistência do empregado fiscal 241
295) Competência judicial 241
296) Navio naufragado pertencente à nação estrangeira 242
297) Produto líquido do leilão 242
298) Depósito 243
299) Alegações dos interessados 243
300) Protesto por preferência 243
301) Salvados remanescentes 244

O. ARRIBADAS FORÇADAS

302) Conceito de arribada forçada 244
303) Descarga 244
304) Reembarque 244
305) Porto alfandegado e porto não alfandegado 245
306) Abandono do navio 245
307) Transporte da carga ao seu destino 245
308) Quase alijamento 246
309) Direito e pretensão à disposição 246
310) Caução 246
311) Natureza da comunicação do art. 774, § 2º 247
312) Vendas de mercadorias avariadas 247
313) Competência judicial 247
314) Ministério Público 247
315) Decisões dos arts. 722-775 do Código de 1939 e sua natureza 247
    Art. 1.219 248
1) Depósito de dinheiro 248
2) Leis especiais 248
    Art. 1.220 249
1) Entrada em vigor 249
2) "Lex posterior derogat priori" 249
3) Procedimentos mantidos 250
Posfácio 255

I – Índice Alfabético dos Autores 381
II – Índice Cronológico da Legislação 383
III – Índice Cronológico da Jurisprudência 403
IV – Índice Alfabético das Matérias 411

LIVRO V

DAS DISPOSIÇÕES FINAIS E TRANSITÓRIAS

LIVRO V

DAS DISPOSIÇÕES FINAIS E TRANSITÓRIAS ¹)²)

1) Direito intertemporal – No Livro, V, estão regras jurídicas de direito intertemporal e regras jurídicas ditas finais, isto é, regras jurídicas que o legislador considerou inseríveis no fim do Código de Processo Civil. Regras jurídicas ditas finais estão nos arts. 1.212-1.214, 1.216 e 1.219. Regras jurídicas de direito intertemporal são as dos arts. 1.211, 1.217, 1.218 e 1.220.

Desde logo advirtamos que a expressão "finais" foi imprópria, pois nada obstava a que se pusesse no Livro I, Título II, Capítulo III (arts. 36-40), o art. 1.212; no Livro I, Título V, Capítulo IV, Seção I (arts. 200 e 201), o art. 1.213; no Livro I, Título V, Seção III (arts. 162-165), o art. 1.216; e no Livro I, Título IV, Capítulo IV (arts. 125-133), o art. 1.219.

2) Processos pendentes – De alta relevância foi, no Direito anterior e ainda o é, a interpretação para aplicação do art. 1.211, 2ª parte, em que se diz que as regras jurídicas do Código de 1973 entram em vigor e se aplicam, "desde logo", aos "processos pendentes". Alguns problemas surgiram e surgem, mas um dos mais delicados foi a respeito dos recursos, assunto sobre o qual versaremos.

> *Art. 1.211. Este Código²) regerá o processo civil ⁴)⁵) em todo o território brasileiro ¹). Ao entrar em vigor, ⁶) suas disposições aplicar-se-ão desde logo aos processos pendentes.³)⁷)*

1) Incidência e lugar em que incide – A referência a "todo o território brasileiro" apenas explicita o que advém do Código anterior, com o qual se substituiu a pluralidade de Código de Processo Civil. O Código de 1973, como o de 1939, rege o processo civil em todo o território do Brasil. Há comentadores que falam de "vigência" em vez de "incidência". As regras jurídicas processuais civis incidem e, pois, têm de ser aplicadas em todo o território brasileiro. Quando a lei brasileira tem de ser observada no estrangeiro, tal incidência é excepcional, mas supõe ter sido admitida, ou imposta por lei, tal observância. Há os exemplos da celebração de casamento de brasileiro, dos atos de Registro Civil e de tabelionato por Cônsules do Brasil, inclusive o registro de nascimento e de óbito de brasileiro nascido no país da sede do Consulado. Quanto ao juízo arbitral no estrangeiro, o compromisso pode optar pelas regras jurídicas processuais do Brasil.

2) Início de incidência do Código de Processo Civil – A lei processual é de incidência imediata; vale dizer: a sua *vigência* determina a *incidência* sobre todos os atos que se vão praticar ou se estão praticando. A esse princípio o Código de 1939 opunha duas regras jurídicas, ambas de exceção a ele: (*a*) nos processos em que havia instrução em audiência ou assunção de dilação probatória em audiência, a lei anterior incidia até o julgamento, salvo quanto à nulidade dos atos e termos a partir de 1º de março de 1940 (não nos parecia que se tivesse pretendido que a lei nova regesse a forma e o fundo dos atos e termos já consumados); (*b*) quanto aos recursos, a lei determinou, a 1º de março de 1940, quais os admissíveis, a forma, o modo e tempo de interposição, o procedimento deles e o respectivo julgamento, porém, se a sentença proferida *antes de 1º de março de 1940* permitia outro recurso e já havia sido interposto, esse recurso podia ser processado e julgado. Assim, a sentença irrecorrível, para cujo recurso, segundo a lei nova, o prazo não se esgotara, fazia-se recorrível; a sentença recorrível, de que não se recorreu, posto que ainda estivesse a correr o prazo, fez-se irrecorrível a 1º de março de 1940, se a lei nova não admitiu recurso. Outra consequência foi ter sido possível a interposição de dois recursos.

Conforme adiante frisaremos, o Código de 1939 foi feito e publicado quando a Constituição, despótica, retirara o princípio da irretroatividade das leis, o que se chocava com o passado, mas a Constituição de 1946 o corrigiu.

Agora, passemos a tratar da técnica legislativa, através das suas divergentes soluções, a fim de fundamentarmos o que havemos de entender perante o Código de 1973, art. 1.211, 2ª parte ("Ao entrar em vigor, suas disposições aplicar-se-ão desde logo aos processos pendentes").

Na doutrina, surgiram graves controvérsias.

a) Uma atitude, radical, foi a de se ter como imune ao princípio da irretroatividade das leis o que concerne ao direito processual.

b) Depois havemos de atender aos que se preocuparam com a unidade do processo e estabeleciam que, uma vez promovido o processo (criada a relação jurídica processual), nenhuma lei nova poderia atingi-lo, porque tinha de ir até a extinção. A lei vigente ao tempo da propositura da ação, qualquer que seja, seria inalterável para a aplicação no processo. Tal solução seria, fundamentalmente, a antítese da solução a).

c) Resta pensarmos nas posições doutrinárias que levam em consideração o fato de que – a despeito da unidade do processo (da relação jurídica processual) e da finalidade invariável da ação, que há de terminar com a decisão, trânsita em julgado – há nos processos distâncias fásicas (propositura e defesa, prova, decisão e recurso). Então, a retroatividade não atingiria a fase iniciada, de modo que a lei nova somente regeria o que ainda não começou. Por exemplo: regra jurídica sobre depoimento, confissão, exibição de documento ou de coisa, prova documental e arguição de falsidade, teria de ser a do momento, portanto a da lei da produção da prova, e não a da propositura da ação. A lei concernente a recurso seria sempre a que correspondesse ao tempo em que a recorribilidade se iniciou, indo até o julgamento.

d) Outra solução que se parece com a solução b), porém não é idêntica, em vez de ver as fases, vê os atos em si, uma vez que estejam concluídos. Aí têm-se os atos processuais como tendo efeitos definitivos, regulados como são pela lei vigente. A lei nova encontra os praticados e dotados de eficácia, de modo que se tem de respeitar.

Diante do art. 1.211, em que se diz que, "ao entrar em vigor" o Código de 1973, suas disposições se aplicam, "desde logo", aos "processos pendentes", podem os intérpretes pensar que a solução foi b), e não c), nem d). Seria ir-se contra a Constituição de 1967, com a Emenda nº 1, art. 153, § 3º, que veda a qualquer regra jurídica prejudicar "o direito adquirido, o ato jurídico perfeito e a coisa julgada". Aí está o conteúdo do princípio da irretroatividade. O que mais importa, na questão que surge com a exegese do art. 1.211, 2ª parte, é o do respeito à regra jurídica constitucional. A solução b) chocar-se-ia com o art. 1.211, 2ª parte, porque se falou da pendência do processo. Se o Código de 1973 incide em se tratando de processos pendentes, afastou-se a solução b).

O que resta é saber-se se a solução é c) ou se é d). Pode acontecer que, na fase da postulação (entre a petição inicial e o saneamento do processo), algo se tenha de considerar criativo de algum direito adquirido, ou de ato jurídico perfeito, ou da eficácia de coisa julgada, e a lei nova não possa desfazer. Se a ação ia ser proposta a 1º de janeiro de 1974, ou depois, havendo cláusula negocial de foro para o negócio jurídico que é objeto da ação, os herdeiros e sucessores das partes estão obrigados a respeitar a cláusula (art. 111, § 2º). Se o réu vai contestar e reconvir, depois de 31 de dezembro de 1973, tinha e terá de oferecê-lo simultaneamente, mas em peças autônomas, o que não tinha de fazer até 31 de dezembro de 1973, porque, então, a contestação e a reconvenção haviam de ser formuladas juntamente (Código de 1939, art. 190, 2.a parte: "A reconvenção será formulada com a contestação"). O réu, ao contestar, não tinha, até 31 de dezembro de 1973, de alegar o que consta do art. 301 do Código de 1973, "antes de discutir o mérito", de modo que o art. 381 só é de se invocar se a contestação foi a 1º de janeiro de 1974, ou depois. Por outro lado, o juiz, até 31 de dezembro de 1973, não podia conhecer, de ofício, da matéria da litispendência (art. 301, V, e § 4º). Os fatos narrados na petição inicial que não foram impugnados, se admissível a confissão, nem acompanhou a petição inicial instrumento público que a lei considerou indispensável ao ato, são considerados verdadeiros, se a contestação foi a 1º de janeiro de 1973 ou depois (arts. 302 e 309, que não correspondem exatamente ao art. 209 do Código de 1939). Também o art. 321 do Código de 1973 não é idêntico ao art. 181 do Código de 1939: se a alteração ocorre na vigência do Código de 1973, tem de haver a citação do réu, a quem se assegura o direito de resposta no prazo de quinze dias. Trata-se, portanto, de direito adquirido, que não pode ser violado, porque há o art. 153, § 3º, da Constituição de 1967, com a Emenda nº 1.[1]

Findo o prazo para a resposta do réu quando já vigente o Código de 1973, tem o escrivão o dever de fazer a conclusão dos autos, imediatamente, e o juiz, dentro de dez dias, conforme o caso, determina as providências preliminares do Capítulo IV (art. 323). Não havia isso sob o Código de 1939. Desde 1º de janeiro de 1974, pode o autor requerer, no prazo de dez dias, que o juiz profira sentença incidente, se, com a contestação, da declaração da existência ou da inexistência do direito depende, no todo ou em parte, o julgamento da lide (art. 325). Desde 1º de janeiro de 1974, o prazo para prestação da prova documental de fato impeditivo, modificativo ou extintivo do direito reconhecido pelo réu é de dez dias (art. 326), e não de três, como era antes. Assaz importante é saber-se que, hoje, nos processos pendentes a 1º de janeiro de 1974, o juiz conhece diretamente do pedido, proferindo sentença, quando a questão de mérito é só de direito, ou, sendo de direito e de fato, não há necessidade de produzir prova em audiência, ou se ocorreu revelia (art. 330). Não havia isso no Código de 1939.

---

1   Atualmente, inc. XXXVI do art. 5º da Constituição Federal de 1988.

Surge o problema de direito intertemporal no que concerne à convenção que distribui de maneira diversa o ônus da prova (art. 333, parágrafo único). Não havia regra jurídica a respeito e é de perguntar-se se, hoje, tendo a convenção sido antes de 1º de janeiro de 1974, pode ser decretada a nulidade de tal convenção. A despeito de se tratar de ato jurídico anterior ao Código de 1973, temos de entender que cabe alegação da ineficácia no momento em que, sob o Código de agora, se há de produzir a prova. Trata-se, verdadeiramente, de assunto delicado, mas qualquer prova há de ser conforme a data da produção. Documento público que deixa de ser exigido sob lei nova não se faz eficaz sob o Código de 1973, mas o que era exigido continua como tal, devido a sua data. A partir de 1º de janeiro de 1974, os usos e costumes provam-se conforme as regras jurídicas gerais, e não mais há as exigências do Código de 1939, arts. 260-262, salvo alguma regra jurídica constante de lei de direito material ou de lei especial. Nos processos pendentes, pode o juiz exigir que a parte seja submetida à inspeção judicial (art. 340, II), bem assim determinar o seu comparecimento pessoal, a fim de interrogá-la sobre os fatos da causa (art. 342) ou atender a requerimento de uma das partes para que outra seja interrogada na audiência de instrução e julgamento (art. 343). Quem ainda não depôs não pode assistir ao interrogatório da outra parte (art. 344, parágrafo único). Também são invocáveis os arts. 345-347. A confissão, sob a vigência do Código de 1973, não sana erros da ação e do processo. O art. 363 e parágrafo único podem ser invocados. Os arts. 367 e 368 não incidem quando o instrumento público teve data anterior a 1º de janeiro de 1974. Quanto aos arts. 401-404, não são invocáveis nos processos pendentes. Não assim o art. 405, §§ 1º, 2º, 3º e 4º, porque se trata de exigência, em relação jurídica processual, ligada ao testemunho em juízo, e não a relação jurídica de direito material. No tocante às regras jurídicas sobre substituição das testemunhas (arts. 408-410), têm de ser observadas. Outrossim, as do art. 411. Se a parte se comprometeu, depois de 1º de janeiro de 1974, a levar à audiência a testemunha, que não foi intimada, o art. 412, § 1º, é de atender-se. Também os arts. 419, parágrafo único, 421, § 2º, 422, 424, 427, 431, 434 e parágrafo único, 435 e parágrafo único, 438, 439 e parágrafo único. Os arts. 440, 441, 442 e parágrafo único, 443 e parágrafo único, todos sobre inspeção judicial, incidem em qualquer fase do processo pendente. Sendo a audiência de instrução e julgamento após 1º de janeiro de 1974, com os arts. 447 e parágrafo único, 448 e 449, há a formalidade da conciliação. A substituição do debate oral por memoriais (art. 454, § 3º) fez-se facultativa nos processos pendentes. Se o termo da audiência foi datilografado, tem o juiz de rubricar as folhas (art. 457, § 1º). O escrivão traslada para os autos cópia autêntica do termo de audiência (art. 457, § 3º). Os arts. 459 e parágrafo único, 465 e parágrafo único, 466 e parágrafo único, 473 e 474 têm de ser obedecidos. Não há mais a exigência do duplo grau de jurisdição para a sentença que homologava desquite amigável (cf. Código de 1973, art. 475; cf. Código de 1939, art. 824, § 2º, II). Também são de atender-se os arts. 476 e parágrafo único, 477, 478 e parágrafo único, 479 e parágrafo único (uniformização da jurisprudência), 480-482 (declaração de inconstitucionalidade).

Quanto à ação rescisória, falamos no Tomo VI, p. 189 s. e 359, do Direito intertemporal.

Quanto a recurso que podia ser interposto conforme o Direito anterior, e não mais existe ou mudou no Direito de agora, tinha de ser exercido o direito recursal no prazo conforme o Direito anterior: só deixou de existir à expiração do prazo. A lei nova não pode retroagir. Foi o que ocorreu com a revista (Código de 1939, arts. 808, IV, e § 2º, 853-861). O art. 809 do Código de 1939 que vedava usar, ao mesmo tempo, de dois ou mais recursos, e o art. 810, que cogitava da interposição de um recurso por outro, não mais constam do Direito Processual Civil. A partir de 1º de janeiro de 1974, há a renunciabilidade ao direito de recorrer e as limitações (arts. 502 e 503, com o parágrafo único). Não há recurso de despachos de mero expediente, se o despacho foi depois de 31 de dezembro de 1973 (art. 504).[2] Os agravos interponíveis regem-se pela lei atual se a decisão foi a 1º de janeiro de 1974 ou depois; se antes, o Código de 1939 é que tinha de aplicar-se. *Idem* no que concerne aos embargos recursais.

Quanto a recursos para o Supremo Tribunal Federal, se interponíveis antes de 1º de janeiro de 1974, não incidem os arts. 539 e 540, nem os arts. 542, 543 e §§ 1º, 2º, 3º e 4º, 544, com o parágrafo único, 545 e parágrafo único, 546, 550, 551, § 3º, 557 e parágrafo único. O art. 559 e parágrafo único têm de ser respeitados pelos tribunais desde 1º de janeiro de 1974. O requerimento de que cogitam o art. 565 e parágrafo único é de atender-se.

Quanto à execução,[3] começou a 1º de janeiro de 1974 a incidência dos arts. 566, 567, 568 e 569, 570, 573, 574, 576-579, 584 e parágrafo

---

2   O art. 2º da Lei nº 11.276, de 07.2.06, derrogou a norma do art. 504 do CPC, tornando todos os despachos irrecorríveis, e não só os de *mero expediente*.

3   O Livro II do CPC, que trata do processo de execução, teve muitas de suas normas revogadas ou radicalmente alteradas, mormente pela Lei nº 11.382, de 06.12.06.

único, 585, §§ 1º e 2º, 588, parágrafo único, 616, 617, 618, 629-631, 634, §§ 4º, 5º, 6º e 7º, 637 e parágrafo único, 644, 652, §§ 1º e 2º, 653 e parágrafo único, 654, 655, §§ 1º e 2º), 656, VI, 659, § 3º, 665, 672, § 4º, 673, § 2º, 690, §§ 1º e 2º, 695, § 2º, 709 e parágrafo único, 710-713, 719 e parágrafo único, 720, 732, parágrafo único, 739, 744, §§ 2º e 3º, 745, 749-753, 754-767, 768-773, 774-776, 777-786, 791-794. Quanto a medidas cautelares, arts. 831-834 e parágrafo único, 836-838, 840-843, 844 e 845, 855-860, 862, parágrafo único, e 866, com o parágrafo único, 870 e parágrafo único, 875. Quanto a procedimentos especiais, os arts. 912 e parágrafo único, 940, § 2º, 985, 1.001, 1.019-1.021, 1.029, parágrafo único, 1.030 e 1.039. Tratando-se de embargos de terceiro, os arts. 1.046, §§ 2º e 3º, 1.047, 1.054. No que se refere ao juízo arbitral,[4] 1.072-1.076, 1.085 e § 1º, 1.086-1.088, 1.090, 1.094 e parágrafo único. Quanto a procedimentos especiais de jurisdição voluntária, os arts. 1.112, 1.113, §§ 1º e 2º, 1.141, 1.144, 1.147, 1.152, § 1º, 1.171, § 2º, 1.174, 1.178, 1.181, 1.182, §§ 1º, 2º e 3º.

Desde 1º de janeiro de 1974, não se aplicam em processo pendente, *e. g.,* as seguintes regras jurídicas do Código de 1939: arts. 61, 140, §§ 2º e 3º, 29, 84, 232 e 233, 718 e parágrafo único, 224, parágrafo único, 239 e § 1º, 243, 132, parágrafo único, 254, 129, 284, parágrafo único, 265 e 266, 282-284, 787-790, 870, §§ 3º, 4º e 5º, 871, parágrafo único, 879, parágrafo único, 886, 905, 915, 942, IV-XV, 943, II, 972, § 3º, 711, 343, § 2º, 542, 543, 547, 580, 602 e 702. Pusemos as referências na ordem das matérias do Código de 1973.

Quanto à eficácia da revelia, conforme o art. 285, 2ª parte, que não havia no Código de 1939, se a 1º de janeiro de 1974 pendia o processo e já havia sido feita a citação e o prazo para contestar já se havia extinto, nada mais se poderia fazer. Se o prazo não se extinguira, dentro dele poderia ser feita outra citação, com a observância dos arts. 285, 2ª parte, 223, § 1º,[5] e 232, V.

A alusão aos textos tem a finalidade de concorrer para que os interessados na interpretação percebam qual dos princípios se há de observar no sistema jurídico brasileiro. Atos processuais que se praticaram têm de ser vistos com os seus efeitos, para que não se acolha a retroatividade das

---

[4] O art. 44 da Lei nº 9.307, de 23.9.96, ab-rogou expressamente os arts. 1.072 e 1.102 do CPC, que regulavam o juízo arbitral.

[5] Com a alteração introduzida pelo art. 1º da Lei nº 8.710, de 24.9.93, a advertência quanto à revelia passou ao *caput* do art. 223 do CPC.

regra jurídicas. O Código de 1973, que se tem acoimado de lacônico, ou de ofensivo ao princípio constitucional de se não ferir, com regras jurídicas, o passado, apenas se submeteu, implicitamente, ao art. 153, § 3°, da Constituição de 1967, com a Emenda n° 1. Entender que seguiu a solução a) seria absurdo. No Código de 1939, art. 1.047, § 1°, abriu-se exceção à solução c), para se seguir a solução b): "As ações cuja instrução esteja iniciada em audiência serão processadas e julgadas, em primeira instância, de acordo com a lei anterior, salvo quanto às nulidades". Ora, se já se iniciou a audiência de instrução e julgamento, a audiência em si há de obedecer à lei do momento da abertura; os atos nela praticáveis têm de ser de acordo com a lei nova. Portanto, o § 1° do art. 1.047 foi hoje repetido. Assim, não podemos, a partir de 1° de janeiro de 1974, dizer nulo o que foi praticado antes dessa data, nem deixar de levar em consideração atos que antes ficaram perfeitos, direitos que haviam surgido e até decisões de que não mais se podia recorrer, ou de que não se recorreu. No § 2°, estatuía-se que o Código regularia "a admissibilidade dos recursos, sua interposição, seu processo e seu julgamento, sem prejuízo dos interpostos de acordo com a lei anterior". Haveria, hoje, ofensa ao direito constitucional; àquele tempo não, porque a regra jurídica que se inseria na Constituição Política do Império, art. 179, § 3°, na Constituição de 1891, art. 11, na Constituição de 1934, art. 113, 3), na Constituição de 1946, art. 141, § 3°, e na de 1967 sem ou com a Emenda n° 1, art. 153, § 3°, não constou da Constituição de 1937, época em que se publicou o Código de 1939. A regra jurídica do § 1°, última parte ("salvo quanto às nulidades"), e a do § 2° seriam, hoje, ofensivas à Constituição. O direito a recorrer nasce no momento em que a lei em vigor diz que há recorribilidade, de modo que esse direito tem de ser protegido, porque é direito adquirido, e não só o exercício do direito ao recurso. Exerce-se o direito que se tem; quem recorre tinha o direito de recorrer e o exerce. Qualquer direito a recurso, que, sob a lei anterior, existia, pode ser exercido no prazo legal. Se o prazo se esgota, extingue-se o direito. Se a lei nova mantém o recurso e apenas lhe aumenta o prazo para a interposição, a lei nova incide.

Outro ponto que temos de pôr em relevo é o fato de se considerar pendente o processo que se iniciara; portanto, desde o despacho da petição e não só da citação, que angularizaria a relação jurídica processual, nem *a fortiori*, o início da audiência. Se, antes da nova lei, se obteve o despacho da petição inicial, há a pendência, mas a citação, se posterior à lei antiga, tem de ser de acordo com a lei nova.

Cf. Tribunal Regional do Trabalho, 25 de setembro de 1959: "Comentando o art. 1.047 do Código de Processo Civil, o mesmo insigne jurisconsulto Pontes de Miranda se manifesta: "Travou-se discussão... Se a lei fixa como divisor entre os dois campos de aplicação da lei nova o momento em que se haja iniciado a instrução em audiência, *a fortiori*, terá aplicação a lei antiga na fase da execução". Hoje, o início é com o despacho, de modo que, despachada a petição de ação executiva, a lei nova não vai apagar o que resultou do exercício da pretensão à tutela jurídica.

3) Processos pendentes – Não se poderia atender, rigorosamente, à 2ª parte do art. 1.211, que impôs a aplicação "desde logo aos processos pendentes". Tinha-se e tem-se de respeitar o art. 153, § 3º, da Constituição de 1967, com a Emenda nº 1.[6] Quando nasce um direito, uma pretensão, ou uma ação, ou uma exceção, mesmo no campo do Direito Processual Civil, não se pode deixar de respeitar o texto constitucional. Há também, nos procedimentos, atos jurídicos perfeitos, que não se podem pôr de lado, como se o passado pudesse ser invadido pela *lex nova*. Se alguma sentença foi proferida, de que cabe recurso, nasceu o direito a recorrer, que o Código de 1973 não pode atingir. Se não há, ou não mais há recorribilidade, produz-se a coisa julgada, que o art. 153, § 3º, não permite que se ofenda. Durante os comentários anteriores, a cada momento apontáramos exemplos.

Processos pendentes são quaisquer processos: de conhecimento e de execução, cautelares e incidentais.

4) Direito formal e incidência – A incidência imediata, segundo o art. 1.211, só se refere às regras de direito formal, de modo que as regras de direito processual material, como as dos arts. 24 e 25 do Código de 1939, escaparam à incidência imediata (cf. a respeito do direito anterior a 1939, o Supremo Tribunal Federal, 5 de novembro de 1943, *D. da J.* de 11 de janeiro de 1944, 171). O art. 602 e §§ 1º-3º,[7] diferentes dos arts. 911 e 912 do Código de 1939, são incluídos na incidência imediata, quanto ao direito anterior, já antes (Supremo Tribunal Federal, 21 de dezembro de 1943, *A. J.*, 68, 20; *R. F.*, 99, 83; 4ª Câmara Cível do Tribunal de Apelação do Distrito Federal, 10 de dezembro de 1943, *R. F.* 98, 89).

As soluções concernentes a recursos, assunto de que tratamos no devido ensejo, não podem ser levadas a outros setores. Só se referem a pres-

---

6 Vd. a nota 1.
7 Ab-rogados pelo art. 9º da Lei nº 11.232, de 22.12.05, correspondem, com alterações, ao art. 475-Q e parágrafos, acrescentados ao CPC pelo art. 4º dessa lei.

supostos dos recursos: não entendem, portanto, com a reconvenção, a ação rescisória (Tribunal de Apelação do Pará, 15 de janeiro de 1941, *R. do T. de A.*, III, 28), a oposição de terceiro (arts. 56-61), os embargos de terceiro (arts. 1.046-1.054) e os embargos do devedor (arts. 736-747). A ação ínsita do art. 685 e as demais ações incidentais não se regem, em seus pressupostos, pelo que concerne aos recursos. Os recursos interpostos, segundo a lei anterior, têm de ser respeitados, como se há de respeitar o direito a recorrer, se já nasceu, pois que é um direito adquirido. Se o prazo, segundo a lei nova, não terminara, nem passara em julgado a decisão, os recursos novos caberiam. É o que se há de entender (sem razão o Tribunal de Apelação do Ceará, a 3 de abril de 1944, *O D.*, I, 209).

Os pressupostos da ação rescisória (Câmaras Reunidas do Tribunal de Apelação do Rio Grande do Sul, 8 de setembro de 1944, *J.*, 25, 725) são os do tempo da proponibilidade, *e. g.*, pelo fato de se ter *extinto* a ação que antes existia, e não *a priori*; pois, se a sentença passou em julgado incólume à rescindibilidade, a lei nova não pode torná-la rescindível: ofenderia o art. 153, § 3º, da Constituição de 1967, com a Emenda nº 1.[8]

O prazo preclusivo para a ação rescisória era maior e, hoje, é menor (em vez de cinco anos, dois, antes, art. 495). Leia-se o que dissemos no item 6) ao art. 495 (Tomo VI, p. 359).

A lei que regulava os efeitos da apelação (6ª Câmara Civil do Tribunal de Justiça de São Paulo, 2 de março de 1951, *R. dos T.*, 191, 156) e de quaisquer outros recursos era a do tempo da interposição do recurso, mas, sob a Constituição de 1967, com a Emenda nº 1, e o Código de 1973, que a tem de obedecer, basta que nasça o direito do recurso para que não se possa fazer lei retroativa. Aliás, assim havíamos de entender, desde a Constituição de 1946, art. 141, § 3°.

O art. 1.211 deve entender-se com a explicação de que, se a lei nova atribui à omissão da parte efeito danoso, tal efeito não se produz se a omissão não ocorreu, toda, sob o domínio da lei nova (KONRAD HELLWIG, *System*, I, 29).

O princípio do art. 1.211 corresponde a princípio *a priori,* de modo que rege a incidência de quaisquer leis processuais, salvo limitação.

No Código de 1939, havia os §§ 1º e 2° do art. 1.047, artigo a que hoje corresponde o art. 1.211 do Código de 1973. De modo nenhum se há de

---

[8] Vd. a nota 1.

entender, hoje, que são invocáveis o § 1º do art. 1.047 do Código de 1939, que submetia à lei anterior "as ações cuja instrução esteja iniciada em audiência". Naquele tempo travou-se discussão em torno da interpretação do art. 1.047, § 1º. No art. 1.047 e § 1º, o Código de 1939 classificou as ações pendentes em ações cuja instrução ainda não fora iniciada em audiência e ações cuja instrução já fora iniciada em audiência. Era a audiência o momento que o legislador escolheu para critério de direito intertemporal e esse dado (início em audiência) é que servia para se distinguirem o campo da incidência da lei antiga e o campo de incidência da lei nova. Apenas, possuindo o Código sistema mais moderno de nulidades, entendeu que, a esse respeito, a lei nova abrisse brecha em toda a legislação que incidira. Quando se publicou o Código de 1939, que entrou em vigor a 1º de março de 1940 (Decreto-lei nº 1.603, de 18 de outubro de 1940), regia a Constituição de 1937, que, conforme adiante diremos, foi a única Constituição no Brasil que não respeitou o princípio da irretroatividade das leis.

No Código de 1973, nenhuma referência se fez à audiência. Basta que esteja pendente a lide, mas temos de entender que se há de respeitar a Constituição de 1967, com a Emenda nº 1, art. 153, § 3º.[9]

Na técnica legislativa, as regras jurídicas de competência ou *a)* se sujeitam aos princípios gerais de direito intertemporal, ou *b)* à regra jurídica sobre ser competente quem o é para o julgamento.

Admitamos, por um momento, que seja verdadeiro que tudo se haja deixado ao direito intertemporal, em seus princípios gerais não escritos. As opiniões são discordantes quanto à norma *a priori* de direito intertemporal; quer dizer: não há concordância na revelação do princípio geral. *a)* Uns, e não poucos, invocaram a Lei nº 30, D., *de iudicis: ubi quisque agire vel conveniri debeat*, 5, 1(Marcelo): "*Ubi acceptum est semei iudicium, ibi et finem accipere debet*". Onde foi aceito um juízo, aí deve ele terminar. Naturalmente, através dos tempos, as justificações dessa regra jurídica mudaram, pois que mudaram as circunstâncias históricas e teorias do direito intertemporal, sendo de notar-se que até aí foi ter a *teoria dos direitos adquiridos,* tida por estranha, por certo, ao assunto. *b)* Outros optavam pela lei nova, enquanto a ação não *está en état*. Quer dizer: enquanto a causa não está em ponto tal que não possa ser retirada sem aquiescência da outra parte. As teorias também aqui atuaram, inclusive a *teoria do contrato judiciário* e a *teoria das direitos adquiridos* (à competência).

---

9   Vd. a nota 1.

c) A opinião mais antitética à L. 30, D., *de iudicis: ubi quisque agere vel conveniri debeat,* 5, 1, foi a que estatuiu a incontrastável incidência da lei nova, qualquer que fosse o estado da causa. Entende-se que tal teoria tenha vindo do campo do direito intertemporal do direito processual penal. Por outro lado, que haja influído a regra jurídica a respeito de provimento de juízes: se, no curso de algum processo, se muda a pessoa do juiz, nem por isso, *a priori*, há de a causa acompanhar o juiz, mesmo porque pode ele ter deixado de ser juiz.

Nota-se, desde logo, que as teorias do tipo *b)* são tentativas de síntese. As dos tipos *a)* e *c)* abrangem a competência, os recursos e os julgamentos. As tentativas de síntese mais aceitáveis *de iure condendo* são aquelas que respeitam os atos já praticados e eficazes, para evitar o regramento *ex post facto*. Mas certo é que o Código de 1939, ainda a respeito do processo dos recursos, e não só do seu julgamento, seguia o caminho da tese: "...sem prejuízo dos interpostos de acordo com a lei anterior" (art. 1.047, § 2º). No Código de 1973, nenhuma ressalva se fez.

Temos, assim, que se não adotou (*a*), e cabia discutir-se qual a verdadeira interpretação do art. 1.047, § 2°, do Código de 1939. Não podíamos entendê-lo sem antes entendermos o § 1°: "As ações cuja instrução esteja iniciada em audiência serão processadas e julgadas, em primeira instância, de acordo com a lei anterior, salvo quanto às nulidades". Depois de se haver posto a regra jurídica antítese do art. 1.047, do tipo *c)*, fazendo incidir, desde logo, nos processos pendentes, as regras do Código, ressalvaram-se (exceto quanto às nulidades) as ações cuja instrução estivesse iniciada em audiência. Tinha-se aí ressalva parecida e da mesma classe que a do Código de Processo Civil francês, art. 343: "*L'affaire sera en état, lorsque la plaidoirie sera commencée; la plaidoirie sera reputée commencée quand les conclusions auront été contradictoirement prises à l'audience*". Na alínea 2ª: "*Dans les affaires qui s'instruisent par écrit, la cause sera en état quand l'instruction sera complète, ou quand les détails pour les productions et réponses seront expirés*". Por onde se via que o Código brasileiro de 1939 pôs mais cedo, quanto às causas cuja instrução é em audiência, a linha que separa, no tempo, a incidência da lei velha e a incidência da lei nova. Em vez de abrir o traço temporal no momento em que o juiz fixa o objeto da demanda e os pontos de divergência, a lei preferiu momento anterior a esse, aquele em que se iniciava a instrução. Ora, no art. 1.047, § 2º, o Código de 1939 seguiu a mesma política jurídica de solução sintética: depois de adotar a regra jurídica antitética de incidência da lei nova, *ressalvou* – quanto à admissibilidade, à interposição, ao processo e ao julgamento (incluída a competência) – os recursos interpostos de acordo com a lei anterior. Se já se havia interposto o recurso, ainda que a lei nova não o admitisse, nem as regras de interposição estivessem no Código, nem as de processo fossem as mesmas de outros, nem qualquer corpo judiciário tivesse, após o Código de 1939, competência para julgá-lo, nem as regras antigas de julgamento se enquadrassem no Código, *ainda assim* se teria de admitir, processar e julgar recurso *interposto* antes do Código. Não procuráramos considerações contrárias a isso, *de lege ferenda;* o que importava era interpretar-se a lei, e a lei era explícita. Nem gramaticalmente, nem perante as regras de interpretação científica, a ressalva do art. 1.047, § 2º, era limitada à *admissibilidade* do recurso. Mesmo porque, se ocorresse o caso do recurso hoje inadmissível, que, em virtude do art. 1.047, § 2º, houvesse de ser admitido, levantar-se-ia, necessariamente, a questão de se saber *quem* o julgaria: não há regra jurídica de competência da lei nova quando ela mesma não admite o recurso. A resposta, portanto, era a seguinte: O Código de 1939 afastou-se, evidentemente, da tese da L. 30, D., *de iudicis: ubi quisque agere vel conveniri debeat,* 5, 1; e da antítese da *lei nova* que regesse, em todos os casos, os processos pendentes, para abrir a essa as exceções dos §§ 1º e 2º. As exceções eram parecidas – numa, o *início da instrução* servia de dado para a persistência da lei antiga; noutra, era a *interposição* do recurso. Desde que se interpusesse o recurso, a lei antiga regia a admissibilidade, a interposição mesma, o processo e o julgamento, inclusive a competência. Não haveria, pois, julgamento por tribunal incompetente *ratione materiae*. Ação rescisória, se dela se tivesse de conhecer, seria improcedente, por faltar o pressuposto da incompetência *ratione materiae*, bem como o outro, que se repeliria na preliminar, da violação de *ius expressum*. Aliás, esses pontos eram feridos apenas para o caso em que pudesse ser admitida ação rescisória.

Podemos agora examinar a situação criada pela omissão do Código de 1973. Nele só há o art. 1.211, 2ª parte, como regra jurídica geral sobre o Código: "Ao entrar em vigor, suas disposições aplicar-se-ão desde logo aos processos pendentes".

Pende um processo desde que se inicia, de modo que não é elemento essencial à angularidade da relação jurídica processual. Basta o despacho da petição. Se a petição foi despachada antes de 1º de janeiro de 1974, relação jurídica processual já havia, já se estava em pendência do processo. Qualquer exigência para a citação que o Código de 1973 fez tinha de ser observada. Se se trata de ação rescisória e fora proposta perante juiz singular estadual, não se poderia considerar competente, a partir de 1º de janeiro de 1974, juiz que, sendo estadual, teria de respeitar os arts. 485-495 do Código de 1973, que estão no Título IX (Dos processos nos tribunais). Somente não se há de atender ao Código de 1973 no tocante a juízes federais, porque seria ofensivo à Constituição de 1967, com a Emenda n° 1, arts. 119, I, m), e 122, I, a).[10] Nem o Supremo Tribunal Federal nem o Tribunal Federal de Recursos[11] pode julgar ações rescisórias de julgados que não foram seus.

A despeito da omissão do Código de 1973, temos de entender que, se do ato cabia recurso, ou o recurso ainda podia ser interposto no prazo, mesmo se adveio a exclusão do recurso (*e. g.*, agravo de petição, revista), não pode ser subordinado à nova lei, com ofensa ao art. 153, § 3°, da Constituição de 1967, com a Emenda n° 1.[12]

O que foi nulo, ao tempo em que se praticou, sob o Código anterior, e seria sanável sob o novo Código, tem-se como ato cuja nulidade foi sanada. Mas a nulidade cominada não se torna nulidade não cominada.

A competência para conhecer do recurso, que foi interposto no prazo e a que teria direito o recorrente, é a do juízo que se tem como competente à data do julgamento.

5) Dados históricos – A Lei das XII Tábuas e as leis posteriores da República romana não nos apresentaram regras *explícitas* de direita intertemporal.

Toda regra jurídica tem o seu sobredireito, pois que todas se localizam no Espaço e no Tempo, e as leis a que nos referimos o tiveram, como todas as outras; porém não sabemos qual tenha sido. Conforme Aulo Gélio (*Noctes Atticae*, 17, 7), a crer-se no pontífice Quinto Múcio Cévola, o pai desse, Júnio Bruto e Manílio disputaram se a lei nova só se aplicava *ex post facta* ou se também *ante facta*, uma vez que a lei dizia "*quod subruptum erit eius rei aeterna auctoritas esto*". Mas hoje só se vê em tal caso a discussão, que somente seria gramatical (Fr. Bergmann, *Das Verbot der rückwirkenden Kraft neuer Gesetze im Privatrecht*, 70 s.; Friedrich Affolter, *Geschichte des intertemporalen Privatrechts*, 20; Paul Roubier, *Les Conflits de Lois dans le Temps*, I, 63).

---

10 Respectivamente, arts. 102, I, "g", e 105, I, "e", da Const. 88.
11 Após a Const. 88, Superior Tribunal de Justiça.
12 Vd. a nota 1.

Que as leis por vezes tenham efeito retroativo não há qualquer dúvida (*e. g.*, Constituição de Constantino, *de pactis pignorum*, no ano 320; Constituição de Teodósio II, no ano 424, que submeteu à prescrição de trinta anos ações imprescritíveis, mesmo se nascidas antes; a Constituição de Teodósio II e de Valentiniano III, no ano 426, e a de Anastácio, no ano 508). Grande defensor do princípio da irretroatividade foi CÍCERO (nossos *Comentários à Constituição de 1967, com a Emenda n° 1*, 2ª ed., V, 9 s.). Foi lenta a evolução no terreno do direito intertemporal.

Na época das invasões germânicas, mais se redigiam e se codificavam *costumes* do que se legislava. Os reis mesmos juravam conservá-los. Onde as regras jurídicas costumeiras variaram não se pode perceber, hoje, como se operou a sucessão de uma regra jurídica por outra – se é que as mudanças foram perceptíveis para os próprios contemporâneos. Quando, porém, se estudam as leis dos Visigodos (*Lex antiqua Visigothorum*, aplicável aos Gados, e oriunda de 466-484; *Lex romana Visigothorum*, ou *Breviário* de Alarico, 506; unidade de legislação, feita por Chindasvindo, 642-652, e Recesvindo, 652-672), vê-se que se fez tábua rasa da legislação anterior; que só se aplicava o Código vigente; e que, nos casos de obscuridade e omissões, a interpretação era só legislativa.

Também no direito lombardo só as *causae finitae* escapavam à lei nova.

No direito canônico, Gregório, o Grande (598), disse que a regra nova só dispõe para o futuro: "*...Quoties vero novum quid statuitur, ita solet futuris formam imponere*". Gregório IX (1230) ainda mais explícito foi: "*Com leges et constitutiones futuris certum sit dare formam negotiis, non ad praeterita facta trahi: nisi nominatim in eis de praeteritis caveatur*". Mas a noção de *ius divinum*, superior ao *ius humanum*, impôs aos Papas a retroatividade das regras jurídicas, que consistiam em revelação do direito (*divinum, naturale*), em contraposição às regras jurídicas de inovação legislativa. Note-se o que há, em tudo isso, de análise dos princípios e regras jurídicas para lhes *descobrir* o sobredireito próprio, a regra de direito intertemporal imanente à concepção da norma jurídica – fato de que a Constituição de Alexandre III (C. 5, 10, *de usuris*, 5, 19) nos dá excelente exemplo e que se patenteia ao vivo nos casos em que, devendo ser retroativa a regra, o legislador pesava os inconvenientes e "misericorditer" tolerava (C. 9, 10, *de consacr. eccl.*, 3, 40).

Nos *Libri Feudorum*, a irretroatividade é princípio assente "*...quod autem ante datum fuerit, firmiter permanere debet*", diz-se a propósito de uma Constituição de Urbano II, em 1095. Cujácio, comentando-o, ressalva: "*nisi id nominatim exprimetur*"; o que traduz bem o princípio, pois na mesma coletânea o imperador Frederico I não só confere efeitos retroativos a uma lei, como exproba a Lotário III não lho haver conferido (Friedrich Affolter, Geschichte, 163): "*...unde imperator Lotharius, tantum in futurum cavens ne fieret, legem promulgavit. Nos autem ad pleniorem regni utilitatem providentes, non solum in posterum, sed etiam liliiusmodi alienationes illïcitas hactenus perpetraras, hac praesente sanctione cassamus et in irritum deducimus*".

Na Idade Média, o sobredireito *no espaço* mais preocupou os espíritos que o sobredireito *no tempo*. Mosaico de legislações simultâneas, fragmentação espacial, o medievo adormece nos travesseiros das regras jurídicas costumeiras. Na imensidade assoberbante dos escritos da época, (Glosadores, Pós-Glosadores), bem parca é a contribuição à história do direito intertemporal. Cino da Pistoia (1270-1335) e Felino Maria Sandeu (1444-1503) escreveram pequenas obras sobre a matéria, de escasso valor, pejadas de argumentos pró e contra, deficientes em concluir, pueris no literalismo do método. Bártolo de Saxoferrato, Baldo de Ubáldis, Paulo de Castro e os dois De Imola (João, M. 1436; Alexandre Tartanho, m. 1477) apenas tocaram questões particulares. A Bártolo de Saxoferrato deve-se a definição de *negotium decisum*, que superou a de Ulpiano e a de Paulo: "*Negotium dicitur decisum, quod est finitum transactione, sententia, solutione iuramento, quietatione, praescriptione et similibus modis*".

Nas Ordenações Filipinas, Livro IV, Título 13, § 8, inseriu-se a expressão "daqui em diante". Daí tirou Manuel Gonçalves da Silva (*Commentaria ad Ordinationes regni Portugalliae*, IV, 332 s.) que "*lex nova respicit futura, et non praeterita*". Pascoal José de Melo Freire descurou das regras de direito intertemporal, o que Manuel de Almeida E SOUSA lhe censurou, e ele mesmo (*Notas de uso prático e críticas*, I, 19 s.) nada mais fez do que remeter a Manuel Gonçalves da Silva e ao jurista francês J. Domat. Quanto à lei penal, a lei nova não podia punir crime já cometido. Citou, a propósito, J. H. Böhmer.

A Declaração dos Direitos do Homem de 1789, art. 8, dizia: "*...nul ne peut être puni qu'en vertu d'une loi établie et promulguée antérieurement au délit et légalement appliquée*". A de 1793, no começo da Constituição de 24 de junho de 1793, foi mais enérgica (art. 14): "*...la loi qui punirait des délits commis avant qu'elle existât, serait une tyrannie; l'effet rétroactif donné à la loi serait un crime*". Só se referia às leis penais. A Declaração dos Direitos, posta à frente da Constituição de 5 do frutidor do ano III, levou a vedação ao domínio do direito privado (art. 14): "*Aucume loi, ni criminelle, ni civile, ne peut avoir effet rétroactif*".

O erro maior, na estrada que se teve de percorrer, para se fixar até onde poderia ir, *no passado,* a regra jurídica nova, foi o de pensar-se em *efeitos* dos fatos jurídicos, em vez de se pensar nos *fatos jurídicos*. Levava à confusão estar-se a discutir efeitos da regra jurídica nova e os efeitos dos fatos jurídicos serem os direitos, os deveres, as pretensões, as obrigações, as ações e as exceções. Ora, a regra jurídica *incide* sobre o *seu* suporte fáctico; incidindo, faz jurídicos os fatos (o suporte fáctico) e do fato *jurídico* é que se irradiaram os efeitos. Com o problema, não se tinha somente de cogitar dos efeitos, muito embora os juristas dos dois séculos passados, sem terem ainda os conceitos de direitos expectativos e de direitos ainda sem pretensão, argutamente já ressalvassem os efeitos dos negócios jurídicos condicionais e a termo. Mas, exatamente a respeito desses, restaria o problema do direito expectado e da pretensão ainda não nascida, que não poderiam caber no conceito de direito adquirido. Não se atendia a que a eficácia, que estava em discussão, era eficácia da regra jurídica *no tempo* – portanto, o momento da sua incidência no suporte fáctico.

O próprio enunciado de Ferdinand Regelsberger (*Pandekten*, I, 440), que vem de Gustav v. Struve – "todo direito é direito adquirido" –, pode ser admitido como conceito de direito existente, de direito que já existe; não, porém, para *limite* à eficácia das novas regras jurídicas. Primeiro, porque as regras jurídicas novas nem podem atingir os direitos expectativos, direitos (já) adquiridos, nem os direitos expectados, que (ainda) não existem. Segundo, o problema da eficácia intertemporal das regras jurídicas não poderia procurar somente nos direitos os seus limites: as pretensões e as ações (ainda) não nascidas estariam expostas às leis novas.

O ato não se diz *perfeito* se algo ainda lhe falta (Assento de 5 de abril de 1770). Quando se conclui o negócio jurídico, que se quis, já ele independe do que se quer (Ordenações Filipinas, Livro III, Título 6, § 2; Título 11, § 1; Título 26, § 1; IV, Título 2, pr.; Título 37, § 1; Título 44, § 8; Título 86, § 18). Mas manifestação de vontade subsequente pode explicitar a intenção do precedente (Alvará de 18 de fevereiro de 1766).

A propósito do *termo*, o direito foi adquirido; o que falta é a exigibilidade: faltam-lhe a pretensão e a ação, ou, às vezes, só a ação; não o direito.

A propósito da *condição*, adquiriu-se o *direito expectativo*, e a lei que atingisse o direito expectado, direito que ainda não foi adquirido (no sentido estrito), ofenderia o direito expectativo. Todo direito expectativo é direito que expecta, que está a *ex-spectare*, que vê de fora, que contempla. A técnica e a terminologia jurídica tiveram de distinguir a *expectativa*, que é simples atitude no mundo fáctico, e o *direito expectativo*, que é como o direito ao direito que vai vir. De jeito que a tutela do direito expectativo implica que se tutele, em consequência, o direito expectado, que é o direito a que tem direito o titular do direito expectativo.

6) Conceitos científicos – A ciência do direito intertemporal tem de partir de pesquisa assaz delicada: a da *linha* que divide o efeito *normal* e o efeito *anormal* da lei nova. É indagação sutil de *pontos* de tempo. Quer-se saber, no plano do direito intertemporal, o que é passado e o que é presente. O futuro interessa menos, porque é o campo próprio das leis. Mais uma vez nos vem à mente o dito de Melchior Febo: "*Natura legis est decidere casus futuros*". As expressões *facta praeterita*, *facta pendentia*, *facta futura* traduzem os três momentos, mas o cerne da questão está nos *facta pendentia*, porque é aí que se *encontram* e como que se *recobrem* as duas legislações, a antiga e a nova. Mais de dois milênios foram gastos em alusões ao passado, e ao que o invade, isto é, ao retroativo, e ao não retroativo, ou só para o futuro. No entanto, não se prestava a devida atenção ao presente, à *imediatidade* da lei. Muitas vezes, por isso mesmo, se pôs no rol dos efeitos retroativos o que somente constituía efeito *presente*. Aproveitando expressão de Robespierre, que disse: "la loi n'aura pas un effet rétroactif, mais un effet immédiat, en erdonnant la restitution d'une propriété légitime", Paul Roubier (*Les Conflits de Lois dans le Temps,* I, 372) falou de efeito retroativo e de efeito imediato, procurando distingui-los com certa nitidez. Algo lhe faltou.

a) O efeito retroativo, que invade o passado, usurpa o domínio de lei que *já* incidiu, é efeito de hoje, riscando, cancelando o efeito pretérito: o hoje contra o ontem, o voltar no tempo, a reversão na dimensão fisicamente irreversível. É preciso que algo que *foi* deixe de ser no próprio passado; portanto, que deixe de *ter sido*. O efeito hodierno, normal, é o hoje circunscrito ao hoje. Nada se risca, nada se apaga, nada se cancela do passado. O que *foi* continua a ser tido como tendo sido. Só se cogita do presente e da sua lei. Se Friedrlch Affolter subsumiu o presente no passado, sacrificando aquele a esse, Paul Roubier libertou-o só em parte, porque não soube ir até as últimas consequências da libertação: ora o presente se opõe ao passado e, pois, aparece independente e livre; ora o presente deixa que o passado o invada. Tal atitude seria certa se houvesse dados que o obrigasse a tal indução. A ciência não é adstrita a formular regras jurídicas capitais simplistas: sobrevivência da lei antiga, ou incidência imediata (porém não retroativa) da lei. Tais dados, em todo caso, não existem; ou, se existem, o jurista francês não os mostrou. Nós afirmamos que não existem. Daí ter-se de recompor a teoria. Por outro lado, o presente pode só ser hoje e pode ir além, enchendo futuro, que é o presente a vir.

Se uma lei suprime o divórcio (*e. g.*, lei francesa ou lei alemã), ou se o cria (*e. g.,* lei brasileira ou lei italiana), os que já se achavam casados antes dela podem invocá-la. É o efeito normal, contemporâneo à entrada em vigor da lei. Nenhum problema surge quando ela o cria, pois aqueles mesmos que estavam separados, porém não divorciados, podem pedir o divórcio. É de uso estabelecerem as leis a conversão das separações de corpos, dos desquites, em divórcios. Se a lei suprime o divórcio, os que se achavam casados já não se podem divorciar. Não é preciso que se invoque o respeito da coisa julgada, porque em verdade a lei não poderia recasar os que já se achavam divorciados, que não eram, portanto, casados. Lei que estatuísse diferentemente seria retroativa: iria ao passado, quando as duas pessoas se casaram, para de novo ligá-las, e repeliria do mundo jurídico o divórcio, que nele entrara.

b) Muitas relações jurídicas nascem de simples fatos, fatos do mundo físico ou fatos do homem (*ex facto oritur ius*), ou neles têm a causa da sua extinção.

A lei do presente é a que governa o nascer e o extinguir-se das relações jurídicas. Não se compreenderia que fosse a lei de hoje reger o nascimento e a extinção resultantes de fatos anteriores. Isso não obsta a que uma lei nova tenha – como pressuposto suficiente, para a sua incidência, *hoje* – fatos ocorridos antes dela. Porém não só ao nascimento e à extinção das relações jurídicas concerne a regra jurídica de coatualidade do fato e da lei. Os efeitos produzidos antes de entrar em vigor a nova lei não podem por ela ser atingidos; dar-se-ia a retroatividade. Os efeitos são, às vezes, *contínuos* no tempo, de modo que pode ser dividido o tempo em que se lhes verifica a produção. Algo de *lineal*, em vez de *punctual*. Temos, pois, *pontos* que ficam nas extremidades da existência das relações jurídicas; e *linha*, entre o nascimento e a extinção, a que correspondem aqueles pontos. Todavia, nem sempre o *ponto* em que a relação jurídica se constitui é independente de fatos anteriores, de lapsos de tempo, isto é, de linhas (*e. g.*, usucapião, vitaliciedade nos cargos públicos, ações dependentes de certo tempo, direitos decorrentes do correr de certos prazos processuais, ou de certa atividade contínua). Digamos o mesmo quanto à extinção (prescrição, preclusão, expiração de prazos, aposentadoria compulsória de funcionários públicos). Outras relações jurídicas só se estabelecem mediante o concurso de dois fatos sucessivos, mais ou menos distantes um do outro (sucessão testamentária = testamento + morte do testador; casamento = celebração + publicação; promessa de recompensa = publicação + execução do ato a ser recompensado).

A sucessividade dos elementos – sucessividade descontínua, que se diferencia, por isso mesmo, da continuidade, a que antes aludimos – põe ao vivo que há dois ou mais momentos decisivos; donde ser de enunciar-se a regra *Media tempora non nocent*.

c) Se a relação jurídica já se constituiu, ou ainda não se extinguiu, quando intervém a lei nova, só a lei do presente está em causa. Não há questão. Ir ao passado seria retroagir. Mas é fácil acontecer que a constituição ou a extinção esteja em curso ao aparecer a lei nova. O ato praticado pelo que era capaz continua válido, posto que a nova lei o faça incapaz; porém a solução não é tão simples em se tratando de relações jurídicas ligadas a dois momentos (ou mais), ou a lapso de tempo.

Enquanto a relação jurídica não se estabelece, ou não se extingue, a lei nova pode intervir. É princípio que os elementos sucessivos têm cada um a sua lei, o seu momento legal, mas é decisiva a lei do último momento, que é a do último elemento necessário. Tem-se dito que, no caso de sucessão testamentária, reputar nulo o testamento que foi feito sob a lei antiga, e, segundo ela, valia, seria absurdo, e nisso estaria a prova de que a lei do último elemento necessário não é a decisiva. Mas aí se confunde o caso da existência de dois elementos, um dos quais *preparatório* (publicação do casamento a realizar-se), com a da existência de dois elementos necessários à constituição (ou extinção) de uma relação jurídica, mas independentes. No caso de independência deles, a lei do último não prepondera e haveria retroatividade em se estatuir que não valessem, formalmente, testamentos já feitos segundo a lei do momento da feitura; mas é inevitável a preponderância, se o elemento ou os elementos ligados à lei antiga são preparatórios. A Constituição de 1967, art. 153, § 3º,[13] veda leis que atinjam, no tempo, *atos jurídicos perfeitos*. Uma das consequências é a de se não poder editar regra jurídica que considere nulo, quanto à forma, testamento anterior à entrada em vigor da nova lei. Mas dir-se-á que escapa ao princípio da Constituição, que faz inconstitucional qualquer regra jurídica contrária a ele, o texto de lei que modifique os pressupostos de publicações preparatórias, se bem que já procedidas. Não foram ainda

---

13 Conforme a Emenda Constitucional nº 1, de 17.10.1969. Atualmente, inc. XXXVI do art. 5º da Const. de 1988.

usadas. A lei nova pode entender que valha para o ato posterior o que se fez, preparatoriamente, antes dela; mas, aí, a questão é outra, e está ligada ao princípio de que o presente recebe do passado tudo que lhe pareça digno de ser recebido ainda que pudesse não receber.

Se os fatos ou situações jurídicas não determinaram a constituição ou extinção da relação jurídica, que deles e de outros, ou de outro, depende, cumpre verificar se há independência dos referidos fatos, ou situações jurídicas, ou se constituem simples pressupostos da constituição ou extinção da relação jurídica. Assim, a *forma* do testamento rege-se pela lei do tempo da feitura, porque a morte é fato independente, e a forma é independente da *morte*, juntos estabelecendo os dois pressupostos independentes da sucessão testamentária que é *testamento* mais *eficácia* do testamento. Não é esse o caso das publicações pré-nupciais, pressuposto dependente do ato do casamento, inseparável dele, de que é parte integrante. Sutil, por certo, a distinção, mas, na sistemática do direito, imprescindível.

Assim como existem *atos preparatórios*, situações prévias, dependentes de alguma relação, existem atos, situações, relações, que são subsequentes e, como efeitos, dependentes; de modo que a figura jurídica posterior é ligada à sorte da anterior: pátrio poder, usufruto legal; menoridade ou interdição; tutela e curatela; execução, depósito judicial. A lei nova, que atinge a relação jurídica. principal, atinge a secundária. A *obrigação alimentar* por direito de família e o direito *ao nome* derivado de relações de tal natureza dão-nos exemplo disso. Resta saber se a lei que suprime a tutela testamentária suprime as tutelas que já estavam em funcionamento. Não, porque a lei nova só se dirige aos testadores que ainda não faleceram, e não aos que já faleceram. (Outrossim, não só se dirige aos que testarem no tempo em que ela vige, porque as nomeações feitas antes de entrar em vigor a nova lei não valem, se a morte ocorre já na vigência dela.)

d) A problemática do *direito intertemporal*, como a de todo sobredireito, supõe a questão prévia de *competência*. No direito internacional privado, no direito processual internacional e noutros ramos referentes a limites *espaciais* das leis, trata-se, antes, de saber *qual* dos Estados interessados deve dar a lei. Mas, no direito intertemporal, a consideração de outro Estado é excepcional (*e. g.,* sucessão ou anexação de território). O direito intertemporal mais corresponde, na dimensão do tempo, ao *direito interlocal*, que é o direito dos limites espaciais da lei no mesmo Estado. Em princípio, o Estado tem competência para legislar em toda a extensão do tempo, desde que suas normas a respeito possam ser executadas. Acontece, porém, que lhe parece mais acertado consultar a ciência, os interesses de ordem social e de paz pública, e daí os diversos caminhos que têm tomado os legisladores: formular *regras jurídicas gerais* de *interpretação das leis*, no tocante aos efeitos das leis no tempo, e edictar princípios constitucionais que se imponham aos próprios legisladores; acreditar – e tal crença surte todas as consequências correspondentes à regra jurídica posterior – na existência de princípios supraestatais (de ordem religiosa, ou racional, política ou social) que dominem as atividades dos órgãos do Estado.

A não retroatividade, a não violação dos direitos adquiridos e outras variantes do respeito à lei antiga dependem, portanto, *sempre*, de um *plus* que atenue a livre atuação do legislador estatal *na dimensão do tempo*.

e) As leis que retificam não devem retroagir. Partindo de que, em algum sistema jurídico, as leis podem ser interpretativas, erra a opinião que assimila as leis retificativas às que contêm interpretação autêntica. Foi o que entendeu, em França, a Corte de Cassação, a 3 de agosto de 1812, porém cedo se emendou e refugou qualquer assimilação (16 de julho de 1828 a 18 de novembro de 1846). Essa é que é a doutrina, velha e nova (Mailher De Chassat, *Traité de la Rétroactivité des Lois*, 2ª ed., I, 145; Jean Reymond, *Des Lois d'interprétation et de leur rétroactivité*, 185 s.; Paul Roubier, *Les Conflits de Lois dans le Temps,* I, 141 s.). Todavia, efeitos no passado umas e outras não devem ter: as retificativas, porque, por definição, alteram a regra jurídica, antiga; as interpretativas, porque ou são supérfluas ou alteram – são *possivelmente* retificativas.

f) No Código de 1973, art. 1.217, diz-se que ficam mantidos os recursos dos processos regulados em leis especiais e as regras jurídicas que regem o procedimento constante do Código de 1939, até que se publique a lei que os adaptará ao sistema do Código de 1973. Sobreveio a Lei nº 6.014, de 27 de dezembro de 1973, que foi publicada a 31 de dezembro de 1973, mas o *Diário Oficial* daquele dia só circulou a 4 de janeiro de 1974, e também a Lei nº 6.071, de 3 de julho de 1974.

g) Diz-se que, tendo alguém praticado ato para o qual era incapaz, a lei nova, que o considere válido, retroage. Aqui, é indispensável proceder-se à distinção: a lei nova tem plena liberdade para dizer o que é que, a partir da sua entrada em vigor, se tem por ato jurídico, e, se ela assenta que atos anteriores valem, embora antes lhes negasse valor a lei antiga, nenhum efeito retroativo se produziu; retroatividade só se daria se os considerasse válidos *ex tunc*, ou a qualquer momento antes dela. A lei nova, diz valerem testamentos que não valiam, não retroage. Seria retroativa se já morto o decujo. Os raciocínios que têm chegado a conclusões diferentes não atendem a que toda lei é dominante, incidente, *dentro do seu tempo*.

O testamento *nulo* que não foi destruído pode ser válido se a lei nova, incidindo antes da morte do testador, diz que tal testamento, embora feito antes, vale, uma vez que o testador não exprima vontade contrária. A lei nova reputou persistente o fato anterior – na espécie, o negócio jurídico unilateral anterior – e podia fazê-lo. Todavia, se a lei nova não se refere a esses negócios jurídicos passados, tem-se de interpretar no sentido de somente reger os negócios jurídicos que se *perfazem* no seu tempo (= desde o começo do seu vigor). Há sutileza, mas é ineliminável: a regra jurídica da nova *lex* é dispositiva e se refere à vontade manifestada antes, entendendo que se deve ter como persistente (a vontade!), salvo manifestação contrária. Não se trata de *sanção*, que seria ida ao passado para se fazer válido o que válido não era.

h) A interrupção da *prescrição* pertence à classe dos fatos jurídicos ligados a pontos, a elementos atômicos. Há uma lei, e só uma lei, sob a qual a interrupção se deu. A suspensão, iniciada sob a lei antiga, pode ter como causa fato ou estado contínuo, e só nesse caso constitui espécie digna de estudo. O tempo que correu como de suspensão, durante a vigência da lei antiga, é passado, e como passado se trata. A lei nova somente é possível abolir a causa, ou determinar que a suspensão tenha limite. Na primeira hipótese, a prescrição retoma o curso; na segunda, retomá-lo-á no limite fixado, ou desde logo, se o tempo máximo já foi atingido. Se foi considerada imprescritível a ação, e estava correndo a prescrição, cessa o curso à entrada em vigor da nova lei.

Ainda que a ação se reja pela lei antiga, os pressupostos da prescrição são os do momento em que essa tem de começar. O direito que rege a prescrição pode não ser, portanto, o que regeu e rege a pretensão. A prescrição é exceção: cobre a eficácia da pretensão. Os pressupostos para o curso da prescrição são os da lei, ou leis, sob as quais acontece. Todavia, é preciso que nos cinjamos à análise do tempo, e não à dos fatos ou dos direitos: fora daí esquecer-nos-emos de que o direito intertemporal é pesquisa do domínio temporal das leis: estaremos a emprestar-lhes métodos do direito substancial. Em consequência, da atenção à atuação da lei *no seu tempo*, nada impede que a lei nova considere interruptivo da prescrição em qualquer momento, *a partir da entrada em vigor,* o fato anterior, *e. g.*, ter estado a serviço de guerra o prejudicado pelo curso da prescrição.

A lei nova não pode ter o efeito de considerar interruptivo da prescrição fato que, ao tempo em que ocorreu, não o era, nem o de considerar não interruptivo fato que, ao tempo em que ocorreu, era interruptivo (Tribunal Comercial de Marselha, 5 de fevereiro de 1932). Mas, ainda aí, é preciso atender-se a que toda lei é dominante *no seu tempo,* de modo que fato passado pode ser causa de interrupção a qualquer momento *a partir da lei nova.* O que não lhe é dado é estabelecer efeitos *no passado,* porque não lhe é dado fazer o fato ocorrido *ter entrado* no mundo jurídico.

A respeito da suspensão da prescrição, a regra de direito intertemporal pode ordenar: *a)* que só se julgue pela lei do tempo em que a prescrição começou (Preussisches Allgemeines Landrecht, I, 9, §§ 512, 516 e 530, com as exceções dos §§ 528 e 529); *b)* que só se aplique a lei do tempo em que aconteceu a causa suspendente (tempo em que a suspensão começou); *c)* que só se atenda à lei do tempo em que a prescrição acabe; *d)* que somente se atenda à lei do tempo no qual a suspensão acabe; *e)* que só se cogite do tempo ocorrido durante cada lei; *f)* que se proceda a cálculo de proporção dos dois prazos. Na falta de texto positivo, cumpre procurar-se a solução mais aconselhável. Trata-se, então, de problema científico. Na legislação do Brasil, não há nem houve regra de direito intertemporal, a propósito de suspensão de prescrição, porque a noção de direito adquirido estrito senso é insuficiente, a de ato jurídico estranha à matéria e a de coisa julgada passa além do problema.

A suspensão da prescrição pode resultar de fato instantâneo ou de estado contínuo. No primeiro caso, a suspensão está sujeita a regras jurídicas relativas à interrupção: se a lei diz que se suspenderá por três meses, o fato, que sob ela se produziu, surtirá esse efeito da lei do seu tempo. No segundo caso, se a lei nova cria causa de suspensão, a prescrição suspende-se a partir da entrada em vigor, de modo que o tempo corrido, a despeito de ter começado o estado contínuo, se conta do prazo da prescrição; se a lei nova suprime causa que a lei antiga conhecia, a prescrição recomeçará a correr, sem que se conte no prazo da prescrição o tempo que correu. Se o legislador aumenta o prazo, a prescrição é a da lei nova: não há, aí, qualquer efeito retroativo, ou qualquer ofensa a direitos adquiridos. O cálculo da proporção dos dois prazos seria injusto, sobre ser artificial: o que correu não foi suficiente para os efeitos decisivos, que só se produzem à expiração de tempo marcado pela lei. A exceção de prescrição somente nasce a partir da terminação do prazo prescricional. Vê-se bem que as leis têm o seu *tempo,* e a ciência analisa-o. E cabe-lhe prosseguir na investigação.

A jurisprudência francesa, com julgados discordantes, tem entendido que o art. 2.281 do Código Civil francês obsta a que se apliquem leis novas sobre a interrupção e a suspensão da prescrição, se já em curso a prescrição (Aix, 2 de janeiro de 1826, e Cass., 26 de junho de 1927; Nancy, 31 de julho de 1834; Caen, 20 de fevereiro de 1838; Aix, 14 de junho de 1838;

Alta Corte dos Países Baixos, 21 de novembro de 1856; contra – Nimes, 20 de fevereiro de 1838; Dijon, 4 de agosto de 1838). Teríamos, portanto, a solução *a)*. O legislador alemão, que não pretendeu formular regra jurídica geral a respeito, nem teve a pretensão de ser o porta-voz de princípio *a priori*, ou, sequer, indutivo, limitou-se a editar regra jurídica para a incidência intertemporal do Código Civil e ordenou que o começo, bem como a suspensão e a interrupção da prescrição, se determinasse, *para o tempo anterior à entrada em vigor do Código Civil*, segundo as leis anteriores (Einführungsgesetz, art. 169, alínea 1ª, 2ª parte: "Der Beginn sowie die Hemmung und Unterbrechung der Verjährung bestimmen sich jedoch für die Zeit vor dem Inkrafttreten des Bürgerlichen Gezetsbuchs nach den bisherigen Gesetzen").

i) Em tudo que toca ao processo preparatório do casamento (publicações, inclusive quanto à forma das oposições à celebração), tem-se pretendido que não incide a lei nova. A lei que modificasse o regime das publicações e a forma dos atos opositivos, ou de respeito, não poderia, sem a eiva de retroatividade, inutilizar o que já se havia feito (Paul Roubier, *Les Conflits de Lois dans le Temps,* I, 391, e II, 318). Mas é sem fundamento tal solução: desatende a que o ato jurídico, a relação jurídica capital, de que os outros atos são simples formalidades integrantes, ainda não se completou; os atos respeitosos, em seu valor de forma, e as publicações são simples pressupostos do negócio jurídico do casamento, da constituição de relação jurídica, que é o contrato de casamento. (Se a lei nova exige, para que algum se aliste como eleitor, alguma justificação com três testemunhas e, sob a lei antiga, que só exigia duas, já o requerente a havia obtido, não pode o juiz dispensar a justificação segundo a nova lei, porque seria dispensar a exigência legal, dispensar pressuposto de uma lei.) PAUL ROUBIER foi mais longe no seu erro: entendeu que o próprio fundo da oposição ao casamento se rege pela lei sob que se produzira, de modo que, se a lei anterior não exigia motivo à oposição e sob ela, de acordo com ela, se opuseram os ascendentes ou o ascendente, a lei nova tem de respeitá-la, sob pena de responsabilidade. A Lei francesa de 8 de abril de 1927 serve de exemplo, em relação ao Código Civil. Ora, fora dispensar pressuposto da lei nova. Se o casamento não se realizou, trata-se de efeito normal, imediato, da lei, e não de qualquer efeito retroativo.

Se a lei nova suprime alguma formalidade, ou alguma exigência de fundo, pode, sem ela, celebrar-se o casamento. A criação de exigências de forma, ou de fundo, obriga à satisfação delas, se o casamento ainda não se celebrou no momento de entrar em vigor a lei nova.

j) Tratando-se de julgamentos desconstitutivos – *e. g.*, divórcio, separação de corpos, separação de bens, resolução, resilição, rescisão –, o papel do juiz é de *desconstituir*, e não só de aplicar lei. Ora, se, no momento do fato que autoriza o divórcio, ou qualquer das medidas da mesma natureza, a lei permite a atividade do juiz, mas a do momento da sentença não a permite, não é possível deferir-se o pedido, porque já não é o juiz autorizado a isso Não há, então, retroatividade, nem ofensa aos direitos adquiridos; o que há é efeito normal, mesmo se estava pendente a lide.

A situação dos divorciados é suscetível de eficácia jurídica, de modo que o divórcio não estabelece um "nada jurídico" entre os ex-cônjuges. Há os efeitos concernentes à guarda dos filhos, às proibições de casamento, como a do art. 295 do Código Civil francês; mas tais efeitos são pressupostos integrantes de relações jurídicas, subordinadas à lei nova, porque dentro do tempo em que ela domina. Trata-se de efeito normal, imediato, e de nenhum modo retroativo. Se, apesar da proibição, o divorciado se casou com alguém, ou se casaram os ex-cônjuges, a lei nova, que extinga a proibição, não vai validar *ex tunc*, ou desde qualquer momento do passado, o casamento nulo; mas, se a lei nova diz que podem ser levados a alguma formalidade, ou os considera, sem outra formalidade, válidos *ex nunc,* tal lei é, *de lege ferenda,* críticável, porém não retroativa, ou ofensiva de direitos adquiridos ou de atos jurídicos perfeitos. Se houve julgamento da nulidade, sim: ofenderia a coisa julgada. O ato jurídico *entrou* no mundo jurídico. Enquanto não se lhe decreta a nulidade, ele lá está, é apanhável, como suporte fático, pela lei nova, se o suporte fático, deficiente, que entrara, *poderia*, segundo a lei nova, entrar, *agora*, mas só desde agora, validamente. A lei nova precisaria ser expressa.

1) A lei nova não pode retirar do mundo jurídico o ato jurídico perfeito, nem alterá-lo a seu talante. Também a lei não pode retirar do mundo jurídico o fato jurídico, porque, tendo entrado, seria invadir o passado. Todavia, a eficácia do fato jurídico, que se teria de produzir, por estar ligada ao presente, estaria ao alcance da lei nova. Foi por isso que o legislador não se satisfez com a proposição no plano de existência, e lançou outra, no plano da eficácia: "A lei não prejudicará o direito adquirido..." Se A morreu e a lei do dia da morte apontava, como sucessores a causa de morte, B e C, a lei nova não pode dizer que *foram sucessores* B, C e D, ou somente C e D, ou somente D, porque a sucessão já se deu (= B e C já herdaram, já têm direitos sobre os bens, ditos direitos adquiridos). Por lhe faltar regra jurídica melhor, o legislador constituinte aludiu ao efeito (direito); porém, em verdade, a eficácia foi toda no momento da morte. Seria mesmo dizer-

se que a morte, fato jurídico de direito das sucessões, não é atingível pela lei nova. Já dissemos que a expressão "direito adquirido" é insuficiente. Com toda a razão. Leia-se, no art. 153, § 3°, "direito (adquirido), pretensão, ação ou exceção". A lei nova não pode cortar a pretensão, que já se produziu, como não poderia cortar o direito. Nem pode cortar a ação, ou a exceção, como não poderia cortar o direito.

O ato jurídico perfeito, a que se refere o art. 153, § 3°, da Constituição de 1967, com a Emenda n° 1,[14] é o negócio jurídico, ou o ato jurídico *stricto sensu*; portanto, assim as declarações unilaterais de vontade, como os negócios jurídico bilaterais, assim os negócios jurídicos, como as reclamações, interpelações, a fixação de prazo para a aceitação de doação, as cominações, constituição de domicílio, as notificações, o reconhecimento para interromper a prescrição ou com sua eficácia (atos jurídicos *stricto sensu*). Os atos-fatos jurídicos têm, de regra, simultâneas, a existência e a eficácia (especificação, descobrimento de tesouro, composição de obra científica, ou artística, ou literária). Não são atos jurídicos, no sentido do art. 153, § 3°, mas tais atos-fatos produzem direitos, ao entrarem no mundo jurídico, e a 1ª parte do art. 153, § 3°, protege-os contra lei nova. Dá-se o mesmo, no seu tanto, com os fatos jurídicos *stricto sensu*.

Por onde se vê que a terminologia do art. 153, § 3°, é terminologia superada, terminologia que não corresponde ao que se sabe sobre a classificação dos fatos jurídicos, nem sobre o que a ciência investigou quanto à incidência e à eficácia das leis no tempo.

m) A coisa julgada é formal quando não mais se pode discutir no processo o que se decidiu. A coisa julgada material é a que impede discutir-se, noutro processo, o que se decidiu. A alusão do art. 153, § 3°, é à coisa julgada formal, e não só à coisa julgada material; também se entende a coisa julgada material porque essa contém aquela, ao passo que nem toda decisão dotada de eficácia de coisa julgada formal produz coisa julgada material.

Em sistemas jurídicos, que têm os *princípios da legalidade, da irretroatividade das leis* e *da origem democrática da regra jurídica,* não se pode pensar em regra jurídica interpretativa, que, a pretexto de autenticidade da interpretação, *retroaja*. A "interpretatio authentica", retroativa, de origem romana imperial (Novela 19 do ano 536), ou acerta no que

---

14 Vd. a nota 1.

explicita do conteúdo da regra jurídica interpretada, e é supérflua, ou não acerta (= não corrige), e refere-se ao passado, insinuando-lhe conteúdo *novo*, diferente, que se substitui, *ex tunc,* ao que se enunciara no passado. No prefácio da própria Novela 19, Justiniano dava notícias das dúvidas, que havia, quanto a poderem tais regras interpretativas de leis passadas ir apanhar o que ficara, no tempo, para trás, portanto – com a *incidência* da regra jurídica tal como a entendiam, antes da interpretação autêntica. O imperador somente ressalvara aquilo sobre que já houvera julgamento ou transação. A esse pensamento justinianeu não se prestam os sistemas jurídicos que contêm a regra constitucional do art. 153, § 3°. *A fortiori*, não se pode pensar em regra jurídica interpretativa, retroativa, feita por decreto, porque, então, se violariam o art. 153, § 3°, o art. 153, 29, e os arts. 27-72 da Constituição;[15] isto é, os três princípios: o da *irretroatividade da lei*, o da *legalidade* e o da *democracia*. Todo tributo tem de ser por lei, que o Congresso faça, de acordo com os princípios da Constituição e as normas dos Regulamentos internos, e sem retroeficácia, mesmo se a *lex nova* se diz interpretativa.

Em sistema jurídico, sem a verificação judicial da inconstitucionalidade das leis, mas em cuja Constituição há a vedação das leis incidentes em fatos pretéritos, havia de ser bem difícil a atitude dos juízes: lá estaria o texto constitucional que proibia as leis incidentes no passado, ditas leis retroativas, e não teriam os juízes o meio de obstar à incidência anticonstitucional da lei nova, ou interpretativa.

7) Direito intertemporal das leis processuais – Não pensemos, sob o Código de 1973, em início de audiência e em interposição de recurso, como se admitia sob o Código de 1939, art. 1.047, §§ 1° e 2°. Nem postulemos que os prazos fixados pela lei velha se regiam totalmente por ela; bem assim os prazos de remessa e preparo se não decorreu mais de metade (Código de 1939, art. 1.048). O art. 1.211 estatui que se aplica o Código de 1973 a todos os processos pendentes, mas havemos de entender que só se aplica o que incidiu ou incide. A incidência das leis, no tempo, rege-se, precipuamente, pelos princípios constitucionais, e um deles, de direito intertemporal, é o do art. 153, § 3°, da Constituição de 1967, com a Emenda n° 1.[16] Tem-se de afastar qualquer regra jurídica nova, que, apli-

---

15 Const. 88, respectivamente, art.5°, XXXVI; art. 150, I e III, "b", e arts. 44-75.
16 Vd. a nota 1.

cada, ofenderia direito adquirido, ato jurídico perfeito ou coisa julgada. Por exemplo: se a alguém já estava criado o direito de recorrer de alguma decisão, não seria admissível que, dentro do prazo, não mais pudesse recorrer o legitimado a tal remédio jurídico-processual. A ação rescisória nasce no momento em que transita em julgado a sentença rescindenda. Não se exija para os recursos que eles tenham sido interpostos antes da lei nova. O prazo é o que está na lei e apenas se há de responder à questão que merece atenção: ¿ pode a lei nova diminuir ou aumentar o prazo para a interposição do recurso ou para a propositura de ação? O assunto só é concebível se não se esgotou o prazo; portanto, se não se exerceu o direito ao remédio jurídico-processual, seja de "ação" ou seja recursal. Uma vez que o prazo ainda corre sob a lei nova, pode ela aumentá-lo. Quanto à diminuição, não; porque diminuir prazo do exercício de direito já existente é ofender direito adquirido. Se alguma decisão transitou em julgado a 31 de dezembro de 1973, ou antes, o prazo preclusivo, para a ação rescisória, é de cinco anos (direito anterior). Só a sentença que transitou em julgado a 1º de janeiro de 1974, ou depois, é que tem de ser proposta no prazo de dois anos (Código de 1973, art. 495). Na doutrina, tem-se de repelir a afirmação da incidência da lei nova, sem distinção (aumento, diminuição), no tocante aos prazos preclusivos. Quando se aumenta, não se prejudica, mas prejudica-se quando se diminui.

Se o direito ao recurso nasceu antes da lei nova e o prazo para a interposição somente se esgotaria sob a lei nova, a lei nova pode dilatá-lo; não, porém, diminui-lo. Se a espécie de recurso existia sob a lei velha e a lei nova a extinguiu, tem-se de saber quando surgiu o direito a recorrer, sem se poder admitir, perante o art. 153, § 3º, da Constituição de 1967, com a Emenda nº 1, que se diminua o prazo para a interposição, que é o exercício do direito a recorrer. A interposição é exercício do direito de recorrer. Não há, sequer, pensar-se em qualquer limitação ao exercício, como a exigência, pela lei nova, de alguma caução. Tudo se há de reger pela lei vigente ao se proferir a sentença. Observe-se, porém, que a regra jurídica, divergente, se consta da Constituição, ou de emenda constitucional, incide imediatamente, porque o princípio de irretroatividade das leis não atinge texto constitucional: a esse é que cabe dizer, em geral ou em particular, quando começa a incidir.

A regra jurídica do art. 1.211, 2ª parte, onde se diz que, "ao entrar em vigor" o Código de Processo Civil de 1973, "suas disposições aplicar-se-ão desde logo aos processos pendentes", deixou problemas no tocante a diferentes atos de direito processual, quer atos das partes, quer de terceiros, quer dos juízes. Mas é absurdo dizer-se que o lugar próprio das normas de direito internacional ou intertemporal é o da Introdução ou da Lei de Introdução ao Código Civil. Uma coisa é a existência, a validade e a eficácia dos atos de direito material e outra a dos atos de direito processual civil ou penal. Há regras jurídicas gerais de direito intertemporal, de que conspícuo exemplo o art. 153, § 3º, da Constituição de 1967, com a Emenda nº 1, que já nos adveio da Constituição Política do Império do Brasil, art. 179, § 3º, da Constituição de 1891, art. 11, mais explícita na Constituição de 1934, art. 113, 3), e na Constituição de 1946, art. 141, § 3º, que a Constituição de 1967, com a Emenda nº 1, conservou.

Se vamos ao passado, é a Cícero que havemos de prestar a honra que lhe devemos, ao ter combatido Quinto Múcio Cévola. Nos *Comentários à Constituição de 1967, com a Emenda nº 1,* Tomo V, 2ª ed., ps. 5-104, tratamos do assunto, histórica e sistematicamente. E temos de insistir no que sempre dissemos: A irretroatividade defende o povo; a retroatividade expõe-no à prepotência.

Qualquer que seja o ramo do direito, público ou privado, material ou formal, o que importa é que se respeitem os direitos adquiridos, os atos jurídicos perfeitos e as coisas julgadas. Direitos adquiridos há em qualquer ramo do Direito, mesmo se simplesmente processual ou administrativo. Atos jurídicos perfeitas, concluídos digamos, há em todos eles. A coisa julgada provém do juízo, qualquer que seja, e com ela se afirmou a existência de direito que se adquirira, ou de algum ato jurídico, ou se lhe negou a existência. Se nasceu para alguma parte ou terceiro direito a recorrer de um julgado, não pode a *lex nova,* diante do prazo para o recurso, ofender aquele direito. Pelo fato de ser o direito processual algo para se aplicar a regra jurídica que incidiu ou incide, ou para que se não aplique, de modo nenhum se há de tratar como sistema inferior ao sistema do direito material.

Se pende alguma demanda, a lei da data da propositura incide até que tenha de incidir a lei nova. Essa tem de respeitar os direitos adquiridos, os atos jurídicos perfeitos e as coisas julgadas. Qualquer ato do juiz que era recorrível dentro de determinado prazo recorrível continua até que o prazo se esgote: a lei nova não o alcança. Se acabou o prazo, há coisa julgada. O que pode acontecer é que a lei nova, enquanto corria o prazo, o aumente. Tal lei nova tem de estar em vigor antes do esgotamento.

O art. 1.211, 2ª parte, do Código de 1973 não disse que cessaram, para os processos pendentes, quaisquer eficácias da lei anterior. Nos processos pendentes, a que o Código de 1973 se refere, têm de ser observados os princípios do art. 153, § 3º, da Constituição de 1967, com a Emenda nº 1, e de modo nenhum estabeleceu a incidência da lei nova em qualquer espécie de direito adquirido, ato jurídico perfeito ou coisa julgada. Assim, são de repelir-se as críticas que fazem ao art. 1.211, 2ª parte. Nele não se estatuiu a incidência sem respeito à regra jurídica constitucional. A parte ordinatória do processo é alcançada pelo novo Código; não a decisória, pois que nela pode ter havido direito adquirido, ato jurídico perfeito e coisa julgada.

Quanto à ação, cumpre evitar-se a confusão que fazem alguns juristas (e não poucos) entre a ação (de direito material) e a "ação" (de direito processual), bem assim reprovar-se os que fazem a ação correspondente à *Anspruch* da terminologia alemã. A *Anspruch* é a pretensão. Na ordem há o direito, a pretensão e a ação (de direito material), posto que possa haver direito sem ação ou mesmo sem pretensão e pretensão sem ação, ou ação, sem que preexista direito ou pretensão.

A "ação" (de direito processual) é regida pelo direito processual e há de existir à data da propositura. Por isso, se à ação (de direito material) correspondia determinada "ação" (de direito processual), nada obsta a que a lei nova a substitua, quase sempre com outro rito. Qualquer ato, que, no processo, se tenha por perfeito, ou por irrecorrível, a lei nova não o pode ferir. Se, enquanto se julgava um recurso, algum dos juízes ou alguns preferiram o seu voto, mas a sessão foi suspensa para outro dia, que coincide ser o da incidência, de lei nova, relativa à competência do corpo julgador, tem-se de evitar a retroatividade, porque o julgamento já começara e atos perfeitos, postos que comprovantes do ato de julgamento, já se haviam concluído. Se ainda não houve qualquer voto antes da suspensão, então, sim, se aplica a lei nova sobre competência. ¿ Dá-se o mesmo se, conforme a lei nova, se diminuiu o número de julgadores ou se aumentou? Evitemos alterações que impliquem ofensa a direito adquirido. Ao chegar o recurso a um corpo coletivo, as partes já adquiriram direito ao julgamento por ele. Se o recurso chegou a um corpo coletivo que passou antes da sessão, a ser incompetente, não há problemas: os autos são remetidos ao corpo coletivo competente.

Num acórdão do Supremo Tribunal Federal, de 9 de fevereiro de 1972, foi dito continuar competente, na segunda instância, se antes da lei nova foi proferida sentença final, o Tribunal a quem cabia conhecer dos recursos (*R. T. de J.*, 60, 863). O interessado, *ex hypothesi*, ainda não havia exercido o direito a recorrer, e de modo nenhum se lho pode negar; mas a competência não é conteúdo do seu direito de recorrer. Extinto um corpo coletivo e criado outro, ou se a outro se transferiu a competência, não seria de permitir-se que pudesse julgar qualquer ação ou recurso do corpo coletivo que já *não existe*.

Regra jurídica que diga ser a lei da data da decisão a que rege o recurso está certa. A que exija já terem sido interpostos seria absurda. Enquanto há a recorribilidade, conforme aquela lei, nada obsta a interposição. O procedimento e o julgamento é que já observa a lei nova.

Se não havia na lei anterior determinado recurso e a lei nova o criou, antes de, conforme a lei anterior, haver coisa julgada, o interessado no novo recurso pode interpô-lo, desde que dentro do prazo que a lei nova criou. A *lex nova* pode criar recurso para qualquer decisão que ainda não tramitou em julgado. Por donde se vê que a coisa julgada é que não pode ser ofendida. A interposição de algum recurso, conforme o direito anterior, antes ou no momento da nova lei, não é óbvia a que o novo recurso não seja interposto, dentro do seu prazo, nem a interposição desse afasta a interpossibilidade dos recursos antes existentes. O prazo para o novo recurso tem de iniciar-se antes de haver coisa julgada.

Pode acontecer que a lei nova apenas crie pressupostos formais para o recurso, que já antes existia, como o de ser entregue ao juiz para a remessa ao juízo superior, após cognição incompleta. A observância da lei nova é de exigir-se, porque se trata de simples formalidade processual, que não ofende o direito recursal do interessado. A incidência obrigatória da lei nova somente não ocorre no que ofenderia o direito adquirido (direito ao recurso, pois que já nasceu), ato jurídico perfeito ou a coisa julgada. Qualquer formalidade para a interposição é a do momento que se interpõe o recurso. Qualquer pressuposto continuístico é regido pela lei do momento em que nasce o direito à interposição do recurso. Por isso, se a lei nova, a tempo, criou algum recurso, o direito a recorrer nasce e a lei nova o rege. Assim, nem sempre regula o recurso só a lei da data da decisão: por exemplo, cada lei, se não transitou em julgado a decisão, e apresenta os pressupostos para o recurso, esse é regido por ela.

Se alguma decisão é irrecorrível, ou já se fez irrecorrível, nenhuma lei que crie outro recurso pode ser atendida. Tratar-se-ia de evidente retroeficácia.

No Código de 1973, não mais há o agravo de petição; mas podia ele ser interposto no prazo de cinco dias, se proferida a sentença antes do dia 1º de janeiro de 1974. Se foi a 26 de dezembro de 1973, ou antes, se esgotaram os cinco dias e adveio a irrecorribilidade. Se a sentença foi posterior a 26 de dezembro de 1973, podia acontecer que a parte pudesse interpor o agravo de petição, com invocação do art. 846 do Código de

1939, ou o recurso de apelação, com base nos arts. 267 e 513. Se a parte optou pelo agravo de petição, tem de ser atendida, e há de ser julgado o agravo de petição. Se, antes de se extinguir o prazo para o agravo de petição, interpôs o recurso de apelação, nenhum problema surge. Mas, como a lei nova incidiu quanto aos processos pendentes, pergunta-se:¿ o recurso de apelação tem de ser *a)* enquanto não se esgota o prazo para o agravo de petição ou *b)* mesmo depois do prazo para o agravo de petição que era de cinco dias (Código de 1939, art. 841), portanto nos quinze dias a partir da sentença que foi proferida antes de 1° de janeiro de 1974? A solução *b)* é a que se tem de acolher. Dizer-se que a produção da prova sempre se rege pela lei processual é absurdo. O que o direito material exige não pode ser dispensado, nem se pode fazer dependente de regra jurídica processual a existência, validade ou eficácia de algum negócio jurídico, ou ato jurídico anterior, ou mesmo ato-fato jurídico ou fato jurídico estrito senso de regra jurídica processual. Não se diga que a lei da data da decisão somente rege os recursos já interpostos: o direito a recorrer, direito ao recurso, já foi adquirido, e tem o prazo para ser exercido; não se confunda direito adquirido com exercício de direito adquirido.

Quanto aos prazos, diminuí-los, apesar de já se ter adquirido o direito a recorrer ou a propor ação rescisória, é de repelir-se. O prazo é o da data em que nasceu o direito adquirido e não o da nova lei, salvo se o dilata, porque estender, no tempo, a eficácia de um direito não é violá-lo.

Quanto às provas, se se tem de atender a regras jurídicas de direito material, é óbvio que o direito processual não as pode pôr de lado. As mudanças no campo do direito processual de modo nenhum podem ter qualquer eficácia que dispensa alguma prova, ou elemento de alguma prova, que é pressuposto estabelecido pelo direito material. Não importa se a regra de direito processual foi anterior à regra de direito material, ou simultânea, ou posterior. Qualquer regra jurídica posterior, de direito processual, que diga respeito a pressuposto de direito material, cria problema que tem de ter solução precisa: ou a nova regra jurídica se há de entender como regra jurídica processual, a despeito da aparência de ser *lex causae,* ou se trata de regra jurídica heterotópica, que, não obstante a sua imperfeição, se tem de considerar derrogatória de alguma regra jurídica de direito material, ou, se não contradiz o que o direito material exige, como acréscimo ao direito material. Aí, o que mais importa é rigorosa e aprofundada interpretação.

O Código de 1973, art. 1.211, apenas diz que a lei nova, que é ele, se aplica, desde logo, aos processos pendentes. Com isso, não disse, nem podia dizer, que, em tudo que ocorresse na pendência do processo, a lei anterior não teria de ser respeitada. A regra jurídica do art. 153, § 3°, da Constituição de 1967, com a Emenda n° 1,[17] não podia ser ofendida, nem o foi, porque estatuiu-se que a lei nova incide, em se tratando de processos pendentes; de modo nenhum se disse que se não há de respeitar o princípio do atendimento dos direitos adquiridos, dos atos jurídicos perfeitos e da coisa julgada.

Quanto à competência, o que importa é que se reputem intocáveis os ates praticados no juízo que era o competente, posto que o tenha deixado de ser. Há a remessa, para o juízo que passou a ser competente, salvo se a própria lei posterior alude à continuação. Na relação jurídica processual, há a parte e o Estado, que tem à sua escolha a indicação do órgão que o presente (cf. art. 87). Evidentemente, se ainda não se angularizou a relação jurídica processual, pode o autor desistir da ação e resolver a propô-la (Código de 1973, arts. 267, § 4°, e 268; Código de 1939, arts. 181 e 203).

Se o juiz já escreveu a sentença, porém não foi publicada nem foi lavrada nos autos ou no termo pelo escrivão (arts. 456 e 457 e § 3°), e a lei nova incide antes disso, a mudança da competência não permite que se leve à audiência, nem se publique para se considerar produzida. Se houve a audiência, foram encerrados os debates e o juiz não proferiu a sentença, mas há o prazo de dez dias (art. 456), dentro do qual ocorreu a nova lei que lhe retirou a competência ¿ pode ser proferida se não se esgotaram os dez dias? Havemos de admitir que sim, porque a sentença podia ser proferida no ato e apenas se deu o prazo para o juiz, salvo se lhe foi retirada, no intervalo entre a audiência e a sentença, qualquer função judicial. Por isso, temos de considerar existente e válida a sentença proferida em qualquer momento anterior à extinção da função de juiz. Mesmo dentro do prazo dos dez dias, não mais pode proferir sentença e publicá-la quem deixou de ser juiz. Se antes de ter sido afastado o juiz a sentença já consta dos autos e ainda não foi publicada, sentença existe. Não mais, hoje, se exige nova audiência, para a sentença, conforme o direito anterior (Código de 1939, art. 271, parágrafo único), porém é pressuposto eficacial ter havido, antes da incidência da nova lei, a intimação das partes. Portanto, em tal hipótese, é indispensável que tenha havido a intimação às partes (art. 506, II). Se foi proferida e, no prazo, o juiz, que já conhece a nova lei, deixa de marcar audiência de julgamento e há a intimação das partes, o Código de 1973 rege a espécie (arts. 456 e 506, II).

---

17   Vd. a nota 1.

No Código de 1973, arts. 447-449, há a tentativa de conciliação, de que o Código de 1939 não cogitara. Se não houve ainda a audiência de instrução e julgamento ao ter de se atender ao Código de 1973, é dever do juiz observar as regras jurídicas sobre a conciliação. Outro caso de se ter de respeitar a lei nova é o de julgamento antecipado da lide (art. 330).

Se algum prazo para defesa ou recurso ainda não se iniciara antes de 1º de janeiro de 1974, nenhum preso pode esperar que se lhe conte o prazo em dobro, porque tal regra jurídica do Código de 1939, art. 29, não está no Código de 1973. Tampouco se havia de pensar em se aplicar o art. 39 do Código de 1939 quanto às férias de juízes, a partir de 1º de janeiro de 1974. Os pressupostos para a reconvenção, se o processo se iniciou antes de 1º de janeiro de 1974, mas tem de ser proposta depois, rege-se pela lei nova.

Quanto à inspeção judicial (Código de 1973, arts. 440-443), pode ser feita até que se extinga o processo, inclusive, portanto, se já apenas falta a sentença, que foi deixada para outra audiência de julgamento, ou mesmo se ainda há o prazo dos dez dias (art. 456). Dá-se isso também no processo de execução (art. 598). Nos processos pendentes, se ocorre que ficou parado mais de um ano por negligência das partes (art. 267, II), há a extinção sem julgamento do mérito, a despeito de não ter havido tal regra jurídica sob o Código de 1939. Advirta.-se, porém, que tal prazo, que foi novidade, não se iniciou antes de 1º de janeiro de 1974.

No tocante à ação declaratória incidente (Código de 1973, arts. 5º, 297 e 325), se, ao incidir o novo Código, ainda não se esgotou o prazo, nenhum óbice há para a ação declaratória incidental.

Quanto ao art. 12, VII, que fez o administrador dos bens da sociedade não personificante seu representante, ele atingiu o Código Civil, art. 20, § 2º,[18] que afastava a legitimação ativa; de modo que a propositura anterior a 1º de janeiro de 1974 é inválida. A solução seria a de novamente acionar.

As medidas cautelares de ofício sem audiência das partes, (art. 797) aparecem no art. 653 (arresto anterior à penhora, por não ter sido encontrado pelo oficial o devedor), no art. 793 (providências cautelares durante suspensão da execução), nos arts. 888 e 889 (medidas provisionais, que podem ser em caso de urgência sem audiência da pessoa atingida), no art. 1.001 (admissão, no inventário por pessoa que se julga preterida) e no art. 1.087.[19] Para que a lei nova incida, basta que já seja oportuna a medida

---

18 Sem correspondência no C. Civil de 2002.
19 Ab-rogado pelo art. 44 da Lei da Arbitragem – Lei nº 9.307, de 23.9.96.

cautelar. O art. 804, relativo, na parte final, à caução real ou fidejussória, apanha qualquer processo pendente. Dá-se o mesmo no tocante ao art. 607, parágrafo único,[20] se em curso a liquidação.

Quanto à execução de títulos extrajudiciais, se foi proposta a ação antes de 1º de janeiro de 1974 e a angularidade da relação jurídica se estabelecera com a citação, não se há de pensar em processo à semelhança do processo de execução de sentença, porque isso somente poderia ocorrer se a propositura foi a 1º de janeiro de 1974 ou depois.

No que respeita à ação de imissão de posse, somente é regida pelo direito anterior se proposta a ação e efetuada a citação antes de 1º de janeiro de 1974.

No que concerne ao procedimento sumaríssimo (arts. 275-281),[21] para que se invoque o Código de 1973, é preciso que tenha havido, após a sua incidência, a propositura e a citação. Seria absurdo propor-se qualquer das ações do art. 275, com o rito então desconhecido, se ainda estava em vigor o Código de 1939.

Se, a partir de 1º de janeiro de 1974, se vão avaliar bens penhorados, o art. 684 tem de ser observado. Os editais para arrematação obedecem ao art. 687, desde 1º de janeiro de 1974, e não mais à regra jurídica anterior.

O direito de remição exercido pelo devedor (Código de 1939, art. 986), antes de 1º de janeiro de 1974, com o pedido para depositar, não é atingido pelo Código de 1973, art. 787,[22] que só se refere a cônjuge, descendente ou ascendente do devedor, e não ao devedor.

Qualquer citação feita antes de 1º de janeiro de 1974 produz os efeitos que o Código então vigente lhe atribuiu. Se não advém a contestação já sob o Código de 1973, o art. 285 tem de ser atendido, rigorosamente, porque, se nela está dito que, "não sendo contestada a ação, se presumirão aceitos pelo réu, como verdadeiros, os fatos articulados pelo autor", antes se estatui que isso "constará do mandado". O que poderia ocorrer seria que, no mandado expedido antes de começar a incidência do Código de 1973, já se houvesse posto a advertência. Se não se pôs, aliás mesmo se ao tempo da nova lei processual, o efeito do art. 285, 2ª parte, não se produz

---

20 Ab-rogado pelo art. 9º da Lei nº 11.232, de 22.12.05, corresponde, com alterações, ao art. 475-D, parágrafo único, acrescentado ao CPC pelo art. 3º dessa lei.
21 Agora, procedimento sumário, por força do art. 1º da Lei nº 9.245, de 26.12.95.
22 Ab-rogado pelo art. 7º da Lei nº 11.382, de 06.12.06; confira-se, todavia, o § 2º do art. 685-A, acrescentado ao CPC pelo art. 3º dessa lei.

(arts. 225, II, e 232, V). A citação pelo correio só é admissível, a partir da incidência do Código de 1973, se o réu é comerciante ou industrial, domiciliado no Brasil[23] (arts. 221, I, 222 e 223). No art. 218 afasta-se a citação se se verifica que o réu é demente ou está impossibilitado de recebê-la; e ela há de ser feita na pessoa do curador (art. 118, § 3º). O perito, hoje, é nomeado pelo juiz. Se as partes, antes de 1º de janeiro de 1974, haviam nomeado os peritos e esses já haviam assinado o compromisso, não se pode invocar o Código de 1973; e temos de admitir que, mesmo se não se comprometeram, poderiam comprometer-se depois. Se ficam ineficazes as nomeações, cabe ao juiz nomear o único perito (art. 421).

No que se liga à insolvência, frisemos desde logo que o art. 749, que é novo, tem de ser aplicado, declarando-se a insolvência de ambos os cônjuges, a qualquer momento do processo pendente. Quanto aos arts. 750-753, a declaração de insolvência pode ser feita mesmo se a execução se iniciou antes de 1º de janeiro de 1974. Os arts. 754-786 somente não se aplicam se algum direito foi adquirido, algum ato de direito material ou processual se perfez ou, a respeito de algum ponto, houve coisa julgada. O vencimento antecipado das dívidas (art. 751, I) é efeito da declaração de insolvência; bem assim a extinção das obrigações do devedor (art. 778). Não há problemas, pois a declaração de insolvência foi o novo Código com a sua eficácia e a eficácia da instauração do concurso de credores (art. 777) e o encerramento do processo de insolvência (art. 778). Mesmo se estava pendente, sob o Código de 1939, processo de execução e adveio, com o Código de 1973, a declaração de insolvência, ou a instauração do concurso de credores, ou o encerramento do processo de insolvência, tudo se rege pela lei nova, conforme o art. 1.211, obedecido o art. 153, § 3º, da Constituição de 1967, com a Emenda nº 1.[24]

No Código de 1939, art. 99, parágrafo único, dizia-se que, se a pessoa nomeada não comparecesse, ou se negasse a qualidade que lhe fora atribuída, podia o autor "prosseguir contra o nomeante e o nomeado, como litisconsortes, assinando-se novo prazo para a contestação". No Código de 1973, art. 56, apenas se diz que, se o nomeado reconhece a qualidade que lhe é atribuída, contra ele correrá o processo; se a nega, o processo continua contra o nomeante. No art. 68, II, presume-se aceita a nomeação

---

23 O art. 1º da Lei nº 8.710, de 24.9.93, que deu nova redação ao art. 222 do CPC, ampliou as hipóteses de citação pelo correio.
24 Vd. a nota 1.

se o nomeado não comparece, ou, comparecendo, nada alega. Então, contra o nomeado é que corre o processo. Fora que as regras jurídicas novas incidam, é preciso que os pressupostos se hajam formado depois de 31 de dezembro de 1973. Os arts. 74 e 75, referentes à litisdenunciação, incidem se a denunciação foi sob o Código de 1913. Quanto ao chamamento ao processo (arts. 77-80), havemos de entender que o Código de 1973 incide mesmo se a citação foi anterior à data da incidência, mas o chamado ocorre, dentro do prazo, à data ou após a data da incidência.

Qualquer nova sanção somente pode atingir atos praticados a 1º de janeiro de 1974 ou depois.

O art. 42 e o § 2º incidem, quanto aos processos pendentes, desde que já com incidência o Código de 1973; bem assim os §§ 1º e 3º e os arts. 43 e 44, que são novos. A suspensão do processo, nos casos do art. 265, III e IV, *a)* e *c)*, é eficácia do ato quando já praticado sob o Código de 1973. *Idem* no tocante à suspensão da execução.

O formal e a certidão de partilha foram feitos títulos executivos judiciais contra inventariante, herdeiros ou sucessores em geral (art. 584, V, e parágrafo único).[25] A ação executiva pode ser proposta a partir de 1º de janeiro de 1974, ainda que a data da decisão quanto à partilha tenha sido ao tempo do Código de 1973.[26]

O direito de preferência do credor sobre os bens penhorados (art. 612), que não constava da lei anterior, exerce-se no momento em que pode o credor invocar o texto de 1973, mas já a legitimação ativa, *a priori*, se firmou para qualquer momento posterior, a partir de 1º de janeiro de 1974; se ainda é tempo para se exercer o direito de preferência. Tal direito não apaga qualquer privilégio ou preferência, que se instituiu antes da penhora (art. 709, II). A penhora tem de ter sido feita a 1º de janeiro de 1974 ou depois.

No Código de 1935, art. 943, II, só à falta de outros bens podiam ser penhorados os fundos líquidos que tinha o devedor em sociedade comercial. O Código de 1973, art. 650, não mais faz tal alusão. Só se deixaria de aplicar o art. 943, II, do Código de 1939 se a penhora fosse a 1º de janeiro

---

25   Ab-rogado pelo art. 9º da Lei nº 11.232, de 22.12.05, corresponde, com pequenas alterações, ao atual art. 475-N, acrescentado ao CPC pelo art. 4º dessa lei.

26   Com o advento da Lei nº 11.232, de 22.12.05, os títulos executivos judicais não são mais executados em processo autônomo, mas sim *"na fase de cumprimento de sentença"*, regulada no Cap. X do Tít. VIII do Livro I, incluído no CPC pelo art. 4º dessa lei.

de 1974 ou depois. A alienação de bens penhorados, com invocação do art. 670 do Código de 1973, somente poderia ser pedida a partir de 1º de janeiro de 1974, a despeito de já então estar pendente o processo de execução. O art. 690, § 2º, tem de ser respeitado desde 1º de janeiro de 1974. *Idem* os arts. 696, 697,[27] 704, 716 e 741.

Quanto aos recursos, os que foram extintos pelo Código de 1973 podiam ser interpostos nos processos pendentes se o início do prazo começou antes de 1º de março de 1974. Mesmo se a decisão de que se havia de recorrer foi na véspera daquela data, tem-se de respeitar o direito adquirido, porque o art. 184, como o art. 27 do Código de 1939, dizendo que se computam os prazos, excluído o dia do começo e incluído o do vencimento, de modo nenhum atinge o início da exercibilidade do direito. Se a intimação foi a 1º de janeiro de 1974 ou depois, não importa se a decisão consta dos autos ou de publicação. A prorrogação dos prazos rege-se pela lei antiga ou pela lei nova, conforme a regra jurídica vigente que prorroga o prazo (Código de 1939, art. 27; Código de 1973, art. 184, §§ 1º e 2º). Se a sentença homologatória de desquite foi proferida antes de 1º de janeiro de 1974, tem o juiz de aplicar o Código de 1539, art. 822, parágrafo único, II, recorrendo de ofício. Deixou isso de existir na lei nova, de modo que só não se tem a apelação necessária se a sentença foi já ao tempo da incidência do Código de 1973. Os corpos coletivos têm de julgar os recursos interpostos conforme o Código de 1939, porque passa à frente das regras jurídicas de competência o respeito aos direitos adquiridos, e o exercício do recurso de ofício foi exercido de direito adquirido, porque a necessariedade foi tida como elemento indispensável à eficácia da sentença homologatória. A sentença homologatória é de eficácia apenas declarativa, e o recurso de ofício tem de ser respeitado porque se prende ao direito adquirido e ao ato jurídico perfeito. Se, para o desquite amigável, já foram praticados os atos dos cônjuges (negócio jurídico bilateral), apenas resta proceder-se à homologação. *a)* Se houver a homologação, antes da *lex nova*, o recurso persiste. *b)* Se não houver, a que advém já não cria o recurso de ofício. Se o corpo coletivo, na espécie *a)*, se diz incompetente, diante da lei nova, a homologação bastou para a eficácia; se se diz competente e julga, ou confirma, ou revoga a homologação.

---

27   Ab-rogado pelo inc. IV do art. 7º da Lei nº 11.382, de 06.12.06.

42   DAS DISPOSIÇÕES FINAIS E TRANSITÓRIAS (Arts. 1.211 a 1.211-C)

Os prazos podem ser dilatados pela lei nova, se ainda não se venceram; não diminuídos. Se terminaram, não mais se pode pensar em alteração.

Não se pode dizer que haja direito adquirido no tocante à competência do juízo, mas nenhuma modificação ou extinção da função judiciária pode atingir os direitos adquiridos e os atos jurídicos perfeitos, quer oriundos de direito material, quer vindos de direito processual.

Não se há de dizer que nenhum recurso novo pode aproveitar a quem foi autor ou réu na sentença. Se a sentença ou acórdão ainda não transitou em julgado, a *lex nova* pode ser invocada. No momento posterior a ela, criou-se-lhe o direito a recorrer. O que se há de exigir é que a lei nova não prejudique qualquer direito a recorrer nascido sob a lei anterior (com razão, José Olympio de Castro Filho, *Comentários ao Código de Processo Civil*, X, 333, nota 248).

Art. 1.211-A.[28] Os procedimentos judiciais em que figure como parte ou interessado⁴) pessoa com idade igual ou superior a 60 (sessenta)²) anos, ou portadora de doença grave4), terão prioridade³) de tramitação em todas as instâncias1).

Art. 1.211-B.[28] A pessoa interessada⁴) na obtenção do benefício, juntando prova de sua condição²)⁴), deverá requerê-lo à autoridade judiciária⁴) competente para decidir o feito, que determinará ao cartório do juízo as providências a serem cumpridas¹)²).

§ 1º Deferida a prioridade³), os autos receberão identificação própria que evidencie o regime de tramitação prioritária¹)²)⁴).

Art. 1.211-C.[28] Concedida a prioridade³), essa não cessará com a morte do beneficiado, estendendo-se em favor do

---

28   A atual redação dos arts. 1.211a, 1.211b e 1.211c resulta dos arts. 1º, 2º e 3º, respectivamente, da Lei nº 12.008, de 29.07.09. Cumpre esclarecer que a primitiva redação desses três artigos foi dada pelo art. 1º da Lei nº 10.173, de 09.01.01, depois substituída pelo art. 71 da Lei nº 10.741, de 1º.10.03 (Estatuto do Idoso). Os comentários aos três artigos são do atualizador, por isso impressos em caracteres diferentes. Acrescente-se que esses comentários repetem textos escritos para outra obra doutrinária.

cônjuge supérstite, companheiro ou companheira, em união estável¹)⁵)."

1) Idoso[29] – *A Lei n° 10.173, de 09.01.2001, acrescentou ao art. 1.211 os arts. 1.211a, 1.211b e 1.211c. Talvez se pudesse taxar de heterotópicos os dispositivos, para os quais seria fácil encontrar ponto mais convenientes no corpo do Código. Essa observação, por assim dizer topológica, não desnatura os dispositivos, nem lhes tira o alto merecimento.*

2) Proteção aos idosos – *No tocante discurso que encerra o filme "O Grande Ditador", o barbeiro, que tomou o lugar do déspota, anuncia uma sociedade que fará os homens felizes, garantindo-lhes também segurança na velhice. O art. 230 da Constituição do Brasil impõe "à família, à sociedade e ao Estado" o dever de amparar as pessoas idosas, assegurando sua participação na comunidade, defendendo sua dignidade e bem-estar e garantindo-lhes direito à vida.*

Num tempo em que a Constituição e as leis, projeção dela, cuidam do idoso, compreendem-se os três artigos, cujos dispositivos, também eles, amparam as pessoas entradas em anos. Não seria demais lembrar que a preocupação com os idosos sempre esteve presente no direito positivo brasileiro. Lembre-se, como exemplo marcante, a Lei dos Sexagenários.

3) Prioridade – *O art. 1.211a, com a redação do art. 1° da Lei n° 12.008, de 29.07.2009, dá prioridade aos procedimentos judiciais em que for "parte ou interessada pessoa com idade igual ou superior a 60 (sessenta) anos, ou portadora de doença grave".*
A norma não cria uma situação de desigualdade porque, para repetir Ruy, a regra suprema da igualdade consiste em quinhoar desigualmente os desiguais na medida em que se desigualam. Deve-se, contudo, interpretar a regra no contexto das atividades forenses. Por isso, não pode o juiz, de nenhuma instância, com o pretexto de atender uma pessoa idosa, descuidar-se da tutela de urgência, que requer a imediata proteção dos direitos em risco. O que determina o artigo é que não sigam a ordem normal de tramitação os processos em que os idosos são parte, ou interessados, sejam estes intervenientes ou pessoas que demonstrem justificado empenho

---

[29] Vd. a nota 28.

na conclusão do processo, como acontecerá, v.g., com titulares de direitos transindividuais não integrados nele. Esses feitos devem passar à frente dos outros, desde que os últimos não envolvam a necessidade de decidir situações com presteza, como, v.g., a apreciação de liminares. O benefício não se estende aos advogados, defensores, procuradores, Ministério Público, representantes das partes.

4) Benefício – *O art. 1.211b constitui um desdobramento do anterior. Apenas disciplina a concessão do benefício de que trata aquele. Quando o dispositivo fala que o interessado na obtenção do benefício o requererá à autoridade judiciária competente, não vincula essa vantagem ao princípio dispositivo. Determinando a norma constitucional ser dever do Estado, e considerando, mais, que as pessoas de idade já não têm as mesmas condições de zelar pelos seus direitos, podem os juízes conceder o privilégio de ofício, independentemente de qualquer provocação. Cuidadosamente, a lei fala em interessado, permitindo, com esse substantivo abrangente, que qualquer figurante do processo e mesmo um terceiro, fazendo prova da sua condição, formule o pedido de amparo.*

A Lei nº 12.008, de 29.07.2009, estende o benefício aos portadores de doença grave. Entenda-se, como tal, não a doença apenas contagiosa, como ainda qualquer outra enfermidade capaz de pôr em risco a vida do requerente ou diminuir a possibilidade do exercício do seu direito.

5) Decisão concessiva – *A prioridade concede-se por decisão interlocutória, agravável, e beneficia também o cônjuge supérstite, o companheiro ou a companheira em união estável, definida esta por norma específica. É necessário que também seja idoso ou portador de doença grave, o sucessor do beneficiário dela. O legislador teve o cuidado de declarar aptos ao tratamento especial não apenas o cônjuge, como ainda o companheiro ou companheira de união estável. É preciso que estas pessoas integrem o processo, ou passem a integrá-lo com a morte de quem recebeu o benefício. Vê-se, então, que elas gozarão das benesses do art. 1.211a por direito próprio.*

> Art. 1.212. A cobrança da dívida ativa da União [1]) incumbe aos seus procuradores e, quando a ação for proposta em foro diferente do Distrito Federal ou das Capitais dos Estados ou Territórios, também aos membros do Ministério Público Estadual e dos Territórios, dentro dos limites territoriais fixados pela organização judiciária local [2]).

Parágrafo único. As petições, arrazoados ou atos processuais praticados pelos representantes da União perante as justiças dos Estados, do Distrito Federal e dos Territórios, não estão sujeitos a selos, emolumentos, taxas ou contribuições de qualquer natureza ³).

1) Cobrança da dívida ativa da União – Sempre que a cobrança da dívida ativa da União, isto é, dos seus créditos, quaisquer que sejam, tivesse ou tenha de ser feita, ou ela se presentava ou se presenta com seus órgãos, que necessariamente existem no Distrito Federal, nas Capitais dos Estados-membros e dos Territórios. Fora daí, ou há órgãos da União, ou os membros do Ministério Público Estadual e dos Territórios têm tal incumbência,[30] algo de delegação de poderes. Tem de ser observada, é claro, a organização judiciária local.

Já no Decreto-lei nº 960, de 17 de dezembro de 1938, art. 67, se lê: "A cobrança da dívida ativa da União incumbe aos seus procuradores, quando a ação for proposta no foro do Distrito Federal ou no das capitais dos Estados ou do Território do Acre; nos demais casos, aos membros do Ministério Público estadual e do Território do Acre, dentro dos limites territoriais fixados pela organização judiciária para o seu exercício, quando a ação for proposta noutro foro".

Na Constituição de 1967, com a Emenda nº 1, art. 126, diz-se que "a lei poderá permitir que a ação fiscal e outras sejam promovidas no foro do Estado ou Território e atribuir ao Ministério Público respectivo a representação judicial da União".

Surge um problema de classificação: ¿ os membros do Ministério Público dos Estados-membros e os do Ministério Público dos Territórios operam como *órgãos* ou como *representantes* da União? Na espécie, há delegação de órgão federal a órgão local, mas, diante da regra jurídica do art.

---

30 O inc. IX do art. 129 da Const. 88 veda, expressamente, *"a representação judicial e a consultoria jurídica de entidades públicas"* por membros do Ministério Público. Note-se, todavia, que o § 5º do art. 29 do ADCT permitiu que o MP estadual, por delegação da *Procuradoria-Geral da Fazenda Nacional, representasse "judicialmente a União nas causas de natureza fiscal, na área da respectiva competência, até a promulgação das leis complementares previstas neste artigo"*. Com o advento da Lei Complementar nº 73, de 10.2.93, que institui a Lei Orgânica da Advocacia-Geral da União, essa legitimação excepcional e temporária concedida ao *parquet* cessou, voltando a incidir, nesses casos, o impedimento do inc. IX do art. 129 da Const. 88.

1.212, tem-se de entender que o Ministério Público dos Estados-membros ou dos Territórios recebe poderes de presentação, e não de representação da União, poderes, esses, conferidos pela lei. Desde o momento em que o membro do Ministério Público do Estado-membro ou do Território recebe a missão para funcionar como órgão da União, e as regras jurídicas de direito processual ou de direito penal, não só disciplinares, que incidem, são as regras jurídicas concernentes aos membros do Ministério Público federal.

Quanto ao assunto do art. 1.212, há regra jurídica da Constituição de 1967, com a Emenda nº 1, art. 125, § 1º. "As causas em que a União for autora serão aforadas na Capital do Estado ou território onde tiver domicílio a outra parte; as intentadas contra a União poderão ser aforadas na Capital do Estado ou Território em que for domiciliado o autor; e na Capital do Estado onde houver ocorrido o ato ou fato que deu origem à demanda ou onde esteja situada a coisa ou ainda no Distrito Federal".[31]

No art. 1.212 reproduz-se o art. 67 do Decreto-lei nº 960, de 17 de dezembro de 1938. A Constituição de 1946, art. 201, confirmou-o, porém mais amplamente: "As causas em que a União for autora serão aforadas na capital do Estado ou Território em que tiver domicílio a outra parte. As intentadas contra a União poderão ser aforadas na capital do Estado ou Território em que for domiciliado o autor; na capital do Estado em que se verificou o ato ou fato originador da demanda ou esteja situada a coisa; ou ainda no Distrito Federal". Na Constituição de 1967, com a Emenda nº 1, art. 125, § 1º, diz-se o mesmo. Se a União é demandante, o foro é o em que tem domicílio a outra parte. Pode dar-se que o demandado não seja domiciliado em qualquer parte do território nacional, mas apenas residente. Então, a despeito da omissão da Constituição de 1967, art. 125, § 1º, 1ª parte, que não cogitou da falta de domicílio, tem-se de considerar como se de domicílio fosse o lugar da residência. No Direito brasileiro, o Código Civil deu definição de domicílio e regulou a sua eficácia, sem que outros ramos do Direito, como, por exemplo, o Direito Constitucional, ficassem adstritos às regras jurídicas, inclusive definição, do Código Civil. No ponto que nos interessa, que é o de entendimento da Constituição de 1967, essa, como o Código de Processo Civil, recebeu o conceito tal como fixara o Código Civil (arts. 31-42),[32] de modo que não há discutir-se a matéria, tanto mais quando o conceito é tradicional e as circunstâncias que podem

---

31 Const. 88, §§ 1º e 2º, do art. 109.
32 C. Civ. de 2002, arts. 70-78.

causar espécies excepcionais estavam previstas na doutrina luso-brasileira (Cf. Melchior Febo, *Decisiones Senatus Regni Lusitaniae*, d. 197, n° 5; d. 34, ns. 10, 11 e 12; Álvaro Valasco, *Decisionum Consultationum ac rerum iudicatarum*, II, 418).

O princípio é o de estarem sujeitos à jurisdição do Estado todos os que se acham no seu território, porque aí é que estão os seus poderes de praticar, ou de omitir atos, e os seus bens. Onde o ser humano se encontra é de onde partem todas as suas pretensões e a que afluem as prestações dos outros. Isso, *in potentia*. Concretamente, em ato, a admissão em juízo depende de que se congreguem os pressupostos que a lei positiva exige. Essa, às vezes, não exerce toda a jurisdição que interestatal ou supraestatalmente lhe toca; outras vezes, exorbita dos princípios delimitadores da competência jurisdicional interestatal. Na técnica legislativa dos Estados do tipo século XIX e começo do século XX, a tendência é para alargar a jurisdição sobre os nacionais e diminuí-la quanto aos estrangeiros. Em verdade, o *princípio de igualdade perante a lei* ainda não conseguiu chegar até aí, a despeito da sua inserção nas Constituições.

O Código de 1973 trata da competência nos arts. 94 e §§ 1°, 2°, 3° e 4°, 95, 96 e parágrafo único, 97, 98, 99 e parágrafo único, 100 e parágrafo único, 101, 102-109, 110 e parágrafo único, 111 e §§ 1° e 2°. Faz matéria de exceção a incompetência relativa.

2) Atos dos órgãos da União nas Justiças dos Estados-membros, do Distrito Federal e dos Territórios. – A redação do art. 1.212, parágrafo único, não foi feliz. Não se fale, aí, de representantes da União e Membros do Ministério Público, quer da União, quer dos Estados-membros, quer do Distrito Federal, quer dos Territórios – são órgãos, e não representantes: presentam, não representam. É raro poder entidade estatal constituir advogados para propositura de ação ou defesa em ação contra ela proposta.

3) Petições e outros atos processuais – Petições, contestações, reconvenções, e quaisquer atos processuais praticados pelos órgãos da União (e até por seus representantes, o que é difícil acontecer), praticados nos juízos e tribunais estaduais, ou do Distrito Federal ou dos Territórios, são imunes a exigências de selos, emolumentos, taxas ou contribuições de qualquer natureza. Isso não afasta ter a União de pagar despesas como as do art. 419.

Cumpre lembrar-se que o art. 578 diz que a execução fiscal (cf. art. 585, VI) se propõe no foro do domicílio do réu, ou, se não o tem, no de sua residência ou no do lugar em que seja encontrado. Se há mais de um devedor, pode a Fazenda Pública escolher o foro de qualquer um dos devedores; e, se o réu tem dois ou mais domicílios, qualquer deles. Mais: a ação pode ser proposta no foro do lugar em que se praticou o ato, ou ocorreu o fato que deu origem à dívida, ou no foro da situação dos bens, se deles originara a dívida (art. 578, parágrafo único).

O art. 1.212, parágrafo único, refere-se a selos, emolumentos, taxas ou contribuições de qualquer natureza. Não se diga que houve erro do Código de 1973 em referir-se a selo, porque há a Lei nº 5.172, de 25 de outubro de 1966, arts. 5º, 9º e 12, e a regra jurídica da Constituição de 1967, com a Emenda nº 1, art. 23, que somente fala de "despesas e honorários". Selos são despesas. Leis podem exigi-los, posto que não possa o Estado-membro impô-lo à União, nem qualquer das entidades estatais a outra ou a outras. Selo, se é exigido, despesa é.

Art. 1.213. As cartas precatórias [1]) citatórias, probatórias, executórias e cautelares, expedidas pela Justiça Federal, poderão ser cumpridas nas comarcas do interior pela Justiça Estadual [2]).

1) Cartas precatórias: citatórias, probatórias executórias ou cautelares – Sempre que a Justiça Federal expede carta precatória, seja citatória, probatória, executória ou cautelar, o cumprimento tem de ser pela Justiça Federal a que se fez a remessa. Se, em alguma comarca, não há órgão da Justiça Federal, a carta é remetida à Justiça Estadual.

A regra jurídica do art. 1.213 não é heterotópica, por estar no Código de Processo Civil. Está-se no plano da competência e o art. 1. 213 podia estar no Livro I, Título III ou IV, ou no Título V, Capítulo IV, Seção II, porém não se lhe exprobre constar do Livro V. Conforme a Constituição de 1967, com a Emenda nº 1, art. 126, a lei federal é que há de reger a espécie, e o Código de Processo Civil é lei federal (art. 8º, XVII, *b*).[33] Não se critique o art. 1.213 por não ter falado (erro de comentarista) de telegrama, radiograma ou telefone, porque isso consta dos arts. 205-208.

A carta precatória pode ser expedida pela Justiça Federal para citação, ou para produção de prova, espécies em que não há julgamento pelo

---

33   Const. 88, inc. I do art. 22.

juiz deprecado. Se a precatória é para execução de sentença, ou para medida cautelar, havemos de entender que o Código de 1973, no art. 747,[34] afastou o que se estatuía no Código de 1939, art. 899, § 2º. Ora, se o deprecante é juízo federal e o deprecado juízo estadual, pode-se transmitir ao juízo estadual o julgamento dos embargos do devedor ou o simples cumprimento da precatória executória ou cautelar? O que se tem de verificar é se o julgamento teria de ser pelo juízo estadual deprecado, porque, se a Constituição não admite outra competência que a da Justiça Federal, não se poderia transferir tal função. Embargos do devedor apresentados na Justiça Estadual deprecada não poderiam ser julgados, porque, então, a aplicação do art. 747 do Código iria ofender a regra jurídica, constitucional de competência. Não pode a Justiça Federal delegar função judicial que a Constituição lhe deu, com exclusividade.[35]

A Justiça Federal não pode transferir a competência de julgamento que as regras jurídicas constitucionais lhe atribuem. Quando o art. 1.213 fala de cartas executórias ou cautelares, que a Justiça Federal expede, de modo nenhum podem elas consistir em atos de julgamento. A expressão "cumpridas", que aparece no art. 1.213, não pode ir além da prática de atos judiciais que não sejam sentenciais. Portanto, limita-se aos atos de citação, inquirição de testemunhas ou de parte, penhora, admissão de remissão da execução, avaliação e até alienação de bens no foro da situação (arts. 658 e 670), negar outra penhora (art. 667), nomear o depositário de que fala o art. 677, § 1º, decidir quanto à matéria dos arts. 678 e parágrafo único e 679, proceder à arrematação (arts. 686-707),[36] deferir o pedido

---

[34] O art. 1º da Lei nº 8.953, de 13.12.94, deu nova redação à norma do art. 747 do CPC, afastando as dúvidas sobre o juízo competente para o julgamento dos embargos na execução por carta. Conquanto possam os embargos ser oferecidos, indistintamente, à escolha do embargante, no juízo deprecado ou no juízo deprecante, a regra geral é a de que competente para julgá-los é o juízo deprecante, juízo da execução. Abriu-se exceção a essa regra: se os embargos versarem, exclusivamente, vícios ou defeitos da penhora, avaliação ou alienação dos bens, atos que se realizam no juízo deprecado, será deste a competência. Se, no entanto, os embargos versarem, além desses vícios ou defeitos, quaisquer outras matérias, a competência para julgar os embargos por inteiro, inclusive quanto àqueles vícios ou defeitos, é do juízo deprecante, perante o qual se instaurou a execução.

[35] Na Const. 88, o § 3º do art. 109 prevê as hipóteses em que juízes estaduais processam e julgam causas de competência de juízes federais.

[36] Com o advento da Lei nº 11.382, de 06.12.06, essas normas passaram a tratar "Da Alienação em Hasta Pública".

de adjudicação (arts. 714 e 715),[37] conceder o usufruto de imóvel ou de empresa (arts. 716-729).[38] É de perguntar-se se a Justiça Estadual pode rejeitar liminarmente os embargos do devedor. A resposta é afirmativa se o fundamento é o de terem sido apresentados fora do prazo legal (arts. 739, I), o de haver ilegitimidade do devedor (artigo 741, III) ou cumulação indevida de execuções (arts. 741, IV, e 743), incompetência ou suspeição ou impedimento do juízo deprecado (cf. art. 741, VII), se inepta a petição dos embargos do devedor (arts. 739, III, e 295, I),[39] se o embargante carece de interesse processual (art. 295, III), se ocorre o que se prevê nos arts. 39, parágrafo único, 1ª parte. O Código de 1973 prestou atenção ao texto constitucional, o que não ocorrera quanto aos arts. 485-495, pois não lhe lembraram os arts. 119, I, m), e 122, I, a), e 125, I, da Constituição de 1967, com a Emenda nº 1.

O trato excepcional das ações em que seria parte a Justiça Federal e se faz competente a Justiça Estadual só aparece no art. 126: só a lei poderia retirar à Justiça Federal o julgamento dos embargos do devedor. Mas teria de haver explicitude (cf. Constituição de 1967, com a Emenda nº 1, art. 126),[40] que não há no art. 747 do Código. Texto legal teria de mostrar que se submeteu a Justiça Federal aos arts. 747, 284 e 295, VI. Mas é de advertir-se o fato de não se ter indeferido liminarmente a oposição dos embargos do devedor, no juízo deprecado, não afasta a apreciação liminar pelo juízo federal deprecante ao lhe terem sido remetidos os embargos do devedor.

O processo dos embargos do devedor, se a carta precatória é do juízo federal para o juízo estadual, é nesse juízo. Só após é que se hão de remeter os autos ao juízo federal deprecante.

O legislador de 1973 não atendeu à Constituição, *e. g.*, a propósito da competência para a propositura da ação rescisória de sentenças: não podia ele fazer competente para processá-las e julgá-las o Supremo Tribunal Federal e o Tribunal Federal de Recursos, porque dos textos constitucionais somente consta a sua competência originária para proceder e julgar as ações rescisórias dos seus julgados (Constituição de 1967, com a Emenda nº 1,

---

37 Ab-rogados pelo art. 7º da Lei nº 11.382, de 06.12.06.
38 Com o advento da Lei nº 11.382, de 06.12.06, essas normas passaram a tratar "Do usufruto de Móvel ou Imóvel".
39 A hipótese de inépcia da petição inicial, conforme o art. 2º da Lei nº 11.382, de 06.12.06, agora está prevista no inc. II do art. 739 do CPC.
40 Const. 88, art.109, § 3º, parte final.

arts. 119, I, m), 2ª parte, e 122, I, a), 2ª parte, de modo que foi imprópria a colocação dos arts. 485-495 no Título IX (Do processo aos Tribunais).

2) Natureza das cartas – As cartas de que se fala no art. 1.213 são cartas precatórias, ou de citação, ou de produção de prova, ou de execução, ou de medida cautelar. Não há carta de ordem da Justiça Federal à Justiça Estadual, ou vice-versa, salvo se está em processo o julgamento de recurso interposto para a Justiça Federal, ou de competência originária da Justiça Federal (*e. g.*, litígio entre Estado estrangeiro ou organismo internacional e Estado-membro, Distrito Federal ou Território; causas e conflitos de jurisdição entre Tribunais de Estados-membros ou do Distrito Federal, ou de atribuições de autoridade judicial de um Estado-membro e de autoridade administrativa de outro Estado-membro, ou de Distrito Federal ou de Território ou entre as destes e as da União; representação por inconstitucionalidade de lei ou ato normativo federal ou estadual; delegação de atos processuais na execução de sentença do Supremo Tribunal Federal; recursos para o Supremo Tribunal Federal, inclusive o recurso extraordinário).

Art. 1.214. Adaptar-se-ão [1]) às disposições deste Código as resoluções sobre organização judiciária e os regimentos internos dos tribunais [2]).

1) Direito federal e direito local – A adaptação das resoluções sobre organização judiciária às regras judiciárias do Código de Processo Civil, ou no tocante ao Distrito Federal, Estados-membros e Territórios, é no sentido de o direito federal cortar o local e o próprio direito federal sobre organização judiciária. A regra jurídica vai além: subordina ao texto do Código os Regimentos Internos dos Tribunais, mesmo se da União; salvo, advirta-se, onde a Constituição mesma atribui função primacial ao Poder Judiciário.

2) Adaptação e limitações – A adaptação a que se refere o art. 1.214 é no sentido do princípio "O direito federal corta o direito local", princípio que, aliás, tem de atender ao que a Constituição atribui, cogentemente, aos Estados-membros e ao próprio Supremo Tribunal Federal.

Depois da Constituição de 1946, retomaram os Estados-membros a sua inteira competência de organização judiciária local. Sob a Constituição de 1967, com a Emenda nº 1, regem o art. 144 e o § 5º.[41]

---

41 Const. 88, art. 125, § 1º.

A regra jurídica do art. 1.214 de modo nenhum permite que se limite a competência legislativa do Estado-membro e a do Tribunal de Justiça (Constituição de 1967, com Emenda nº 1, art. 144, § 5º). No que escapa ao art. 144 e §§ 1º e 5º, a adaptação tem de ser feita, porque se trata de regras de Direito Processual Civil, que só a União pode editar. O que não é de Direito Processual Civil (ou de Direito Constitucional) escapa ao dever de adaptação. Tem-se pretendido que o art. 555 é contrário à Constituição, como o teria sido o art. 875, § 1º, do Código de 1939. Sem razão: não se trata, na espécie, de regra jurídica de organização judiciária, mas sim de regras de Direito Processual Civil (recursal). Os próprios arts. 549, parágrafo único, 550, 551, § 3º, 559 e parágrafo único, e 565 e parágrafo único, que são novos, não são de organização judiciária, mas de procedimento civil. O art. 115, II, da Constituição de 1967, com a Emenda nº 1, que faz competentes os Tribunais, em geral, para elaborar os seus regimentos, de modo nenhum afasta a observância das regras jurídicas que o legislador federal considere necessárias à propositura e aos procedimentos de ações e à interposição de recursos, inclusive oposição de embargos. O julgado do Supremo Tribunal Federal, de 30 de novembro de 1956, não é de acolher-se, nem o que escreveu COSTA MANSO (*O Processo na Segunda Instância e suas Aplicações à Primeira*, I, 19). É verdade que o Senado Federal suspendeu a execução da Lei nº 2.970, de 24 de novembro de 1956, com a Resolução nº 23, de 1959; mas temos, hoje, de examinar cada caso que se apresente. Há, na Constituição vigente, os arts. 8º, XVII[42] (à União compete legislar sobre direito processual), 115, II[43] (compete aos Tribunais elaborar os seus regimentos internos), 119, § 1º[44] (indicação, pelo Supremo Tribunal Federal, em seu regimento interno, das causas a que se refere o art. 119, III, a) e d), atendendo à sua natureza, espécie ou valor pecuniário), 119, § 3º.[45] Frisemos: *a)* competência do Supremo Tribunal Federal; *b)* competência do plenário, além dos casos previstos no

---

42 Const. 88, art. 22, I.
43 Const. 88, art. 96, I, "a".
44 O art. 1º da Emenda Constitucional nº 45, de 08.12.04, introduziu o § 3º ao art. 102 da Const. 88, o qual, sob certo aspecto, ressuscitou, "nos termos da lei", a *relevância da questão federal* (com a EC nº 45, "repercussão geral das questões constitucionais") como pressuposto de admissibilidade do recurso extraordinário. Confira-se a Lei nº 11.418, de 19.12.06.
45 Sem correspondência na Const. 88.

art. 119, I, alíneas *a), b), c), d), i), j)* e *l)*; *c)* competência para estabelecer o processo e o julgamento dos feitos da sua competência originária ou de recursos, *d)* a competência de seu Presidente para conceder *exequatur* a cartas rogatórias de tribunais estrangeiros.[46]

No art. 483, o Código de 1973 estatui: "A sentença proferida por tribunal estrangeiro não terá eficácia no Brasil senão depois de homologada pelo Supremo Tribunal Federal". Não se há de criticar o art. 483 por se ter referido a pressupostos. De modo nenhum: só se referiu à eficácia. A exigência da homologação da sentença estrangeira pelo Supremo Tribunal Federal é de origem constitucional[47] (Constituição de 1967, com a Emenda nº 1, art. 119, I, g), 2ª parte; bem assim a de 1946, a de 1937 e a de 1934, mas, sob a Constituição de 1891, recorria-se ao art. 59, I, d), em que se falava da competência do Supremo Tribunal Federal quanto aos litígios e às reclamações entre nações estrangeiras e a União ou os Estados-membros. Os textos posteriores, como o de hoje, explicitavam o que se havia assente. A Lei de Introdução ao Código Civil, art. 15, fala dos requisitos para a homologação e da eficácia.

Também não é inconstitucional o art. 546, parágrafo único,[48] relativo a embargos à decisão do Supremo Tribunal Federal, que, em recurso extraordinário, ou agravo de instrumento, divergiu do julgamento de outra turma ou do plenário (antes, Código de 1939, art. 833, parágrafo único). Não há ofensa ao art. 119, § 3º, c), da Constituição de 1967, com as Emen-

---

46 Na Const. 88, após alterações introduzidas pelo art. 1º da Emenda Constitucional nº 45, de 08.12.04, a competência para "a homologação de sentença estrangeira e a concessão de *exequatur* às cartas rogatórias" passou ao Superior Tribunal de Justiça (art. 105, I, "i"); todavia, sem a expressa possibilidade de delegação delas a seu Presidente, pelo respectivo Regimento Interno (expressamente prevista, enquanto "a homologação de sentença estrangeira e a concessão de *exequatur* às cartas rogatórias" foram de competência do Supremo Tribunal Federal: cf. o ab-rogado art. 102, I, "h", da Const. 88), mas que ainda possível, já que a norma do art. 96, I, "a", da Const. 88 confere aos tribunais a competência para elaborar os seus regimentos internos, dispondo sobre a competência dos respectivos órgãos jurisdicionais.
47 Idem.
48 O art. 44 da Lei nº 8.038, de 28.5.90, revogara, expressamente, o art. 546 e parágrafo único do CPC. O art. 2º da Lei nº 8.950, de 13.12.94, todavia, revigorou o art. 546 do CPC, passando seus incisos I e II a tratar, respectivamente, dos pressupostos dos embargos de divergência no STJ e no STF; o parágrafo único desse revigorado art. 546 do CPC deixa aos regimentos internos dos dois tribunais a disciplina do procedimento dos embargos de divergência.

das nos 1 e 7.⁴⁹ Uma vez que fora admitido, na lei processual, o agravo de instrumento, era justo ampliar-se a regra jurídica do Regimento do Supremo Tribunal Federal, art. 309, que empregou a palavra "somente". Ora, lei pode criar embargos recursais. O art. 119, § 3°, c), da Constituição não é óbice, pois aí só se cogita de competência para estabelecer "o processo e o julgamento dos feitos de sua competência originária ou de recurso". Processo e julgamento. O Poder Legislativo da União não pode ficar privado de criar ou de extinguir recursos, salvo se isso consta da Constituição.

No art. 565, diz o Código de 1973: "Desejando proferir sustentação oral, poderão os advogados requerer que na sessão imediata seja o feito julgado em primeiro lugar, sem prejuízo das preferências legais". E no parágrafo único: "Se tiverem subscrito o requerimento os advogados de todos os interessados, a preferência será concedida para a própria sessão". Não há, nas duas regras jurídicas, qualquer ofensa à Constituição. Trata-se de uma das preferências legais, que o direito anterior não conhecia. Se o Regimento do Supremo Tribunal Federal estabelece preferências, que não coincidem com as do art. 565 e parágrafo único, essas estão subordinadas ao que diz o próprio art. 565: "Sem prejuízo das preferências legais"; e as preferências que o Supremo Tribunal Federal, conforme o art. 119, § 3°, c), da Constituição de 1967, com as Emendas nos 1 e 7, adotou, têm de ser respeitadas, porque tais regras regimentais são lei.⁵⁰

Art. 1.215. Os autos poderão ser eliminados ¹) por incineração, destruição mecânica ou por outro meio adequado, findo o prazo de cinco (5) anos, contados da data do arquivamento, publicando-se previamente no órgão oficial e em jornal local, onde houver, aviso aos interessados, com o prazo de trinta (30) dias.

§ 1°. É lícito, porém, às partes e interessados requerer, às suas expensas, o desentranhamento dos documentos que juntaram aos autos, ou a microfilmagem total ou parcial do feito ²).

§ 2°. Se a juízo da autoridade competente houver, nos autos, documentos de valor histórico, serão eles recolhidos ao Arquivo Público ³).

---

49 Sem correspondência na Const. 88; sobre "arguição de relevância de questão federal", veja-se a nota 44.
50 Vd. a nota 49.

(O art. 1.215 teve a sua incidência suspensa pela Lei nº 6.246, de 7 de outubro de 1975, até que lei especial discipline a matéria nele contida.)

1) Eliminação dos autos – A regra jurídica do artigo 1.215 não era *ius cogens*, pois apenas se disse "poderão ser eliminados por incineração, destruição mecânica ou por outro meio adequado". A cogência seria reprovável, porque não se pode supor que todas as questões que deram ensejo a processo não mereçam a conservação dos autos, por muito tempo ou até mesmo, embora excepcionalmente, sem qualquer prazo. A publicação prévia no órgão oficial e em jornal local seria pressuposto necessário para que se destruíssem autos que há cinco anos foram arquivados. A omissão do escrivão ou de outro funcionário responsável podia dar ensejo à ação penal, porque se trata de dever, que nenhuma decisão judicial pode eliminar. A publicação somente seria de fazer-se depois de expirados os cinco anos; a eliminação, depois de esgotado o prazo de trinta dias.

O art. 1.215, que não constava do anteprojeto, provocou repulsas e críticas violentas, mas quase sempre justas. Disse-se que era atentado repugnável à vida e à história do Brasil, o que levou a protestos do Congresso de História do Sesquicentenário da Independência do Brasil, em agosto de 1972, e do Instituto dos Advogados Brasileiros, logo que se teve conhecimento do texto do Projeto. O Congresso de História manifestou-se claramente: "Que o Instituto Histórico e Geográfico do Brasil, como executor das deliberações do Congresso do Sesquicentenário da Independência e em seu nome, oficie à Câmara dos Deputados e ao Senado Federal, pedindo-lhes que encarem o problema em suas consequências e não aprovem esse artigo do Código de Processo Civil, evitando, assim, a destruição de fontes autênticas de nossa história". No Conselho Federal de Cultura, o professor Sylvio Vieira submeteu o assunto a exame e foi unanimemente aprovado o que arguiu: "O que procura o projeto em debate é, no entanto, um incêndio voluntário de todos os processos, decorridos cinco anos. Entendo que deve ser sugerida uma substituição do artigo por outro, em que se diga: "É vedada a destruição, por qualquer forma, de autos arquivados"; Parágrafo único: "O Poder Público, através dos órgãos competentes, organizará museus e arquivos judiciais, para preservação de todos os papéis e documentos que serão recolhidos depois de decorridos dez anos de encerramento do processo".

É de sublinhar-se que o art. 1.215 era violador da Constituição de 1987, com a Emenda nº 1, art. 180: "O amparo à cultura é dever do Estado", e parágrafo único: "Ficam sob a proteção especial do Poder Público os documentos, as obras e os locais de valor histórico ou artístico, os monumentos e as paisagens naturais notáveis, bem como as jazidas arqueológicas". Já na Constituição de 1946, art. 175, se dizia: "As obras, monumentos e documentos de valor histórico e artístico, bem como os monumentos naturais, as paisagens e os locais dotados de particular beleza ficam sob a proteção do poder público".

Daí a suspensão da incidência do art. 1.215.

A Lei nº 5.433, de 8 de maio de 1968, tratou do assunto, e os seus arts. 1º-4º merecem ser reproduzidos, não só por seu valor histórico, como porque, com o advento da Lei nº 6.246, de 1975, se tem de prestar atenção ao que antes se estabelecia e, a despeito do art. 1.215 do Código de 1973, não se haviam afastado as suas regras jurídicas. Temos assim: "Art. 1º. É autorizada, em todo o território nacional, a microfilmagem de documentos particulares e oficiais arquivados, estes de órgãos federais e estaduais e municipais". "§ 1º. Os microfilmes de que trata esta Lei, assim como as certidões, os traslados e as cópias fotográficas obtidas diretamente dos filmes produzirão os mesmos efeitos legais dos documentos originais em juízo ou fora dele". "§ 2º. Os documentos microfilmados poderão, a critério da autoridade competente, ser eliminados por incineração, destruição mecânica ou por outro processo adequado que assegure a sua desintegração". "§ 3º. A incineração dos documentos microfilmados ou sua transferência para outro local far-se-á mediante lavratura de termo, por autoridade competente, em livro próprio". "§ 4º. Os filmes negativos resultantes de microfilmagem ficarão arquivados na repartição detentora do arquivo, vedada sua saída sob qualquer pretexto". "§ 5º. A eliminação ou transferência para outro local, dos documentos microfilmados, far-se-á mediante lavratura de termo em livro próprio pela autoridade competente". "§ 6º. Os originais dos documentos ainda em trânsito, microfilmados, não poderão ser eliminados antes de seu arquivamento". "§ 7º. Quando houver conveniência ou por medida de segurança, poderão excepcionalmente ser microfilmados documentos ainda não arquivados desde que autorizados por autoridade competente". "Art. 2º. Os documentos de valor histórico não deverão ser eliminados, podendo ser arquivados em local diverso da repartição detentora dos mesmos". "Art. 3º. O Poder Executivo regulamentará, no prazo de 90 (noventa) dias, a presente Lei, indicando as autoridades competentes, nas esferas federais, estaduais e municipais para a autenticação de traslades e certidões originárias de microfilmagem de documentos oficiais". "§ 1º. O decreto de regulamentação determinará, igualmente, quais os cartórios e órgãos públicos capacitados para efetuarem a microfilmagem de documentos particulares, bem como os requisitos que a microfilmagem realizada por aqueles cartórios e órgãos públicos devem preencher para serem autenticados, a fim de produzirem efeitos jurídicos, em juízo ou fora dele, quer microfilmes, quer os seus traslados e certidões originárias". "§ 2º. Prescreverá também o decreto as condições que os cartórios competentes terão de cumprir para a autenticação de microfilmes realizados por particulares, para produzir efeitos jurídicos contra terceiros". "Art. 4º. É dispensável o reconhecimento da firma da autoridade que autenticar os documentos oficiais arquivados, para efeito de microfilmagem, e os traslados e certidões originais de microfilmes". "Art. 5º. Esta lei entra em vigor na data de sua publicação". "Art. 6º. Revogam-se as disposições em contrário".

Tem-se de preservar qualquer documento de valor histórico que constem de autos. A Lei nº 6.246, de 7 de outubro de 1975, atingiu o art. 1.215 e seus parágrafos.

2) Desentranhamento de documentos – Quem quer que haja apresentado em petição, ou em contestação, ou em reconvenção, em ação incidental, ou qualquer outra ocasião, algum documento, qualquer que seja, mesmo se não foi apreciado pelo juízo, podia requerer que se desentranhassem, para que lhe fossem entregues. Se eram dois ou mais os legitimados ao requerimento, podia ser feito o microfilme ou dada a certidão. O requerimento seria dirigido ao juiz ou ao Presidente do Tribunal onde se fez o arquivamento.

Também havia a legitimação de quem tinha sido parte, ou pessoa, equiparada à parte, ou mesmo interessado, como também quem foi advogado na causa, ou testemunha ou perito, podia requerer a microfilmagem total ou parcial do processo.

3) Valor histórico – A regra jurídica do art. 1.215, § 2º, existiria no sistema jurídico, mesmo se não constasse do texto. A autoridade competente pode oficiar ao juízo ou ao tribunal para que seja recolhido ao Arquivo Público documento ou documentos que constem dos autos, ou os próprios autos no todo ou em parte. O que importa é o valor histórico. Aliás, diante da publicação no órgão oficial e em jornal local, qualquer pessoa, do foro, seria e é legitimada a alegar o valor histórico de documento, ou de documentos, ou dos autos no todo ou em parte, para que seja levado ao Arquivo Público. Se indeferido, tem o cidadão a legitimação à ação popular, fundada no art. 153, § 31, da Constituição de 1967, com a Emenda nº 1, porque o que é de valor histórico e tem de ser levado ao Arquivo Público é elemento do patrimônio estatal.

Art. 1.216. O órgão oficial da União e os dos Estados publicarão gratuitamente 1), no dia seguinte ao da entrega dos originais, os despachos, intimações, atas das sessões dos tribunais e notas de expediente dos cartórios ²).

1) Despesas de publicações – Não se cobram as despesas com as publicações, nos órgãos oficiais, dos atos e termos de que trata o art. 1.216.

Na Constituição de 1967, com a Emenda nº 1, art. 8º, XVII, c),[51] há a competência da União para legislar sobre "normas gerais sobre orçamento, despesa e gestão patrimonial", cabendo aos Estados-membros a legislação supletiva sobre tal matéria. Não se pode, portanto, dizer que o art. 1.216 é inconstitucional (aliás, não o era, antes, o art. 1.051 do Código de 1939). O art. 13 da Constituição, que trata da competência legislativa dos Estados-membros, diz que os Estados-membros se organizam e se regem pelas Constituições e leis que adotarem, respeitados princípios constitucionais.[52] Não se diga, tampouco, que, diante do art. 19, III, a),[53] que veda a qualquer entidade estatal instituir "imposto" sobre renda ou serviço de outra, poderia Estado-membro cobrar a publicação de expediente da Justiça Federal, como, por exemplo, nas espécies do art. 1.213 do Código de 1973.

O que se há, preliminarmente, de exigir, para que incida o art. 1.216, é que a publicidade seja, na espécie, exigida. Depois, que o caso caiba em espécie apontada no art. 1.216.

Para a gratuidade das publicações a que se refere o art. 1.216, já era a necessariedade da publicação um dos pressupostos a que se referia o Código de 1939. Somente após a entrega dos "originais", isto é, certidões dos despachos, das intimações, atas das sessões dos tribunais e notas de expediente de cartório, que precisem de publicação, é que se conta o prazo, que é "o dia seguinte". Entenda-se "o dia seguinte àquele em que poderia ser impresso o que se comunica". Os "despachos", que têm de ser publicados, apenas são os que têm relevância. Ora, o próprio art. 162 do Código de 1973 distingue as sentenças, as decisões interlocutórias e os despachos, definindo-os no § 1º ("Sentença é o ato pelo qual o juiz põe termo ao processo, decidindo ou não o mérito da causa"),[54] no § 2º ("Decisão interlocutória é o ato pelo qual o juiz, no curso do processo, resolve

---

51 Const. 88, art. 24, II e parágrafos.
52 Const. 88, art. 25.
53 Const. 88, art. 150, VI, "a".
54 O art. 1º da Lei nº 11.232, de 22.12.05, alterou a redação do § 1º do art. 162 do CPC para *"Sentença é o ato do juiz que implica alguma das situações previstas nos arts. 267 e 269 desta Lei."*

questão incidente") e no § 3º ("São despachos todos os demais atos do juiz praticados no processo, de ofício ou a requerimento da parte, a cujo respeito a lei não estabelece outra forma").

O despacho que admite recurso tem de ser publicado. Dos despachos de mero expediente não cabe recurso, o que afasta exigência de publicidade. Para começar qualquer prazo, é preciso que tenha havido intimação, inclusive da publicação do despacho no Diário Oficial (cf. arts. 532, § 1º, sobre es embargos infringentes, e 536, sobre embargos de declaração).[55] Em geral, os prazos somente começam a correr a partir do primeiro dia útil após a intimação (arts. 184, § 2º, e 246).[56]

O art. 1.216, de modo nenhum, se aplica à citação ou intimação por edital (arts. 241, III,[57] 221, III, e 231-233). Se os atos foram publicados no órgão oficial, consideram-se feitas as intimações (art. 236 e § 1º), mas tais atos não são isentos do pagamento da publicidade: aí, a intimação não foi *ato*, mas *efeito*.

No Código de 1939, art. 1.051, falava-se de "termos de processo que exigirem publicação". ¿No Código de 1973, retirou-se a exigência da publicação? Entender-se que sim seria fazer-se publicar gratuitamente o que não tivesse de ser publicado. Mas é claro que não se há de admitir gratuidade de publicidade que não é necessária. Nem todos os atos precisam ser publicados e até há os impublicáveis. Se o ato não precisa ser publicado, ou se alguma regra jurídica lhe afasta a publicidade, o art. 1.216 não pode ser invocado. Não se publicam, por exemplo, despachos de juntada de documentos, de remessa de processo e outros atos simplesmente ordinatórios. Às vezes, o interesse público exige o segredo de justiça (art. 155, I), bem assim os que concernem a casamento, filiação, desquite, separação de corpos, alimentos e guarda de menores (art. 155, II).[58] Publicam-se as

---

55 O art. 1º da Lei nº 8.950, de 13.12.94, alterou o *caput* do art. 532 do CPC, ab-rogada, implicitamente, a norma de seu § 1º; alterou também a norma do art. 536 do CPC.
56 O art. 2º da Lei nº 8.079, de 13.9.90, introduziu um parágrafo ao art. 240 do CPC: *"As intimações consideram-se realizadas no primeiro dia útil seguinte, se tiverem ocorrido em dia em que não tenha havido expediente forense".*
57 O art. 1º da Lei nº 8.710, de 24.9.93, alterou os incisos do art. 241 do CPC; a citação por edital, agora, está regulada no inciso V do art. 241 do CPC.
58 Norma alterada por força do art. 52 da Lei nº 6.515, de 26.12.77; assim, correm em segredo de justiça os processos *"que dizem respeito a casamento, filiação, separação dos cônjuges, conversão desta em divórcio, alimentos e guarda de menores."*

sentenças, como se publicam atos que exigem editais; mas aí não se pense em gratuidade de citações editais.

As leis precisam ser interpretadas sem que sejam levadas a interpretações que sirvam a críticas severas.

Havemos de interpretar o art. 1.216 como só referente aos atos que *têm*, por lei, de ser publicados, como as atas de sessão dos tribunais e as notas de expediente de cartório a que se exige publicação.

Não assim, por exemplo, os editais de citação, de Registro Torrens, de protesto de título, de instituição de bem de família, de praça, de venda por iniciativa particular, penhora em direito e ação.

As "notas de expediente dos cartórios" que se regem pelo art. 1.216 são apenas as que têm, *por lei,* de ser publicadas.

2) Dever de publicação – Os despachos, as intimações, as atas das sessões dos tribunais e as notas de expediente dos cartórios, se de necessária publicidade, têm de ser remetidos ao órgão oficial da União ou do Estado-membro. No dia seguinte à entrega, tem de ser feita a publicação, porque se trata de dever do órgão oficial; portanto, da entidade estatal a que pertence o Poder Judiciário. A falta de publicação é infração de dever, que pode dar ensejo à ação de mandado de segurança ou à ação popular. Precisa ser publicada a própria intimação do Ministério Público, que é sempre pessoal. Quanto às intimações, é de relevância frisar-se que, no Distrito Federal, nas Capitais dos Estados-membros e dos Territórios, se consideram feitas pela só publicação dos atos no órgão oficial (art. 236). Se não há na comarca órgão oficial, ou órgão a que se atribuir a publicação de atos oficiais, a intimação (art. 237) é pessoal, se o intimando tem domicílio na sede do juízo, ou por meio de carta registrada, com aviso de recebimento, se domiciliado fora do juízo.

Art. 1.217. Ficam mantidos os recursos dos processos regulados em leis especiais e as disposições que lhes regem os procedimentos constantes ¹) do Decreto-lei n° 1.608, de 18 de setembro de 1939, até que seja publicada a lei que os adaptará ²) ao sistema deste Código.

1) Adaptação das regras jurídicas sobre recursos regulados em leis especiais e no Código de 1939 – O Código de 1973 absteve-se de referência ao nome dos recursos de que cogitaram leis especiais anteriores e o próprio Código de 1939; mas aludiu à futura lei, ou a futuras leis, que as adaptassem ao sistema do Código de 1973.

Adveio a Lei nº 6.014, de 27 de dezembro de 1973, antes, pois, da incidência do Código de 1973, mas somente adaptou algumas das leis especiais. Faltou o trato de outras ações que tinham de ser adaptadas, conforme o art. 1.217.

2) Lei nº 6.014, de 27 de dezembro de 1973 – Lê-se na Lei nº 6.014, de 27 de dezembro de 1973, art. 1º: "Os §§ 1º e 2º do art. 2º, o art. 16 e seus parágrafos e o art. 22 do Decreto-lei nº 58, de 10 de dezembro de 1937, passam a ter a seguinte redação: "Art. 2º...§ 1º. Decorridos 30 dias da última publicação, e não havendo impugnação de terceiros, o oficial procederá ao registro se os documentos estiverem em ordem. Caso contrário, os autos serão, desde logo, conclusos ao juiz competente para conhecer da dúvida, ou impugnação; publicada a sentença em cartório pelo oficial, que dela dará ciência aos interessados. § 2º. Da decisão que negar ou conceder o registro caberá apelação". "Art. 16. Recusando-se os compromitentes a outorgar a escritura definitiva no caso do art. 15, o compromissário poderá propor, para cumprimento da obrigação, ação de adjudicação compulsória, que tomará o rito sumaríssimo. § 1º. A ação não será acolhida se a parte, que a intentou, não cumprir a sua prestação nem a oferecer nos casos e formas letais. § 2º. Julgada procedente a ação, a sentença, uma vez transitada em julgado, adjudicará o imóvel ao compromissário, valendo como título para a transcrição. § 3º. Das sentenças proferidas nos casos deste artigo, caberá apelação". "Art. 22. Os contratos, sem cláusula de arrependimento, de compromisso de compra e venda de imóveis não loteados, cujo preço tenha sido pago no ato da sua constituição ou deva sê-lo em uma ou mais prestações, desde que inscritos em qualquer tempo, atribuem aos compromissários direito real oponível a terceiros e lhes conferem o direito de adjudicação compulsória nos termos dos arts. 16 desta Lei, 640 e 641 do Código de Processo Civil".

Não houve adaptação no que concerne, por exemplo, às ações discriminatórias e às de desapropriação.

No art. 3º, a Lei nº 6.014, de 1973, ao tratar do mandado de segurança (Lei nº 1.533, de 31 de dezembro de 1951), substituiu pelo recurso de apelação o recurso que cabia da sentença desfavorável ou da favorável (art. 12), mas a sentença sujeita ao duplo grau de jurisdição pode ter execução provisória ("podendo, entretanto, ser executada provisoriamente").[59] Em

---

59 O art. 29 da Lei nº 12.016, 07.08.2009, que passou a disciplinar o mandado de segurança individual e coletivo, expressamente revogou a Lei nº 1.533, de 31.12.1951

vez do efeito só devolutivo, no caso de se conceder o mandado de segurança, permitiu-se ao próprio juiz a execução provisória, que suspensão é.

A Lei n° 6.071, de 3 de julho de 1974, deu ao art. 12, parágrafo único, da Lei n° 1.533, de 31 de dezembro de 1951, outra redação: "A sentença, que conceder o mandado, fica sujeita ao duplo grau de jurisdição, podendo, entretanto, ser executada provisoriamente".[60] Deixou-se de falar de sentença desfavorável, mas o recurso continua sendo o de apelação.

Quanto ao art. 13 da Lei n° 1.533, a Lei n° 6.014, art. 3°, deu-lhe a sua nova redação: "Quando o mandado for concedido e o Presidente do Tribunal, ao qual competir o conhecimento do recurso, ordenar ao juiz a suspensão da execução da sentença, desse seu ato caberá agravo para o Tribunal a que presida".[61]

No art. 13 da Lei n° 1.533, de 31 de dezembro de 1951, estabelece-se o recurso de agravo, se o Presidente do Tribunal ordenava ao juiz a suspensão do cumprimento da sentença.[62] Sob a Lei n° 1.533, o recurso era de agravo de petição. No Código de 1973, o art. 557 fala, em geral, de "recurso" do despacho do relator de agravo para o órgão a que incumbiria julgar o "agravo". Também há agravo em caso de denegação do recurso extraordinário (art. 544 e parágrafo único). Não se trata, portanto, de novidade no tocante a agravo que se interpõe em instância superior. Daí, a improcedência das críticas que se fazem ao art. 3° da Lei n° 6.014.[63]

A Lei n° 5.478, de 25 de julho de 1968, art. 19, § 2°, tinha o agravo de petição interponível contra a decisão que decreta prisão (hoje, Código de 1973, art. 733); mas o art. 4° da Lei n° 6.014 substituiu-o pelo agravo de

---

e demais normas posteriores que a modificaram, como o art. 3° da Lei n° 6.014, de 27.12.1973 e o art. 1° da Lei n° 6.071, de 03.07.1974. Na nova lei do mandado de segurança, permanece a apelação como o recurso cabível contra a sentença que denega ou concede a segurança (*caput*, art. 14), ainda sujeita ao duplo grau de jurisdição, no caso de concessão da segurança (art. 14, § 1°) e que pode ser executada provisoriamente, "salvo nos casos em que for vedada a concessão da medida liminar" (art. 14, § 3°).

---

60 Vd. a nota 59.
61 *Aliter, caput* do art. 15 da Lei n° 12.016, de 07.08.2009, que passou a disciplinar o mandado de segurança individual e coletivo e cujo art. 29 expressamente revogou a Lei n° 1.533, de 31.12.1951.
62 Vd. a nota 61.
63 Vd. a nota 59.

instrumento, que não suspende a ordem de prisão. A censura que se faz ao texto somente pode ter fundamento *de lege ferenda;* o legislador entendeu que não se há de suspender a decisão sobre prisão na espécie de ação de alimentos. O que mais importa é aplicar-se a lei do que criticá-la.

O art. 19, §§ 2º e 3º, da Lei nº 5.478, passou a ter a seguinte redação: "2º. Da decisão que decretar a prisão do devedor caberá agravo de instrumento. § 3º. A interposição do agravo não suspende a execução da ordem de prisão".

Quanto à Lei de Falências (Decreto-lei nº 7.661, de 21 de junho de 1945),[64] as críticas também são infrutíferas.

A Lei de Nacionalidade (Lei nº 818, de 18 de setembro de 1949), art. 4º, § 3º, dizia que da decisão que autorizasse a transcrição do termo de opção pela nacionalidade brasileira o juiz recorreria de ofício. A Lei nº 6.014 disse apenas que tal decisão está sujeita a duplo grau de jurisdição e não produz efeito senão depois de confirmada pelo Tribunal. No fundo, tudo é o mesmo. No art. 6º, § 4º, permitia-se o agravo de petição; hoje, com o art. 7º da Lei nº 6.014, o recurso é o de apelação, que chamou a si todos os agravos de petição (cf. Código de 1939, art. 846, e o Código de 1973, arts. 513, 267 e 269). Dá-se o mesmo com o art. 33 da Lei nº 818. Estão errados os que criticam a Lei nº 6.014. *Idem* quanto à Lei nº 4.494, de 25 de novembro de 1964, art. 27, parágrafo único.[65]

Art. 1.218.[66] Continuam em vigor até serem incorporados nas leis especiais os procedimentos regulados pelo Decreto-lei nº 1.608, de 18 de setembro de 1939, concernentes:[1]):

---

64 O art. 200 da Lei de Falências, Lei nº 11.101, de 09.2.05, ab-rogou, expressamente, o Decreto-lei nº 7.661, de 21.6.45.
65 As normas da Lei nº 4.494, de 25.11.1964, foram ab-rogadas pelo inc. III do art. 59 da Lei nº 6.649, de 16.5.1979, cujas normas, por seu turno, encontram-se hoje ab-rogadas pelo inc. III do art. 90 da Lei nº 8.245, de 18.10.1991 – Lei do Inquilinato.
66 O art. 1.218 mostra que o CPC de 1939 não foi ab-rogado pelo de 1937, porém derrogado, já que permaneceram em vigor regras daquele diploma. É preciso atentar no fato de que vários dos dispositivos referidos no art. 1.218 foram revogados por leis supervenientes, como dirão a doutrina e a jurisprudência correspondentes, às quais se remete o leitor. O inc. VIII foi acrescentado pelo art. 1º da Lei nº 6.780, de 12.5.1980, renumerados os demais. O dispositivo acrescentado revigora os arts. 725 a 729 do CPC de 1939, objeto dos comentários de Pontes de Miranda. O empenho de preservar a inteireza dos comentários do falecido autor levou à manutenção das observações dele ao artigo. Cabe, porém, a advertência aqui feita.

I – ao loteamento e venda de imóveis a prestações (arts. 345 a 349);
II – ao despejo (arts. 350 a 353);
III – à renovação de contrato de locação de imóveis destinados a fins comerciais(arts. 354 a 365);
IV – ao Registro Torrens (arts. 457 a 464);
V – às averbações ou retificações do registro civil (arts. 595 a 599);
VI – ao bem de família (arts. 647 a 651);
VII – à dissolução e liquidação das sociedades(arts. 655 a 674);
VIII – aos protestos formados a bordo (arts. 725 a 729);[67]
IX – à habilitação para casamento (arts. 742 a 745);
X – ao dinheiro a risco (artigos 754 e 755);
XI – à vistoria de fazendas avariadas(art. 756);
XII – à apreciação de embarcações (arts. 757 a 761);
XIII – à avaria a cargo do segurador (arts. 762 a 764);
XIV – às avarias(arts. 765 a 768);
XV – (Revogado pela Lei n° 7.542, de 26.09.1986);[68]
XVI – às arribadas forçadas (arts. 772 a 775).

Ações regidas pelo Código de Processo Civil de 1939

1) Retirada de ações que constavam do Direito Processual Civil anterior – O Código de 1973 manteve ações que eram objeto do Código de 1939, mas, surpreendentemente, retirou-as do seu texto. O fato de dizer que "continuam em vigor" os procedimentos então regulados evidencia que foi acertado o que o Decreto-lei nº 1.608, de 18 de setembro de 1939 (Código de Processo Civil de 1939), redigira. Aliás, houve alterações ao texto, depois de 1939. A persistência é até que sejam incorporados nas leis especiais os procedimentos constantes do Decreto-lei nº 1.608. Não se pense que há sugestão de serem feitas leis especiais para procedimentos que não estavam com tal tratamento. As ações de bem de família, de habilitação para casamento e dissolução e liquidação de sociedades constavam e constam do Código Civil; e as de dinheiro a risco, vistoria de fazendas

---

67 Vd. a nota 66.
68 Vd. a nota 66.

avariadas, apreensão de embarcações, avaria a cargo do segurador, avarias, salvados marítimos[69] e arribadas forçadas, do Código Comercial. A despeito da remissão aos artigos do Código de 1939, o art. 273 do Código de 1973[70] é invocável.

A – Ação de loteamento e venda de imóveis a prestações

2) Loteamento e estrutura econômica – O loteamento e venda de imóveis a prestações corresponde à era dos aumentos de população, já ao tempo da industrialização, quando se começou a fragmentar a propriedade territorial do século XIX e princípio do século XX. À semelhança do que ocorre com a venda de móveis com reserva de domínio, o loteador mantém a propriedade. No fundo, é o mesmo aspecto econômico da necessidade de expandir os negócios, sem se partir de planificação racional e sem se cogitar de elevar a capacidade aquisitiva das populações. A princípio, foram empregados expedientes mais ou menos leoninos, como a resolução do contrato em caso de mora, com perda das prestações pagas, benfeitorias e acessões. Contra eles, os juízes, imunes à influência das correntes do dia, em boa hora se insurgiram, sem que pudessem conter a onda avassaladora. O legislador tardara. Foi Waldemar Ferreira quem lançou o projeto de 1936, apresentado à Comissão ilustre, a de Constituição e Justiça da Câmara dos Deputados daquela época. Depois, com apoio nesse projeto, veio o Decreto-lei nº 58, de 10 de dezembro de 1937, que o Decreto nº 3.079, de 15 de setembro de 1938, alterou e ampliou. O Decreto-lei nº 869, de 18 de novembro de 1938, considerou crime contra a economia popular "violar contrato de venda a prestações,...deixando de entregar a coisa vendida, sem devolver as prestações pagas". Por essa atitude, antes de 1936, nós nos batemos, anos a fio, no intuito de coibir a deplorável situação com que se exploravam as classes desfavorecidas. Exatamente à figura do contrato preliminar, do *Vorvertrag*, prestáramos a máxima atenção. A ela se ateve o Decreto-lei nº 58, a despeito do seu art. 5º. As leis francesas de 14 de março de 1919 e 19 de julho de 1924 e a Lei uruguaia nº 8.733, de 17 de junho de 1931, inspiraram Waldemar Ferreira. O intuito uruguaio

---

69 As normas dos arts. 731 a 739 do Código Comercial que tratavam "Do Naufrágio e Salvados" foram expressamente ab-rogadas pelo art. 38 da Lei nº 7.542, de 26.9.86.
70 O art. 1º da Lei nº 8.952, de 13.12.94, deslocou, com ligeiras alterações, a norma do art. 273 do Código para o parágrafo único do art. 272.

era conferir efeito real (?) à promessa; repetiu-se isso no Congresso brasileiro e passou ao projeto de Código Civil argentino. As leis francesas, leis de após-guerra, mais a prendiam ao Direito Administrativo, principalmente ao chamado direito administrativo da reconstrução das zonas devastadas. É pena que tivéssemos consultado sistemas jurídicos inferiores ao brasileiro e que não se houvesse estudado, antes, a fundo, o instituto do pré-contrato.

O conceito de direito real pertence ao direito material, particularmente ao Direito Civil. Não se trata de qualificação arbitrária: é preciso que ao nome "direito real" corresponda a estrutura do direito que o distinga dos direitos que não são "reais". Dois elementos são indispensáveis: (1) que o direito recaia sobre coisa; (2) que o direito seja absoluto, isto é, que se possa valer *erga omnes*. Não basta (1): a locação recai sobre coisa e é direito pessoal ou de obrigação; nem basta (2): a classe dos direitos absolutos é mais vasta que a dos direitos reais. O legislador de 1937 falou de direito real; mas deixou de construí-lo. Nem é construível na lei. Portanto, nada feito.

As ações a que se referem os arts. 345-349 do Código de 1939 são de competência da Vara de Registros Públicos. Desde que invocada, não importa se foi, ou não, inicialmente, apresentada escritura de pré-contrato (5ª Câmara Cível do Tribunal de Justiça de São Paulo, 12 de março de 1948, *R. dos T.*, 173, 602).

O pré-contrato de compra-e-venda de terrenos loteados ou não loteados é pré-contrato como qualquer outro. As ações especiais que se atribuíram aos outorgados, *se houve registro*, é que dependem de ter sido registrado o pré-contrato. As ações oriundas do pré-contrato existem por si, desde que o pré-contrato começou a ser eficaz, como os outros pré-contratos. Quando a 2ª Turma do Supremo Tribunal Federal, a 3 de maio de 1949, disse que, sem o registro, o outorgado comprador não tem ação, havia de entender-se que não tem a ação do art. 346, mas sim as outras ações que são comuns aos pré-contratos (*e. g.,* ação de condenação, por inadimplemento do pré-contrato, ação do art. 1.006 do Código de 1939, hoje art. 641 do Código de 1973;[71] certa a 8ª Câmara Cível do Tribunal de Justiça do Distrito Federal, a 18 de julho de 1950, *R. de D. I.*, 11, 214; ambíguo o acórdão da 1ª Câmara Civil do Tribunal de Justiça de São Paulo, 16 de maio de 1950, *R. dos T.*, 187, 704).

---

71   Ab-rogado pelo art. 9º da Lei nº 11.232, de 22.12.05, cuja norma encontra-se agora reproduzida no art. 466-A, acrescentado ao CPC pelo art. 2º dessa lei.

Resulta dos arts. 1º e 22 do Decreto-lei nº 58 que as ações especiais só se referem aos pré-contratos de venda de quaisquer imóveis, ainda se o pagamento não é a prestações, se foi feita a averbação de que fala o art. 22 (Lei nº 649, de 11 de março de 1949, art. 1º;[72] cf. 2ª Câmara Civil do Tribunal de Justiça de São Paulo, 13 de fevereiro de 1951, *R. dos T.*, 190, 782).

O fato de a lei conferir aos pré-contraentes as ações especiais dos arts. 346-349 de modo nenhum elimina as ações próprias dos pré-contratos em geral, inclusive a ação de cominação e a do art. 1.006 do Código de 1939, hoje art. 641 do Código de 1973.[73] Sem razão a 4ª Câmara Civil do Tribunal de Justiça de São Paulo, a 7 de fevereiro de 1952 (*R. dos T.*, 20, 437).

No ato de adimplemento pelo pré-contraente vendedor, pode ele apenas atender ao fato de o pré-contraente comprador indicar que há de ser, na escritura definitiva, o outorgado. *A fortiori,* se ao pré-contrato de compra-e-venda há cláusula explícita, de ter de ser feita a escritura definitiva em nome de quem o pré-contraente comprador haja indicado.

Os direitos irradiados, a favor do promitente comprador, de pré-contrato de compra-e-venda, são direitos que se podem ceder, inclusive em virtude de entrada para alguma sociedade, como sócio ou como acionista. Se o pré-contraente comprador entra para uma sociedade e entrega os seus direitos, para que depois se lhe pague o preço, cedeu. Por outro lado, a participação do pré-contraente comprador nas deliberações das sociedades, de que é sócio, ou acionista, ou em órgão da sociedade, com atitude que signifique ter sido gestor de negócios para ela, ou para os que a constituírem, sem qualquer ressalva, significa ter havido negócio jurídico de cessão, quer seja imediata, quer não, o pagamento.

Diz o Código de 1939, no art. 345: "Quando terceiro impugnar o registro de imóvel loteado para venda em prestações, ou quando o oficial tiver dúvida em registrá-lo, os autos serão conclusos ao juiz competente para conhecer da impugnação ou dúvida". No § 1º: "A impugnação não

---

72 A norma do art. 22 do Decreto-lei nº 58, de 10.12.1937, vigora hoje com a redação que lhe deu o art. 1º da Lei nº 6.014, de 27.12.1973. Note-se, ainda, que está superada a jurisprudência do e. STF (Enunciado nº 167), sempre mencionada pelo comentarista, que entendia ser condição para a ação de adjudicação o registro do compromisso de compra e venda, conforme o Enunciado nº 239 do e.STJ: *"O direito à adjudicação compulsória não se condiciona ao registro do compromisso de compra e venda no cartório de imóveis."*
73 Ab-rogado pelo art. 9º da Lei nº 11.232, de 22.12.05, cuja norma encontra-se agora reproduzida no art. 466-A, acrescentado ao CPC pelo art. 2º dessa lei.

fundada em direito real comprovado será rejeitada *in limine"*. No § 2º: "Se a impugnação for acompanhada de prova de direito real, o juiz dará vista ao impugnado pelo prazo de cinco dias, findo o qual proferirá a decisão, que será publicada pelo oficial, em cartório, para ciência dos interessados". No § 3º: "Em caso de dúvida manifestada pelo oficial, o juiz poderá ouvir quem promoveu o registro".

3) Impugnação do pedido de registro – Sobre o direito material, Decreto-lei nº 58 e Decreto nº 3.079, de 15 de setembro de 1938, art. 2º. A primeira espécie do art. 345 é a do terceiro que, tendo impugnação fundada em direito real, se opõe ao registro de loteamento. Supõe-se que o imóvel esteja registrado. Esse registro do imóvel lotado é o registro, posterior, da loteação. A especialidade do processo foi regulada pelo art. 345 e não exclui a discussão em processo ordinário, ou outro, em ação reivindicatória ou possessória, ou outra ação, entre o que impugna sem ter "direito real devidamente comprovado" (Decreto nº 3.079, art. 2º, § 3º) e o que pediu o registro do prédio loteado. Havendo a impugnação, os autos serão conclusos pelo oficial do registro ao juiz competente para que dela conheça.

A sentença, como a ação mesma do art. 345, é de mandamento. O interessado, dito, no art. 345, terceiro, para se excluírem os que tomaram parte no processo de registro do imóvel loteado, impugna o registro, isto é, vai contra a eficácia própria da resolução judicial que mandou registrar. O elemento constitutivo negativo é em forte dose, porém não preponderante; é secundário. A eficácia da sentença no que concerne à constituição negativa depende do *cumprimento do mandado*, e não o de ter passado em julgado. O negócio jurídico só se desconstitui quando cancelado o registro, qualquer que seja a forma que assuma esse cancelamento segundo as leis. A cognição especial há de ser completa *ab initio* (art. 345, §§ 1º e 2º, *verbis*: "acompanhada de prova de direito real"). Somente quanto a esse ponto, poderíamos pensar em *efeito* de coisa julgada material, se houve decisão sobre o valor da prova do direito real. Não, porém, sobre o direito real. Não se trata de ação de declaração, nem de ação de condenação, mas simplesmente de ação mandamental.

A impugnação (ação de abstenção de registro) é pelo terceiro titular de direito real. As ações de nulidade e retificação do registro são ações que não se confundem com a ação do art. 345. A ação do art. 345, proposta por terceiro, é ação mandamental, com forte dose de declaratividade e eficácia constitutiva mediata.

Se se trata de dúvida levantada pelo oficial do registro, dá-se o mesmo, mas a força da sentença é *declarativa* e a eficácia imediata é *mandamental*.

A posse, inclusive se objeto de ação de manutenção (Tribunal de Justiça do Espírito Santo, 6 de novembro de 1951, *R. do T. de J. do E. S.*, VI, 347), ou de esbulho, em andamento, não basta. Nem, sequer, se há sentença trânsita em julgado.

Da decisão que rejeita *in limine* a impugnação, por não se fundar em direito real, cabe apelação. Não se afirma que foi alegado e não se provou haver o direito real. Aliás, dá-se o mesmo com qualquer decisão sobre o mérito, por ter sido derrogado o art. 2º, § 2º, do Decreto-lei nº 58, de 10 de dezembro de 1937. Sem razão a 1ª Câmara Civil do Tribunal de Justiça de São Paulo, a 9 de junho de 1953 (*R. dos T.*, 215, 108).

Quanto à dúvida levantada pelo oficial, é matéria de Regimento Interno do Tribunal a determinação da competência e do recurso (cf. 1ª Câmara Civil do Tribunal de Justiça de São Paulo, 9 de junho de 1953, *R. dos T.*, 217, 315).

4) Dúvida sem ter havido impugnação – A segunda espécie do art. 345 é a de dúvida do oficial, não tendo havido impugnação. Aliás, nada obsta a que concorram os dois pressupostos objetivos de conclusão ao juiz, pelos mesmos ou diferentes fundamentos. Num e noutro caso do art. 345, a sentença do juiz é sentença de eficácia mandamental e constitutiva. Levantada a dúvida pelo oficial do registro (art. 345, 2ª parte), a ação é declarativa e a eficácia imediata passa a ser mandamental.

5) Rejeição "in limine" – Rejeitada *in limine* a impugnação, resta ao impugnante a ação própria para obstar à alienação do imóvel loteado – ação de reivindicação, ou de posse, ou a própria ação decorrente de compra de lote em loteamento anterior. Não rejeitada *in limine*, tem o impugnado o prazo do § 2º para falar.

Pelo simples fato de não ter sido rejeitada, *in limine*, a impugnação, não passa ao que pediu o registro o ônus da prova. Tem ele o ônus de provar o que alega contra os documentos do impugnante, *e. g.*, se diz que as terras são outras (3ª Câmara Cível do Tribunal de Justiça do Rio de Janeiro, 13 de setembro de 1948), ou que os documentos são ineficazes porque anteriores, em data, aos seus.

6) Sentença – Proibida a sentença, publica-se em cartório; e entendeu o Código de 1939, como, aliás, o Decreto nº 3.079, que isso basta à ciência dos interessados. Não há grande inconveniente porque o depósito foi largamente publicado e o impugnante deve estar atento. O prazo para a interposição do recurso começa a correr da data da publicação.

7) Dúvidas e provas – No caso de *dúvida* manifestada pelo oficial, de que antes se tratou, pode o juiz ouvir quem promoveu o registro (depoimento pessoal). Na espécie de impugnação do registro, cabem-lhe os poderes do art. 131 do Código de 1973. Na sentença, é-lhe facultado repelir o ato simulado ou a fraude à lei (Código de 1973, art. 129).

8) Recursos – O recurso foi o recurso de agravo de petição (Decreto nº 3.079, art. 2º, § 5º). Antes, cumpria que se distinguisse: *a)* a sentença que decide se procedente, ou não, a impugnação do art. 345, 4ª parte; *b)* a sentença que julga procedente a dúvida do oficial de registro (art. 345, 2ª parte); *c)* a sentença que rejeita *in limine* a impugnação (art. 345, § 1º); *d)* a sentença que rejeita a impugnação sem lhe entrar no mérito, desde que importe terminação do processo. Nos casos das letras *a)* e *b)*, o recurso era o de apelação com fundamento no art. 820 do Código de 1939. No caso da letra *c)*, o de agravo de instrumento, invocando-se o art. 842, I. No caso da letra *d)*, o de petição, em virtude do princípio geral do art. 846. Sem razão, M. M. de Serpa Lopes (*Tratado dos Registros Públicos,* III, 73), que entendia em vigor o art. 2º, § 5º, do Decreto nº 3.079, invocando o art. 842, que interpretou de modo impróprio; J. M. de Carvalho Santos (Código, IV, 73) e De Plácido e Silva (*Comentários*, I, 340). O Decreto nº 3.079 somente persistia na parte de direito material não revogada pelo Código e nas regras jurídicas de formalidades do registro. Quanto ao direito processual, estava completamente substituído. Lendo-se o acórdão da 1ª Câmara Civil do Tribunal de Apelação de São Paulo, de 13 de janeiro de 1941 (*R. F.*, 87, 170), era preciso atender-se a que os juízes não entraram na distinção que acima fizemos; apenas responderam que a lei anterior é inaplicável.

Temos, hoje, de examinar as espécies de decisões diante do Código de 1973. Se a sentença extingue o processo, entrando ou não no mérito, cabe o recurso de apelação (Código de 1973, arts. 513, 267 e 269). Quanto à rejeição *in limine* da impugnação, de que cogita o art. 345, §§ 1º, do Código de 1939, não há extinção do processo que se possa fundar no art. 267 ou no art. 269 do Código de 1973. Temos de entender que o recurso é o de agravo de instrumento (Código de 1973, art. 522). Se a sentença extingue o processo sem julgamento do mérito, temos, conforme dissemos, de observar os arts. 267 e 513. Hoje, o que apontamos para o direito anterior, espécies *a)*, *b)*, *c)* e *d)*, só tem dois recursos: o de apelação, quanto às letras *a)*, *b)* e *d)*; e o de agravo de instrumento, quanto à letra *c)*.

9) Dúvida do oficial do registro – Pode o oficial suscitar a dúvida: *a)* no período decendial, que começa com o recebimento do memorial e documentos de que trata o art 2°, § 1°, do Decreto n° 3.079; *b)* no período tridecendial: do § 2° do citado art. 2°, a contar da publicação do edital. O oficial apenas verifica se o memorial e os documentos apresentados estão de "conformidade com a lei" (Decreto n° 3.079, art. 2°), sem entrar em indagações de fato, salvo autenticidade de documento; em todo caso, deve ter em vista a segurança dos futuros adquirentes dos lotes (Cf. Waldemar Ferreira, *O Loteamento,* I, 114). O levantamento da dúvida é dever do oficial.

10) Pressuposto de se tratar de direito real – Da comparação dos §§ 2° e 1°, tira-se que, se a impugnação não foi acompanhada da prova de direito real, é de ser rejeitada liminarmente. Uma das questões processuais consiste em se saber se a exigência é pressuposto processual objetivo (*a*), ou subjetivo (*b*), ou duplo, subjetivo e objetivo (*c*).

Com a solução (*a*), estava Sílvio Pereira (*Imóveis a Prestações*, 74), porém não é certo que tal opinião implique, como pareceu a Luís Machado Guimarães (*Comentários*, IV, 483), transformar-se a impugnação em ação popular. Não nos repugnaria que se lhes desse, *de lege ferenda*, esse caráter; porém, no sistema do Código, a exigência do interesse circunscreve o âmbito da ação – e não se pode negar que a pretensão exista no caso, por exemplo, do locatário de terceiro, que se disse dono do terreno (e talvez se haja conluiado com o promovente do registro). Com a solução (*b*), Mário de Assis Moura (*Vendas de Terras em Lotes,* 148). O impugnante teria de ser *titular* de direito real e possuir provas que tivessem valor tal que se não pudesse fazer o registro. Com a solução (*c*), M. M. de Serpa Lopes (*Tratado*, III, 82) e Luís Machado Guimarães (*Comentários*, IV, 484).

Em nenhuma das regras das leis sobre o registro ou do Código de 1939 há texto que permita entender-se a prova do direito real como pressuposto subjetivo. O sistema do Código é o de serem legitimados à ação todos os que têm interesse. O que importa é a existência da pretensão à sentença de mandamento. Qualquer pessoa que tenha interesse (hoje Código de 1973, art. 3°) e possa provar que esse interesse se liga à existência de situação de direito das coisas, incompatível com o registro que se pede, tem pretensão suficiente: pode exigir que não se proceda ao registro. É preciso ler-se a lei processual segundo os princípios de interpretação do direito processual, principalmente atender-se à diferença entre pretensão à tutela jurídica e direito invocado.

11) Pré-contraente vendedor e pré-contraente comprador, relação jurídica entre eles – No Decreto-lei nº 58, de 10 de dezembro de 1537, art. 15, estatui-se: "Os compromissários têm o direito de, antecipando ou ultimando o pagamento integral do preço, e estando quites com os impostos e taxas, exigir a outorga da escritura de compra-e-venda". No art. 16, com a redação que lhe deu a Lei nº 6.014, de 27 de dezembro de 1973: "Recusando-se os compromitentes a outorgar a escritura definitiva no caso do artigo 15, o compromissário poderá propor, para o cumprimento da obrigação, ação de adjudicação compulsória, que tomará o rito sumaríssimo. § 1º – A ação não será acolhida se a parte, que a intentou, não cumprir a sua prestação nem a oferecer nos casos e formas legais. §§ 2º – Julgada procedente a ação, a sentença, uma vez transitada em julgado, adjudicará o imóvel ao compromissário, valendo como título para a transcrição. §§ 3º – Das sentenças proferidas nos casos deste artigo, caberá apelação". Sobre o rito sumaríssimo, Código de 1973, arts. 276-281.[74]

A construção da relação jurídica de direito material, que existe entre o promissário e o promitente da venda (o termo "compromissário" foi impróprio, ambíguo), exigiu toda cautela. Porque a influência da lei uruguaia (art. 15) pode perturbá-la; e não é certo que o art. 15 da lei uruguaia seja o que está nos arts. 15 e 16 do Decreto-lei nº 58 ou Decreto nº 3.079, através do projeto de Waldemar Ferreira (arts. 16-18). A ênfase, com que se falou do direito real que se conferia ao comprador dos lotes, de modo nenhum corresponde ao sistema da legislação brasileira.[75] Por outro lado, a pesquisa da "vontade do legislador" é método condenado de interpretação (nosso Subjektivismus und Voluntarismus im Recht, *Archiv für Rechts – und Wirtschaftsphilosophie,* 16, 522-544). Menos ainda, o de pesquisa

---

74 O procedimento sumaríssimo desapareceu da sistemática do CPC, como já antecipara o art. 1º da Lei nº 8.952, de 13.12.94, alterando a redação do art. 272, que passou a dividir o procedimento comum em ordinário e sumário, antes mesmo da superveniente derrogação, pela Lei nº 9.245, de 26.12.95, dos arts. 275 e s. e da epígrafe do capítulo que os reunia.

75 Note-se que a norma do art. 1.417 do Código Civil de 2002 passou a conferir a todos os promitentes compradores o direito real à aquisição do imóvel *"mediante promessa de compra e venda em que se não pactuou o arrependimento".*

do que pensou... o deputado uruguaio A ou B. Não há, nem houve, antes do Código, o direito real de que fala a lei uruguaia (*Art. 15. "La promesa de enajenaciónde inmuebles a plazos desde la inscricion en el registro, confiere al adquirente derecho real respecto de cualquier enajenación o gravamen posterior..."*). Por outro lado, devemos evitar discussões de direito estrangeiro, que não corresponde ao nosso (*e. g.*, o italiano). O que importava era o conjunto de regras dos arts. 345-349 e do art. 1.006, § 2°, do Código de 1939, hoje 639 do Código de 1973.[76] Quanto à pretensão de direito material, os decretos-leis de 1937 e 1938. Ganhou-se em não se trazerem para os comentários do Código de 1939 as tentativas de construção anteriores a ele.

Passemos aos textos do Decreto-lei n° 58, com a redação dada pela Lei n° 6.014.

A ação do art. 16 toca a qualquer pré-contraente comprador de imóvel a prestações, ainda que não se trate de imóvel loteado (2ª Turma do Supremo Tribunal Federal, 9 de maio de 1944, *O D.*, 30, 290; 4ª Câmara Cível do Tribunal de Apelação do Distrito Federal, 30 de abril de 1944, *D. da J.* de 4 de setembro de 1944; 2ª Câmara Cível do Tribunal de Apelação do Rio Grande do Sul, 16 de dezembro de 1942, *R. dos T.*, 156, 317; 1ª Câmara Civil do Tribunal de Apelação de São Paulo, 27 de novembro de 1944, e 1° Grupo de Câmaras Civis, 4 de junho de 1945, 156, 633 e 161, 625; mas sem razão as Câmaras Reunidas do Tribunal de Apelação de São Paulo, a 8 de junho de 1945, a 3ª Câmara Civil, a 30 de agosto de 1944, 155, 694, a 1ª Câmara Civil, a 12 de março de 1945, 156, 281, *R. F.*, 102, 493). Cf. Lei n° 649, de 11 de março de 1949, art. 1°: "Os contratos, sem cláusula de arrependimento, de compromisso de compra-e-venda de imóveis não loteados, cujo preço tenha sido pago no ato de sua constituição, ou deva sê-lo em uma ou mais prestações, desde que inscritos em qualquer tempo, atribuem aos compromissários direito real oponível a terceiros e lhes confere o direito de adjudicação compulsória nos termos dos arts. 16 desta lei e 346 do Código de Processo Civil".

Contrato preliminar, ou melhor, pré-contrato (*Vorvertrag*, nome proposto por H. Thöl), *pactum de contrahendo*, entende-se o contrato pelo qual uma das partes, ou ambas, ou todas, no caso de pluralidade subjetiva, se obriga a concluir outro negócio jurídico, dito negócio visado ou

---

[76] Ab-rogado pelo art. 9° da Lei n° 11.232, de 22.12.05, cuja norma encontra-se agora reproduzida no art. 466-B, acrescentado ao CPC pelo art. 2° dessa lei.

contrato visado. A nossa definição corrige o erro das outras definições, que, aludindo a contrato principal, excluem o contrato preliminar para declarações unilaterais de vontade. Não é contrato preliminar o que apenas estipula certa forma especial, ou certo estalão de preços, ou qualidades. Mas é contrato preliminar o em que se promete a alguém contratar com terceiro. O que é essencial à noção de pré-contrato é que se obrigue alguém a *concluir* negócio. Quando se promete vender ou comprar (*pactum de vendendo vel emendo*), tratando-se de promessa entre A e B, sem haver qualquer elemento que medeie entre prometer e concluir (*e. g.,* no exemplo acima, C; na promessa entre A e B, a condição de incluir o nome de A em lista de subscritores de empréstimos), ¿há pré-contrato? As confusões entre pré-contrato e contrato com prestação não presente são frequentes, com prejuízo da técnica e da boa aplicação das leis. O assunto cresceu de importância depois do art. 1.006, de 1939, hoje art. 641 do Código de 1973.[77] Para bem se fixar a diferença, examinemos espécies: (A) no Direito suíço, a promessa de emprestar (*pactum de mutuo dando*) é *conditio iuris* do contrato de mútuo; não pré-contrato: o promitente obrigou-se a entregar soma de dinheiro, não a contratar; de modo que, não sendo real o contrato, há pretensão à coisa, não ao contrato. No Direito brasileiro, o mútuo é contrato real, e a promessa de contratar ou pré-contrato tem cabimento. (B) A compra-e-venda, no Direito brasileiro, à diferença de outros sistemas jurídicos, tem como *conditio iuris* o pacto de "dar", porque o contraente vendedor se obriga a "transferir o domínio" (Código Civil, art. 1.122)[78] – não é contrato real, como o mútuo: a obrigação decorrente é de entregar. (Tal é a construção da nossa lei, embora o povo se creia dono da coisa logo que assina o contrato, sem pensar na hipótese de outro que também compre e registre primeiro.)

A princípio, no século XVII, as teorias extremaram-se, uns queriam que só houvesse *pactum de contrahendo*, e outros, como Michael Grassus (*De pacto futuri contractus praeparatorio,* 12) e De Lier (*Pactum praeparatorium actionem producens et non producens,* 19), acentuavam existirem *pacta praeparatoria.* H. Thöl (*Handelsrecht,* I § 62, nº I), que criou o nome "pré-contrato", viu nele o primeiro de dois contratos, um atual e outro futuro. Josef Unger falou de contrato que obriga à conclusão de

---

[77] Ab-rogado pelo art. 9º da Lei nº 11.232, de 22.12.05, cuja norma encontra-se agora reproduzida no art. 466-A, acrescentado ao CPC pelo art. 2º dessa lei.
[78] C. Civ. de 2002, art. 481.

outro contrato, se o beneficiado o quer. Não se pode sustentar isso, *a priori;* depende da bilateralidade, ou não. Por outro lado, também não se pode dizer que o segundo contrato seja eficaz desde que o primeiro tenha eficácia retroativa, como Michael Grassus queria (*De pacto futuri contractus praeparatorio*, 54).

Promessa de fazer contrato de compra-e-venda é algo de supérfluo, diante do art. 1.122 do Código Civil;[79] porque importa superfluidade... prometer nova promessa de prestar. Mas como se daria com a promessa de prestar fiança: prometer é apenas "prometer". A promessa de contratar, o pré-contrato, aparece nos contratos reais, que são o tipo do contrato principal, se alguma promessa o precedeu. Quando o legislador suíço incluiu o art. 22, 1ª parte, do Código das Obrigações, abrangeu, com a regra "A obrigação de fazer convenção futura pode ser contratualmente assegurada", muito pouca coisa; porque o dito Código ignora os contratos reais. Em verdade, quando alguém promete vender (aqui, tanto no Direito suíço quanto no brasileiro) e a promessa contém identidade do prédio vendido, satisfazendo todas as exigências do registro de imóveis, venda houve e cabe a apresentação do título para a transferência. O pré-contrato somente aparece (*a*) se se vendeu o lote A, ou a extensão *x*, sem se determinar e sem constar do registro a loteação ou o critério para se determinar ou explicitar *x*, ou não se determinou o preço; ou (*b*) se não foi satisfeito outro requisito, *e. g.*, a forma de instrumento público (contrato formal) ou quando se promete declaração unilateral de vontade. Fora dos casos acima, (*c*) o contrato real é o suscitador eventual, mas típico, de pré-contratos, de modo que os pré-contratos já existiam no regime do Código Civil quanto aos casos (*a*), (*b*) e (*c*); e, em quantidade maior do que no Direito suíço, a despeito de sua regra jurídica explícita. E eram obrigatórios, tendo sido a mais inominável injustiça a espoliação dos que compraram lotes de menos de mil cruzeiros e não foram admitidos a registrar e os que obtiveram promessa de compra-e-venda de lotes, de mais de mil cruzeiros, e não se lhes reconheceu o direito à indenização dos danos pelo fato de se lhes não entregar a propriedade. O que passou, passou; porém consignemos aqui mais um caso de pecado social pela negligência técnica dos juízes. Nenhuma sociedade anda certa quando frauda o seu próprio direito.

---

[79] C. Civ. de 2002, art. 481.

¿Que vieram fazer o Decreto-lei n° 58 e o Decreto n° 3.079? Só se referem à compra-e-venda; e, segundo os princípios de interpretação do contrato de compra-e-venda nos países em que tal contrato não é real, "promessa de venda" deve interpretar-se como venda, desde que o imóvel esteja exatamente determinado ou se a forma "substancial" foi observada. Os diplomas de 1937 e 1938 trouxeram o registro do loteamento para fazer determinável a indicação numérica dos lotes, ou indicações semelhantes – função que nada tem com o direito material e com o direito processual, por ser "administração pública". ¿Trouxeram eles a modificação do sistema do Código Civil, *cindindo* o contrato consensual de venda em promessa e contrato real? É certo que, quando o art. 16 do Decreto n° 3.079 diz que o promitente será obrigado à escritura definitiva nos dez dias seguintes à intimação, essa escritura ou *a)* é efeito de direito material (*contrato real*), de compra-e-venda, que o Código Civil desconhecia, ou *b)* é eficácia de direito processual. A solução que demos foi aceita pela jurisprudência. O Supremo Tribunal Federal, a 23 de julho de 1954, em recurso extraordinário, decidiu que o pré-contrato, por escritura pública, tinha e tem obrigatoriedade: "Se a dúvida pudesse existir sobre o assunto, foi ela definitivamente arrasada pelo art. 1.006 do Código de Processo Civil (de 1939), muito mais amplo e arejado que a disposição do atual art. 22 do Decreto-lei n° 58, segundo a redação que lhe foi dada pela Lei n° 649. Veja-se a respeito o que escreveu o insigne Pontes de Miranda (*Comentários ao Código de Processo Civil*, VI, 368 s.), reproduzindo páginas de seu *Tratado de Direito Predial*, III, 66-68 e 227-238. Já comentando o art. 346 do Código de Processo Civil (III, 1, 252), pergunta o tratadista que veio fazer o Decreto-lei n° 58 na nossa legislação. A promessa de venda, celebrada por escritura pública, é bastante para a ação de execução específica, porque essa era a solução certa, imposta pelo nosso Código Civil, independentemente do Decreto-lei n° 58 e até do art. 1.006 do Código de Processo Civil".

Se não for satisfeito o mandado de declaração de vontade, o juiz adjudicará o lote ao promissário, e a carta de adjudicação é "título de propriedade" (Decreto n° 3.079, art. 16, § 1°, *c*). No caso da solução *a)*, a escritura também "transferiria", porque – note-se bem isso, que é o resultado da discussão da natureza do pré-contrato, contrato preliminar, ou *Vorvertrag*, – se a compra-e-venda não é real, só se pensaria em pré-contrato se não foi determinado o prédio, ou o preço, ou se algum requisito da transmissão de propriedade *falha* (não se confundam, porém, transmissão de propriedade e efeitos contra terceiro).

Tendo separado promessa de contratar e contrato de venda, o falso princípio de que as promessas de venda têm de seguir as regras jurídicas de forma dos contratos ou negócios principais (assim, a promessa de emitir notas promissórias haveria de ser... ¡ em notas promissórias!) teria de ser posto de lado. Antes do Decreto-lei, haveríamos de entender como "promessas" os contratos de compra-e-venda sem a forma que deviam ter; e como "contratos", as promessas que tivessem todos os requisitos. (Quanto a haver pré-contrato, se não foi observada a forma do contrato formal, a discussão entre Siegmund Schlossmann, Über den Vorvertrag, *Jherings Jahrbücher*, 45, 1 s., e Ferdinand Regelsberger, *Pandekten*, 499, nota 22, Heinrich Degenkolb, *Der Begriff des Vorvertrags*, 34, s., e Zur Lehre Vom Vorvertrag, *Archiv für die civil.stiche Praxis*, 71, 76, e tantos outros, terminou pela perda da tese de Siegmund Schlosmann, cf. Bernhard Matthiass, *Lehrbuch*, 6ª e 7ª ed., I, 107, G. Planck, *Kommentar*, 4ª ed., I, 319, Otto Warneyer, *Kommentar*, I, 202.) O princípio é o seguinte: a promessa de contratar não é sujeita a outras exigências de forma que as exigências de forma das obrigações em geral (H. Göppert, em 1872, Fridolin Eisele, Heinrich Degenkolb, Ferdinand Regelsberger, que pôs claro estar a aformalidade da promessa de contrato formal ligada à diferença de "fim de forma"), salvo se a lei pré-exclui a diversidade de forma entre o pré-contrato e o contrato, ou resulta da igualdade de "fim" (sobre a doação, Karl Adler, Realcontract und Vorvertrag, *Jhering Jahrbücher*, 31, 225 s.). Sobre isso, notas ao art. 639, de 1973.[80]

No Direito brasileiro atual, o art. 639 do Código de 1973[81] aplica-se à promessa de compra-e-venda do art. 15 do Decreto-lei nº 58: mais se pode cogitar, nele, *utilmente*, de promessa de contratar se o contrato principal é *real*; porque promessa de contratar consensualmente, com os *mesmos* requisitos, é *executável* como contrato *consensual*. O art. 639 do Código de 1973[82] não faz *formais* as promessas de contratos *formais*: apenas dá ação especial, *com o prazo*, se os requisitos do segundo contrato estão satisfeitos. Se não estão, tem de haver a ação do art. 641 do Código de 1973.[83]

---

80 Ab-rogado pelo art. 9º da Lei nº 11.232, de 22.12.05, cuja norma encontra-se agora reproduzida no art. 466-B, acrescentado ao CPC pelo art. 2º dessa lei.
81 Vd. a nota 80.
82 Vd. a nota 80.
83 Ab-rogado pelo art. 9º da Lei nº 11.232, de 22.12.05, cuja norma encontra-se agora reproduzida no art. 466-A, acrescentado ao CPC pelo art. 2º dessa lei.

O pré-contrato é apenas espécie de pré-obrigação (tal o título do livro de W. Stintzing); de modo que as pretensões de que tratam os arts. 345-349 podem resultar de negócio jurídico que não seja contrato, *e. g.*, promessa de recompensa, disposição *mortis causa*. Às vezes, "apontamentos" (*Punktation*), com intuito de contratar, ou, em geral, de obrigar-se, bastam para perfazê-lo (Heinrich Degenkolb, *Der Begriff des Vorvertrags*, 47, 48 s., B. Windscheil-Theodor Kipp, *Lehrbuch*, I, § 310, 271-273), mas, aí, há o *plus*.

Nos pré-contratos de compra-e-venda, há, sempre, subtendida, para se empregar o termo da própria lei, a condição resolutiva da legitimidade e validade do título (Decreto-lei nº 58, de 10 de dezembro 1937, art. 12), caso em que, além de se devolverem as prestações recebidas com os juros convencionados ou os da lei, desde a data do pagamento, há, provada a má-fé, direito à indenização de perdas e danos. Legitimidade e validade estão, aí, por existência, validade e eficácia.

Essa condição resolutiva, que a lei pôs a respeito dos pré-contratos de loteamento, também se entende inserta nos pré-contratos de compra-e-venda de bens imóveis não loteados, se a prazo, máximo uma vez que se haja procedido ao registro (Decreto-lei nº 58, art. 22). Aliás, pelo inadimplemento, haveria a ação do art. 1.092, parágrafo único, do Código Civil,[84] ação de resolução.

Os pré-contraentes podem prever quaisquer fatos que operem como condição resolutiva, quer se trate de existência, quer de validade, ou de ineficácia do título de domínio, quer de outra situação concernente ao título, ou não.

Se há reivindicação, houve inexistência, invalidade ou ineficácia do título e desapossamento. Se há execução, algum crédito que não foi afastado pela eficácia do pré-contrato determinou a constrição executiva, dando ensejo à hasta pública. Se o pré-contraente vendedor prometeu, em caso de reivindicação, ou de hasta pública em execução, adquirir o bem objeto da promessa, a obrigação somente pode ser adimplida enquanto é possível afastar-se a coisa julgada da sentença na ação de reivindicação ou na ação executiva. Não se poderia pensar em compra se já transitara em julgado a sentença na ação de reivindicação, porque já teria incidido a sanção pelo

---

84 C. Civ. de 2002, art. 475.

inadimplemento. *Idem* se não houve, na ação executiva, a hasta pública ou se o pré-contratante vendedor não arrematara o bem.

12) Pré-contraente comprador e sua pretensão de direito material – A pretensão do promissário, na espécie que apreciamos, é de alguém *fazer*, e não de *dar*; de modo que, em direito material, a figura é a do pré-contrato. Já vimos que o efeito do art. 346 ou é de direito material, e então temos de entender que o legislador fez "contrato real" o de lotes de terrenos, ou é de direito processual, e então a sentença é *executiva*. Uma das consequências de se classificar a eficácia do art. 346 como processual é ter-se de interpretar a eficácia do art. 641 do Código de 1973[85] como a de *colar* a sua pretensão a todas as obrigações pré-contratuais, ou, melhor, pré-negociais. Essa solução é verdadeira. Tem-se procurado ver no art. 881 do Código Civil[86] obstáculo à aplicação do art. 1.006 da lei processual de 1939; hoje art. 641 do Código de 1973.[87] De modo nenhum: o terceiro do art. 881 do Código Civil[88] não é o juiz. A confusão entre lei de direito material e lei de direito formal é responsável por essa malversação do texto do Código de Processo Civil. Claro que em nenhum caso de aplicação do art. 641 do Código de 1973[89] se permitiria que *outrem* executasse à custa do devedor a prestação, de modo que *nunca* se aplicaria o art. 641 do Código de 1973[90] se fôssemos adotar a interpretação errônea que faz a regra de direito material do art. 881 do Código Civil[91] obstar ao art. 641 do Código de 1973.[92] Nem o art. 1.220 do antigo Código Civil italiano obstaria a regra jurídica que acaso existisse, como o art. 1.006 brasileiro de 1939 ou o art. 641 de 1973,[93] no Código de Processo Civil italiano.

---

85   Ab-rogado pelo art. 9º da Lei nº 11.232, de 22.12.05, cuja norma encontra-se agora reproduzida no art. 466-A, acrescentado ao CPC pelo art. 2º dessa lei.
86   C. Civ. de 2002, art. 249.
87   Vd. a nota 85.
88   Vd. a nota 86.
89   Vd. a nota 85.
90   Vd. a nota 85.
91   Vd. a nota 86.
92   Vd. a nota 85.
93   Vd. a nota 85.

Também não impede a aplicação do art. 641[94] (antes, art. 1.006) o art. 69 do Código Civil,[95] como pareceu a Luís Machado Guimarães (*Comentários*, IV, 493), mesmo porque *legem habemus*: o art. 641[96] (antes, sob o Código de 1939, art. 1.006).

Aliás, ainda antes deles, o art. 69 do Código Civil[97] não obstava a essas sentenças executivas. O autor parecia preferir a concepção de contrato sozinho (IV, 490 e 495), mas faltou-lhe ter discutido o âmbito do art. 1.006 do Código de 1939. Se fosse, o pré-contrato seria impossível, absurdo (Otto Warneyer, *Kommentar*, II, 31). O mal em parte resulta das discussões italianas, sempre que a doutrina alemã se fricciona com o Codice Civile, de fonte napoleônica, produzindo a incompreensão entre duas mentalidades jurídicas de tempos diferentes. Também não é certo que a legislação sobre lotes haja derrogado o art. 134, II, do Código Civil,[98] pois os contratos preliminares são aformais (*formlos*), conforme antes se expôs; ou o art. 1.088 do Código Civil,[99] que é regra de direito material, sobre pré-contrato (leia-se a fonte, bem mais explícita, no *Esboço* de Teixeira de Freitas, art. 1.930, gênio que viu os mais graves problemas com luz de jurista do seu século e do seguinte): o art. 641 do Código de 1973,[100] como o art. 1.006 do Código de 1939, veio *colar* outra força processual e realizar o que Francisco de Caldas, no século XVII, Manuel Gonçalves Da Silva, no século XVIII, J. H. Correia Teles e Leite Velho, no século XIX, queriam, aliás de acordo com a boa tradição lusitano-brasileira. Note-se que Teixeira de Freitas viu o problema dos apontamentos (*Punktation*), em 1860, ligado ao dos pré-contratos.

No art. 15 do Decreto-lei nº 58 lê-se que os pré-contraentes compradores têm o direito de, antecipando ou ultimando o pagamento integral do preço, e estando quites com os impostos e taxas, "exigir a outorga da escritura de compra-e-venda". Aí, há duas regras jurídicas: uma, que concerne à antecipação possível de pagamento (*ius cogens*), com a consequente

---

94 Vd. a nota 85.
95 Sem correspondente no C. Civ. de 2002.
96 Vd. a nota 85.
97 Sem correspondente no C. Civ. de 2002.
98 C. Civ. de 2002, art.108.
99 Sem correspondente no C. Civ. de 2002.
100 Ab-rogado pelo art. 9º da Lei nº 11.232, de 22.12.05, cuja norma encontra-se agora reproduzida no art. 466-A, acrescentado ao CPC pelo art. 2º dessa lei.

ação do art. 346, *depositado previamente o que faltava ser pago* (depósito preparatório); outra, que é para o caso de já estarem pagas todas as prestações, ou só faltar a que há de coincidir com a assinatura da escritura definitiva, espécie em que se têm de pagar os impostos e taxas. O acórdão da 2ª Turma do Supremo Tribunal Federal, a 6 de abril de 1951 (*D. da J.* de 1º de dezembro de 1952), em que o voto vencedor disse que o art. 15 do Decreto-lei nº 58 foi substituído pelo art. 346 do Código de Processo Civil, foi sem qualquer sentido.

O pré-contrato de compra e venda de terrenos lotados é pré-contrato como qualquer outro. As ações especiais que se atribuíram aos outorgados, *se houve registro*, é que dependem de ter sido registrado o pré-contrato. As ações oriundas do pré-contrato existem por si, desde que o pré-contrato começou a ser eficaz, como os outros pré-contratos. Quando a 2ª Turma do Supremo Tribunal Federal, a 3 de maio de 1949, disse que, sem o registro, o outorgado comprador não tem ação, havia de entender-se que não tem a ação do art. 346, não as outras ações que são comuns aos pré-contratos (*e. g.*, ação de condenação por inadimplemento do pré-contrato, ação do art. 641 do Código de 1973,[101] antes art. 1.006 do Código de 1939; certa a 8ª Câmara Cível do Tribunal de Justiça do Distrito Federal, a 18 de julho de 1950, *R. de D. I.*, 11, 214; ambíguo o acórdão da 1ª Câmara Civil do Tribunal de Justiça de São Paulo, a 16 de maio de 1950, *R. dos T.*, 187, 704).

Resulta dos arts. 1º e 22 do Decreto-lei nº 58 que as ações especiais só se referem aos pré-contratos de venda de lotes a prestações, mas alcançam os pré-contratos de venda de quaisquer imóveis, ainda se o pagamento não é a prestações, se foi feita a averbação de que fala o art. 22 (Lei nº 649, de 11 de março de 1949, art. 1º; cf. 2ª Câmara Civil do Tribunal de Justiça de São Paulo, 13 de fevereiro de 1951, *R. dos T.,* 190, 782).

O fato de a lei conferir aos pré-contraentes as ações especiais dos arts. 346-349 de modo nenhum elimina as ações próprias dos pré-contratos em geral, inclusive a cominação, e a do art. 641 do Código de 1973 do Código de Processo Civil[102] (sem razão a 4ª Câmara Civil do Tribunal de Justiça de São Paulo, a 7 de fevereiro de 1952, *R. dos T.,* 20, 437).

---

101 Ab-rogado pelo art. 9º da Lei nº 11.232, de 22.12.05, cuja norma encontra-se agora reproduzida no art. 466-A, acrescentado ao CPC pelo art. 2º dessa lei.
102 Vd. a nota 101.

13) Pré-contrato em forma particular – Não tem razão os que não admitem a pretensão do art. 346 quando a promessa de compra-e-venda de imóveis a prestações foi feita por instrumento particular e devia ser por instrumento público. Já vimos que a simetria entre forma do contrato-escopo e forma do contrato preliminar não existe. A opinião isolada de Gutemann, lá do fundo de 1847, não vale a pena ser ressuscitada, a despeito dos erros da jurisprudência e da doutrina brasileira, antes de 1938. O art. 639 do Código de 1973,[103] como o art. 1.006, § 2°, do Código de 1939, nada tem com o art. 346, que é lei especial.

O que importa é que se trate de compra-e-venda de imóvel loteado segundo a legislação especial ou regida pelo art. 22 do Decreto-lei n° 58, na redação que lhe deu a Lei n° 649, de 11 de março de 1949, art. 1°, que foi explícita. A jurisprudência anterior, que veio até há pouco (*e. g.*, 3ª Câmara Civil do Tribunal de Justiça de São Paulo, 8 de setembro de 1949, *R. dos T.*, 182, 714), está obsoleta. Fora daí, a ação do art. 346 não cabia (2ª Câmara Civil do Tribunal de Apelação de São Paulo, 25 de agosto de 1942, *R. dos T.,* 140, 222). Concorrendo os pressupostos, é utilizável a do art. 1.006 ou a do § 2°.

14) Natureza da sentença – O caso do art. 346 subsume-se nas regras jurídicas do art. 641 do Código de 1973[104] (antes, art. 1.006 do Código de 1939), a despeito do esclarecimento do art. 639 (antes, art. 1.006, § 2°, do Código de 1939). Conforme se há de ver sob o art. 641 do Código de 1973,[105] trata-se de sentença executiva. Os comentadores, não acostumados com o art. 1.006 de 1939 (hoje, art. 641 do Código de 1973), que correspondeu ao § 894 da Ordenação alemã e ao § 367 da Lei austríaca de Execução, invocam brocardos sobre a não fungibilidade da vontade ou sobre não se obrigar ao "ato" precisamente. Ora, não é aí que bate o ponto: não se trata de *querer* pelo obrigado, nem há declaração de vontade pelo juiz, nem ficção; há apenas, e abertamente, execução. O Direito austríaco desconhecia isso; desconhecia-o, em parte, o Direito brasileiro anterior a 1939. Tal sentença não precisa de registro para produzir efeitos de escritu-

---

103 Ab-rogado pelo art. 9° da Lei n° 11.232, de 22.12.05, cuja norma encontra-se agora reproduzida no art. 466-B, acrescentado ao CPC pelo art. 2° dessa lei.

104 Ab-rogado pelo art. 9° da Lei n° 11.232, de 22.12.05, cuja norma encontra-se agora reproduzida no art. 466-A, acrescentado ao CPC pelo art. 2° dessa lei.

105 Vd. a nota 104.

ra de compra-e-venda. A sentença tem muito de condenação, mas, quanto à eficácia, prepondera a executividade. (Já dissemos que não há os dilemas da forma "é condenatória ou executiva", salvo em termos de preponderância. Cf. notas deste *Comentários*, antes do art. 1º). O registro é meramente reafirmatório quanto à transmissão, após a coisa julgada formal (cf. Leo Rosenberg, *Sachenrecht*, 201, IV, 6, *b*; Otto Warneyer, *Kommentar*, II, 31: "o consentir na transcrição" é, aí, parte intrínseca do consentimento, do *consensus*, aliás pelo juiz. Efeitos contra terceiros, esses, sim, dependem da *ordem* de registro).

15) Sentença com força executiva – A sentença do juiz, no caso do § 1º (*verbis* "se nada alegar"), é executiva *lato sensu*, como a do § 2º, posto que também condenatória e com efeitos de mandamento (§ 1º c).

16) Cláusulas do pré-contrato – A providência do art. 346, § 1º, a), vale como declaração de vontade do promitente a prestações – como de vendedor – para todos os efeitos das regras jurídicas do Código Civil, como geradora do negócio jurídico da compra-e-venda. Ao comprador e ao vendedor continuam as pretensões que perdurariam ou nasceriam com a transmissão da propriedade por ato pessoal (efetivo) dele (*e. g.*, vícios redibitórios, evicção). A execução opera, ainda que haja parte da sentença que apenas seja julgamento, com força de coisa julgada material (Rudolf Pollak, *System*, 1026), ou se o processo correu contra o representante, ou contra o administrador, ou à revelia, ou com o nomeado à autoria (G. Neumann-L. Lichtblau, *Kommentar z. Exekutionsordnung*, 3ª ed. 1119; sem razão, Theodor Kipp, *Die Verurteilung zur Abgabe von Willenserklcirungen*, 43).

17) Execução e não ficção – Executividade à semelhança de escritura pública. A ficção operaria como verdade, porém não há ficção: há execução. Observe-se que a ação do art. 346 é cumulação de ações: há a execução do pré-contrato e há a execução do contrato a que se condena o réu e se executa; não se executa só o pré-contrato, como se daria na espécie do art. 1.006 do Código de 1939 (hoje, art. 641 do Código de 1973)[106] – executam-se o pré-contrato e o contrato que é objeto da execução segundo o art. 641 do Código de 1973 (antes, art. 1.006 do Código de 1939). A ação

---

106 Ab-rogado pelo art. 9º da Lei nº 11.232, de 22.12.05, cuja norma encontra-se agora reproduzida no art. 466-A, acrescentado ao CPC pelo art. 2º dessa lei.

do art. 346 entra, pois, na classe das ações de dupla execução sucessiva, ao lado da ação do art. 439 do Código de 1973[107] (antes no Código de 1939, art. 1.006, § 2º). A diferença entre elas é apenas de rito.

A cumulação exprime-se na composição da carga de eficácia:

3	1	4	2	5
1	2	3	4	5

Mas a ação do art. 346 dá-nos:

3	2	4	1	5

Quando se adjudica o lote, já se executa o contrato, e não só o pré-contrato. O elemento mandamental desaparece (art. 346, § 1º, *b*).

18) Propriedade gravada – "Se a propriedade estiver gravada de ônus real, o memorial será acompanhado da escritura pública em que o respectivo titular estipule as condições em que se obriga a liberar os lotes no ato do instrumento definitivo de compra-e-venda" (Decreto nº 3.079, art. 1º, 4º). A "notificação" é clara e faz parte da execução da promessa de contratar, no caso do § 4º do art. 346. Para os casos de servidão ou de outro direito real (Decreto nº 3.079, art. 11, *g*), o promissário autor pode requerer que se cancele, se consta do registro público. Entenda-se: que se cancele, parcialmente, a hipoteca, livrando-se o objeto do pré-contrato, e não para que o vendedor o faça ou responda por perdas e danos.

19) Notificação – A notificação é ao credor, e não ao promitente, ora vendedor executado, porque o credor concordou com a liberação (Decreto nº 3.079, art. 11, *g*). Se o credor não atender, pode apresentar impugnação no mesmo prazo, e a sua situação processual depende da impugnação que traga. Os dois citados são tratados independentemente e pode dar-se que o credor hipotecário, por exemplo, seja litisconsorte na impugnação do cancelamento.

20) Impugnação – Se o promitente impugna ("alegações" seria o termo, a seguir-se sobre o art. 346, §§ 2º e 3º), a lei concebe essa impugnação à semelhança formal dos embargos do executado nas execuções de

---

107 A referência correta é ao art. 639, ab-rogado pelo art. 9º da Lei nº 11.232, de 22.12.05, cuja norma encontra-se atualmente reproduzida no art. 466-B, acrescentado ao CPC pelo art. 2º dessa lei.

sentença e hoje títulos extrajudiciais, e chama às alegações do promissário de "contestação" (art. 346, § 2º).

21) Instrução e procedimento – Instrução sumária, produção de provas no tríduo, decisão conforme o art. 131 do Código de 1973 (antes, art. 118, de 1939).

22) Mora e ação do outorgado pré-contraente – A respeito da mora nos pré-contratos inclusos nos arts. 16 e 22 do Decreto-lei nº 58, rege o art. 14 do mesmo Decreto-lei, que diz: "Vencida e não paga a prestação, considera-se o contrato rescindido", queria dizer "resolvido" – "trinta dias depois de constituído em mora o devedor", e o § 1º, que acrescenta: "Para este efeito será ele intimado a requerimento do compromitente, pelo oficial do registro a satisfazer as prestações vencidas e as que se vencerem até a data do pagamento, juros convencionados e custas da intimação". No § 2º, permite-se a purga da mora. O devedor somente se expõe à resolução depois de trinta dias, contados do dia seguinte à interpelação, de jeito que tem trinta dias para purgar a mora. É o prazo sobressalente, o *Nachfrist* dos textos alemães e suíços. Os pré-contratos não podem encurtar esse prazo. Seria de discutir-se se é dilatável, por convenção explícita ou implícita; mas a melhor solução é considerar-se cogente o art. 14 (*Tratado de Direito Privado,* tomo XIII, §§ 1.434, 5, 1.455, 3, e 1.488, 2).

Quando lei especial, tratando de certos negócios jurídicos, cria *prazo sobressalente*, necessariamente derroga a lei geral, que o não tinha. O prazo é sobressalente exatamente por isso: o direito comum não o tinha; e a só aplicação da lei geral, que o não tem, feriria o direito do devedor, a quem a lei beneficiou com o prazo especial.

O que é preciso é que o pré-contraente comprador ofereça o restante do preço ou o preço – o que se subentende se pediu a intimação do pré-contraente vendedor "para dá-la (a escritura definitiva de compra-e-venda) nos cinco dias seguintes, que correrão em cartório" (Código de 1939, art. 346).

Se, nos cinco dias, o pré-contraente vendedor alega que se há, de liquidar, antes, o débito, tem o pré-contraente comprador cinco dias para a contestação (§ 2º), seguindo-se prova no tríduo, se for preciso (§ 3º).

Liquidada a dívida, tem o pré-contraente comprador de depositar o preço, ou o restante do preço, tal como se fixou. O depósito *a)* se faz logo após cinco dias, se não houve qualquer alegação do pré-contraente vendedor que leve à contestação pelo pré-contraente comprador, ou *b)* depende de liquidação, a que se há de proceder, para que o depósito se faça antes da adjudicação, isto é, depois de o juiz julgar improcedentes as alegações ou a alegação do pré-contraente vendedor e ordenar que se deposite o que se liquidou, ou *c)* houve alegações do pré-contraente vendedor e têm de ser julgadas *antes*, fazendo-se o depósito, se improcedentes, antes da adjudicação.

O art. 346 do Código de 1939, na concepção da ação de adjudicação, afastou-se da técnica legislativa da ação de consignação em pagamento (Código de 1939, art. 314; hoje arts. 890 e 893 do Código de 1973): na ação de consignação em pagamento, a citação é para receber o pagamento "sob pena de ser feito o respectivo depósito"; na ação de adjudicação, a intimação é para o intimado outorgar a escritura definitiva nos cinco dias seguintes, que correrão em cartório. Se o pré-contraente vendedor outorga a escritura nos cinco dias, *tollitur quaestio*. Se não a outorga, nem alega matéria relevante, o juiz ordena o depósito da dívida e, cumprido o despacho, adjudica ao intimante o bem. Não é preciso que se deposite, logo após a intimação, a quantia devida, porque ainda se espera que o pré-contraente vendedor anua em outorgar, nos cinco dias, a escritura, e é na ocasião de ser assinada que se presta o devido. Não há consignação em pagamento; há depósito prévio para a *adjudicação*, se ela tiver de ocorrer.

Processualmente, à alegação de iliquidez da dívida, tem o juiz de ouvir, em cinco dias, o intimante, seguindo-se as provas, se preciso. Após a liquidação, uma vez que se prontificou o intimante a assinar a escritura (ninguém pode intimar outorgante e assinar escritura sem se dizer pronto a assinar, portanto prestando o que ainda deve), é que se deposita o que foi liquidado. Se o intimante se apressou, depositando, isso não o prejudica, porque o juiz ordenaria o depósito do restante antes de deferir o pedido de adjudicação.

23) Recurso – O recurso a interpor-se é o de apelação.

24) Pretensão a liberar-se – Lê-se no art. 347: "O compromitente que houver recebido todas as prestações, e apresentar documento comprobatório do registro, poderá requerer a notificação do compromissário, para, no prazo de trinta dias, que correrá em cartório, receber a escritura definitiva de compra e venda". E no parágrafo único: "Não sendo assinada a escritura nesse prazo, o lote comprometido será depositado, por conta e risco do compromissário, que responderá pelas despesas judiciais e custas do depósito". O promitente tem a pretensão a liberar-se, fundada no art. 17 do Decreto nº

3.079, aliás idêntico ao art. 17 do Decreto-lei nº 58. A *mora accipiendi* não tem efeito de resilição do contrato. A regra jurídica já era imperativa, quer dizer – não dispositiva, antes de estar inserta na lei processual.

25) Alegações em caso de depósito – ¿ Se o promissário tiver o que alegar? O texto é deficiente. Resultou isso de se transcreverem na lei processual regras jurídicas de direito material e processual englobadamente, sem se ver claramente o problema técnico do procedimento. Advirta-se, desde logo, que o art. 347 é ação especial, estava no Título IX do Livro IV do Código de 1939, e não no Título III do Livro 11; não há simples notificação. Trata-se de depósito em solução que, pelo amor ao acantonamento dos assuntos, ficou sob o Título IX. A solução era concebê-lo, como a ação do Título IV, nos arts. 314 e 318. Não havia nenhum erro da Lei, como lho exprobravam.

26) A risco do promitente – Não tendo havido discussão, contraditória, o depósito tem de ser julgado. A argumentação de Luís Machado Guimarães (*Comentários* IV, 501, 502) sobre ser inaplicável o processo da consignação em pagamento, porque o promitente quer liberar-se com a transmissão do domínio, e não com a posse, não tem fundamento: consigna-se quando se quer entregar o domínio, como também quando se quer entregar a posse; e a entrega da posse é apenas mais frequente do que a do domínio, por haver contratos de transmissão de posse, e alguns reais, ao lado dos consensuais. Também não pode o juiz dizer *Non liquet* (a lei não tem solução), cf. art. 113 de 1939 (hoje, art. 131).[108]

27) Cobrança de ofício – No Código de 1939, lê-se no art. 348: "No mesmo despacho em que conceder penhora, arresto ou seqüestro de imóvel loteado, o juiz, *ex officio,* mandará fazer, no registro, as devidas anotações". E no art. 349: "As multas previstas na lei civil serão impostas pelo juiz, à vista de comunicação documentada do oficial, e inscritas e cobradas pela União". A lei processual fez de ofício as providências do art. 348, no que ampliou o Decreto nº 3.079, art. 27. (O que se passou no Senado ao ter-se de redigir o art. 27 do Decreto-lei nº 58 não interessa à interpretação do art. 348 do Código, nem ao art. 2º do Decreto-lei nº 58, nem ao art. 27 do Decreto nº 3.079; é método de interpretação condenado.)

---

108 A referência correta é à norma do art. 126 do CPC.

O que está no art. 348 é que nenhuma penhora, arresto ou sequestro pode ser concedido sobre lotes ou imóveis, sujeitos ao regime da legislação especial, de que nos ocupamos, sem que se ordene, *no mesmo despacho,* a anotação. Tem-se pretendido que o art. 348 é inaplicável, ou de difícil cumprimento (Amorim Lima, *Código,* II, 202), salvo nos executivos hipotecários; porque o juiz não pode saber qual o objeto da penhora antes de se realizar. Também se invocaram os arts. 923 e 926 do Código de 1939 (Luís Machado Guimarães, *Comentários,* IV, 505). De modo nenhum: o art. 348 é regra jurídica de imunização condicional de penhora (diferente das regras jurídicas de imunização absoluta). Aqui, o oficial de justiça somente pode penhorar, arrestar ou sequestrar o imóvel sujeito à venda de imóveis a prestações se no despacho se ordenou a anotação. Se o despacho não contém esse mandado do juiz ao oficial, que é executor das duas medidas, então a penhora é nula, pelo princípio de que toda a infração da lei processual é relevante e as regras jurídicas aplicáveis a essa nulidade são todas as que concernem a "nulidades não cominadas". O art. 348 é regra jurídica de forma.

A penhorabilidade do imóvel mostra que a atribuição de direito real ao compromissário derivou de insuficiente conhecimento de técnica legislativa por parte do legislador uruguaio, refletindo-se, desgraçadamente, no Decreto-lei nº 58, art. 5º (e logo repetido no Decreto nº 3.079). As próprias leis não o construíram como tal. Se o promissário tem direito real, ¿ que direito é esse? É pena afear-se a legislação brasileira, de tradições veneráveis, com esses enxertos impensados. Não se mete em lei qualquer conceito sem se dizer o que ele contém. Nenhuma das pretensões ou ações das leis brasileiras sobre o assunto, inclusive do Código de Processo Civil, se enquadra nele. O direito expectativo do promissário é que é alienável, penhorável etc.; e esse direito expectativo é à propriedade, e essa não se transferiu. Para transferir-se, para que houvesse "direito real" (¡salvo se se quer conceito "sul-americano" de direito real!), seria preciso que se fizesse, por exemplo, resolutiva a condição. "Se ocorrer falência do comprador, o contrato é arrecadado e vendido, em hasta pública, pelo liquidatário" (Decreto-lei nº 58, art. 12, § 2º). O "contrato", o direito expectativo que se adquiriu. O registro dá tanta "realidade" ao direito ¡que *nenhum* elemento peculiar a direito real se tirou da construção!

Sobre essa e outras questões – de direito material –, nosso *Tratado de Direto Predial*, Tomo III, e *Tratado de Direito Privado,* Tomo III.

28) Multas e dever do juiz – As multas, quaisquer que sejam, resultantes da legislação material ("lei civil"), não qualquer lei da União.

Isso não impede que a legislação local crie multas quando entender que determinada infração da lei civil também é infração de lei municipal e o conceito possa incluir-se no de "infração de lei municipal". Cabe ao oficial, de ofício ou a requerimento de interessados, comunicar ao juiz o que se passou. O art. 349 aplica-se às leis civis que vieram e venham após os Códigos de 1939 e 1973. Outrossim, contém dever do juiz quanto a comunicar à repartição fiscal da União.

B. Ação de despejo

29) História e natureza da ação de despejo – Ação específica da locação de casas (Ordenações Filipinas, Livro IV, Título 24), os processualistas portugueses estenderam-na a todas as pretensões à desocupação da coisa, porque a essas (entendiam) se ajustava. As Ordenações Filipinas, Livro IV, Título 24, referiam-se à pretensão, sem se referirem à ação, menos ainda à forma de processo. No fundo, o que se operou foi generalização do "lançar fora" pelo Alcaide, naquela feição ríspida, despótica, com que era o "senhor da casa" que "mandava" o Alcaide, e a lei punha o Alcaide, diretamente, a serviço desses "senhores de casa". E isso "logo, logo; o fato, e mais mobília na rua", como nas expressões de Manuel de Almeida e Souza (*Ações Sumárias*, I, 305), o queria a Ordenação do Livro IV, Título 24, em contradição flagrante com a outra, a do Livro IV, Título 23. A geração de juristas que veio depois temperou-a com a admissão de embargos ao mandado *de evacuando*, até que o reacionarismo "do fim do século XVIII e começo do século XIX engendrou o Assento de 23 de julho de 1811, arquitetado pela pena interesseira dos "desembargadores" do tempo. Os embargos passaram a ser sem suspensão.

A primeira questão, que surgia, em 1939, era a de se saber se o Código de então manteve a ação de despejo, em todos os casos de *posse imediata* de prédios, ou se somente *nos de locação*. A opinião continuou dividida por muito tempo, como estava nas legislações processuais. O Supremo Tribunal Federal admitia-a no caso de locação e de empréstimo gratuito (comodato). A 1ª Câmara Civil do Tribunal de Apelação de São Paulo, a 13 de outubro de 1941 (*R. dos T.*, 134, 469), só a permitia em caso de locação.

¿Qual a ação para o comodante retomar o bem comodado?

No Direito grego, havia a ação condenatória pelas perdas e danos (E. Platner, *Der Prozess und die Klagen bei den Attikern*, 11, 378) e a ação condenatória por inadimplemento do contrato (M. H. E. Meier e G. FR.

Schömann, *Der attische Prozess,* 2ª ed., 699). Se o comodatário insistia em ficar com o bem, podia ser pedido; se o comodatário não entregava o bem, havia a ação para haver os frutos; se vencido pela segunda vez, não prestava o bem; cabia, para uns, a reivindicação (*e. g.,* A. W. Heffter, *Die athenäische Gerichtsverfassung*, 264), ou, para outros, a executiva pessoal (H. F. Hitzig, *Das griechische Pfandrecht,* 140), ou, para outros, uma das duas (M. H. E. Meier e G. FR. Schömann, *Der attische Prozess,* 2ª ed., 967). A ação seria a executiva pessoal, ao que se pode tirar dos textos de alguns discursos e do *Tratado das Leis* de Teofrasto.

No Direito Romano, a ação do comodante era pessoal, a *actio commodati directa,* com a *intentio in factum concepta* e, mais tarde, concebida *in ius* (Otto Lenel, *Das Edictum perpetuum,* 3ª ed., 252 s.). Os direitos do comodatário podiam ser em *iudiciu contrarium.* Na L. 3, § 1, D., *commadati vel contra,* 13, 6, dizia Ulpiano: "*Si reddita quidem sit res commodata, sed deterior reddita, non videbitur reddita, quae deterior facta redditur, nisi quid interest praestetur: proprie enim dicitur res non reddita, quae deterior redditur*". Se foi restituída (redada) a coisa comodada, mas deteriorada, não se tem como restituída a que foi restituída em estado de deterioração, se não se satisfaz o que interessa: porque com propriedade se diz que não foi restituída coisa que deteriorada se restituiu (cf. L. 10). Na L. 13, pr. Pompônio referiu-se à condenação à restituição, mas a favor do comodatário se foi perdida a coisa comodata (o contrato não seria, então, contrato real). Na L. 17, § 5, Paulo aludiu ao pagamento do valor da coisa comodada se foi perdida quando estava com o comodatário.

Nas Ordenações Filipinas, Livro IV, Título 53, § 2, estava escrito: "E porque este contrato se faz regularmente em proveito do que recebe a coisa emprestada, e não do que a empresta, fica obrigado aquele, a que se empresta, guardá-la com toda a diligência, como se fosse sua. E não somente se lhe imputará o dolo e culpa grande, mas ainda qualquer culpa leve e levíssima, assim pela coisa principal como pelo acessório. E, portanto, se um emprestasse uma égua a outro, a qual consigo levasse um poldro, a mesma obrigação terá na guarda do poldro que na da égua".

(a) A ação de despejo é ação executiva pessoal. Toca aos locadores de imóveis. De modo que se há de indagar se há, no sistema jurídico brasileiro, ação executiva pessoal que possa ser exercida pelo comodante. Nas Ordenações Filipinas, os textos em que se fundava a ação de despejo não se referiam ao comodato (Livro IV, Título 23, §§ 1 e 2, e Título 24, pr. e § 1; Livro III, Título 30, § 3, *in fine*).

Alusão a comodato e locação somente aparecia nas Ordenações Filipinas, Livro IV, Título 54, pr., e §§ 1, 3 e 4, na esteira das Ordenações

Afonsinas, Livro IV, Título 75, mas nela não se trata, absolutamente, de despejo. No § 4, prevê-se mesmo que algum terceiro, ao ser demandado o comodatário, intervenha e se diga dono da coisa, ou oponha embargos à entrega, caso em que se daria o sequestro, se móvel o bem. Se imóvel, o terceiro teria de propor ação depois de entregue ao comodante. Por onde se vê que se tratava de ação pessoal de restituição. As regras jurídicas das Ordenações Filipinas, Livro IV, Título 54, pr., e §§ 1, 3 e 4, vieram de leis dos imperadores Zenão, Diocleciano e Maximiano.

Se o comodatário diz que a coisa é sua, ou que dela tem posse própria, ou que dela tem posse imprópria, que não é a que lhe atribuíra o comodante, então há ofensa ao domínio e à posse, ou só à posse, e cabem as ações concernentes àquele ou a essa. No Livro IV, Título 54, § 3, as Ordenações Filipinas previram esse caso de alegar o comodatário, o locatário ou o arrendatário que é dono da coisa (*verbis* "não lhe poderá dizer que assim foi emprestada, alugada ou arrendada, que a coisa é sua, e que lhe pertence por Direito por algum título"). Na ação de restituição do bem comodado, não cabe tal objeção, porque o que se há de julgar é a existência e a eficácia do contrato de comodato. Daí acrescentar o texto reinícola: "E posto que alegue tal razão, não lhe será recebida; mas será em todo caso obrigado a entregar a coisa ao senhor dela, de quem a recebeu e, depois que lha entregar, lha poderá demandar". Já estava na L. 25, C., *de locato et conducto,* 4, 65: "*Si quis conductionis titulo agrum vel aliam quamcumque rem accepit, possessionem debet prius restituere et tunc de proprietate litigare*".

Se o comodatário deixa de entregar e alega outra causa de posse, já seria de empregar-se o interdito *unde vi* (cf. Manuel Gonçalves da Silva, *Commentaria,* I, 231, a propósito do locatário). Se diz que é dono, a ofensa é ao domínio e tem o ofendido a ação de reivindicação.

Se, durante ação *commodati*, o comodatário desocupa o prédio, ou deixa de possuir, pode o comodante requerer, incidentalmente, a *missio in possessionem*. Trânsita em julgado a decisão que decidiu sobre mora do comodatário e o condenou a pagar aluguéis durante o tempo em que demorar a restituição (Código Civil de 1916, art. 1.252),[109] não passa ele a ser locatário para se prevalecer dos benefícios das leis, mas está sujeito a despejo por falta de pagamento e outras infrações de dever de locatário. Para o início da dívida dos aluguéis, podia ser usada a ação cominatória,

---

109 C. Civil de 2002, art. 582.

bem como hoje, porque a cominação é de direito material, ou ser cumulado o pedido, na ação de condenação a restituir, ou concebido como pedido de declaração declarar-se a mora e a dívida de aluguéis, que serão arbitrados na ação condenatória.

Se o prédio está na posse do demandado em virtude de pré-contrato de compra-e-venda, e não de locação, ou em virtude de outro contrato, não há pensar-se em ação de despejo (1ª Turma do Supremo Tribunal Federal, 31 de maio de 1951, *R. F.,* 138, 459), ainda em se tratando de comodato e não obstante o art. 1.252 do Código Civil,[110] a respeito da mora e obrigação de pagar aluguéis (ambíguo o acórdão da 2ª Turma do Supremo Tribunal Federal a 1º de junho de 1951, *R. dos T.,* 215, 465; permitindo a ação de despejo, a 1ª Câmara Cível do Tribunal de Justiça do Rio de Janeiro, a 12 de julho de 1951; com razão a jurisprudência que pré-exclui, radicalmente, a ação de despejo, *e. g.,* 8ª Câmara Cível do Tribunal de Apelação do Distrito Federal, 26 de janeiro de 1951; 4ª Câmara Cível, 31 de julho de 1951; 1ª Câmara do Tribunal de Alçada de São Paulo, 31 de outubro de 1951 e 5 de novembro de 1952, *R. dos T.,* 197, 378, e 200, 493; 1º Grupo de Câmaras Civis, 19 de março de 1952; 2ª Câmara Cível do Tribunal de Justiça do Rio de Janeiro, 9 de maio de 1952).

Certamente, se se trata de posse por entrega de prédio vendido, ou objeto de promessa de venda, não há pensar-se em ação de despejo (2ª Câmara Cível do Tribunal de Justiça de Minas Gerais, 28 de maio de 1951, *J. M.,* V. 484), ou se o contrato é de comodato.

O Código de Processo Civil de 1939 não se prestava nem se presta a que se estendam os arts. 350-353 ao comodato, ou a relações possessórias, oriundas de outro contrato. O Código de Processo Civil de 1973, art. 1.218, II, manteve-os. Só se referem à locação (3ª Câmara Cível do Tribunal de Apelação do Rio Grande do Sul, 13 de maio de 1943, *R. F.,* 97, 689; 1ª Câmara Civil do Tribunal de Apelação de São Paulo, 5 de junho de 1944, *R. dos T.,* 153, 221; 1ª Câmara Civil, 30 de outubro de 1944, 155, 605; 3ª Câmara Civil do Tribunal de Justiça de São Paulo, 18 de setembro de 1947, *R. de D. I.,* II, nº 4, 220; 1ª Câmara Civil, 15 de março de 1949, 180, 340; Tribunal de Justiça de Minas Gerais, 17 de março de 1949, *R. F.,* 131, 173).

(b) No estado atual (fora do direito emergencial; antes, Decreto-lei nº 4.598, de 20 de agosto de 1942, Portaria nº 12, de 31 de outubro de

---

110 C. Civil de 2002, art. 582.

1942, Decreto-lei nº 5.169, de 4 de janeiro de 1943; hoje, Decreto-lei nº 9.669, de 29 de agosto de 1946; Lei nº 1. 300, de 28 de dezembro de 1950; Lei nº 4.494, de 25 de novembro de 1964; Decreto-lei nº 4, de 7 de fevereiro de 1966; Decreto-lei nº 6, de 14 de abril de 1966; Lei nº 5.334, de 12 de outubro de 1967; Lei nº 5.441, de 24 de maio de 1968), a pretensão do locador à desocupação nasce: (1) com a terminação do prazo do contrato; (2) com a transgressão de cláusula do contrato; (3) com o emprego do prédio locado em uso diferente daquele que se convencionou, ou resultante de presunção *hominis*, ou de uso e costume; (4) com a danificação do prédio pelo locatário; (5) com a falta de pagamento do aluguel no prazo marcado, ou segundo o costume do lugar; (6) com opor-se o locatário às obras necessárias e urgentes; (7) se por tempo indeterminado a locação, tendo havido aviso de trinta dias de antecedência, se urbano o prédio, ou de seis meses, se rústico (Código Civil de 1916, arts. 1.209 e 1.213);[111] (8) se o adquirente do prédio, não obrigado a respeitar a locação (art. 1.197),[112] procedeu na forma do caso (7); (9) no caso do art. 1.193, parágrafo único,[113] isto é, no caso de um dos figurantes se afastar fora do prazo, se houve acordo e o ressarcimento de perdas e danos. À pretensão do caso (6) o Código de 1939 conferiu a ação condenatória cominatória. As pretensões dos casos (2), (3), (4) e (9) supõem cognição completa, de modo que não cabe despejo, salvo em execução da sentença condenatória. Nos casos (1), (5), (7) e (8), deveria o Código de 1939 ter adotado a forma do art. 350; porém não o fez, salvo para o caso (5), mas adveio a redação que lhe deu o Decreto-lei nº 890, de 26 de setembro de 1969, art. 2º. De modo que a ação de despejo apenas apresentava a particularidade do art. 350 e a especificidade da execução da sentença de acolhimento. Nos casos (1) e (2), dava-se o mesmo que a respeito dos outros casos, exceto o (5). Longe estava, pois, de ser "processo especial". Adiante, falaremos da nova redação do art. 350.

No Decreto-lei nº 890, de 26 de setembro de 1969, diz no art. 2º que o art. 350 e seu parágrafo único do Código de Processo Civil (Decreto-lei nº 1.608, de 18 de setembro de 1939), passaram a ter outra redação: "Art. 350. A ação de despejo, uma vez contestada, prosseguirá com rito ordinário, e, se não o for, os autos serão conclusos para sentença".

---

111 Ambos os artigos não encontram correspondentes no C. Civil de 2002.
112 C. Civil de 2002, art. 576.
113 C. Civil de 2002, art. 571.

"Parágrafo único. O juiz conhecerá, entretanto, diretamente do pedido, proferindo sentença definitiva quando a questão de mérito for unicamente de direito, ou, sendo de direito e de fato, não houver necessidade de produzir prova em audiência". Assim não se falou da espécie, que era a única, a da falta de pagamento, pois, no parágrafo único, se estabelecia que, "nos demais casos, a ação terá o curso ordinário".

Advirta-se que a redação do art. 350, conforme o Decreto-lei nº 890, pôs princípios que vieram ao Código de 1973, art. 330, como princípios gerais: "O juiz conhecerá diretamente do pedido, proferindo sentença: I – quando a questão de mérito for unicamente de direito, ou, sendo de direito e de fato, não houver necessidade de produzir prova em audiência".

No terreno da ciência, a questão está em se saber se a ação de despejo é ação executiva *lato sensu*, em que a execução é proposta; ou se é de mandamento. No Código de 1939, teve de ser concebida como executiva, porém no Direito brasileiro anterior era ação de mandamento. Cumpre-se, como a ação do art. 1.006 do Código de 1939 (hoje, art. 641 do Código de 1973),[114] executiva, com a execução proposta, à diferença das ações executivas de títulos extrajudiciais. Mas o assunto merece exame: a ação de despejo, conforme o art. 350, tem eficácia executiva contemporânea à sentença; no art. 351, assemelha-se à imissão de posse, a cujo assunto se há de recorrer.

A execução tem prazo de dez dias, sem que se trate de *actio iudicati* (ação de execução de sentença): apenas *aequitatis causa* se intercalou o decêndio; a ação mesma (art. 350) é executiva.

Tem-se dito que o contrato de locação basta para a prova de domínio ou do direito sobre o imóvel (*R. F.*, 67, 298); porém há confusão: o locador, de modo nenhum, tem de provar propriedade – tem de provar a locação; se locou, sem ter o direito de fazê-lo, de modo que o locatário teve de contratar com quem não podia locar, a matéria é de defesa e obriga o locatário a provar a sua afirmação. No caso de não haver contrato escrito, a prova incumbe ao locador. Aliás, não contestado o seu direito a locar, isento do ônus da prova está o locador. O art. 129 do Código de 1973 (antes, art. 115 do Código de 1939) pode ser aplicado. Sem razão Jorge Americano (*Comentários*, II, 197), sobre a necessidade de ser citado o cônjuge do réu e de ser a ação proposta pelos cônjuges. O art. 81 do Código de 1939 não au-

---

114 Ab-rogado pelo art. 9º da Lei nº 11.232, de 22.12.05, cuja norma encontra-se agora reproduzida no art. 466-A, acrescentado ao CPC pelo art. 2º dessa lei.

torizava tal ilação (hoje, art. 10), pelas razões que então expusemos, mas, com a comunhão, ou se figurante, o cônjuge é parte. A distinção "rústicos" e "urbanos" não é a das Instruções de 1º de setembro de 1830; resulta do efetivo destino do prédio, abstraindo-se da localização.

30) Legitimação ativa – Legitimado ativo, para a ação de despejo, é quem alugou o prédio, ou quem sucedeu a quem o alugou, na pretensão à restituição. Não importa se é proprietário, ou não; a posse mediata, que se supõe, pode ser posse própria ou não. O art. 12 do Código de 1973 incide, bem assim os arts. 51-55 do mesmo Código.

As Câmaras Cíveis Reunidas do Tribunal de Apelação do Ceará, a 4 de setembro de 1946 (*R. F.*, 114, 471), julgaram que não pode o condômino, sem os demais, propor o despejo do prédio; os argumentos foram sem valia e não feriram o ponto principal: o Código Civil de 1916, art. 634,[115] dá ao condômino a defesa de posse, e o art. 623, II,[116] a reivindicação. Não há invocar-se aquele, nem esse artigo, porque a ação de despejo é ação executiva, com forte elemento condenatório, precisando de litisconsórcio dos condôminos.

31) Legitimação passiva – A ação dirige-se contra o locatário e quem quer que por ele esteja no prédio.

A ação de despejo é ação executiva pessoal. O foro é o do domicílio do demandado, que se supõe continuar ser o mesmo se a residência continua no prédio locado.

Se o contrato de locação cessa com a morte do locatário, a ação contra o cônjuge sobrevivo e contra os herdeiros, ou inventariante, pode ser a de despejo. Não se pode tirar outra conclusão, a despeito de haver cessado a relação jurídica de locação (cf. Câmara Cível do Tribunal de Justiça do Ceará, 4 de fevereiro de 1952, *D. de D. I.*, 15, 78).

Na ação de despejo, não é mister citar-se o fiador (Câmara Cível do Tribunal de Justiça do Ceará, 28 de fevereiro de 1952, *R. dos T.*, 215, 330; 3ª Câmara Civil do Tribunal de Justiça de São Paulo, 21 de maio de 1953, 215, 153).

Se o locatário se faz substituir na posse imprópria por terceiro, não lhe transfere a posse de locatário, posto que se possa dar que o terceiro adquira, à semelhança do que se passa com o sublocatário, a posse imediata.

---

115 Sem correspondente no C. Civil de 2002.
116 C. Civil de 2002, art. 1.314.

Se esse terceiro deposita em consignação os aluguéis devidos, tem-se tal depósito como a favor do locatário (cf. Código Civil, art. 930 e parágrafo único;[117] 4ª Câmara Cível do Tribunal de Justiça do Distrito Federal, 21 de novembro de 1950, *D. da J.* de 16 de abril de 1953).

32) Pendência da ação de despejo – Estando pendente ação de despejo, nada obsta a que o locador proponha outra ação de despejo, por outro fundamento. Se a causa de pedir foi falta de pagamento, pode comunicar ao juízo que outros aluguéis se venceram sem serem pagos (1ª Câmara Cível do Tribunal de Apelação de Minas Gerais, 22 de fevereiro de 1945, *R. F.*, 102, 405), o que é útil, se ainda a tempo de purgação de mora.

Na ação de despejo, não cabe pedido de redução de aluguéis (Câmara Cível do Tribunal de Justiça do Ceará, 24 de agosto de 1950, cf. 1ª Turma de Supremo Tribunal Federal, 10 de maio de 1951, *J. e D.*, I, 7).

33) Citação do fiador – A citação do fiador, na ação de despejo, não a transforma em ação de cobrança dos aluguéis ou da multa (2ª Câmara Cível do Tribunal de Apelação do Rio de Janeiro, 2 de março de 1943, *B. J.*, 28, 170). A única eficácia é a da mora, pelo elemento de interpelação que há na citação.

34) Relação jurídica de locação – Se nenhuma relação jurídica de locação existe entre demandante e demandado, ainda que só oral o negócio jurídico, não há pensar-se em ação de despejo, que é ação dos locadores (cf. 1ª Câmara Civil do Tribunal de Apelação de São Paulo, 5 de junho de 1944, *R. dos T.*, 153, 211).

O fato de cessar a fiança por si só não dá a ação de despejo (1ª Câmara Civil do Tribunal de Apelação de São Paulo, 10 de junho de 1944, *R. dos T.*, 153, 218). Se havia obrigação de dar fiador, é preciso que se obtenha, antes, a resolução do contrato de locação, o que pode ser em ação constitutiva negativa (ação de resolução do contrato, Código Civil, art. 1.092, parágrafo único) ou em ação cominatória.

35) Rito processual da ação de despejo: princípio e exceção ao princípio da ordinariedade – Lê-se no art. 350: "A ação de despejo, uma

---

117 C. Civil de 2002, art. 304, parágrafo único, ao qual se adicionou *"salvo oposição deste".*

vez contestada, prosseguirá com o rito ordinário, e, se não o for, os autos serão conclusos para sentença". Parágrafo único: "O juiz conhecerá, entretanto, diretamente do pedido, proferindo sentença definitiva quando a questão de mérito for unicamente de direito, ou, sendo de direito e de fato, não houver necessidade de produzir prova em audiência" (Decreto-lei nº 890, de 26 de setembro de 1969; sobre locação de prédios urbanos, Lei nº 4.494, de 25 de novembro de 1964; e sobre ação de despejo de prédios não residenciais, Decreto-lei nº 4, de 7 de fevereiro de 1966).

36) Pluralidade de réus – Podem ser dois ou mais os réus, como se o contrato de locação fosse a duas ou mais pessoas que são locatárias da mesma casa ou apartamento, mesmo se cada um ocupa uma parte.

Não é certo dizer-se que, nas ações de despejo por falta de pagamento do aluguel, o processo não é ordinário (*e. g.*, L. A. de Andrade e J. J. Marques Filho, *Locação predial urbana,* 152): seria preciso que se juntassem dois pressupostos – o ser por falta de pagamento e não ter o locatário contestado.

37) Preclusão e não confissão – A sentença do art. 350, *in fine*, tem de atender ao art. 319 do Código de 1973 (antes, art. 209 do Código de 1939). Não há confissão; há preclusão. Se existe algum litisconsorte unitário, que contestou, o art. 350 não incide; o rito é ordinário para todos os réus. Não assim se apenas figura litisconsorte não unitário ou assistente. Também não se tira desde logo o mandado de despejo se há litisdenunciação e o litisdenunciado contesta, ou se há oposição.

A ação de despejo, aí, pois que o réu não contestou, é ação de condenação *mais ação* executiva, à semelhança das ações executivas de títulos extrajudiciais, mas sem adiantamento da cognição.

38) Prazo para a contestação e outras regras jurídicas – Em todos os casos de ação de despejo, o prazo para a contestação é o do Código de Processo Civil.

Uma vez que, se há contestação, o rito do processo é o ordinário, as regras jurídicas a ele concernentes e as gerais são de aplicar-se. Se, a despeito da contestação, a questão for apenas de direito, ou, sendo de direito e de fato, não há necessidade de se produzir prova em audiência, o juiz conhece diretamente do pedido (Código de 1973, art. 330). O prazo para a contestação é de quinze dias (art. 297). Os arts. 301, 302, 303, 322, 323 e outros são invocáveis, porque, a despeito de estar fora dos textos do Código de 1973, o procedimento rege-se por ele.

39) Exceção de benfeitorias necessárias ou úteis – O direito material permite a exceção de benfeitorias necessárias e a de benfeitorias úteis, se feitas, essas, com o consentimento expresso (não precisa ser escrito) do locador (*Código Civil*, art. 1.199).[118] A sentença deve ser concebida, se as reconhecer, como sentença condicional, salvo se o autor prestou caução. (As sentenças condicionais dão ensejo a questões interessantes de coisa julgada material. Se, por exemplo, o réu não quer receber o dinheiro que corresponde às benfeitorias, o autor tem de consigná-lo para que se libere. Liberando-se, a sentença executa-se puramente. Se o réu propõe ação para haver o valor das benfeitorias, a despeito de não ter o direito de retenção, a coisa julgada material da sentença, na ação de despejo, é evidente, exceto quanto a esse ponto da obrigação sem direito à retenção. Se foi executado o despejo, o fato da prestação do valor das benfeitorias não fica provado somente porque se executou o despejo. O fato não foi apreciado pela sentença na ação de despejo.)

Se o locador não consentiu explicitamente, mas, conhecendo as benfeitorias feitas, de algum modo as aprovou (afastado o incabível consentimento pelo silêncio), pode-se pedir indenização, porque a pretensão a essa é mais extensa que a pretensão à retenção consignada no art. 1.199 do Código Civil.[119] O Acórdão da 4ª Câmara Cível da Corte de Apelação do Distrito Federal, de 16 de julho de 1934 (*A. J.*, 31, 381), deve ser entendido com cuidado. Não se transfere implicitamente, com o contrato de alienação do prédio, a obrigação de indenizar benfeitorias; permanece, como obrigação, com o alienante. Salvo se o contrato de alienação, ou outro negócio jurídico, importou sucessão subjetiva passiva.

Contra o adquirente se exerce o direito de retenção por benfeitorias feitas, ainda que se haja de entender que no preço pelo imóvel se computou o valor delas (sem razão, 2ª Câmara Civil do Tribunal de Justiça de São Paulo, 2 de setembro de 1949, *R. dos T.*, 183, 257; 2ª Câmara, 16 de maio de 1950, 187, 281; 3ª Câmara Civil, 27 de junho de 1950, 188, 722, e 2º Grupo de Câmaras Civis, 27 de novembro de 1950, 190, 723; 1ª Câmara do Tribunal de Justiça do Paraná, 10 de janeiro de 1950, *Paraná J.*, 51, 392; com razão, 8ª Câmara Cível do Tribunal de Justiça do Distrito Federal, 16 de outubro de 1946, *A. J.*, 81, 116; e 5ª Câmara Civil do Tribunal

---

118 C. Civil de 2002, art. 578.
119 Vd. a nota 118.

de Justiça de São Paulo, 17 de outubro de 1947, *R. dos T.*, 172, 7161. Se o contrato foi inscrito no registro, contendo explicitações que importem sejam as despesas pagas pelo adquirente, por se terem de ultimar as obras, ou por existir prazo para o pagamento, o adquirente responde. Outrossim, se o contrato de locação foi registrado segundo o Código Civil, art. 1.197.[120]

As exceções de benfeitorias necessárias, ou úteis, feitas essas com o consentimento do locador, não se processam em embargos à execução, como erradamente decidiu a 4ª Câmara Civil do Tribunal de Justiça de São Paulo, a 31 de janeiro de 1949 (*R. dos T.*, 179, 193).

40) Reconvenção – Discutia-se se cabia reconvenção nas ações de despejo, que são ações executivas. Oferecem elas a particularidade de haver cognição sem adiantamento, à diferença das ações executivas de títulos extrajudiciais, em que não se admitia, sob o Código de 1939, reconvenção. É interessante observar-se que a discussão a respeito sempre versou a propósito do art. 192, V, do Código de 1939, hoje extinto (ações "que versarem sobre imóveis, ou direitos a eles relativos"), em vez de a propósito do art. 192, IV (ações "executivas"). De um lado, havia os que as incluíam na classe das ações sobre direitos relativos a imóveis (4ª Câmara Civil do Tribunal de Justiça de São Paulo, 22 de maio de 1947, *R. F.*, 144, 155; 1ª Câmara Civil, 22 de novembro de 1949, *R. dos T.*, 184, 238; 2ª Câmara Cível do Tribunal de Justiça da Paraíba, 30 de agosto de 1948, *R. F.*, 132, 400). Do outro lado, os que sustentavam que o art. 192, V, só se referia aos direitos reais (3ª Câmara Civil do Tribunal de Justiça de São Paulo, 4 de maio de 1948, *R. dos T.*, 174, 678; 2ª Câmara Civil, 18 7, 752; Tribunal de Justiça do Rio Grande do Sul, 4 de setembro de 1944, *O D.*, 31, 379 e 421). Ora, o art. 192, IV, não apanhava as ações executivas que não cabiam no conceito de ações executivas *stricto sensu*, que era o do art. 191, IV. O legislador não "sabia" que ações de despejo são ações executivas e não as viu separadas da ação de cognição, da condenatória ou da constitutiva negativa, a que se cumula, de modo que ao art. 192, IV, as ações de despejo escapavam; nem se alegue que, na espécie do art. 350, não pode haver reconvenção. Se reconveio o réu, contestou, e o art. 350 não incide. Sob o Código de 1973, já é impertinente a discussão, porque não mais se tem o art. 192 do Código de 1939, que, *de lege ferenda*, atacáramos.

---

[120] C. Civil de 2002, art. 576.

Na ação de despejo, não cabe pedido de redução de aluguéis (Câmara Cível do Tribunal de Justiça do Ceará, 24 de agosto de 1950, cf. 1ª Turma do Supremo Tribunal Federal, 10 de maio de 1951, *J. e D.*, VI, 7).

41) Litispendência e coisa julgada – A 1ª Câmara Cível do Tribunal de Justiça do Distrito Federal, a 14 de novembro de 1950, julgou que não se podia propor ação para haver a coisa locada para uso próprio se outra ação fora proposta. Isso é objeto de exceção de litispendência.

Se as ações de despejo têm fundamentos diferentes e se executa a sentença proferida numa delas, a outra prossegue, mesmo porque a sentença na ação já julgada pode não ser confirmada na superior instância (4ª Câmara Cível do Tribunal de Justiça do Distrito Federal, 1º de setembro de 1950, *D. da J.* de 20 de setembro de 1951) .

42) Abandono da posse do prédio antes de se proferir a sentença – Lê-se no Código de 1939, art. 351: "Quando o prédio for abandonado antes de proferida a sentença, o juiz. se o requerer o autor, expedir-lhe-á mandado de imissão de posse". Ocorre, por vezes, que o locatário abandona o prédio antes da execução do despejo, de modo que se dá a *execução parcial pelo próprio obrigado*. Se, porém, isso acontece antes da sentença, a relação jurídica processual perde o objeto, ou parte do objeto, que era o despejar. Nem sempre seria de aconselhar-se a desistência, ou a sentença sobre a desaparição do objeto do pedido ou da causa de pedir; porque o despejo nem sempre os exaure. A decisão do juiz tem, nesse caso, o caráter da sentença, escasseado, em relação à do art. 352, o elemento de condenação. Falta-lhe, por isso, força material de coisa julgada. É sentença no estado em que se acham os autos; não importa desistência, de modo que o art. 26 do Código de 1973, como o art. 55 do Código de 1939, é inaplicável (1ª Câmara Civil do Tribunal de Apelação de São Paulo, 11 de novembro de 1940, *R. dos T.*, 128, 497).

Abandono não é declaração unilateral de vontade.

43) Imissão de posse – A *missio in possessionem* do art. 351 do Código de 1939 é incidental, no que se distingue das *missiones in possessionem*, que são objeto de ações, ações que também não são *ações possessórias*, mas ações de *direito à posse*. O abandono pode ter-se dado a despeito de permanecerem alguns móveis no prédio, ou se o locatário entregou as chaves ao vizinho (7ª Câmara Cível do Tribunal de Justiça do Distrito Federal, 19 de junho de 1951, *D. da J.* de 7 de fevereiro de 1952).

A lei processual não diz que a ação se julga extinta com a imissão, porque não depende das circunstâncias, que o juiz aprecie, o deixar de julgar procedente a ação, por já ser desnecessária a tutela jurídica. O abandono pode ser sem retirada das alegações, que hão de ser examinadas se se julga desnecessária, supérflua, a ação de despejo; não mais há necessidade da tutela jurídica. Se houve apreciação do mérito, ou de extinção do processo sem julgamento do mérito, o recurso é o de apelação.

No art. 351, há *missio in possessionem* incidental. Bem assim, no caso de quem, movendo ação de restituição real ou pessoal, requer, *incidenter*, que se lhe entregue a coisa cuja posse foi abandonada.

O Tribunal de Justiça do Distrito Federal, a 26 de março de 1961 (*D. da J.* de 30 de abril), teve ensejo de julgar *reclamação* em que se alegou ter havido alegação de abandono do prédio sem se ter dado prova disso. A imissão fora durante viagem da reclamante, com arrombamento da casa, e não se provara abandono. O acórdão citou os nossos textos acima.

44) Prazo para desocupar – Diz o art. 352 do Código de 1939: "A execução da sentença que decretar o despejo far-se-á por notificação ao réu, e, quando presentes, às pessoas que habitem o prédio, para que o desocupem no prazo de dez (10) dias, sob pena de despejo". No § 1°: "Findo o prazo, o prédio será despejado por dois oficiais de justiça, com o emprego de força, inclusive arrombamento". No § 2°: "Os oficiais entregarão os móveis à guarda de depositário judicial, se os não quiser retirar o despejado". O Código refletiu a consciência do povo em suprimir a violenta execução imediata do despejo; e está claro, no § 2°, que adotou a regra jurídica de se removerem para depósito os móveis encontrados, acabando com o "lançar fora", tão impróprio de povo civilizado. A adoção da notificação para a execução do despejo mostra que o legislador mereceu louvores, aqui e ali, por sua boa intenção. Há *missio in possessionem*, sem a barbaria do "lançar fora".

Na ação de despejo, a citação do réu só é de exigir-se inicialmente. Para a evacuação do imóvel, tinha-se de proceder à notificação, conforme o art. 168, § 1°, do Código de Processo Civil (Tribunal Federal de Recursos, 6 de novembro de 1950, *D. da J.* de 28 de setembro de 1951); hoje, art. 256 do Código de 1973.[121]

---

121 A referência correta é ao art. 236.

45) Habitantes do prédio – Têm de ser notificadas as pessoas que habitam o prédio; e não só o réu, entenda-se. Se o prédio está habitado, porém não estão presentes o réu e as pessoas, tratando-se, como se trata, de notificação, e obedecendo essa à forma das citações, cumpre distinguir: (*a*) a casa está habitada e ausentes o réu e as pessoas, tendo havido, desde o começo da causa, citação edital ou com hora certa, e tendo sido nomeado curador à lide; (*b*) a casa está habitada e não se encontraram o réu e as pessoas (sem ter havido a citação por edital, ou com hora certa; ou tendo havido, mas tendo comparecido o réu e contestado, art. 350 do Código de 1939), e há a suspeita de ocultação do réu, se habita só, ou do réu e das outras pessoas (art. 171 de 1939; hoje, art. 227 do Código de 1973); (*c*) no caso de (*b*), se não se suspeita de ocultação, porém ocorre um dos pressupostos da citação edital quanto ao réu; (*d*) a casa está desabitada. No caso (*a*), a notificação é ao curador à lide e a quem estiver habitando a casa, regendo-se essa pelas regras jurídicas sobre citação edital ou com hora certa, se ninguém se achar no prédio. No caso (*b*), a notificação se faz com hora certa. No caso (*c*), tem-se de supor que há algum dos pressupostos para a citação edital, ou suspeita de ocultação, com as notificações segundo as espécies dos casos anteriores. A sentença do art. 352 é executiva *lato sensu* e se parece com a de imissão de posse; de modo que a execução é inerente a ela e se notifica o réu (art. 352), não se *cita* o réu, como ocorre na execução de sentença. Se o réu está fora, sem ser caso de citação edital ou com hora certa, ¿ cabe requerer-se precatória para a notificação?

Sim, desde que não se diga que seja notificado o réu ou notificadas as pessoas que habitam, mas sim que sejam notificados o réu e as pessoas que habitam, *se presentes essas*.

A natureza dessa notificação a pessoas que não foram partes se funda na mesma razão que ditou ao legislador a regra jurídica do art. 93 do Código de 1939 (hoje, arts. 50 e 54 do Código de 1973). Essas pessoas poderiam ter sido assistentes, no caso, por exemplo, do art. 115 do Código de 1939, hoje, art. 129 do Código de 1973, ou de serem sublocatários, ou hóspedes de hotéis ou de casas de saúde etc. *Todas elas têm de ser notificadas*. Tem-se lido o art. 352 como se "presentes" quisesse dizer "serem encontrados", porém sem razão: a pessoa que habita – ou está presente, ou ausente; se está presente, notifica-se; se está ausente, dá-se o caso de desaparecimento, sem deixar representante ou procurador (Código de 1939, art. 579; Código de 1973, arts. 1.159 e 1.160); se faleceu, tem o autor de comunicá-lo, antes do despejo, ao juiz competente (art. 1.142 do Código de 1973). Esse foi e é o sistema do Código. Nada tem com o direito processual (anterior) do Estado de São Paulo (art. 1.049: "possuidores" das coisas). O Código de 1939 inovou; daí dizermos: tem sistema; não no destruam. Trouxe ele, *nesse ponto*, a melhor nível o Direito brasileiro, de modo que, se o autor tem de despejar hotel, o conteúdo dos quartos ou apartamentos somente será removido se houver notificação, uma vez que presente estava o hóspede; se não estava, ausente é, e a lista das pessoas em tais situações deve ser entregue ao juízo competente, para que se proceda na forma da lei. Assim ordenamos, quando éramos juiz, no caso da aquisição do edifício da antiga Bolsa pelo Banco do Brasil, ainda *antes* do Código; porque, se assim não se fizesse, teriam de ser arrombados os cofres de aluguel e lançados à rua valores, segredos etc., pois não estavam ali as pessoas interessadas. Sendo essas milhares, recorremos ao edital de notificação. O direito é para servir à vida e aos homens; não para a prejudicar ou feri-los.

46) Retirada ou depósito – Na letra da lei, só há a alternativa: retirar as coisas o locatário ou serem postas em depósito judicial.

47) Prazo irrenunciável e indispensável – O prazo é de direito processual, de modo que os negócios jurídicos de direito material não no podem dispensar. No caso Pereira v. Gonzáles, a 3ª Câmara Cível do Tribunal de Apelação do Distrito Federal, a 22 de agosto de 1941 (*R. F.*, 92, 122), julgou que a notificação com o prazo pode ser dispensada no contrato de locação. Nada mais contrário aos princípios de direito processual do que se pensar em serem afastáveis por prévias estipulações das partes os prazos processuais. Decisão contra direito literal (contra o art. 352); também contra o art. 35, parágrafo único, do Código de 1939 (hoje, art. 186 do Código de 1973). Dizia a última regra jurídica que "a parte capaz de transigir poderá renunciar, *depois de proposta a ação*, ao prazo estabelecido exclusivamente em seu favor". Diz hoje o art. 186 do Código de 1973: "A parte poderá renunciar ao prazo estabelecido exclusivamente a seu favor". O do art. 352 é um desses. Foi criado exclusivamente a favor do réu, locatário. Só é renunciável *depois de proposta a ação*.

48) Óbice ao despejo – Na ação de despejo, não há os embargos do devedor; há apenas contestação. Na contestação é que se alega falta ou nulidade da citação inicial (a ação de despejo é composta de duas ações, uma das quais executiva: nela, a execução é fase, e não *actio iudicati*), pagamento, novação, compensação com execução aparelhada, concordata judicial, transação e prescrição, bem assim o direito de retenção (cf. Conselho de Justiça do Tribunal de Justiça do Distrito Federal, 25 de outubro de 1948, *R. F.*, 123, 462; confuso o acórdão da Câmara Cível do Tribunal de Justiça do Ceará, a 28 de fevereiro de 1952. *J. e D.*, VII, 152; 5ª Câmara Cível do Tribunal de Justiça do Distrito Federal, 6 de outubro de 1950, *R. de D. I.*, 12, 72; 1ª Câmara Cível do Tribunal de Justiça do Rio de Janeiro, 25 de agosto de 1952, *R. F. de J.*, I, 145; 6ª Câmara Civil do Tribunal de Justiça de São Paulo, 1° de junho de 1951, *R. dos T.*, 139, 945; 4ª Câmara Civil, 31 de julho de 1952, 204, 131; sem razão: o Tribunal de Justiça do Espirito Santo, a 3 de agosto de 1950, *R. dos T.*, 189, 925, *R. do T. de J. do E. S.*, V, 386; e a 1ª Câmara Cível do Tribunal de Justiça de Minas Gerais, a 27 de setembro de 1951, *J. M.*, V, 476).

Se a sentença reconheceu o direito de retenção por benfeitorias, a sentença de despejo não pode ser executada sem que se satisfaça o locatário (8ª Câmara Cível do Tribunal de Justiça do Distrito Federal, 7 de novembro de 1950, *D. da J.* de 31 de agosto de 1961; 1ª Câmara do Tribunal de Alçada de São Paulo, 20 de fevereiro de 1952, *R. dos T.*, 200, 526). Se o locatário não alegou na contestação as benfeitorias, precluiu o direito de retenção (2ª Câmara Cível do Tribunal de Justiça do Paraná, 5 de junho de 1952, *Paraná J.*, 56, 380).

49) Direito de retenção do locatário e alienação do bem – Discute-se se o direito de retenção é oponível ao adquirente do bem locado. O 2° Grupo de Câmaras Civis do Tribunal de Justiça de São Paulo, a 23 de novembro de 1950 (*R. dos T.*, 190, 723), respondeu negativamente, em longa esteira de acórdãos de outros tribunais (*e. g.*, Relação do Recife, 12 de julho de 1873; Supremo Tribunal Federal, 24 de maio de 1924, *R. do S. T. F.*, 73, 84; 3ª Câmara da Corte de Apelação do Distrito Federal, 16 de maio e 23 de novembro de 1927, *R. de C. J.*, V, 369, *R. de D.*, 84, 570 e 88, 366; 5ª Câmara Civil da Corte de Apelação de São Paulo, 1° de setembro de 1937, *R. dos T.*, 109, 622; 4ª Câmara Civil, 8 de setembro de 1937, 110, 192; Tribunal de Justiça de Alagoas, 27 de março de 1851, *R. de J. B.*, 92, 148, 2ª Câmara Civil do Tribunal de Justiça de São Paulo, 2 de setembro de 1949). Contra, as Câmaras Cíveis Reunidas do Tribunal de Apelação do Distrito Federal, a 23 de abril de 1942; a Câmara Civil do Tribunal de Justiça de São Paulo, a 19 de maio de 1914; a 3ª Câmara Cível da Corte de Apelação do Distrito Federal, a 18 de junho de 1928 (*R. de D.*, 93, 331), frisando sempre ser real o direito de retenção, a 2ª Turma do Supremo Tribunal Federal, 8 de outubro de 1946 (*R. F.*, 110, 99), e a 6ª Câmara Cível do Tribunal de Justiça do Distrito Federal, 22 de abril de 1949 (127, 102).

O *ius retentionis* é exceção que pode irradiar-se de direito real ou de direito pessoal. Não há, portanto, estar-se a perder tempo em discussões que não partam do exame dos fatos, das relações jurídicas, e apenas pretendem sustentações simplistas. Os sucessores, entre vivos ou a causa de morte, do credor, que é quem tem a pretensão à prestação da coisa retendo e é devedor, que há de prestar, o que dá ensejo ao *ius retentionis*, estão sujeitos a esse. Adquirente do bem retendo expõe-se à retenção. Por isso mesmo, os credores do dono ou credor titular da coisa retenda, só tendo os direitos que esse teria, não podem escapar à eficácia do direito de retenção.

50) Credores do dono ou titular do crédito sobre a coisa retenda – Os credores quirografários só têm sobre os bens do devedor (aí, credor do devedor, titular do direito de retenção) pretensão executiva sobre os direitos que o devedor mesmo tem, pretensão executiva imediata ou dependente de sentença de condenação. Por isso mesmo, o direito de retenção tem eficácia contra eles. Não importa indagar-se, em princípio, se o objeto retendo é bem móvel ou imóvel, nem há razão para se verificarem datas de títulos, salvo para se saber se há ineficácia de atos do credor-devedor, subordinado ao direito de retenção, ou revogabilidade em concurso. Nas leis de falência, costuma-se atender a isso, dizendo-se que os créditos de que se irradia direito de retenção têm privilégio especial. Esse privilégio especial é apenas reconhecimento da sua eficácia, no que toca à *res retenda*, porém com atribuição ao crédito.

O Decreto-lei nº 7.661, de 21 de junho de 1945 (Lei de falências),[122] art. 102, § 2º, III, atribui privilégio especial aos "créditos a cujos titulares a lei confere o direito de retenção, sobre a coisa retida"; e acrescenta: "o credor goza, ainda, do direito de retenção sobre os bens móveis que se acham em seu poder por consentimento do devedor, embora não esteja vencida a dívida, sempre que haja conexidade entre esta e a coisa retida, presumindo-se que tal conexidade, entre comerciantes, resulta de suas relações de negócios". O art. 102, § 2º, III, do Decreto-lei nº 7.661, contém duas regras jurídicas distintas, e convém tratá-las em separado, por andarem, em livros e jurisprudência, assaz encambulhadas:

a) A primeira é a que concerne a todos os créditos de que se irradia direito de retenção, em virtude de *lex specialis*, ainda que tal *lex* tenha sido

---

[122] O art. 200 da Lei de Falências, Lei nº 11.101, de 09.2.05, ab-rogou o Dec.-lei nº 7.661, de 21.6.1945.

revelada pela jurisprudência. "Créditos", diz o art. 102, § 2°, III, 1ª parte, do Decreto-lei n° 7.661, "a cujos titulares a lei confere o direito de retenção". O privilégio especial é sobre o bem retido, quanto à prestação sobre que continuou a posse do devedor, contra o credor e devedor na relação jurídica de que exsurgiu o direito de retenção.

b) A segunda regra jurídica, que está no art. 102, § 2°, III, 2ª parte, do Decreto-lei n° 7.661, enuncia princípio geral de criação de *ius retentionis*: lá se diz que "o credor goza, *ainda*, de direito de retenção sobre os bens móveis que se acharem em seu poder por consentimento do devedor, embora não esteja vencida a dívida, sempre que haja conexidade entre esta e a coisa retida, presumindo-se que tal conexidade, entre comerciantes, resulta de suas relações de negócios". A lei falencial atendeu ao princípio geral, não escrito, da criabilidade do direito de retenção por negócio jurídico (direito de retenção *negocial, em vez de legal*).

A 2ª parte do art. 102, § 2°, III, do Decreto-lei n° 7.661, não é apenas regra jurídica de Direito Comercial, nem só se cogita de direito de retenção entre comerciantes. No primeiro enunciado, "o credor goza... do direito de retenção sobre os bens móveis que se acharem em seu poder por consentimento do devedor, embora não esteja vencida a dívida, sempre que haja conexidade entre esta e a coisa retida", há regra jurídica comum ao Direito Civil e ao Comercial; mais ainda: ao direito público. No segundo enunciado, "presumindo-se que tal conexidade entre comerciantes resulte de suas relações de negócios", há regra jurídica sobre ônus de prova: se credor e devedor são comerciantes, *presume-se* (presunção *iuris tantum*) que há a conexidade; portanto, que há direito de retenção. A Lei de Falências é lei processual comercial, mas os direitos, pretensões, ações e execuções, a que ela alude, podem ser civis, comerciais ou de direito público.

Resta saber-se se os credores concursais, ou não, podem penhorar e fazer vender o bem retido. Ou (*a*) se considera que a penhora e a venda são possíveis e extinguem a dívida, ou (*b*) se subordina a venda à prévia solução do crédito do retentor, ou (*c*) se admitem a penhora e a venda, tendo o arrematante ou adjudicatário de solver a dívida, salvo se o juízo previu que do preço se subtrairá o que baste para satisfazer o retentor.

Contra (*a*), é fácil argumentar-se que o direito de retenção existe e é de mister que o sistema jurídico atenda a essa existência, portanto à sua eficácia; ou não existe. Admitir-se penhora por credores do credor, cuja pretensão não foi satisfeita pela *retentio* da prestação, com a consequência de se extinguir o *ius retentionis*, dinamitaria princípios. A solução (*b*) retarda a medida constritiva da penhora e desatende a que os dois créditos têm de ser tratados com igualdade.

A solução (c) cinde-se, ou não. Ou se entende que se faz a penhora e se vende o bem, ou se adjudica, devendo (a) o adquirente solver a dívida do executado ao retentor, antes de receber o bem, ou (b) se deposita todo o preço, para que o levantem executado e retentor, conforme os seus créditos. Como em (b), Charles Legrand (*Du Droit de rétention*, 80 s.), S. Gualtier (*Du Droit de rétention*, 162), Paul Barry (*Le Droit de rétention en droit civil français*, 183). Como em (a), Antonio Butera (*Del Diritto di ritenzione*, 474 s.) e A. F. Carneiro Pacheco (*Do Direito de retenção*, 105).

O Código Civil argentino, art. 3.942, estatuiu: "*El derecho de retención no impide que otros acreedores embarguen la cosa retenida, y hagan la venta judicial de ella; pero el adjudicatario, para obtener los objetos comprados, debe entregar el precio al tenedor de ellos, hasta la concorrencia de la suma por la que éste sea acreedor*". É a solução (a).

A solução (b) era a que mais atendia à lei processual (Código de 1939, art. 977: "O preço da arrematação não poderá ser levantado, se houver protesto por preferência, ou rateio"). No Código de Processo Civil de 1973, não há regra jurídica que diga o mesmo. Mas o art. 709, II, não admite que o credor levante o dinheiro depositado se sobre os bens alienados há qualquer privilégio ou preferência, instituído anteriormente à penhora.

51) Credores privilegiados e titulares de direitos reais – Quanto aos credores privilegiados e titulares de direitos reais, a doutrina dividiu-se entre *a)* os que atendiam à prioridade, só tendo eficácia contra o credor hipotecário o direito de retenção anterior à constituição do direito real (*e. g.*, A. Colin e H. Capitant, *Cours élementaire de Droit civil*, II, 4ª ed., 777; Paul Barry, *Le Droit de rétention*, 186 s.); *b)* os que distinguiam direito de retenção sobre móveis e direito de retenção sobre imóveis (Aubry e Rau, *Cours de Droit civil français*, III, 5ª ed., 195); *c)* os que entendiam que o direito de retenção é oponível a quaisquer credores de quem sofre a retenção e contra quaisquer titulares de direito real (*e. g.*, S. Gualtier, *Du Droit de rétention*, 164; Charles Legrand, *Du Droit de rétention*, 81 s.; A. F. Carneiro Pacheco, *Do Direito de Retenção*, 97 e 195; L. Zara, *Du Droit de rétention*, 123 s.; Clóvis Beviláqua, *Código Civil comentado*, III, 387; Afonso Fraga, *Direitos reais de garantia*, 481-489).

Em princípio, porque tem a posse, o titular de direito de retenção não pode ser tratado, no tocante a benfeitorias, senão como possuidor. Ocorre que há o art. 1.564 do Código Civil, onde se diz: "Do preço do imóvel hipotecado, porém, serão deduzidas as custas judiciais de sua execução, bem como as despesas de conservação com ele feitas por terceiro, mediante consenso do devedor e do credor, depois de constituída a hipoteca".[123] Daí se pretendeu tirar que as despesas necessárias e úteis feitas pelo possuidor de boa-fé e as necessárias feitas pelo próprio possuidor de má-fé não podem ser atendidas, se não consentirem o hipotecante e o titular do direito de hipoteca. Essa interpretação não merece acolhida e tem de ser afastada. Admitiu-a Arnoldo Medeiros da Fonseca (*Direito de retenção*, 298 s.), mas o art. 1.564 do Código Civil[124] supõe negócio jurídico com o terceiro, no qual sejam figurantes o dono do prédio e o titular do direito de hipoteca. Noutros termos: supõe-se tudo se passar no mundo jurídico; não no mundo fáctico. No mundo fáctico, somente se podem invocar princípios que regem a posse e, se se impõem ao dono do prédio, *a fortiori* aos titulares de direitos reais limitados.

Resta o problema dos direitos de retenção que se não originam de simples posse. Aí, está-se em pleno mundo jurídico. Supõe-se que não haja qualquer dúvida sobre o domínio, ou a enfiteuse, se hipotecante é o enfiteuta. Supõe-se mais, que a escritura de constituição de hipoteca não aluda à dívida do hipotecante de que possa surgir direito de retenção. O direito de retenção é de quem tem direito de posse e exige pagamento do que lhe cabe por dívida do credor, de modo que, por exemplo, o locatário possa *reter*, materialmente, a coisa, ou opor o seu direito de retenção, para que a penhora o respeite, reconhecendo-lhe posse mediata, invocado o art. 1.199 do Código Civil.[125] Então, ou foram consentidas pelo locador as benfeitorias úteis, ou não o foram. Se não o foram, *tollitur quaestio*. Se o foram, tem de pagá-las o locador, exercendo o locatário o direito de retenção. O contrato de locação, em que se consentiu, ou o pacto posterior de consentimento de benfeitorias úteis, pode ser registrado antes da constituição da hipoteca e tem eficácia *erga omnes*. Se não foi registrado, o titular do direito de hipoteca pode ir contra o contrato ou o pacto por fraude contra credores, ou simulação, inclusive para provar que as benfeitorias não foram úteis. Se as despesas de conservação do bem locado (não as despesas *necessárias* propriamente ditas) foram feitas depois de constituída a hipoteca,

---

123 Sem correspondente no C. Civil de 2002.
124 Sem correspondente no C. Civil de 2002.
125 C. Civil de 2002, art. 578.

rege o art. 1.564 do Código Civil:[126] só se deduzem do preço se devedor e credor consentirem. Se o credor não consentiu, a despeito de as ter permitido o devedor, direito de retenção há, em virtude do art. 1.199,[127] e o art. 1.564[128] não atinge possuidores que se tenham de tratar como simples possuidores.

Em suma: só às despesas de conservação propriamente ditas, que foram feitas por possuidores que não teriam, quanto a elas, direito de retenção (= não foram necessárias nem úteis), e as que não foram feitas por possuidores, se há de entender referir-se o art. 1.564.[129] Ainda as despesas necessárias e úteis feitas por terceiro não possuidor, se o foram para evitar perigo iminente (Código Civil, art. 1.340)[130] ou por vontade presumida do dono e do titular do direito de hipoteca (art. 1.331).[131]

É preciso não se perder de vista que não só donos e possuidores podem ter direito de retenção. O dono, que tem de prestar, e tem crédito, com o pressuposto de conexidade de que se tratou, faz-se retentor. Por igual, o possuidor, que tem de prestar e é titular de crédito, com o pressuposto de conexidade, pode reter. Mas direito de retenção também compete a quem somente *retém*.

52) Conteúdo de regra jurídica sobre suspensão do despejo – No Código de 1939, diz o art. 353: "Sob pena de suspensão ou demissão, os oficiais não executarão o despejo até o sétimo dia seguinte ao do falecimento do cônjuge, ascendente, descendente ou irmão de qualquer das pessoas que o habitem, e sobrestarão, até nova ordem, quando houver no prédio pessoa acometida de enfermidade grave". Nenhuma exceção à regra jurídica do art. 353, ao contrário do que ocorria com a regra jurídica do art. 164 do Código de 1939 (hoje, art. 217 do Código de 1973) que cedeu no caso de se ter de evitar o perecimento do objeto. Regra jurídica imperativa e plenieficaz. Nem pode o oficial de justiça escapar à sanção se "suspeita" ser falsa a informação. Ao autor, se duvida do que se alega, somente é dado requerer nomeação de perito, em caso de moléstia grave, ou produzir prova de não haver parentesco.

---

126 Sem correspondente no C. Civil de 2002.
127 C. Civil de 2002, art. 578.
128 Sem correspondente no C. Civil de 2002.
129 Sem correspondente no C. Civil de 2002.
130 C. Civil de 2002, art. 870.
131 C. Civil de 2002, art. 861.

53) Enfermidade grave – Se a pessoa doente ou alguma outra (da casa ou de fora) não comunica a enfermidade grave, de modo que o ignore o oficial de justiça, deve ele, depois, suspender a execução do mandado, se nota ser grave o estado do doente, segundo parece a pessoa de instrução comum. Grave, aí, entende-se, e indiferentemente, ou quanto ao prognóstico, ou quanto à necessidade de isolamento. No caso de moléstia transmissível, de denúncia obrigatória, deve o oficial de justiça proceder de acordo com os deveres resultantes das leis sanitárias, ainda que tenha de comunicá-lo ao juiz, para que resolva. Despejo não se executa com prejuízo para a saúde pública, se há meios de preveni-lo. O art. 353 não pode ser interpretado extensivamente; somente se refere à enfermidade grave (2ª Câmara Cível do Tribunal de Justiça do Paraná, 15 de fevereiro de 1951, *Paraná J.*, 53, 459).

C. Ação renovatória de contrato de locação de imóveis destinados a fins comerciais

54) Histórico da ação de renovação de contrato de locação de imóveis – A concentração do comércio em zonas especializadas, refletindo-se no valor de clientela, suscitou o aumento dos aluguéis de imóveis destinados a fins comerciais. A legislação estabilizadora dos aluguéis e a fraude aos impostos prediais provocaram a aparição das "luvas", comissão de aluguel ou de subaluguel. Seguiu-se ao abuso do direito dos locadores e sublocadores a legislação estabilizadora especial que o coarctasse. No Brasil, veio ela a fluxo em 1934, tendo tentado entrar (e tendo entrado em parte) no próprio texto constitucional. O Decreto nº 24.150, de 20 de abril de 1934, foi o começo da história legislativa do direito ao "ponto comercial". A esse diploma sucedeu o Código de 1939, devendo estudar-se, no seu sistema, o estado atual do direito processual das renovações de contrato. Porque só onde o Código aludisse à legislação anterior poder-se-ia falar em regra de direito formal fora do Código. O art. 1º, última parte, do Código de 1939 (hoje, art. 1.211 do Código de 1973) seria inaplicável, porque o assunto fora regulado pela nova lei. Quanto ao direito material, o problema era apenas de sucessão de leis, se foi derrogado, ou não, o direito anterior. A Lei nº 6.014, de 27 de dezembro de 1973, alterou a redação do art. 3º do Decreto nº 24.150.

No art. 12, a Lei nº 6.014 diz que o procedimento das ações fundadas no Decreto nº 24.150, de 20 de abril de 1934, é ordinário, aplicando-se as normas do Código de Processo Civil.

55) Pretensão à renovação, inconfundível com a pretensão à prorrogação do contrato de locação – Ação renovatória, ou melhor, ação de renovação é a que corresponde à pretensão a novo negócio jurídico de locação do prédio destinado a fins comerciais ou industriais, no que se distingue da ação ligada à pretensão à prorrogação do contrato (Código Civil, art. 1.195).[132] Lê-se no art. 354 do Código de 1939: "Nas ações para renovação de contrato de locação de imóveis destinados a fim comercial ou industrial, à revelia do réu, ou a não contestação do pedido no prazo de dez dias (art. 292), induzirá a aceitação imediata da proposta do autor, que será homologada por sentença". E no parágrafo único: "Contestada, a ação seguirá o curso ordinário" (Decreto-lei n° 4.565, de 11 de agosto de 1942, art. 24, que lhe deu a nova redação).

56) Pressupostos da pretensão de direito material – O direito material é o seguinte, quanto aos pressupostos da pretensão: tratar-se de prédio, rústico ou urbano, destinado pelo locatário a fim comercial ou industrial; ser por prazo determinado a locação; ser de cinco anos, no mínimo, o prazo de contrato; terem decorrido pelo menos três anos ininterruptos de exploração do comércio, ou da indústria, no mesmo ramo (Decreto n° 24.150, arts. 1° e 2°). O direito é transmissível com o contrato (transferência da posição subjetiva no todo, cessão, sucessão comercial, entrada em sociedade e sucessão pelo sócio sobrevivente: Decreto n° 24.150, art. 3°; Código de 1939, arts. 362-365). A pretensão preclui com o último dia do penúltimo semestre anterior à terminação do contrato (Decreto n° 24.150, de 20 de abril de 1934, art. 4°). A petição obedecia aos arts. 158 e 159 do Código de 1939 e obedece, hoje, aos arts. 282 e 283 do Código de 1973. Os documentos de que falou o art. 159, nos quais há de "o autor fundar o pedido", são os mencionados pelo art. 5° do Decreto n° 24.150.

A priori, a estipulação de prazo inferior a cinco anos não é *in fraudem legis*; nem a prorrogação por força de incidência de alguma lei especial, ou emergencial, integra o prazo de cinco anos, que é pressuposto de direito material (Decreto n° 24.150, de 20 de abril de 1934, art. 2°, *b)*, cf. 1ª Turma do Supremo Tribunal Federal, 30 de maio de 1949 (*R. F.*, 126, 443). Nem se somam os tempos dos contratos de locação anteriores, sem cláusula de prorrogação ou renovação negocial. Nem os prazos de contratos

---

132 C. Civil de 2002, art. 574.

de locação a diferentes locatários (2ª Turma, 11 de agosto de 1950, *R. dos T.*, 215, 473). A 1ª Turma do Supremo Tribunal Federal, a 28 de janeiro de 1952 (*R. de D. I.*, 14, 28), considerou não ser fraude à lei o prazo de quatro anos e oito meses; mas que o é de quatro anos e onze meses (2 de agosto de 1951, *D. da J.* de 6 de julho de 1951); contra, as Câmaras Reunidas do Tribunal de Justiça do Distrito Federal, a 14 de outubro de 1948 (*R. F.*, 128, 145). Em verdade, qualquer contrato de quatro anos e mês, ou meses, se há de ter por *in fraude legis*; salvo se houve razão para tal termo, *e. g.*, se termina, então, contrato de locação do outro prédio, ou no mesmo edifício, em que é locatário o proprietário do prédio locado.

A 4ª Câmara Civil do Tribunal de Justiça de São Paulo, a 11 de junho de 1951 (*R. dos T.*, 139, 869), admitiu a *fraus legis* sempre que, "por força das circunstâncias", o locatário foi obrigado a assinar contrato de tempo inferior a cinco anos.

O contrato escrito é requisito para a prova de ser a prazo determinado a locação (1ª Turma do Supremo Tribunal Federal, 21 de novembro de 1949, *R. F.*, 129, 443).

Os sucessores do contraente-locatário são legitimados à ação de renovação, material e processualmente, ainda que não se tenha cogitado de tal direito no inventário do de cujo (2ª Turma do Supremo Tribunal Federal, 24 de janeiro de 1950, *R. F.*, 132, 391), ou no negócio jurídico concernente à sucessão na firma individual ou social.

Se o locatário deixa escoar-se o prazo da ação de renovação sem a propor, preclui o direito à renovação coercitiva, isto é, por ação (*aliter*, a pretensão à renovação que conste de cláusula contratual, que somente dá ensejo à ação de condenação, ou a ação do art. 641 do Código de 1973,[133] antes, art. 1.006 do Código de 1939). Por isso mesmo, não pode, na ação de pedido do prédio para uso próprio, proposta pelo locador, pedir, em reconvenção (1ª Turma do Supremo Tribunal Federal, 24 de janeiro de 1952, *R. F.*, 147, 113), a renovação (o direito precluiu).

O barbeiro não é comerciante, salvo se também exerce, habitualmente, o comércio de perfumaria (2ª Turma do Supremo Tribunal Federal, 16 de outubro de 1951, *A. J.*, 101, 398, e *R. de D. I.*, 14, 196), ou se explora trabalhos de outros, ou se é industrial.

---

133 Ab-rogado pelo art. 9º da Lei nº 11.232, de 22.12.05, cuja norma encontra-se agora reproduzida no art. 466-A, acrescentado ao CPC pelo art. 2º dessa lei.

O Juízo de Direito do Rio Pardo, a 29 de novembro de 1950, em decisão confirmada (*R. dos T.*, 194, 752), entendeu que a ação de renovação de locação há de ser intentada contra quem assume a posição de locador, mas acrescentou que, por isso, tem de ser ajuizada contra o promitente comprador, pré-contraente, se houve pré-contrato de compra-e-venda do imóvel. O erro é chocante. O pré-contraente comprador não sucede no contrato de locação. Para que sucedesse, seria preciso que passasse a ser – pelo menos – possuidor, mediato, em relação ao locatário, possuidor imediato com direito, pois, aos aluguéis, ou que, tendo recebido a posse, houvesse alugado o prédio, caso em que é o locador desde o início da locação. Fora daí, de modo nenhum.

Se o pré-contraente comprador faz registrar o pré-contrato, isso apenas lhe atribui eficácia *erga omnes,* que de bem pouco lhe serve se o locatário obteve cláusula de continuação da locação em caso de alienação e a registrou (cf. Código de 1939, art. 356).

A 4ª Câmara Cível do Tribunal de Justiça do Distrito Federal, a 28 de novembro de 1950 (*R. F.,* 134, 140), satisfez-se com a distribuição até o último dia do semestre anterior à terminação do contrato de locação. *Distribuição* não é ato de início de exercício de direito. Poder-se-ia reputar suficiente, por se tratar de prazo preclusivo, o *despacho* do juiz, se observado o Decreto-lei nº 6.790, de 15 de agosto de 1944, art. 1º. Se tivesse em causa prazo prescripcional, nem um nem outro bastaria: seria de mister a *citação* (Código Civil, art. 172, I), salvo incidência do art. 166, § 2º (Decreto-lei nº 6.790, de 15 de agosto de 1944, art. 1º) ou a *apresentação do título* em juízo de inventário ou concurso de credores (Código Civil, art. 172, III).[134] Nunca a simples distribuição ou o despacho do juiz. (O juiz de Direito da 18ª Vara Cível do Distrito Federal, a 8 de maio de 1961, *D. da J.* de 12 de maio, disse que a corrente que admite o exercício da ação pelo simples carimbo da distribuição é "contrária ao entendimento do douto Pontes" e refere o texto acima.)

O estar o locatário em exploração do comércio ou indústria no local, ou *também* no local, no mesmo gênero, durante três anos, é pressuposto de direito material. A falta de *prova*, junto à petição, é causa para se indeferir a petição, ainda inicialmente, porque se fez de tal prova pressuposto processual. Se não foi indeferida a petição, nem o juiz mandou suprir a falta

---

134 C. Civil de 2002, art. 202, I.

(Código de Processo Civil de 1973, art. 326; antes, Código de 1939, art. 284, IV), tem ele de pronunciar-se, na sentença final, sobre a existência, ou não, do pressuposto de direito material (Decreto n° 24.150, art. 2°, c).

57) Espécies em que o réu não contesta ou contesta – Bastaria dizer-se "não contestação", pois os casos são os seguintes: (1) o réu comparece e contesta; (2) o réu comparece e não contesta, levando os autos e voltando-os sem contestação; (3) o réu não comparece, sem ser caso de nomeação de curador à lide, e, pois, não contesta; (4) o réu não comparece, mas há contestação por seu curador à lide; (5) o réu não comparece e o curador à lide não contesta. A não contestação exaure os casos de aplicação do art. 354, que são os casos (2), (3) e (5).

Aqui, cabe discutir-se se a) o art. 354 do Código de 1939 tem por *aceita* a oferta, o que faz da renovação, no caso de não comparecer ou de comparecer e não contestar o demandado, renovação negocial (dita amigável), feita em juízo; ou *b)* se ocorre *declaração de certeza mediante preclusão,* devido à contumácia. O Código de Processo Civil de 1939 tratou a revelia, aí, como igual à comparência sem contestação: o que lhe importa, para o efeito previsto no art. 354, é o silêncio como manifestação de vontade. A *sentença é apenas homologatória.* Di-lo o próprio art. 354. Se o locador ou sublocador reconhece o direito à renovação e aceita a oferta, contestação – no que concerne ao conteúdo – não houve: o ato de contestar encheu-se de reconhecimento e de aceitação. Incide o art. 354 do Código de Processo Civil, e não o parágrafo único.

58) Diferença assaz relevante entre regras jurídicas – A regra jurídica pré-excluía a aplicação do art. 266, III, e deu à não contestação efeito mais forte que o do art. 209 (hoje, art. 319 do Código de 1973). Note-se a diferença, que é essencial: enquanto as afirmações do art. 319 do Código de 1973 são manifestações de pensar sobre fatos, enunciados de fato, *comunicações de conhecimentos,* a omissão de contestar, no caso do art. 354, é *manifestação de vontade.* Aí, o silêncio manifesta a vontade, por saber o citado que a contumácia importaria assentimento, posto de lado o valor da intenção. (Evite-se falar de declaração *tácita,* por ser equívoco o termo – é o mesmo que se emprega para as declarações por atos. (Sobre a discussão, Eugen Ehrlich, *Die stillschweigende Willenserklärung,* 286 s.; Gustav Hartmann, Werk und Wille, *Archiv für die civilistische Praxis,* 72, 255; Siegmund Schlossmann, *Der Vertrag,* 47-50.) O que é relevante é não se confundirem as afirmações do art. 319 do Código de 1973[135] (antes, Código de 1939, art. 209) com as *manifestações de vontade* do art. 354. Ali, alude-se à "verdade"; aqui, à "vontade".

59) Natureza da sentença – A sentença é constitutiva. O momento formativo é o instante após os dez dias ("aceitação imediata", diz o art. 354), e não o da sentença, como se dá nos casos do art. 641 do Código de 1973 (antes, art. 1.006 do Código de 1939), o que é de considerável importância prática, nem o da contraprestação (Código de 1973, art. 641,[136] Código de 1939, art. 1.006, § 1°). Conclui-se contrato, *não pré-contrato*.

A ação de renovação do contrato de locação é caso típico de ação *constitutivo*, mas o art. 355 introduziu elemento que pode parecer estar à frente: o elemento *mandamental*. Ainda assim, é precípua a força *constitutiva, e a* eficácia *mandamental* está cumulada à constitutividade, sem a pôr em segundo plano.

O recurso a ser interposto era de agravo (Decreto n° 24.150, art. 7°, parág. único). A maior parte dos comentadores pensava que não mudou o direito (*e. g.*, Jorge Americano, *Comentários*, II, 203; J. M. de Carvalho Santos, *Código*, 2ª ed., V, 40), alguns pela tendência a conservar o direito anterior, outros por lhes parecer que se tratava de caso do art. 846 do Código de 1939. A sentença é pertinente ao mérito como sentença constitutiva concernente ao pedido. (Não a confundir, ainda assim, com as sentenças dos arts. 350, não tendo havido contestação, porque tais sentenças não são constitutivas, e a falta do réu não importa declaração de vontade.) O recurso, hoje é já sob o Código de 1939, é o de apelação.

Assim, da decisão de mérito que homologa, ou não, o acordo de renovação de que trata o art. 354, ou que julga após o procedimento ordinário, cabe recurso de apelação (2ª Câmara Cível do Tribunal de Justiça de Minas Gerais, 20 de março de 1950, *R. F.*, 137, 154; 2° Grupo de Câmaras Civis do Tribunal de Justiça de São Paulo, 24 de março de 1950, *R. dos T.*, 186, 640; 4ª Câmara Civil, 12 de abril e 29 de novembro de 1951, 192, 329, e 198, 318).

---

135 C. Civil de 2002, art. 202, IV.
136 Ab-rogado pelo art. 9° da Lei n° 11.232, de 22.12.05, cuja norma encontra-se agora reproduzida no art. 466-A, acrescentado ao CPC pelo art. 2° dessa lei.

60) Conteúdo da contestação – A contestação pode versar sobre qualquer dos casos do Decreto n° 24.150, art. 8°, *a)* e *b)*, e parágrafo único, e do Código de Processo Civil de 1939, art. 358. No caso do art. 8°, *b)*, do Decreto n° 24.150, tem o locador de apresentar contraproposta. No caso de aludir a melhor proposta de terceiro (art. 8°, *c)*, deve ser incluída, com os requisitos apontados no § 1° do art. 8°, *c)*, do Decreto n° 24.150.

A arguição de falta de algum dos requisitos do art. 2° do Decreto n° 24.150 é arguição concernente ao direito material, à *res in iudicium deducta*, e não pré-processual, ou processual. Nem concerne à legitimidade *ad processum*, nem à legitimação de representante (pressupostos processuais), nem ao interesse legítimo (pressuposto pré-processual), nem à nulidade de processo. Se o despacho saneador a aprecia, negando a pretensão por haver falta, o recurso é o de apelação, por se ter entrado no mérito, posto que não haja erro grosseiro em se interpor o agravo: erro houve de juiz, que devia ter deixado para julgamento posterior o que pertencia ao mérito. Se não disse que faltava o requisito, mas sim a prova (Decreto n° 24.150, art. 5°, *a*), então, sim, a decisão é sobre requisito da citação inicial (pressuposto processual). O recurso é o de apelação, pois que a decisão pôs termo ao processo, a despeito de não ter julgado o mérito.

Sempre que o juiz se refere à alegação de falta de requisito de direito material, sem dar à decisão caráter de cognição completa, é de entender-se que não resolveu definitivamente a questão, por ser de mérito, e não caber em decisão interlocutória. O trânsito em julgado do despacho saneador normalmente só se dá a respeito do que é seu conteúdo próprio (Código de 1973, art. 331, I e II),[137] e não quanto ao que se introduziu na discussão. Por isso, reputar-se que decidiu sobre os requisitos de direito material destoa dos princípios (*e. g.*, 7ª Câmara Cível do Tribunal de Justiça do Distrito Federal, 12 de dezembro de 1950, *D. da J.* de 7 de novembro de 1951).

Se o juiz, contra os princípios, julga, saneando o processo, mérito da causa (= algo que seja mérito da causa), o recurso é o de apelação (Juízo de Direito da 18ª Vara Cível do Estado da Guanabara, janeiro de 1961 *D. da J.* de 13 de janeiro): ...Pontes de Miranda observa que, se o despacho saneador a aprecia (a alegação concernente ao direito material), negando a pretensão por haver falta, o recurso é o de apelação, por se ter entrado no mérito, posto que não haja erro grosseiro em se interpor o agravo de petição.

---

137 Ab-rogado pelo art. 9° da Lei n° 11.232, de 22.12.05, cuja norma encontra-se agora reproduzida no art. 466-A, acrescentado ao CPC pelo art. 2° dessa lei.

61) Questão de derrogação de lei – O art. 9º do Decreto nº 24.150 previa a vista dos autos para réplica, que era ao mesmo tempo *declaração de vontade* (*verbis*: "além de poder aceitar as condições de locação porventura sugeridas na contestação pelo locador"), *comunicação de conhecimento* ("impugnar", letra *b*) e ato de *pedido* (art. 10, *a*). Perguntava-se: ¿ o art. 10 estava em vigor? Não. O Código de 1939 regulou o processo das ações de renovação de contrato de locação. O que, dentro da sistemática do Código, se há de fazer é o seguinte: (1) O locatário, conhecendo a contestação, requer juntada da aceitação da proposta (declaração de vontade) ou requer que se tome por termo, indo os autos ao juiz, *ad instar* do art. 354, *in fine*. (Não citemos o art. 11 do Decreto nº 24.150, que estava revogado na parte processual, somente prevalecendo a parte material, que o Decreto-lei nº 5.169, de 4 de janeiro de 1943, art. 6º, confirmou, seguindo-se-lhe as outras leis de inquilinato. A Lei nº 6.014, de 27 de dezembro de 1973,[138] art. 12, revogou os arts. 9º-15 do Decreto nº 24.150. (2) Quanto às contra-afirmações, ou comunicações de conhecimento, se o juiz encontra matéria nova, incide a regra jurídica de ser ouvido o autor. (3) Quanto ao pedido de preferência, pode ser feito na oportunidade de ser ouvido o réu ou na audiência. A declaração, em vez de ser do réu, é do autor. Também essa sentença é suscetível de apelação, e não de agravo, revogado como foi o Decreto nº 24.150, art. 11, parágrafo único. A explicação da solução da lei, se se quer alguma, é a de se tratar de sentença constitutiva atinente ao mérito.

62) Eficácia da sentença – O Decreto nº 24.150, art. 13, exigia o "arbitramento" (na então dilação das provas).

Não havia mais tal exigência "legal" desde 1939, com caráter absoluto porque podia e pode ocorrer incidência do art. 420, parágrafo único, do Código de 1973 (antes, art. 255 do Código de 1939; radicais, Ataliba Viana, *Inovações e Obscuridades*, 133; Amorim Lima, *Código*, II, 228). A exigência deixou de ser absoluta; ficou ao juiz apreciar a utilidade da diligência. O art. 16 do Decreto nº 24.150, sobre princípios de equidade, é regra de sobredireito (preceito de interpretação da lei, isto é, do Decreto nº 24.150), e não foi atingido pelo Código de 1939 (Art. 16: "O juiz apreciará,

---

138 O art. 1º da Lei nº 8.952, de 13.12.1994, alterou a redação do *caput* do art. 331 do CPC, acrescentando-lhe os §§ 1º e 2º, excluídos os incs. I e II. Após, o art. 1º da Lei nº 10.444, de 07.5.2002, alterou uma vez mais a redação ao *caput* do art. 331 do CPC, acrescentando-lhe o § 3º, mantidos os §§ 1º e 2º.

para proferir a sentença, além das regras de direito, os princípios de equidade, tendo sobretudo em vista as circunstâncias especiais de cada caso concreto..."). A parte final do art. 16, "para o que podará converter o julgamento em diligência, a fim de melhor se elucidar", foi derrogada (Código de 1939, arts. 1º, 117 e 118; Código de 1973, arts. 1º, 1.211, 130 e 131).

Quanto ao § 6º do art. 13, houve derrogação (2ª Turma do Supremo Tribunal Federal, 13 de novembro de 1951, *R. de D. I.*, 16, 30: "O Código de Processo Civil incluiu em um dos seus títulos a ação renovatória de contrato de locação de imóveis destinada a fins comerciais, anteriormente regulada pelo Decreto nº 24.150, de 1934. A referida ação ficou, portanto, com a sua inclusão no Código, sujeita aos seus princípios gerais. Várias, porém, senão a maioria das disposições daquele decreto, não foram expressamente alteradas pelo Código; essas normas ou disposições, desde que não colidentes com as editadas por ele, deviam ser observadas. Ao revés, todas aquelas que implícita ou explicitamente conflitaram com as do Código cederão as deste, que deverão prevalecer. Neste caso, está o que diz respeito à prova pericial, ao arbitramento: se obrigatório, como o exige o decreto especial, art. 13, o seu *modus faciendi* é o previsto no Código, art. 129, que de modo diverso ao estatuído no § 6º daquele artigo dispôs sobre a atuação do terceiro perito, nomeado pelo juiz com a função expressa de desempatador"). Com a Lei nº 6.014, de 27 de dezembro de 1973, art. 12, foram revogados todo o art. 13, bem como os arts. 9º-12, 14 e 15 do Decreto nº 24.150.

Não há *verum arbitrium*, e sim apenas arbítrio segundo a "equidade", que tem as suas regras.

A sentença que julga procedente a ação é *constitutiva*; a que julga improcedente, *declarativa*. Uma e outra têm forte elemento mandamental. Sobre o elemento de mandamento, adiante falaremos.

63) Coisa julgada – Diz o art. 355 do Código de 1939: "Passada em julgado a sentença que decretar a renovação do contrato de arrendamento, executar-se-á no próprio juízo da ação, mediante mandado contra o oficial do Registro de Títulos e Documentos, que registrará a prorrogação, contando-se da data do registro o prazo de duração do contrato prorrogado". No § 1º: "Se a sentença não houver passado em julgado até o dia do vencimento da locação, descontar-se-á do prazo renovado o tempo expedido". No § 2º: "O mandado reproduzirá integralmente a decisão exequenda e as condições do contrato". Passada em julgado, diz o art. 355; passada em julgado formalmente, entenda-se.

64) Elemento mandamental da sentença – Mediante mandado, proceder-se-á ao registro, e o prazo da duração do contrato começa no dia em que se registrar, mas, diz o § 1°, se a sentença não houver passado em julgado até o dia do vencimento da locação, o tempo que exceder será descontado do prazo da renovação. O Código de 1939 complicou, sem que fosse preciso. Deveria ter dito: o novo prazo começa no dia em que finda o antigo contrato. Se a sentença passasse em julgado antes, diria o dia, de modo explícito ou implícito. Se a sentença passasse em julgado depois, os efeitos seriam *ex tunc*. Tudo resultou do errado critério de se aliar ao registro o prazo do contrato. O Código apagou dúvidas, é bem certo, porém ainda não acertou no ponto, pois, se a sentença for proferida antes de terminar o prazo do contrato e se registrar antes, o prazo não pode começar da data do registro. Evitou a dilatação, não evitaria a retração, se a interpretação que reagiu contra o erro não tivesse de reagir de novo, de acordo com farta messe de julgados do Distrito Federal e do Supremo Tribunal Federal. O prazo principia, sempre, quando o outro prazo acaba.

65) Renovação não é prorrogação – Não há "prorrogação" (cf. art. 356), o que supõe dilatação do prazo do mesmo contrato; renovação é que é (arts. 354, "para renovação"; 355, "renovação"; 355, § 1°, "renovado"; 358, 360, 364 e § 1°, 365, "renovação", 362, "ação renovatória", "renovada"). Entende-se que o novo contrato se segue, no tempo, ao anterior (2ª Turma do Supremo Tribunal Federal, 24 de janeiro e 6 de outubro de 1950, *R. dos T.*, 214, 565; *R. de D. I.*, 12, 194; *D. da J.* de 26 de dezembro de 1951; 16 de janeiro de 1951; *R. F.*, 143, 152; 1ª Turma, 13 de agosto de 1951, *D. da J.* de 3 de agosto de 1953; 6ª Câmara Civil do Tribunal de Justiça de São Paulo, 21 de abril de 1950, *R. dos T.*, 187, 167; 1ª Câmara Civil, 23 de maio de 1950, 187, 294; 8ª Câmara Cível do Tribunal de Justiça do Distrito Federal, 12 de julho de 1951, *D. da J.* de 20 de setembro; sem razão a 3ª Câmara Civil do Tribunal de Justiça de São Paulo, a 26 de outubro de 1950, *R. dos T.,* 190, 760), salvo se outro prazo de início foi o em que acordaram as partes, o que depende de explicitude. O novo aluguel é devido desde a data do novo contrato (7ª Câmara Cível do Tribunal de Justiça do Distrito Federal, 16 de junho de 1950, *D. da J.*, de 31 de agosto de 1951).

66) Início do prazo – O prazo começa do primeiro dia após a terminação do prazo do contrato, porque assim resulta da lei, a despeito da infeliz referência ao registro (art. 355). Se foi registrada antes, os efeitos não podem ser *ex nunc*; se foi registrada x dias depois, descontam-se do prazo, diz a lei, esses x dias. A complicação, em que, desde 1934, se debate o legislador, por falta de técnica legislativa, suscita a questão de se saber se o prazo é encurtado dos x dias e esses acrescidos ao primeiro contrato (prorrogação seria!) ou se retrotrai à data imediata àquela em que terminou o prazo do primeiro contrato. Tudo isso devido à teimosia em ligar o novo contrato ao registro. Naturalmente, o encurtamento seria artifício inútil; e os efeitos *ex tunc* da sentença constitutiva de modo nenhum repugna à boa técnica legislativa, a despeito da tese, hoje posta de lado, de Wilhelm Kisch, sobre efeito "só" *ex nunc*, se a sentença é constitutiva. A 5ª Câmara Cível do Tribunal de Apelação do Distrito Federal, depois de adotar a boa interpretação, achando ser "retroativo" o efeito do registro quanto ao prazo, entendeu que o cômputo do aluguel escapa a esse efeito *ex tunc*. A 5ª Câmara Cível raciocinou do seguinte modo, quanto ao prazo: "É, portanto, a única exceção *expressamente determinada*, a relativa ao prazo da locação" (art. 355, 1º). "Não assim", repisou, "quanto às demais condições de contrato, inclusive o *aluguel*". Não há dúvida de que "o preceito (do § 1º) só é expresso relativamente ao prazo a ser descontado"; mas, se a exceção só se reporta ao prazo, a regra jurídica também só se reporta ao prazo (art. 355). O argumento não tem qualquer valor. A lei nada disse sobre os outros elementos do contrato, porque esses são *a partir do dia seguinte à terminação do contrato*. O voto vencido do desembargador Flamínio de Resende está certo (5ª Câmara Cível, 18 de julho de 1941, *R. F.*, 89, 755, 756). Aliás, de acordo com a jurisprudência anterior.

O aluguel, que está compreendido no novo contrato, e não foi suficiente, por se ignorar qual seria, deve ser completado, de acordo com a sentença (sem razão, 3ª Câmara Cível do Tribunal de Apelação do Distrito Federal, 6 de janeiro de 1942, *R. F.*, 90, 745). Não se pode pensar em prorrogação interina.

67) Embargos de declaração – A falta de reprodução somente pode ser corrigida por embargos de declaração, apelação ou ação rescisória, com fundamento em infração do art. 355, § 2º. Passada em julgado a sentença, só se constitui contratos conforme o que dela consta.

68) Erro de terminologia – O art. 355 fala de "contrato prorrogado". Leia-se "renovado".

69) Cláusula de vigência no caso de alienação – Diz o art. 356: "Se o contrato prorrogado estipular cláusula de vigência no caso de alienação, deverá ser registrado também no Registro de Imóveis". E o art. 357: "Feito o registro do mandado, que se arquivará no cartório competente, dar-se-á ao locador ciência da data e número de ordem". Alienado o imóvel, o adquirente não é obrigado a conhecer e, portanto, a respeitar contrato, salvo se dele consta a cláusula de vigência em caso de alienação e se foi registrado no Registro de Imóveis. *De lege ferenda*, a duplicidade de registros (arts. 355 e 356) é chocante. O efeito não é real; é constitutivo *erga omnes*, como o que resultaria de ser registrado no Registro de Títulos e Documentos. Efeito de direito real, como pretendia Clóvis Beviláqua (*Código Civil*, IV, 374), não é o do art. 356. Construa-se como cláusula necessária em todo contrato de alienação quando registrado o contrato. *De lege ferenda*, o legislador teria evitado tantas regras jurídicas esparsas se houvesse adotado a regra "Alienação não corta aluguel".

Não se confunda efeito *erga omnes*, que corresponde ao direito absoluto, com efeito *real*, que é de direito absoluto, porém não de *todos* os direitos absolutos. A construção do direito real não é à vontade dos legisladores.

70) Erro de terminologia – O art. 356 fala de "contrato prorrogado". Leia-se: "renovado".

71) Ciência dada pelo oficial de registro – A ciência é dada pelo oficial de registro do próprio cartório do Registro de Títulos e Documentos (art. 355), ou por mandado do juiz, a requerimento do autor ou de outro interessado.

72) Direito de retomada – Lê-se no art. 358: "Quando o locador, opondo-se ao pedido de renovação de contrato, alegar necessidade do imóvel para pessoa de sua família, deverá provar que o mesmo se destina a transferência de fundo de comércio existente há mais de um ano". O direito de retomada é velho, no Direito brasileiro (cf. Ordenações Filipinas, Livro IV, Título 24, pr.), e teve aplicação contemporânea no Decreto nº 24.150 e no Código de 1939. Compare-se com o Decreto-lei nº 9.669, de 29 de agosto de 1946, art. 18, e leis posteriores de inquilinato (*e. g.*, Lei nº 1.300, de 28 de dezembro de 1950, art. 4º, 2ª parte). Estudamo-lo no *Tratado de Direito Predial*, vol. IV. Trata-se de caso de *denúncia cheia*, porém denúncia à pretensão à renovação. Hoje, a locação e, pois, a retomada para fins não residenciais, conforme diz o art. 1º do Decreto nº 4, de 7 de fevereiro de 1966, se regem pelo Código Civil e pelo Decreto nº

24.150, de 20 de abril de 1934. Quanto à retomada do imóvel residencial, Decreto nº 4, art. 3º.

73) Alcance da regra jurídica – O art. 358 nada tem com os casos (1) de pedido do imóvel para uso próprio (A. Goulart de Oliveira, *Renovação de Contrato*, II, 276), que o Código considerou, e é assunto do direito material (Decreto nº 24.150, art. 8º, *e*). Bem ou mal, alterou-o quanto aos casos (2), à retomada para pessoa de sua família – cônjuge, ascendente ou descendente. Nos dois casos (discutia-se), ou (*a*) o Decreto nº 24.150 só admitia a *pretensão* do locador se fosse para si, seu cônjuge, ascendente ou descendente, e não tivesse de ser "destinado ao uso do mesmo ramo de comércio ou indústria do inquilino do contrato renovando"; ou (*b*) admitia a *pretensão* se o locador pedia para si, ou para cônjuge, ascendente ou descendente, *proibindo-se* a aplicação no mesmo ramo de negócio. Venceu aquela interpretação (Prejulgado da Corte de Apelação do Distrito Federal, 28 de julho de 1937, *A. J.*, 44, 194; *R. F.*, 72, 314). Mas, posto que não cogitasse dos casos (1), o art. 358 vem dar ganho de causa à longa jurisprudência que permitiu a cognição pelo juiz da futura infração da regra legal. Aliás, se for apreciado pelo juiz o intuito do réu, a infração posterior dá ensejo à pretensão de indenização. Depois do art. 358, a alegabilidade é evidente. A divergência é acadêmica, podendo o autor, sempre, na discussão oral, forçar o réu a explicitar as suas intenções. Os doutrinadores franceses, que reduzem o direito de retomada à denúncia vazia, são levados pela confusão entre negócio constitutivo (*Gestaltungsgeschäft*) – no qual a declaração de vontade é dirigida à parte adversa, espécie de ato jurídico unilateral, estudada, desde 1922, por A. B. Schwartz (Die einseitigen Rechtsgeschäfte, *Archiv für Rechts-und Wirtschaftsphilosophie*, 16, 551), como a escolha na obrigação alternativa, a resilição, a denúncia ou denunciação, e os pressupostos de direito material para a vitória da demanda. O que se exige ao locador é preencher todas as exigências para executar a pretensão do locatário à renovação. Fora daí, seria permitir-lhe a fraude à lei, obtendo, por simulação, o que não obteria falando a verdade. Em sistema como o do Código de 1939 e do Código de 1973, que têm, respectivamente, aquele o art. 115 e esse o art. 129, é indefensável a doutrina do Supremo Tribunal Federal, por voto de desempate, no Recurso Extraordinário nº 2.817, a 16 de julho de 1941 (*A. J.*, 60, 138).

Vindo o locador com a sua exceção e vencendo, pode o locatário, a que se não deferiu o pedido, promover o preceito cominatório porque, "por lei", tem ele direito a que outrem se abstenha de ato de locação sem ser a pessoa da família do obrigado e para fim do art. 358. A exceção do locador não *exclui* a pretensão à renovação – apenas fez *outra* pretensão passar à frente dessa, tanto que a perda do negócio pela pessoa indicada, ou a morte dessa, dá ao locatário a ação para exigir a renovação, uma vez que ficou *ineficaz* a sentença.

São pontos de alta significação.

O fundamento do art. 21 do Decreto nº 24.150, de 20 de abril de 1934, que permite a indenização se o locador procede com desrespeito às suas afirmações, não é a condicionalidade da sentença – *status necessitatis* é motivo, não "condição" da sentença. Aqui, a lei estabelece *ius singulare*. A ação do art. 21 do Decreto nº 24.150 corresponde à pretensão de direito material que não precisa da invocação dos arts. 16 e 17 do Código de 1973, como não precisava da invocação do art. 3º do Código de 1935. Nem o caso se incluiria no abuso do direito processual, nem há infração do dever de verdade (Código de 1973, art. 17, II). A infração, no Direito brasileiro, do Decreto nº 24.150, é de direito material, donde ser de direito material a pretensão à indenização. Por isso mesmo, ainda que não tenha havido processo, ou se houve processo, e não sentença, autorizando contrato com terceiro, ou obras no prédio etc., a indenização cabe se o locatário entrou em contato com o locador (sem transação) e acedeu em sair, diante das afirmações desse (o prazo do art. 21, § 1º, do Decreto nº 24.150 é o mesmo, se não houver sentença passada em julgado).

74) Ônus da prova – O ônus da prova, quanto aos pressupostos do art. 8º, *e*), parágrafo único, do Decreto nº 24.150 e art. 358 do Código de Processo Civil, no *sistema* do direito processual, não se afasta dos princípios gerais (Código de 1973, art. 319; Código de 1939, art. 209). (1) Naturalmente, os que confundem os pressupostos desses artigos com *comunicações de vontade* (*e. g.*, os desembargadores Edgar Costa, no Prejulgado citado à nota anterior, e Raul Camargo, *R. F.*, 89, 464) de nenhum problema de prova podiam cogitar: o locador *quer*, e basta. Os ministros Castro Nunes, Bento de Faria e Laudo de Camargo seguiram-lhe as pegadas. O último buscou argumento em existir a indenização; mas esse argumento é nenhum: tratando-se de sentença de condenação, como é a que negasse provimento, a lei tinha de prover a essa falta de verdade nas afirmações (não criminosa mudança de intuitos; outros argumentos no mesmo sentido, por parte de Orosimbo Nonato, *A. J.*, 60, 130). O problema obscureceu-se por estarem alguns juristas franceses a discutir "sinceridade" ou "não sinceridade" quando o problema apenas consistia, calmamente, em se dizer se se tratava de comunicação de vontade, ainda que existindo a indenizabilidade liberatória, que não temos. (2) Assente que se trata de comunicação de conhecimento, de "afirmação", cabe verificar, pelas alegações das partes, quem afirmou: se o autor, a intenção fraudante do locador; se o réu, a sua preparação para a instalação do comércio ou da indústria, ou mudança para o local (note-se que, hoje, é sempre de mudança que, no caso do art. 358, se trata). Não é possível, *a priori*, sustentar-se que o ônus pesa sobre o locatário (François Bouvier; *Le Droit de Reprise,* 19; *A. J.*, 46, 275; 50, 176, 177; 62, 144 e 366; *R. F.*, 74, 462; 77, 96; 89, 463; 80, 371; 90, 417), nem, ainda, sobre o locador (*A. J.*, 60, 352; 62, 371 s.; *Jurisprudência,* V, 57; *R. F.,* 73, 389; 89, 463). Andou bem perto da solução Gonçalves de Oliveira (*R. F.,* 89, 463), aludindo ao Código de 1939, art. 209 e § 1º, e não tinha razão a crítica de Luís Machado Guimarães de que se trataria de prova de direitos (tanto o caso do Decreto nº 24.150, art. 8º, *d*), parágrafo único, quanto o do art. 358 se referem a fatos). Aliás, a falta de verdade pode ser *notória* (Código de 1939, art. 211; Código de 1973, art. 334), ou resultar de incapacidade civil do locador, ou de presunção *hominis* que beire a evidência.

75) Destinação do prédio que se pede – Diz o art. 358 que se há de alegar que o prédio se destina à transferência de fundo de comércio existente há mais de um ano. Tal afirmação tem de ser provada.

76) Direito material e indenização – Lê-se no art. 359: "Ao fixar a indenização, o juiz atenderá à valorização do imóvel, para a qual o locatário haja contribuído, ao valor do fundo de comércio e à clientela do negócio". No direito material (Decreto nº 24.150, art. 20), há casos de indenização ao locatário, pagável pelo locador, com a responsabilidade solidária do terceiro que obtém o contrato (art. 20, §§ 1º-4º). Ou se fixa na sentença mesma, ou se pede em processo ordinário; no primeiro caso, basta executar a sentença. Além dessa indenização, conhece a lei a de infração da lealdade processual, ainda que sem dolo, se o contrato com o terceiro, que afastou a renovação, não se concluiu nos trinta dias decorridos da sentença (art. 21, §§ 1º e 2º), ou se o locador deixa de iniciar as obras (art. 21, § 3º), ou se o locador vem a explorar, ou permite que se explore, no prédio, o mesmo ramo de comércio ou de indústria que o inquilino explorava (art. 21, §§ 4º e 5º). Antes do Código de 1939, a jurisprudência negava a pretensão à indenização no caso de ocupação do prédio pelo locador ou por pessoa de sua família (*A. J.*, 34, 143; 35, 448; 46, 275; 57, 368; *R. F.*, 74 462; 77, 286; 80, 371).

¿*Quid iuris* se o locador falta a essa atitude, isto é, se passa o prédio a outrem, embora para outro negócio? Se a ação foi proposta com fundamento no art. 23 do Decreto nº 24.150, pelo locador, responde o locador, ainda conforme os arts. 16 e 17 do Código de 1973; antes, art. 3º do Código de 1939. Com fundamento no art. 16 do Decreto nº 24.150, é irrecusável a indenização.

O mesmo raciocínio se houver infração daquele gênero de comércio que se provou (art. 358).

Se a reconstrução é voluntária, em vez de compulsória (Decreto nº 24.150, art. 8º, *d*), tem o locatário direito à indenização (certo A. Goulart de Oliveira, *Renovação de Contrato*, II, 327; insustentável a opinião contrária de Darcy Bessone de Oliveira Andrade, *Do Direito do Comerciante à Renovação do Arrendamento*; também acórdãos R. F., 69, 333; 74, 472; 77, 286; A. J., 49, 80; 59, 410).

77) Prazo para desocupação – Diz o art. 360: "Julgado improcedente o pedido de renovação do contrato, terá o locatário, para desocupar o imóvel, o prazo de seis meses, da data em que transitar em julgado a decisão". O prazo do art. 360 não é prazo processual, mas de direito material, heterotópico; de modo que não se lhe aplicam os arts. 183 e 181 do Código de 1973; antes, no Código de 1939, arts. 38 e 35. Porém, como prazo de direito material é de direito dispositivo, dependendo, pois, de não terem as partes convencionado. Ainda depois da sentença, como ato de execução, é possível acordo entre autor e réu.

O art. 25 do Decreto nº 24.150 deixava ao juiz a fixação do prazo, até seis meses. Hoje, o prazo é, sempre, de seis meses (1ª Turma do Supremo Tribunal Federal, 3 de abril de 1950, *O D.*, 75, 198, 31 de julho de 1952, R. F., 146, 129).

O prazo para mudança do locatário começa a fluir desde o trânsito em julgado da sentença que julgou improcedente a ação de renovação, ou acolheu a exceção de retomada, e não de intimação do mandado de *evacuando*. Não se tem de indagar se o recurso é suspensivo ou se o não é. A ação é de constituição positiva, e a ela se opõe exceção de retomada, que não equivale à ação executiva, como a de despejo, e – ainda se foi julgada, favoravelmente, a exceção de retomada – a *executividade* da sentença é eficácia *imediata*, devido à particularidade da regra jurídica do art. 360 do Código de Processo Civil combinado com o art. 358 (Decreto nº 24.150, art. 8º, *d)* e *e*).

A perquirição da suspensividade do recurso, tal como aventurou a 6ª Câmara Civil do Tribunal de Justiça de São Paulo, a 4 de agosto de 1950

(*R. de D. I.*, 11, 90), é sem razão de ser: a sentença declarativa, porque afirmou a existência da exceção do locador. Declarativa também é a sentença que julga improcedente a ação do locatário, sem ter havido a oposição da exceção de retomada, mas aí a causa de executividade é *mediata* (portanto, peso 3), o que obriga à propositura da ação de despejo.

Durante esse prazo, não pode o senhorio alterar o contrato (*e. g.*, majorar os aluguéis, 4ª Câmara Civil do Tribunal de Apelação de São Paulo, 12 de março de 1942, *R. dos T.*, 140, 194).

Durante o prazo e continuando na casa o locatário, se acaba o ramo de negócio da pessoa que foi indicada como da família, ou se essa morre, ou se cai em incapacidade, não precisa sair, o locatário, pois a sentença perdeu a *eficácia*. Se o locador entende usar do prédio sem ser de acordo com a sentença, o locatário, durante, ou depois desse prazo, tem ação declaratória típica da relação jurídica entre ele e o locador; bem como a ação de constituição (renovação do contrato), pela infração da sentença que acolheu a execução ou a de condenação a indenizar.

O *abuso do direito processual* (arts. 16 e 17 do Código de 1973; antes, art. 3º, parágrafo único, do Código de 1939) permite a ação de abuso do direito processual contra o locador vencido. A afirmação de precisar do prédio para pessoa de sua família, que tenha o negócio há mais de ano, sendo falsa, é base para condenação do locador-réu, devido à sua temeridade. Se o locador não emprega, como afirmou, a casa, a sentença, que foi motivada por essa circunstância futura, não lhe aproveita; de modo que não há obstáculo, segundo os princípios, para outro pedido, desde que seja certo o ter procedido *diversamente*. Ineficaz a sentença, o locador tem dever de oferecer o prédio ao locatário. Além desses meios, veja-se o que dizemos a respeito do art. 359.

Por isso mesmo, os juízes devem examinar, com cuidado, se o autor da ação de renovação de contrato tem a pretensão de direito material e se há a exceção do réu locador, e dizê-lo, separadamente, na sentença. Se não o disseram e deram ganho de causa, pela exceção, ao locador, entende-se que julgariam procedente a ação se o locador *não tivesse* a exceção ou acaso viesse a exceção a desaparecer.

78) Espécies – Pergunta-se:¿ (*a*) cabe o prazo ainda quando a improcedência resulte de não ter o locatário a pretensão de direito material ou (*b*) somente quando a tinha e a pretensão do locador a excluiu? No sentido (*a*), há alguns acórdãos, inclusive na Revista nº 539, cujo teor não é de alta monta, mas está com a razão; no sentido (*b*), também (*R. dos T.*,

99, 408; 103, 498). A referência à ação "improcedente", não distinguindo a lei os casos (*a*) e (*b*), tanto mais quanto ao juiz escapou a petição inicial (arts. 282, 283 e 295 do Código de 1973; antes, no Código de 1939, arts. 158-160) e deixou o réu de requerer a extinção do processo (art. 267, I, do Código de 1973; antes, Código de 1939, art. 201, I), não nos permite outra solução que a solução (*a*). Ao locador, se for o caso, pedir as sanções do art. 18 do Código de 1973 (antes, Código de 1939, art. 63 e § 2º) ou dos arts. 16 e 17 do Código de 1973 (Código de 1939, art. 3º).

A 1ª Turma do Supremo Tribunal Federal, a 4 de abril de 1949 (*D. da J.* de 31 de julho de 1950, 14359) e a 12 de setembro de 1949 (*D. da J.* de 6 de agosto de 1951, 2204), a 8ª Câmara Cível do Tribunal de Justiça do Distrito Federal, a 10 de agosto de 1948 (*R. F.,* 119, 445), e a 3ª Câmara Cível do Tribunal de Justiça do Rio Grande do Sul, a 3 de junho de 1948 (119, 163), adotaram a solução (*a*). Outros julgados de tribunais locais ativeram-se à solução (*b*).

Se não há retomada, não há pensar-se na incidência do art. 360, por faltar carga suficiente de executividade à sentença.

Se há retomada, a sentença declarativa da não renovabilidade tem carga forte de eficácia executiva, e basta, para a execução, o mandado *de evacuando*. O pedido de retomada funciona como se fosse reconvenção (2ª Turma do Supremo Tribunal Federal, 25 de abril de 1949, *A. J.*, 91, 122), mas o que há é exceção.

O Supremo Tribunal Federal, a 28 de abril de 1953 (*D. da J.* de 17 de outubro de 1955), frisou ser certa a interpretação que déramos: "Atenda-se a esta lição de Pontes de Miranda, a propósito do prazo de seis meses do art. 360 do Código de Processo Civil: "Pergunta-se:... A referência à ação improcedente, não distinguindo a lei os casos (*a*) e (*b*), tanto mais quanto ao juiz escapou a petição inicial (arts. 158-160) e deixou o réu de requerer a absolvição da instância (art. 201, I), não nos permite outra solução que a solução (*a*). Ao locador, se for o caso, pedir as sanções do art. 63 e § 2º ou do art. 3º ou todas". Os textos referidos são os do Código de 1939.

A expressão "caracedor de ação", ambígua, talvez equívoca, continuou a obra de turvamento, que tem sido a sua. Ora se refere à falta de pressuposto de direito material, ora à falta de pressuposto processual, ora à falta de pressuposto pré-processual. *a)* Se o autor não é locatário, não é a ação de renovação de contrato que lhe falta: falta-lhe estar na relação jurídica de locação. Não pode ter interesse legítimo, em que se renove locação que não existe. *b)* Se o autor é locatário, mas o seu contrato escrito não é de cinco anos, pelo menos, ou se não completou os três anos de exploração comercial ou industrial, é de ser julgada improcedente a ação:

falta-lhe a pretensão de direito material. Se não propôs em tempo a ação de renovação, dá-se o mesmo. *c)* Se a decisão foi terminativa do feito, sem lhe julgar o mérito, nada se disse sobre a pretensão de direito material. *d)* Se havia pretensão e a ação à renovação do contrato foi encoberta pela exceção de retomada, há julgamento de mérito, como em *b)*. O prazo para deixar o prédio não pode beneficiar o autor perdente, nas espécies *a)*. Evidentemente, é invocável nas espécies *d)*. Nem o art. 25 do Decreto nº 24.150, nem o art. 360 do Código de 1939 permitem que se tenha por excluídas as espécies *b)*: o art. 360 usa, precisamente, a expressão "improcedente". Quanto às espécies *c)*, rege-as o direito comum. Confusos os acórdãos da 2ª Turma do Supremo Tribunal Federal, a 19 de junho de 1951 (*R. F.*, 147, 148), e da 6ª Câmara Cível do Tribunal de Justiça do Distrito Federal, a 26 de setembro de 1950 (*A. J.*, 99, 300); sem razão o da 3ª Câmara Civil do Tribunal de Justiça de São Paulo, a 27 de março de 1950 (*R. dos T.*, 186, 710).

No Decreto nº 24.150, de 20 de abril de 1934, art. 20 (renovamento de contrato de locação e indenização pela exceção à pretensão à renovação), cogita-se de condenação *incompleta*, mas não se referiu às custas (a lei mesma mutila a condenação): § 3º "A cobrança dessa indenização se fará pelo processo de execução". Não o faz necessariamente, pois, tanto na indenização do art. 20 quanto na do art. 21, se permite a fixação na *sentença de cognição* ou a *não fixação*. Cumpre, porém, observar-se que está derrogado o art. 22, no que se refere ao processo *sumário* (relativo ao *damnum* e ao *quantum debeatur*), pois hoje regem os arts. 603-611 do Código de 1973[139] (antes, Código de 1939, arts. 906-917). Se o juiz fixa o *quantum*, aplica-se o art. 652 e seguintes do Código de 1973. Se não o fixa, observam-se os arts. 603-611 do Código de 1973.[140] O *damnum* seria difícil não constar da sentença, ainda que implicitamente. Leia-se, a respeito, o que se dizia acerca de sentença de condenação *amputada*, se líquida em parte e em parte ilíquida.

79) Impostos, taxas e contribuições – Diz o art. 361: "Nos contratos em que se inverter o ônus do pagamento de impostos, taxas e contribuições, o locatário será considerado em mora, para os efeitos de rescisão do contrato, se, notificado pelo proprietário, não efetuar o pagamento nos dez (10) dias seguintes à notificação." Nos casos em que o locatário tem de

---

139 Ab-rogados pelo art. 9º da Lei nº 11.232, de 22.12.05. Confiram-se, agora, os arts. 475-A a 475-H, acrescentados ao CPC pelo art. 3º dessa lei.
140 Vd. a nota 139.

pagar impostos, taxas e contribuições, a mora – para os sós efeitos da resilição do contrato – começa depois dos dez dias do art. 361. A regra jurídica tem por fito evitar o princípio geral da mora independente de notificação, durante a vigência do contrato renovando, ou enquanto não se profere a sentença do art. 355, § 1º. No art. 361 do Código de Processo Civil, está dito: "Nos contratos em que se inverter o ônus do pagamento de impostos, taxas e contribuições, o locatário será considerado em mora, para os efeitos de rescisão de contrato, se, notificado pelo proprietário, não efetuar o pagamento nos dez dias seguintes à notificação'". No art. 361, fala-se de "locatário", mas pode ser, *in casu*, o representante, ou titular do pátrio poder, ou o tutor ou o curador, ou o síndico da falência ou o liquidante das liquidações administrativas coativas. Às vezes, apenas se trata de assentimento do pai ou da mãe, titular do pátrio poder do menor, relativamente incapaz. A mulher casada não é incapaz, de modo que há de ser citada, como o marido, se os bens são comuns, ou se se trata de bens para os quais, em caso de lide, a lei considera necessária a autorização do marido. Nas concordatas preventivas, o comissário fica na posição jurídica de velamento. Se bem que os negócios possam continuar, a solução das dívidas tem de ser do conhecimento do comissário, razão por que há de ter ciência das ações propostas contra o devedor enquanto não cessa a sua função.

No caso de que cogita o art. 361, se o locatário – trate-se de locação residencial, trate-se de locação comercial – deixa de fazer o pagamento nos dez dias, ou não consigna, judicialmente, o quanto suficiente, há a mora suficiente para a resilição do contrato, mora, essa, especial. Há, porém, a purga da mora, conforme decidiu a 2ª Câmara Cível do Tribunal de Alçada do Estado da Guanabara, a 30 de novembro de 1967. Se o comissário tem por lei responsabilidade por falta de pagamento de impostos pelo concordatário, é inadmissível que se proponha ação contra o concordatário por falta de pagamento de impostos sem ciência pelo comissário. A função do comissário é de *fiscalização* e de *velamento*. Seria dificílimo fiscalizar ou velar se as ações corressem sem que delas tivesse conhecimento o comissário. Além disso, ele, comissário, tem de expedir circulares aos credores, apurar se o devedor concordatário deixara, por mora, de pedir a decretação de abertura da falência (Decreto-lei nº 7.681, de 21 de junho de 1945, arts. 169, III, 162, I, e 150, II),[141] verificar os livros e papéis, ave-

---

141 O art. 200 da Lei de Falências, Lei nº 11.101, de 09.2.05, ab-rogou o Dec.-lei nº 7.661, de 21.6.1945.

riguar e estudar quaisquer reclamações dos interessados e apresentar em cartório o quadro dos credores. ¿Como seria tolerável a interpretação da lei processual civil que desprezasse a sua ciência no tocante às ações dos credores? Há estado especial do devedor, que se inicia com o despacho de deferimento da concordata preventiva, a que sucede a nomeação do comissário e a assinatura do termo "de bem e fielmente desempenhar os deveres que a lei lhe confere".

80) Ações exercíveis – Ainda são de usar-se duas ações: a declaratória (Código de 1973, arts. 3º e 4º, com o parágrafo único) da relação jurídica entre locador e locatário, a respeito desses impostos, taxas ou contribuições (*idem* entre Estado ou terceiro e o locatário), antes ou depois de vencidos: a ação de execução, pois, aí, "pagar" é fazer (Código de 1973, arts. 632 e 633).

81) Legitimação do locatário e da sociedade comercial de que faz parte – Lê-se no art. 362: "Quando o locatário fizer parte de sociedade comercial, a que passe a pertencer o fundo de comércio instalado no imóvel, a ação renovatória caberá ao locatário ou à sociedade". No art. 363: "Dissolvida a sociedade comercial por morte de um dos sócios, proceder-se-á à liquidação para apurar os haveres do morto, ficando o sócio sobrevivente sub-rogado, de pleno direito, nos benefícios da lei, desde que continue a explorar o mesmo ramo de negócio". A ação dos arts. 354-365 compete ao locatário, aos seus cessionários do negócio e sucessores do negócio (inteligência do Decreto nº 24.150, art. 3º). Aliás, no cessionário ou no sucessor, pode nascer pretensão própria, por haver exercido, durante o tempo exigido pela lei, negócio novo (*A. J.*, 40, 31).

O art. 362 prevê o caso do locatário que é sócio do estabelecimento explorador do imóvel e duplica, subjetivamente, a pretensão: tem-na a sociedade e tem-na o locatário, *per se*. *Não se exige, antes se afasta, ter havido cessão*. O caso é diferente das pretensões do cessionário e do sucessor, e foi criação jurisprudencial que o Código de 1939 acolheu (*A. J.*, 43, 152; 48, 171). É favor à sociedade, não ao locatário, que, sem o art. 362, teria, de qualquer maneira, a sua pretensão. Se sobrevém a cessão, perde a pretensão, embora faça parte da sociedade, salvo em se tratando de sociedade irregular.

82) Sócio que não sucedeu à firma – A regra legal aproveita ao sócio que não sucedeu à firma, porém que no mesmo prédio continuou a explorar o mesmo gênero de negócio.

83) Sócio sobrevivente ou herdeiro do sócio premorto – *Sócio sobrevivente ou herdeiro do sócio premorto*, ainda que não tivesse direito a substituí-lo (jurisprudência anterior, louvável, em A. Goulart de Oliveira, *Renovação de contrato"*, I, 287-303). Se houve, ou não, interrupção da personalidade da firma, é sem relevância. Supérflua, portanto, a argumentação de Odilon de Andrade (*Comentários*, VII, 405 e 406).

A regra jurídica do art. 363 é de direito material, heterotópico; com o art. 362, cria-se pretensão à renovação do contrato, aliás reproduzindo-se a jurisprudência, reveladora de excelente percepção do problema técnico. Havemos de convir em que, num e noutro caso, atuou a justiça, como se fosse legislador, porém com sutileza e senso das realidades, induzindo.

As Câmaras Cíveis Reunidas do Tribunal de Justiça do Distrito Federal, a 29 de setembro de 1949 (*D. da J.* de 7 de abril de 1952), decidiram que o locador tem direito de retomada para instalação de negócio explorado por sociedade de responsabilidade limitada se dela for quotista, ou for ascendente ou descendente seu. A 6ª Câmara Cível, a 14 de junho de 1949 (*R. F.*, 128, 145), entendeu que de modo nenhum a sociedade comercial pode retomar para o uso pessoal do sócio.

O sócio pode ser sucessor, porém não é beneficiário, segundo o art. 8°, *e)*, do Decreto n° 24.150. Pode dar-se, em caso de extinção da sociedade por morte de um dos sócios, a sub-rogação pessoal, *legal*, de que trata o art. 363 do Código de Processo Civil.

O art. 362 põe claro que a sucessão de sociedade comercial ou industrial pela firma individual comercial ou industrial importa a sucessão no contrato e faz transferir-se ou nascer o direito à renovação a favor do sucessor. Ainda que se dê a extinção da sociedade por morte de um dos sócios, o mesmo acontece (art. 363) se um dos sócios ou alguns deles continuam no negócio, ou se nele continuam os herdeiros ou o herdeiro do sócio falecido.

84) Sublocatário – Lê-se no art. 364: "O sublocatário do imóvel, ou de parte dele, que exercer a ação de renovação, citará o sublocador e o proprietário como litisconsortes". No § 1°: "Procedente a ação, o proprietário ficará diretamente obrigado à renovação". No § 2°: "Será dispensada a citação do proprietário quando, em virtude de locação originária ou renovada, o sublocador dispuser de prazo que admita renovar-se a sublocação". No art. 365: "O sublocatário, que, nos termos do artigo antecedente, puder opor ao proprietário a renovação da sublocação, prestará, em falta de acordo, caução de valor correspondente a seis (6) meses de aluguel". O Decreto n° 24.150 havia esquecido a referência aos sublocatários. A jurisprudência, com a escola de interpretação literal, recusou-se a reconhecer-lhes pretensão à renovação do contrato (*e. g., A. J.* 31, 93; 50, 420). A Constituição de 1934, art. 127, prestou o enorme serviço de tornar matéria constitucional a pretensão à renovação, fato único em todo o direito constitucional do mundo. Comentando o art. 127 da Constituição (nossos *Comentários à Constituição de 1934*, II, 345), repelimos parte da nascente jurisprudência contrária ao direito dos sublocatários e escrevemos: "Locatário, no texto constitucional, é qualquer sujeito, outorgado, de relação de locação; portanto,... o locatário, o sublocatário, o sublocatário que houve do sublocatário o prédio, desde que satisfaça o requisito de ter aí o seu estabelecimento comercial ou industrial". (Sobre a jurisprudência que se firmou nesse sentido, *A. J.*, 31, 93; 47, 156 e 159; 50, 420; 59, 30 e 260; 60, 34 e 146; *R. F.*, 62, 800; 82, 114; 85, 91; 88, 150 e 433.) O Código de 1939 atendeu a isso.

85) Litisconsórcio entre o sublocador e o proprietário – O art. 364 estabelece o litisconsórcio entre o sublocador e o proprietário, salvo se o sublocador dispuser de prazo para dentro dele se operar a renovação da locação (§ 2°). O litisconsórcio concerne, portanto, à matéria do prazo que, renovando-se o contrato de locação, invadiria o tempo posterior ao contrato do locador. Já aí se põe claro que a pretensão do sublocatário, em relação ao locador, é própria e autônoma. Aliás, foi com esse caráter que, desde cedo, a nossa interpretação da Constituição de 1934 e a jurisprudência constituíram a pretensão do sublocatário e dos sublocatários de sublocatários. O § 1° explicita que, julgada procedente a ação, o proprietário fica diretamente obrigado à renovação. Se, ao ter surgido o art. 127 da Constituição de 1934, já eram impertinentes as decisões que invocavam o art. 1.202, § 2°, do Código Civil,[142] hoje, após o art. 365, são fora de toda explicação (*R. F.*, 87, 694; *A. J.,* 59, 138; 57, 380). Os acórdãos do Supremo Tribunal Federal, principalmente no caso relatado pelo ministro Laudo de Camargo (*A. J.*, 59, 30; também, 59, 260, também, 60, 34-36), assentaram a jurisprudência (cf. 4ª Câmara Cível do Tribunal de Justiça do Distrito Federal, 17 de dezembro de 1948, *R. F.*, 128, 145).

O art. 364 estabelece o litisconsórcio necessário do sublocador e do locador, salvo na espécie do art. 364, § 2°, de modo que: ou se citam lo-

---

142 Sem correspondente no C. Civil de 2002.

cador e sublocador ou só o sublocador. Não seria admissível que só se citasse o locador, porque o sublocador pode ter defesa contra o pedido de renovação (sem razão a 1ª Câmara Cível do Tribunal de Justiça do Rio de Janeiro, a 7 de agosto de 1950; cf. 3ª Câmara Civil do Tribunal de Justiça de São Paulo, 13 de março de 1952, *R. dos T.,* 200, 265). Se só foi citado o sublocador, tem o juiz de ordenar a citação do locador para que se integre a contestação (Código de Processo Civil, de 1973, arts. 46-49).

O pedido do sublocatário é independente do pedido do sublocador (equívoco o acórdão da 7ª Câmara Cível do Tribunal de Justiça do Distrito Federal, a 14 de dezembro de 1948, *R. F.,* 124, 144): pode aquele pedir a renovação da sublocação sem que esse tenha pedido a da locação. Então, o que exceder do prazo que resta à locação é locação, e não sublocação.

86) Pretensão de direito material que têm os sublocatários – Não se perca de vista que o Código de Processo Civil supõe a existência da pretensão de direito material dos sublocatários, Tal pretensão existia, e existe. Para isso, não precisava achar-se em letra de lei de modo explícito. Nem todo o direito está à flor da pele dos textos. Aqui e ali, as leis processuais, *e. g.,* a Ordenação Processual austríaca, regulam processo de que se servem pretensões explicitadas pela doutrina e pela jurisprudência. O direito processual brasileiro era, em grande parte, antes das legislações estaduais e, ainda mais, antes do Reg. nº 737, baseado em direito civil doutrinário. É assim que o art. 365 supõe o direito, aliás a pretensão ("puder opor") à renovação, por parte do sublocatário. A pretensão do sublocatário é dependente, apenas, dos mesmos requisitos que a do locatário, tanto que se apagou a própria ligação entre as pretensões dele e as do locatário. A grita em torno da falta de regra de direito material é sem razão de ser: o direito material existia e existe, porque o sublocatário e o locatário são apenas distinções entre outorgados do contrato de locação e as leis de renovação do contrato, inclusive um texto constitucional, abstraíram de qualquer diferença quanto à pretensão em frente ao proprietário-locador. Se não há texto, há o direito; mas texto há, porque é regra de interpretação que, em pretensões que nasçam do fato da locação e do exercício do comércio ou da indústria, o sublocatário é locatário. Assim, para que o sublocatário tenha a pretensão em frente ao sublocador, basta: estar nas situações do art. 2º do Decreto nº 24.150; tê-la exercido no tempo do art. 4º; formular a petição inicial com observância do art. 5º. A questão única de direito material é a de se saber se o sublocador se pode valer, na contestação, das exceções do art. 8º, *b)-e),* do Decreto nº 24.150, com a redação que lhe deu a Lei n° 6.014, de 27 de dezembro de 1973, art. 12, quando a renovação caiba no prazo do contrato do sublocador (art. 364, § 1°). Pode. Se a renovação do contrato do sublocatário não cabe no prazo do contrato do sublocador, falta-lhe interesse para qualquer daquelas exceções, salvo em caso de obras (Decreto n° 24.150, art. 8°, *d*), se lhe toca, pelo contrato, entregue o prédio depois de feitas, o direito a continuar nele. Qualquer lei que viesse regular a pretensão do sublocatário seria redundância inútil e, em boa técnica legislativa, de todo em todo desaconselhável. *Legem habemus*; porque sublocação locação é.

O sublocador ou (1) sublocou todo o prédio ou (2) somente parte. No caso (1), não lhe assiste qualquer pretensão à renovação do contrato: não tem fundo de comércio ou indústria. Se sublocou a mais de uma pessoa, pode ocorrer que cada uma tenha pretensão à sua parte especial do prédio; e uma pode fracassar na ação, e outra, ou outras, não. Se o sublocador, no caso (2), tem fundo de comércio, toca-lhe pretensão à renovação quanto à parte espacial que ocupa; quanto à outra, no caso do art. 364, § 2°, é-lhe dado excepcionar, ao sublocatário, na hipótese de ser necessário o litisconsórcio (art. 364) – então dependendo a sua sorte do seu triunfo na ação contra o locador. Se não explora fundo de comércio ou indústria, falta-lhe pretensão à renovação do contrato – pretensão que o sublocatário tem contra ele e o proprietário (art. 364), ou somente contra ele (art. 364, § 2°).

87) Direito à renovação – Julgada procedente a ação de renovação de locação que o sublocatário propôs contra o sublocador e o locador, por ser insuficiente, para o prazo do contrato renovando, o tempo que o locatário tem, é com o locador que se estabelece o contrato de locação renovada (aliás, segundo os princípios), e o locatário está fora da relação do direito material salvo se obteve *outro* contrato (não confundir com a renovação do contrato, o que lhe seria impossível, quanto à parte *sublocada*, uma vez que, *ex hypothesi*, o sublocador não tem, aí, fundo de comércio ou indústria).

88) Espécie do locador estranho ao efeito – No caso do art. 364, § 2°, à ação é estranho o locador, dito proprietário. Tudo se passa entre sublocador, que aí é tratado como o seria o locador, e o sublocatário, cuja condição jurídica é, em direito material e processual, a do locatário. A sentença, que se proferir, é como a sentença de que se falou em nota ao art. 354, ou a da nota ao art. 355, ou a da nota ao art. 360. O proprietário pode ter pretensão de interveniente, ou de oponente, ou de assistente, não de parte.

89) Pretensão contra o proprietário – "Puder opor" significa ter a pretensão contra o proprietário, isto é, não haver tempo, no contrato do sublocador, para nele se renovar o contrato de sublocação e estar o sublocatário legitimado segundo os arts. 1° e 2°, quiçá 1°, 2° e 3° do Decreto n° 24.150. O "acordo", de que se fala, é quanto à fiança ou caução, uma vez que, *ex hypothesi*, o contrato renovado é com o proprietário-locador, e não mais com o locatário sublocador. A lei fugiu às dificuldades da sub-rogação pessoal da fiança ou da sua renovação e outras dificuldades da caução real.

D. Processo do Registro Torrens

90) Registro Torrens – O Decreto n° 451-B, de 31 de maio de 1890, estabeleceu o registro e transmissão de imóveis pelo sistema de Robert Torrens, proveniente da Austrália. O Decreto n° 955-A, de 5 de novembro, regulamentou-o. Sobrevindo a Constituição de 1891, entenderam alguns juristas, como Silva Costa (*e. g.*, Decreto n° 451-B, art. 75), que era inconstitucional, e o Supremo Tribunal Federal, a 3 de agosto de 1895 (*O D.*, 69, 191), acolheu essa interpretação, reacionária, da Constituição. Clóvis Beviláqua (*Código Civil Comentado,* III, 58) e alguns tribunais reputaram-no revogado pelo Código Civil. A Lei Orçamentária n° 3.446, de 31 de dezembro de 1917, considerou em vigor. Ainda quiseram julgá-la inconstitucional, por ser lei ânua. Contra todas essas tentativas simplistas, por parte de gentes que não viam o campo, a terra, com os seus problemas próprios, reagíamos.

O Código de Processo Civil de 1939 somente conheceu (art. 457) o sistema Torrens dos imóveis rurais. O Código de 1973, no art. 1.218, IV, manteve, com a remessa aos arts. 457-464 do Código de 1939, o instituto, e a Lei n° 6.015, de 31 de dezembro de 1973, arts. 277-288, disciplinou o assunto.

A lei é *lex specialis*, mas havemos de interpretá-la dentro do sistema jurídico brasileiro, com a sua nítida concepção do direito de domínio e dos modos de aquisição da propriedade.

Aliás, o regime, que se estabelece, é resultante do registro, para o qual se tinham, desde muito, os princípios.

91) Eficácia – A sentença na ação de usucapião é declarativa, com eficácia mandamental forte. Qualquer registro posterior não é óbice à ação de usucapião, que é declaratória. A sentença diz *quando* se usucapiu, e a transcrição, por eficácia mandamental da sentença, faz-se indiferentemente ao que consta do registro, por mais respeitáveis que tenham sido os títulos registrados.

92) Legitimação ativa – Lia-se no art. 457 do Código de 1939: "O proprietário de imóvel rural poderá requerer-lhe a inscrição no Registro Torrens". Assim, o proprietário do imóvel rural que tenha o seu nome no registro de imóveis pode requerer a inscrição no Registro Torrens.

93) Imóvel rural – Rural, disse o art. 457; portanto foi derrogado o Decreto nº 451-B, art. 1º, que era mais amplo. A Lei nº 6.015 manteve o que estava no Código de 1939.

Na Lei nº 6.015, o art. 277 estatui: "Requerida, a inscrição do imóvel rural no Registro Torrens, o oficial protocolizará e autuará o requerimento e documentos que o instituírem e verificará se o pedido se acha em termos de ser despachado".

94) Condomínio e pedido de registro – Dizia o art. 458: "Em caso de condomínio, o imóvel poderá ser inscrito no Registro Torrens, a requerimento de todos os condôminos". Parágrafo único: "O imóvel sujeito a hipoteca, ou ônus real, não será admitido a registro, sem consentimento expresso do credor hipotecário ou da pessoa em favor de quem se tenha instituído o ônus" (Decreto nº 451-B, art. 6º). Se há condomínio, o pedido tem de ser feito por todos os condôminos. Não há meio legal para se conseguir a declaração de vontade do condômino, nem a ficção de haver declarado. É preciso que todos os condôminos assinem o pedido, por intermédio de seus procuradores, de modo que a existência de condômino ausente, que não deixou procurador com o poder especial, impede que se peça a inscrição.

No art. 279, a Lei nº 6.015 diz: "O imóvel sujeito a hipoteca ou ônus real não será admitido a registro sem consentimento expresso do credor hipotecário ou da pessoa em favor de quem se tenha instituído o ônus". Não se referiu ao condomínio; mas, de qualquer maneira, o princípio é inafastável.

95) Direito real – Assentir deve o titular de hipoteca ou de outro qualquer direito real; mais: do direito formativo do promitente comprador, se, em se tratando de pré-contrato, o promitente vendedor se recusa a outorgar a escritura e aquele propõe a ação.

96) Documentos que hão de instruir o pedido – Lê-se no art. 459: "O requerimento será instruído: I. Com os documentos comprobatórios do domínio do requerente. II. Com a prova de quaisquer atos que modifiquem ou limitem a sua propriedade. III. Com memorial de que constem os encargos do imóvel, os nomes dos ocupantes, confrontantes e quaisquer interessados, e a indicação das respectivas residências. IV. Com a planta do imóvel e o respectivo relatório (arts. 432 e 436)". A Lei nº 6.015 seguiu a mesma trilha (art. 278): "O requerimento será instruído com: I – os documentos comprobatórios do domínio do requerente; II – a prova de quaisquer atos que modifiquem ou limitem a sua propriedade; III – o memorial de que constem os encargos do imóvel, os nomes dos ocupantes, confrontantes, quaisquer interessados, e a indicação das respectivas residências; IV – a planta do imóvel, cuja escala poderá variar entre os limites: 1:500m (1/500) e 1:5.000m (1/5.000)". § 1°: "O levantamento da planta obedecerá às seguintes regras: *a)* empregar-se-ão goniômetros ou outros instrumentos de maior precisão; *b)* a planta será orientada segundo o meridiano do lugar, determinada a declinação magnética; *c)* fixação dos pontos de referência necessários a verificações ulteriores e de marcos especiais ligados a pontos certos e estáveis nas sedes das propriedades, de maneira que a planta possa incorporar-se à carta geral cadastral". § 2°: "Às plantas serão anexados o memorial e as cadernetas das operações de campo, autenticadas pelo agrimensor".

Título de aquisição *inter vivos* registrado; ou de aquisição *causa mortis*, já transcrita a sentença; sentença em ação de usucapião (art. 456 e parágrafo único); sentença executiva no caso de pré-contrato, se expedida a carta de adjudicação e cancelada a hipoteca; art. 346, § 1°, *b* e *c*, e § 3°. Qualquer delas há de estar transcrita, devidamente. O foro é o da situação do imóvel (art. 96 do Código de 1973;[143] antes, art. 136 do Código de 1939), ou o do lugar em que se proponha, se o imóvel é situado nos territórios de dois ou mais Estados-membros, ou comarcas, art. 107 do Código de 1973. O art. 8° do Decreto nº 955-A ficou em vigor, por ser regra legal de organização judiciária, e o fato de haver o Código de 1939 invadido (*e. g.*, art. 207 do Código de 1973) o direito das organizações judiciárias não levou a aplicar-se em tal matéria a regra jurídica do Código de 1939, art. 1°, "processo civil e comercial" (se as legislaturas estaduais podiam derro-

---

143 A referência correta é ao art. 95 do CPC.

gar o art. 8° do Decreto n° 955-A, dependia de se saber qual a *ratio legis*; e essa, evidentemente, foi a da uniformidade da competência em todo o território nacional, à semelhança do que ocorreu com o art. 10 do Código de 1939 (hoje, art. 207 do Código de 1973).

97. Atos jurídicos relativos ao imóvel – O art. 459, II, alude a atos que modifiquem ou limitem a propriedade. Qualquer negócio jurídico, *inter vivos* ou *mortis causa*, que modifique ou restrinja o direito de propriedade ou o onere. Inclusive o direito expectativo de outrem quanto ao imóvel.

98) Encargos do imóvel – Encargos do imóvel não são os direitos reais sobre ele, nem direitos expectativos a ele; são obrigações que tenham por objeto uso do imóvel, como locação, parcerias, contratos com lavradores etc. Além disso, os nomes dos "ocupantes", qualquer que seja a causa de aí permanecerem, os nomes dos confrontantes e de quaisquer "interessados", como o que pleiteia a respeito de contrato de locação. Sempre que se nomeia alguém, tem-se de dar a residência ou justificar que se acha numa das situações previstas para a citação edital.

99) Foro – Se o imóvel se acha na situação do art. 137,[144] o foro é o de qualquer das duas circunscrições, devendo-se fixar pela prevenção. Mas a regra jurídica processual sobre competência concernente à situação do imóvel em dois ou mais Estados-membros ou comarcas, no art. 107 do Código de 1973 (antes, Código de 1939, art. 137), nada tem com o direito registrário, de modo que continua em vigor o art. 5°, § 1°, do Decreto n° 955-A (o registro faz-se nos lugares da situação do imóvel).

100) Particularidade das regras jurídicas – A Lei n° 6.015, de 31 de dezembro de 1973, arts. 277-288, disciplina, hoje, o registro Torrens: Art. 277: "Requerida a inscrição de imóvel rural no registro Torrens, o oficial protocolizará e autuará o requerimento e documentos que o instruírem e verificará se o pedido se acha em termos de ser despachado". Art. 278: "O requerimento será instruído com: I – os documentos comprobatórios do domínio do requerente. II – a prova de quaisquer atos que mo-

---

144 A referência correta é ao art. 107 do CPC.

difiquem ou limitem a sua propriedade. III – o memorial de que constem os encargos do imóvel, os nomes dos ocupantes, confrontantes, quaisquer interessados, e a indicação das respectivas residências; – a planta do imóvel, cuja escala poderá variar entre os limites: 1:500m (1/500) e 1:5.000m (1:5.000). § 1º O levantamento da planta obedecerá às seguintes regras: *a)* empregar-se-ão goniômetros ou outros instrumentos de maior precisão; *b)* a planta será orientada segundo o mediano do lugar, determinada a declinação magnética; *c)* fixação dos pontos de referência necessários a verificações ulteriores e de marcos especiais ligados a pontos certos e estáveis nas sedes das propriedades, de maneira que a planta possa incorporar-se à carta geral cadastral. § 2º Às plantas serão anexados o memorial e as cadernetas das operações de campo, autentificadas pelo agrimensor". Art. 279: "O imóvel sujeito a hipoteca ou ônus real não será admitido a registro sem consentimento expresso do credor hipotecário ou da pessoa em favor de quem se tenha instituído o ônus". Art. 280: "Se o oficial considerar irregular o pedido ou a documentação, poderá conceder o prazo de trinta dias para que o interessado os regularize. Se o requerente não estiver de acordo com a exigência do oficial, este suscitará dúvida". Art. 281: "Se o oficial considerar em termos o pedido, remetê-lo-á a juízo para ser despachado". Art. 282: "O juiz, distribuído o pedido a um dos cartórios judiciais, se entender que os documentos justificam a propriedade do requerente, mandará expedir edital que será afixado no lugar de costume e publicado uma vez no órgão oficial do Estado e três vezes na imprensa local, se houver, marcando prazo não menor de dois meses, nem maior de quatro meses para que se ofereça oposição". Art. 283: "O juiz ordenará, de ofício ou a requerimento da parte, que, à custa do peticionário, se notifiquem do requerimento as pessoas nele indicadas". Art. 284: "Em qualquer hipótese, será ouvido o órgão do Ministério Publico, que poderá impugnar o registro por falta de prova completa do domínio ou preterição de outra formalidade legal". Art. 285: "Feita a publicação do edital, a pessoa que se julgar com direito sobre o imóvel, no todo ou em parte, poderá contestar o pedido no prazo de quinze dias. § 1º A contestação mencionará o nome e a residência do réu, fará a descrição exata do imóvel e indicará os direitos reclamados e os títulos em que se fundarem. § 2º Se não houver contestação, e se o Ministério Público não impugnar o pedido, o juiz ordenará que se inscreva o imóvel, que ficará, assim, submetido aos efeitos do Registro Torrens". Art. 286: "Se houver contestação ou impugnação, o procedimento será ordinário, cancelando-se, mediante mandado, a prenotação". Art. 287: "Da sentença que deferir, ou não, o pedido, cabe o recurso de apelação, com ambos os efeitos". Art. 288: "Transitada em julgado a sentença que deferir o pedido, o oficial inscreverá, na matrícula, o julgado que determinou a submissão do imóvel aos efeitos do Registro Torrens, arquivando em cartório a documentação".

101) Dúvida e impugnação – A dúvida e a impugnação da parte são afirmações, isto é, *comunicações de conhecimento*. Toda *dúvida* é comunicação de conhecimentos *ambígua* ou *equívoca*.

102) Procedimento edital – Segundo o art. 282, quando os documentos justificarem a propriedade do requerente, o juiz mandará lavrar editais, que serão afixados no lugar de costume e publicados uma vez no órgão oficial do Estado e três na imprensa local, se houver, marcando-se prazo, não menor de dois meses, nem maior de quatro, para a matrícula, desde que não surja oposição". O "processo" corresponde à pretensão a registrar no sistema Torrens. É procedimento edital, com citações, donde preferirmos chamar "petição", em vez de "requerimento", à postulação. O que torna especial esse processo é exatamente a fase prévia, de contraditório eventual, de cognição, entre proprietário, oficial, órgão do Ministério Público e juiz. Ação constitutiva, típica. Se o próprio oficial do registro é o escrivão, depende da lei de organização judiciária. Tem de ser distribuído o processo, antes de ser entregue ao oficial. O efeito mandamental da sentença é assaz forte (arts. 285, § 2°, e 286).

103) Prazo – Não se trata de prazo a expirar-se, mas prazo a começar, de modo que o *dies a quo* há de ser posterior à última publicação. A distância entre o *dies a quo* e o *dies ad quem* é que há de ser de, pelo menos, dois meses e, no máximo, quatro meses. Se surge contestação, aplica-se o art. 286. A lei fala em prazo para contestação. Entenda-se "prazo para, depois de expirar, sem ter havido contestação, proceder-se à inscrição". Se houve contestação dentro dele, o procedimento é ordinário, cancelando-se a prenotação.

104) Custas – Lê-se no art. 462: "O juiz ordenará, *ex officio* ou a requerimento da parte, que à custa do peticionário se notifiquem do requerimento as pessoas nele indicadas, arquivando-se a notificação no cartório do oficial do registro". As pessoas indicadas são as do art. 459, III. Tais custas se pagam segundo o art. 462, *ad instar* do art. 19, § 2°, do Código de 1973 (antes, Código de 1939, art. 58). O prazo para as impugnações, por parte dessas pessoas, é comum dos editais. As pessoas, de que trata o art. 462, são assistentes eventuais, ou intervenientes, talvez mesmo oponentes, eventuais, que a lei, por precaução, devido à natureza constitutiva da ação, entende devam ser "avisadas". O Código de 1939 dizia "notificadas" (assim, também, no art. 95, § 1º). O art. 225 do Código de 1973 (antes, Código de 1939, art. 170) é aplicável.

105) Notificações – As notificações são arquivadas no cartório do oficial do registro; não se incluem no processo. Tal separação material não importa serem tidas como estranhas ao processo: pertencem a ele como todo. O direito processual conhece processos unos e íntegros, a despeito dessas distinções físicas.

106) Inserção na figura do réu – O art. 463 diz: "Feita regularmente a publicação dos editais, a pessoa, que se julgar com direito ao imóvel ou parte dele, poderá opor-se ao registro, no prazo do art. 461, por meio de contestação, que será recebida, se contiver matéria relevante". No § 1º: "A contestação mencionará o nome e a residência do réu, fará a descrição exata do imóvel e indicará os direitos reclamados e os títulos em que se fundaram. No § 2º: "Se contestado, o registro ficará suspenso enquanto o contestante não for considerado carecedor de direito, não prosseguindo o oficial no processo de matrícula senão cinco dias depois de intimar ao contestante a sentença que houver julgado improcedente a oposição". No § 3º: "O juiz não receberá a contestação, se fundada unicamente na ausência de provas legais da capacidade de qualquer dos antepossuidores do imóvel". No § 4º: "Se não houver contestação ou não for recebida a que se oferecer, o juiz ordenará a matrícula". A pessoa que se apresenta se insere na figura de réu e é considerada como tal desde a data em que se teve por feita a citação edital, ou em que foi pessoalmente notificada (art. 462). A ação continua ação constitutiva, a despeito da contestação e do rito processual que toma. As custas, desde a contestação, regem-se pelas regras jurídicas gerais.

107) Recebimento e julgamento da contestação – O Código distingue o recebimento da contestação e o julgamento dela. O juiz não recebe a contestação: *a)* se essa não mencionar o nome e a residência do réu (art. 463, § 1º), porque se trata de procedimento edital, cabendo ao réu individuar-se; *b)* se não contiver exata descrição do imóvel (ou da "parte dele", art. 463 e § 1º); *c)* se apenas arguir não estar provada a capacidade de qualquer dos anteriores proprietários ou possuidores (art. 463, § 3º); *d)* se fora do prazo dos arts. 461 e 463; *e)* se não indicar a causa de pedir, nem os títulos em que se funda (art. 463, § 1º).

108) Rito processual ordinário – Sendo contestado o pedido e recebida a contestação, a ação tem curso ordinário (art. 464). Mas, uma vez contestado, dentro do prazo, o registro – que poderia fazer-se, findo o prazo, mediante a sentença do art. 463, § 4º, – já não pode ser feito. O juiz tem de receber, ou não, a contestação.

109) Falta de contestação e matrícula – Se o juiz não recebe a contestação única ou não recebe todas e ordena a matrícula do contestante ou contestantes, é dado apelar-se da sentença, apelação que, aliás, tem efeito suspensivo, por força do art. 830, § 2º. A expressão "ordenará a matrícula" apenas revela o elemento de mandamento da sentença constitutiva.

Trata-se de *sentença* (art. 463, § 4º), ainda que de sentença não fale o Código. Constitutiva é a sua força; o efeito mandamental é aquele que encontramos, a cada passo, nas ações constitutivas, cavando a separação entre as ações e sentenças constitutivas mandamentais e as sentenças constitutivas não mandamentais, como as ações para constituição de certos negócios jurídicos de direito privado em que o elemento mandamental é ínfimo. É digno de nota que aqui, no art. 463, § 4º, se adotou a mandamentalidade necessária da solução (1), de que falamos nos comentários ao Código de 1939, art. 454, em vez da solução (2), que o art. 454 seguira.

110) Procedimento edital e falta de contestação – Se não houve contestação, a sentença, no procedimento edital, tem os mesmos efeitos que produziria se tivesse sido contestada por "todos" os citados. É extremamente importante esse ponto, por se tratar de sentença constitutiva *com incerta pessoa*, ou *com pessoas certas e incertas*.

111) Incapacidade e ônus da prova – O art. 463, § 3º, diz que o juiz recebe a contestação. Mas o contestante pode dar prova da incapacidade, desde que essa infirme o título. Igual direito tem o órgão do Ministério Público.

112) Cognição inicial – A sentença que julga não recebida a contestação (aliás, é possível oposição de terceiro, nesse processo, donde ser conveniente não se confundirem as duas "afirmações contrárias") é a em que não foi recebida, não a em que foi julgada não provada a contestação ("procedente a ação"). Aliás, dada a intervenção do órgão do Ministério Público, "improcedência da ação" e "não recebimento da contestação" não são conceitos coextensivos. A particularidade da ação do art. 285 está em que o contraditório depende da cognição inicial da contestação: essa cognição consiste em verificar o juiz se ocorre o caso do art. 463, § 3º.

113) Procedimento ordinário – Diz o art. 286: "Se houver contestação ou impugnação, o procedimento será ordinário." O rito ordinário implica observância das regras jurídicas do Código de 1973.

114) Recurso e matriculação – A sentença é suscetível de apelação em ambos os efeitos. A inscrição só se efetua depois de passar em julgado. O processo da inscrição é o processo administrativo do registro de ordem, mais material que jurídico.

E. Averbações ou retificações do registro civil

115) Conceito de registro civil – Registro civil é o assentamento dos atos do estado civil (nascimento, casamento, óbito, adoção etc.), com efeitos de publicidade. A demora na sua legislação deve-se a ter sido um dos pontos em que a Igreja e o Estado disputavam a publicação (a solenidade) dos atos principais da vida. O que nós chamamos *registro civil* é o registro estatal, como é estatal, e não eclesiástico, o casamento civil. No Brasil, começou com o registro do casamento dos acatólicos (Lei nº 1.144, de 11 de setembro de 1861; Decreto nº 3.069, de 17 de abril de 1863). Mais de três decênios – até que se liquidasse a geração intelectual do meado do século XIX, a geração reacionária nascida após 1848 – esperou o país os Decretos nº 9.886, de 7 de março, e nº 10.044, de 22 de setembro de 1888. O Decreto nº 181, de 24 de janeiro de 1890, apenas traduziu em forma de arreligiosidade do casamento a evolução que o Império processara. Depois do Código Civil, vieram a Lei nº 4.827, de 7 de fevereiro de 1924, a Lei nº 5.063, de 6 de novembro de 1926, art. 45, e o Decreto nº 18.542, de 24 de dezembro de 1928. Anos após, o Decreto nº 4.857, de 9 de novembro de 1939, o Decreto nº 5.318, de 29 de fevereiro de 1940, o Decreto nº 13.556, de 30 de setembro de 1943, o Decreto nº 7.270, de 29 de maio de 1941, etc. Adveio a Lei nº 3.764, de 25 de abril de 1960, que estabeleceu o rito sumaríssimo para retificações do registro civil. Falaremos, depois, da Lei nº 6.015, de 31 de dezembro de 1973.

116) Restauração, suprimento e retificação – Os arts. 595-599 do Código de 1939 não cogitaram da *cooperação do oficial público,* porque isso é matéria de Direito Administrativo, não de Direito Processual Civil; apenas trataram da função do juiz nas ações mandamentais de registro. Dá-se o mesmo na Lei n° 6.015, de 31 de dezembro de 1973, art. 109. O art. 595 falou de *restaurar, suprir e retificar* assentamento no registro civil e o mesmo ocorreu com a Lei n° 6.015, art. 109. É de toda importância, portanto, partirmos dos conceitos de ação de mandamento e de sentença de mandamento. A ação é, até certo ponto, de constituição, mas a sentença que acolhe é nitidamente mandamental. O que se pedia e se pede ao juiz é o *mandado* a outro órgão estatal, para que se faça o assentamento ou a retificação (Lei n° 6.015, art. 109, § 4°; antes, Código de 1939, art. 596). Posto que haja sentenças de mandamento em que o efeito declarativo vem ao primeiro plano, o processo especial de que falamos não conduz à coisa julgada material, quanto a fatos que sejam objeto de novo assentamento ou de retificação. Cumpria notar-se que o art. 597 se referia aos arts. 595 e 596, não aos arts. 598 e 599, isto é, hoje aos arts. 112 e 113 da Lei n° 6.015. As sentenças dos arts. 112 e 113 podem ser sentenças constitutivas e ter efeito material de coisa julgada (*e. g.*, na ação de nulidade de casamento, na ação de desquite); e o fato de haver o efeito de mandamento, a que alude o art. 109, § 4°, de modo nenhum exclui a força própria da ação de constituição. As ações do art. 113 estão no mesmo caso, sejam declarativas ou sejam constitutivas.

Na Lei n° 6.015, o art. 109 corresponde ao art. 595: "Quem pretender que se restaure, supra ou retifique assentamento no Registro Civil, requererá, em petição fundamentada e instruída com documentos ou com indicação de testemunhas, que o Juiz o ordene, ouvido o órgão do Ministério Público e os interessados, no prazo de cinco dias que correrá em cartório". Ao art. 595, § 1°, substitui, em nova redação, porque a produção da prova é dentro de dez dias e, ouvidos, sucessivamente, em três dias, os interessados e o órgão do Ministério Público, tem o juiz de decidir dentro de cinco dias. Com outra redação, o art. 109, § 2°, faz as vezes do art. 555, § 2°. No § 3° do art. 109 diz-se que da decisão do juiz cabe recurso de apelação, o que tinha de resultar do art. 513 do Código de Processo Civil.

A lei não autoriza mudanças de prenome, *e. g.*, tradução (2ª Câmara Civil do Tribunal de Apelação de São Paulo, 19 de maio de 1942, *R. dos T.,* 144, 164), mas pode ser averbado o uso da tradução no país. A 2ª Turma do Supremo Tribunal Federal, de 26 de novembro de 1943 (*R. F.,* 101, 309), admitiu-a, se o prenome expõe a ridículo a pessoa (*idem,* 2ª Câmara Cível do Tribunal de Justiça de Minas Gerais, 24 de novembro de 1947, *R. F.*, 123, 182; 1ª Câmara Cível do Tribunal de Justiça do Rio Grande do Sul, 16 de setembro de 1947, 155, 162). Assunto de direito material, abstemo-nos de tratar dele aqui. Cf. 3ª Câmara Cível do Tribunal de Apelação do Distrito Federal (18 de junho de 1944, *J.*, 24, 59). 4ª Câmara Cível (14 de setembro de 1944, *D. J.*, de 22 de janeiro de 1945). Tem-se permitido acrescentar elemento diferenciador ou estético (4ª Câmara Cível do Tribunal de Justiça do Distrito Federal, 29 de julho de 1945, *R. F.*, 118, 472).

Se foi registrado documento em que figura como devedor ou como declarante cambiário, ou cambiariforme, pessoa que não assinou o título, é ineliminável a ação do interessado para que se declare a não existência da relação jurídica, se houve falsidade de documento ou no tocante à assinatura. A ação para tal declaração pode ser proposta em qualquer lugar em que se haja emprestado eficácia à relação jurídica inexistente ou ao documento falso. Se esse efeito foi o de registrabilidade, tem-se de cumular a ação declaratória à ação de retificação do registro, que é a ação que tem por fim tornar coincidente com os fatos da vida o registro. Assim, se foi registrado no registro de títulos e documentos ato jurídico *stricto sensu*, ou negócio jurídico que se passou alhures, sendo anulável, a competência para a decretação da invalidado é do foro em que é domiciliado o réu, devendo ser pedida, depois, a retificação de registro ao juiz competente do foro do oficial do registro. Se, porém, o ato jurídico *stricto sensu* ou o negócio jurídico é nulo, ou não existiu (ou é ineficaz) para alguém, a ação declaratória está ligada ao lugar do efeito, porque aí é que se produz o interesse da declaração.

Os oficiais do registro de títulos e documentos não podem registrar títulos que se mostra serem falsos, ou nulos, ou ineficazes, razão por que é de praxe exigir-se, como segurança, o reconhecimento das firmas.

Se o mesmo documento foi levado a registro em diferentes lugares, em cada lugar é que se tem de propor a ação de retificação, cumulada a declaratória de existência, falsidade ou ineficácia, ou a de decretação de nulidade. Se o interessado prefere a propositura da ação declaratória, ou a de decretação de nulidade, nos lugares em que tem de ser exibido o documento, cabe-lhe propor a ação exibitória, ou pedir a exibição preparatória, e a ação declaratória ou a de decretação de nulidade, conforme a espécie, para depois pedir, nos lugares em que foi feito o registro, as respectivas retificações. Se no mesmo documento há dois ou mais figurantes, um dos quais foi vítima de falso, ou não assinou o título (*e. g.*, o título é referente a outra pessoa, homônima), a retificação é *parcial*.

A mulher pode escolher o sobrenome do marido a ser usado por ela, se não contraindicado (8ª Câmara Cível do Tribunal de Justiça do Distrito Federal, 7 de outubro de 1946, *R. F.,* 110, 424; 7ª Câmara Cível, 19 de novembro de 1946, 113, 130). Pode-se acrescentar, por averbação, elemento diferenciador ou estético ao nome (4ª Câmara Cível do Tribunal de Justiça do Distrito Federal, 29 de julho de 1945, *R. F.*, 118, 472), ou que foi sempre usado (1ª Câmara Cível do Tribunal de Justiça do Rio de Janeiro, 22 de janeiro de 1948, *B. J.*, 37, 204). Se, em vez de constarem do nome do registrado o sobrenome paterno e o materno, somente um deles consta, cabe retificação (5ª Câmara Cível do Tribunal de Justiça do Distrito Federal, 2 de maio de 1947, *O D.*, 46, 270; *A. J.,* 83, 39). A 2ª Câmara Cível do Tribunal de Justiça de Minas Gerais, a 2 de fevereiro de 1948 (*R. F.*, 117, 192), aventurava que só é imutável o prenome que foi usado, não o do registro (!), nunca usado, e chegou mesmo a dizer que "o que a lei não quer é que haja alteração do prenome no meio social, e não no livro do registro". Tais afirmações não merecem, sequer, crítica.

No caso de prenome duplo, o uso de um deles juntamente com o sobrenome (Lafaiete Pereira em vez de Lafaiete Rodrigues Pereira) não importa alteração ou mudança, de jeito que pode ser adotado como firma civil ou comercial, podendo dar-se a averbação (3ª Câmara Cível do Tribunal de Justiça do Rio de Janeiro, 31 de maio de 1948, *R. de J. B.*, 80, 94). Bem assim, o uso ligando-se elementos ao prenome ou prenome e sobrenome, ou os elementos do sobrenome, *e. g.*, Aulogélio de Almeida em vez de Aulo-Gélio de Almeida; Alzenha de Sá em vez de Al Zenha de Sã; João de Safreire em vez de João de Sá Freire; e o uso do prenome ou do sobrenome, separando-se parte, como San Paio em vez de Sampaio.

117) Outros registros públicos – A função do oficial do registro, como a função do tabelião, é sobrevivência desjudicializada da função dos juízes cartulários. Tabeliães e oficiais do registro fazem as vezes de juízes, razão por que ainda lhes ficou algo da competência, que tinham, de exame e de decisão. Todo oficial de registro e todo tabelião ficaram, como se fossem juízes, com funções constitutivas, ou apenas registrárias, mas, em todo caso, constitutivas de nova eficácia ou estendedoras de eficácia existente, subordinadas a juiz ou tribunal que tem competência para decidir e dirigir-lhe *mandamento*. Nenhum juiz pode *mandar* a oficial de registro ou a tabelião que não está subordinado às suas resoluções. Por isso, no Decreto nº 18.542, de 24 de dezembro de 1928, art. 4º, e no Decreto nº 4.857, de 9 de novembro de 1939, art. 4º, se disse que as leis de organização judiciária dos Estados-membros (do Distrito Federal) e dos Territórios hão de discriminar a "subordinação administrativa e judiciária" dos oficiais do registro.

É princípio de direito processual interlocal que nenhum juiz de unidade estatal, local, pode mandar que o oficial de registro, ou o tabelião de outra unidade, retifique registro ou supra faltas. Mandamento somente pode provir de quem pode mandar, por força de lei. Daí existir sempre juiz competente, especial ou não, para conhecer das dúvidas e dos recursos que se interpõem dos atos dos oficiais do registro.

A respeito dos registros de pessoas físicas, o Decreto nº 9.886, de 7 de março de 1888, arts. 16, 25 e 26, o Decreto 18.542, de 24 de dezembro de 1928, art. 117, e o Decreto nº 4.857, de 9 de novembro de 1939, art. 117, aludiram ao juiz "competente" (suprimento de falta, retificação, restauração), ressalvando o elemento retificativo ou cancelativo das decisões em ações de filiação legítima ou ilegítima (Decreto nº 4.857, art. 121). O suprimento de falta, a retificação e a restauração podem ocorrer a respeito de outros registros públicos. A Lei nº 3.764, de 25 de abril de 1960, estabeleceu rito sumaríssimo para retificações no registro civil.

O princípio de que a nulidade pode ser decretada, ainda sem que se proponha ação de nulidade, portanto *incidenter* e sem ligação às regras jurídicas sobre competência para mandar ao juiz de registro, é princípio geral de direito. Diz respeito ao registro, não ao título.

O prenome pode ser alterado se expõe a ridículo a pessoa ou se é obsceno (2ª Turma do Supremo Tribunal Federal, 26 de novembro de 1943, *R. F.*, 101, 309; 2ª Câmara Cível do Tribunal de Minas Gerais, 24 de novembro de 1947, *R. F.,* 123, 182; 1ª Câmara Cível do Tribunal de Justiça do Rio Grande do Sul, 16 de setembro de 1947, 115, 162; 1ª Câmara Civil do Tribunal de Justiça de São Paulo, 25 de março de 1947, *R. dos T.*, 167, 743, *R. F.*, 118, 485, e 20 de junho de 1947, *R. dos T.,* 169, 632; 2ª Turma do Supremo Tribunal Federal, 19 de julho de 1949, *O D.*, 61, 220; 5ª Câmara Cível do Tribunal de Justiça do Distrito Federal, 1º de agosto de 1950, *R. F.,* 133, 143; 1ª Câmara Cível do Tribunal de Justiça de Minas Gerais, 28 de janeiro de 1951, *J. M.,* V, 483; 2ª Câmara Civil do Tribunal de Justiça de São Paulo, 9 de outubro de 1951, *R. dos T.,* 196, 140, *R. F.,* 145, 280; 6ª Câmara Civil, 21 de março de 1952, *R. dos T.,* 201, 257).

O serventuário somente pode retificar o registro no próprio ato, *uno actu* (Supremo Tribunal Federal, 21 de janeiro de 1948, *A. J.*, 87, 107): qualquer outra retificação depende de ação de retificação, que há de ser proposta em juízo.

118) Atribuições de inserção e de mudança – O princípio, que ficou da incompleta passagem da função de cooperação, quanto à forma e aos assuntos, do juiz ao notário, foi o de estarem repartidas as atribuições de *inserção* e de *mudança*. O oficial do registro não muda *per se,* quer dizer – não supre, não complementa, não retifica, não restaura. Não se corrige, não se desdiz. A ressalva só se lhe permite *em continuidade* – antes de outro ato ter tornado definitiva a apropriação daquele ato omisso ou errado, pelo tempo e pelo espaço do livro de assentamentos. A própria vontade dos interessados é inoperante. A razão está em que se trata de *comunicações de conhecimento,* e não de *declarações de vontade.* O casamento, por exemplo, é negócio jurídico, duas declarações de vontade compõem-no; a inscrição dele é outra coisa: a inscrição é *comunicação* implícita do *fato do casamento* (sentença).

119) Direito judiciário material – *Restaurar* é repor no antigo estado; o que foi, mas deixou de ser, volve a ser. *Suprir* é pôr no estado em que deveria achar-se, e não está; faltou, e faz-se agora. A lei veda essa atividade, que é mudança, aos oficiais de registro. Tais atos dependem do juiz devido àquele resíduo histórico de que falamos. *Retificar* é pôr direito, em devida linha, e abrange tudo que importa mudança sem ser restauração ou suprimento, incluídos o erro e a falta internacional. O novo assento (Código Civil, arts. 202, parágrafo único, e 205;[145] Decreto nº 4.857, art. 87, *a*); Lei nº 6.015, de 31 de dezembro de 1973, art. 109, § 6º) é retificação total. A omissão é falta que se retifica. O equívoco é retificável. Quanto ao enunciado ilícito que tem de ser cancelado, é por meio do art. 109 que se pede isso, e constitui retificação. Todas as pretensões à restauração, ao suprimento e à retificação pertencem, em assunto de registro, ao *direito judiciário material* (uma vez que ainda se concebem os notários como figuras do órgão judiciário, à feição antiga e medieval), e não ao *direito processual.* Temos, pois, de abster-nos de ventilar-lhe as questões.

120) Procedência do pedido – Trata-se de processo de ação, não incidente, nem acessória (cf. art. 109, § 4º, *verbis*: "procedente o pedido"), ainda que com o rito do *processo de instrução sumária* (arts. 109, § 1º, e 110, § 4º). Tal diferença é só de rito, e não altera a natureza da ação, nem a da sentença.

---

145   C. Civil de 2002, respectivamente, arts. 1.543, par. único, e 1.546.

121) Falta de impugnação – Não havendo impugnação, trata-se a atitude dos interessados de acordo com o art. 319 do Código de 1973. A lei exclui a conduta do juiz segundo o art. 453, § 2º, porque não existe chamamento à audiência, e equipara a não impugnação à impugnação não acompanhada de provas. Quanto às alegações do justificante, ainda se não requerem provas, dependem dos arts. 319, 333, 343, § 1º, e 131 do Código de 1973.

122) Competência – O juiz competente é sempre o do lugar onde se acha o cartório do registro. Certa a 2ª Câmara Civil do Tribunal de Apelação de São Paulo, a 18 de fevereiro de 1941 (*R. dos T.*, 130, 101). Somente retifica-se, ou supre-se, ou restaura-se assentamento de registro civil, *em ação mandamental*, se foi essa proposta perante o juízo a que está subordinado o ofício de registro civil. Se foi proposta alhures outra ação, como a de filiação, de cuja sentença resulte dever-se retificar, suprir ou restaurar registro, o juízo a que está subordinado o registro atende ao elemento mandamental da sentença, porque, então, a retificação, suprimento ou restauração é consequente, e não todo o pedido. Assim é que se há de entender, por um lado, a jurisprudência que diz competente para a retificação o juiz a que está subordinado o oficial do registro (Supremo Tribunal Federal, 2 de fevereiro de 1946, *O D.*, 39, 142) ou que afirma haver competência do juízo do domicílio e do juízo a que está subordinado o registro. Não se pode deixar de atender à regra jurídica de competência para a ação proposta, porém, para a ação mandamental, somente é competente o juízo a que está subordinado o oficial do registro (5ª Câmara Civil do Tribunal de Justiça de São Paulo, 7 de maio de 1948, 164, 783). Cf. Supremo Tribunal Federal, 15 de outubro de 1947 (*A. J.* 85, 447).

123) Natureza da sentença – Dizia no Código de 1939 o art. 596: "Julgada procedente a justificação, o juiz ordenará se passe mandado de abertura de novo assentamento ou de retificação do existente, indicando com precisão os fatos, ou circunstâncias, que devam se retificados, e em que sentido, ou os que devam ser objeto do novo assentamento". No art. 597: "O despacho do juiz, que mande restaurar, suprir, ou retificar o assentamento, não fará caso julgado nas ações fundadas nos fatos que constituírem objeto do novo assentamento ou da retificação ordenada". A sentença é de *mandamento*, conforme já foi dito. Ordena que se faça novo assentamento, ou se retifique o existente, ou, simplesmente, se nada se assentara, que se supra a falta, procedendo-se ao assentamento. As recomendações do art. 596 eram no sentido de dar o juiz todo o conteúdo ao ato do oficial do registro. A regra que foi nova pôs em relevo o elemento mandamental, preponderante, da sentença. Por isso mesmo casos há, como os das leves retificações, em que todos os outros elementos são ínfimos.

A Lei n° 6.015, de 31 de dezembro de 1973, não se referiu à falta de coisa julgada material da sentença que retifica, supre ou restaura assentamento do Registro Civil. Mas há, além de princípio *a priori*, que se impõe, os arts. 112 e 113, onde se diz: "em qualquer tempo poderá ser apreciado o valor probatório da justificação, em original ou por traslado, pela autoridade judiciária competente ao conhecer de ações que se relacionem com os fatos justificados" e "as questões de filiação legítima ou ilegítima serão decididas, em processo contencioso para anulação ou reforma do assento". A sentença, por exemplo, pode dizer que não há a relação de filiação, ou que há a de filiação ilegítima, em vez da filiação legítima que constava do assento, ou que afiliação é legítima e não ilegítima.

A função do oficial do registro, como a função do tabelião, é sobrevivência desjudicializada da função dos juízes cartulários. Tabeliães e oficiais do registro fazem as vezes de juízes, razão por que ainda lhes ficou algo da competência, que tinham, de exame e de decisão. Todo oficial de registro e todo tabelião ficam, como se fossem juízes, com funções constitutivas, ou apenas registrárias, mas, em todo caso, constitutivas de nova eficácia ou estendedoras de eficácia existente, subordinados a juiz ou tribunal que tem competência para decidir e dirigir-lhes *mandamento*. Nenhum juiz pode *mandar* a oficial de registro, ou a tabelião, que não está subordinado às suas resoluções. Por isso, no Decreto n° 18.542, de 24 de dezembro de 1928, art. 4°, e no Decreto n° 4.857, de 9 de novembro de 1939, art. 4°, se disse que as leis de organização judiciária dos Estados-membros (do Distrito Federal) e dos Territórios hão de discriminar a "subordinação administrativa e judiciária" dos oficiais do registro. Agora, a Lei n° 6.015, de 31 de dezembro de 1973, contém o art. 2°, onde se diz: "Os registros indicados no § 1° do artigo anterior", que são o registro civil de pessoas naturais, o registro civil de pessoas jurídicas, o registro de títulos e documentos e o registro de imóveis, "ficam a cargo de serventuários privativos nomeados de acordo com o estabelecido na Lei de Organização Administrativa e Judiciária do Distrito Federal e dos Territórios e nas Resoluções sobre a Divisão e Organização Judiciária dos Estados", sendo que o registro de pessoas naturais será feito em ofícios privativos ou nos cartórios de registro de nascimento, casamentos e óbitos.

É princípio de direito processual interlocal que nenhum juiz de unidade estatal, local, pode mandar que o oficial de registro, ou o tabelião de outra unidade, retifique ou restaure registro ou supra faltas. Mandamento somente pode provir de quem pode mandar, por força de lei. Daí existir sempre juiz competente, especial ou não, para conhecer das dúvidas e dos recursos que se interpõem dos atos dos oficiais do registro.

A respeito dos registros de pessoas físicas, o Decreto nº 9.886, de 7 de março de 1888, arts. 16, 25 e 26, o Decreto nº 18.542, de 24 de dezembro de 1928, art. 117, e o Decreto nº 4.857, de 9 de novembro de 1939, art. 117, aludiram ao juiz "competente" (suprimento de falta, retificação, restauração), ressalvando o elemento retificativo ou cancelativo das decisões em ações de filiação legítima ou ilegítima (Decreto nº 4.857, art. 121). O suprimento de falta, a retificação e a restaurarão podem ocorrer a respeito de outros registros públicos. Hoje, há a Lei nº 6.015, arts. 109-113.

As regras jurídicas sobre retificação e suprimento de faltas hão de ser interpretadas como referentes a quaisquer registros, e não só ao registro das pessoas físicas.

O princípio de que a nulidade do registro pode ser decretada, ainda sem que se proponha ação de nulidade, portanto *incidenter* e sem ligação às regras jurídicas sobre competência para mandar ao juiz de registro, é princípio geral de direito. Diz respeito ao registro, não ao título.

Até que chegue esse mandamento, há registro tal qual, exceto para quem já conheceu o mandado. Os assentamentos, diz a jurisprudência, vigoram até que, pelos meios legais, sejam alterados (Conselho de Justiça do Tribunal de Apelação do Distrito Federal, 9 de maio de 1941, *A. J.* 58, 313). Não os assentamentos, porque assentamentos são "forma" de publicar: daí os seus efeitos.

124) Eficácia de coisa julgada formal – A sentença tem força de coisa julgada formal. O processo termina, preclui. Dele cabe apelação e não agravo de instrumento; nem se diga que é decisão de que não se recorre, uma vez que o art. 865 do Código de 1973 (antes, Código de 1939, art. 738) só se aplica às justificações que vão servir de prova e se entregam às partes: a do art. 109, §§ 1º, 2º e 4º, da Lei nº 6.015 não é incidente, nem acessória, é ação *per se ipsa*. A diferença entre a força formal e a força material estava implícita no art. 120 do Decreto nº 18.542, de 24 de dezembro de 1928, que o art. 120 do Decreto nº 4.857, com razão, reproduziu, *verbis*: "em qualquer tempo poderá ser apreciado o valor probante da justificação, em original ou traslado, pela autoridade judiciária... *ao conhecer de ações* que se relacionem com os fatos justificados". Certa a 1ª Câmara Cível do Tribunal de Apelação do Rio Grande do Sul (3 de novembro de 1943), *J.*, 24, 77.

Diz o art. 112 da Lei n° 6.015: "Em qualquer tempo poderá ser apreciado o valor probante da justificação, em original ou por traslado, pela autoridade judiciária competente ao conhecer de ações que se relacionem com os fatos justificados".

A 1ª Câmara Cível do Tribunal de Apelação de São Paulo, a 29 de setembro de 1941 (*R. F.*, 89, 178), disse que "nada se pode decidir, noutra ação, *contra* o registro civil feito em virtude de decisão judicial". Proposições como essa, em direito, são extremamente perigosas. O registro civil é meio de publicidade, feixe de eficácias *erga omnes;* mas a eficácia é a eficácia de algum negócio, ou de algum fato. As sentenças das *outras ações* podem atacar o negócio, a afirmação do fato, e lá se vai o registro; *e. g.*, não houve a assinatura do devedor, apesar de *aparecer* no documento e de ter sido reconhecida pelo tabelião e registrada; não nasceu o *filho* de A, que A registrou; nem foi sentença a chamada "sentença" de anulação do casamento.

125) Recurso – Da decisão que julga retificação, suprimento ou restauração do registro sempre coube o recurso de apelação (Turma Julgadora do Tribunal de Justiça de Alagoas, 17 de abril de 1951, *J. A.*, I, 168; 1ª Câmara Cível do Tribunal de Justiça de Minas Gerais, 25 de maio de 1950, *R. F.*, 144, 334; 2ª Câmara Civil do Tribunal de Justiça de São Paulo, 22 de agosto de 1950, 137, 499). Hoje, a Lei n° 6.015, art. 109, § 3°, explicita que da decisão do juiz caberá o recurso de apelação com ambos os efeitos.

126) Averbação – No Código de 1939, dizia o art. 598: "Quando de sentença resultar a mudança de estado civil de qualquer das partes, o juiz expedirá mandado para a necessária averbação no Registro Civil". No § 1°: "Se houver de ser cumprido em jurisdição diversa, o mandado será remetido, por ofício, ao juiz sob a jurisdição do qual estiver o cartório do Registro Civil, e, com o seu "cumpra-se", executar-se-á".

Na Lei n° 6.015, art. 109, § 5°, julgado procedente o pedido, "se houver de ser cumprido em jurisdição diversa, o mandado será remetido, por ofício, ao juiz em cuja jurisdição estiver o cartório de Registro Civil e, com o seu "cumpra-se", executar-se-á. As averbações ou são (*a*) *efeito de mandamento* de sentença constitutiva ou de condenação, ou (*b*) conteúdo mesmo da sentença de mandamento, ou (*c*) de origem extraprocessual. Entram na classe (a) as sentenças que decidirem sobre a nulidade ou anulação do casamento, o desquite e o restabelecimento da sociedade conjugal, ou que julgarem as ações de filiação. Na classe (*b*) estão as sentenças em que se mande fazer, por exemplo, a averbação de alteração ou abreviatura de nome. Entram na classe (*c*) as averbações de atos extrajudiciais de reconhecimento de filho, das escrituras de adoção etc. O art. 113 da Lei nº 6.015 refere-se às sentenças da classe (*a*), porque dele não precisaria a ação da classe (*b*), uma vez que nela se pede, exatamente, o mandado (ações de mandamento), nem a ela poderia referir-se o art. 109, § 2º. Quando a ação é da classe (*b*), a sentença não ordena outra coisa que a expedição do mandado ao oficial do registro, e não nos parece que se tenha querido, com o art. 109, § 5º, dispensar o mandado quando ele é o conteúdo da sentença. O que se dispensou foi o mandado, no caso de *efeito de mandamento* (e não no caso de conteúdo mandamental); porque não era usual, por atraso da nossa técnica processualística no captar os efeitos de mandamento das sentenças, com assaz graves inconvenientes para a vida prática. Tendo havido a sentença do art. 113, é claro que se pode requerer tal mandado, a despeito de ser a sentença apenas de efeito de mandamento, e não sentença de força mandamental. Essa tem em si *mandado*. O outro mandado seria *duplicação*.

O mandado *implícito*, que é o das sentenças mandamentais, permite que a eficácia noutro juízo seja obtida com o ofício e a remessa da certidão da sentença, pois *já o contém* (art. 109, § 5º).

A 1ª Câmara Cível do Tribunal de Justiça de Minas Gerais, a 19 de outubro de 1950 (*R. F.*, 114, 334), disse que nenhum juiz pode determinar retificação de nome em termos de casamento e de óbito, se lavrados fora do âmbito de sua jurisdição. No mesmo sentido, a 2ª Câmara Cível, a 17 de março de 1952 (*R. dos T.*, 205, 541), a 5ª Câmara Civil do Tribunal de Justiça de São Paulo, a 22 de setembro de 1950 (189, 132), e a 3ª Câmara Civil, a 15 de maio de 1952 (203, 127), entenderam que são competentes o juiz a que é subordinado o oficial do registro e o do domicílio em lugar da residência. Em tudo isso, ressalta que os juízes não distinguiam da ação mandamental dos arts. 595-597 as ações do art. 598, em que o elemento mandamental não é predominante. Hoje, há o art. 109, com os §§ 1º, 2º e 3º, e há o § 5º do art. 109. Aliás, o art. 109, § 5º, pode ser invocado mesmo nas espécies do art. 113.

127) Explicitação contida no art. 109, § 5º – A nota anterior distinguiu as sentenças (*a*) e (*b*), mostrando que a regra jurídica se refere a ambas. O § 1º do art. 598 do Código de 1939 (hoje, Lei nº 6.015, art. 109, § 5º, veio explicitar o direito processual nesse ponto, posto que assim as sentenças de mandamento, como as com efeito de mandamento, autorizem a expedição do mandado e tenham os interessados a pretensão processual a obtê-los – *em doutrina,* havia certa vacilação em se conceder o mandado, nos casos de simples efeito. Compreende-se, e bem, porque a distinção foi aquisição recente (a própria caracterização das sentenças de mandamento data de meio século). A solução do Código foi feliz: permitiu o mandado (§ 1º), e dispensou-o (§ 2º), nos casos de sentenças de efeito mandamental, de modo que o interessado ficava com a escolha.

Na Lei nº 6.015, arts. 109-113, não há a regra jurídica do art. 598, § 2º, do Código de 1939. Pergunta-se: tendo o interessado sentença, em que se invocou, explícita ou implicitamente, o art. 112 ou art. 113 da Lei nº 6.015, ¿pode fazer o pedido direto de que falara o art. 598, § 2º? Sim, se a sentença foi proferida por algum juízo a que o oficial tem de obedecer; não, se é de mister que haja o "cumpra-se" a que se refere o art. 109, § 5º. Seria absurdo que sentença do Estado-membro A, ou do Município A, não precisasse de "cumpra-se" do juiz local para retificação, restauração ou suprimento de assentamento.

A sentença mandamental já contém, em si e por si, o mandado, de modo que ela se dirige ao oficial do registro, para que a cumpra. O mandado, feito à parte, como se fosse efeito, ou é redundância, excrescência técnica, ou indício de falta de exata noção do que sejam as sentenças mandamentais. Não se pode afirmar, *a priori,* que se não precise de ato judicial posterior à sentença, quando o oficial do registro não esteja nas condições de subordinado ao juiz prolator da sentença com simples efeito – precatório, rogatório ou ofício ao outro juiz, ou mandado ao oficial do registro, dependente de cumpra-se, aposto pelo juiz a que está subordinado. A solução técnica pertence ao direito positivo. Adotou-se a combinação do mandado com o ofício: mandado ao oficial do registro, ofício ao juiz. Dispensou o precatório, não o rogatório, se se trata de juiz estrangeiro, nem a homologação da sentença estrangeira, caso em que ao tribunal homologante cabe a expedição da carta (Código de 1973, art. 484).

128) Ações de filiação legítima e ilegítima – No Código de 1939, foi dito no art. 599: "Salvo os casos expressos em lei, a retificação de assentamento relativo a filiação, legítima ou ilegítima, far-se-á por meio das ações competentes". As ações de filiação são ações de declaração ou de constituição e entram na classe (*a*) das ações que foram apontadas por nós em comentários (sobre elas, já *Direito de Família,* 1ª ed., 278-282; 3ª ed., tomo III). O efeito de mandamento, que tem a sentença, permite que se requeira o mandado do art. 109, § 5°, ou que se peça, diretamente, ao oficial do registro, com a certidão da sentença, a averbação. Fora daí, só a lei pode permitir retificação. A lei ou a regra jurídica que se tira da lei; *e. g.*, se a retificação é de erro ou incorreção material, ou não nega pretensão de alguém. Aí, a justificação dos arts. 109 e 110 basta.

129) Correções de inexatidões materiais, erro de escrita ou de cálculo – Se a sentença, que continha inexatidões materiais, erros de escrita ou de cálculo (Código de 1973, art. 463), fora base do registro e, depois, o juiz a corrigiu, ou foi explicitada em embargos de declaração (art. 464),[146] a nova expressão registrária obedece, estritamente, ao art. 109, § 4° e 5°.

Na Lei n° 6.015, há o art. 109, § 6°, onde se estatui que: "As retificações serão feitas à margem do registro, com as indicações necessárias, ou, quando for o caso, com a trasladação do mandado, que ficará arquivado. Se não houver espaço, far-se-á o transporte do assento, com as remissões à margem do registro original".

130) Direito processual civil e direito material – Os arts. 109-113 da Lei n° 6.015, como os do Código de 1939, arts. 595-599, são apenas regras jurídicas de processo civil. Não se incluiu no título o que é matéria de registro, no plano do direito civil e do direito dos registros públicos. Nada se disse sobre o que não entra na esfera processual civil. Ainda no art. 1.184 do Código de 1973, referente às sentenças de interdição, só se aludiu ao registro extraprocessual. Diga-se o mesmo quanto à sentença de suplemento de idade. Assim, o Código mantém a linha *separativa* entre o direito público dos registros e o direito público do processo civil, deixando fora do seu alcance toda a *jurisdição* que os tempos tiraram ao juiz e atribuíram aos notários, tabeliães e, hoje, oficiais de registro.

Nos casos de retificação, restauração e suprimento, alude-se à sentença, que não é somente de eficácia mandamental – é, preponderantemente, sentença declarativa ou constitutiva, que tem de ser atendida no registro, por seu efeito mandamental.

---

146 O art. 3° da Lei n° 8.950, de 13.12.1994, ab-rogou os arts. 464 e 465 do CPC; na redação dada aos arts. 535 a 538 do CPC, o art. 1° dessa lei deu tratamento uniforme aos embargos de declaração opostos tanto na primeira quanto na segunda instância.

O processo especial, dito de *justificação*, tem de iniciar-se com a prova documental e o rol das testemunhas. Se não há impugnação, o *silêncio* vale como afirmação, ou, se houve impugnação, o *não requerimento* de prova importará posterior satisfação com o que consta dos autos (não contumácia). O processo é inquisitivo, tanto quanto o permitiu o sistema do Código de 1939 e constava dos artigos, e está na Lei n° 6.015, art. 109 e §§ 1°, 2° e 4°.

As ações constitutivas ou declarativas a que se referem os arts. 112 e 113 têm, de regra, rito ordinário, mas há exceções.

As sentenças que têm carga de eficácia 4 ou 3 de declaratividade fazem coisa julgada material, como as que têm força declarativa. As sentenças com reservas permitem que algumas objeções ao julgado ainda possam ser apreciadas. Há a coisa julgada formal e pode ser executada a sentença. A reserva pode extinguir-se, como se houvesse prazo preclusivo, ou se ocorreu o que em contrário se previu ser possível, reservando-se. Daí não se pode tirar que não faça coisa julgada material (não tem a eficácia preponderante, imediata ou mediata de declaratividade), ou não a possa fazer. Declara aquilo que apreciou e no que foi objeto de apreciação é que está a causa da reserva. Há sentença final sob condição resolutiva, dizem uns. Outros pensam que tal sentença é interlocutória, de natureza especial. Nenhuma das duas opiniões é de admitir-se. Não é a declaração que se condiciona, nem há simples interlocução. A sentença declara que os fatos são aqueles que ela aprecia, mas podem ser trazidos à cognição fatos que sejam de relevância maior. Quando o juiz, na ação de arrecadação de bens de herança vacante, ou de ausentes, ou de bens vagos, declara a vacância, e sobrevém a ação do art. 1.158 do Código de 1973 ou declara que transcorreu o prazo a partir do edital do art. 1.161 e defere a sucessão provisória, mas herdeiros do ausente se habilitaram, ou se depositam bens vagos e herdeiros aparecem e os reclamam, o juiz não *reforma a sentença:* atende ao que se reputou, desde o início, possível. A sentença *reserva*, porque não foi em toda a extensão dos fatos, exaustivamente, a cognição. A sentença não se resolve, porque só uma parte da matéria litigiosa foi apreciada. O resto ficou para posterior cognição e julgamento. Não se disse que não há herdeiros; diz-se que até aquele momento não apareceram.

A propósito das decisões concernentes a registro – decisões que mandam transcrever, inscrever, averbar, cancelar, suprir –, a retificação ou o cancelamento, ou qualquer efeito posterior, que altere o registro, não faz ter-se de considerar sem eficácia de coisa julgada material o que foi feito. Quando o juiz, resolvendo dúvida do oficial do registro, mandou inscrever, ou transcrever, a sua decisão transitou em julgado e tem eficácia de coisa julgada formal e material. Se, depois, se desconstitui o negócio jurídico registrado, o cancelamento da inscrição ou da transcrição não é ofensa à coisa julgada material, nem se há de interpretar como sendo sem eficácia de coisa julgada formal e material a decisão sobre a dúvida.

F. Bem de família

131) Conceito e pressupostos – Bem de família é o prédio destinado à residência, a que a lei confere isenção de execução por dívidas, exceto as de impostos sobre o mesmo prédio. A isenção dura enquanto vivem os cônjuges e até que os filhos completem a maioridade. Portanto: se todos os filhos atingem a maioridade, vivos os pais, ou um deles – até que morra o cônjuge sobrevivente; se, ao morrerem os pais, os filhos, ou alguns, ou um deles ainda não é maior, ou suplementado –, até que o último atinja a maioridade, ou tenha obtido capacidade por suplemento de idade. Esse efeito especial da suplementação é dependente de *decisão constitutiva*, se houve ato do titular do pátrio poder, ou sentença do juiz, ou *declarativa*, nos casos de casamento, exercício de emprego público efetivo, colação de grau em ensino superior, estabelecimento civil ou comercial com economia própria. A despeito da usada expressão "chefe de família", pode a instituição ser feita por ato do marido, ou da mulher, sobre bens seus, ou por ambos, sobre bens comuns, ou dos pais ou pai do menor, ou dos menores. O bem não pode ser em comunhão indivisa com estranhos, de modo que escapa à proibição a comunhão *pro diviso dos apartamentos*, e em comunhão *pro indiviso* com filho ou filhos. Era errada e continua de ser a opinião que excluía as terras de lavoura, pastagem ou pomares.

(a) O Código de 1939 inseria regras de direito dos registros, não de processo civil, nos arts. 647-651, pr.; somente nos §§ 1º-3º do art. 651 cogitou da eventualidade de ofensa à pretensão (de direito material) a instituir bem de família e, pois, do nascimento da *ação de instituição de bem de família*. A ação somente nasce dessa ofensa à esfera jurídica do pretendente à instituição do bem de família (art. 651). O Código de 1973, art. 1.218, VI, manteve o direito anterior, mas adveio a Lei nº 6.015, de 31 de dezembro de 1973, arts. 260-265.

O *procedimento edital provocatório* é estranho, aí, ao processo civil: é função do oficial do registro de imóveis e a "reclamação" do *provocado* tem a eficácia de *suspender* o registro. Então, se o pretendente não se conforma, a relação jurídica processual está formada com o seu *pedido* ao juiz, para que, a despeito da reclamação, o registro se faça. A ação é puramente *mandamental*: tudo que foi constitutivo se perfez antes de tal pedido. Para o registro, não tendo havido reclamação, toda competência tem o oficial do registro de imóveis, de modo que a sua função dispensaria o processo civil. Em verdade, a ação que se propõe é apenas no caso de ter havido reclamação eficaz. O pretendente exerce-a para obstar à eficácia da reclamação. O mandamento, que ele impetra, é *negativo* da eficácia da reclamação; não é mandamento *negativo* de mandamento, como o da ação de embargos de terceiro.

O pedido do art. 264, § 1°, da Lei n° 6.015 (antes, art. 651, § 1° do Código de 1939), instaura a relação jurídica processual, sem a lei ter obrigado à angularidade, por se tratar de ação que transformou a "reclamação" administrativa em causa de ação. Pode-se somente perguntar se sobre o "requerimento" do pretendente deve falar ou é permitido falar o provocado, o que estabeleceria a angularidade e faria a transformação da "reclamação" em *actio* em *provocatio ad agendum*. Que o juiz não precisa ouvir o reclamante, está claro na lei, que disso não tratou. Se pode ele ouvir o reclamante, é questão que não tem resposta *a priori*, pois que não se firma em qualquer pretensão do reclamante a ser ouvido pelo juiz: ou esse ordena o registro, em sentença. de cognição incompleta (isto é, com ressalva), ou denega-o. No primeiro caso, há o recurso do pretendente ao registro, que é o de apelação (art. 820).[147] No segundo, não há recurso: contra o mandado do juiz somente se há de admitir a eficácia mandamental da ação *constitutiva negativa* (de nulidade da instituição, Código de 1939, art. 651, § 2°, *verbis*: "à ação competente para anular a instituição") ou a eficácia mandamental da ação executiva por dívida anterior à instituição (art. 651, § 2°, *in fine*).

A ação executiva a que se referia o Código de 1939, art. 651, § 2°, *in fine* ("fazer execução"), ou *a*) era ação de título extrajudicial, sendo que, aí, somente a sentença final (cognição completa) podia ter a eficácia *definitiva*, pois que a medida inicial foi adiantamento de execução, porém sem cognição completa ou incompleta inicial, *e. g.*, a ação do art. 1.006 do Código de 1939, ou *b*) a ação executiva em que a cognição completa já se supunha (execução de sentença).

A estrutura do processo não se afasta da forma típica dos processos provocatórios quando alguém atende a alguma *provocatio*.

---

147 A referência do saudoso comentarista é ao CPC de 1939.

(b) A *ação de cancelamento de registro de bem de família* é constitutiva negativa (Decreto-lei nº 3.200, de 19 de abril de 1941, arts. 20 e 21). Note-se a particularidade de ser ação constitutiva negativa, ao passo que mandamental a de instituição.

132) Circunstâncias posteriores – Se o prédio foi constituído em bem de família, quer pelo marido, quer pela mulher, quer por ambos, somente com o consentimento dos dois e o assentimento dos filhos pode ter outro destino ou ser alienado (assim se há de entender a regra jurídica sobre alienação e destinação). Se houve mudança de residência, não importa; a lei não distinguiu: o que o bem de família protege é a "família", ainda quando (e principalmente quando) lhe faltem meios para pagar outra casa de habitação. J. M. de Carvalho Santos (*Código de Processo Civil Interpretado*, VII, 259) está certo; e errado o acórdão da Corte de Apelação do Distrito Federal, de 5 de outubro de 1934 (*A. J.*, 37, 326). Sempre que possível, o juiz determinará que a cláusula recaia em outro prédio, em que a família estabeleça domicílio. No ato da instituição, devem os instituidores, ou não ter dívidas, ou só as ter de valor tal que possam ser pagas por outros bens dos instituidores. Quem alega a ineficácia relativa da instituição tem, pois, de provar que, não paga a dívida, não poderia ser executada, ao tempo do vencimento, sem atingir o bem de família.

Não há recurso da decisão que defere o pedido ou que indefere (Lei nº 6.015, art. 264, § 3º).

133) Ato de instituição – Diz a Lei nº 6.015, art. 260: "A instituição do bem de família far-se-á por escritura pública, declarando o instituidor que determinado prédio se destina a domicílio de sua família e ficará isento de execução por dívida". O mesmo estava no Código de 1939, art. 647. Quando se diz que a instituição do bem de família se há de fazer por escritura pública, com a destinação a domicílio, apenas se trata de constituir negócio jurídico. Há, aí, regra jurídica somente de direito euremático, de forma não processual. Regra jurídica de direito extrajudicial. Pertence ao Direito Civil e, se inserta em lei processual, apenas reproduz parte de regra de Direito Civil. Mas engano seria tê-lo como formador, por si, de eficácia do negócio jurídico. A escritura pública não basta – a *declaração de vontade*, a que se alude, é da classe daquelas declarações de vontade, a respeito das quais não se estabelece a eficácia dos negócios jurídicos: há outros elementos integrantes – a publicidade (*procedimento edital* notarial), a transcrição e, eventualmente, a cognição judicial. A rigor, só esse ponto é processual, com forte dose de jurisdição voluntária.

134) Dívidas anteriores – Cf. Código Civil, arts. 70-73;[148] Decreto-lei nº 3.200, arts. 19-23.

135) Ato jurídico à causa de morte e pré-contrato ou promessa unilateral de contratar – Nada obsta a que se institua em testamento o bem de família; nem que, tendo havido promessa de constituí-lo, resulte de sentença em ação de emissão de declaração de vontade, que se transcreverá, com publicação, porque o negócio jurídico tem essa publicidade especial, e a sentença "constitui", porém não confere eficácia *erga omnes*. São pontos, esses, de grande relevância teórica e prática.

136) Procedimento edital – Lia-se no Código de 1939, art. 648: "De posse da escritura, o instituidor a entregará ao oficial do Registro de Imóveis, para que mande publicá-la na imprensa da localidade e, à falta, na capital do Estado ou Território". No art. 649: "Da publicação, feita em forma de edital, constarão: I. O resumo da escritura, nome, naturalidade e profissão do instituidor, data do instrumento e nome do tabelião que o fez, situação e característicos do prédio. II. O aviso de que, se alguém se julgar prejudicado, deverá dentro de trinta (30) dias, contados da data da publicação, reclamar contra a instituição, por escrito e perante o oficial". O procedimento edital precede à transcrição. É um dos raros casos em que o procedimento por éditos foi entregue ao notário, tratando-se de mais do que das publicações de registro.

Na Lei nº 6.015, de 31 de dezembro de 1973, diz o art. 261: "Para a inscrição do bem de família, o instituidor apresentará ao oficial do registro a escritura pública da instituição, para que mande publicá-la na imprensa local e, à falta, na da Capital do Estado ou do Território". E o art. 262 diz: "Se não ocorrer razão para a dúvida, o oficial fará a publicação, em forma de edital, do qual constará: I – o resumo da escritura, nome, naturalidade e profissão do instituidor, data do instrumento e nome do tabelião que o fez, situação e característicos do prédio; II – o aviso de que, se alguém se julgar prejudicado, deverá, dentro em trinta (30) dias, contados da data da publicação, reclamar contra a instituição, por escrito e perante o oficial".

Historicamente, quando se retirou aos juízes parte da cooperação nos negócios jurídicos, exatamente se lhes conservou o presidir ao procedimento edital instrucional ou integrativo.

---

148 C. Civil de 2002, arts. 1.711-1.714.

137) Publicação antes do registro – A publicação *antes* do registro tem a conveniência de não surpreender o público sobre a data em que começa a eficácia *erga omnes*. O sistema das leis sobre registros públicos, anteriores, ou não, ao Código de Processo Civil, interpretando demasiado à risca o art. 73 do Código Civil de 1916,[149] *verbis*: "transcrita no registro de imóveis e publicada na imprensa local", ordenava registrar-se antes de publicar-se, de modo que ficariam duas possíveis datas de eficácia (registro e publicação). A concepção do Código de Processo Civil do Distrito Federal, que o Código de Processo Civil de 1939 adotou e está na Lei nº 6.015, é a que consulta os métodos de técnica de procedimento edital instrucional.

138) Competência do oficial do registro – A competência do oficial do registro de imóveis da situação do bem a ser destinado atende a que é o bem que é "afeto a fim", e não se há de pensar no próprio foro do domicílio do instituidor ou dos instituidores.

139) Resumo da escritura – Do edital consta o "resumo da escritura", porque a escritura, nos seus pormenores, interessa aos figurantes, e não ao público. Qualquer defeito se sana com a transcrição, exceto se há erro na identidade dos instituidores ou do prédio, caso em que a transcrição pode ser retificada, a pedido de quem tenha pretensão a reclamar.

140) Reclamação de interessado – Se alguém se diz prejudicado, tem de reclamar dentro do prazo legal. A reclamação exige-se ser escrita e dirigida ao oficial do registro de imóveis. Tem pretensão a reclamar, *e. g.*, o que tem direito real sobre o prédio, ou posse que não seja simplesmente direta (imediata) em relação aos instituidores, o credor por dividas anteriores à publicação feita.

141) Eficácia real – A eficácia real só se inicia com o registro. A simples lavratura da escritura pública não impede a penhora por dívida do instituidor (6ª Câmara Cível da Tribunal de Justiça do Distrito Federal, 28 de janeiro de 1947, *R. F.*, 115, 124, *O D.*, 45, 389).

142) Transcrição, e não inscrição – No Código de 1939, dizia o art. 650: "Findo o prazo do artigo anterior, sem que tenha havido reclamação,

---

[149] C. Civil de 2002, art. 1.714.

o oficial transcreverá a escritura *"verbo ad verbum"*, em livro próprio, lançará as respectivas indicações nos indicadores real e pessoal, e arquivará um exemplar do jornal em que a publicação houver sido feita, restituindo o instrumento à parte, com a nota de transcrição". Findo o prazo, sem reclamação, o oficial público transcreve a escritura e arquiva o exemplar do jornal, em que se fez a publicação. Sem pertinência fora o Decreto n° 4.857, de 9 de novembro de 1939, art. 277 (inscrição *antes* da publicação). Entenda-se publicação *antes* da transcrição. Não mais se faz no livro de registros diversos, porém no "livro próprio".

Na Lei n° 6.015, de 31 de dezembro de 1373, o art. 263 não alterou o que antes se estatuía: "Findo o prazo do n° II do artigo anterior sem que tenha havido reclamação, o oficial transcreverá a escritura integralmente ao Livro n° 3 e fará a inscrição na competente matrícula, arquivando um exemplar do jornal em que a publicação houver sido feita e restituindo o instrumento ao apresentante, com a nota da inscrição".

143) Transcrição e inscrição – Formalidade essencial, a falta de transcrição no Livro n° 3 é causa de ineficácia; portanto, sem eficácia *erga omnes*. Esses efeitos somente começam depois de transcrita a escritura pública, palavra por palavra, e feito a inscrição na competente matrícula. Também são ineficazes as inscrições: a transcrição posterior não as sana; têm de ser feitas a transcrição e as novas inscrições. O instituidor ou instituidores não respondem pelos danos que alguém sofra com a falta das inscrições; mas o oficial responde, inclusive, ao instituidor ou aos instituidores.

144) Reclamação e suspensão do registro – No Código de 1939, art. 651, foi dito: "Da reclamação, que será arquivada, o oficial fornecerá ao instituidor cópia autêntica, devolvendo-lhe a escritura, com a declaração escrita de ter sido suspenso o registro". No § 1°: "O instituidor poderá requerer ao juiz de direito da comarca que ordene o registro sem embargo da reclamação". No § 2°: "Se o juiz determinar que se preceda ao registro, ressalvará ao reclamante o direito de recorrer à ação competente para anular a instituição, ou de fazer execução sobre o prédio instituído, na hipótese de tratar-se de dívida anterior e cuja solução se tornou inexeqüível em virtude do ato da instituição". No § 3°: "A transcrição compreenderá também o despacho do juiz". Na Lei n° 6.015, de 31 de dezembro de 1973, diz o art. 264: "Se for apresentada reclamação, dela fornecerá o oficial, ao instituidor, cópia autêntica e lhe restituirá a escritura, com a declaração de haver sido suspenso o registro, cancelando a prenotação". O § 1°: "O instituidor poderá requerer ao juiz que ordene o registro, sem embargo da reclamação". O § 2°: "Se o juiz determinar que se proceda ao registro, ressalvará ao reclamante o direito de recorrer à ação competente para anular a instituição ou de fazer execução sobre o prédio instituído, na hipótese de tratar-se de dívida anterior e cuja solução se tornou inexeqüível em virtude do ato da instituição". E o § 3°: "O despacho do juiz será irrecorrível e, se deferir o pedido, será transcrito, integralmente, juntamente com o instrumento". O que é de relevância é frisar-se que o art. 264, § 3°, fez irrecorrível o despacho do juiz, o que antes não se dava. Se há reclamação, ou *a)* os instituidores *desistem*, suspendendo-se, indefinidamente, o registro; ou *b)* requerem ao juiz de direito da comarca, ou ao juiz de direito que for competente, ou a qualquer deles, em caso de haver dois, ou mais, competentes, que se registre, apesar da reclamação. *Nenhuma eficácia constitutiva tem a escritura pública no caso a)*, porque o negócio jurídico da instituição do bem de família é compósito, e não da classe daqueles negócios em que a escritura pública *opera* todos os efeitos entre partes. Resta, porém, saber-se se a escritura pública tem o efeito *obrigacional* de se requerer a publicação. Tal efeito depende do negócio subjacente ao da instituição do bem de família. Se foi o testador que deixou em bem de família o prédio, o testamenteiro tem o dever de providenciar. Se foi a mulher que outorgou a escritura, ela, ou o marido, como chefe da família, pode requerer. Se foi outorgada pelo marido a escritura, recusando-se ele a requerer a formalidade integrativa, ou caindo em incapacidade, pode requerê-la a mulher. Se ambos caíram em incapacidade, o tutor de qualquer dos filhos, ou o curador de qualquer dos cônjuges, se o casal não tem filhos. A referência a instituidor, que aparece nos textos legais, é apenas exemplificativo: ser do instituidor o pedido é o que corresponde ao *quod plerumque fit*.

145) Registro a despeito da reclamação – O "requerimento" do instituidor para que o juiz ordene o registro a despeito de reclamação é postulação, e o juiz exerce função de cognição superficial, *incompleta*, tanto que, se o defere, tem de ressalvar ao reclamante o uso da *ação de nulidade da instituição do bem da família*, segundo os princípios de direito material, em processo de rito ordinário, e a ação executiva de título extrajudicial ou ação executiva de sentença, ou qualquer outra, executiva *lato sensu*, que apanhe o bem, desde que o direito material a permita. O juiz tem de fazer a ressalva, explicitamente. Porém, se o não faz, nem por isso ficam fechadas ao reclamante as vias ordinárias para as suas pretensões contra a instituição, direta ou indiretamente.

146) Natureza da decisão do juiz – Pode o juiz desatender ao pedido daquele que pretende o registro. Para isso, hão de militar razões de se não admitir, *in casu*, a instituição, tais como prova de dívida com título executivo que abranja, sem ser preciso ação declarativa ou de condenação sobre o quanto, mais que os outros bens do instituidor poderiam solver, ilegitimação do instituidor ou falta de qualquer outro pressuposto da instituição que se possa provar com documento de valor probatório suficiente. A ressalva está sempre subentendida; a decisão é dessas a que se dá o nome de sentença de cognição incompletada. Nem depende do juiz completá-la. A *reserva* é implícita.

A resolução do juiz, que manda registrar-se, é, pois, mandamental, integrativa, com reserva de melhor cognição.

147) Transcrição contendo o despacho – A transcrição, quando se tenha dado o caso de reclamação judicial, tem de conter o despacho do juiz, de modo que a falta da inserção importa nulidade do registro.

148) Cancelamento da transcrição – Há o possível cancelamento da transcrição. Ponto digno de nota é o da audiência dos interessados, filhos do casal. Claro que, ainda instituído bem de um só dos cônjuges, o laço obrigacional fica entre eles, e o consentimento do outro é essencial, embora judicialmente suprível, segundo os princípios. Quanto aos filhos, entendeu o Conselho de Justiça da Corte de Apelação do Distrito Federal, a 2 de novembro de 1937 (*A. J.*, 45, 104), que basta ser ouvido o órgão do Ministério Público. Não há solução *a priori*. Se os menores estão sob o pátrio poder, há colisão de interesses. Se estão sob tutela ou curatela, tem de ser ouvido o tutor ou curador. Se relativamente incapazes, não se explica não serem ouvidos. A lei não concebeu o bem de família como de livre cancelamento.

Sempre que se pede cancelamento, a ação é dirigida, não só à *desconstituição* do negócio jurídico da instituição do bem de família, mas sim, e principalmente, à *desconstituição* do registro. A lei concebeu o bem de família como de livre instituição, não o cancelamento, de modo que a ação é *constitutiva negativa*.

149) Instituição embutida em regra jurídica de transmissão – O art. 265 da Lei nº 6.015, de 31 de dezembro de 1973, diz: "Quando o bem de família for instituído juntamente com a transmissão de propriedade (Decreto-lei nº 3.200, de 19 de abril de 1941, art. 8º, § 5º), a inscrição far-se-á imediatamente após o registro da transmissão ou, se for o caso, com a matrícula". O art. 8°, § 5°, do Decreto-lei n° 3.200 diz que "será feita a transcrição do título de transferência da propriedade, em nome do mutuário, com a averbação de bem de família, e com as cláusulas de inalienabilidade e de impenhorabilidade a não ser pelo crédito da instituição mutuante". O art. 8°, § 5°, está no Capítulo V do Decreto-lei n° 3.200, que trata dos mútuos para casamento. Portanto, não havemos de pensar em tal espécie somente como exemplo. O que se colima no art. 265 é afastar-se qualquer exigência do procedimento dos arts. 260-264. No negócio jurídico de que resulta a transmissão já se inserira a cláusula de destino a domicílio da família. Por isso, não mais se precisa de formalidades. Dir-se-á que pode acontecer que o alienante tenha dívidas, mas a cláusula não é sem benefício, e sim em benefício do adquirente. Nada obsta a que, feita imediatamente a inscrição, advenham as ações previstas no art. 264, § 2°, pois que houve a ressalva.

G. Dissolução e liquidação das sociedades

150) Sociedades de direito privado e de direito público – O assunto dos arts. 655-674 do Código de 1939 abrange quaisquer sociedades personificadas, ou não, exceto as sociedades cujo processo de dissolução e liquidação seja regulado pelo Direito Constitucional ou pelo Direito Administrativo. Não estão excluídas aquelas cuja dissolução e liquidação se reja pelo direito público, se o processo não pertence ao Direito Constitucional ou ao Administrativo. Não se distinguem as sociedades civis e as comerciais. Ao direito material respectivo é que toca determinar os casos de dissolução e liquidação, em seus pressupostos básicos. Cf. Código Civil, arts. 1.399 e 1.404;[150] Código Comercial, arts. 335 e 336.[151] No art. 673, remete-se ao processo ordinário a ação de dissolução das sociedades, se não se previu outro rito no contrato ou instrumento constitutivo, e ao da execução de sentença o de liquidação. No art. 674, tratou-se das sociedades anônimas, dizendo-se que têm a sua lei própria (então, o Decreto-lei n° 2.627, de 26 de setembro de 1940) e são sempre sociedades *mercantis* (Decreto-lei n° 2.627, art. 2°).

---

150 *Aliter*, arts. 1.033 e 1.029 do C. Civil de 2002, respectivamente.
151 O art. 2.045 do C. Civil de 2002 ab-rogou a Parte Primeira do Código Comercial.

151) Dissolução "ipso iure" – Se a dissolução é *ipso iure*, o procedimento, em princípio, restringir-se-ia à liquidação. Mas o Código de 1939, seguindo a trilha do antigo Código de Processo Civil do Distrito Federal, cogitou de *declaração*. O art. 937 da revogada lei do Distrito Federal distinguia a *declaração* e a *decretação*, aquela referente à dissolução *pleno iure* e essa dependente de sentença: "...a declaração, ou a decretação...". Odilon de Andrade (Código, II, 135) frisou: "Alguns Códigos não fazem depender de ato algum do juiz a dissolução da sociedade, quando esta se opere de pleno direito. Uma vez ocorrido o fato determinante da dissolução, qualquer interessado requererá a liquidação da sociedade. Este Código, mais corretamente, exige que o juiz *declare* a dissolução, no caso de ocorrer de pleno direito, ou a *decrete*, no caso contrário" (também, *Comentários*, VII, 405). Não nos parece que o tivesse exigido o Código do Distrito Federal, nem que o exija o de agora *para a dissolução*. Aquele dizia: "a declaração, ou a decretação,... podem ser requeridas"; esse, "poderá (a dissolução) ser declarada". Exigência, portanto, para o ingresso na liquidação *judicial*. O direito material é que responde se a sentença é necessária ou não. Assim é que é certo, *de lege ferenda*; e assim, *de lege lata*, está estabelecido no art. 655. Só se exige para a liquidação judicial.

O que se estranhava, no art. 655 do Código de 1939, era que o legislador houvesse prescindido dos dois conceitos (declarar, decretar) e adotado o ambíguo, se não equívoco, "ser declarada (a dissolução)", de que se usa do art. 655. ¿ Entendeu ele que as ações são idênticas? O problema toca o direito processual, porque diz respeito à natureza das duas ações e das respectivas sentenças. Evitamos, por falta de espaço, a discussão no terreno do direito material.

Se a dissolução resulta da lei, a ação e a sentença que o proclamam são *declarativas*: a sociedade está dissolvida, subsistindo apenas a responsabilidade social para com terceiros, pela dívida que tenha contraído (Código Civil, art. 1.407).[152] Se a dissolução depende de sentença, a ação e a sentença são de *constituição*, com forte elemento constitutivo, ou, às vezes, condenatórias. O Código de 1939, com a ambiguidade (aliás, equivocidade) do art. 655, *verbis*: "poderá ser declarada", não apagou a diferença, que resulta do direito material e dele mesmo (art. 657).

Já tivemos ensejo de observar que há ações que têm pedido *mais forte* do que o pedido da ação que *deveria ser proposta*. Por exemplo: pede-se

---

152 Sem correspondente no C. Civil de 2002.

a decretação do desquite de casamento inexistente; uma vez que a questão da existência do casamento é *prejudicial*, claro que o juiz pode, na ação de desquite, declarar a *inexistência* do casamento, tornando-se sentença declarativa, em vez de constitutiva negativa, a que proferir. Se foi pedida a dissolução de sociedade civil ou comercial, em ação constitutiva negativa, também se passa isso. A questão de ter existido e existir a sociedade (na qual se inclui a de estar dissolvida *ipso iure*) é prejudicial; porque seria absurdo "decretar a dissolução" de sociedade que não existiu, ou existiu e se dissolveu. Não se desconstitui o que já está desconstituído. Daí poder o juiz, ainda se foi proposta ação de dissolução (constitutiva negativa), *declarar* a inexistência da sociedade, inclusive decretar a sua nulidade *ipso iure*, ou declarar a sua dissolução *ipso iure*, isto é, independente de ato judicial integrativo da desconstituição.

O termo "declarada", no art. 655, é *fraco*, no sentido da dicotomia "mais forte – mais fraco" do trecho antes citado. Melhor seria que a lei tivesse dito "decretado", porque, sendo *mais forte*, permitiria a alusão às causas que estariam decididas já na *questão prejudicial*. Mas é como "declarado ou decretado" que o devemos ter. A liquidação judicial é só o que se pode pedir, se a sociedade já foi dissolvida de pleno direito e nenhum ato integrativo se exige; porém, como liquidação se tem de basear em *cognição* da dissolução (existência anterior + cessação da existência), está claro que só se pode *liquidar* o que resta de sociedade que existiu e cessou de existir. Duas prejudiciais ineliminâveis, a de ter existido (declarativa) e a de não existir mais (outra declarativa). É a esse elemento de prejudicialidade que se referia o antigo Código de Processo Civil e Comercial do Distrito Federal, sem atender a que a ação, num caso (sociedade já dissolvida *ipso iure*) e noutro caso, é de *liquidação*, o último com *cumulação de ações* (a dissolução, que é constitutiva negativa, e a de liquidação) *sucessiva eventual*: se não estava dissolvida a sociedade, ou se não se pode decretar a dissolução, não cabe liquidação.

Se foi pedida a declaração da dissolução da sociedade, ou a decretação, com o pedido de liquidação, tem-se aquela decisão como um passo para a ação executiva. Aquela ação é prejudicial, isto é, nela se prejulga. Se há o pedido de declaração ou de decretação da dissolução, sem que se tenha de liquidar ativo e passivo da sociedade, o assunto é estranho às ações executivas.

152) Elemento declarativo comum às sentenças – Lê-se no Código de 1939, art. 655: "A dissolução de sociedade civil, ou mercantil, nos casos previstos em lei ou no contrato social, poderá ser declarada, a requerimento de qualquer interessado, para o fim de ser promovida a liquidação judicial". "Declarada", na sentido amplo. referindo-se ao elemento declarativo que há em todas as sentenças; não no sentido de serem sempre declarativas as ações e as sentenças do art. 655.

Aliás, no art. 657, falou-se de "declarar, ou decretar".

Para a dissolução, devem ser citados todos os sócios – todos são partes, réus. Os sócios ou seus sucessores (1ª Câmara Civil do Tribunal de Apelação de São Paulo, 16 de setembro de 1940, *R. dos T.*, 128, 243).

153) Liquidação judicial – Quando se promove a liquidação judicial, é preciso que exista a cognição do juiz. Daí, se se prefere a liquidação judicial, ou se a lei a impõe, tem de precedê-la cognição do juiz, com elemento de declaração, ou de constitutividade negativa, necessário a que se ingresse no processo liquidatório.

154) Legitimação ativa – Qualquer interessado, ainda o credor da sociedade ou do sócio, pode pedir a declaração ou a decretação da dissolução e liquidação, desde que alegue e prove o interesse jurídico. É nula a cláusula contratual que vede o pedido de liquidação judicial (3ª Câmara Cível do Tribunal de Apelação do Distrito Federal, 19 de janeiro de 1943, *R. dos T.*, 149, 296).

155) Subsistência da sociedade – A liquidação pertence à própria sociedade e essa é tratada *como* se fosse subsistente até que termine a liquidação. Tal *subsistência* constitui um dos problemas técnicos mais delicados do direito das sociedades. Alguns entendem que se trata de (*a*) continuação da personalidade jurídica, sem mais outra; outros, de (*b*) mera sucessão universal a favor dos que têm direito ao restante do patrimônio, dando-se apenas lapso para a entrega dos bens que se liquidaram (Otto Von Gierke, *Vereine ohne Rechtsfähigkeit*, 2ª ed., 47, nota 87; Konrad Hellwig, *Wesen und subjektive Begrenzung der Rechtskraft*, 203 s.; Franz Bernhöft, *Fiktionen*, 23 s.); ainda há a opinião (*c*), que entende acharem-se os bens em estado de execução, voluntária ou forçada, pelos liquidantes, à semelhança do que ocorre quando o Estado retira à pessoa física ou jurídica os bens penhorados – apenas, nesse caso, a razão da execução é a falta de personalidade da sociedade dissolvida. A construção (*a*) é a mais vulgar; pode dizer-se que é ainda dominante; tem, na doutrina, entre os grandes juristas a Ernst Zitelmann (*Das Recht des BGB.*, 68) e a Andreas von Tuhr

(*Der Allgemeine Teil*, I, 565). No Brasil, essa opinião foi a da 2ª Câmara Cível da Corte de Apelação do Distrito Federal, a 20 de outubro de 1905 (*D.*, 99, 293) e a 20 de agosto de 1907 (*D.*, 105, 295). J. X. Carvalho de Mendonça evitou discutir (*Tratado de Direito Comercial Brasileiro*, II, 281), mesmo porque eram vagos os termos do Código Comercial, art. 335, *in fine*, e do Decreto nº 434, de 4 de julho de 1891, art. 156. Clóvis Beviláqua (*Código Civil*, I, 236) considerou extinta a personalidade, sem, porém, dizer como construía, se conforme (*b*) ou se conforme (*c*), a despeito da jurisprudência que repetia a opinião (*a*), sem lhe reconhecer, na realidade, as consequências. O que não continua é a *sociedade*, que foi dissolvida, não a *pessoa jurídica*. Conhece-se fato semelhante no trato das sociedade irregulares. A subsistência é mera facilidade formal, *stadium*, em que se restringe o número de atos praticáveis. Aliás, as dificuldades crescem quando, mantendo-se a teoria da continuação da personalidade, se consideram os casos de dissolução *pleno iure* por lei que reputa "ilícita" a sociedade ou de sentença passada em julgado que a dissolveu por falta de número legal de membros etc.

156) Devolução à Fazenda Pública – Não se procede à liquidação quando os bens são devolvidos integralmente à Fazenda Pública. Em todos os outros casos, liquida-se a sociedade no interesse dos credores e dos próprios sócios, devido à responsabilidade deles. A *liquidação é de direito cogente*, mas a liquidação judicial só o é se a lei especial o ordena. Essa lei é que diz quais os atos praticáveis no estado de liquidação. De regra, os liquidantes podem tomar parte em novos negócios jurídicos que sirvam ao seu fim, em assuntos pendentes, e nunca fora daí (H. Wimpfheimer, *Die Gesellschaften im Stadium der Liquidation*, 161).

A liquidação não pode ser dispensada pelos sócios, ainda que no contrato social ou nos estatutos isso se houvesse dito (sem razão a Corte de Apelação do Distrito Federal, a 28 de novembro de 1906, *R. de D.*, 12, 91). Antes, item 154.

O contrato social não pode impedir dissolução (3ª Câmara Cível do Tribunal de Apelação do Distrito Federal, 5 de maio de 1944, *D. da J.* de 30 de junho), salvo se ocorre retirada de sócio.

157) Quando é que se pode prescindir da ação de liquidação – a) Se houve tal infração do contrato que se podem conhecer as pretensões de cada sócio sem o procedimento da liquidação, nada obsta a que se prescinda da *ação de liquidação* e se demande, desde logo, pela infração, apontada do contrato (ação de condenação).

b) A lei chama liquidação da sociedade o que é mais do que liquidação: é *liquidação* e *partilha*. A liquidação serve à partilha entre os sócios; naturalmente pondo-se de parte, para ser devolvido, o que o sócio entregou à sociedade somente para uso, salvo, no período da liquidação, se ainda é necessário.

c) Na partilha entre sócios, pode ocorrer que se tenha de *dividir*, ou de se estabelecer, quanto ao que era comum, comunhão *pro diviso*. Se a algum sócio se adjudica algum bem, os demais respondem pelos vícios redibitórios.

d) Se os haveres sociais não cobrem as dívidas, os sócios têm de completar o quanto, ou, em vez disso, se há de abrir o concurso de credores.

e) Se cabe a retirada de algum sócio, sem dissolução da sociedade (*denúncia*), e a *sociedade*, por outro motivo, se dissolve, a retirada do sócio trata-se em primeiro lugar, ainda que no mesmo processo. Os negócios pendentes não se calculam para o caso da retirada, mas, concluídos e apurados lucros ou perdas, assume-os o denunciante. Essa regra também se aplica ao caso da morte do sócio sem dissolução da sociedade.

158) Instrução da petição – Está no Código de 1939, art. 656: "A petição inicial será instruída com o contrato social ou com os estatutos". No § 1º: "Nos casos de dissolução de pleno direito, o juiz ouvirá os interessados no prazo de quarenta e oito horas e decidirá". No § 2º: "Nos casos de dissolução contenciosa, apresentada a petição e ouvidos os interessados no prazo de cinco dias, o juiz proferirá imediatamente a sentença, se julgar provadas as alegações do requerente. Se a prova não for suficiente, o juiz designará audiência para instrução e julgamento, e procederá de conformidade com o disposto nos arts. 267 a 272". Toda a matéria da dissolução e liquidação das sociedades quanto aos fundamentos consta da lei ou consta do contrato social ou dos estatutos. Daí a necessidade de documento (art. 656 do Código de 1939 e art. 283 do Código de 1973).

159) Dissolução de pleno direito – A *dissolução de pleno direito* tem de ser declarada, pois que já se operou, e aí nenhum poder de constituição negativa tem o juiz. Por outro lado, a cognição é fácil, não precisando de delongas e discussões. Ouvem-se os interessados, em quarenta e oito horas. Conclusos os autos, o juiz decide. A sentença é declarativa; a eficácia, *ex tunc*. Dela cabe apelação. A expiração do prazo é causa de dissolução *ipso iure* (3ª Câmara Civil do Tribunal de Apelação de São Paulo, 2 de junho de 1943, *R. dos T.,* 148, 148), salvo se concebido diversamente.

A Lei nº 6.404, de 15 de dezembro de 1976, firmou-se na teoria (*a*), entrando em minudentes diferenciações. As sociedades anônimas tiveram os arts. 206 e 207, sobre a *dissolução*, os arts. 208-218, sobre *liquidação*, e o art. 219, sobre *extinção* das companhias. Dissolver-se não é, então, extinguir-se, a despeito do sentido de *dissolvere*. Dissolve-se a companhia, diz o art. 206:[153] "I – de pleno direito: *a*) pelo término do prazo de duração; *b*) nos casos previstos no estatuto; *c*) por deliberação da assembleia-geral (art. 136, nº VII); *d*) pela existência de um único acionista, verificada em assembléia-geral ordinária, se o mínimo de dois não for reconstituído até à do ano seguinte, ressalvado o disposto no art. 251; *e*) pela extinção, na forma da lei, da autorização para funcionar; II – por decisão judicial: *a*) quando anulada a sua constituição, em ação proposta por qualquer acionista; *b*) quando provado que não pode preencher, o seu fim, em ação proposta por acionistas que representem cinco por cento ou mais do capital social; *c*) em caso de falência, na forma prescrita na respectiva lei; III – por decisão de autoridade administrativa competente, nos casos e na forma previstos em lei especial". No art. 207 vem explícito o que a lei distinguiu quanto à dissolução e à extinção: "A companhia dissolvida conserva a personalidade jurídica, até a extinção, com o fim de proceder à liquidação". Assim, a opinião (*a*) foi a que se acolheu e frisado ficou que a solução foi para que a liquidação se fizesse sem se ter despersonalizado a companhia dissolvida. Por isso, em todos os atos ou operações, o liquidante deverá usar a denominação social seguida das palavras "em liquidação" (art. 212). Pago o passivo e rateado o ativo remanescente, o liquidante convocará a assembleia-geral para a prestação final das contas (art. 216). Aprovadas as contas, encerra-se a liquidação e a companhia se extingue (art. 216, § 1º). O acionista dissidente terá o prazo de trinta dias, a contar da publicação da ata, para promover a ação que lhe couber (art. 216, § 2º).

No art. 219, diz-se: "Extingue-se a companhia: I – pelo encerramento da liquidação; II – pela incorporação ou fusão, e pela cisão com versão de todo o patrimônio em outras sociedades".

A liquidação das sociedades anônimas rege-se pelos arts. 208-218.

160) Dissolução dependente de sentença – A *dissolução dependente de sentença* tem de ser decretada. A ação é constitutiva negativa

---

153 O art. 1º da Lei nº 9.457, de 05.5.1997, alterou a redação da letra "c" do inc. I do art. 206 da Lei das S.A. para *"por deliberação da assembléia-geral (art. 136, X)"*.

com elemento condenatório assaz forte. A eficácia, *ex nunc*. Dela cabe a apelação. (A expressão "dissolução contenciosa" não é feliz. Nem toda dissolução, que não é *pleno iure*, é contenciosa. Se contenção está aí por disputa, casos há em que se disputa a respeito de dissolução de pleno direito, e outros em que há acordo quanto à dissolução dependente da sentença, o problema técnico consistia em se empregarem dois conceitos que correspondessem à dissolução *pleno iure* e à dissolução dependente de ato judicial. Somente isso.)

Declara-se a dissolução *ipso iure*, ao passo que se decreta a nulidade *ipso iure* ou não, porque a sociedade dissolvida não é, enquanto o ato nulo (*e. g.*, a sociedade nula *ipso iure*) é, posto que nulo.

A liquidação das sociedades é execução da sentença de dissolução, seja *declarativa* (dissolução *ipso iure*), seja *constitutiva negativa* (dissolução decretada). A única diferença entre ela e as outras liquidações está no seu objeto, que são os haveres e as obrigações das *sociedades* dissolvidas. De regra, (1) há de ser nomeada liquidante (*a*) a pessoa que, pelo contrato social, ou pelos estatutos, tenha de sê-lo, e fixada conforme o contrato a forma da liquidação e partilha. Naturalmente, se não está previsto, à lei dispositiva (*b*) cabe dizer quem deve ser nomeado e como se há de liquidar e partilhar.

Se faltam leis dispositivas de direito material e (*c*) indicação pelos sócios (Código de 1939, art. 657, § 3º), ou acordo sobre liquidação e partilha, então, e só então, se recorre (*d*) à lei processual sobre liquidação.

Excepcionalmente, pode alguma lei (2) excluir o primado da regra do contrato social ou dos estatutos, funcionando como derrogatória da regra geral de primado da declaração de vontade dos contratantes. É, então, *ius cogens*, em vez de ser, como na espécie (*b*) de (1), *ius dispositivum*. A espécie (*c*) é negocial, sendo pressuposto necessário a unanimidade. A espécie (2) elidiria as outras. Se não há lei cogente, isto é, se não há (2), nem indicação segundo (*a*), ou (*c*), nem lei dispositiva, espécie (*b*), então – e somente aí – tem de ser aplicado, por exemplo, o § 1º do art. 657 do Código de Processo Civil de 1939, regra jurídica processual cogente, se não há concordância geral.

A regra jurídica do art. 657, § 1º, do Código de 1939 e as semelhantes supõem, portanto, *falta* de disposição legal ou contratual.

Se o direito material adota (1) (*a*), somente na falta de disposição do contrato social, ou dos estatutos, é que se recorre à lei dispositiva (*b*), se há tal lei, ou, se não há, à indicação pelos sócios (*c*). A nomeação, segundo o art. 657, § 1º, é apenas para o caso de não ocorrer (1) (*a*), nem (1) (*b*), nem (1) (c). O mesmo raciocínio cabe a respeito de forma de liquidação e partilha.

As leis de direito material costumam inserir em seu corpo regras do tipo (1) (a), e essas regras jurídicas criam direito subjetivo, pretensão e ação a favor dos que pretendem contrair sociedade e disciplinar-lhe a dissolução e a liquidação. As regras fixadoras de autonomia da vontade são regras como as demais, suscetíveis de ser infringidas como direito em tese e como direito em aplicação concreta. Quando o Código Comercial, no art. 302, inciso 6, recomendou que o contrato de constituição da sociedade contivesse a indicação da "forma da liquidação e partilha", implicitamente redigiu regra que diz: "É aos contraentes que toca, em primeiro lugar, adotar a forma de liquidação e partilha"; portanto, o Direito Comercial brasileiro escolheu a solução (1) (a).

Se alguma sociedade em nome coletivo se dissolve pela morte de um dos sócios (Código Comercial, art. 355) e se declara a sua dissolução, o primeiro passo a dar-se é consultar-se o contrato social sobre a forma da liquidação e partilha.

No Direito brasileiro, há o *princípio de autonomia na adoção da forma de liquidação e partilha,* que é o da solução (1) (a) antes referida (Código Comercial, art. 302, inciso 6), para seguir a solução do art. 704 do Código de 1939: "Nos casos expressos em lei, e sempre que os gêneros ou efeitos seqüestrados ou arrestados, depositados ou penhorados, forem de fácil deterioração, estiverem avariados, ou exigirem grande despesa para a sua guarda, o juiz, *ex officio,* nos casos em que lhe competir, ou a requerimento do depositário, ou da parte interessada, mandará que o serventuário competente venda aqueles gêneros ou efeitos em praça ou leilão público, mediante avaliação, se ainda não avaliados judicialmente". Note-se que era pressuposto necessário: 1) ser caso expresso em lei ou 2) estarem judicialmente constritos os bens (sequestrados, arrestados, depositados, penhorados etc.). Não incide o art. 704 se não há 1), nem 2). Nem é de admitir-se venda judicial onde o contrato foi claro em dizer como se liquidaria e partilharia.

No Direito Comercial brasileiro, a intervenção do juiz nas liquidações de sociedades tem de ser para o cumprimento das cláusulas contratuais sobre liquidação e partilha. Somente se não houve, no contrato social, tais cláusulas é que se pode pensar em aplicação de *lei.* Assim, temos:

(1) (a), Código Comercial, art. 302, inciso 6.

(1) (b), Código Comercial, arts. 304 e 348 (art. 302, inciso 6), 344-353; Código de Processo Civil de 1939, art. 671.

De modo que *ou* se tem (1) (*a*), cumprindo ao juiz aplicar o disposto no contrato, ou os interessados acordam noutra forma e temos (1) (*c*), *ou* se aplicam as regras jurídicas dispositivas (Código Comercial, arts. 344-353).

Desde todo o princípio, na interpretação do Código Comercial, arts. 344-353, frisa-se não haver diferença entre subordinação da forma de liquidação e partilha, precipuamente, ao *disposto* pelas partes, se amigável a liquidação, e a subordinação ao *disposto* pelas partes, se judicial a liquidação (Relação do Rio de Janeiro, 9 de junho de 1882, *O D.*, 28, 478). Nem se compreenderia que o fato de se submeter ao juiz a solução das questões, em caso de discórdia, tivesse a consequência de desvestir de direitos, pretensões e ações os interessados. O juiz é adstrito ao disposto no contrato; e é o direito dos sócios ao respeito do contrato, ou, na falta do contrato, da lei, que justifica a *judicialização* da liquidação (cf. 2ª Câmara da Corte de Apelação do Distrito Federal, 19 de janeiro de 1906, *O D.*, 109, 162 s.) e da partilha.

A liquidação ou foi desnecessária, porque nada se tinha a liquidar, e credores não havia, ou, se os havia, assumiram os sócios, pessoalmente, as dívidas, ou algum ou alguns deles espontaneamente as assumiram, ou incide a regra de direito material, regra jurídica sobre responsabilidade dos sócios pelas dívidas contraídas. Nas relações com os sócios, a liquidação foi prexcluída ou encerrou-se no momento em que os sócios, explícita ou implicitamente, a deram como tal. Nas relações com terceiros, ou as dívidas líquidas têm de ser pagas por aqueles que as assumiram, ou, se há dívidas ilíquidas, têm de ser pagas pelos que as assumiram, após liquidação perante os responsáveis, ou, líquidas ou ilíquidas, não foram assumidas espontaneamente e então incide o art. 1.407 do Código Civil.

Se o executado *aliena* o bem penhorado, alienação que é ineficaz em relação ao exequente, mas vale, pode o exequente consentir em que se dê a substituição do executado pelo terceiro adquirente.

Se há questão pendente entre o executado e terceiro que se diz com direito ao bem e a penhora foi posterior à litispendência, o exequente pode intervir, como assistente litisconsorcial, na ação pendente. Depois da expedição da carta de adjudicação ou de arrematação, o exequente ou o arrematante faz-se parte, em substituição.

161) Poderes do juiz – O juiz é investido pelo art. 656, § 2°, alíneas 1ª e 2ª, do poder de (*a*) encurtar ou de (*b*) estender o processo, segundo lhe parece que as alegações já estão ou ainda não estão provadas. No caso (*a*), depois de ouvidos os interessados, o juiz profere a sentença. Dela cabe apelação (Código de 1973, art. 513; Código de 1939, art. 820). Provida, necessariamente se passa à fase do art. 656, § 2º, alínea 2ª, para que se complete a cognição: o juiz considerou suficiente prova que o não era; e, descendo os autos, tem de proceder de acordo com a alínea 2ª. A sentença fora intempestiva.

(O art. 656, § 2º, não se aplica em caso de dissolução *pleno iure*, cujo processo é o do § 1º. O pedido é que importa.)

162) Rito especial – Se o juiz, na fase da 1ª alínea do § 2º, não se deu por convicto, passa à segunda fase. A audiência é *ad instar* das regras jurídicas comuns. Não se adotou o rito ordinário: não há despacho saneador, nem as medidas de sanação. Tais medidas podem ser ordenadas em conversão do julgamento em diligência. Os arts. 129-131 do Código de 1973 são aplicáveis, bem assim os arts. 243-250. Da sentença cabe apelação.

163) Ação de liquidação – Lê-se no Código de 1939, art. 657: "Se o juiz declarar, ou decretar, a dissolução, na mesma sentença nomeará liquidante a pessoa a quem, pelo contrato, pelos estatutos, ou pela lei, competir tal função".

No § 1º: "Se a lei, o contrato e os estatutos nada dispuseram a respeito, o liquidante será escolhido pelos interessados, por meio de votos entregues em cartório. A decisão tomar-se-á por maioria, computada pelo capital dos sócios que votarem e, nas sociedades de capital variável, naquelas em que houver divergência sobre o capital de cada sócio e nas de fins não econômicos pelo número de sócios votantes, tendo os sucessores apenas um voto". No § 2º: "Se forem somente dois os sócios e divergirem, a escolha do liquidante será feita pelo juiz entre pessoas estranhas à sociedade". No § 3º: "Em qualquer caso, porém, poderão os interessados, se concordes, indicar, em petição, o liquidante". A *liquidação das sociedades* é execução da sentença de dissolução, qualquer que ela seja. A única diferença entre ela e as outras liquidações está no seu objeto – os haveres e as obrigações das sociedades dissolvidas. Se a dissolução ocorreu *pleno iure*, ou não, é sem relevância para a liquidação (salvo lei emergencial, que então seria restrita à abrangência dos seus artigos), porque em ambos os casos a sociedade está dissolvida.

Se, feita a liquidação, algum credor deixou de apresentar-se e do crédito dele não tinha informação o liquidante, e está extinta a sociedade e, com ela, a pessoa jurídica, pode o credor não satisfeito ir, em ação condenatória, ou executiva, se cabe, contra os sócios e, se houve culpa do liquidante, contra esse, para haver indenização dos danos.

A apelação é o recurso interponível da sentença que decreta a dissolução da sociedade e nomeia o liquidante (5ª Câmara Civil do Tribunal de Justiça de São Paulo, 20 de agosto de 1957, *R. F.*, 179, 237). Tem efeito suspensivo, razão por que não funciona, no intervalo, o liquidante nomeado (Conselho de Justiça do Distrito Federal, 27 de agosto de 1948, *A. J.*, 88, 375).

164) Liquidante – *De regra* (1), há de ser nomeada liquidante (*a*) a pessoa que, pelo contrato social ou pelos estatutos, tenham de sê-lo. Assim, a 1ª Turma do Supremo Tribunal Federal, a 18 de dezembro de 1941 (*R. F.*, 91, 109). Naturalmente, se não está previsto, à lei dispositiva (*b*) cabe dizer quem deve ser nomeado. Se faltam lei dispositiva de direito material e (*c*) indicação pelos sócios (art. 657, 3º), então, e só então, se recorre (*d*) à lei processual sobre liquidação. *Excepcionalmente*, pode alguma lei (2) excluir o primado da regra do contrato social ou dos estatutos, funcionando como derrogatória da regra geral de primado da declaração de vontade dos contraentes. É, então, *ius cogens*, em vez de ser, como na espécie (*b*) de (1), *ius dispositivum*. A espécie (*c*) é negocial, sendo pressuposto necessário a unanimidade. A espécie (2) é a mais forte e elide as outras.

No momento em que se nomeia ou se escolhe o liquidante, traspassam-se a esse os poderes dos sócios gerentes. Se se trata da mesma pessoa, há continuidade quanto à titularidade; não, porém, quanto à fonte dos poderes.

Se no contrato social foi dito que seria o liquidante, sócio ou estranho, em caso de dissolução da sociedade, somente a unanimidade pode escolher outra pessoa (cf. Tribunal de Justiça de São Paulo, 6 de março de 1947, *R. dos T.*, 167, 240).

O art. 657 do Código de Processo Civil de 1939 não derrogou o art. 344 do Código Comercial.[154] Se o contrato nada preestabeleceu, o sócio gerente é quem é liquidante, se os sócios, por maioria, não escolhem outra pessoa (4ª Câmara Civil do Tribunal de Justiça de São Paulo, 17 de fevereiro de 1944, *R. dos T.*, 154, 626). No caso de empate, ou de não haver maioria, não há outra solução que a de nomeação pelo juiz (3ª Câmara Civil, 31 de maio de 1944, 153, 151).

---

154 O art. 2.045 do C. Civil de 2002 ab-rogou a Parte Primeira do Código Comercial.

165) Nomeação do liquidante e determinação legal – Se não há lei cogente, segundo antes se disse, no item 163, espécie (2), nem indicação segundo (*a*), ou (*c*), nem lei dispositiva, espécie (*b*), então tem de ser aplicado o § 1º do art. 657, regra jurídica processual imperativa, se não há concordância geral (§ 3º). Saber-se que é regra cogente, salvo o caso do § 3º, tem grande significação teórica e prática, porque há de ser respeitada, ainda que os interessados, em maioria, queiram outro processo de escolha. Outro processo de escolha viria primeiro, se tivesse sido adotado ou permitido por alguma das regras da espécie (*a*) ou (*b*) ou (2). A norma do art. 657, § 1º, supõe *falta* de disposição legal ou contratual, mas falta que não a faz dispositiva, porque na ocasião de ser aforada a ação (aliás, na ocasião da própria causa de dissolução) *já* as partes não a podem excluir. Como regra processual, é cogente, uma vez que – desde o início do processo, pelo menos –, é vedado afastá-la. Mas deixa de incidir, se *todos* a excluem (§ 3º), indicando o liquidante (*c*). O que se disse sobre nomeação de liquidante vale para o mais, quanto à forma de liquidação e partilha. Cf. Código Comercial, art. 302, inciso 6.

166) Votação – Os votos são entregues em cartório, e de modo nenhum se lhes pode admitir outro destinatário. Seria nula, por exemplo, a escolha sem votação: por aclamação, por acordo escrito etc. Isso resulta da natureza da regra jurídica cogente, que é a do próprio art. 657, § 1º.

167) Imperatividade da regra jurídica do art. 657, § 1º, 2ª alínea – Também a 2ª alínea do § 1º é imperativa. As partes não podem alterar o cômputo e o modo de votação. Note-se, porém, que as duas alíneas supõem que não haja regras (*a*), (*b*) e (2) da nota 162), nem a indicação do § 3º (*c*). Se há, nenhuma das duas é aplicável. O direito material fica à frente delas, pelas razões que demos às notas 163) e 164); ou perde razão de incidir, porque o § 3º lhe tira o pressuposto principal: faltar a designação do liquidante.

168) Escolha feita pelo juiz – Se são dois os sócios e divergem, a escolha é feita pelo juiz, e há de recair em pessoa estranha à sociedade. Aliás, pode ocorrer que a lei de organização judiciária possua liquidante judicial, outro fato de burocratização dos cargos em processo. A lei não cogitou do desempate, ou da atribuição ao juiz, se quatro ou seis ou oito, e assim por diante, são os sócios; ou se, ainda sendo ímpar o número deles, a votação empatou. Procede-se à nova votação, por meio de novos votos entregues em cartório. Salvo exclusão do problema por indicação do liquidante (§ 3°).

A simples divergência entre os três ou mais sócios não dá ao juiz a nomeação de estranho (2ª Câmara Civil do Tribunal de Apelação de São Paulo, 21 de março de 1944, *R. dos T.,* 154, 135).

169) Limitação à incidência do art. 657, § 1° – O § 3° não faz dispositivo o art. 657, § 1°, retira-lhe a razão de ser atendido – não *incide*. Por isso mesmo, não cabe acordo se foi ordenado (§ 1°, alínea 1ª) o processo de votação da alínea 2ª, mas pode interferir se houve empate, quer no caso do § 2°, quer nos de que falamos à nota 168).

A indicação sucessiva é possível; não a plural conjunta. No sistema do Código, prevalece a unicidade de encarregado da função em juízo, salvo outra regra de direito material.

A 1ª Câmara Cível do Tribunal de Apelação de Minas Gerais, a 29 de maio de 1941 (*R. F.,* 89, 187), decidiu que o juiz pode deixar de atender a essa indicação, ou outra, se o liquidante indicado *poderia*, por alguma razão, ser destituído. Seria destituição *prévia*; e salvo causa de direito, e não de fato, dificilmente se justificaria em decisão de plano.

170) Pluralidade de liquidantes – A referência a "liquidante" não exclui a nomeação de "liquidantes", se são plurais, sucessivos, os incumbidos de liquidar segundo (*a*), (*b*) e (2) da nota 163. Cf. Código Comercial, art. 344, que é caso de (*b*). Nos casos de (*c*) e (d), o liquidante é um só.

171) Nomeação de liquidante e termo a ser assinado – No Código de 1939, lia-se no art. 658: "Nomeado, o liquidante assinará, dentro de quarenta e oito horas, o respectivo termo; não comparecendo, ou recusando a nomeação, o juiz nomeará o imediato em votos, ou terceiro estranho, se por aquele também recusada a nomeação". Nomeado o liquidante segundo (*a*), (*b*), (*d*) ou (2) da nota 164) ao art. 657 ou segundo o § 3° do art. 657, que é o caso (*c*), marca-se-lhe prazo de quarenta e oito horas (cf. art. 27, alínea 2ª) para que assine o termo. O prazo tem de ser comunicado ao nomeado, por notificação. Se não comparece, ou se recusa a nomeação, o juiz tem de atender à ordem segundo (*a*), isto é, o contrato social ou os estatutos, ou segundo (*b*), lei material dispositiva, ou segundo (*c*), se o acordo previu o evento (art. 657, ,§§ 3°), nomeando dois liquidantes ou mais, sucessivos, ou segundo (2), lei material imperativa. Nos casos de omissão de (*a*), (*b*), (*c*) ou (2), ou nos casos (*d*), é que se aplica o art. 658.

O preceito não derroga, portanto, qualquer regra de direito material, nem exclui a indicação plural, em ordem, do § 3° do art. 657.

172) Método de escolha, cogência do art. 658 – Quando de acordo com o item 170, o juiz pode e deve interferir, o método de escolha não pode ser alterado pela parte. Resta saber-se se, ainda nessa altura do procedimento de nomeação, tendo ocorrido o não comparecimento, ou a recusa, os sócios podem excluir a designação do imediato em votos ou do estranho (art. 658). Também a regra jurídica do art. 658 é imperativa, mas a sua incidência pode ser excluída pelo acordo unânime do art. 657, § 3°. Não podem os sócios, mesmo por unanimidade, mudar o processo de escolha: a cogência do art. 658 opõe-se a isso. O que lhes é facultado é *indicar*, ainda que indiquem dois ou mais liquidantes sucessivos.

173) Sequestro dos bens e nomeação de depositário – No Código de 1939, lia-se no art. 659: "Se houver fundado receio de rixa, crime, ou extravio, ou danificação de bens sociais, o juiz poderá, a requerimento do interessado, decretar o seqüestro daqueles bens e nomear depositário idôneo para administrá-los, até nomeação do liquidante". A fonte do art. 659 está no antigo Código de Processo Civil do Distrito Federal, art. 941. A jurisprudência firmou-se no sentido de que somente cabe a decretação do sequestro se ainda não foi nomeado liquidante, como era óbvio; mas, se o liquidante falta (*e. g.*, morre), a sequestração é permitida (Corte de Apelação do Distrito Federal, 24 de dezembro de 1926, *R. de D.*, 84, 332).

174) Deveres do liquidante – No Código de 1939, lia-se no art. 660: "O liquidante deverá: I. Levantar o inventário dos bens e fazer o balanço da sociedade, nos quinze dias seguintes à nomeação, prazo que o juiz poderá prorrogar por motivo justo. II. Promover a cobrança das dívidas ativas e pagar as passivas, certas e exigíveis, reclamando dos sócios, na proporção de suas quotas na sociedade, os fundos necessários, quando insuficientes os da caixa. III. Vender, com autorização do juiz, os bens de fácil deterioração ou de guarda dispendiosa, e os indispensáveis para os encargos da liquidação, quando se recusarem os sócios a suprir os fundos necessários. IV. Praticar os atos necessários para assegurar os direitos da sociedade, e representá-la ativa e passivamente nas ações que interessarem à liquidação, podendo contratar advogado e empregados com autorização do juiz e ouvidos os sócios. V. Apresentar, mensalmente, ou sempre que o juiz o determinar, balancete da liquidação. VI. Propor a forma da divisão, ou partilha, ou do pagamento dos sócios, quando ultimada a liquidação, apresentando relatório dos atos e operações que houver praticado. VII. Prestar contas de sua gestão, quando terminados os trabalhos, ou destituído das funções. O art. 660 enumera, porém não exaustivamente, os deveres do liquidante das sociedade. Tais deveres são de direito processual. Outro pode ter, e provavelmente tem, além dos contratuais, de direito material.

175) Inventário e balanço – O dever de levantar inventário dos bens e fazer o balanço da sociedade possui dois propósitos: *a)* o de estabelecer a base para a liquidação do ativo e passivo, bem como para partilhas; *b)* o de documentar o estado do patrimônio que se confiou ao liquidante. O valor probatório de qualquer relação de bens ou dívidas apresentada pelo liquidante rege-se pelos princípios gerais. O inventário que ele (ou o seu preposto, mas em seu nome) levanta contém *comunicações de conhecimento*, a que o art. 319 do Código de 1973 (antes, Código de 1939, art. 209) é aplicável.

A função do liquidante, se, quanto aos negócios (quantitativamente), é mais restrita do que a de gerência, ou direção, uma vez que se restringe ao fim de *liquidar*, é, qualitativamente, mais relevante: tem desembaraço que aquela não teria. Por outro lado, ainda quanto ao número de atos, o liquidante pratica atos de liquidação que àquele seriam vedados. Não se pode, portanto, cogitar de substituição funcional do liquidante à gerência ou direção. Quanto aos contratos pendentes, executa-os, ou faz executá-los, como se fosse a associação, mas sem se precisar da ficção da personalidade dessa.

O prazo é de quinze dias, prorrogável por motivo justo (não precisa ser "força maior").

176) Dever de cobrar e dever de solver – O dever de cobrar e de solver atende à finalidade precípua da liquidação. Inclui-se o dever de acionar. O liquidante tem *capacidade processual;* a sociedade dissolvida não a tem, nem a teria, se dissolvida não estivesse. Pode ele ter *capacidade postulacional*.

¿Têm os liquidantes, nas sociedades de responsabilidade ilimitada, poder de exigir dos sócios pessoalmente responsáveis as somas necessárias à extinção do passivo social se o patrimônio social foi insuficiente? A questão que surgia no Direito brasileiro e noutros sistemas jurídicos não mais se pode apresentar no Direito brasileiro, porque o art. 660, II, 2ª parte, do Código de 1939 foi explícito. Apenas temos de acrescentar que o poder de exigir vai até as partes correspondentes ao que se não pode haver do sócio insolvente. A liquidação é para a extinção do passivo e divisão do patrimônio resíduo. Uma vez que há responsabilidade ilimitada, não se justificaria que não pudessem os liquidantes exigir o que os credores o poderiam. Os poderes do liquidante são os de exigir, judicialmente ou não, o que devem os sócios responsáveis ilimitadamente; inclusive o de propor ação contra o sócio devedor, por sua quota, entenda-se por sua quota na responsabilidade subsidiária e também, frisemos, por sua quota na responsabilidade pelo quanto que não pôde pagar o sócio insolvente. Os liquidantes têm de respeitar o critério da prestação conforme as quotas, bem como os outros princípios legais contratuais. Se os liquidantes ofenderem interesses dos sócios, como se exigissem mais do que era necessário à satisfação das dívidas e despesas do processo, respondem pelos danos.

177) Balancete mensal da liquidação – O liquidante é obrigado a apresentar ao juízo balancete *mensal* da liquidação: a lei processual não o obriga a comunicá-lo diretamente a todos os sócios; mas esse dever pode resultar de regra de direito material (cf. Código Comercial, art. 345, inciso 2). Antes, item 174. É de arbítrio do juízo exigir balancetes quando lhe parecer conveniente.

178) Proposta da forma de divisão ou da partilha – Ao liquidante incumbe propor a forma da divisão, ou da partilha, ou do pagamento dos sócios, depois que se liquide a sociedade. Para isso, tem de apresentar: *a*) relatório dos atos e operações, que se realizaram, ou já em via de realização; *b*) balanço final; *c*) o plano de distribuição.

179) Prestação de contas – O liquidante que foi destituído, ou que terminou os trabalhos, tem de prestar contas. Se morreu, por ele prestam contas os herdeiros, podendo ser aplicado o art. 659. Se caiu em incapacidade, presta contas o seu curador.

180) Destituição dos liquidantes – No Código de 1939, lia-se no art. 661: "Os liquidantes serão destituídos pelo juiz, *ex officio*, ou a requerimento de qualquer interessado, se faltarem ao cumprimento do dever, ou retardarem injustificadamente o andamento do processo, ou procederem com dolo ou má-fé, ou tiverem interesse contrário ao da liquidação". No art. 662: "As reclamações contra a nomeação do liquidante e os pedidos de sua destituição serão processados e julgados na forma do Título XXVIII deste Livro". Os liquidantes são destituídos: (*a*) se faltam ao cumprimento do dever, segundo a lei processual ou segundo o direito material sobre a liquidação da sociedade de que se trata; (*b*) se retardam injustificadamente, ainda sem má-fé, o andamento do processo; (*c*) se procedem com dolo ou má-fé; (*d*) se ocorre colisão de interesses. Perdem ainda o cargo: (*e*) se caem em incapacidade; (*f*) se pedem exoneração e lhes é concedida; (*g*) quando privados por lei de exercê-lo; (*h*) quando sobrevém lei sobre liquidante judicial, sem ressalvar as causas pendentes.

181) Forma de destituição – Aplica-se o art. 1.194 do Código de 1973 (antes, Código de 1939, art. 604). Outrossim, os arts. 1.187-1.192 do Código de 1973 (antes, Código de 1939, arts. 600-603), *mutatis mutandis*.

Tem-se dito que o art. 662 contém erro de revisão. Seria ao Título XIII, e não ao Título XXVIII, do Código de 1939, a remissão. Não é procedente. A *forma* da nomeação e a *forma* da remoção podiam ser, sem inconveniente, as do Título XXVIII. A nomeação faz-se logo que se declare ou decrete a dissolução (art. 657); o liquidante presta compromisso, por termo em livro próprio, rubricado pelo juiz; mediante termo, de que constem descrição e valores; são-lhe entregue os bens; pode recusar o cargo, dando o motivo justo; não se aplica o art. 1.193 do Código de 1973 (antes, Código de 1939, art. 603, parágrafo único), porque existe o art. 659; a requerimento do órgão do Ministério Público, ou de ofício, pode o juiz, por portaria, suspender, provisoriamente, do cargo, o liquidante (art. 1.197 do Código de 1973). Autuada a representação do órgão do Ministério Público, ou pedido de algum dos interessados, ou a portaria de suspensão, é intimado o liquidante para responder à arguição no prazo de cinco dias, que correm em cartório. Findo o prazo, designa o juiz a audiência (art. 803, parágrafo único, do Código de 1973; antes, Código de 1939, art. 604). É o que está no art. 662. À sentença que remove segue-se o que se estatui no art. 658.

182) Audiência dos interessados – Lia-se no Código de 1939, art. 663: "Feito o inventário e levantado o balanço, os interessados serão ouvidos no prazo comum de cinco dias, e o juiz decidirá as reclamações, se as comportar a natureza do processo, ou, em caso contrário, remeterá os reclamantes para as vias ordinárias". A audiência dos interessados de que fala o art. 663 somente concerne às *comunicações de conhecimento* do liquidante, contidas no inventário e no balanço final. As reclamações consistem noutras afirmações que contradigam as do liquidante. O art. 319 do

Código de 1973 é aplicável. Se essas afirmações são sobre direito ou sobre fato, cumpre distinguir: que todas as afirmações de direito, *quaestiones iuris*, podem ser decididas no processo do art. 663; que se podem decidir no processo do art. 663 todas as *quaestiones facti* que não dependam de prova fora da reclamação mesma (*e. g.*, depoimento pessoal, testemunhas, perícias). Somente nesse caso tem poder o juiz para remeter as partes às vias ordinárias. O art. 666 nada tem com o art. 663, pois só se refere ao plano de partilha.

183) Ação ordinária – Os arts. 663-666 do Código de Processo Civil de 1939 regem as reclamações contra os atos, positivos ou negativos, dos liquidantes. No art. 663, *in fine*, fala-se, em caso de juntada do inventário e do balanço, de o juiz remeter os reclamantes às vias ordinárias, se não pode, no prazo de cinco dias, resolver as questões. Tal ação ordinária pode ser proposta pelos reclamantes, ou qualquer deles, com possível intervenção adesiva de todos aqueles que não reclamaram, porque o prazo de cinco dias, que se fixa no art. 663, só diz respeito à reclamação, e não à ação. Se há pluralidade de reclamantes, com as mesmas impugnações, têm-se de reunir as reclamações, para serem julgadas com uma só sentença. Cumpre, porém, observar-se que há *litisconsórcio necessário*, de modo que a decisão atinge a todos, reclamantes e não reclamantes.

De passagem, observamos que no Código Civil italiano, art. 2.311, 3ª alínea, há regra jurídica segundo a qual, em caso de impugnação do balanço ou do plano de partilha, o liquidante pode requerer que as questões relativas à liquidação sejam examinadas separadamente das relativas à divisão, "*alle quali il liquidatore può restare estraneo*". Ora, ¿como separar-se do procedimento de liquidação o de divisão? O próprio liquidante teve de cogitar da proporcionalidade dos sócios no patrimônio social e das dívidas dos sócios à sociedade. Com a aprovação do balanço, o liquidante está livre de reclamações, mas, se a partilha do resíduo não lhe interessa, cabe-lhe dizê-lo ao ser ouvido, mesmo porque pode haver questão inclusa nas contas a que o balanço se refere.

184) Plano de partilha – No Código de 1939, lê-se no art. 664: "Apresentado o plano de partilha, sobre ele dirão os interessados, em prazo comum de cinco dias, que correrá em cartório; e, o liquidante, em seguida, dirá em igual prazo, sobre as reclamações". No art: 665: "Vencidos os prazos do artigo antecedente e conclusos os autos, o juiz aprovará, ou não, o plano de partilha, homologando-a por sentença, ou mandando proceder ao respectivo cálculo, depois de decidir as dúvidas e reclamações". No art. 666: "Se a impugnação formulada pelos interessados exigir prova, o juiz designará dia e hora para a audiência de instrução e julgamento". O plano de partilha contém *comunicações de conhecimento* (afirmações a que se aplica o art. 319 do Código de 1973) e *comunicações de vontade*, que são o projeto mesmo de partilha. Aliás, pode tratar-se de divisão ou de simples pagamento (art. 660, VI). Os interessados são ouvidos sobre aquelas comunicações de conhecimento e sobre essas comunicações de vontade. A essas não se aplica o art. 319. Cumpre também advertir-se em que o art. 663 nada tem com os arts. 664 e 665.

Na fase anterior à cláusula do inventário, admite-se que se enviem as partes para as vias ordinárias; não na fase posterior ao encerramento, a qual começa ao passar em julgado a decisão sobre as reclamações.

O prazo do art. 346 do Código Comercial, hoje do art. 664 do Código de Processo Civil de 1939, é *prazo preclusivo*, e não *prescripcional*, como erradamente considerou a 6ª Câmara Civil do Tribunal de Justiça de São Paulo, a 6 de maio de 1949 (*R. do T.*, 181, 297).

É preciso, para que corra o prazo, que os interessados, sujeitos a ele, sejam partes no processo e, tratando-se de herdeiros, que se tenham observado as regras jurídicas do Código de Processo Civil de 1939, arts. 80-87, 512 e parágrafo único (hoje, com o Código de 1973, arts. 8º-13, 1.029 e 1.031).

185) Audiência dos interessados sobre o plano – Sobre o *plano de partilha*, falam os interessados e, depois, o liquidante – em prazo comum àqueles. Se, em caso de (*a*), ou (*b*), ou (*c*), ou (2) da nota 164 ao art. 657, houver dois ou mais liquidantes, têm de ser ouvidos em prazo comum de cinco dias (art. 664, 2ª parte), se não tiverem o mesmo procurador.

No Código Comercial, arts. 302, inciso 6, e 344, adotou-se (1) (*a*) da nota 164 ao art. 657, isto é, a autonomia da vontade. Na falta de disposição contratual, ou estatutária (Supremo Tribunal Federal, 12 de agosto de 1942, *R. dos T.*, 147, 321), seja amigável, ou não, a liquidação, regem os arts. 344-353. No Código Civil, posto que o art. 1.409[155] provenha do Código Civil francês, art. 1.872, é de *ius dispositivum*.

---

155 Sem correspondente no C. Civil de 2002.

186) Natureza da partilha entre sócios – A partilha entre sócios é *executiva*. Por isso, não se precisa de outra ação executiva, que seria *actio iudicati*. A classificação como declarativa, ou como constitutiva, é acientífica. Confusão entre a eficácia *ex tunc* da decretação da dissolução e a eficácia executiva da partilha é vulgar, por influência da doutrina no Direito Civil francês (*e. g.*, T. Huc, *Commentaire*, II, 180).

187) Solução de todas as questões – O art. 666 somente diz respeito aos arts. 664 e 665, não ao art. 663. A propósito de partilha, o Código não permite que se remetam as partes às vias ordinárias. Todas as questões, de direito e de fato, têm de ser decididas pelo processo dos arts. 664, 665 e 671, não tendo de invocar-se o art. 663, que apenas concerne ao inventário e ao balanço. Por isso, se a alegação de qualquer das partes (comunicação de conhecimento) exige prova que não pode ser produzida no prazo da impugnação, ou, se pelo liquidante, dentro de cinco dias que se lhe assinam, designa o juiz dia e hora para a audiência de instrução e julgamento. Os arts. 263-272 do Código de 1939 eram aplicáveis. Hoje, arts. 444-457 do Código de 1973. Não há despacho saneador.

188) Liquidante-sócio e comissão – No Código de 1939, lê-se no art. 667: "Ao liquidante estranho o juiz arbitrará a comissão de um a cinco por cento sobre o ativo líquido, atendendo à importância do acervo social e ao trabalho da liquidação". Ao liquidante, que é sócio, não toca direito a ser pago do seu serviço na liquidação, salvo se lhe conferirem os estatutos, ou o contrato social, ou a lei material. Se não foi estabelecido, negocial ou legalmente, não lho dá, também, a lei processual. No caso de omissão, somente cogitou do estranho que é liquidante. Estranho aí é quem quer que não seja sócio.

189) Comissão do liquidante – O arbitramento do art. 667 é ato de resolução judicial – é "julgamento". Não se dá arbítrio puro: o ato de arbitramento pode ser reexaminado, para se saber se foram observados os elementos de peso (importância do acervo, quantidade e qualidade do trabalho de liquidação).

190) Retirada do sócio sem dissolução da sociedade – No Código de 1939, lê-se no art. 668: "Se a morte ou a retirada de qualquer dos sócios não causar a dissolução da sociedade, serão apurados exclusivamente os seus haveres fazendo-se o pagamento pelo modo estabelecido no contrato social, ou pelo convencionado, ou, ainda, pelo determinado na sentença" (Redação dada pelo Decreto-lei n° 4.565, de 11 de agosto de 1942, art. 28). A *retirada de sócio*, que não produz dissolução da sociedade, segundo os princípios de direito material (*e. g.*, cláusula do contrato que preveja a substituição do sócio por outrem – sócio, herdeiro ou estranho), só acidentalmente pode ser assunto dos artigos que tratam da "dissolução e liquidação das sociedades". Já o antigo Código de Processo Civil do Distrito Federal, art. 950, previa os dois casos de pagamento, na hipótese de haver retirada de sócio sem se dar a dissolução da sociedade: *a*) conforme o estabelecido no contrato ou *b*) conforme o convencionado posteriormente. O Código de Processo Civil de 1939 acrescentou terceiro (*c*); "pelo determinado na sentença". Já o art. 471, § 4°, do Código de 1939 (hoje, Código de 1973, art. 993, parágrafo único) previra o caso da morte do *sócio de sociedade comercial,* mandando proceder ao balanço do estabelecimento com o pai ou tutor do herdeiro menor e com o curador especial, a fim de se apurar o que há de entrar no acervo hereditário. Aqui, a regra jurídica é geral a quaisquer sociedades. Hoje, no mesmo sentido, o Código de 1973, art. 993, parágrafo único.

A ação é executiva, com o ponto prejudicial da morte, ou a questão prejudicial de se tratar de retirada que não implique dissolução.

191) Ausência do comerciante ou sócio – No caso de ausência do comerciante ou sócio de casa comercial ou de sociedade civil, veja-se o que foi dito às notas ao art. 1.159 do Código de 1973.

192) Liquidação de firma individual – No Código de 1939, lê-se no art. 669: "A liquidação de firma individual far-se-á no juízo onde for requerido o inventário". No caso de morte de comerciante, ou industrial, ou agricultor, com firma individual, a liquidação far-se-á no juízo do inventário. Trata-se de regra heterotópica de competência, talvez tirada pelo antigo Código de Processo Civil do Distrito Federal ao acórdão da Corte de Apelação do Distrito Federal, de 27 de julho de 1917 (*R. de D.*, 47, 600). O princípio, como o anterior (art. 668), é estranho ao assunto do título. Sobre o balanço em casos tais, art. 993, parágrafo único, do Código de 1973 (antes, Código de 1939, art. 471, § 4°). Liquidante é, então, o inventariante, se não dispôs diferentemente o testador, ou o contrato do de cujo com os seus prepostos ou credores.

193) No juízo da arrecadação – A liquidação da firma individual faz-se também no juízo da arrecadação se a determinou o juiz de ausentes. É consequência da regra jurídica do art. 669.

194) "Actio Popularis" – Lê-se no Código de 1939, art. 670: "A sociedade civil com personalidade jurídica, que promover atividade ilícita ou imoral, será dissolvida por ação direta, mediante denúncia de qualquer do povo, ou do órgão do Ministério Público". A ação é *actio popularis*. "Qualquer do povo", ou o órgão do Ministério Público, pode intentá-la, independentemente, portanto, do interesse na liquidação. Assim, já a Lei nº 173, de 10 de setembro de 1893, art. 13, e alguns Códigos locais (Distrito Federal, art. 953; Minas Gerais, art. 1.235; Rio de Janeiro, art. 2.060; Santa Catarina, art. 1.598).

195) Natureza da ação – A ação popular, *actio popularis*, não é caso de "substituição processual" (*Prozesstandschaft*, de Josef Kohler). As alusões ao caráter procuratório (representativo) da *actio popularis*, ou corretivo, são fora de toda a técnica classificadora, bem assim a caracterização da ação popular como supletiva, dando ensejo à substituição processual, como pretendeu Giuseppe Chiovenda (*Principie*, 600). A ação popular, de que fala a Constituição de 1967, com a Emenda nº 1, art. 153, § 31, é ligada a direito público (constitucional) subjetivo, e a pretensão é pretensão própria do cidadão; a explicação, mediante o conceito de substituição processual, seria errônea. Não se trata de sucessão na posição formal de parte, nem de atribuição dessa posição formal. A posição do cidadão existe *per se*; o seu direito é que é exercido, não exerce o da outrem. No que se refere à ação popular de que aqui se fala, também não se trata de sujeito do processo que esteja, em nome próprio, na relação jurídica processual, porém não seja titular do direito deduzido em juízo *res in iudicium deducta*: exerce direito seu, em processo seu. Há o seu direito, correspondente ao seu interesse.

Não representa, nem substitui. Há pretensão sua. Aliás, nem na Constituição nem no art. 670 do Código de Processo Civil a sentença proferida exclui a ação de outrem sobre o mesmo objeto.

Tão diferentes são as figuras que se põem na pretendida classe das substituições processuais que é sempre perigoso usar dela para aludir a princípios. Mais ainda se pensarmos em direito absoluto sobre o direito de ação de outrem (James Goldschmidt, *Der Prozess als Rechtslage*, 267). Sempre que a coisa julgada da sentença obtida pelo autor que se pretende "substituinte" (*Prozesstandschafter*) atinge o substituído, é difícil pensar-se em outra categoria que a da representação; sempre que ela não o atinge, a autonomia das pretensões e das ações é tal que se pensar em substituição é fraco exprimir o que aí se passa, tanto quanto ali o pensar-se em substituição seria *forte* demais.

Ora, se definimos substituição processual como titularidade de direito processual sem titularidade de direito material, o substituto faz valer direito de outrem e, então, não sofre a coisa julgada material. Sofre a preclusão e, pois, a coisa julgada formal. (Não se precisa, para isso, recorrer às imaginárias figuras do efeito reflexo da sentença, como Ugo Rocco, *L'autorità della cosa giudicata*, 337, e Emílio Betti, *Diritto Processuale Civile Italiano*, 2ª ed., 155 nem a quejandas bizantinices.)

196) Terminologia equívoca – Por vezes, nas leis processuais, fala-se de "ação direta". Terminologia equívoca. Ação direta, quando se alude à propositura, em ação direta de interditos possessórios, em se tratando de divisão ou de demarcação, não é a ação de rito ordinário; não o seria necessariamente aqui. Trata-se de ação constitutiva com que se cumula o pedido de cancelamento do registro que conferiu a personalidade. O elemento constitutivo é forte, devido à *nulidade* da ilicitude ou da imoralidade, não o declarativo. Nem é o mandamental que prepondera. O rito é o das ações de dissolução de sociedade, sem ser preciso que o autor tenha interesse na liquidação: risca-se, pois, quanto a ela, a parte que se refere a qualquer interessado, para o fim de ser promovida a liquidação judicial. O juiz tem o dever de nomeação do liquidante. (Também, quanto ao rito, Odilon de Andrade, *Comentários*, VII, 433; pelo rito ordinário, J. M. de Carvalho Santos, *Código*, VII, 352; o Código de Processo Civil do Distrito Federal, art. 953, fazia-a "sumária".)

197) Sociedade sem personalidade jurídica – Se a sociedade não tem personalidade jurídica, já a argúcia técnica dos velhos juristas portugueses concebia, dissolvida a sociedade ou fundação não personificada, como da relação jurídica entre os credores e o sócio ou gerente, a ação, por exemplo, de preceito cominatório ou a executiva de título extrajudicial.

198) Processo da divisão e partilha – Lê-se no Código de 1939, art. 671: "A divisão e a partilha dos bens sociais serão feitas de acordo com os princípios que regem a partilha dos bens da herança". Parágrafo único: "Os bens que aparecerem depois de julgada a partilha serão sobrepartilhados pelo mesmo processo estabelecido para a partilha dos bens da herança". As regras jurídicas processuais sobre divisão e partilha são aplicáveis.

199) Sobrepartilha – A função do liquidante somente cessa com o registro da extinção da sociedade. Todavia, se, depois de julgada a partilha e mesmo depois de feito o registro da extinção, aparecem bens que pertencem à sociedade, ou a sócio subsidiariamente responsável, reabre-se a liquidação, sem que isso implique repersonificação da sociedade ou ressurgimento dessa. A despeito de apenas se falar de "bens que só aparecem depois de julgada a partilha", fazia-se sobrepartilha em qualquer caso do art. 514 do Código de 1939 (hoje, Código de 1973, art. 1.040) (com razão J. M. de Carvalho Santos, *Código*, VII, 355).

A ação de sobrepartilha é ação executiva.

200) Sociedades civis e sociedades comerciais – O art. 671 somente se aplica, e dispositivamente – pois que é *ius dispositivum* (Código Civil, art. 1.409),[156] a despeito da sua fonte francesa –, se a sociedade é regida pelo direito privado. Se regida pelo direito comercial, os arts. 302, inciso 6, e 344-353 do Código Comercial incidem.

201) Recolhimento de importâncias em dinheiro. – Lê-se no Código de 1939 o art. 672: "Não sendo mercantil a sociedade, as importâncias em dinheiro pertencentes à liquidação serão recolhidas ao Banco do Brasil, ou, se não houver agência desse banco, a outro estabelecimento bancário acreditado, de onde só por alvará do juiz poderão ser retiradas". A providência instrucional vem de alguns códigos estaduais (*e. g.*, Distrito Federal, art. 955), porém não se excluíam os liquidantes das sociedades comerciais. Ainda que haja dívidas a pagar, as quantias têm de ser depositadas, solvendo-as o liquidante com cheques. Nenhuma necessidade imediata justifica não serem depositadas as quantias, *salvo despesas diárias*. O Código Comercial, art. 309, só é aplicável às sociedades comerciais.

Alvará, porque o juiz obra por si e em seu nome; e não mandado, que interpõe alguém.

202) Qualificação segundo estatuto estrangeiro – As sociedades que tenham estatuto estrangeiro são *civis* ou *comerciais*, segundo a lei que lhes rege a *personalidade*; não segundo a lei que lhes rege a *criação*.

203) Liquidação das sociedades, processo – Lê-se no Código de 1939, art. 673: "Não havendo contrato ou instrumento de constituição de

---

[156] Sem correspondente no C. Civil de 2002.

sociedade, que regule os direitos e obrigações dos sócios, a dissolução judicial será requerida pela forma do processo ordinário e a liquidação far-se-á pelo modo estabelecido para a liquidação das sentenças. As sociedades a que se refere o art. 673 são, de regra, as *sociedades sem personalidade*, ditas sociedades irregulares (com contrato escrito, porém não registradas) ou de fato (sem contrato escrito), distinção, aí, sem valor prático, a despeito de parecer que o art. 301 do Código Comercial, alínea 2ª, só abrangeria as primeiras. As sociedades sem personalidade jurídica existem no plano da vida dos fatos, sem ingressar no plano dos sujeitos de direito. Têm algo de constituição, de atração e de deliberação em atos coletivos de maioria. Mais: *a)* a responsabilidade dos sócios é restrita às quotas; *b)* o patrimônio pertence a eles, e não à sociedade, pessoa jurídica, porque essa pessoa não existe; *c)* não há pretensão a dividir ou partilhar; *d)* o nome dela é pseudônimo, ou melhor, o nome aparente dos seus nomes, de modo que, ainda adquirindo bens imóveis, foram eles, e não ela, que adquiriram; *e)* podem demandar e ser demandadas, pois que têm capacidade processual, posto que não sejam partes, ao contrário das pessoas jurídicas que podem ser partes, e não têm capacidade processual; *f)* os negócios jurídicos concluídos em nome dela obrigam o que tomou parte neles, ou, solidariamente, os que tomaram parte; *g)* o contrato dela pode não ser escrito, bem como os estatutos, inclusive pode pensar-se em estatutos *tácitos*, sendo de interpretar-se, segundo o fim social, o comportamento e o tipo da sociedade (Otto von Gierke, *Vereine ohne Rechtsfähigkeit*, 2ª ed., 74); *i)* os dirigentes são gestores de negócios, como tal a representam, sem serem representantes legais; *j)* se o contrato ou os estatutos não dispõem diferentemente, a maioria resolve, ainda para substituir os gestores (diretores, gerentes); *l)* os membros da direção ou gerência só respondem pela culpa *in concreto* (Andreas von Tuhr, *Der Allgemeine Teil*, I, 575: qualquer culpa); *m)* o patrimônio é comum e pode ela adquirir se não é preciso negociar (*e. g.*, é comum o prêmio do bilhete de loteria, que foi passado à "sociedade"); *n)* o gerente pode abrir conta em banco em seu nome, porém com a nota de pertencer à comunidade etc.

    A sociedade sem personalidade jurídica repousa, algumas vezes, em realidade psicológica, que muitas sociedades personificadas não conseguem – tal como ocorreu aos sindicatos operários, no tempo em que foram proibidos, e ocorre às sociedades secretas de todos os tempos.

    Pessoa jurídica pode ser membro de sociedade sem personalidade; os membros mudam segundo o contrato, ou os estatutos, ou conforme assentimento da maioria (Otto Von Gierke, *Vereine ohne Rechtsfähigkeit*, 16, só o admite, na falta de convenção, por unanimidade); os membros podem desligar-se livremente.

No caso de insolvência, abre-se concurso de credores. Há dissolução da comunhão; as regras sobre a partilha são todas de direito dispositivo, característica digna de nota. Sobre essa flacidez jurídica do período liquidatório, foi possível adotar-se, para a liquidação, o procedimento da liquidação das sentenças, apoiando-se, pois, no elemento condenatório da sentença de dissolução, em vez de se apoiar no efeito declarativo ou constitutivo, que prevalece nas sentenças de dissolução de sociedades personificadas ou na de liquidação das sociedades por ação (art. 674).

A sociedade a que não corresponde contrato por escrito é sociedade de fato, porque se puseram em comum, no mundo fáctico, as contribuições dos sócios. Não tem personalidade jurídica, porque essa somente pode resultar do registro, ou de lei que a crie e a faça pessoa jurídica. A mão-comum ocorreu, o que estabeleceu situação que há de ser atendida. Daí o art. 673 do Código de 1939 que se refere à liquidação de tais sociedades fácticas.

Se o terceiro demanda contra a sociedade irregular (2ª Câmara Cível do Tribunal de Justiça do Rio Grande do Sul, 9 de novembro de 1955, *R. J.*, 22, 132), ou contra a de fato, quem se lhe apresentou como órgão é legitimado, para, como tal, funcionar na ação. O *efeito* a favor do terceiro, pela proteção fundada na aparência, é o de ser tratada a pessoa como órgão. O ser sócio, por si só, não basta (5ª Câmara Civil do Tribunal de Justiça de São Paulo, 19 de dezembro de 1958, *R. dos T.*, 283, 344), a despeito de todos os sócios responderem pelas dívidas comuns (Tribunal de Apelação do Rio Grande do Norte, 13 de abril de 1943, *R. do T. de A.*, VII, 325), salvo se o terceiro sabia que a responsabilidade não era ilimitada.

Na sociedade de fato, se um dos sócios demanda, pela restituição daquilo com que contribuiu para o patrimônio, para a comunidade, ou pelo recebimento dos lucros que advieram da mão-comum, não se supõe a sociedade tal como se devera ter constituído, diante da exigência legal do instrumento, mas a situação jurídica resultante de terem as pessoas procedido *como se* sócios fossem. Pode bem ser que o sócio tenha emprestado à comunidade ou pago despesas comuns (cf. 4ª Câmara Civil do Tribunal de Justiça de São Paulo, 31 de agosto de 1950, *R. dos T.*, 190, 186). Quando há a dissolução, não é da sociedade, em sentido próprio, mas da situação que se criara.

O que se liquida é "sociedade" que não entrou, como sociedade, no mundo jurídico, mas existe como comunidade, que tem de passar por liquidação. A expressão "sociedades de fato" leva a pensar-se em que, juridicamente, ela existe, e isso não ocorre.

Por essa razão, a prova é qualquer prova (cf. Câmaras Reunidas da Corte de Apelação do Distrito Federal, 25 de agosto de 1909, *R. de D.,* 14, 310; 2ª Câmara Cível, 15 de dezembro de 1922, 68, 177), porque o que se quer provar é a *situação* que resultou de mancomunhão.

204) Dissolução da sociedade sem personalidade jurídica – A dissolução da sociedade sem personalidade jurídica pede-se por ação de rito ordinário. O elemento condenatório ressalta. Os membros réus podem alegar, entre outros argumentos contrários à pretensão de dissolver, (*a*) que há razão para se excluir o autor ou se excluírem os autores, sem se dissolver a sociedade, pois, de regra, ela subsiste, a despeito da mudança dos membros; (*b*) que o autor deseja ou os autores desejam a quota, ou as quotas, com que entrou ou entraram, e a quota dele, ou deles, tem de acrescer aos demais, exatamente por ser esse o preceito (dispositivo) em matéria de afastamento do membro de sociedades não personificadas (Eduard Hölder, *Natürliche und Juristiche Personen*, 169 s.; Otto Von Gierke, *Vereine ohne Rechtsfähigkeit*, 34 s.; Paul Knoke, Der Eintritt, *Archiv für Bügerliches Recht,* 120, 180 s.); (*c*) que a sociedade já foi registrada, e não há causa de dissolução (se há causa de dissolução, o argumento é inoperante); (*d*) que não é impossível, nem ilícito, nem se tornou ilícito, nem impossível o fim social.

¿ Existe dissolução da sociedade sem personalidade? Dissolver, aí, é dissolver o laço social, não a pessoa jurídica. O elemento constitutivo apanha o vínculo social em si, *antes* de qualquer personificação. Se é maior ou menor o elemento de condenação, não importa: o elemento constitutivo negativo – excepcionalmente o declarativo, nos casos de dissolução *ipso iure* – "prepondera".

Dissolvida a sociedade não personificada, os réus são condenados à restituição das quotas. Se a sentença é desfavorável ao autor, e foi pedida, em reconvenção, a exclusão do autor, não recebe esse qualquer compensação pecuniária por se desligar ou ser desligado, uma vez que, nas sociedades não personificadas, se o contrato ou os estatutos não dispuseram diferentemente, se há de entender, ainda em caso de dúvida, que o patrimônio está duradouramente destinado ao fim delas.

De regra, a morte ou retirada do membro não é causa de dissolução. A existência pode ser provada por testemunhas, circulares, circunstâncias etc.

Sobre a sociedade não personificada, nosso *La Création et la Personnalité des Personnes juridiques en Droit international privé*, no livro em honra de Streit (Athènes, 1939), 617-630.

205) Natureza da sentença de dissolução da sociedade não personificada – A sentença é constitutiva negativa, em ação constitutiva, e executa-se segundo as regras jurídicas concernentes à execução de sentença. O processo da liquidação das sociedades personificadas, ainda o das sociedades anônimas, se a constituição delas é por ações, não lhes é aplicável.

Alguns comentadores estavam a pretender (à frente, J. M. de Carvalho Santos, *Código*, VII, 359; Odilon de Andrade (*Comentários*, VII, 438), que a referência à execução da sentença foi "equívoco" do legislador. Esse processo de interpretar leis é extremamente perigoso. A sentença é de constituição, e executa-se. Está certo. E é de supor-se que a sentença não fixe o valor do elemento condenatório, o *quantum debeatur*; ou não lhe individue o objeto. Liquida-se, então, na forma dos arts. 603-611 do Código de 1973[157] (antes, Código de 1939, arts. 906-917). *Legem habemus*.

206) Competência – A competência é determinada pelo capital social que se conhece, ou se presume (1ª Câmara Cível do Tribunal de Apelação do Rio Grande do Sul, 27 de março de 1945, *J.*, 26, 266).

207) Procedimento ordinário – O art. 673 é aplicação de princípio geral de ordinariedade das ações sobre bens comuns ou sociais, ou em confusão subjetiva. Daí ter o Tribunal de Apelação de São Paulo (2 de junho de 1944, *R. dos T.*, 153, 238) entendido que o art. 673 também se aplica às comunhões. Melhor é dizermos que também existem os princípios insertos no art. 673, 1ª parte (ordinariedade da ação) e 2ª parte (remissão à execução das sentenças), quanto às comunhões, posto que sem lei escrita. Às comunhões e outras relações que se pareçam com as sociedades, como os *negócios parciários* (negócios pelos quais alguém promete certas prestações a outrem, recebendo dessa participação nos seus lucros, cf. Carl Crome, *Die partiarischen Rechtsgeschäfte*, 4 s.), e os *cartéis* ou *trustes*. Exemplo: contratos de edição a tanto por cento do que se apurar.

---

157 Ab-rogados pelo art. 9º da Lei nº 11.232, de 22.12.05. Confiram-se, agora, os arts. 475-A a 475-H, acrescentados ao CPC pelo art. 3º dessa lei.

208) Sociedades anônimas – A Lei nº 6.404, de 15 de dezembro de 1976 (Lei das Sociedades por Ações), estatui no art. 207: "A companhia dissolvida conserva a personalidade jurídica, até a extinção, com o fim de proceder à liquidação". No art. 208, cogita-se da liquidação por órgãos da sociedade, e o art. 209, da liquidação judicial. Para que perca a personalidade que obteve, é preciso que ocorra a *extinção* da sociedade por ações. A regra jurídica do art. 207 não atendeu às críticas que fazíamos. A sentença judicial que decreta a invalidade da constituição, em ação proposta por algum acionista (art. 206, II, *a*), ou quando, em ação proposta por acionistas que representam cinco por cento ou mais do capital social, se decide que não pode preencher o seu fim (art. 206, II, *b*), ou em caso de falência (art. 206, II, *c*), dissolvida, porém não extinta, está a sociedade e perdida a personalidade jurídica. Dá-se o mesmo, de pleno direito, pela extinção, na forma da lei, da autorização para funcionar (art. 206, I, *e*), como nas outras espécies (art. 206, I, a), b), c) e d), de modo que persiste a personalidade até que se encerre a liquidação (art. 219, I) ou até que ocorra incorporação, fusão ou cisão, com versão de todo o patrimônio em outras sociedades (art. 219, II). A permanência da personalidade até que se encerre a liquidação continua chocante. Pense-se na coisa julgada da sentença que decretou a invalidade da própria constituição da sociedade (art. 206, II, *a*) ou que declarou não poder a sociedade preencher o seu fim (art. 206, II, *b*).

Assim como o avestruz, que enterra a cabeça para não ser visto; ou o passe incantatório para que a fera que está ali não esteja, a ficção permaneceu, sem que dela falasse a lei, o que foi pior. No caso, por exemplo, da cassação legal para funcionar, a concepção de personalidade que vai até a liquidação dificilmente se coadunaria com os princípios que regem a ilicitude e a imoralidade, a ordem pública, os bons costumes, que são conceitos respeitáveis. Ainda o são, cremo-lo. A ideia de um ilícito para *daqui a pouco* ou de uma ordem a *dia incerto*, quando terminar a liquidação, enche-nos de grande melancolia. A respeito da ficção das sociedades dissolvidas, algumas soluções para evitá-la foram propostas; mas essa do silêncio sobre ela, conservando-a, é simplesmente mágica. Já não se crê na sobrevivência da alma, mas crê-se que o morto mesmo não está morto.

Se alguma sociedade existe, não se pode liquidar sem *deixar de existir*, antes de se liquidar, ou como fim mesmo da liquidação. A liquidação voluntária – chamemos assim a que os sócios ou acionistas promovem, sem ser por acidente da vida que o imponha – é semelhante à liquidação e execução das *outras* obrigações. Os sócios ou acionistas adiantam-na à dissolução. A liquidação forçada é como a liquidação e execução forçada das outras obrigações, razão por que foi possível adotar o processo das execuções de sentença. Na sociedade que está voluntariamente a liquidar-se, o *fim* da liquidação coexiste com o *fim* da sociedade, como a eliminá-lo; na sociedade dissolvida, que se liquida, o *fim* da liquidação se substituiu ao *fim* da sociedade, porque houve – antes da liquidação – o fato da dissolução *ipso iure*, que fez não existirem relações que existiam, ou a eficácia constitutiva negativa da sentença de dissolução. Daí resulta a liquidação executiva.

H. Habilitação para casamento

209) Habilitação, ato preparatório do casamento – O período de preparação do casamento vai da habilitação à celebração, exclusive; mas a celebração mesma não torna *existente* o casamento: a situação é semelhante à de quem adquire, por escritura pública, uma casa, e não a faz transcrever no registro de imóveis; outro, que a adquiriu antes, ao mesmo tempo, ou depois, pode transcrever a sua, e o direito real daquele adquirente nunca terá sido. A existência civil de um casamento depende da inscrição, efeitos do registro, matéria que terá de ser examinada, com vagar, mais adiante.

210) Natureza da ação – A habilitação para casamento é ação constitutiva de prova, com forte dose de declaratividade. Faz-se perante o oficial do registro civil, salvo se houve oposição de impedimento (cognição pelo juiz). Não se confunda a *decisão* de não habilitar, ou a de habilitar, com a *justificação de fato necessário* à habilitação para casamento (Lei nº 6.015, de 31 de dezembro de 1973, art. 68; antes, Código de 1939, art. 743).

A Lei nº 379, de 16 de janeiro de 1937, art. 9º, só conferia efeito de impediência ao casamento religioso não inscrito no registro civil, o que mostrava não se considerar existente o casamento religioso não inscrito: se se considerasse tal, o efeito seria de dirimência. A Lei nº 1.110, de 23 de maio de 1950, apenas se refere aos efeitos da inscrição (art. 7º). Mas o efeito impeditivo não era da inscrição e, embora o art. 10 da Lei nº 1.110 houvesse ab-rogado a Lei nº 379, a doutrina tem de ver no casamento religioso, que ainda pode ser inscrito, efeito impeditivo. Disse o art. 3º da Lei nº 1.110: "Dentro dos três meses imediatos à entrega da certidão, a que se refere o artigo anterior (Código Civil, art. 181, § 1º), o celebrante do casamento religioso ou qualquer interessado poderá requerer a sua inscrição no registro público". Se o casamento religioso foi sem a prévia habilitação perante o oficial do registro público, o prazo preclusivo é o mesmo do art.

3º da Lei nº 1.110, *quanto à impediência*. Daí não se tiraria que o efeito impeditivo é da habilitação perante o oficial do registro público; o efeito é do casamento religioso para que houve habilitação civil *prévia* ou do pedido de inscrição com requerimento de inscrição (cf. Lei nº 1.110, art. 4º).

No Código de 1939, havia os arts. 742-745, a que se refere o art. 1.218, VIII, do Código de 1973.[158] Adveio a Lei nº 6.015, de 31 de dezembro de 1973, com os arts. 67-76.

211) Casamento religioso – Posto que tudo aconselhasse a perfeita uniformidade entre o processo preparatório do casamento para a celebração civil e a preparação formal do casamento para se efetuar a celebração religiosa, não foi isso seguido pela Lei nº 379, de 16 de janeiro de 1937, o que nos obrigou, àquele tempo, a destinar capítulo especial ao casamento religioso, na sua fase de preparação, de celebração e de inscrição. Na Lei nº 1.110, houve a habilitação prévia perante o oficial do registro público, ou a posterior, também perante ele.

A Lei nº 6.015, de 1973, dedicou os arts. 71-75 ao registro do casamento religioso para os efeitos civis.

212) Habilitação para o casamento civil – "A habilitação para o casamento", diz o Código Civil, no art. 180,[159] "faz-se perante o oficial do registro civil, apresentando-se os seguintes documentos: I. Certidão de idade ou prova equivalente. II. Declaração do estado, do domicílio e da residência atual dos contraentes e de seus pais, se forem conhecidos. III. Autorização das pessoas sob cuja dependência legal estiverem, ou ato judicial que a supra (arts. 183, nº XI, 188 e 196). IV. Declaração de duas testemunhas maiores, parentes, ou estranhos, que atestem conhecê-los e afirmem não existir impedimento que os iniba de casar. V. Certidão de óbito do cônjuge falecido ou da anulação do casamento anterior". Acrescentou-se, no parágrafo único: "Se algum dos contraentes houver residido

---

158 O art. 1º da Lei nº 6.780, de 12.5.1980, revigorou os arts. 725-729 do CPC de 1939 ("Dos protestos formados a bordo"), com a inclusão deles na norma do inc. VIII, renumerando os demais incisos do art. 1.218. Dessa forma, a matéria até então tratada no primitivo inc. VIII (*"à habilitação para casamento"*) passou ao IX e assim sucessivamente.

159 C. Civil de 2002, arts. 1.525 e 1.526.

a maior parte do último ano em outro Estado, apresentará prova de que o deixou sem impedimento para casar, ou de que cessou o existente".

Cada uma das exigências do art. 180 merece estudo – ou para que se explicitem os conceitos contidos, ou para que se elucidem referências implícitas.

Na Lei nº 6.015, de 31 de dezembro de 1973, os arts. 67-69 são minuciosos, no tocante ao procedimento. No art. 67, fala dos "documentos exigidos pela lei civil". Daí a relevância do assunto de direito material.

213) Certidão de idade ou prova equivalente – ¿Qual a certidão de idade que os esposos devem apresentar?¿ Qual a prova equivalente a que, na falta da certidão, poderão recorrer os nubentes? O Código Civil foi omisso; e foi preciso atender-se à interpretação, literal e científica, do seu art. 1.807, que só revogou as Ordenações, Alvarás, Leis, Decretos, Usos e Costumes concernentes às matérias de Direito Civil reguladas por ele, e não as disposições que, embora de Direito Civil, escaparam aos legisladores do Código Civil. Por exemplo: a determinação do que se considerava prova equivalente à certidão de idade, para o efeito de habilitação ao casamento; a enumeração dos documentos públicos; os requisitos intrínsecos de validade das confissões; e muitos outros dispositivos, de uso euremático, mas de inegável direito material.

O Código Civil seria lei profundamente defeituosa se o seu art. 1.807 fizesse tábua rasa de todo o Direito Civil anterior, no que ele tinha de compatível com os princípios da nova lei. Os últimos estudos tendentes à perfeita investigação metodológica do Direito firmaram, como critério essencial, a rejeição de qualquer teoria, que considere a lei escrita e imposta como o único direito positivo em vigor. Assim, continuaram eficazes (como as certidões de registro civil) as certidões extraídas dos livros eclesiásticos de registro de nascimento, casamento e óbitos, quando relativos a fatos ocorridos antes de instituir-se, na República, o registro civil.

Trata-se de matéria de direito material, porque o é, incontestavelmente, tudo que concerne à admissibilidade e à *virtus probandi* de atos ou documentos, constituindo matéria de direito processual apenas o modo de se produzirem tais provas (veja-se o Código de Processo Civil de 1939, arts. 742-745; hoje, Lei nº 6.015, de 1973, arts. 67-69). O Código Civil foi omisso, mas a sua omissão, diante do art. 1.807, ao invés de revogar o Decreto nº 773, de 20 de setembro de 1890, deu-lhe nova vigência, pois que se trata de matéria de Direito Civil não regulada pelo Código, e deixada em aberto, pressuposta e referida em vários pontos dele: no art. 180, I,[160] "certidão de idade ou prova equivalente", no art. 202, parágrafo único,[161] "justificada a falta ou perda do registro civil, é admissível qualquer outra espécie de prova" etc. Continuou, portanto, em vigor o Decreto n° 773, no que possui de direito material, e conservar-se-á em vigência, até que se regule a assunto, no que concerne à forma de produção das provas.

Dizia o Decreto n° 773, de 20 de setembro de 1890: "Art. 1° A prova da idade, exigida pelo art. 1° da Lei de 24 de janeiro de 1890, na falta ou impossibilidade de apresentação do registro civil ou certidão de batismo, podia ser suprida por alguns dos seguintes meios: 1. Justificação, pelo depoimento de duas testemunhas, perante qualquer juiz do cível, inclusive o de órgãos, o de casamento e o juiz de paz. 2. Título ou certidão com que se prove a nomeação, posse ou exercício, em qualquer tempo, de cargo público, para o qual exija a lei maioridade, ou de matrícula, qualificação ou assento oficial de que conste a idade. 3. Atestado dos pais ou tutores, não havendo contestação. 4. Qualquer documento que em direito comum seja aceito por valioso para substituir a certidão de idade. 5. Atestado de qualquer autoridade que em razão do ofício tenha perfeito conhecimento da pessoa, não estando esta sob poder ou administração de outra. 6. Exame de peritos nomeados pelo juiz competente para conhecer da capacidade dos pretendentes. Art. 2° O processo de justificação da idade dos nubentes será sumaríssimo, dispensando-se todos os termos que não forem rigorosamente essenciais e a citação das testemunhas que espontaneamente comparecerem. Se ambos os nubentes a requererem perante o mesmo juiz, correrá a justificação em um só processo. Art. 3° Na referida justificação e em outras necessárias para a realização do casamento civil, os juízes, escrivães e oficiais de justiça perceberão pela metade os emolumentos taxados para atos semelhantes no regimento de custas, aprovado pelo Decreto n° 5.737, de 2 de setembro de 1874. Art. 4° Revogam-se as disposições em contrário". A *lei*, a que se referiu o art. 1°, pr., é o Decreto n° 181, de 24 de janeiro de 1890, em que se disse, quase como no Código Civil (art. 180, I):[162] "Art. 1° As pessoas que pretenderem casar-se devem habilitar-se perante o oficial do registro civil, exibindo os seguintes documentos

---

160 C. Civil de 2002, art. 1.525, I.
161 C. Civil de 2002, art. 1.543, par. único.
162 C. Civil de 2002, art. 1.525, I.

em forma que lhes de fé pública: § 1º A certidão de idade de cada um dos contraentes, ou prova que a supra etc.".

A interpretação, que déramos na 1ª edição do *Direito de Família* (1917), sobre continuar em vigor o Decreto nº 773, depois de algumas vacilações da doutrina, foi a adotada, definitivamente, pela jurisprudência (6ª Câmara Cível da Corte de Apelação da Distrito Federal, 1º de outubro de 1931, *A. J.,* 21, 154). Clóvis Beviláqua (*Código Civil Comentado*, 4ª edição, II, 8) disse: "A verdadeira doutrina foi estabelecida por Pontes de Miranda, *Direito de Família,* § 24, que encontra apoio na razão e no art. 143 do Código Civil". No mesmo sentido, J. M. de Carvalho Santos (*Código Civil brasileiro interpretado,* IV, 23 s.).

A certidão mesma, se o nascimento foi antes do registro civil (1º de janeiro de 1889), era a dos assentos eclesiásticos, chamada certidão de batismo; se posterior, a do registro civil de nascimento. Na habilitação para o casamento entre contraentes nascidos na vigência da lei do Registro Civil, quando a prova de idade não for feita com a certidão do nascimento, e sim por meio de justificação, como permitiu o Decreto nº 773, de 20 de setembro de 1890, determinará o juiz de casamentos: *a)* que seja lavrado o termo de nascimento de acordo com a justificação e na forma do art. 68 do Decreto nº 4.857 no cartório em que se estiver processando a habilitação; *b)* que a justificação se processe, independentemente de outras formalidades, nos próprios autos da habilitação; *c)* que seja junta aos autos de habilitação a certidão desse registro (Decreto nº 18.542, de 24 de dezembro de 1928, art. 87, cf. Lei nº 5.542, de 1º de outubro de 1928, art. 1°).

Estatuía o Código de Processo Civil de 1939, art. 743: "As justificações requeridas serão feitas com a ciência do órgão do Ministério Público e julgadas pelo juiz". Na 2ª alínea: "O órgão do Ministério Público acompanhará os processos de habilitação e requererá o que for conveniente à sua regularidade".

214) Declaração do estado, do domicílio e da residência atual dos contraentes e de seus pais, se forem conhecidos – Estado civil, domicílio e residência são conceitos de Direito Civil que não precisam ser lembrados. Na expressão "estado", compreende-se toda situação jurídica estabelecedora de *status* de direito de família, segundo a lei regedora do *status* de cada um dos nubentes. Se se trata de domiciliado no Brasil, basta que diga ser menor, ou maior, solteiro ou viúvo. O desquitado não pode casar. Se um dos cônjuges esteve ligado por casamento nulo, ou anulável, é de mister declarar ser solteiro, por já se haver pronunciado a nulidade, ou a anulação, do casamento, em sentença passada em julgado e devidamente anotada no registro civil. Quando domiciliado alhures, ou, em geral, subordinado à lei estrangeira, o nubente dirá que é menor, maior, solteiro, ou viúvo, ou, se a sua lei permite o divórcio, divorciado. As expressões "domicílio" e "residência atual", quer em relação aos contraentes, quer em relação aos pais, são, em quaisquer casos, conceitos de Direito brasileiro. A Parte Geral do Código Civil, arts. 31-34,[163] 36-41,[164] é que lhes dá o conteúdo. O domicílio e a residência atual dos pais somente são de mister quando conhecidos, isto é, quando, conhecidos os pais, se lhes conhecer o domicílio, ou a residência. O Código Civil não exige, aí, nenhuma prova do estado civil, nem do domicílio. Satisfaz-se com a simples declaração. O Código de Processo Civil de 1939, art. 742, disse que, na habilitação para casamento, os interessados apresentarão, além dos documentos exigidos pela lei civil, atestado de residência, firmado pela autoridade policial, se o exigir o órgão do Ministério Público.

Na Lei nº 6.015, de 31 de dezembro de 1973, diz o art. 67: "Na habilitação para o casamento, os interessados, apresentando os documentos exigidos pela lei civil, requererão ao oficial do registro do distrito de residência de um dos nubentes que lhes expeça certidão de que se acham habilitados para se casarem". E o § 1º: "Autuada a petição com os documentos, o oficial mandará afixar proclamas de casamento em lugar ostensivo de seu cartório e fará publicá-los na imprensa local, se houver. Em seguida, abrirá vista dos autos ao órgão do Ministério Público, para manifestar-se sobre o pedido e requerer o que for necessário à sua regularidade, podendo exigir a apresentação de atestado de residência, firmado por autoridade policial, ou qualquer outro elemento de convicção admitido em direito". O § 2º: "Se o órgão do Ministério Público impugnar o pedido ou a documentação, os autos serão encaminhados ao juiz, que decidirá sem recurso". O § 3º: "Decorrido o prazo de quinze dias a contar da afixação do edital em cartório, se não aparecer quem oponha impedimento nem constar algum dos que de ofício deva declarar, ou se tiver sido rejeitada a impugnação do órgão do Ministério Público, o oficial do registro certificará a circunstância nos autos e entregará aos nubentes certidão de que estão habilitados para se casar dentro do prazo previsto em Lei". O § 4º: "Se os nubentes residirem em diferentes distritos do Registro Civil, em um e em outro se publicará e

---

163 C. Civil de 2002, arts. 70, 71, 73 e 74.
164 C. Civil de 2002, arts. 76 e 77.

se registrará o edital". O § 5°: "Se houver apresentação de impedimento, o oficial dará ciência do fato aos nubentes, para que indiquem em três dias prova que pretendam produzir, e remeterá os autos a juízo; produzidas as provas pelo oponente e pelos nubentes, no prazo de dez dias, com ciência do Ministério Público, ouvidos os interessados e o Órgão do Ministério Público em cinco dias, decidirá o juiz em igual prazo". E o § 6°: "Quando o casamento se der em circunscrição diferente daquela da habilitação, o oficial do registro comunicará ao da habilitação esse fato, com os elementos necessários às anotações nos respectivos autos".

No art. 68: "Se o interessado quiser justificar fato necessário à habilitação para o casamento, deduzirá sua intenção perante o juiz competente, em petição circunstanciada, indicando testemunhas e apresentando documentos que comprovem as alegações". No § 1°: "Ouvidas as testemunhas, se houver, dentro do prazo de cinco dias, com a ciência do órgão do Ministério Público, este terá o prazo de vinte e quatro horas para manifestar-se, decidindo o juiz em igual prazo sem recurso". No § 2°: "Os autos da justificação serão encaminhados ao Oficial do registro para serem anexados ao processo da habilitação matrimonial.

215) Assentimento das pessoas sob cuja dependência estiverem ou ato judicial que o supra – O assentimento deve constar, desde logo, dos papéis da habilitação. A necessidade do assentimento dos pais, ou tutores, ou curadores, é determinada pela lei que rege a capacidade do nubente. É sempre a lei brasileira quando se trata de juiz ou escrivão e seus descendentes, ascendentes, irmãos, cunhados ou sobrinhos, que pretendam casar-se com órfã, ou viúva, da circunscrição territorial onde um ou outro tiver exercício, casos em que é preciso licença especial da autoridade judicial superior. De ordinário, as leis de Direito Administrativo, que exigem aos militares e a certos funcionários permissão da autoridade superior para o casamento, nada têm com o Direito Civil, de modo que, se outra coisa não estatuem, o oficial do registro civil não tem poder para exigir na habilitação para casamento a permissão de que se trata. A essa espécie não se refere o art. 180, III, do Código Civil.[165]

A Lei n° 6.015, de 31 de dezembro de 1973, o art. 67, § 6°, estabelece: "Quando o casamento se der em circunscrição diferente daquela da

---

165 C. Civil de 2002, art. 1.525, II.

habilitação, o oficial do registro comunicará ao da habilitação esse fato, com os elementos necessários às anotações nos respectivos autos".

216) Declaração de duas testemunhas – A declaração de duas testemunhas, maiores (a maioridade, aí, é sempre regida pela lei brasileira, porque se trata de capacidade para testemunhar), parentes, ou estranhos, que atestem conhecer os nubentes e afirmem não existir impedimento, que os iniba de casar (Código Civil, art. 180, IV),[166] faz-se por escrito, quer particular, quer público, e tem por fim a atestação da identidade e a afirmação da inexistência de impedimento matrimonial, conforme o sabem os declarantes.

217) Prova da inexistência de casamento anterior – O art. 180, V, do Código Civil,[167] fala da certidão de óbito do cônjuge falecido, ou da anulação do casamento anterior. Observemos, desde já, que a expressão "anulação" aí está empregada por "declaração de nulidade ou anulação", pois que o casamento existente, embora nulo, é obstáculo, enquanto se lhe não decreta a nulidade, à convolação de novas núpcias. Aliás, além de tal argumento, há o que decorre do art. 183, XIV,[168] onde explicitamente se impede o casamento da mulher antes de se passarem trezentos dias, quando o casamento "se desfez por ser nulo", salvo se, antes de findo esse prazo, der à luz algum filho.

A certidão de óbito é a do registro civil, ou, se o óbito ocorreu antes da vigência da lei que estabeleceu o registro civil, seria a dos assentos eclesiásticos.

A prova pela certidão não é insuprível. Seria absurdo impor perpétua viuvez àqueles cujos registros, eclesiásticos ou civis, se perderam, queimaram ou roubaram. "Já depois de composto este livro", escrevíamos em 1917, "apareceu o fascículo nº 1 do t. V do *Manual do Código Civil brasileiro*, cuja primeira parte foi escrita pelo Conselheiro Cândido de Oliveira. Há nesse trabalho afirmativa com a qual não podemos concordar: dizer que a certidão de óbito para habilitação de casamento é insuprível (pp. 28 e 29). Seria optar pela interpretação absurda, vexatória, arbitrária, desatendendo ao sistema do Código, que admite o suprimento da prova, nos casos

---

166 C. Civil de 2002, art. 1.525, III.
167 C. Civil de 2002, art. 1.525, V.
168 C. Civil de 2002, art. 1.523, II.

similares (idade, art. 180, I;[169] casamento, art. 202, parágrafo único).[170] Ademais, o art. 143[171] pressupõe a prova testemunhal no suprimento da certidão de óbito" (*Direito de Família*, 1ª ed., 59).

Não está – portanto – revogado o Aviso do Ministério da Justiça, de 14 de janeiro de 1891, em que o Ministro Campos Sales, em resposta a ofício do Governador do Rio Grande do Sul, afirmava que, na impossibilidade de se conseguir a certidão de óbito de cônjuge falecido, "pode essa ser suprida por justificação, como acontece com a certidão de idade". Outro argumento em favor do suprimento da certidão de óbito pela prova testemunhal temo-lo no Código Civil, art. 143,[172] *verbis*: "Os ascendentes como testemunhas em questões em que se trate de verificar o nascimento ou óbito dos filhos".

218) Residência alhures – Estabelece o parágrafo único do art. 180 do Código Civil[173] que o contraente, se houver residido a maior parte do último ano em outro Estado (basta residência, portanto; não é preciso domicílio), apresentará prova de que o deixou sem impedimento para casar ou de que cessou o existente.

¿Qual a prova a fazer-se? A mesma que se faria em relação à cessação do impedimento, *se ele existia*; por exemplo: se estava casado, a prova do óbito do cônjuge falecido. Mas, dada a generalidade com que se enuncia o art. 180, parágrafo único, do Código Civil,[174] a prova *de não haver impedimentos* deve versar sobre a inexistência de quaisquer impedimentos legais, e pode consistir em quaisquer meios legítimos de prova, sendo uma indicada pelo próprio art. 180, IV, do Código Civil,[175] que é a declaração de duas pessoas maiores que atestem conhecê-lo, bem como ao outro pretendente, e afirmem não existir impedimento que os iniba de casar. Tal justificação deve ser feita no lugar em que resida o contraente ou por pessoas ali residentes na mesma época. O Conselheiro Cândido de Oliveira incidiu em outro engano quando aplicou o art. 12 da então Introdução do

---

169 C. Civil de 2002, art. 1.525, I.
170 C. Civil de 2002, art. 1.543, par. único.
171 Sem correspondente no C. Civil de 2002.
172 Sem correspondente no C. Civil de 2002.
173 Sem correspondente no C. Civil de 2002.
174 Sem correspondente no C. Civil de 2002.
175 C. Civil de 2002, art. 1.525, III.

Código Civil aos casos de prova feita nos Estados-membros que compõem a República do Brasil. A admissibilidade das provas é ato *decisorium lios*, e não *ordinatorium*: pertencia, portanto, à União: o art. 12 da Introdução referia-se apenas aos Estados estrangeiros e, no que podia, então, referir-se aos Estados-membros brasileiros, não se havia de entender como relativo à matéria de admissão de provas, mas à maneira de regulá-las, tanto assim que a lei civil fixou os meios de prova (arts. 136-144).[176]

O modo de produzir tal justificação rege-se pela lei processual. No Brasil, enquanto não se promulgou o Código de Processo Civil de 1939, a forma foi a da lei processual vigente, no Estado-membro, no Distrito Federal ou no Território do Acre. A unificação do processo teve como efeito a unificação do processo das justificações para habilitação matrimonial (Código de 1939, arts. 743, 735-738).

219) Prova de sanidade – Além das exigências do art. 180 do Código Civil,[177] existe a do art. 145 da Constituição de 1934 (ainda hoje com valor de regra de lei ordinária), onde se dizia: "A lei regulará a apresentação pelos nubentes de provas de sanidade física mental, tendo em atenção as condições regionais do país". No plano do Direito Constitucional, o art. 145 da Constituição de 1934 representou regra jurídica da natureza daquelas a que por vezes nos referimos noutros lugares; prometeu a legislação a propósito de algum assunto. Significou que o legislador constituinte quis que isso entrasse nos *programas* de política legislativa. No caso do art. 145, teve isso o valor de excluir o que, sob a Constituição de 1891, não raro se afirmou: que seria inconstitucional, que violaria a liberdade individual, que se chocaria com os princípios morais, a exigência de provas de sanidade física e mental. Entre tais provas está o exame pré-nupcial, em torno do qual, por volta de trinta e cinco anos atrás, tamanha grita se levantou.

220) Formalidade dos proclamas – À vista desses documentos, diz o art. 181 do Código Civil,[178] apresentados pelos pretendentes, ou seus procuradores, o oficial do registro lavrará os proclamas de casamento, mediante edital, que se afixará durante quinze dias, em lugar ostensivo do edifício, onde se celebrarem os casamentos, e se publicará pela imprensa,

---

176 C. Civil de 2002, arts. 212, 216-218, 224, 227-229, I.
177 C. Civil de 2002, arts. 1.525 e 1.526.
178 C. Civil de 2002, art. 1.527.

onde a houver (art. 182, parágrafo único).[179] A regra jurídica remonta às *denuntiationes* e aos *banna* (banhos), com que a Igreja Católica, com raízes no século IX, assegurou a publicidade prévia dos atos para a celebração do casamento. Compreende-se que assim fosse pela missão que se lhe deixava de jurisdição, por bem dizer preventiva, no tocante ao matrimônio. À diferença de outras leis civis, a lei brasileira não exige que a apresentação seja pessoal. Em todo caso, não sendo pelos próprios nubentes, há de ser mediante procuração, que satisfaça os requisitos normais das procurações (Código Civil, art. 1.289 e §§ 1°, 2° e 4°).[180] O oficial do registro civil que publicar o edital do art. 181,[181] sem que tenha sido solicitado por ambos os contraentes, incorre em multa, além da responsabilidade penal aplicável (art. 227, I).[182]

Quanto à expressão "onde a houver", referente à imprensa, ¿ havemos de entender que se reporta à circunscrição em que tem jurisdição o oficial do registro civil, ou à circunscrição em que tem jurisdição o juiz dos casamentos, ou, ainda, à cidade, à comarca ou ao Município? Restringir a necessidade da publicação ao círculo em que tem competência o oficial do registro civil seria inadmissível (sem razão J. M. de Carvalho Santos, *Código Civil brasileiro interpretado*, IV, 29), porque não há jornal, por exemplo, em Botafogo, Catete e Gávea, e estaria dispensada a publicação, quanto a um casamento que se tivesse de efetuar no Rio de Janeiro. Não há conceito fixo, preciso, no art. 181, pr.[183] Se uma cidade, ou vila, tem mais de um juiz de casamentos e nela há imprensa, imprescindível é a publicação, ainda que a sede do jornal não seja dentro da jurisdição do juiz que vai celebrar o casamento ou perante quem se habilitam os nubentes.

Na Lei n° 6.015, de 31 de dezembro de 1973, art. 67, § 4°, diz-se: "Se os nubentes residirem em diferentes distritos do Registro Civil, em um e em outro se publicará e se registrará o edital".

Tampouco seria de dispensar-se quando a vila, ou povoação, fosse assaz perto de outra que tivesse imprensa. O conceito depende de fatos, cabendo ao oficial do registro, de acordo com a prática, ou as instruções recebidas, exigir a publicação. Nenhuma sanção existe na lei civil quanto

---

179 C. Civil de 2002, art. 1.527, par. único.
180 C. Civil de 2002, arts. 654 e 655.
181 C. Civil de 2002, art. 1.527.
182 Sem correspondente no C. Civil de 2002.
183 C. Civil de 2002, art. 1.527.

à não publicação do edital, quer pela imprensa, quer por afixação durante o prazo legal. Qualquer penalidade resultará de regra de direito penal ou de direito disciplinar do oficial do registro.

Restava saber-se se a publicação obedecia ao mesmo prazo da afixação, pois o art. 181[184] disse que o edital se afixará durante quinze dias, em lugar ostensivo do edifício, e nada dispôs quanto à publicação pela imprensa. Havíamos de entender que bastava uma publicação, tanto mais quanto é possível existir periódico que somente saia uma vez por quinquídio, ou mais distanciadamente. Não se trata, portanto, de esquecimento do legislador. Atendeu ele à diferença entre a fixação e a publicação pela imprensa, que depende das circunstâncias. A jurisprudência foi assente quanto a não produzir invalidade à preterição do prazo do art. 181 (6ª Câmara Cível do Tribunal de Justiça do Distrito Federal, 20 de outubro de 1950, *R. F.*, 134, 134: "As irregularidades não estão mencionadas entre os casos de anulação do casamento", isto é, de decretação de nulidades ou de anulação, em boa terminologia).

Na Lei nº 6.015, de 31 de dezembro de 1973, o art. 67, § 1º, estabelece que o oficial "mandará afixar proclamas de casamento em lugar ostensivo de seu cartório e fará publicá-los na imprensa local, se houver". E o § 3º: "Decorrido o prazo de quinze dias a contar da afixação do edital em cartório, se não aparecer quem oponha impedimento nem constar algum dos que de ofício deva declarar, ou se tiver sido rejeitada a impugnação do órgão do Ministério Público, o oficial do registro certificará a circunstância nos autos e entregará aos nubentes certidões de que estão habilitados para casar dentro do prazo previsto na lei". A questão que surgiria quanto ao prazo a respeito da publicação, a que a Lei nº 6.015 também não se referiu, tem de ter a resposta que acima demos a propósito do art. 181 do Código Civil.[185]

221) Certidão de não oposição de impedimento – Se, decorrido o prazo de quinze dias, não aparecer quem oponha impedimento, nem lhe constar algum dos que de ofício lhe cumpre declarar, o oficial do registro certificará aos pretendentes que estão habilitados para casar dentro dos três meses imediatos (Código Civil, arts. 181, § 1º, e 192).[186] Tal prazo é

---

184   C. Civil de 2002, art. 1.527.
185   C. Civil de 2002, art. 1.527.
186   C. Civil de 2002, arts. 1.531-1.532 e 1.533, respectivamente.

aquele a que alude o art. 67, § 3º, da Lei n.º 6.015, *verbis*: "para se casar dentro do prazo previsto em lei".

Em dias posteriores à tirada da certidão, impedimentos podem surgir, de modo que teve a lei de fixar o tempo em que tem eficácia. Quase todos os Códigos adotam tempo maior: um ano (Código Civil francês, art. 65; português, art. 107, § 2º; espanhol, art. 9º, 2ª parte); cento e oitenta dias (italiano, art. 99, alínea 2ª); seis meses (alemão, § 1.316; venezuelano, art. 96).

222) Residências dos nubentes em circunscrições diferentes – Se os nubentes residirem em diversas circunscrições do registro civil, em uma e em outra se publicarão os editais (Código Civil, art. 181, § 2º;[187] Lei nº 6.015, de 31 de dezembro de 1973, art. 67, § 4º). Aqui, a palavra "publicação" compreende a afixação durante os quinze dias e a publicação pela imprensa, onde a houver. Quer dizer: se os nubentes residem em circunscrições diversas do registro civil, ainda que o mesmo seja o juiz das duas circunscrições e em ambas haja imprensa, são exigidas a afixação em cada uma delas e a publicação pela imprensa de uma e de outra; se só em uma existir imprensa, dar-se-á a afixação em ambas, além da publicação na que possuir periódico; se nenhuma tiver imprensa, a afixação será feita numa e noutra. O oficial do registro onde foram apresentados os documentos e o pedido de habilitação para casamento lavra os editais e remete uma cópia ao oficial do registro da outra circunscrição, para a observância do art. 181, § 2º.[188] Escusado é dizer-se que o oficial do registro em cuja circunscrição não se vão habilitar os nubentes tem a mesma obrigação de certificar a não aparição de impedimento e de lhe não constar algum dos que lhe cumpre declarar de ofício. Apenas a sua certidão não contém a afirmação de que se acham habilitados para casar nos três meses imediatos. Tal função somente possui o oficial do registro perante o qual se faz a habilitação para o casamento e esse, recebendo a certidão do outro oficial e dando a sua, acrescentará a conclusão de que os pretendentes estão habilitados para o casamento, dentro do prazo legal. A certidão recebida deve ser junta aos autos de habilitação e, na certidão que der o oficial do registro, perante o qual se processa a habilitação para casamento, referir-se-á à que recebeu, com menção do conteúdo.

---

187 C. Civil de 2002, art. 1.527, *caput*.
188 C. Civil de 2002, art. 1.527, *caput*.

223) Registro dos editais – O registro dos editais far-se-á no cartório oficial, que os houver publicado, dando-se deles certidão a quem pedir (Código Civil, art. 182).[189] O registro será feito nas duas circunscrições, pelos dois oficiais, nos livros a isso destinados. O dever de dar certidões dos editais cabe, por igual, a ambos e não lhes é permitido negá-las a quem quer que seja. Posto que os impedimentos exijam legitimação ativa (arts. 189 e 190), a expressão "a quem pedir", que aparece no art. 182, mostra que nenhuma ligação imediata tem com a legitimação para a oposição dos impedimentos o direito público subjetivo a certidões dos editais que se consiga no art. 182. O registro dos editais de casamento tem de conter todas as indicações necessárias quanto à época de publicação e aos documentos apresentados, abrangendo também os editais remetidos por outro oficial processante.

224) Dispensa de publicação – Depois de se haver referido aos proclamas, afixados e publicados com a forma de edital, e ao registro dos editais, diz o Código Civil, no art. 182, parágrafo único:[190] "A autoridade competente, havendo urgência, poderá dispensar-lhes a publicação, desde que se lhe apresentem os documentos exigidos no art. 180". O art. 190,[191] embora inserto no Capítulo IV (Da celebração do casamento), serve-nos de elemento para completarmos o conceito de "urgência", que aparece no art. 182, parágrafo único:[192] é a urgência que justifique a imediata celebração do casamento, inclusive o iminente risco de vida. Se alguma publicação já foi feita, o pedido da dispensa somente concerne aos dias restantes. Se nenhuma publicação se fez, o despacho do juiz pode tardar um dia ou dois, deve o oficial do registro providenciar para que se publiquem os editais antes do despacho. Não se compreende que demore a autoridade competente a decisão, vindo a deferir o requerimento, quando estaria cumprida a lei, pelo menos em parte, com a publicação no intervalo. Tampouco se justifica que o oficial do registro, diante do pedido de urgência, deixe de expedir os editais, ainda que o despacho do juiz os venha dispensar. Para a dispensa de proclamas, nos casos em que a lei permite, os contraentes,

---

189 Sem correspondente no C. Civil de 2002.
190 C. Civil de 2002, art. 1.527, par. único.
191 A referência correta é ao *caput* do art. 198, cujo correspondente no C. Civil de 2002 é o *caput* do art. 1.539.
192 C. Civil de 2002, art. 1.527, par. único.

em petição dirigida, ao juiz, deduzirão os motivos da urgência do casamento, provando-o desde logo por documentos ou testemunhas ouvidas com a ciência do órgão do Ministério Público. Quando o pedido se fundar em crime contra os costumes, a dispensa dos proclamas será precedida de audiência dos contraentes, em separado e em segredo de justiça (Lei n° 6.015, art. 69, § 1°).

Lê-se na Lei n° 6.015, de 31 de dezembro de 1973, art. 69: "Para a dispensa de proclamas, nos casos previstos em Lei, os contraentes, em petição dirigida ao juiz, deduzirão os motivos de urgência do casamento, provando-a, desde logo, com documentos ou indicando outras provas para demonstração do alegado". § 1°: "Quando o pedido se fundar em crime contra os costumes, a dispensa de proclamas será precedida da audiência dos contraentes, separadamente e em segredo de justiça". § 2°: "Produzidas as provas dentro de cinco dias, com a ciência do órgão do Ministério Público, que poderá manifestar-se, a seguir, em vinte e quatro horas, o juiz decidirá, em igual prazo, sem recurso, remetendo os autos para serem anexados ao processo de habilitação matrimonial".

225) Elementos exigidos – A habilitação para o casamento, diz o Código Civil, no art. 180,[193] faz-se perante o oficial de Registro Civil, apresentando-se os seguintes documentos: I) certidão de idade ou prova equivalente; II) comunicação ("declaração", diz-se) sobre o estado, o domicílio e a residência atual dos contraentes e de seus pais, se forem conhecidos; III) autorização das pessoas sob cuja dependência legal estiverem, ou ato judicial que a supra (Código Civil, arts. 183, n° XI, 188 e 196); IV) declaração de duas testemunhas maiores, parentes, ou estranhos, que atestem conhecê-los e afirmem não existir impedimento que os iniba de casar; V) certidão de óbito do cônjuge falecido ou da anulação do casamento anterior. Acrescentou-se, no parágrafo único: "Se algum dos contraentes houver residido a maior parte do último ano em outro Estado, apresentará prova de que o deixou sem impedimento para casar, ou de que cessou o existente".

226) Atestado de residência – O Código Civil, art. 180, II,[194] apenas exige *comunicação* do fato da residência atual ("declaração").

---

193 C. Civil de 2002, arts. 1.525 e 1.526.
194 C. Civil de 2002, art. 1.525, IV.

Sobre o direito material das habilitações, nosso *Tratado de Família*, 2ª ed., I, 83-180, e 3ª ed., I, 172-191, e *Tratado de Direito Privado*, tomo VII.

227) Justificações requeridas – Uma das justificações é a que se faz para prova contrária ao impedimento (Código Civil, art. 191, parágrafo único).[195] Regem-se pelos arts. 861-866 do Código de 1973 (antes, Código de 1939, arts. 735-738). A justificação contra oposição do impedimento do art. 184, parágrafo único,[196] do Código Civil faz-se em segredo de justiça. Todas hão de ser feitas com a ciência do órgão do Ministério Público, não necessariamente com a presença.

228) Ministério Público – Além de ter ciência das justificações, o órgão do Ministério Público acompanha todo o processo de habilitação.

229) Dispensa de proclamas – O fim principal do casamento, pelo menos sob o ponto de vista sociológico, é a procriação; mas acontece, às vezes, que uma instituição jurídica, que se estabelece com fim determinado, admite, na prática, utilizações que a analogia ou a equidade impõe. Exemplo disso é o casamento *in extremis vitae momentis,* que teve entrada em quase todas as leis modernas. Nele, a vida em comum espera-se não ser possível, e isso não impede, entretanto, que a união legal produza os demais efeitos civis. A lei concede a esses casamentos, de fins quase sempre humanitários, dispensa de formalidades, inclusive a presença de autoridade e do oficial do registro. Na realidade, os fins do casamento *in extremis* são os seguintes: legitimar os filhos já nascidos, dar o título de consorte a alguma concubina, ou à noiva, estabelecer a comunhão universal, ou parcial, de bens, permitir a sucessão etc. O Código Civil conhece duas formas excepcionais de casamento civil, que são inconfundíveis entre si, posto que seja confusa a apresentação delas no texto legal: I) o casamento em caso de moléstia grave de um dos nubentes, que é previsto no art. 198 do Código Civil,[197] sem dispensa do presidente do ato (autoridade competente ou substituto legal); II) o casamento em caso de iminente risco de vida (*in articulo mortis*), de que tratam o parágrafo único do art. 199 e o art. 200

---

195 C. Civil de 2002, art. 1.530, par. único.
196 Sem correspondente no C. Civil de 2002.
197 C. Civil de 2002, art. 1.539, par. único.

do Código Civil.[198] *De lege ferenda,* a distinção não colhe justificativa. Mas está na lei, com diferenças graves no tocante às formalidades de um e de outro dos casamentos. Em todo caso, estando alguém com moléstia grave, que justifique urgência do casamento, ¿como saber-se se está *in articulo mortis,* tanto mais quanto o Código Civil prevê, no art. 200,[199] § 5°, a convalescença daquele que se achava nas condições do art. 199, II?[200] Os casamentos *in extremis,* ou por simples gravidade da moléstia, ou por iminente risco de vida, podem não ter a finalidade da *copula carnalis,* de modo que se levanta a questão de se saber se, convalescendo o cônjuge em perigo, pode ser pedida a anulação por ignorância, anterior ao casamento, de defeito físico irremediável, ou de moléstia grave transmissível, por contágio ou herança, capaz de pôr em risco a saúde do outro cônjuge ou da sua descendência (art. 219, III).[201] O naturalismo da Igreja Católica chegou a pôr em dúvida a validade dos casamentos *in extremis,* porque neles podia não haver a intenção de consumá-los. O antigo direito francês (Ordenança de 1969, art. 6, Edicto de 1967) considerava nulidade ser *in extremis vitae* a celebração. Certo, pode ter sido a morte próxima elemento decisivo para o casamento: a mulher ou o homem só consentiu em casar-se por se achar *in articulo mortis,* ou por *in articula mortis* se achar o outro nubente, De modo que, prevalecendo o casamento, faltaria o consentimento, e isso nos levou, em 1917, à solução de que o defeito físico irremediável, inclusive a impotência, não poderia ser invocado em tal hipótese. Não nos parece, hoje, que tal decisão seja certa. Não temos o casamento condicional. Quem aceita casar-se aceita-o com todas as consequências, esperadas ou não. (A Igreja Católica ainda discute se é condição *contra substantiam matrimonii* a obrigação de não ter relações sexuais, entrando-se em distinções de grande sutileza, mas, em verdade, faltaria a tradição do *ius ad copulam.* Se convalesce o que estava em perigo de vida e o outro cônjuge não pode ter relações sexuais, é anulável o casamento, desde que tal impossibilidade fosse ignorada ao tempo do casamento. Dá-se o mesmo, em ação do outro cônjuge, se a impossibilidade é da parte do que se achava em perigo de vida.

---

198   C. Civil de 2002, arts. 1.540 e 1.541.
199   C. Civil de 2002, art. 1.541, § 5°.
200   C. Civil de 2002, art. 1.540.
201   C. Civil de 2002, art. 1.557, III.

No caso de moléstia grave de um dos nubentes, diz o art. 198 do Código Civil,[202] o presidente do ato irá celebrá-lo na casa do impedido, e, sendo urgente, ainda à noite, perante quatro testemunhas, que saibam ler e escrever (art. 198, pr.).[203] A falta ou impedimento da autoridade competente para presidir ao casamento suprir-se-á por qualquer dos seus substitutos legais, e a do oficial do registro civil, por outro ad hoc, nomeado pelo presidente do ato (§ 1°).[204] O termo avulso, que o oficial *ad hoc* lavrar, será levado ao registro no mais breve prazo possível (§ 2°).[205] Para a efetuação desse casamento, o oficial do registro, mediante despacho da autoridade competente, à vista dos documentos exigidos por lei, dará a certidão de habilitação (art. 199),[206] independentemente do edital de proclamas. A celebração, de que trata o art. 198,[207] há de ser "na casa do impedido". Casa, aí, está por lugar onde se acha aquele que está atacado de moléstia grave, talvez hospital, ou casa de saúde, ou posto de assistência. Por certo que bastará a residência de outrem, em que se encontre, sem ser especialmente para o casamento, o nubente doente, não se devendo celebrar tal casamento em casa de terceiro quando não se justifique, por alguma circunstância estranha ao fato da celebração, a permanência do nubente em tal lugar. A noiva ou o noivo, que se hospeda na casa da futura sogra ou sogro, ou do futuro ou futura consorte, pode aí casar-se. Resta saber-se se, tendo a lei cogitado da casa do impedido que é o que mais acontece nos casos de moléstia grave, fica vedado celebrar-se o casamento na casa das audiências do presidente do auto. A resposta tem de ser negativa. Quem pode o mais pode o menos. A celebração na casa do impedido é uma concessão, e não uma imposição da lei. O casamento ordinário é de dia. O do art. 198[208] pode ser à noite. Quando realizado durante o dia, o número de testemunhas é do art. 193 (duas).[209] Quando durante a noite, perante quatro testemunhas, que saibam ler e escrever.[210] Saber ler e escrever constitui, portanto, exigência a mais. Por igual, o acréscimo de mais duas testemunhas, com

---

202 C. Civil de 2002, art. 1.539.
203 *Aliter*, C. Civil de 2002, art. 1.539.
204 C. Civil de 2002, art. 1.539, § 1°.
205 *Aliter*, C. Civil de 2002, art. 1.539, § 2°.
206 Sem correspondente no C. Civil de 2002.
207 *Aliter*, C. Civil de 2002, art. 1.539.
208 C. Civil de 2002, art. 1.539.
209 C. Civil de 2002, art. 1.534.
210 *Aliter*, C. Civil de 2002, art. 1.539.

o que se quer, nas celebrações noturnas, maior segurança testemunhal. Quanto à moléstia grave, compreende-se que, ao pedir a celebração excepcional, dela dê prova aquele que invoca o art. 198.[211] O presidente do ato é que decide, devendo-se, porém, entender que, existindo a moléstia grave, lhe cabe o dever da celebração na casa do impedido, ou na casa das audiências, de dia, ou de noite, com o número legal de testemunhas. A lei civil não disse qual a prova suficiente, nem seria prudente qualquer enumeração taxativa. Há certas moléstias graves de si mesmas evidentes. O atestado médico é bastante. Convém, todavia, que não se restrinja a esse atestado a prova da moléstia grave, não só porque pode não haver médicos no lugar ou na ocasião, como também porque o atestado exige certas formalidades que talvez retardassem o ato urgente. Para que o casamento se faça à noite, é preciso que haja urgência; portanto: moléstia grave de um dos nubentes e urgência que justifique a celebração à noite. Também aí cabe ao presidente do ato a apreciação do que se lhe pede, nascendo-lhe o dever de realizar o casamento, de noite, se não é prudente aguardar-se o dia. Se a autoridade, que há de presidir o ato, se recusa a ir celebrá-lo na casa do impedido, ou, sendo urgente, à noite, incorre nas penas do art. 227 do Código Civil[212] e das leis criminais ou disciplinares (art. 228, IV, do Código Civil).[213] Se a autoridade competente se recusa, constitui isso caso de falta e podem os nubentes pedi-lo aos substitutos legais, na ordem prevista pela legislação. Cada autoridade que se recusa fica sujeita às respectivas penalidades.

Lê-se na Lei nº 6.025, de 31 de dezembro de 1973, art. 76: "Ocorrendo iminente risco de vida de algum dos contraentes, e não sendo possível a presença da autoridade competente para presidir o ato, o casamento poderá realizar-se na presença de seis testemunhas, que comparecerão, dentro de cinco dias, perante a autoridade judiciária mais próxima, a fim de que sejam reduzidas a termo suas declarações". § 1º: "Não comparecendo as testemunhas, espontaneamente, poderá qualquer interessado requerer a sua intimação". § 2º: "Autuadas as declarações e encaminhadas à autoridade judiciária competente, se outra for a que as tomou por termo, será ouvido o órgão do Ministério Público e se realizarão as diligências necessárias para verificar a inexistência de impedimento para o casamento". § 3º: "Ouvidos dentro de 5 (cinco) dias os interessados que o requerem e o órgão do Mi-

---

211 C. Civil de 2002, art. 1.539.
212 Sem correspondente no C. Civil de 2002.
213 Sem correspondente no C. Civil de 2002.

nistério Público, o juiz decidirá em igual prazo". § 4°: "Da decisão caberá apelação com ambos os efeitos". § 5°: "Transitada em julgado a sentença, o juiz mandará registrá-la no Livro de Casamento".

230) Iminente risco de vida – No caso de *iminente risco de vida*, isto é, caracterizada não só a gravidade, mas a proximidade da morte, se os contraentes não obtiverem a presença da autoridade a quem incumba presidir o ato, nem a de seu substituto, podem celebrá-lo em presença de seis testemunhas, que com os nubentes não tenham parentesco em linha reta, ou, na colateral, em segundo grau (veja tomo IV, item 3) (sobre o art. 405, § 2°, do Código de Processo Civil de 1973, que fala de terceiro grau), isto é, que não sejam ascendentes, descendentes, sogros, irmãos, genros, cunhados, padrastos, madrastas ou enteados dos contraentes (Código Civil, art. 199, parágrafo único). As seis testemunhas comparecerão, dentro de cinco dias, ante a autoridade judicial mais próxima, pedindo que se lhes tomem por termo as seguintes afirmações (Código Civil, art. 200):[214] I) que foram convocadas por parte do enfermo; II) que esse parecia em perigo de vida, mas em seu juízo; III) que em sua presença declararam os contraentes livre e espontaneamente receberem-se por marido e mulher. Em tal forma excepcional, só permissível ao casamento *in articulo mortis*, é prescindível a certidão de habilitação; pois, autuado o pedido e tomadas as comunicações, o juiz procederá às diligências necessárias para verificar se os contraentes podiam ter-se habilitado para o casamento, na forma obrigatória, e ouvirá os interessados, que o requererem, dentro em quinze dias. Várias questões podem surgir quanto à impediência já aqui verificada após a celebração.

No art. 76, a Lei n° 6.015, de 31 de dezembro de 1973, não fala do parentesco das testemunhas, à diferença do Código Civil, art. 199, parágrafo único.[215] Pergunta-se: ¿o art. 76 da Lei n° 6.015 derrogou o que antes se exigia? Devemos entender que apenas houve na Lei n° 6.015, art. 76, implícita remissão ao art. 405, § 2°, do Código de Processo Civil de 1973, em que se diz serem impedidos o ascendente e o descendente em qualquer grau, ou colateral, até o terceiro grau de algum dos nubentes, por consanguinidade ou afinidade.

---

214 C. Civil de 2002, art. 1.541.
215 C. Civil de 2002, art. 1.540.

Se a mulher ou o marido é menor, e o pai, tutor, ou curador, não assentiu, nem o juiz deu suprimento, ¿pode esse suprir o assentimento depois de celebrado o ato? Sim, salvo o recurso para a instância superior, quanto a essa decisão do juiz. Outra hipótese: se é menor a mulher, e não houve assentimento do pai, tutor ou curador, mas o contraente, convalescido, ou, mesmo, antes de falecer, revelou às testemunhas ter deflorado a nubente, antes ou depois da celebração, ¿pode ser considerado válido o casamento? Sim, porque os impedimentos dirimentes de idade e assentimento paterno, tutelar ou curatelar sofrem duas exceções: uma, quanto à idade, para se evitar a imposição ou cumprimento de pena criminal, pois que, embora não seja mais possível a pena por ter falecido o agente, a regra jurídica deve ser aplicada ao caso análogo, uma vez que é omissa a lei; outra, quanto à idade, e ao assentimento, no caso de resultar gravidez do casamento efetuado. O crime confessado deve ficar, todavia, *se se exigir*, sujeito a corpo de delito. A matéria permite maior estudo, que se faz no *Tratado de Direito Privado,* vol. VII. Se do casamento *inarticulo mortis* resulta cópula carnal com mulher menor, nenhuma impediência subsiste, pois seria desfazer-se o casamento de que proveio ato sexual proibido quando, se tal ato houvesse precedido o casamento, nenhum impedimento existiria, por força do art. 214.[216] Cumpre, além disso, observar-se que maior fundamento moral existe para não se invalidar um casamento que foi a causa das relações sexuais do que para se apagarem a impediência e a dirimência nos casos de cópula anterior ao casamento.

Verificada a idoneidade dos cônjuges para o casamento, assim o decidirá a autoridade competente, com recurso voluntário às partes. Se da decisão não se tiver recorrido, ou se ela vier a passar em julgado, apesar dos recursos interpostos, o juiz mandará transcrevê-la no livro do registro dos casamentos. O assento assim lavrado retroagirá os efeitos do casamento, quanto ao estado dos cônjuges, à data da celebração, e, quanto aos filhos comuns, à data do nascimento. Se o enfermo convalescer, poderão ser dispensados o comparecimento das testemunhas e as formalidades de depoimento, uma vez que possa ele próprio ratificar o casamento perante o juiz e o oficial do registro. Se não há a ratificação, convalescendo o cônjuge enfermo, não terá valor algum o casamento, pois que se trata apenas de uma conversão da lei só admissível *in extremis vitae*? Se as testemunhas

---

216 C. Civil de 2002, art. 1.520.

comparecerem e se o convalescente não impugnou o casamento, persiste, pois a lei não exige a ratificação – apenas a admite, para se dispensarem as formalidades ligadas à nuncupatividade.

Os pressupostos para o casamento nuncupativo *in articulo mortis* são: o iminente risco de vida de um dos contraentes; a não obtenção da presença da autoridade, a quem incumba presidir o ato, nem a de qualquer dos seus substitutos, quer por falta, quer por impedimento, quer por simples recusa; a presença de seis testemunhas, que não tenham parentesco, em linha reta, ou na colateral, hoje em terceiro grau, com os nubentes. À diferença do que ocorre com o casamento do art. 198 do Código Civil, cujo termo avulso, lavrado pelo oficial *ad hoc,* tem de ser levado ao registro "no mais breve prazo possível",[217] o casamento nuncupativo dos arts. 199, parágrafo único,[218] e 200 do Código Civil tem de ser levado, dentro de cinco dias,[219] em comunicações orais das testemunhas, à autoridade judicial mais próxima, o que exclui a exigência da competência ordinária. Tomados por termo os depoimentos, ou coincide ser tal juiz o que havia de processar a habilitação do casamento, caso em que perante ele correrá o processo para se verificar se os contraentes podiam ter-se habilitado, ou não é competente para o processo a autoridade judicial mais próxima, perante a qual se prestaram os depoimentos, e, então, o pedido autuado e as comunicações prestadas devem ser entregues, em remessa por despacho, ao juiz competente, uma vez que é explícito o Código Civil, no art. 200, § 2º,[220] onde diz que, "verificada a idoneidade dos cônjuges para o casamento, assim o decidirá a autoridade *competente*, com recurso voluntário às partes". O Decreto nº 18.542, de 24 de dezembro de 1928 (Regulamento anexo), art. 84, nenhum concurso trouxe ao esclarecimento do registro do casamento nuncupativo; apenas estatuiu: "Do casamento nuncupativo será tomado assento, nos termos dos arts. 199 e 200 do Código Civil". *Idem* quanto ao Decreto nº 4.857, de 9 de novembro de 1939, art. 84, que o reproduziu.

Ainda merece referência, devido à confusão que a lei mesma estabelece, a circunstância de vir a forma excepcional do casamento *in articulo mortis* não como artigo especial, como acontece ao casamento no caso

---

217 *Aliter*, C. Civil de 2002, art. 1.539, § 2º.
218 C. Civil de 2002, art. 1.540.
219 *Aliter*, C. Civil de 2002, art. 1.540 c/c art. 1.541.
220 C. Civil de 2002, art. 1.541, § 2º.

de moléstia grave de um dos nubentes (Código Civil, art. 198),[221] mas no parágrafo único do art. 199 do Código Civil,[222] que é destinado à regulamentação da dispensa do edital de proclamas. O art. 199 menciona os dois casos,[223] um mais geral e outro nele subsumível, de pressuposto suficiente para a dispensa do edital, de que cogita o art. 181 do Código Civil.[224] Depois disso é que o parágrafo único do art. 199 acrescenta: "Neste caso...",[225] de modo que pareceu, à primeira vista, que o casamento, de que se trata no art. 199, parágrafo único, somente se permitiria quando fosse dispensada a publicação do edital de proclamas, estando algum dos contraentes em iminente risco de vida. A expressão "neste caso" refere-se, gramaticalmente, ao art. 199, II. Lógica e juridicamente, os contraentes podem recorrer à nuncupatividade quando tiver havido dispensa do edital, por estar algum dos contraentes em iminente risco de vida, ou quando tal iminente risco de vida só tenha surgido após a publicação dos editais e a extração da certidão ordenada no art. 181, § 1º, do Código Civil,[226] ou, tendo surgido antes, da dispensa, não se tenham valido os nubentes. Aliás, conforme interpretação, que demos na 1ª edição do *Direito de Família* (1917) e prevaleceu, o casamento nuncupativo implica dispensabilidade da própria certidão ordenada pelo art. 181, § 1º, de modo que há a dispensa do edital e dos proclamas e a dispensa da certidão mesma, sem o que estaria enormemente prejudicada a instituição do casamento *in articulo mortis*.

¿*Quid iuris*, se estão os contraentes, ou se está um deles, em iminente risco de vida e, não mais podendo preparar documentos e pedir dispensa do edital de proclamas, falta o pressuposto da não obtenção da presença da autoridade? Note-se a especialidade da hipótese: há a máxima urgência, não há tempo para as formalidades preparatórias e os nubentes, que poderiam casar-se em presença de seis testemunhas, que com os nubentes não tenham parentesco em linha certa, ou, na linha colateral, em segundo grau, têm ao seu alcance a autoridade competente. Se a autoridade pode funcionar, temos o casamento *in articulo mortis* sem a nuncupatividade; se a autoridade não pode funcionar, o casamento do art. 199, parágrafo

---

221 C. Civil de 2002, art. 1.539.
222 C. Civil de 2002, art. 1.540.
223 Sem correspondente no C. Civil de 2002.
224 C. Civil de 2002, art. 1.527.
225 C. Civil de 2002, art. 1.540.
226 C. Civil de 2002, arts. 1.531-1.532.

único,[227] é sempre nuncupativo. Alguns autores têm pretendido que a autoridade pode funcionar, a despeito de todas as formalidades exigidas no art. 200 do Código Civil.[228] Mas é sem qualquer fundamento na lei tal interpretação. Não se tem o casamento civil *in articulo mortis*, segundo o art. 199, parágrafo único, sem nuncupatividade. A autoridade, que funcionar, não funciona em nome do Estado, porque, em nome do Estado, portanto como autoridade, somente poderia celebrar o casamento diante da certidão do art. 181, § 1°, do Código Civil,[229] quer com o processo dos arts. 192-194 do Código Civil,[230] quer com o processo do art. 198, §§ 1° e 2°, do mesmo Código;[231] e sim como uma das seis testemunhas. Terá de comparecer para prestar o depoimento a que se refere o art. 200 do Código Civil,[232] o que não ocorreria se tivesse funcionado (Código Civil, arts. 192-194 e 198) como *autoridade*. O Estado não poderia submeter à sua autoridade a participação precária, sujeita à competência dentro de cinco dias, com a exigência de serem concordantes as seis testemunhas. É absolutamente exigida a copresença dos contraentes, ou de um deles, e do procurador do outro, e das testemunhas (6ª Câmara Cível da Corte de Apelação do Distrito Federal, 27 de junho de 1933, *R. de D.*, 110, 428). Posto que seja preciso haver o risco de vida, a iminência da morte, o juiz, que depois toma por termo os depoimentos das testemunhas e decide, nenhuma competência tem para exigir a prova de que não se pode obter a presença da autoridade ou a satisfação dos atos preparatórios (Tribunal de Justiça de São Paulo, 20 de abril e 14 de outubro de 1896, *G. J. de S. P.*, 13, 15; 6ª Câmara Cível da Corte de Apelação do Distrito Federal, 10 de março de 1931, *R. de D.* 102, 426).

231) Audiência dos interessados – Quaisquer interessados, que o requeiram, têm de ser ouvidos.

232) Justificação no juízo mais próximo – Tem havido certa confusão por parte dos que leem o Código, art. 745. O art. 745 não excluiu a

---

227 C. Civil de 2002, art. 1.540.
228 C. Civil de 2002, art. 1.541.
229 C. Civil de 2002, arts. 1.531-1.532.
230 C. Civil de 2002, arts. 1.533-1.535.
231 C. Civil de 2002, art. 1.539, §§ 1° e 2°.
232 C. Civil de 2002, art. 1.541.

justificação perante o juiz mais próximo. O tríduo, a que se refere o Código, é para a *produção dos depoimentos* (*Tratado de Direito de Família*, 3ª ed., I, 213 e 471-472; *Tratado de Direito Privado,* tomo VII).

A ação do art. 745 do Código de Processo Civil (Código Civil, art. 200)[233] é ação *declaratória*, com forte eficácia *constitutiva positiva* e eficácia mediata *mandamental*. O juiz, depois de prestados os depoimentos, *declara* que foi sem impedimentos o casamento. É a ação de habilitação posterior, de que falamos desde a 1ª ed. dos *Comentários ao Código de Processo Civil* de 1939, IV, 407): "A habilitação posterior, *perante o juiz* (art. 745), é justificação *declarativa*. Pormenor, esse, digno de nota". A diferença entre ela e a ação de habilitação anterior e a de habilitação posterior está em que ali se *constitui* prova (IV, 407) e aqui se declara *não ter havido* impedimento.

A função do juiz, que vai dar decisão sobre o casamento nuncupativo e *in extremis vitae*, é apenas a de verificar se há seis depoimentos acordes e se *não* houve impedimentos.

Se alguém conhece impedimento a ser oposto, pode opô-lo no prazo legal, que é, hoje, o do art. 745 do Código de Processo Civil, derrogativo do art. 200, § 1º, do Código Civil:[234] "Nos casamentos celebrados em iminente risco de vida, sem a presença de autoridade competente, os depoimentos das testemunhas serão reduzidos a termo, dentro de um tríduo, pelo processo das justificações avulsas, e o juiz verificará se os contraentes poderiam ter-se habilitado na forma comum e decidirá, afinal, no prazo de dez dias, ouvidos os interessados que o requererem".

Nenhuma atribuição tem o juiz quanto ao conteúdo do que declararam as testemunhas. *A fortiori*, não lhes pode apreciar idoneidade, veracidade ou qualquer arguição contra elas. Não tem poderes desconstitutivos que possam ser invocados para se decretar anulação do casamento. Apenas se lhe dá, posteriormente ao casamento, o exame da habilitação.

Não pode o juiz dizer que as testemunhas mentem, porque isso seria converter a ação de justificação posterior, de rito especial, em ação declaratória negativa (Código de Processo Civil de 1939, art. 2º, parágrafo único) ou em ação de nulidade ou anulação do casamento, todas de rito ordinário (cf. Código Civil, art. 222).[235]

---

233 C. Civil de 2002, art. 1.541.
234 C. Civil de 2002, art. 1.541, § 1º.
235 Sem correspondente no C. Civil de 2002.

233) Habilitação posterior ou protraída – A habilitação posterior, ou protraída, é justificação, e não habilitação: não se diz que são hábeis ou estão habilitados, mas que *estavam* habilitados e, por isso, executaram o ato de se casarem. Porém, em vez de ser habilitação *constitutiva* (Código de 1939, arts. 735-738, 742 e 743; hoje, Código de 1973, arts. 861-866), é habilitação *declarativa*.

234) Habilitação dos nubentes – A habilitação dos nubentes, a verificação dos impedimentos e o processo da oposição, bem como o registro civil, são, por força da lei mesma, e, hoje, com possibilidade de alteração ou atenuação pelas leis ordinárias (que, se discordarem, revogarão os textos atuais), *estatais*.

Assim, seria de admitir-se lei que, para os casamentos religiosos, de todas, ou, *a fortiori*, de uma ou algumas religiões, estabelecesse regras especiais de habilitação, verificação dos impedimentos, processo da oposição e registro civil, isto é, diferentes das que constituem conteúdo da lei geral de Direito Civil. Em todo caso, a lei vigente só concedeu às confissões religiosas o ato da celebração, que é regido pelo direito da própria confissão religiosa.

Na Lei nº 6.015, de 31 de dezembro de 1973, art. 72, diz-se: "Os nubentes habilitados para o casamento poderão pedir ao oficial que lhes forneça a respectiva certidão, para se casarem perante autoridade ou ministro religioso, nela mencionando o prazo legal de validade da habilitação". No art. 72: "O termo ou assento do casamento religioso, subscrito pela autoridade ou ministro que o celebrar, pelos nubentes e por duas testemunhas, conterá os requisitos do artigo 70, exceto o 5º". No art. 73: "No prazo de trinta dias a contar da realização, o celebrante ou qualquer interessado poderá, apresentando o assento ou termo do casamento religioso, requerer-lhe o registro ao oficial do cartório que expediu a certidão". No § 1º: "O assento ou termo conterá a data da celebração, o lugar, o culto religioso, o nome do celebrante, sua qualidade, o cartório que expediu a habilitação, sua data, os nomes, profissões, residências, nacionalidades das testemunhas que o assinarem e os nomes dos contraentes". No § 2º: "Anotada a entrada do requerimento, o oficial fará o registro no prazo de 24 (vinte e quatro) horas". No § 3º: "A autoridade ou ministro celebrante arquivará a certidão de habilitação que lhe foi apresentada, devendo, nela, anotar a data da celebração do casamento". Lê-se no art. 74: "O casamento religioso, celebrado sem a prévia habilitação perante o oficial de registro público, poderá ser registrado desde que apresentados pelos nubentes, com o requerimento de registro, a prova do ato religioso e os documentos exigidos pelo Código Civil, suprindo eles eventual falta de requisitos no termo da celebração". E no parágrafo único: "Processada a habilitação com a publicação dos editais e certificada a inexistência de impedimentos, o oficial fará o registro do casamento religioso, de acordo com a prova do ato e os dados constantes do processo, observado o disposto no art. 70". Quanto à eficácia, estabelece o art. 75: "O registro produzirá efeitos jurídicos a contar da celebração do casamento".

235) Casamento "in extremis" – Também o casamento religioso *in articulo mortis* pode ter-se efetuado sem a habilitação prévia, e então ocorre a inversão.

I. Dinheiro a risco

236) Direito comercial e dinheiro a risco – Ao capitão incumbe levar o navio aos portos de destino, dirigi-lo e conduzir-lhe a carga, evitando-lhe avarias e perdas. É de supor-se, hoje em dia, que não lhe faltem os recursos para isso, ou porque possa, nos portos, sacar contra a companhia, ou porque lhe seja fácil comunicar-se com ela, ou porque ao agente local caiba atender às suas necessidades de dinheiro. A correspondência rápida, aérea, telefônica ou telegráfica, talvez lhe baste em circunstâncias menos favoráveis. Marcada pela idade que tem, a velha regra jurídica do dinheiro a risco espontou no Código Comercial, arts. 515 e 516. Se, durante a viagem, lhe faltam fundos e não está presente algum dos proprietários da embarcação, mandatários, ou consignatários, ou, na falta deles, algum interessado na carga ou, se, presentes, não providenciam, pode o capitão contrair dívidas, tomar *dinheiro a risco* sobre o casco e pertenças do navio e remanescentes dos fretes, depois de pagas as soldadas (privilégio, não garantia real). Até mesmo, na falta absoluta de outro recurso, vender mercadorias da carga (ou dar em garantia); entenda-se: sempre que tal dinheiro seja para reparo ou provisão da embarcação. Tem ele de explicitar nos títulos das obrigações que contraia a razão por que as contrai (Código Comercial, art. 515, alínea 1ª). Contudo, para assumir obrigações de tal guisa, o capitão precisa de justificação prévia. É de tal *justificação* que cogitam os arts. 754 e 755. Não há gradação nas obrigações.

237) Dinheiro a risco e venda de mercadorias – Posto que os arts. 754 e 755 do Código de 1939 somente se refiram ao dinheiro a risco, abrange ele o dinheiro a risco e a venda de mercadorias.

238) Direito vigente – Lê-se no Código de 1939, art. 754: "Para que o capitão, à falta de outros meios, possa tomar dinheiro a risco sobre o casco e pertenças do navio e remanescentes dos fretes, ou vender mercadorias da carga, é indispensável: I. Que prove o pagamento das soldadas. II. Que prove absoluta falta de fundos em seu poder, pertencentes à embarcação. III. Que não se ache presente o proprietário da embarcação, ou mandatário ou consignatário, nem qualquer interessado na carga, ou que, presente qualquer deles, prove o capitão haver-lhe, sem resultado, pedido providências. IV. Que seja a deliberação tomada de acordo com os oficiais. lavrando-se, no diário de navegação, termo de que conste a necessidade da medida". O art. 754 reproduziu o art. 516 do Código Comercial, que é, por sua vez, miudeamento dos pressupostos do art. 515 mais o da deliberação, na forma da lei comercial, art. 504, ambos do mesmo Código. Está claro que o instituto só se refere ao dinheiro tomado pelo capitão, e não ao tomado por alguma das pessoas mencionadas no art. 754, III. A obrigação não pode ser garantida por hipoteca do navio (Decreto n° 15.788, de 8 de novembro de 1922, art. 14), por ser restrita ao proprietário ou ao seu representante com poderes especiais.

Não vale a convenção contra as regras jurídicas dos arts. 515 e 516 do Código Comercial. São de direito cogente.

239) Prova das soldadas pagas – Tem-se de fazer prova das soldadas pagas. Essa é a inteligência da lei. Não de estar quite o navio. Atende-se, com essa exigência, à pretensão da tripulação à preferência (Código Comercial, art. 470; 5 e 6), em relação aos prestamistas e a outras dívidas do navio.

240) Prova da falta de fundos – A prova do segundo pressuposto é feita pela apresentação das vias de conhecimento (prova do recebimento da carga), ou pela prova de não ter recebido carga, ou pela prova de não ter o agente ou consignatário fornecido fundos, ou não ter sido atendido o pedido telegráfico ou postal, ou pela justificação da falta de fundos (*e. g.*, furto ou roubo dos dinheiros a bordo).

241) Prova do pressuposto do art. 754, III – A ausência ou recusa das pessoas mencionadas no art. 754, III, prova-se pelos meios de prova em geral ou pela justificação.

242) Remissão – Código Comercial, art. 504.

243) Competência judicial – Lê-se no Código de 1939, art. 755: "A justificação desses requisitos far-se-á perante o juiz de direito do porto onde se tomar o dinheiro a risco ou se venderem as mercadorias, e será julgada procedente para produzir os efeitos de direito". O juiz competente é o do porto onde se toma o dinheiro a risco ou se vendem as mercadorias (cf. Código Comercial, art. 516, alínea 2ª). Nos países estrangeiros, a questão da competência obedece à *lex fori*.

244) Eficácia da decisão – Os efeitos são os do privilégio que se atribui a esses créditos (Código Comercial, art. 470, incisos 6 e 8) e a transferência das coisas vendidas, apesar de não pertencerem ao vendedor. O poder de disposição sai dos donos para o capitão, mas subordina-se à exigência da resolução judicial constitutiva integrativa do negócio jurídico de empréstimo ou de venda. A preferência, em todo caso, à diferença da constituição do negócio jurídico, que só depende da resolução judicial integrativa do art. 755, somente se estabelece depois das formalidades de autenticação e registro, de que fala o art. 472 do Código Comercial. Para a preferência, resolução judicial e averbação (e autenticação consular, se a dívida foi contraída no estrangeiro) são *condiciones iuris*, elementos integrativos necessários: não há preferência se não houve justificação; ou se não houve avaliação; ou, se devendo haver, não houve autenticação consular.

Se o capitão contrai dívida abstrata, como se emite letra de câmbio (Supremo Tribunal Federal, 22 de janeiro de 1898, *O D.*, 75, 542), ou nota promissória, sem se terem observado os arts. 515 e 516 do Código Comercial, pode o dono do navio recusar-se a pagá-la, porque ou não consta do título o destino do dinheiro e o portador deveria ter exigido prova do negócio jurídico, subjacente, de que resultariam os poderes do capitão, ou não consta sem que baste a documentação do negócio jurídico subjacente, e o responsável, nesse como naquele caso, seria o capitão.

245) Natureza da sentença – A ação de justificação é fundada na pretensão a produzir a prova; a sentença, constitutiva de prova. O recurso é o de apelação.

Não se confunda a eficácia da justificação com a eficácia dos negócios jurídicos em que tomou parte, após ela, o capitão.

J. Vistoria de fazendas avariadas

246) Fazendas avariadas e vistoria – O art. 756 do Código de 1939 tratou do processo da vistoria em caso de fazendas avariadas, qualquer que seja a espécie do transporte (água, terra e ar). O legislador processual tinha diante de si a regra do Código Comercial, art. 618, e a do Código do Ar (Decreto-lei n° 483, de 8 de junho de 1938), art. 94. Preferiu a mais nova. Observa-se que ficou fora a vistoria de fazendas avariadas em transportes por água, se a cargo do segurador (adiante, a respeito dos arts. 762-764).

247) Vistoria e exame administrativo – Uma coisa é a vistoria, com arbitramento, perante o juiz, de que cogita o Código Comercial, art. 618, e outra o exame e estimação aduaneiros, que se passam em plano puramente administrativo. Não há eficácia desses a ponto de preestabelecerem e, *a fortiori*, dispensarem a vistoria e o arbitramento do art. 756 do Código de Processo Civil de 1939 (Código Comercial, art. 618; Código Brasileiro do Ar, art. 94).

No Código Brasileiro do Ar (Decreto-lei n° 32, de 18 de novembro de 1966, diz o art. 94: "O conhecimento aéreo faz presumir, até prova em contrário, a conclusão do contrato, o recebimento da carga e as condições de transporte".

248) Presunção de entrega em bom estado – Lê-se no Código de 1939, art. 756: "Salvo prova em contrário, o recebimento de bagagem ou mercadoria, sem protesto do destinatário, constituirá presunção de que foram entregues em bom estado e em conformidade com documento de transporte". No § 1°: "Em caso de avaria, o destinatário deverá protestar junto ao transportador dentro em três dias do recebimento da bagagem, e em cinco da data do recebimento da mercadoria". No § 2°: "A reclamação por motivo de atraso far-se-á dentro de quinze dias, contados daquele em que a bagagem ou mercadoria tiver sido posta à disposição do destinatário". No § 3°: "O protesto, nos casos acima, far-se-á mediante ressalva no próprio documento de transporte, ou em separado". No § 4°: "Salvo o caso de fraude do transportador, contra ele não se admitirá ação, se não houver protesto nos prazos deste artigo". O momento do recebimento é relevante para a contagem do prazo do art. 756, § 1°. Documento de transporte é o *conhecimento* da mercadoria ou bagagem, ou o *bilhete de passagem,* ou outra senha que prove o transporte da bagagem, ou a cautela ou recibo a que se refere o art. 100 do Código Comercial etc.[236]

---

236 O art. 2.045 do C. Civil de 2002 ab-rogou a Parte Primeira do Código Comercial.

A 1ª Turma do Supremo Tribunal Federal, a 12 de maio de 1947 (*R. F.*, 117, 98), entendeu que o art. 756 do Código de 1939 não derrogara o art. 618 do Código Comercial: ter-se-iam, hoje, o exame judicial (Código Comercial, art. 618) e o protesto (Código de Processo Civil, art. 756). Vejamos os textos: Código Comercial, art. 618: "Havendo presunção de que as fazendas foram danificadas, roubadas ou diminuídas, o capitão é obrigado, e o consignatário e quaisquer outros interessados têm direito a requerer que sejam judicialmente visitadas e examinadas, e os danos estimados a bordo antes da descarga ou dentro em vinte quatro horas depois; e, ainda que este procedimento seja requerido pelo capitão, não prejudicará os seus meios de defesa. Se as fazendas forem entregues sem o referido exame, os consignatários têm direito de fazer proceder a exame judicial no preciso termo de quarenta e oito horas depois da descarga; e passado este prazo não haverá mais lugar a reclamação alguma. Todavia, não sendo a avaria ou diminuição visível por fora, o exame judicial poderá validamente fazer-se dentro de dez dias depois que as fazendas passarem às mãos dos consignatários nos termos do art. 211".

Lê-se no Código de Processo Civil de 1939, art. 758: "Salvo prova em contrário, o recebimento de bagagem ou mercadoria, sem protesto do destinatário, constituirá presunção de que foram entregues em bom estado e em conformidade com o documento de transporte". § 1°: "Em caso de avaria, o destinatário deverá protestar junto ao transportador dentro em três dias do recebimento da bagagem, e em cinco da data do recebimento da mercadoria". § 2°: "A reclamação, por motivo de atraso, far-se-á dentro de quinze dias, contados daquele em que a bagagem ou mercadoria tiver sido posta à disposição do destinatário". § 3°: "O protesto, nos casos acima, far-se-á mediante ressalva, no próprio documento de transporte, ou em separado". § 4°: "Salvo o caso de fraude do transportador, contra ele não se admitirá ação se não houver protesto nos prazos deste artigo".

A alteração maior que o art. 756, § 1°, fez ao art. 618 do Código Comercial foi a que diz respeito ao fato desde o qual se conta o prazo: no Código Comercial, conta-se o prazo desde a descarga, não compreendido, aí, o *dies a quo* ("antes da descarga ou dentro em vinte e quatro horas depois"); no Código de Processo Civil de 1939, desde o recebimento da bagagem (não compreendido o dia do recebimento, devido, em direito processual, ao art. 27 do Código de 1939; hoje art. 184 do Código de 1973). A 6ª Câmara Civil do Tribunal de Justiça de São Paulo, a 21 de novembro de 1947 (*R. dos T.,* 172, 159), feriu o ponto, de *iure condendo*: "...com a simples descarga, em meio à balbúrdia, ao açodamento, e, às vezes, sem a presença do consignatário e sem o seu acesso ao local, seria difícil descobrir logo danos que não fossem muito visíveis e que poderiam facilmente ser dissimulados durante a viagem. O momento seria o mais impróprio possível, tendo-se em conta, principalmente, o extenso e complicado movimento do comércio marítimo. Só depois que a mercadoria lhe é entregue e que pode abrir os volumes, examiná-los mais detidamente e mais internamente, é que o consignatário estará em condições de saber da existência da avaria e da sua extensão, providenciando, então, a verificação por meio de exame".

O art. 618, alíneas 1ª e 2ª, do Código Comercial foi derrogado pelo art. 756, § 1°, do Código de Processo Civil de 1939. O prazo de três dias ou cinco para o protesto substituiu o de vinte e quatro horas. Feito o protesto, o interessado, contra o qual opera a eficácia do protesto, tem de requerer a vistoria.

O art. 756, § 2°, refere-se ao atraso. Não se atingem os arts. 510 e 608 do Código Comercial, nem o art. 618.

Quanto à 3ª alínea do art. 618 do Código Comercial, o art. 756, § 4°, do Código de 1939 apanhou-a: o elemento do dolo do transportador (lamentavelmente, no art. 756, § 4°, "fraude" está em vez de "dolo") é indispensável para que, não tendo havido o protesto, caiba a ação contra ele. A ação fica dependente tão-só do prazo prescripcional da ação, que é o art. 449, inciso 2, do Código Comercial,[237] *derrogado o prazo preclusivo do art. 618, 3ª alínea.*

No sentido de não estar "revogado" o art. 618 do Código Comercial, o Supremo Tribunal Federal, a 7 de janeiro de 1958 (*D. da J.* de 1° de setembro de 1958): "Temos entendido que antes de recorrer à ação o interessado terá de providenciar na verificação judicial da avaria, e ainda decidimos que o art. 756, § 1°, do Código de Processo Civil não revogou o art. 618 do Código de Comércio. Somente no caso de fraude do transportador que, no caso, sequer foi alegada, é possível ação contra ele, sem que proceda dito protesto..." O acórdão fez mal em não dizer qual a parte do art. 618 que subsistiu, pois a alínea 1ª foi alterada, bem como a 2ª e a 3ª alíneas. A decisão não devia empregar o termo "revogar", e precisar os pontos em que houve derrogação.

---

237 O art. 2.045 do C. Civil de 2002 ab-rogou a Parte Primeira do Código Comercial.

249) Derrogação do art. 618 do Código Comercial – O § 1° derroga o art. 618 do Código Comercial, contra o qual, aliás, já o Supremo Tribunal Federal, a 7 de janeiro de 1938, vibrara o golpe, por obsoleto (*R. F.,* 75, 298). Cf. Lei n° 2.681, de 7 de dezembro de 1912, art. 23; Decreto-lei n° 483, de 8 de junho de 1938, arts. 72 e 91, § 2°.

Disse o art. 618, alínea 1ª, do Código Comercial: "Havendo presunção de que as fazendas foram danificadas, roubadas ou diminuídas, o capitão é obrigado, e o consignatário e quaisquer outros interessados têm direito a requerer que sejam judicialmente visitadas e examinadas, e os danos estimados a bordo antes da descarga, ou dentro em vinte e quatro horas depois; e ainda que este procedimento seja requerido pelo capitão não prejudicará os seus meios de defesa". O art. 756, § 1°, do Código de Processo Civil de 1939 alterou a regra jurídica do art. 618, alínea 1ª, do Código Comercial (2ª Turma do Supremo Tribunal Federal, em 29 de maio de 1951, *R. F.,* 137, 64). Cf. 2ª Turma do Tribunal Federal de Recursos, 10 de maio de 1950 (*R. F.,* 146, 245: "O art. 756 do Código de Processo Civil prescreve que o *recebimento* da bagagem ou mercadoria, sem protesto do destinatário, constitui presunção de que foram entregues em bom estado, em conformidade com o documento de transporte, e o § 1° do mencionado artigo estatui que, em caso de avaria, o destinatário deverá protestar junto ao transportador dentro em três dias do recebimento da bagagem, e em cinco da data do *recebimento* da mercadoria. É, portanto, do *recebimento* da bagagem ou da mercadoria, que começa a correr prazo para a reclamação, mas do *recebimento real efetivo, com a posse material pelo destinatário*"), e 8ª Câmara Cível do Tribunal de Justiça do Distrito Federal, 25 de agosto de 1950 (136, 464: "Realmente, o art. 618 do Código Comercial só permitia ação para indenização de avaria se feita a vistoria da mercadoria avariada "nos precisos termos de 48 horas depois da descarga". Mas o art. 756 do Código de Processo Civil, em seu § 1°, substituiu a exigência da vistoria pela do protesto dentro de três dias, feito mediante ressalva no próprio documento do transporte. E o § 4° reproduz a regra de que, sem esse protesto, não cabe a ação do prejudicado. Há, pois, revogação da lei anterior pela atual. É certo que assim não pensa J. M. de Carvalho Santos (*Código de Processo Civil Interpretado*, XII, 374), mas em sentido contrário, e com melhores razões, se manifestam Hugo Simas, o especialista na matéria, e Pontes de Miranda.

250) Quinze dias de prazo – Está revogado o prazo de trinta dias da Lei n° 2.681, art. 8°, pr. Cf. Código Comercial, arts. 510 e 608; Decreto-lei n° 483, art. 87, Convenção de Varsóvia sobre transporte aéreo (Decreto n° 20.704, de 24 de novembro de 1931).

251) Protesto – O protesto pode ser extrajudicial. Quando, porém, *judicial*, interessa ao Código de Processo Civil, e a sua forma é a dos arts. 720-723.[238]

A respeito do § 3° do art. 756, disse a 1ª Câmara Civil do Tribunal de Justiça de São Paulo, a 24 de janeiro de 1950, confirmando sentença do juiz Góes Nobre, que, "em caso de avaria de mercadoria, a ação de indenização há que ser precedida do protesto junto ao transportador feito em tempo hábil, suprindo este a vistoria judicial a que se refere o Código Comercial, revogado neste passo. Tal protesto, que é de rigor, mesmo em se tratando de hipótese de falta de mercadoria, por isso que o termo *avaria* é empregado pelo Código de Processo Civil no sentido genérico de todo o dano ocorrido durante a viagem, seja por danificação, roubo ou diminuição, não pode ser substituído pelo termo avaria levado a efeito pela companhia trapicheira, nem pela vistoria levada a efeito por entidade particular especializada. É carecedor do direito de ação, por decadência do direito de propô-la, quem não formula o protesto ou a reclamação nos prazos fixados nos §§ 1° e 2° do art. 756 do Código de Processo Civil".

252) Protesto preparatório – O § 4° concebe o protesto como preparatório integrante da ação contra o transportador; salvo quando se alegar dolo ou fraude (não só fraude, no sentido estrito), *e. g.*, se o transportador entrega uma coisa pela outra, ou dissimula a avaria.

253) Direito material e direito formal – O que pertence, no art. 756, ao direito formal é pouco, e não está explícito: se o protesto for judicial, o que está a líbito do destinatário das coisas transportadas, os seus prazos são também os dos §§ 1°-3°; é elemento essencial da ação do transportador, segundo o § 4°, e *obedece à forma dos artigos* 720-723.[239] Tal protesto é conservativo da pretensão.

A ação de protesto, no caso do art. 756, tem decisão do juiz, liminar, que é a de deferimento do protesto ou a de indeferimento – aquela, constitutiva integrativa de forma; essa, declarativa. Naquela, há elemento man-

---

238 No CPC de 1973, arts. 867-873.
239 No CPC de 1973, arts. 867-873.

damental e declarativo (do ato, em seu conteúdo). Em verdade, o Código poderia ter feito alusão, apenas, a esse protesto, que não oferece peculiaridades que justificassem dedicar-se-lhe todo um título do Livro V.
Da resolução judicial cabe apelação.

K. Apreensão de embarcações

254) Embarcações que se digam brasileiras sem o serem – Os arts. 757-761 cogitam do processo da apreensão de embarcações que se digam brasileiras, sem o serem, ou que perderam a qualidade de brasileiras. Era brasileira a embarcação quando (*a*) de propriedade de cidadão brasileiro nato (pessoa física) ou de sociedade nacional com sede no Brasil, constituída e gerida exclusivamente por pessoas físicas brasileiras, cidadãos brasileiros natos (*b*) o capitão ou mestre e dois terços, pelo menos, da tripulação, e (*c*) brasileiros naturalizados o restante, em cada uma das respectivas classes, categorias ou especialidades (cf. Decreto nº 20.303, de 19 de agosto de 1931).

Lê-se no art. 83 da Lei nº 2.180, de 5 de fevereiro de 1954:[240] "O registro da propriedade de navio será deferido exclusivamente: *a)* a brasileiro nato; *b)* à sociedade constituída de acordo com a lei brasileira, com sede no Brasil, administrada por brasileiros natos e com sessenta por cento (60%) do seu capital pertencente a brasileiros natos; *c)* a brasileiro naturalizado que se compreende, no art. 20 do Ato das Disposições Constitucionais Transitórias votado com a Constituição Federal de 18 de setembro de 1946".

No parágrafo único: "Estão compreendidas na alínea *c)* deste artigo as embarcações empregadas na pesca litorânea ou interior".

Prevê-se no art. 84 da Lei nº 2.180: "O brasileiro nato casado com estrangeira ou brasileira naturalizada pode ser proprietário de navio nacional; mas, se perder, nos termos da lei civil, a direção dos seus bens ou dos bens do casal, o navio, só poderá ser explorado por armador legalmente habilitado". E no art. 85: "A brasileira nata casada com estrangeiro ou brasileiro naturalizado pode ser proprietária de navio nacional, se este for excluído da comunhão de bens e competir à mulher a sua administração nos termos da lei civil; mas, se perder a mulher a essa administração, o na-

---

[240] O registro de propriedade de embarcações encontra-se hoje regulado pela Lei nº 7.652, de 03.2.1988.

vio somente poderá navegar sob a direção e responsabilidade de armador legalmente habilitado".
Os arts. 757-761 correspondem aos arts. 145-150 do Decreto nº 3.084, de 5 de novembro de 1898, Parte IV, que foram as suas fontes diretas.

A navegação de cabotagem para o transporte de mercadorias é privativa dos navios nacionais, salvo caso de necessidade pública (Constituição de 1967, com a Emenda nº 1, art. 173). Os proprietários, armadores e comandantes de navios nacionais, bem como dois terços, pelo menos, dos seus tripulantes, devem ser brasileiros (art. 173, § 1º) *natos*, portanto. A exigência do pressuposto (*c*) é de remissiva. O Decreto-lei nº 2.784, de 20 de novembro de 1940, foi derrogado pela Constituição de 1946, art. 155, parágrafo único. A exigência do art. 173, § 1º, não se faz aos navios nacionais de pesca, sujeito à regulamentação em lei federal (Constituição de 1967, com a Emenda nº 1, art. 173, § 2º).

255) Registro – Lê-se no Código de 1939, art. 757: "Provando-se que navio registrado como nacional obteve o registro sub-repticiamente, ou que perdeu, há mais de seis meses, as condições para continuar considerado nacional, a autoridade fiscal competente do lugar, em que se houver realizado o registro, ou do lugar onde se verificar a infração dos preceitos legais, apreenderá o navio, pondo-o imediatamente à disposição do juiz de direito da comarca". *Registro* era a expressão usada no Decreto nº 3.084, Parte IV, art. 145. O Decreto nº 24.288, de 24 de maio de 1934, art. 144, e o Decreto nº 220-A, de 3 de julho de 1935, art. 238, falaram de inscrição. Inscrição é registro, posto que nem todo registro seja inscrição. Aliás, o próprio Decreto nº 220-A (arts. 235, 238) usou das duas expressões. O registro é feito no Tribunal Marítimo (Administrativo), criado pelo Decreto nº 20.829, de 21 de dezembro de 1931, e o uso da palavra "inscrição", no art. 757 do Código, poderia levar a dúvidas, devido a certa distinção do Decreto nº 20.829 entre inscrição e registro, conforme as toneladas. Veja Lei nº 2.180, arts. 75-104.

256) Apreensão – Sempre que a embarcação perdeu a sua qualidade de brasileira, ou adquiriu, sub-repticiamente, a qualidade de brasileira, pode ser apreendida, conforme o art. 757. Se a embarcação não obteve registro, ou perdeu a qualidade de brasileira, e se diz tal, o assunto pertence ao processo penal.

O art. 173, § 1º, da Constituição de 1967, com a Emenda nº 1, exigiu serem brasileiros natos os proprietários, armadores e comandantes de navios nacionais, e dois terços, pelo menos, dos tripulantes. Podia ser atenuada a exigência; não no foi. Mas interesses estranhos, evidentes, inclusive o de contrabando de minérios, introduziram o § 2º. É o que acontece, de regra, com as Constituições feitas em segredo, sem a vontade do povo e sem a deliberação do Poder Legislativo. Os navios nacionais de pesca podem ser, se o Congresso Nacional sofre a mesma pressão, isto é, se na lei federal não se estabelecem pressupostos que atendam ao interesse nacional, com proprietários estrangeiros, armadores estrangeiros, comandantes estrangeiros e tripulação toda estrangeira. Era caso de investigação, para se saber quem pôs esse § 2º no texto da Emenda Constitucional nº 1, de 1969. Quem, isto é, qual o grupo.

Ao Congresso Nacional ficaram o encargo e a responsabilidade da defesa do interesse nacional, quando tiver de redigir a lei federal. O art. 173, § 2º, não dispensa os requisitos, *in abstracto*; depende de lei: não é *self-executing*, a despeito de talvez ter sido esse o propósito originário.

A regra jurídica do art. 173, § 2º, compreende a pesca em águas interiores do Brasil, no mar territorial brasileiro, nas zonas de alto-mar conforme o que se estabeleça em tratado ou convenção que o Brasil haja ratificado, nas zonas contíguas de que trata o Decreto-lei nº 44, de 18 de novembro de 1966, arts. 2º e 3º, e na plataforma marítima (dita, na Constituição de 1967, art. 4º, III, "plataforma continental"), cuja profundidade há de ser de acordo com as convenções internacionais ratificadas pelo Brasil (Decreto-lei nº 221, de 28 de fevereiro de 1957, art. 4º; Lei nº 5.438, de 20 de maio de 1968).

A Constituição de 1867, com a Emenda nº 1, estabelece no art. 4º: "Incluem-se entre os bens da União: III – a plataforma continental; VI – e o mar territorial".

No Decreto-lei nº 221, de 28 de fevereiro de 1957, art. 24, está dito: "Na composição da tripulação das embarcações de pesca será observada a proporcionalidade de estrangeiros prevista na Constituição das Leis do Trabalho".

257) Apreensão, posse mediata do juiz e posse imediata de depositário judicial – Diz o Código de 1939, art. 758: "Enquanto o juiz não nomear depositário, exercerá tal função a autoridade a quem competia o registro, a qual procederá ao arrolamento e inventário do que existir a bordo, mediante termo assinado pelo capitão, ou pelo mestre, se o quiser assinar". À disposição do juiz passa a embarcação apreendida pela autoridade administrativa ("fiscal", art. 757). Enquanto o juiz não nomeia o depositário, é depositário judicial a autoridade a quem competia o registro (Tribunal Marítimo, ou Capitanias, ou Delegações, conforme a legislação administrativa). De modo que *desde* a apreensão o fiscal tem o dever de pôr a embarcação à disposição do juiz, convindo entregá-la, simultaneamente, à autoridade competente para o registro, para evitar o lapso e a sua responsabilidade pela posse direta intercalar entre apreensão e o depósito. Tudo aconselha a que a apreensão de que fala o art. 757, o arrolamento e inventário referidos no art.758 sejam feitos no mesmo momento. As coisas inventariadas pertencem ao navio.

258) Arrolamento e inventário – O arrolamento e inventário do que existir a bordo são feitos pela autoridade a quem compete o registro, segundo foi dito no item 254); não à autoridade fiscal, que apreendeu. O arrolamento refere-se à carga; o inventário, ao que é pertença do navio. A apreensão não foi judicial; nem, sequer, são judiciais o arrolamento e o inventário.

259) Contrabando e apreensão – Lê-se no Código de 1939, art. 759: "As mercadorias encontradas a bordo serão, para todos os efeitos, havidas como contrabando". Parágrafo único: "Serão da competência das autoridades fiscais a apreensão do contrabando e o processo administrativo, inclusive a aplicação de multas". A lei considera contrabando, "para todos os efeitos", a mercadoria (não é preciso ser a carga toda) encontrada a bordo. Um dos efeitos é o de ser aplicada a pena administrativa de contrabando, que é estranha ao processo civil. Para o efeito de direito penal, só a lei material de direito penal pode resolver se há, ou não, na espécie, contrabando. A ação é condenatória, com forte dose de eficácia executiva; ou condenatória, com forte dose declarativa e efeito executivo (para cobrança executiva de multa).

260) Competência da autoridade fiscal – O parágrafo único do art. 759 acrescenta que é da competência da autoridade fiscal a apreensão do contrabando, assunto estranho ao processo civil; bem assim ao processo administrativo, inclusive a aplicação das multas. Para o processo civil, a regra jurídica é um *non possumus*.

261) Apreensão de navio e pertenças – Lê-se no Código de 1939, art. 760: "O juiz julgará por sentença a apreensão e mandará proceder à venda, em hasta pública, da coisa apreendida". O juiz julga por sentença a apreensão do navio e de suas pertenças, que foram inventariadas (art.

758) e apreendidas com ele (art. 757); e não a apreensão de mercadorias. O preço da venda e das despesas do navio fica em lugar do navio e das pertenças (sub-rogação real; cf. Código Comercial, art. 477). Sobre privilégio, Código Comercial, arts. 72 e 470, incisos 4, 6 e 8.

262) Natureza da sentença – Da sentença, que é *constitutiva integrativa da apreensão e mandamental da venda,* cabe apelação. Também de apelação é o recurso por indeferimento.

263) Venda judicial, natureza da ação – A venda judicial é ação constitutiva, inserta no mesmo processo, e iniciada em virtude do mandamento da sentença do art. 760. Ação constitutiva. A venda judicial segundo o art. 760 não é ato executivo em sequência dos atos executivos, como se passa. com a arrematação e com a venda do bem a ser partilhado. O fato da *conversão* aparece, aí, em estado puro; o juiz não está a executar prestação que alguém não executou; a sua função parece-se mais, então, com a que exerce nos casos de venda de bens deterioráveis ou de guarda altamente dispendiosa.

264) Dedução de despesas – Disse o Código de 1939, art. 761: "Efetuada a venda e deduzidas as despesas, inclusive a percentagem do depositário, arbitrada pelo juiz, depositar-se-á o saldo para ser levantado por quem de direito". Efetuada a venda, deduzem-se as despesas; deposita-se o saldo, com que se dá a sub-rogação real; e somente pode levantar a quantia depositada, ou parte dela, quem tiver direito a isso, segundo o direito material, público e privado. A Fazenda Nacional tem privilégio sobre quaisquer outros credores (Decreto nº 22.866, de 28 de junho de 1933, art. 1º).

265) Percentagem do depositário – A percentagem do depositário é arbitrada pelo juiz.

L. Avaria a cargo do segurador

266) Natureza da ação do art. 762 – O Código Comercial, no art. 772, foi a fonte do art. 762 do Código de Processo Civil de 1939. ¿Processualmente, trata-se de ação declarativa da obrigação do segurador, ou de ação para constituição de prova? Certo, tal como ficou no Código, é ação para *constituição de prova,* e não lhe altera a espécie o elemento segurativo, de consequências só sub-rogatórias, previsto no art. 764. Os efeitos são limitados ao segurador. A petição é dirigida ao juiz, para que nomeie os dois arbitradores (art. 762), que procedam ao exame, e para que venda os "efeitos avariados" (art. 763).

Nada obsta a que se proceda *ad instar* dos arts. 762-764 em casos de avarias a cargo do segurador, ainda que não se trate de transporte por água; a analogia é autorizada. Nada tem a ação dos arts. 762-764 com as vistorias *ad perpetuam rei memoriam,* preventivas.

Nem, ainda, se confunde com a vistoria (preventiva) ou a perícia (parte do processo principal) a que se procede nas ações de indenização pela avaria (*ex delicto*); ou com aquela, ou com essa, em qualquer outra ação que não seja alusiva ao seguro.

267) Início da ação – A ação, constitutiva de prova, inicia-se por petição em que se pede a nomeação dos peritos arbitradores para o exame e resposta aos itens do art. 762, com a angularidade do art. 762, § 1°. A eficácia da sentença favorável é prefixada pelo direito material.

268) Avarias grossas e avarias simples – No Código de 1939, diz o art. 762: "Para que o dano sofrido pelo navio ou por sua carga se considere avaria, a cargo do segurador, dois peritos arbitradores declararão, após os exames necessários: I. A causa do dano. II. A parte da carga avariada, com indicação de marcas, números ou volumes. III. O valor dos objetos avariados e o custo provável do conserto ou restauração, se se tratar do navio ou de suas pertenças". No § 1°: "As diligências, vistorias e exames se processarão com a presença dos interessados, por ordem do juiz de direito da comarca que, na ausência das partes, nomeará, *ex officio*, pessoa idônea que as represente". No § 2°: "As diligências, vistorias e exames relativos ao casco do navio e suas pertenças serão realizados antes de iniciado o conserto". As avarias, a que se refere, são, de regra (Reg. n° 737, arts. 52 e 212), as avarias grossas (Código Comercial, arts. 764 e 765); e não a avaria simples (Código Comercial, art. 766). Nos casos em que a lei permite a obrigação pelas avarias simples, os arts. 762 e 763 são aplicáveis.

O acórdão da 4ª Câmara Cível do Tribunal de Apelação do Distrito Federal, a 7 de novembro de 1944 (*D. da J.* de 22 de janeiro de 1945, 352), que disse tratar-se, aí, exatamente, de *avarias simples*, é sem razão. Sempre que se tenha de considerar a avaria a cargo do segurador, é preciso atender-se aos arts. 762-764.

269) **Peritos** – Os dois peritos são de nomeação do juiz (Código de 1973, art. 421). O art. 423 do Código de 1973 é aplicável, bem assim os arts. 429, 436 e 437.

270) **Causa do dano** – A causa da dano é relevante, porque pode excluir a existência da pretensão contra o segurador, ou restringir a sua extensão, ou firmá-la.

271) **Individuação** – A indicação das marcas, dos números ou dos volumes individua a carga.

272) **Valor dos bens avariados** – O valor tem relevância para se fixar o quanto da responsabilidade e para outros efeitos, tais como os do Código Comercial, art. 753, 3.

273) **Presença e ausência dos interessados** – A presença dos interessados dá-lhes a oportunidade de ser parte (Código de 1973, art. 421) e a lei a faz pressuposto necessário. O § 1º, se as partes estão ausentes, estabelece a representação legal, por nomeação, um tanto destoante do sistema do Código de 1939, art. 80, § 1º, b); e do Código de 1973, art. 9º, II. A ausência é verificada pela afirmação ou pela certidão do art. 232, I, do Código de 1973, sem necessidade do edital de citação, devido à urgência da vistoria e provável ausência dos seguradores. O art. 9º, II, do Código de 1973, como não tinha o art. 80, § 1º, b), do Código de 1939, não tem aplicação.

274) **Natureza da sentença** – A sentença, como foi dito no item 265 inicial, é constitutiva de prova (cf. Supremo Tribunal Federal, 2 de outubro de 1901, *J.*, 120), e não de força declarativa ou condenatória.
A passagem em coisa julgada formal torna a constituição da prova incólume a qualquer reapreciação posterior no mesmo processo, e na ação, que se proponha, o juiz tem de atender a que está constituída.

275) **Recurso** – O recurso é o de apelação.

276) **Venda em leilão** – No Código de 1939, lê-se no art. 763: "Os efeitos avariados serão vendidos em leilão público a quem mais der, e pagos no ato da arrematação. Quando o navio tiver de ser vendido, o juiz determinará a venda, em separado, do casco e de cada pertença, se lhe parecer conveniente". O Código Comercial, art. 775, estatui: "Se o dono ou

consignatário não quiser vender a parte das mercadorias sãs, não pode ser compelido; e o preço para cálculo será em tal caso o corrente, que as mesmas fazendas, se vendidas fossem ao tempo da entrega, poderiam obter no mercado, certificado pelos preços correntes do lugar, ou, na falta destes, atestado debaixo de juramento por dois comerciantes acreditados de fazendas do mesmo gênero". Arbitramento, esse, incidente; e, pois, limitado a esse caso, e entre as partes (*R. de D.*, 32, 352) Podem ser vendidos os bens avariados, ainda que o dono ou consignatário se oponha.

A arrematação é, aí, ação inserta na *ação de avaria a cargo do segurador*, que é constitutiva de prova. A ação inserta é medida similar à do Código de Processo Civil de 1973, art. 1.113; portanto, a sentença é da mesma natureza, posto que lhe falte a constrição a que se alude no art. 1.113.

277) Venda do navio – A venda do navio obedece às regras jurídicas das vendas de imóveis (Código Comercial, art. 478). Sobre a responsabilidade do capitão, em caso de venda ilegal, Código Comercial, art. 531 (cf. mesmo Código, art. 753, 3.). O Código de 1939, art. 763, 2ª parte, permitia e permite a venda do casco e das pertenças separadamente, o que é assunto de exposição anterior.

278) Cálculo da avaria – No Código de 1939, diz o art. 764: "A estimação do preço para o cálculo da avaria será feita em conformidade com o disposto na lei comercial". No Código Comercial, art. 774: "A estimação do preço para o cálculo da avaria será feita sobre a diferença entre o respectivo rendimento bruto das fazendas sãs e o das avariadas, vendidas a dinheiro no tempo da entrega; e em nenhum caso pelo seu rendimento líquido, nem por aquele que, demorada a venda ou sendo a prazo, poderia vir a obter". Ainda, Código Comercial, art. 775, transcrito no item 276, e art. 788: "Quando a liquidação se fizer no posto da carga, o valor da mesma será estimado pelas respectivas faturas, aumentando-se ao preço da compra as despesas até o embarque; e quanto ao navio e frete se observarão as regras estabelecidas no artigo antecedente". Cf. Código Comercial, art. 787, 2.

M. Avarias

279) Conceito de avaria – Avaria, em terminologia de direito marítimo, é (*a*) toda despesa extraordinária, feita a bem do navio ou da carga, conjunta ou separadamente (*avaria-despesa*); ou (*b*) todo dano acontecido ao navio ou à carga (*avaria-dano*). Entenda-se, desde o embarque e partida até a sua volta e desembarque (Código Comercial, art. 761). As regras jurídicas sobre qualificação e regulação das avarias simples ou particulares e comuns ou grossas são de direito dispositivo (Código Comercial, art. 762). São avarias *particulares* ou *simples* as que resultam de caso fortuito ou fortuna do mar, segundo o critério casuístico, e não exaustivo, do art. 766 do Código Comercial. Avarias *comuns* ou *grossas* supõem ato volitivo posterior ao acontecimento que o sugere como de interesse comum (cf. Código Comercial, art. 764, que não é exaustivo): em geral, os danos causados deliberadamente, em caso de perigo ou desastre imprevisto, bem como as despesas em iguais circunstâncias. Cf. Regras de Iorque e Antuérpia (1890), revistas em Estocolmo (1924). No caso de tal acontecimento, o capitão faz protesto por avaria comum. O protesto não é a *forma* da sua manifestação de vontade de ressarcir o dano ou a despesa, por conta da restrita comunidade do navio (navio e carga). Não é declaração, *a fortiori*, de vontade. É *comunicação de conhecimento* do "ocorrido". O que ele comunica (afirmação) pode ser contestado – a *causa periculi evitandi*. Se a avaria grossa não pode ser regulada imediatamente, "é lícito ao capitão exigir o depósito judicial da soma que se arbitrar" (Código Comercial, art. 619). É a essa medida preventiva, que atende a pretensão à asseguração das contribuições, que o Código de 1939 (art. 765) chamou "caução" e o Código Comercial, "depósito judicial". No caso de recusa a prestar caução, é permitido ao capitão requerer o "depósito judicial dos efeitos obrigados à contribuição". Aí, sim, é de depósito que se trata.

280) Pretensão à asseguração do pagamento da avaria – No Código de 1939, diz o art. 765: "O capitão, antes de abrir as escotilhas do navio, poderá exigir dos consignatários da carga que caucionem o pagamento da avaria, a que suas respectivas mercadorias foram obrigadas no rateio da contribuição comum. Recusando-se os consignatários a prestar a caução, o capitão poderá requerer depósito judicial dos efeitos obrigados à contribuição, ficando o preço da venda sub-rogado para com ele efetuar-se o pagamento da avaria comum, logo que se proceda ao rateio". Código Comercial, arts. 784 e 785. O capitão, antes de abrir as escotilhas do navio, tem pretensão à asseguração do pagamento da avaria contra os consignatários. O exercício dessa pretensão é extrajudicial, ou judicial. Judicial, o seu processo é o dos arts. 801-803 e 827-838 do Código de 1973 (antes, Código de 1939, arts. 684, 685, ou 690-692); extrajudicial, aos consignatários compete pedir sejam admitidos a prestá-la, observado o processo dos arts. 827-838, por analogia, tornando-se judicial.

Disse o 3º Grupo de Câmaras Civis do Tribunal de Justiça de São Paulo, a 16 de junho de 1950 (*R. dos T.*, 188, 630): "O ajustamento da avaria grossa compete exclusivamente ao armador ou capitão do navio, nos termos dos arts. 784 e 785 do Código Comercial".

281) Caução e recusa de caucionar – Se os consignatários se recusam a prestar caução, que o capitão pedira judicialmente, ou, se o não pedira, de cuja recusa faz prova em juízo, documental, ou por justificação (arts. 861-866 do Código de 1973), o capitão requer, ou pede, respectivamente, que sejam depositados judicialmente os efeitos obrigados à contribuição. O processo é cautelar, porque corresponde à pretensão a ser assegurado o pagamento. Se não houve recusa judicial da caução, o procedimento é o dos arts. 801 e 802; se houve, é consequente ao julgamento da recusa e não admite discussão.

282) Pretensão à tutela jurídica por parte do capitão – O capitão é, aí, sujeito da relação jurídica processual, sem ser titular da relação de direito material, que é *res in iudicium deducta*. Alguns veem nele a figura do procurador-geral dos negócios (Francesco Carnelutti); outros, a do representante (Antonio Segni, *L'Intervento adesivo*, I, 155); outros afastam a ideia de representação e a de procura. Essa é a qualificação certa. O capitão do navio nem representa, nem procura; exerce pretensão à tutela jurídica, de que é titular, posto que não o seja na relação de direito material. Com razão, Giuseppe Chiovenda (*Principia*, 599 s., que, aliás, emprega expressão condenada, "substituição processual").

283) Natureza das ações do art. 766, 1ª e 2ª alíneas – A ação de 1ª alínea do art. 766 é constitutiva; a da 2ª alínea, mandamental, parecida com a ação de arresto.

284) Alcance técnico do art. 766 do Código de 1939 – Disse o art. 766: "Nos prazos de sessenta dias, se se tratar de embarcadores residentes no Brasil, e de cento e vinte, se de residentes no estrangeiro, contados do dia em que tiver sido requerida a caução de que trata o artigo antecedente, o armador fornecerá os documentos necessários ao ajustador para regular a avaria, sob pena de ficar sujeito aos juros da mora. O ajustador terá o prazo de um ano, contado da data da entrega dos documentos, para apresentar o regulamento da avaria, sob pena de desconto de dez por cento dos honorários, por mês de retardamento, aplicada pelo juiz, "*ex officio*", e cobrável em selos, quando conclusos os autos para o despacho de homologação". O Código Comercial, art. 783, dispôs: "A regulação, repartição ou rateio das avarias grossas será feito por árbitros nomeados por ambas as partes, a instâncias do capitão. Não se querendo as partes louvar, a nomeação de árbitros será feita pelo Tribunal do Comércio, respectivo, ou pelo Juiz de Direito do Comércio a que pertencer, nos lugares distantes do domicílio do mesmo Tribunal. Se o capitão for omisso em fazer efetuar o rateio das avarias grossas, pode a diligência ser promovida por outra qualquer pessoa que seja interessada". O juízo arbitral foi estabelecido pelo Reg. n° 737, art. 411, § 2°, para esse caso; e as corrutelas, depois, a pretexto da voluntariedade processual, implantaram-se. O art. 766 concebe outra solução, que altera o direito material. O prazo é contado do dia em que se pediu a caução, e não do em que foi feita, ou do em que o caucionante a requereu, se não houve o processo ativo dos arts. 684 e 685. O armador tem de entregar os documentos ao ajustador para regular a avaria. Se o não faz, responde pelos juros de mora (refere-se às quantias da caução).

285) Prazo e penalidade – O ajustador tem o prazo de um ano. A pena do art. 766, alínea 2ª, é aplicada pelo juiz, sem verificação de culpa, de ofício.

286) Legitimação ativa para a regulação da avaria – Se o armador não promove a regulação da avaria, qualquer interessado pode fazê-lo (Código Comercial, art. 783, alínea 3ª).

287) Em que consiste a regulação da avaria – No Código de 1939, disse o art. 767: "Oferecido o regulamento da avaria, dele terão vista os interessados em cartório, por vinte dias. Não havendo impugnação, o regulamento será homologado; em caso contrário, terá o ajustador o prazo de dez dias para contrariá-la, subindo o processo, em seguida, ao juiz". A regulação da avaria consiste: *a)* na fixação do em quanto montam as avarias, pelo laudo pericial dos danos e documentação das despesas feitas pelo capitão; *b)* na classificação das avarias particulares e das comuns ou grossas;

c) na determinação da contribuição de cada interessado. Para isso, há de começar pelo histórico das avarias, protesto e ratificação.

288) Impugnação e não impugnação – Se não há impugnação às *comunicações de conhecimento* (Código de 1973, art. 319) do ajustador, deve ser homologado o regulamento, regulação ou ajustamento, como também se diz. Se há, o ajustador tem dez dias para contrariá-la, quer dizer, responder às alegações dos impugnantes, subindo o processo ao juiz, cuja sentença, num e noutro caso, é mandamental, segundo se expõe sobre o art. 768 .

289) Ajustador e salário – O ajustador tem direito a salários de um por cento a cinco por cento, calculados sobre o valor da avaria grossa (Decreto nº 3.705, de 14 de outubro de 1882, artigo único; Parecer do Conselho de Estado, Seção de Justiça, 1º de março de 1882, com aprovação imperial, a 7 de outubro de 1882). Na regulação extrajudicial, *ad instar* do Decreto nº 3.705, cumpre observar que a regra jurídica é de direito dispositivo, em ambas as regulações. No caso de regulação extrajudicial, não tendo havido acordo, pode o ajustador propor ação para que seja arbitrada pelo juiz.

290) Natureza da sentença – No Código de 1939, lê-se no art. 768: "A sentença que homologar a repartição das avarias comuns mandará indenizar cada um dos contribuintes, tendo força definitiva e sendo exeqüível desde logo, ainda que dela se recorra". A sentença supõe que tenha havido a caução ou o depósito (arts. 765 e 766). O elemento *condenatório* é superado pelo elemento *mandamental*. "É exeqüível desde logo", diz a lei; isto é, cumpre-se o mandamento sobre o caucionado ou sobre o preço sub-rogado (art. 765, alínea 2ª). Não se trata de sentença de condenação, a que se deva seguir a "execução de sentença", a *actio iudicati*. O mandado basta.

291) Cumprimento do mandado e recurso – Mandado cumpre-se, a despeito da interposição do recurso, que é o de apelação, como se dirá a seguir. Se a repartição não foi homologada, o recurso também é o de apelação. Mandamental como é a sentença, o seu cumprimento nada tem a ver com a execução provisória das sentenças de condenação. Mas o adiantamento de cumprimento do mandado fica sem efeito se a sentença for reformada, devendo ser restituído o que se recebeu indevidamente. A nova sentença tem força mandamental contrária. A apelação não tem efeito suspensivo porque está implícita no art. 768, *verbis*: "ainda que dela se recorra".

Poder-se-ia discutir se a referência à definitividade da sentença, no art. 768 do Código de 1939, *verbis*: "tendo força de definitiva", vale a exceção "expressa" à regra jurídica de ser excepcional a insuspensividade do recurso. Assim julgou o Tribunal de Apelação do Distrito Federal, a 7 de agosto de 1942 (*D. da J.* de 10 de dezembro, 31120), seguido pela 4ª Câmara Cível do mesmo Tribunal, a 16 de fevereiro de 1943 (*D. da J.* de 19 de março de 1950). A favor da solução que ainda hoje adotamos, mesmo diante do art. 520 do Código de 1973, a exceção expressa à inexequibilidade imediata, isto é, a inclusão de exceção à não suspensividade.

N. Salvados marítimos

292) Salvados marítimos e venda – Código Comercial, arts. 731-739. *Salvados* são o que resta, o que se recolhe, dos destroços e do conteúdo do navio ou do avião. Os transportes por terra têm salvados, mas a lei trata-os sob outro sistema de regras. O art. 769 do Código de Processo Civil de 1939 somente cogita de venda de salvados marítimos, tendo omitido a intervenção do juiz na diligência acauteladora e constitutiva de arrolamento e prova, que é a do art. 732 do Código Comercial.

293) Autorização judicial – Lê-se no Código de 1939, art. 769: "Quando a venda dos salvados marítimos não se puder realizar sem autorização do juiz, o produto do leilão, salvo dispositivo legal em contrário, será depositado, por conta daquele a quem pertencer. A venda não se efetuará sem a assistência do empregado fiscal, preposto às operações de salvamento". Sempre que, pelo direito material, a venda dos salvados marítimos (ou aeronáuticos) exige a autorização judicial, tem-se de pedir ao juiz que a autorize e que se deposite o preço por conta daquele a quem pertencer. Ainda nesse ponto do depósito, o Código de 1939 ressalvou diferente regra de direito especial.

294) Assistência do empregado fiscal – Sempre que se efetua a venda judicial, a assistência do empregado fiscal é exigida e de sua falta resulta nulidade não cominada (Código de Processo Civil de 1973, art. 244). A forma de venda é a do Código de 1939, arts. 704 e 705 (cf. Código Comercial, art. 734; Consolidação das Leis das Alfândegas, art. 291, § 3°); ou a do art. 293 da Consolidação das Leis das Alfândegas (fazendas e efeitos sujeitos a direitos).

295) Competência judicial – No Código de 1939, lê-se no art. 770: "A decisão de qualquer dúvida ou reclamação sobre a entrega dos salvados, ou do seu produto, compete privativamente ao juiz de direito da comarca onde o naufrágio ocorrer". Parágrafo único: "Se o navio naufragado pertencer a nação estrangeira que com o Brasil tenha celebrado tratado ou convenção sobre o assunto, e tenha na comarca agente consular, observar-se-á o que houver sido tratado ou convencionado". O art. 770 contém regra de competência *ratione materiae*, se não houve submersão, ou se se conhece o lugar dela (Código Comercial, art. 734). Se não se conhece o lugar da submersão do navio, competente é o juiz de direito da comarca onde forem *arrecadados* fragmentos ou carga, abandonados em alto-mar ou nas costas (Código Comercial, art. 735). Se se conhece o lugar da submersão e foram arrecadados alhures os salvados, o juiz da arrecadação não tem a competência. Tem de haver comunicação ao juízo competente.

296) Navio naufragado pertencente à nação estrangeira – O parágrafo único somente cogita do caso do navio naufragado, que pertence *a)* a nação estrangeira, *b)* com tratado ou convenção com o Brasil sobre o assunto e *c)* agente consular na comarca. Então, observar-se-á o que foi tratado ou convencionado. Pode ocorrer que falte *b)* ou que falte *c)*. Se falta *b)*, o caso é semelhante ao de qualquer navio brasileiro, para o processo (art. 770). Se falta *c)*, a competência é do juiz de direito da comarca, por força do art. 283, parágrafo único, da Consolidação das Leis das Alfândegas.

Não se entregam os salvados enquanto não se liquida o devido aos salvadores (Supremo Tribunal Federal, 20 de novembro de 1940, *A. J.*, 58, 86).

297) Produto líquido do leilão – No Código de 1939, lê-se no art. 771: "O produto líquido do leilão feito pela autoridade alfandegária, reunido aos fretes recebidos pelo gestor, e os salvados remanescentes serão depositados judicialmente, por conta daquele a quem pertencerem, à disposição do juiz, e a este serão remetidas cópias autênticas do auto do sinistro, do inventário dos salvados arrecadados e das contas de todas as vendas efetuadas, além de relação das despesas, créditos e direitos pagos ou deduzidos do produto das vendas". No § 1°: "Recebendo o juiz a comunicação do depósito e os documentos enumerados neste artigo, mandará autuá-los e, em seguida publicar edital, com o prazo de um ano, dando aos interessados ciência do depósito feito para que, dentro daquele prazo, requeiram o que for a bem de seus direitos e preferências". No § 2°: "Decorrido o prazo sem que compareçam interessados, os salvados remanescentes serão vendidos em hasta pública, e o seu produto, reunido ao líquido do leilão, que houver sido depositado pela autoridade alfandegária, será recolhido ao cofre dos depósitos públicos, à disposição daquele a quem pertencer". No § 3°: "O pagamento dos interessados, que o reclamarem dentro do prazo, far-se-á mediante o processo que regula o concurso de credores nas execuções de sentença". No § 4º: "Decidido o concurso, o juiz poderá, a requerimento, ordenar a venda dos salvados depositados ou de parte deles, quando necessário para pagamento dos créditos reclamantes". A Consolidação das Leis das Alfândegas, art. 293, mandou que se inventariassem os salvados "sujeitos a direitos", se vendessem, e que o produto, "deduzidas as despesas de salvamento, condução, beneficiamento e venda em hasta pública e bem assim os direitos de consumo, se a eles estiveram sujeitos", ficasse em depósito durante um ano. Findo o prazo, precluiria toda pretensão a reclamá-los e o direito mesmo aos bens desapareceria. Tal, ainda hoje, o direito material. O art. 771 explicita que o depósito é feito judicialmente, "por conta daquele a quem pertencerem" (produto líquido, fretes e salvados remanescentes), "à disposição do juiz". A venda, a que se refere o art. 771, é a venda pela autoridade alfandegária.

298) Depósito – O depósito é feito sem comunicação de vontade (sem petição), à disposição do juiz, a quem a autoridade alfandegária comunica tê-lo feito (comunicação de conhecimento), acompanhada dos documentos do art. 771, 2ª parte, a sua comunicação de conhecimento. Então, manda o juiz que eles sejam autuados. Segue-se o procedimento edital, com o prazo de um ano, para que, dentro desse prazo, requeiram os interessados o que lhes aprouver. Nesse processo, não se impugna a venda pela autoridade alfandegária cujos atos só seriam atacáveis em ação própria. A matéria dos requerimentos restringe-se aos "direitos e preferências".

Em todo caso, verificando o juiz que é falsa a comunicação de depósito, pode oficiar, expondo o caso, e remeter os elementos à autoridade competente para o processo.

299) Alegações dos interessados – Se interessados aparecem, as suas alegações devem ser provadas, desde logo, com documentos (art. 283 do Código de 1973), ou justificações (arts. 861-866), ou exibição e exames de livros (arts. 355-362). A autoridade alfandegária não é parte. O procedimento edital desenvolve-se entre o juiz e os interessados, com a intervenção do representante da Fazenda Pública, que há de ser ouvido sobre as pretensões e preferências.

300) Protesto por preferência – Os interessados, uma vez admitidos, em cognição superficial, têm de protestar por preferência. A disputa, no concurso, pode versar sobre a preferência e sobre a nulidade, simulação, fraude ou falsidade dos títulos.

301) Salvados remanescentes – Os salvados remanescentes ou são vendidos desde logo, se não comparecem interessados (art. 771, § 2º); ou sé se vendem depois de "decidido o concurso", isto é, proferida a sentença do concurso de credores.

O. Arribadas forçadas

302) Conceito de arribada forçada – Arribada forçada é a entrada do navio, em caso de necessidade, em porto ou lugar distinto dos que estavam marcados para a escala da viagem (cf. Código Comercial, art. 740). A força pode ter sido conserto, falta de víveres ou aguada, perseguição, ou outro motivo que pese mais que o dever de não alterar a derrota. "Nenhuma desculpa", diz o Código Comercial, art. 509, "poderá desonerar o capitão que alterar a derrota que era obrigado a seguir"; de modo que infringe gravemente o seu dever todo capitão que "entrar em porto estranho ao do seu destino" (Código Comercial, art. 510). Quando, porém, houver razão maior, tem o capitão de proceder à reunião da junta de deliberação (Código Comercial, art. 504), protestar (arts. 504, 505 e 511) e ratificar o protesto. Os arts. 772-775 do Código de Processo Civil de 1939 não tratam das arribadas forçadas em caso de avaria comum, assunto dos arts. 763-768 do Código de 1939 (avaria a cargo do segurador). Os arts. 772-775 restringem-se às arribadas forçadas para conserto (art. 765), por abandono ou inavegabilidade do navio (art. 773, I), ou para alívio do navio encalhado (art. 773, II).

303) Descarga – No Código de 1939, lê-se no art. 772: "Nos portos não alfandegados ou não habilitados, competirá ao juiz autorizar a descarga do navio arribado que necessitar de conserto. O juiz que autorizar a descarga comunicará logo o ocorrido à alfândega ou mesa de rendas mais próxima, a fim de que providencie de acordo com as leis alfandegárias". O Código Comercial somente permite a descarga no porto de arribada em caso de conserto do navio e reparo da avaria da carga (Código Comercial, art. 746). Reputa-se legal se a autorizou o juiz. O art. 772 refere-se ao primeiro caso e já se amoldara à Consolidação das Leis das Alfândegas, art. 283, em que se distinguem o porto alfandegado ou habilitado e o porto não alfandegado ou não habilitado. A autorização judicial da descarga só é necessária se o porto é não alfandegado ou não habilitado.

304) Reembarque – Dada a autorização, o juiz oficia à alfândega ou mesa de rendas mais próxima, que tem de proceder segundo as leis alfandegárias. Na expressão "mais próxima" abstrai a lei de quaisquer regras de repartição das competências administrativas, para que o juiz somente se guie pelo critério da distância. A autorização de reembarque pertence à autoridade fiscal. O juiz, com a autorização do art. 772, acautela interesses de pessoas incertas, por se tratar de *deficiência* da organização administrativa no lugar. A venda da carga obedece ao art. 774.

305) Porto alfandegado e porto não alfandegado – No Código de 1939, lê-se no art. 773: "As providências do artigo precedente serão também autorizadas nos seguintes casos: I. Quando, abandonado o navio arribado, ou havido por inavegável, o capitão requererá depósito da carga ou baldeação desta para outro navio. II. Quando a descarga for necessária para aliviar navio encalhado em baixio ou banco, em águas jurisdicionais". É aplicável o que se disse sob o art. 772, mantida a distinção entre porto alfandegado ou habilitado e porto não alfandegado ou não habilitado.

306) Abandono do navio – O *abandono do navio* pode ser ao segurador (sub-rogatório), aos credores (liberatório) ou por perecimento ou vontade do capitão (fáctico). O capitão, em qualquer desses casos, tem de pedir, *antes*, autorização para depósito da carga, ou baldeação dessa para outro navio. Naturalmente, o juiz aprecia, então, a conduta do capitão, posto que em cognição superficial; devendo, porém, ter em vista que o depósito é preventivo, por se tratar de "carga", que nada tem com o abandono do "navio" ou do "navio e frete". A medida de segurança para a carga tem de ser deferida, cautelarmente, ainda que o juiz se convença da culpa ou da má-fé, por parte do capitão. O seu papel é semelhante àquele que lhe incumbe na ação de depósito em consignação (Código de 1973, arts. 890-900; antes, Código de 1939, arts. 314-318) e ao dos arts. 802 e 804 do Código de 1973 (Código de 1939, arts. 683 e 685). É possível que o capitão tenha feito o protesto pela arribada; mas, de qualquer maneira, o depósito tem de ser notificado aos interessados. Esses, em vez do procedimento impugnativo dos arts. 802 e 803 (salvo se o juiz entendeu citá-los antes), discutem segundo os arts. 801 e 804 do Código de 1973 (Código de 1939, arts. 683 e 684), combinados com os arts. 802 e 803, como se a espécie fosse a do art. 804.

307) Transporte da carga ao seu destino – Nos casos em que o capitão é obrigado a fretar, por sua conta, uma ou mais embarcações para transportar a carga ao seu destino (Código Comercial, art. 614), a baldeação depende de autorização judicial, pelas razões do item 305). *Baldeação* é descarga e embarque noutro navio. Pode dar-se que os carregadores ou consignatários prefiram retirar as mercadorias, na forma do art. 613 do Código Comercial, quer em caso de descarga, quer de baldeação. Se foi pedida antes da descarga, competente é o juiz, desde que as espécies se enquadrem nos arts. 772 e 773; se foi resolvida depois, obedece ao processo fiscal.

308) Quase alijamento – No caso de quase alijamento (alívio do navio, sem perda da carga), a descarga é feita para outro navio, para que se reembarque, quando o navio encalhado em baixio ou banco reflutuar. Há transbordo, sem novo embarque. Se a embarcação tem de embarcar a carga quase alijada, o transbordo sem novo embarque se converte em baldeação. O assunto tem importância prática no direito material.

309) Direito e pretensão à disposição – No Código de 1939, diz o art. 774: "Nas hipóteses dos artigos anteriores, se necessária a venda de mercadorias da carga do navio arribado, para pagamento de despesa com seu conserto, ou com a descarga, ou com o depósito e reembarque das mercadorias, ou seu aparelhamento para navegação, ou outras despesas semelhantes, o capitão, ou o consignatário, requererá ao juiz, nos casos em que este for competente, autorização para a venda". No § 1°: "A venda não será autorizada sem caução para garantia do pagamento dos impostos devidos". No § 2°: "O juiz que autorizar a venda comunicará logo o fato à alfândega ou mesa de rendas mais próxima e ao Ministério da Fazenda". No § 3°: "Igualmente se procederá no caso de ser requerida venda de mercadorias avariadas não suscetíveis de beneficiamento". A despeito de ser a descarga comunicada à alfândega ou à mesa, de rendas, para que providencie de acordo com as leis alfandegárias (art. 772), o direito ou pretensão não passa às autoridades fiscais. É ao juiz que compete autorizar a venda, nos casos do art. 774: para pagamento de despesas com conserto, ou com a descarga, ou com o depósito e reembarque, aparelhamento para navegação, ou outras despesas resultantes. Naturalmente, para a mais importante de todas: as despesas para pagamento das soldadas em atraso, que independe do concurso (Supremo Tribunal Federal, 17 de agosto de 1921, *R. do S. T. F.*, 32, 100; 33, 164; 35, 91).

310) Caução – A caução a favor da Fazenda pública presta-se, se pedida por essa, ou ordenada de ofício, como requisito da venda, ou requerida, pelos interessados em prestá-la, e obedece aos arts. 827-838.

311) Natureza da comunicação do art. 774, § 2º – A providência do art. 774, § 2º, é mera comunicação da resolução judicial (comunicação de fato, de conhecimento, posto que conhecimento de sentença).

312) Vendas de mercadorias avariadas – As mercadorias avariadas, não suscetíveis de beneficiamento, são vendidas com obediência às regras jurídicas dos arts. 774, § 2º, 704 e 705.

Disse a 1ª Câmara Civil do Tribunal de Justiça de São Paulo, a 24 de janeiro de 1950 (*R. dos T.*, 187, 138), que se tem por *avariada* a mercadoria que chega a seu destino apresentando sinais de danificação, de violação ou rompimento de seus volumes ou falta de peso. Assim tem sido na prática, tanto que, havendo essa presunção, é lavrado termo de avaria.

313) Competência judicial – No Código de 1939, diz o art. 775: "A decisão das dúvidas em contestações sobre a entrega das mercadorias, ou do seu produto, competirá privativamente ao juiz de direito, ainda que se trate de embarcações estrangeiras, quando não houver, na localidade, agente consular do País com o qual o Brasil tenha celebrado tratado ou convenção". Parágrafo único: "Ouvido, no prazo de cinco dias, o órgão do Ministério Público, ou o Procurador da República, se o houver na comarca, o juiz decidirá no mesmo prazo, à vista da promoção e das alegações e provas produzidas pelos interessados". As espécies, nos incidentes com embarcações estrangeiras, são: *a)* haver tratado ou convenção com a nação estrangeira a que pertence a embarcação e haver agente consular no lugar; *b)* haver tratado ou convenção com a nação estrangeira e não haver agente consular no lugar; *c)* não haver tratado nem convenção e haver agente consular no lugar; *d)* não haver tratado, nem convenção, nem agente consular no lugar. A decisão das dúvidas e contestações sobre a entrega das mercadorias ou do seu produto somente não compete ao juiz de direito do lugar nos casos da espécie *a)*.

314) Ministério Público – Se existe, na comarca, Procurador da República, a sua audiência, nos cinco dias, é necessária, posto que tenha escapado a audiência ao Decreto-lei nº 986, de 27 de dezembro de 1938, anterior ao Código de 1939; na sua falta, ouve-se o órgão do Ministério Público.

315) Decisões dos arts. 722-775 do Código de 1939 e sua natureza – É de notar-se, nos arts. 772-775, que há, pelo menos, três *decisões judiciais*: *a)* a de autorização de descarga (art. 772 e 773), integrativa do ato do capitão, que arribou, mas, quanto à descarga mesma, *constitutiva* pura, sendo *alvará* o que se deve expedir; *b)* a de venda de mercadorias da carga para solução de dívidas, portanto decisão de conversão *executiva* (art. 774); *c)* condenatória ou declarativa, mas, de regra, *condenatória executiva* (em ações cumuladas de condenação e de execução), nos casos do art. 775. De qualquer delas o recurso é o de apelação.

> *Art. 1.219. Em todos os casos em que houver recolhimento de importância em dinheiro¹), esta será depositada em nome da parte ou do interessado, em conta especial movimentada por ordem. do juiz²).*

1) Depósito de dinheiro – A regra jurídica geral, que se pôs no art. 1.219, foi acertada. Com a sua amplitude, *verbis*: "em todos os casos", sempre que se tenha de recolher qualquer importância em dinheiro, o depósito é em nome da parte, ou do interessado, em conta especial, porém somente pode ser levantada qualquer parcela, ou transferida, ou aumentada, "por ordem do juiz". Nem sempre quem faz o depósito, ou quem requer, deposita no próprio nome. Seja como for, tem de constar da conta em nome de quem se deposita, seja o requerente, ou seja outrem. A função bancária tem de atender, rigorosamente, ao art. 1.219. Somente mediante ordem do juiz pode ser movimentada.

2) Leis especiais – Leis especiais podem dizer qual o banco, ou qual a entidade de depósitos, em que se há de fazer o depósito. Mas, ainda em tais hipóteses, tem de ser respeitado o art. 1.219. Os pressupostos dos nomes do depositante e da pessoa em cujo nome se deposita e da movimentação somente por ordem do juiz têm de ser observados.

Lei especial pode dizer qual o estabelecimento em que se há de fazer o depósito. O assunto é, aí, estranho ao Código de 1973, mas, em se tratando de ação executiva, há o art. 666. Se o credor não concorda que fique como depositário o devedor,[241] o depósito é feito no Banco do Brasil, na Caixa Econômica Federal ou em um banco de que o Estado-membro possua mais de metade do capital social integralizado, ou, em falta de tais

---

241 Note-se que o art. 2º da Lei nº 11.382, de 06.12.2006, deu nova redação à norma do *caput* do art. 666.

estabelecimentos de crédito, ou agências suas no lugar, em qualquer estabelecimento de crédito designado pelo juiz.

O serventuário tem o prazo de quarenta e oito horas para depositar o que lhe foi entregue (Código de 1973, art. 190). Uma vez que há, em vigor, o Decreto-lei nº 3.077, de 26 de fevereiro de 1941, tem-se de atender ao art. 1º, que diz: "As consignações em pagamento e, em geral, as importâncias em dinheiro cujo levantamento ou utilização depender de autorização judicial serão obrigatoriamente recolhidas ao Banco do Brasil ou às Caixas Econômicas Federais e Estaduais e Banco Nacional de Desenvolvimento Econômico, a critério do juízo competente".

No caso de alienação judicial, há o art. 1.116, parágrafo único: não sendo o caso de se levantar o dinheiro antes de trinta dias, inclusive na ação ou na execução, o juiz determina a aplicação do produto da alienação, ou do depósito, em obrigações ou títulos da dívida pública da União ou dos Estados-membros.

Art. 1.220. Este Código entrará em vigor¹⁾ no dia 1º de janeiro de 1974, revogadas as disposições em contrário ²⁾³⁾.

1) Entrada em vigor – A Lei nº 5.869, de 11 de janeiro de 1973, que instituiu o novo Código de Processo Civil, somente entrou em vigor (começou de incidir) a 1º de janeiro de 1974, mas teve, antes disso, as alterações feitas pela Lei nº 5.925, de 1º de dezembro de 1973.

2) "Lex posterior derogat priori" – O Código, que formulou regra de direito intertemporal para si mesmo, nada estabeleceu sobre o direito intertemporal das regras jurídicas futuras, isto é, das regras jurídicas posteriores a ele. O art. 153, § 3º, da Constituição de 1967, com a Emenda nº 1,[242] tem de ser respeitado; e incidem as regras jurídicas gerais. A angularidade da relação jurídica processual é que faz surgirem os problemas de maior porte: enquanto ela não se estabelece, enquanto não se constituiu o ângulo, os problemas são poucos. Surgindo ela, têm-se de levar em conta interesses de duas ou mais pessoas.

Parte-se do princípio de que o processo obedece à lei do seu tempo (incidência imediata das regras de direito processual). As regras jurídicas

---

242 Atualmente, inc. XXXVI do art. 5º da Constituição Federal de 1988.

de competência e as regras jurídicas sobre *modus procedendi* têm sobredireito parecido, mas diferente. Salvo regra da lei, especial, *e. g.*, regra jurídica que extinga, desde já, o corpo que era competente, competente é aquele que tem consigo o processo pendente, ou a que foi devolvido. Portanto, não é a lei nova que rege a proponibilidade, tempestividade e fundamento das exceções de competência, se não há regra especial de direito intertemporal das regras jurídicas sobre competência. Se o juiz se deu por incompetente, *ou* se há de reiniciar a relação jurídica processual, e então é a lei nova, que incide, *ou* a pendência não deixou de ser e rege a lei antiga.

A litispendência e sua exceção são regidas pela lei do tempo do segundo processo.

A citação faz nascer a angularidade. A não comparência, com expiração do tempo para comparecer, tem importância, porque, se ele ainda não expirou e a lei nova o dilatou, beneficia o citado. As decisões devem satisfazer a forma e de mais pressupostos da lei do seu tempo; salvo se é *desisum* mesmo, regido pela lei velha, que os determina.

O que não era irrecorrível não se faz recorrível; o que era recorrível, se não houve recurso, irrecorrível é, mas, se sobreveio a lei antes de se expirar o prazo, o recurso pode ser interposto.

As ações contra sentenças nascem com elas; a lei nova não as atinge, salvo se, tempestivamente, lhes dilata o prazo para preclusão ou prescrição.

Sobre o direito intertemporal no tocante ao direito processual, veja o que se disse sob o art. 1.211.

3) Procedimentos mantidos.[243] – No art. 271, o Código de 1973 diz que se aplica a todas as causas o procedimento comum, "salvo disposição em contrário deste Código ou de lei especial". O art. 1.218 menciona ações que se mantêm, a despeito do art. 1.220; porém o art. 271 fala de "lei especial" e temos de abstrair das referências do art. 1.218. Por exemplo: a ação popular (Lei nº 4.717, de 29 de junho de 1965) adaptada pela Lei nº 6.014, de 27 de dezembro de 1973; a ação de mandado de segurança (Lei nº 1.533, de 31 de dezembro de 1951, a que advieram alterações com as Leis

---

243 Obviamente, o comentarista indicou os procedimentos mantidos no tempo em que comentou o art. 1.219. Supérflua a observação de que muitos dos dispositivos por ele aludidos já não vigem. Escapa, todavia, à tarefa da atualização tratar das leis substitutas das referidas no texto.

nº 4.348, de 26 de junho de 1964, nº 5.021, de 9 de junho de 1966, nº 4.357, de 16 de julho de 1964, nº 6.014, de 27 de dezembro de 1973, nº 6.071, de 3 de julho de 1974); a ação de acidentes do trabalho (Lei nº 5.316, de 14 de setembro de 1967, com muitas alterações); as ações relativas à falência (Decreto-lei nº 7.661, de 21 de junho de 1945, com alterações); as ações de desapropriação por utilidade ou necessidade pública (Decreto-lei nº 3.365, de 21 de junho de 1941, com alterações feitas pela Lei nº 2.786, de 21 de maio de 1956, e pelo Decreto-lei nº 1.075, de 22 de janeiro de 1970); a ação de alimentos (Lei nº 5.478, de 25 de julho de 1968, e Lei nº 6.014, de 27 de dezembro de 1973); ação para cumprimento da obrigação garantida por alienação fiduciária (Decreto-lei nº 911, de 1º de outubro de 1969, com alterações); a ação discriminatória de terras públicas (Lei nº 3.081, de 22 de dezembro de 1956, Lei nº 5.972, de 11 de dezembro de 1973, e Lei nº 6.282, de 9 de dezembro de 1975); a ação regressiva da União contra seus agentes (Lei nº 4.619, de 28 de abril de 1965); a ação por abuso do poder econômico (Lei nº 4.137, de 10 de setembro de 1962; Decreto nº 52.025, de 20 de maio de 1963; adaptada ao Código de 1973, pela Lei nº 6.014, de 27 de dezembro de 1973); a ação para assistência judiciária (Lei nº 1.060, de 5 de fevereiro de 1950; Decreto-lei nº 5.335, de 22 de março de 1943; Decreto-lei nº 1, de 7 de fevereiro de 1957, Convenção entre o Brasil e a Bélgica; Decreto-lei nº 23, de 23 de outubro de 1963, Convenção entre o Brasil, Estados Unidos da América e Reino dos Países Baixos; Decreto-lei nº 53, de 31 de agosto de 1964, Convenção entre Brasil e Argentina; Lei nº 6.014, de 27 de dezembro de 1973, que adapta ao Código de 1973; Lei nº 6.248, de 8 de outubro de 1975, acréscimo ao art. 16 da Lei nº 1.060, referente à assistência judiciária).

O art. 1.218, V, cogitou das ações de que tratamos, enquanto não incorporado em lei especial o que consta dos arts. 595-599. A Lei nº 6.015, de 31 de dezembro de 1973, art. 1º, § 1º, I e II, submeteu ao seu regime o registro civil das pessoas naturais e o registro civil das pessoas jurídicas. O texto de que hoje havemos de cogitar foi alterado pela Lei nº 6.140, de 28 de novembro de 1974, e pela Lei nº 6.216, de 30 de junho de 1975.

Quanto ao Registro Civil das pessoas naturais, a Lei nº 6.015, art. 29, I-VIII, menciona os dos nascimentos, os dos casamentos, os de óbitos, os de emancipação (suplemento de idade), os de interdição, os das sentenças declarativas de ausência, os de opção de nacionalidade e os de sentenças que deferirem a legitimação adotiva. No § 1º do art. 29 diz haver averbação: *a)* das sentenças que decidirem a nulidade ou anulação do casamento, a separação e o restabelecimento da sociedade conjugal; *b)* as sentenças que julgarem ilegítimos os filhos concebidos na constância do casamento e as que declararem a filiação legítima; *c)* os casamentos de que resultar a legitimação de filhos havidos ou concebidos anteriormente; *d)* os atos judiciais ou extrajudiciais de reconhecimento de filhos ilegítimos; *e)* as escrituras de adoção e os atos que a dissolverem; *f)* as alterações ou abreviaturas de nomes. A sentença de divórcio tem de ser anulada.

No art. 109 estatui a Lei n° 6.015: "Quem pretender que se restaure, supra ou retifique assentamento no Registro Civil requererá, em petição fundamentada e instruída com documentos ou com indicação de testemunhas, que o juiz o ordene, ouvido o órgão do Ministério Público e os interessados, no prazo de cinco dias que correrá em cartório." É o que constava do art. 595 do Código de 1939, a que se referiu o art. 1.218, V, do Código de 1973. Diz o art. 109, no § 1°: "Se qualquer interessado ou o órgão do Ministério Público impugnar o pedido, o juiz determinará a produção da prova, dentro do prazo de dez dias, e, ouvidos, sucessivamente, em três dias, os interessados e o órgão do Ministério Público, decidirá em cinco dias". No § 2°: "Se não houver impugnação ou necessidade de mais provas, o juiz decidirá no prazo de cinco dias". No § 3°: "Da decisão do juiz, caberá o recurso de apelação com ambos os efeitos". No § 4°: "Julgado procedente o pedido, o juiz ordenará que se expeça mandado para que seja lavrado, restaurado ou retificado o assentamento, indicando, com precisão, os fatos ou circunstâncias que devam ser retificados, e em que sentido, ou os que devam ser objeto do novo assentamento". No § 5°: "Se houver de ser cumprido em jurisdição diversa, o mandado será remetido, por ofício, ao juiz sob cuja jurisdição estiver o cartório do Registro Civil e, com o seu "cumpra-se", executar-se-á. No § 6°: "As retificações serão feitas à margem do registro, com as indicações necessárias, ou, quando for o caso, com a trasladação do mandado, que ficará arquivado. Se não houver espaço, far-se-á o transporte do assento, com as remissões à margem do registro original". O art. 110 diz: "A correção de erros de grafia poderá ser processada no próprio cartório onde se encontrar o assentamento, mediante petição assinada, pelo interessado, ou procurador, independentemente de pagamento de selos e taxas". No § 1°: "Recebida a petição protocolada e autuada, o oficial a submeterá, com os documentos que a instruírem, ao órgão do Ministério Público, e fará os autos conclusos ao juiz togado da circunscrição, que os despachará em quarenta e oito horas". No § 2°: "Quando a prova depender de dados existentes no próprio cartório, poderá o oficial certificá-lo nos autos". No § 3°: "Deferido o pedido, o oficial averbará a retificação à margem do registro, mencionando o número do protocolo, a data da sentença e seu trânsito em julgado". No § 4°: "Entendendo o juiz que o pedido exige maior indagação, ou sendo impugnado pelo órgão do Ministério Público, mandará distribuir os autos a um dos cartórios da circunscrição, caso em que se processará a retificação, com assistência de advogado, observado o rito sumaríssimo". O art. 111 diz: "Nenhuma justificação em matéria de registro civil, para retificação, restauração ou abertura de assento será entregue à parte". O art. 112 diz: "Em qualquer tempo poderá ser apreciado o valor probante da justificação, em original ou por traslado, pela autoridade judiciária competente ao conhecer de ações que se relacionem com os fatos justificados". Finalmente, o art. 113 diz: "As questões de filiação legítima ou ilegítima serão decididas em processo contencioso para anulação ou reforma de assento".

POSFÁCIO

Os Tomos que aqui ficam, à semelhança dos *Comentários* anteriores, redigidos com a maior concisão possível e o máximo de rigor terminológico de que foi capaz o autor, demonstram quão austera e difícil é a ciência do direito processual, especialmente civil. A muitos ocorrerá ser melancólico pensar-se em que a justiça humana dependa de instrumento que nem todos que aplicam as leis possuem, nem todos, que o possuem, saibam manejá-lo. Seja como for, não há remédio contra essa melancolia que o de se propagar o estudo sério, aprofundado, do ramo do Direito, a que tantos outros se prendem; e de se exigir aos que vivem da defesa das causas e do julgamento delas a necessária perícia na tratação dos problemas de direito processual.

Grande parte dos erros judiciários, em todo o mundo, são *errores in procedendo*. Juntem-se a esses os erros por deficiência de conhecimento da natureza e do conceito das pretensões e ações. Os que, no Brasil, lamentam que haja tantos enganos e baldas na jurisprudência devem dar graças de havermos tido, nas nossas fontes lusas, bem acabada formação processualística; outros povos lutam por se armar de boa técnica processual. A exploração de nossos mananciais quinhentistas e posteriores, com a assimilação da ciência europeia de um século, a partir de Oscar Bülow, pode dar-nos os meios suficientes para tornarmos menos falha – e menos equívoca – a aplicação judicial das leis e a solução presta dos litígios. Não escondemos uma das finalidades deste livro, como a de todas as nossas obras jurídicas (e uma das razões para o sacrifício material de escrevê-lo): a de reimplantar a nossa independência de pensar, a confiança em nós mesmos para investigar e raciocinar, que vínhamos perdendo e estamos ameaçados de perder.

No Brasil, de certo tempo para cá (remotamente – desde o Reg. nº 737), o maior inimigo da cultura processualística é a vocação legiferante das mediocridades: impotentes para aprender a ciência processual e sem a humildade sábia de concorrer, cooperar, para o aperfeiçoamento do que se tem, arrojam-se a fazer "leis". Se a oportunidade não se lhes abre para isso, contentam-se em comentar os textos sem qualquer dose de simpatia, menos ainda de respeito; donde mais parecerem libelos do que tratados, manuais, ou comentários. Muitas vezes, o que eles chamam erro é a discordância entre o texto brasileiro e alguma regra de direito estrangeiro, não raro inferior ao nosso, ou alguma opinião de jurista europeu "originalizante", ou de segunda ordem, entre cientistas.

A ânsia de legislar, de recortar, atrozmente, as leis, tem exposto o direito processual brasileiro, como outros setores do Direito brasileiro, aos assaltos de todos os afoitos, mais ou menos inconscientes da gravidade dos seus gestos, e às espertezas de todos os interesses de prestigiosos. Foi o ramo do Direito, entre nós, mais acutilado e mutilado. Não escapa a mutilação o Direito Constitucional. Às vezes, dá-nos a impressão de pilhagem intermitente. Alguns inovadores compensam, com isso (e a psicologia já os conhece bem), o profundo reacionarismo: algum processo de adaptação tem de ser vítima da sua crueldade destrutiva, da sua substituição compensatória – ou a arte, ou as leis, ou a religião –, dando-nos três tipos encontradiços: o artista, reacionário em economia e política, que tenta derrocar os cânones estéticos; o radicalismo ateu da segunda metade do século XIX; os políticos ou juristas, principalmente juízes, que não admitem reformas sociais, e encontram no mondar das leis onde o problema social não se apresenta tão vivo a válvula para as suas irrefreáveis compensações. É-lhes fácil, porque ainda é "crime impunido", destroçar a tradição jurídica de um povo, ou redigir artigos de leis, cheios de ignorância – ou de meia-ciência, o que é pior. É menos danosa a falta de moeda que a moeda falsa. Já a temos, de sobra, na circulação.

Toda obra de ciência – e de direção dos povos – exige dedicação e amor. Sem isso, não se constrói. Para que alguma tradição cultural se forme, ou se mantenha, é preciso que haja espíritos capazes de sacrifício e de convicções, que deem o máximo de si mesmos à sua obra. Compreende-se que Konrad Hellwig, a quem tanto deve o direito processual no século XX, grafasse em seu último escrito de processualística: *Pectus facit iurisconsultum.*

BIBLIOGRAFIA
(somente dos livros consultados)

ABBEG, WILHEIM, *Die Verjährung der Einreden nach römischem, gemeinem und bürgerlichem Recht* (A Prescrição das Exceções, segundo o direito romano, o comum e o civil), Göttingen, 1903.

ABRAHAMSOHN, WILHELM, *Schuldenhaftung des nicht rechtsfähigen Vereins nach bisherigen Recht und dem BGB.* (A Responsabilidade obrigacional da Associação não capaz de direito segundo o direito de hoje e o Código Civil), Berlin, 1901.

ACCIOLY, MÁRIO, *Executivos fiscais*, 2ª ed., Rio de Janeiro, 1951.

ACHARD, L., *Des Clauses d'inaliénabilité*, Grenoble, 1908.

ACÚRSIO, *Gloss. ordin. in Tít. C. Ut nemo invitus agere vel accusare cogatur*, Lugduni, 1557. Nota 128: "... iudicem debere ei statuere tempus intra quod agat et postea cum non audire". Fonte (com BÁRTOLO DE SAXOFERRATO) do direito português dito subsidiário, desde o século XV até a Lei de 19 de agosto de 1789. Cp. Ordenações Filipinas, Livro III, Título 64 "...então mandamos que se guardem as Glosas de ACÚRSIO, incorporadas nas ditas leis, quando por comum opinião dos Doutores não forem reprovadas; e quando pelas ditas Glosas o caso não for determinado, se guarde a opinião de BÁRTOLO DE SAXOFERRATO, porque sua opinião comumente é mais conforme à razão, sem embargo de que alguns Doutores tivessem o contrário; salvo se a comum opinião dos Doutores, que depois dele escreveram, for contrária".

ADICKES, FR., *Zur Lehre von den Bedingungen nach Römischem und heutingem Recht* (Para a Teoria das Condições segundo o Direito romano e hodierno), Berlin, 1876.

ADLER, KARL, *Realcontract und Vorvertrag* (*Contrato real e Pré-contrato*), *Jherings Jahrbücher für die Dogmatik*, 31 (1892), 190-278.

ADLER, P., *Die Bankdepotgeschäfte nach ihrer zivilrechtlichen Seite* (Os negócios jurídicos de depósito em banco segundo seu lado de direito civil), 1906.

AEBLI, *Cautio damni infecti*, Zürich, 1867.

AFFOLTER, FRIEDRICH, *Geschichte des intertemporalen Privatrechts* (História do Direito intertemporal privado), Leipzig, 1902.

AIRES DE MESA, FERNANDO, *Variarum Resolutionum et Interpretationum Iuris libri tres,* Napoli, 1643; Genevae, 1658; Lugduni, 1672.

Jurista português, nascido em Estremoz (Além-Tejo), formado em Coimbra; professor em Salamanca e Nápoles.

AIRES PINHEL, *Ad const. Cod. de bonis maternis,* Francofurti, 1585.

A 1ª ed. foi de Coimbra, em 1558. Teve, pelo menos, sete. Coloniae, 1584.

_____. *Ad rubricam et L. 2, Cod., de. rescindenda venditione, Commentaria*, Francofurti, 1696.

ALBRECHT, J.A., *Die Exceptionen des gemeinen deutschen Zivilprozesses, geschichtlich entwickelt* (As Exceções do Direito processual civil comum alemão, desenvolvidas historicamente), Müchen, 1835.

_____. *Die Ausdehnung des Eventualprincips im gemeinen Civilprozess* (A Extensão do Princípio eventual no processo civil comum), Marburg, 1837.

ALBRECHT, KARL AUGUST, *Die Stellung der römischen* Aequitas *in der Theorie des Civilrechts* (A Posição da *Aequitas* romana na teoria do direito civil), Dresden, 1834.

ALBRECHT, W. E., *Die Gewere, als Grundlage des ülteren deutschen Sachenrechts* (A "Gewere" ou poder material sobre a coisa, como fundamento do mais velho direito das coisas alemão), Königsberg, 1828.

ALCALÁ-ZAMORA Y CASTILLO, NICETO, Premisas para determinar la indole de la llamada jurisdicción voluntaria, *Studi in onore di* ENRICO REDENTI, Milano, 1951, I.

ALCIATO, ANDREA, *Tractatus de Praesumptionibus*, Coloniae Agrippinae, 1580.

ALCKMIN, J. G. R., *Repertório de Jurisprudência do Código Civil,* Direito das Coisas, São Paulo, 1951, I (arts. 489-622) e II (arts. 623-862).

ALEXANDRE, DANIÊLE, *Les Pouvoirs du juge de l'exequatur,* Paris, 1970.

ALLARA, MARIO, La Proprietà temporánea, *Il Circolo giuridico,* N.S., I (1930), 69 s.

_____. *Le Nozioni fundamentali del Diritto civile*, 3ª ed., Torino, 1949, I.

ALLEN, CARLETON K., *Law in the Making,* Oxford, 1930.

ALLORIO, ENRICO, Per una nozione del processo cautelare, *Rivista di Diritto Processuale Civile,* 13, (1936), 18-44.

_____. *La cosa Giudicata rispetto ai Terzi*, Milano, 1935. Influência da teoria (falsa) de FRANCESCO CARNELUTTI, que pretendeu dilatar a esfera subjetiva de eficácia da coisa julgada material.

_____. Natura della cosa giudicata, *Rivista di Diritto Processuale Civile,* 12, (1935), 215-252.

ALMEIDA, ESTEVÃO DE, *Manual do Código Civil Brasileiro*, VI.

ALMEIDA E SOUSA, MANUEL DE, *Fascículo de Dissertações jurídico-práticas*, Lisboa, 1829, I; 1849, II.

A Dissertação 5ª (II, 161-185) analisa a Ordenação do Livro IV, Título 10, § 3 (sobre alienação da coisa litigiosa).

_____. *Tratado Prático de Morgados*, 3ª ed., Lisboa 1841.

_____. *Notas de Uso Prático*, Lisboa, 1847, 1836, 1854, I-III.

_____. *Tratado prático do Processo Executivo Sumário,* Lisboa, 1855.

_____. *Tratado prático compendiário dos Censos,* Lisboa, 1855.

MANUEL DE ALMEIDA E SOUSA tinha bem vivo na mente que a relação jurídica processual se forma sem a angularidade, não somente entre autor e réu. Por exemplo, a respeito de censos (MANUEL DE ALMEIDA E SOUSA, Censos, 121), disse, como se fosse jurista do século XX, que "o depósito para ser *eficaz* e ter força de solução deve ser feito com citação da parte interessada".

_____. *Segundas Linhas sobre o Processo Civil,* Lisboa, 1855, I e II.

_____. *Tratado prático e critico de todo o Direito Enfitêutico,* Lisboa, 1857, I-II; 1859, III.

_____. *Coleção de Dissertações várias em suplemento às Segundas Linhas,* Lisboa, 1860.

_____. *Tratado prático compendiário de todas Ações Sumárias,* Lisboa, 1859, com um apêndice de Dissertações, I e II (II, *Coleção de Dissertações várias,* Lisboa, 1860).

_____. *Discurso jurídico, histórico e crítico sobre Direitos dominicais*, Lisboa, 1865.

_____. *Tratado enciclopédico, prático e crítico sobre as Execuções que procedem de sentença,* Lisboa, 1865.

_____. *Tratado prático das Avaliações e dos Danos,* Lisboa, 1869.
Coleção de Dissertações jurídico-práticas em suplemento às Notas ao Livro Terceiro das Instituições do Dr. Pascoal de Melo Freire, Lisboa, 1884.
_____. *Tratado enciclopédico, compendiário, prático e sistemático dos Interditos,* Lisboa, 1896.
ALMEIDA, FRANCISCO DE, *Ars legalis,* trad. da obra *Ars legalis de* FRANCISCO BERMUDES DE PETRAÇA, Lisboa, 1737.
ALMEIDA NOGUEIRA, J. L. DE, *Estudo teórico e prático sobre Fiança às Custas,* São Paulo, 1909.
ALMEIDA NOGUEIRA, J. L. DE, e GUILHERME FISCHER JÚNIOR, *Tratado teórico e prático de Marcas industriais e Nome comercial,* São Paulo, 1910, I-II.
ALMEIDA OLIVEIRA, *Assinação de dez dias,* Rio de Janeiro, 1915.
_____. *A Lei das Execuções,* Lisboa, 1915.
ALMENDINGEN, L. H. von, *Metaphysik des Civil-Prozesses* (Metafísica do Processo Civil), Giessen, 1808.
Contribuiu para se fixar a natureza da *actio nullitatis,* contra W. ENDEMANN (*Das deutsche Zivilprozessrecht,* 961: declarativa negativa).
ALSINA, HUGO, *Tratado teórico practico de Derecho Processal Civil y Comercial,* Buenos Aires, 1943, III.
ALTIMARO, D. B., *Tractatus de Nullitatibus sententiarum. Tractatus de nullitatis contractuum, quasi contractuum, ultimarum voluntatum et quorunaque actuum extraiudicialium,* Venetiis, 1705-1727, I-VIII.
Sobre o *error in iudicando* como vício da sentença civil. Foi livro assaz lido em Portugal e no Brasil, no século XVIII, assim como o livro de S. SCACCIA e de SABELLI; porém a teoria já se achava fixada. (Note-se que o trato das nulidades dos contratos e das sentenças refletia certa *privatização* peculiar ao seu tempo, mas serviu ao estudo analítico da sentença do juiz como prestação jurisdicional.)
ALTMANN, P. A., *Das* Beneficium competentiae, Berlin, 1888.
ÁLVARES DA SILVA (JOSÉ VERÍSSIMO), Sobre a Forma do Juízo nos Primeiros Séculos da Monarquia portuguesa, *Memórias de Literatura Portuguesa,* Lisboa, 1796, VI.
ALVES, JOÃO LUÍS, *Código Civil anotado,* Rio de Janeiro, 1926, I-II.
ALVES MOREIRA, GUILHERME, *Instituições do Direito Civil português,* Coimbra, 1907, I-II.
AMARAL SANTOS, MOACYR, *Introdução ao estudo do Processo cominatório,* São Paulo, 1953.
_____. *As Ações cominatórias no Direito brasileiro,* São Paulo, 1958.
_____. *Das Reconvenções,* São Paulo, 1958.
_____. *Primeiras Linhas de Direito Processual Civil,* 3ª ed., São Paulo, 1962.
AMAZONAS, JOSÉ ANTÔNIO DE ALMEIDA, *Da Execução das sentenças estrangeiras,* São Paulo, 1940.
AMERICANO, JORGE, *Da Ação Rescisória,* 2ª ed., São Paulo, 1922; 1926.
_____. *Da Ação pauliana,* São Paulo, 1923.
_____. *Comentários ao Código de Processo Civil,* 2ª ed., São Paulo, 1940; 1958.
AMIGUES, J., *De la Tierce Opposition,* Paris, 1886.
AMIBA, K. von, *Das altnorwegische Vollstreckungsverfahren* (O velho Processo executivo norueguês), München, 1874.

_____. *Nordgermanisches Obbligationenrecht* (Direito das Obrigações nordico-germânicas), Leipzig, 1882, I; 1895, II.
AMORIM LIMA, *Código de Processo Civil brasileiro*, São Paulo, 1941, I-II.
ANDRADE, LUÍS ANTÔNIO DE, e MARQUES FILHO, *Locação predial urbana*, São Paulo, 1952.
ANDRADE, LUÍS ANTÔNIO DE, *Aspectos e Inovações do Código de Processo Civil*, Rio de Janeiro, 1974.
ANDRADE, ODILON DE, *Comentários ao Código de Processo Civil*, Rio de Janeiro, 1941, VII.
_____. *Código de Processo Civil e Comercial do Distrito Federal*, Rio de Janeiro, 1927, I; 1930, II.
ANDRÉ, W., *Gemeinrechtliche Grundzüge, 1. der Schiedsgerichte, 2. des Wasserrechts* (Lineamentos fundamentais, 1. dos Juízos arbitrais, 2. do Direito de águas), Jena, 1860.
ANDREOLI, GIUSEPPE, *Le Pertinenze*, Padova, 1936.
ANDRIOLI, VIRGILIO, *L'Azione revocatoria*, Roma, 1935,
_____. *Il Concorso del Creditori nell'esecuzione singolare*, Roma, 1937.
_____. *Commento al Codice di Procedura Civile*, 3ª ed., Napoli, 1954, I, 1956, II.
_____. *Privilegi, Comentario dei Codice Civile* a cura di ANTONIO SCIALOJA e GIUSEPPE BRANCA, 2ª ed., Bologna-Roma, 1955.
_____. *Lezioni di Diritto Processuale Civile*, Napoli, 1959.
ANGELOTTI, DANTE, *La Pretesa giuridica,* Padova, 1932. Confuso, sem originalidade, a despeito da intenção.
ANSELMO DE CASTRO, ARTUR, *A Ação executiva singular, comum e especial,* Coimbra, 1970.
ANTON, HEINRICH, *Geben positive Vertragsverletzungen des Gegners ein Rücktrittsrecht?* (¿Dão direito de resolução violações positivas do contrato pelo adverso?), Namslau, 1905.
ANZILOTTI, DIONISIO, Dei casi cui è neressario il giudizio di delibazione di una sentenza, *Giurisprudenza Italiana*, 1901, I, 2, col. 295 s.
"...fondandosi la necessità dei giudizio di delibazione, in tutu i casi in cui non si chiede l'esecuzione forzata, sui caratteri propri della sentenza, e specialmente sul suo rapporto con la funzione giurisprudenziale dello Stato, il giudizio stesso non serà necessario se non si invoca la sentenza sia proprio, ma se ne tien conto di un atto o fatto qualunque, da cui il carattere di sentenza esula completamente" (col. 410). Com essas poucas palavras. DIONISIO ANZILOTTI, no começo do século, "isolou" a *eficácia documental* e a *eficácia sentencial* (eficácia da "sentença" com ato jurisdicional). Daí se partiu para a teoria vigente da natureza das homologações de sentenças estrangeiras.
_____. Nota a sentença, *Rivista di Diritto internazionale*, 1907.
_____. Il riconoscimento delle sentenze straniere di divorzio in ordine alla seconda Convenzione de l'Aja 12 giugno 1902, *Atti Accademia Bologna*, 1908.
_____. L'esenzione degli Stati esteri dalla giuridizione, *Rivista di Diritto Internationale*, 1910.
Esecuzione delle sentenze straniere, *Rivista di Diritto internationale*, 1910.
APELT, W., *Der verwaltungsrechtliche Vertrag* (O contrato de direito administrativo), Leipzig, 1920.

APT, MAX, *Die Pflicht zur Urkunden-Edition in dogmengeschichtlicher Entwickelung* (O Dever de edição de documentos em evolução histórico-dogmática), Berlin, 1892.
AQUINO E CASTRO, *Prática das Correições* (sem folha de rosto).
ARANGIO-RUIZ, VICENZO, *La successione testamentaria secondo i papiri Brecoegizii*, Napoli, 1906.
ARAÚJO, JERÔNIMO DA SILVA, *Perfectus Advocatus*, Ulyssipone, 1743. Contém algumas proposições sobre processo, de que por vezes nos servimos.
ARENS, DETER, *Willensmängel bei Parteihandlung im Zivilprozess* (Vícios de vontade por atos da parte no processo civil), Berlin, 1968.
ARMASTROFF, E., *Die Zwangsvollstreckung* (A execução forçada), 2ª ed., Berlin, 1927. O segundo volume, com a jurisprudência, é de E. PAPE. Constitui, ao lado da obra de FALKMANN-MUGDAN, uma das exposições mais moderna do direito das execuções forçadas, na Alemanha.
ARNAULT DE GUENYVEAU, H., *Du Quasi-Contrat judiciaire,* Paris, 1850.
Alguns processualistas e, em maior número, os civilistas (C. DEMOLOMBE, AUBRY et RAU, COLMET DE SANTERRE, todos na esteira de POTHIER), exagerando a angularidade como elemento – dito essencial – da relação jurídica processual, ou a própria triangularidade (noção falsa), caíram na teoria do processo como contrato. H. ARNAULT DE GUENYVEAU (13 s.) recorreu ao quase contrato (ao *in iudicio quasi contrahimus*), para sublinhar que se não podia ser réu sem querer. Nem isso depende da contratualidade, ou da quase contratualidade, nem a angularidade, posto que seja o que mais ocorre, é essencial.
ARNDTS RITTER VON ARNESBERG, LUDWIG, *Lehrbuch der Pandekten* (Tratado das Pandectas), 8ª ed., Stuttgart, 1874.
_____. *Gesammelte civilistische Schriften* (Escritos civilísticos colecionados), Stuttgart, 1873-1874.
ARNTZENIUS, H. J., *Diss. ad legem secundam Digestorum de in ius vocando,* Trajecti, 1778.
AROUCA, ANTÔNIO MENDES, *Allegationis Iuris*, Ulyssipone, 1690.
_____. *Adnotationes Practicae ad Librum fere primum Pandectarum Iuris Civilis,* Ulyssipone, 1701-1702, I-II.
ARRAIS, AMADOR, *Diálogos*, 2ª ed., Coimbra, 1604.
ARRUDA ALVIM, *Curso de Direito Processual Civil*, São Paulo, 1972, I-II.
_____. *Código de Processo Civil Comentado,* São Paulo, 1975, I-II; 1976, III.
ARRUDA, BENTO, *Guia Prático das Execuções hipotecárias*, São Paulo, 1911.
ARUMAEUS, *Commentarius methodicus de Mora*, Jena, 1608.
ASHER, G. M., *Disquisitiones historicae*, Heidelbergae, 1855.
AUBRY, C., et C. RAU, *Cours de Droit civil français*, 5ª ed., Paris, 1897-1922, I-XI; 6ª ed., 1935 s., (BARTIN).
AUBRY, J., De la notion de territorialité en droit International privé, *Journal du Droit international,* 1900-1902.
AUDIBERT, A., *Essai sur l'Histoire de l'Interdictioit et la Curatelle des prodigues en Droit romain*, Paris, 1890.
_____. *Études sur l'Histoire du Droit romain,* Paris, 1892, I.
_____. *La Folie et la Prodigalité en Droit romain,* Paris, 1893.
AUDINET, EUGÈNE, *Principes élémentaires de Droit international privé*, 2ª ed., Paris, 1906.

AUEBARCH, JAKOB, *Merkmale und Bedeutung des Eigenbesitzes* (Características e Importância da Posse própria), Leipzig, 1905.
AULETTA, GIUSEPPE G., *Revocatoria civile e fallimentare*, Milano, 1939.
AULO-GELIO, *Noctes atticae*.
AZÃO, *Summa in Codicis,* Basiliae, 1563.
_____. *Ad singulas LL. XII librorum Codicis Iustinianei Commentarius et magnus apparatus*, Lugduni, 1596.
Haveria de ser a primeira edição, porque lá se diz "nunc primum in lucem editus". Mas há a edição de Paris, de 1581: *Lectura sive Commentaria*.
_____. *Quaestiones*, Freibug, 1888 (ed. LANDSBERG).
AZEVEDO, FILADELFO, *Execuções de sentenças,* Rio de Janeiro, 1936.
AZEVEDO MARQUES, *A Hipoteca*, 2ª ed., São Paulo, 1925.
AZZOLINA, UMBERTO, Titolo esecutivo e azione esecutiva, *Rivista di Diritto commerciale,* 47 (1949).
La Revoca fallimentare, Milano, 1951.
BACHMANN, OTTO, *Das rechtskräftige Zivilurteil als konkrete Rechtsnorm mit beschränkter Rechtsgeltung* (A sentença civil com força de coisa julgada como norma concreta de direito com limitada Incidência jurídica), Mannheim, 1931.
BAHR, OTTO, Zum Erbrecht des BGB. (*Sobre o Direito das Sucessões do Código Civil*), *Archiv für Büergerliches Recht,* III (1890), 141-227.
_____. Auseinandersetzung der Miterben (*Liquidação entre coerdeiros*), *Archiv für Bürgerliches Recht*, III.
_____. *Die Anerkennung ais Verpflichtungsgrund* (O reconhecimento como fonte de obrigação), 1855; Cassel und Göttingen, 2ª ed., 1867, 3ª ed., Leipzig, 1894.
_____. Über Irrungen im Kontrahiren (*Sobre enganos no contratar*), *Jherings Jahrbücher für die Dogmatik,* 14 (1875), 393-427.
_____. *Urteile des Reichsgerichts* (Julgados do Tribunal do Reich), München u. Leipzig, 1883.
BAGNA QUARESMA, MANUEL, *Thesaurus quotidianarum Resolutionum. Opus posthumum continuativum Commentariorum insignis Iurisperiti Emmanuelis Alvares Pegas ad Leges municipales, Ordinationes nuncupatas Regnorum Portugalliae,* Romae, 1724-1726, I-III.
BALBO, J. F., *Tractatus de Praescriptionis*, Taurus, 1544.
Sem numeração de páginas.
BALDO DE UBÁLDIS, *Feudorum Usus Commentaria,* Venetiis, 1530.
_____. *Commentaria in Dig. et in Cod.,* Lugduni, 1585; Venetiis, 1615, nova edição.
BALIGAND, VON, Zur Lehre von der absoluten Urteilsnichtigkeit (*Para a Teoria da Nulidade absoluta do julgado*), Gerichtssaal, 72, 171 s.
BAPTISTA DA SILVA, OVÍDIO A., *As ações cautelares e o novo Código de Processo Civil*, 2ª ed., 1974.
BAR, L. VON, Zur Lehre von den Prozesseinreden und Einreden überhaupt (*Para a Teoria das Exceções processuais e Exceções em geral*), *Archiv für die civilistische Praxis,* 52 (1869).
_____. *Recht und Beweis im Civilprozess* (Direito e posse no Processo Civil), Leipzig, 1867.
_____. Civilprozess, F. VON HOLTZENDORFF, *Enzyklopädie der Rechtswissenschaft*, 4ª ed., Leipzig, 1882, I.

Chamou aos princípios fundamentais do processo (727) "princípios formativos" (*Prinzipien der Gestaltung*); tratou (727) como princípio de controvérsia ou do contraditório a "máxima de contraditório" (Verhandlungsmaxime), apontando máximas e brocardos que o traduziam (728). Mostrou o germe do princípio de eventualidade na decretal de Inocêncio III, datada de 1204. Quanto a retificações do alegado, provou que o princípio de eventualidade não devia ser entendido como regra rígida, e sim como norma de conveniência (737). Considerou verdadeiros princípios formativos antitéticos as máximas de prova formal ou legal e de prova racional (730). Demonstrou que a protocolização do processo oral é fonte de outro princípio interior ao princípio da oralidade; o princípio da protocolização ou *Prinzip der Aktenmässigkeit* (731). Ainda misturava o princípio de imediatidade e o de oralidade (731), ao passo que FRIEDRICH STEIN, depois, os distinguiu precisamente.

_____. *Systematik des deutschen Civil -prozess-Rechts* (Sistemática do Direito processual civil alemão), Breslau, 1878.

_____. *Theorie und Praxis des internationalen Privatrechts* (Teoria e Praxe do Direito internacional privado), 2ª ed., Hannover, 1889, I-II.

BARASSI, LODOVICO, *La Successione legittima,* Milano, 1937.

BARBALHO, JOÃO, *Constituição Federal Brasileira, Comentários*, Rio de Janeiro, 1902.

BARBI, CELSO AGRÍCOLA, *Comentários ao Código de Processo Civil*, 2ª ed., Rio de Janeiro, Tomo I, 1975; II, 1975.

BARBOSA, AGOSTINHO, *Vota Decisiva Canonina,* Barcinne, 1635 (*Praxis exigendi*).

_____. *Collectanea Doctorum*, Lugduni, 1688.

_____. *Remissiones Doctorum*, Conimbricae, 1730. Ver adiante BARBOSA, MANUEL.

_____. *Thesaurus locorum communium iurisprudentiae ex axiomatibus authoris et analectis* JO. OTTONIS TABORIS, *aliorumque concinnatus*, 5ª-6ª ed., Coloniae Allobrogum, 1737, I-IV.

BARBOSA, MANUEL, *Remissiones Doctorum officiis publicis, iurisdictione et ordine iudiciario in earumdem,* lib. I, II e III..., Ulyssipone, 1620.

_____. *Remissiones Doctorum ad contractus, ultimas voluntates et delicta spectantes in libris IV e V Constitutionum Regiarum Lusitaniae*, Ulyssipone, 1618, 1681; Conimbricae, 1730.

_____. *Remissões às Ordenações do Reino*, Coimbra, 1730; Lisboa, 1732.

BARBOSA, PEDRO, *Commentarii ad Tit. de Legatis et vulgari substitutione una eum Tractatu de probatione per iuramentum,* Lugduni, 1662; Papiae, 1664.

_____. *Commentarii ad interpretationem Tituli Pandectarum de Iudiciis,* Francofurt, 1719, editio nova.

Exata distinção entre ações de execução de sentença e, por exemplo, ações executivas de títulos extrajudiciais, - aquelas dita: executivas *meras* e essas *mistas* (462). Segundo o próprio PEDRO BARBOSA informa, o pós-glosador PEDRO DE CASTRO conhecia a distinção, bem que não a tivesse exposto.

BARBOSA MACHADO, *Biblioteca Lusitana*, Lisboa, 1741 s., I-IV.

BARBOSA MOREIRA, JOSÉ CARLOS, *O Juízo de admissibilidade no sistema dos recursos civis*, Rio de Janeiro, 1968.

_____. *Litisconsórcio unitário*, Rio de Janeiro, 1972.

_____. *Estudos sobre o Novo Código de Processo Civil*, Rio de Janeiro, 1974.
_____. *Comentários ao Código de Processo Civil*, 2ª ed., Rio de Janeiro, 1976, V.
BARDE, L., *Des Obligations, Traité théorique et pratique de Droit Civil* (BAUDRY-LA-CANTINERIE et BARDE), 3ª ed., Paris, 1908.
BARDELEBEN, M., *De sententiarum nullítate, Commentatio iuridica*, Confluentibus, 1838.
BARDESCO, A., *L'Abus du droit*, Paris, 1913.
BARROS, HERMENEGILDO DE, *Manual*. veja LACERDA, PAULO DE, n° 1253.
BARROS JÚNIOR, CARLOS S. DE, *Da remição na Execução,* São Paulo, 1940.
BARRY, PAUL, *Le Droit de rétention en Droit civil français*, Paris, 1900.
BARTELS, (L. F. A. E.), Ausführungen zur Besitzlehre des BGB. (*Explanações para a Teoria da Posse do Código Civil*), *Gruchots Beiträge*, 42 (1898), 645-683.
BARTIN, E., *Études de Droit international privé*, Paris, 1899.
_____. *Études sur les effets internationaux des jugements*, Paris, 1907, I.
_____. *Principes de Droit international privé selon la Loi et la Jurisprudence,* Paris, 1930, I, II; 1935, III.
BARTJEAN, *Encyclopédie Civile Belge*.
BARTOLI, L., *Du juge qui litem suam facit*, Paris, 1909.
BARTOLO DE SAXOFERRATO, *In secundam Digesti Novi partem*, Venetiis, 1567.
BÁRTOLO viveu de 1314 a 1357. Veja-se a nota a ACÚRSIO.
_____. *Tractatus Repraesaliarum*, Venetiis, 1602. (*Opera omnia,* Venetiis, 1590).
BATISTA, ZÓTICO, *Código de Processo Civil*, Rio de Janeiro, 1940, I-II.
BATISTA DA COSTA, JOÃO, *Tractatus de remediis subsidiariis*, 2ª ed., Papiae, 1629.
BATISTA FRAGOSO, S. J., *Regiminis Reipublicae Christianae,* Lugduni, 1641, I.
BATISTA MARTINS, PEDRO, *Comentários ao Código de Processo Civil*, Rio de Janeiro, 1940-1942, I-III.
_____. *Recursos e Processos da Competência originária dos Tribunais*, Rio de Janeiro, 1957.
BAUDRY-LACANTINERIE, G., *Précis de Droit Civil*, Paris, 1926, I, 14 s ed.; 13ª ed., 1925, II, 1922, III, 12ª ed. Suplemento, I-III, 1924.
BAUER, W., *Rechtsverhältnisse des nicht rechtsfähigen Vereins* (Relações jurídicas da Associação incapaz de direito), 1906.
BAUMANN, PAUL JACOB, *De condicione pendente,* Köln am Rhein, 1898.
BAUMBACH, ADOLF, *Elementarbuch des Zivilprozesses*, 2ª ed., 1936; 1941, 21ª ed., München u. Berlin, 1952.
_____. *Zivilprozessordnung* (Ordenação Processual Civil), 19ª ed.; München und Berlin, 1950, 1952, 21ª ed. (W. LAUTERBACH).
BAUR, FRITZ, *Zur "Beschwer" im Rechtsmittelverfahren des Zivilprozess* (Para a "impugnação" no meio processual civil), München-Berlin, 1957.
BAYER, H. VON, *Theorie des Concurs-Processes nach gemeinem Rechte* (Teoria do Processo do concurso segundo direito comum), München, 1850.
_____. *Theorie der summarischen Prozesse* (Teoria dos Processos sumários), München, 1859.
BAYER, HERMANN, *Entscheidungsgrundlagen im deutschen und österreichischen Zivilprozess* (Fundamentos da decisão no processo civil alemão e no austríaco), Graz, 1911.

BEAUMANOIR, P. DE, *Coutumes de Beauvaisis,* Paris, 1899-1900, I-II (publiées par A. SALMON).

BECHMANN, AUGUST, *Zur Lehre vom Eigentumserwerb durch Accession und von den Sachgesammtheiten* (Para a Doutrina da Aquisição da Propriedade pela Acessão e das comunidades de coisas), Kiel, 1867.

———. *Der Kauf nach gemeinem Recht* (A compra-e-venda segundo direito comum), Erlangen, 1876, I; 1884, II.

BECK, *Allg. österr. Gerichts-Zeitung,* 1918.

BECK, A., *Römisches Recht bei Tertullian u. Cyprian* (Direito romano ao tempo de Tertuliano e Cipriano), Königsb., 1930.

BECKER, HERMANN, Das Obligationenrecht (*O Direito das obrigações*), *Kommentar zum schweizerischen Gesetzbuch* (MAX GMÜR), VI.

BECKH, HEINRICH, *Die Beweislast naeh dem BGB.* (Ônus da prova segundo o Código Civil), München, 1899.

BEER, L., *Die Hinterlegung zum Zwecke der Befreiung von Schuldverbindlichkciten* (A consignação com fito de liberação da vinculação por dívida), Leipzig, 1900.

BEHREND, F. H., *Die Stiftungen nach dem deutschen bürgerlichen Recht* (As fundações segundo o direito civil alemão), Marburg, 1904.

BEHRENDS, HEINRICH, *Die Anspruchshäufung im Zivilprozess* (A Cumulação de Pretensões no processo civil), Berlin, 1935.

BEKKER, E. I., *Über die römische und die moderne Aequitas* (Sobre a *Aequitas* romana e a moderna). Sem folha de rosto.

———. *Die prozessualische Consumtion im klassischen römischen Recht* (A consumpção processual no direito romano clássico), Berlin, 1853.

———. *Die Aktionen des römischen Privatrechts* (As ações do direito privado romano), Berlin, 1871-1873, I-II.

———. Der Besitz beweglicher Sachen (*A Posse de coisas móveis*), *Jherings Jahrbücher,* 34 (1895), 1-81.

———. Sprachliches und Schliches zum BGB. (*Linguístico e objetivo para o Código Civil*), *Jherings Jahrbücher,* 49 (1905), 1-58.

———. *Über Anfang und Ende des "in iure" – Verfahrens im Römischen Formularprozess:* ius dicere – Litem contestari (Sobre Começo e Fim do processo "in iure" no processo formular romano: *ius dicere – litem contestari*), Weimar, 1906.

BELING, ERNST, *Informativprozesse* (Processos informativos), Giessen, 1907.

———. Revision wegen Verletzung einer Rechtsnorm über das Verfahren (*Revisão por violação de norma jurídica sobre o processo*), *Festschrift für* KARL BINDING, Leipzig, 1911, I-II.

Sobre *reformatio in peius* (II, 113 s.).

———. Strafprozessrecht (*Direito processual penal*) VON HOLTZENDORFF, F., - JOSEF KOHLER, *Enzyklopädie der Rechtswissenschaft,* 7ª ed., Berlin. 1914, V.

Tentou apagar a diferença entre *error in iudicando* e *error in procedendo,* dizendo que o juiz é obrigado, pelo direito processual, a aplicar o direito material, de modo que, se viola a esse, a violação é àquele (cf. KARL BINDING, *Die Normen und ihre Übertretung,* 15 s., 292 s.).

Sem razão: o dever do juiz de aplicar a lei é pré-processual. Criticou-o PIERO CALAMANDREI (*Studi,* 213-299). Argumentos nossos, em nota anterior ao art. 270.

BELLAVITIS, MARIO, Linee per la classificazione delle forme di accertamento nella esecuzione, *Studi di diritto processuale in onore di* GIUSEPPE CIIIOVENDA, Padova, 1927.

BEM FEREIRA, AGOSTINHO DE, *Suma da Instituta*, 2ª ed., Lisboa, 1739, 1746.

O autor deve articular *iure suo*; porque, sem ação (leia-se: sem pretensão à tutela jurídica), "se não ouve (o autor), antes se repele *in limine*, ainda pelo oficio do juiz", dizia AGOSTINHO DE BEM FERREIRA (*Suma da Instituta*, IV, 2). Mas acrescentava, com MANUEL BARBOSA e MANUEL ÁLVARES PÉGAS, que "não basta o *non ius* do réu, porque o direito se mede pela pessoa do autor", o que é hoje falso (cp. art. 4°) e já o era para certas ações declarativas negativas do velho direito.

_____. *Commentario ao Tit.* Digestis de regulis iuris, 2ª ed., Lisboa, 1746, 5° Tomo da *Suma*.

BENDIX, LUDWIG, Verkehrssite und Handelsgebräuche (*Usos do tráfico e usos do comércio*), *Juristische Wochenschrift*, 50 (1921), 226 s.

BENNECKE-BELING, *Lehrbuch des deutschen Reichs-Strafprozessrechts* (Tratado de Direito Processual Penal alemão do Reich), 2ª ed., Breslau, 1900.

BENSCHER, ALFRED, *Eigentuntserwerb von Früchte,* (Aquisição da propriedade de frutos), Berlin, 1897.

BENTHAM, J., *Works*, ed. Bosoring, VI (An Introductory View of the Rationale Evidence; Rationale of Judicial Evidence).

Estudou a distinção entre a *publicidade* e o *segredo* no processo, como sendo entre *princípios*.

BENTO PEREIRA, *Tesouro da Língua Portuguesa,* edição de 1647.

_____. *Promptuarium Iuridicum,* Ulyssipone, 1664.

_____. *Promptuarium Teologieum Morale*, Eborae, 1705.

BERENT, H., *Die Vernichtung der sogen, konkurrierenden Einreden durch die Klageverjährung* (O Cancelamento das Exceções ditas concorrentes pela prescrição da ação), Rostock, 1890.

BERGAMINI, ADOLFO, *O Mandado de Segurança*, Rio de Janeiro, 1936.

BERGER, G. H., *Electa processus provocatorii*, Lipsiae, 1705.

BERGERHOFF, *Die Zwischenfeststellungsklage des § 280 ZPO*. (A Ação declarativa acidental do § 280 da Ordenação Processual Civil), Köln, 1940.

BERGHEIM, MAX, *Der Wohnsitz im bürgerlichen Recht* (O domicílio no direito civil), Rostock, s.d.

BERGMANN, FR., *Das Verbot der rückwirkenden Kraft neuer Gesetze im Privatrecht* (A Vedação da Força retroativa das novas leis em Direito privado), Hannover, 1918.

BERLICHIUS, M., *Conclusiones practicables,* Arnhemii, 1644.

BERNATZIK, E., *Die Rechtssprechung und die materielle Rechtskraft* (A Jurisdição e a Coisa julgada material), Wien, 1886.

BERNHARDT, WOLFGANG, Die Aufklärung des Sachverhalts im Zivilrecht (*O Esclarecimento do estado de coisa no direito civil*), *Beiträge*, 16 s.

_____. *Grundriss des Zivilprozessrechts* (Lineamentos de Direito processual civil), 2ª ed., Tübingen, 1951.

_____. *Vollstreckurigsgewalt und Amtsbetrieb* (Poder de execução e Incoação de ofício), 1935.

_____. Die Wahrheitspflicht im Zivilprozess (*O Dever de verdade no processo civil*), *Deutsche Juristen-Zeitung*, 41 (1936), 1404.

BERNHQFT, FRANZ, *Der Besitztitel im römischen Recht* (O Título de posse no direito romano), Halle, 1875.
_____. Fiktionen (*Ficções*), *Festgabe für* E. I. BEKKER, Erlangen, 1899.
BERNSTEIN, W., *Die Reform des Wechselprotests* (A Reforma do Protesto cambiário), Berlin, 1907.
BERSANUS, BARTOLOMEU, *Opera Iuridica*, Venetiis, 1717, I-IV.
BERTOLINI, *Il Giuramento nel diritto privato romano*, Torino, 1886.
BESELER, GEORG, *Die Lehre von den Erbverträgen* (A Doutrina dos Contratos de herança), Göttingen, 1835-1840, I-II.
_____. *System des gemeinen deutschen Privatrechts*, 1ª ed., Berlin, 1853, I-II, 2ª ed.; 1866, 3ª ed., 1873, 4ª ed., 1885.
BESELER, GERHARD, *Rechtsstreit* (Litígio), 1939.
_____. *Beiträge zur Kritik der römischen Rechtsquellen* (Contribuições à Crítica das Fontes jurídicas romanas), Tübingen, 1910, I; 1913, III; 1920, IV.
BESSEL, LUDWIG, Über die Lehre von der Erwerbung der Servituten (*Sobre a Teoria da aquisição das Servidões*), *Archiv für die Civilistische Praxis*, 13 (1930), 380-431.
BETHMANN-HOLLWEG, A. VON, Über das gerichtliche und aussergerichtliche Geständniss (*Sobre a confissão judicial e extrajudicial*), *Versuche über einzelne Theil der Theorie des Civilprozesses*, Berlin u. Stettin, 1827.
_____. *Der Civilprozess des genzeinen Rechts in geschichtlicher Entwicklung* (O Processo civil do Direito comum em desenvolvimento histórico), I-III (Der römische Civilprozess: I, Legis Actiones, Bonn, 1864; II, Formulae, 1865; III, Cognitiones, 1866), IV-VI (Der germanisch-romanische Civilprozess: IV, vom. 5. bis 8. Jahrhundert, 1868; V, vom. 8. bis 11. Jahrhundert, 1873; VI, vom. 12. bis 15. Jahrhundert, Der römisch-canonische Civilprozess, I, 1874).
BETTERMANN, KARL AUGUST, *Die Vollstreckung des Zivilurteils in den Grenzen seiner Rechtskraft* (A Execução da sentença civil nos limites de sua força jurídica), Hamburg, 1948.
_____. *Rechtshängigkeit und Rechtsschutzform* (Litispendência e Forma de tutela jurídica), Detmold-Frankfurt a. M.-Berlin, 1949.
BETTI, EMILIO, Il Concetto dell'Obbligazione costruito dal punto di vista dell'azione, *Studi nelle Scienze giuridiche e sociali dell'Uzziversità di Pavia*, 1919, V.
_____. *Trattato dei limiti soggetivi della cosa giudicata in diritto romano*, Macerata, 1922.
_____. *Lezioni di Diritto Processuale Civile*, Roma, 1932-1933.
_____. *Diritto romano*, Padova, 1935.
_____. *Diritto Processuale Civile Italiano*, 2ª ed., Roma, 1936.
Folgamos de ver que o autor rompeu com a doutrina do seu país, que explicava a execução provisória como sendo medida cautelar (*e. g.*, PIERO CALAMANDREI, *Studi*, I, 246 e II, 223; FRANCESCO CARNELUTTI, *Sistema*, I, 332 s.).
BETTMANN, H., *Die Mahnung* (A Interpelação), Bonn, 1896.
BETZINGER, BERNHARD, *Die Beweislast im Zivilprozess mit besonderer Rücksicht auf das Bürgerliche Gesetzbuch* (O Ônus da Prova no Processo Civil, com especial referência ao Código Civil), Karlsruhe, 1894, 2ª ed., Berlin, 1904.
BEVILÁQUA, CLÓVIS, *Direito das Sucessões*, Bahia, 1899.
_____. *Princípios elementares de Direito internacional privado*, Bahia, 1906.

_____. A Constituição e o Código Civil, *Revista de Direito*, Tomo 116.
_____ *Código Civil comentado,* Rio de Janeiro, 1916, I.
BEWER, RUDOLF, *Sala, Traditio, Vestitura, Rostock,* 1880.
BEYER, R., *Die Surrogation bei Vermögen im Bürgerlichen Gesetzbuch* (A Sub-rogação de bens no Código Civil), Marburg, 1905.
BIANCHI, EMILIO, Dei Privilegi e delle cause di prelazione dei credito in generale, em P. FIORE e B. BRUZI, *Il Diritto civile italiano secondo la dottrina e la giurisprudenza,* 2ª ed, Napoli-Torino, 1924.
BIERLING, E. R., Strafrechtsverhältnis und Strafprozessverhältnis (*Relação jurídica penal e Relação processual penal*), *Zeitschrift für die gesamte Strafrechtswissenschaft,* 10, 307.
Precursor da concepção da angularidade da relação jurídica processual.
_____. *Juristische Prinzipienlehre* (Principiologia jurídica), Freiburg u. Leipzig, 1894, 1898, I-II.
BIERMANN, JOHANNES, *Sachenrecht* (Direito das Coisas), Berlin, 1898; 2ª ed., 1903; 3ª ed., 1914.
_____. *Bürgerliches Recht* (Direito Civil), Berlin, 1908, I.
BIERMER, M., *Frist und Verjährung* (Prazo e Prescrição), Jena, 1887.
BIGIAVI, WALTER, Il Trasferimento dei titoli di credito, *Rivista trimestrale di Diritto e Procedura Civile,* IV (1950).
BILAC PINTO e LÚCIO BITTENCOURT, *Recurso de Revista,* Rio de Janeiro.
BINDER, JULIUS, *Die Rechtsstellung des Erben nach dem deutschen Bürgerlichen Gesetzbuch* (A Posição jurídica do Herdeiro segundo o Código Civil alemão), Leipzig, 1901, I; 1903, II; 1905, III.
_____. *Die subjektiven Grenzen der Rechtskraft* (Os limites subjetivos da Coisa Julgada), Leipzig, 1895.
_____. *Prozess und Recht* (Processo e Direito), Leipzig, 1927.
Teoria unitária do direito material e do processo.
_____. *Zur Lehre von Schuld und Haftung* (*Sobre a Doutrina da Culpa e responsabilidade*), *Jherings Jahrbücher,* 77 (1927) Cadernos 1-3.
BINDING, KARL, *Die Normen und ihre Übertretung* (As Normas e a sua Infração), Leipzig, 1872-1877, I-II.
_____. *Grundriss des gemeinen deutschen Strafprozessrechts* (Elementos de Direito Processual Penal comum alemão), 5ª ed., 1904.
_____. *Die Ungerechtigkeit des Eigentumserwerbs vom Nichteigentümer* (A Falta de Título justo [não justidade] da aquisição da propriedade ao não proprietário), Leipzig, 1908.
BIONDI, P., Un caso particolare di sentenza soggestivamente complessa, *Studi senese,* 1925.
BIRKMEYER, KARL, *Deutsches Strafprozessrecht* (Direito processual alemão), Berlin, 1898.
BLACKSTONE, WILLIAM, *Commentaries in the Laws of England,* 15ª ed., 1809.
BLARER, BARTOLOMEU, *Repetitio solennis L. Diffamari Cod. de ingenuis manumissis,* Basil, 1579.
BLEY, ERICH, *Die Feststellung des Konkursgläubigerrechts* (A declaração do direito do credor concursal), Leipzig, 1914.

_____. *Klagrecht und rechtliches Interesse* (Direito de demanda e Interesse jurídico), 1923.
_____. BLOMEYER, ARWED, *Zivilprozessrecht* (Direito processual civil), Berlin-Göttingen-Heidelberg, 1963.
BLOMEYER, KARL, Zur Lehre vom Tatbestand im Zivilurteil (*Sobre Teoria do Suporte fáctico na sentença civil*), *Die Reichsgerichtspraxis im deutschen Rechtsleben*, VI, 3091 (1929).
_____. *Zwsngsvollstreckung* (Execução forçada), Berlin, 1933.
_____. *Zivilprozessrecht, Erkenntnisverfahren* (Direito processual civil, processo de cognição).
BLUME, WILHELM VON, und O. OPET, *Das Familienrecht* (O Direito de Família), Berlin, 1902-1906, I-II.
BLUMENSTEIN, KARL, *Der Erbschaftsanspruch nach dem BGB.* (A herança segundo o Código Civil), München, 1897.
BODART, C., *De l'Acquiescement en matière civile*, Paris, 1897. Veja a nota a R. DEMOGUE, *Traité*.
BÖCKING, E., *Pandekten des römischen Privatrechts* (Pandectas do Direito privado romano), Leipzig, 1853, I; 1855, II; 5ª ed., Bonn, 1861.
BÖHLE-STAMSCHRÄDER, A., *Konkursordnung* (Ordenação concursal), 2ª ed., München u. Berlin, 1951.
BOEHMER, G. L., *Exercitatio de Superarbitris vulgo Obmannen*, Goettingae, 1744.
Principia iuris canonici specialim iuris ecclesiastici publici et privati quod per Germaniam obtinet, Goettingae, 1762.
_____. *Auserlesene Rechtsfälle aus allen Theilen der Rechtsgelehrsamkeit* (Casos jurídicos escolhidos em todas as partes do saber jurídico), Göttingen, 1799-1802, I-III.
BOEHMER, GUSTAV, *Grundlagen der bürgerlichen Rechtsordnung* (Fundamentos da Ordenação jurídica civil), Tübingen, 1950, I; 1951, II, 1; 1952, II, 2.
BOEHMER, J. H., *Dissertatio de iudice procedente ex officio in processu civili*, Halae, 1712.
_____. *Exercitationes ad Pandectas*, Hannover, 1745-1775.
_____. *Doctrina de Actionibus*, Halae, 1765. Veja CARRACH, J. T.
_____. *Introductio in Ius Publicum Universale*, Halae, 1773.
BOERIUS, NICOL., *Decisiones aurearum in sacro Burdegalense Senatu*, Lugduni, 1561.
BÖTTICHER, EDUARD, *Kritische Beiträge zur Lehre von der materiellen Rechtskraft im Zivilprozess* (Contribuições críticas à Doutrina da Coisa julgada material no Processo Civil), Berlin, 1930.
Teve EDUARD BÖTTICHER o *mérito* (95-103) de chamar atenção para o fato de estar na sentença mesma a eficácia de coisa julgada material. O juiz de *outro* processo é ligado como é o do próprio processo. Não se trata de eficácia mediata, ou alhures; a eficácia de coisa julgada material é da própria sentença. O futuro juiz não a respeita por ser outro juiz; mas porque a sentença com força material, ou com efeito material de coisa julgada, é, de si mesma, respeitável. Dá-nos prova disso a eficácia de coisa julgada material, diretamente, sem figura de outro juiz.
_____. *Festschrift zu Ehren von* RUDOLF LAUN, 1948.
BOLTEN, HEINRICH, *Über Begriff, Wesen und rechtliche Behandlung der aufschiebenden Bedingung und des Anfangstermines im neuen bürgerlichen Rechte* (Sobre o Con-

ceito, Natureza e Trato jurídico da Condição suspensiva e do Termo inicial do novo Direito civil), Rostock, 1902.

BOLZE, A., Einige Quellenstellen zur Lehre von den Condictionen (*Alguns lugares das fontes para a Teoria das Condições*), *Archiv für die civilistische Praxis*, 79 (1892), 183-223.

BONELLI, GUSTAVO, Una nuova costruzione del patto di riservato dominio nella vendita, *Rivista del Diritto commerciale*, X (1912), Parte I, 492 s.

_____. *Del Fallimento*, Milano, 1938, I; 1939, II e III, 3ª ed.

BONFANTE, PIETRO, *Istituzioni di Diritto romano*, 4ª ed., Milano, s. d., 5ª ed.; 1912, 7ª ed.; 1921.

_____. Il concetto dommatico dell'eredità, *Scritti giuridici varii*, Torino, I, (1916), 158.

_____. *Scritti giuridici varii*, Torino, 1916, I-III; 1921, III; Roma, 1926, IV.

BONIN, PAUL, *Der Prozessvergleich* (A Transação processual), sem folha de rosto.

BONNECASE, JULIEN, *Précis de Droit civil*, Paris, 1934, I-II.

BORDOT DE RICHEBOURG, *Nouveau Coutumier Général*, Paris, 1724, IV.

BORGES CARNEIRO, MANUEL, *Direito Civil de Portugal*, Lisboa, 1851, I; 1858, II-IV.

BORNEMANN, J. W. J., *Systematische Darstellung des Preussischen Civilrechts* (Exposição sistemática do Direito civil prussiano), Berlin, 1842, I-II, 1844, III-IV, 2ª ed.; 1945, V-VI.

BORNHAK, CONRAD, *Verwaltungsrecht* (Direito administrativo), Breslau, 1899, I-II.

_____. *Grundriss des Verwaltungsrechts* (Linhas fundamentais do Direito administrativo), 8ª ed., Leipzig, 1925.

BORSARI, *Azione Penale*, Torino, 1866.

BOSCH, ALFRED, *Klagerücknahme nach Urteilserlass* (Desistência da ação após proferimento de sentença), 1938.

BOTHE, E., *Begriff, Zweck und Wirkung der Bedingungen* (Conceito, fim e eficácia das Condições), Güstrow, 1899.

BOURJON, *Droit commun de la France et de la Coutume de Paris*, Paris, 1770.

BOUVIER, FRANÇOIS, *Le Droit de Reprise du propriétaire dans la législation sur la Propriété Commerciale*, 1938.

BOYENS, Grenzen zwischen Tatfrage und Rechtsfrage (*Limites entre Questão de fato e Questão de direito*), *Sächsisches Archiv*, 14. Separata, 196 s.

BRACHET, PAUL, *De l'Exécution internationale des sentences arbitrales*, Paris, 1928.

BRACKENHÖFT, T., Beiträge zur Lehre vom Geständniss im Civilprozess (Contribuições à Doutrina da Confissão em processo civil), *Archiv für die civilistische Praxis*, 20 (1837), 248-290, 362-411.

BRANDÃO, SILVESTRE DE MAGALHÃES, *Additiones, sive Annotationes ad Quaestiones Mathaei Homem Leitão de Iure Lusitano*, Conimbricae, 1749.

BRANDT, KARL, *Die Vollstreckung des Urteils auf Abgabe einer Willenserklärung* (A Execução da sentença para emissão de uma declaração de vontade), Leipzig, 1912.

BRECHT, ARN., Bedingung und Anwartschaft (*Condição e Expectativa*), *Jherings Jahrbücher*, 61 (1912), 263-342.

BREIT, JAMES, *Die Geschäftsähigkeit* (A Capacidade negocial), Leipzig, 1903.

BREMER, F. P., *Das Pfandrecht und die Pfandobjekte* (O Direito de penhor e os Objetos do penhor), Leipzig, 1867.

BRETTNER, Der Testamentsvollstrecker nach neuem deutschen Recht (*O testamenteiro segundo o novo direito alemão*), *Archiv für Bürgerliches Recht*, 17 (1900), 213-233.

BRIEGLEB, HANS KARL, *Über exekutorische Urkunden und Exekutivprozess* (Sobre Documentos executórios e Processo executivo), 2ª ed., 1845.

_____. *Geschichte des Executiv-Prozesses* (História do Processo executivo), 2ª ed., Stuttgart, 1845.

_____. *Einleitung in die Theorie der summarischen Prozesse* (Introdução à Teoria dos Processos sumários), Leipzig, 1859.

_____. *Vermischte Abhandlungen* (Dissertações misturadas), Erlangen, 1868.

BRINZ, ALOIS, *Lehrbuch der Pandekten* (Tratado das Pandectas), Erlangen, 1857-1871; 2ª ed., 1873-1892.

BROCHER, C., *Études sur les conjlits de législation en matière de droit pénal*, Genève, 1875.

BRÜTT, LORENZ, *Die abstrakte Forderung nach deutschen Reichsrecht* (O crédito abstrato segundo o direito do Reich alemão), Berlin, 1908.

BRUGI, BIAGIO, *Istituzioni di Diritto civile italiano*, 3ª ed., Milano, 1914.

BRUGMANN, K., *Grundriss der vergleichenden Grammatik der indogermanischen Sprachen* (Esboço de Gramática comparada das línguas indogermânicas), Leipzig, 1887-1892, I-II.

BRUNET, G., *La Caution iudicatum solvi*, Paris, 1898.

BRUNETTI, ANTONIO, *Diritto fallimentare italiano*, Roma, 1932.

BRUNNEMANN, J., *Commentarius in Codicem Iustinianeum*, Coloniae Allobrogum, 1717.

BRUNNER, H. *Zur Rechtsgeschichte der römischen und germanischen Urkunde* (Para a História do Documento romano e germânico), Berlin, 1880.

_____. Quellen und Geschichte, FR. VON HOLTZENDORF, *Encyclopädie der Rechtswissenschaft*, 4ª ed., Leipzig, 1882, 5ª ed., 1889-1890.

_____. *Deutsche Rechtsgeschichte* (História do Direito alemão), Leipzig, 1887-1892, I-II.

_____. *Grundzüge der deutschen Rechtsgeschichte* (Lineamentos de História do Direito alemão), Leipzig, 1901, 6ª ed.; 1913, 7ª ed., 1919.

BRUNS, C. G., *Das Recht des Besitzes im Mittelalter und in der Gegenwart* (O Direito de Posse na Idade Média e no Presente), Tübingen, 1848.

_____. *Die Besitzklagen des römischen und heutigen Rechts* (As Ações possessórias do direito romano e do hodierno), Weimar, 1874.

_____. *Kleinere Schriften* (Escritos menores), Welmar, 1882, I-II.

BRUNS, C. G., - O. GRADENWITZ, *Fontes iuris romani antiqui*, 7ª ed., Tübingen, 1909, I (Leges et negotia) e II (Scriptores).

BRUNS, RUDOLP, *Zivilprozessrecht* (Direito processual civil), Hannover, 1949.

_____. *Zwangsvollstreckungsrechte* (Direito de Execução forçada), Hannover, 1951.

BRUNS, V., *Besitzerwerb durch Interessenvertreter* (Aquisição da posse pelo representante de interesse), Tübingen, 1910.

BRUSCHETTINI, ARNALDO, *Trattato dei Titoli al Portatore*, Torino, 1898.

BRY, G., *La Propriété industrielle, littéraire et artistique*, 3ª ed., Paris, 1914 (Tomo II do *Cours élémentaire de législation industrielle*).

BUCHHOLTZ, A. A. VON, *Juristische Abhandlungen aus dem Gebiete des heutigen Römischen Rechts* (Dissertações jurídicas extraídas do domínio do direito romano moderno), Königsberg, 1833, 10.

BUCHKA, H., *Die Lehre vom Einfluss des Prozesses auf das materielle Rechtsverhältniss historich und dogmatisch* (A Teoria do Influxo do Processo na Relação jurídica material, histórica e dogmaticamente), Rostock u. Schwerin, 1846-1847, I-II.

BUCOLO, FRANCESCO, *La sospensione nell'esecuzione*, Milano, 1962.

BÜCHEL, K., *Civilrechtliche Erörterungen* (Discussões civilísticas), Marburg u. Leipzig, 1847, I; 1836, II.

(Sobre não haver obrigação natural do devedor após a coisa julgada da absolvição, II, 105-117.)

BUHLER, JOSEPH, *Die* Actio ad exhibendum, Luzern, 1859.

BÜLOW, OSKAR, *Die Lehre von den Prozesseinreden und die Prozessvoraussetzungen* (A Doutrina das Exceções processuais e dos Pressupostos processuais), Giessen, 1868.

Nesse livro de OSKAR BÜLOW, sobre as exceções processuais e os pressupostos processuais, foi que nasceu a teoria da *relação jurídica processual*, depois retocada, inclusive na errada triangularidade. Ficou de pé a sua concepção de se tratar de relação jurídica, e não de sequência de situações. Excelente exposição do que fez OSKAR BULOW encontra-se em artigo de HEINRICH DEGENKOLB, Die Lehre vom Prozessrechtsverhältnis (*A Teoria da Relação jurídica processual*), *Archiv*, 103 (1908), 385 s.

A exceção processual é de origem germânica. Mas a tentativa romanizadora mesclou-a às exceções dilatórias: daí a confusão que o fato de terem de ser as exceções dilatórias propostas antes da *litis contestatio* e serem conducentes à *absolutio ab instantia* serviu a sustentar. Ora, algumas exceções dilatórias eram de direito material e nada tinham com as exceções processuais. OSKAR BULOW mostrou que essas "exceções" eram alegações relativas a pressupostos processuais. Fora o primeiro serviço que prestara o conceito de relação jurídica processual.

A ciência do direito processual nascera: os frutos apareciam.

Posteriormente, aclarou-se o problema, apontando-se a Indistinção romana entre exceções de direito material e exceções de direito processual. (Aliás, quando, a propósito de ação rescisória de sentença, se fala, ainda, de sentença *nula* trai-se o seu romanismo, com a impugnabilidade da sentença como nula por defeito de direito material.)

_____. *De praeiudicialibus exceptionibus*, Heidelberg, 1863.

_____. Civilprozessualische Fiktionen und Wahrheiten (*Ficções e Verdades processuais*), *Archiv für die Civilistische Praxis*, 62 (1879), 196.

OSKAR BÜLOW foi um dos processualistas mais profundos, mais originais e ao mesmo tempo mais claros do mundo. Ainda onde a ciência teve de corrigir-lhe as concepções, essas foram úteis pela contribuição à boa posição das questões. Não fugia ao terreno da lógica científica: chamava os seus contendores a ele. Os estudos sobre ficções e verdades foram o mais eficaz dos instrumentos contra as ficções e contra as teorias de ficções no direito processual. Mostrou que assim se "elidiam" as questões de construção em vez de se "resolverem". *O que importa é pesquisar-se o que se passa com as partes* (direitos, deveres). Dera ele o exemplo com o livro sobre "exceções e pressupostos processuais". Depois, com o estudo do "direito processual civil dispositivo". Mas, em verdade, ainda via muito como *entre partes* quando ocorria apenas *entre partes* e *juiz* (órgão estadual).

_____. Dispositives Zivilprozessrecht und die verbindliche Kraft der Rechtsordnung (*Direito processual civil dispositivo e a força vinculante da ordem jurídica*), *Archiv für die civilistische Praxis*, 64 (1881), 1-109.

Quando OSKAR BÜLOW noticiou a diferença entre o direito processual cogente e o direito processual dispositivo, prestou grande serviço à ciência. Verdade é, porém, que ainda não se conhecia, nem ele apontou, a diferença entre regras dispositivas e regras de arbítrio, classes de duas divisões diferentes, binárias, das regras de direito. Àquelas correspondem, como outra classe, as regras jurídicas cogentes; a essas, as regras completas. Cp. MAX RÜMELIN, Oskar Bülow, *Archiv für die civilistische Praxis*, 103, 1908), 14 s.

_____. *Gesetz und Richteramt* (Lei e ofício judicial), Leipzig, 1885.

_____. Absolute Rechtskraft des Urteils (*Coisa julgada absoluta da sentença*), *Archiv für die civilistische Praxis*, 83 (1894), 1-152.

Confundiu (80 s.) renúncia à eficácia da sentença com renúncia à *actio iudicati*. A ação de execução atende à pretensão à execução que preexistia ao julgado. O julgado habilita.

_____. Über den Begriff des gerichtlichen Geständnisses (*Sobre o Conceito da Confissão judicial*), *Archiv für die civilistische Praxis*, 88 (1898), 317-358.

_____. *Das Geständnisrecht* (O Direito da Confissão), Freiburg, 1899.

_____. Die neue Prozessrechtswissenschaft und das System des Zivilprozessrechts (*A nova Ciência do Direito Processual e o Sistema do Direito processual civil*), *Zeitschrift für deutschen Zivilprozess*, 27 (1900), 201 s.

_____. Klage und Urteil (*Ação e Sentença*), *Zeitschrift für deutschen Zivilprozess*, 31 (1903), 191 s.

A separata tem numeração própria.

Em Klage und Urteil, OSKAR BÜLOW ainda tentou negar qualquer pretensão pré-processual (5 e 36 s.). A esses ataques resistiu a concepção de ADOLF WACH. A redução do que se passa "antes do processo" a simples *possibilidade* de propor a ação seria como a possibilidade que temos todos de ir até Petrópolis (possibilidade material, e não jurídica!). Ora, tal explicação de OSKAR BÜLOW denuncia que o idealismo de G. W. F. HEGEL, que o inspirou a isolar a relação jurídica processual, também o envenenou de "criacionismo". A proposição da ação seria *ex nihilo* jurídico.

_____. Über das Verhältnis der Rechtsprechung zum Gesetzesrecht (*Sobre a relação da Jurisdição com o Direito legal*), *Das Recht*, 10 (1906), 769.

BUHL, H., *Beiträge zur Lehre vom Anerkennungsverträge* (Contribuições à Doutrina do Contrato de reconhecimento), Heidelberg, 1875.

BUNSEN, FRIEDRICH, Die Parteien im Zivilprozess *(As partes no processo civil)*, *Zeitschrift für deutschen Zivilprozess*, 26 (1899), 197 s.

_____. *Lehrbuch des deutschen Zivilprozessrechts* (Tratado de Direito Processual Civil alemão), Berlin, 1900.

Besitzschutz im Bürgerlichen Gesetzbuch *(Proteção da Posse no Código Civil)*, *Archiv für Bürgerliches Recht*, 23 (1904), 69-95.

_____. Zur Lehre von den nicht getrennten Erzeugnissen (*Para a Doutrina das Produções não separadas*), *Archiv für Rürgerliches Recht*, 20 (1906), 11-45.

BURCHARDI, G. CHR., *Die Lehre von der Wiedereinsetzung in den vorigen Stand* (A Doutrina do Restabelecimento ao estado anterior), Göttingen, 1831.

BURCKHARD, H., Die operis novi nuntiatio, Erlangen, 1871.
_____. *Die civilistiche Präsumptionen* (As Presunções civilísticas), Weimar, 1866.
BURCKHARDT, WALTHER, *Die Lücken des Gesetzes und die Gesetzauslegung* (Às Lacunas da Lei e a Interpretação da Lei), Bern, 1925.
BURCKHART, M. E., *System des Österreichischen Rechts* (Sistema de Direito austríaco), Wien, 1884, II.
BURI, FR. KARL VON, *Ausführliche Erläuterung des in Deutschland üblichen Lehnrechts* (Exposição minuciosa do Direito feudal vigente na Alemanha), Ilmenau, 1783, I-II.
BURMEISTER, E., *Die Unterhaltspflicht des Ehegatten* (O Dever de alimentação dos cônjuges), Diss., 1907.
BUSTAMANTE Y SIRVEN, A. S. De, *Proyecto de Codigo de Derecho internacional privado*, La Habana, 1925.
BUTERA, ANTONIO, *Del Diritto di ritenzione*, Roma, 1937.
BUTTIN, R., *L'Usage abusif du droit,* Grenoble, 1904.
BUTTNER, A., *L'Abaissement du prix de revient dans le commerce à detail*, Paris, 1937.
BUZAID, ALFREDO, *A Ação declaratória no Direito brasileiro*, São Paulo, 1943.

A melhor monografia, até então, sobre a ação declaratória, no Brasil. Detém-se, porém, à noção de "direito abstrato de agir" (*das abstrakte Klagrecht*), de modo que se *elimina* a pretensão de direito material nas ações declaratórias, havendo apenas a *casca* (a pretenção à tutela jurídica). Certo, o *enunciado de existência* não pertence ao sistema lógico dos enunciados do direito material privado. Mas ¿não será, acaso, o art. 4°, parágrafo único, regra de direito judiciário (ou processual, cf. WILHEM SAUER, *Grundlagen*, 542) material? O estudo das págs. 86-94 ganharia em adotar a classificação em cinco classes, em vez da classificação em três.

_____. *Do Agravo de petição no Sistema do Código de Processo Civil*, São Paulo, 1945.

Monografia de certo valor. A argumentação sobre ser das Ordenações Manuelinas a criação do agravo de petição (48-50) é digna de menção. Baseia-se no prefácio das ordenações Manuelinas que deixam fora do que tiraram às Afonsinas e das leis extravagantes a matéria do agravo de petição. Algumas retificações: sem razão atribui à expressão "legitimidade das partes", no art. 294, I, do Código de 1939, o sentido de legitimidade *ad causam* (152 s.); o interesse, no art. 2° do Código de 1939 (hoje, Código de 1973, art. 4°), também é mérito, e não matéria processual (150), salvo se só se afirma ser *inepta* a petição.

_____. *Do Concurso de Credores no Processo de Execução*, São Paulo, 1952.
CABEDO, GONÇALO MENDES DE VASCONCELOS, *De Sententiis Inquisitionis*, Romae, 1597.
CABEDO, JORGE DE, *Practicarum Observationum sive Decisionum Supremi Regni Lusitaniae Senatus*, Ulyssipone, 1602-1604, I-II; Ossenbackii, 1610; Antuerpia, 1684.
_____. *Decisiones Senatus Regni Lusftaniae*, Ulyssipone, 1602-1604, I-II.
CABRAL DE MONCADA, *Estudos de História do Direito*, 1948.
CABRILLAC, H., *La Protection de la Personnalité de l'Écrivain et de l'Artiste*, Montpellier, 1926.
CABRILLAC, MICHEL, Unité et Pluralité de la notion de Succursale en Droit privé, *Dix Ans de Conférances d'Agrégation*, Paris, 1961.

CAILLEMER, R., *Origines et développement de l'Exécution testamentaire*, Lyon, 1901.
CALAMANDREI, PIERO, *La chiamata in garantia,* Milano, 1913.
_____. *La teoria dell'error in iudicando nel diritto intermedio*, Firenze, 1914.
Sobre as fontes do princípio *Notoria non egent probatione* (118-138).
_____. *Vizi della sentenza e mezzi di gravami,* Firenze, 1915.
_____. *La Cassazione Civile,* Milano, 1920, I-II.
_____. *Il procedimento monitorio nella legislazione italiana*, Milano, 1925-1926, I-III.
_____. In concetto di "lite" nel pensiero di Francesco Carnelutti, *Rivista di Diritto Processuale Civile*, V (1928), Parte I, 3-37.
Crítica definitiva (e irrespondível) à teoria reacionária, regressiva, de FRANCESCO CARNELUTTI. A apostila de FRANCESCO CARNELUTTI vem às págs. 23-37.
_____. *Studi sul Processo civile,* Padova, 1930, I-II; 1934, III; 1939, IV.
A afirmativa de PIERO CALAMANDREI (*Studi*, I, 246; II, 223 e 332; *Istituzioni*, I, 99) de que a sentença constitutiva seja declarativa de direito à mudança jurídica (diritto ai mutamento giuridico) é falsa; erro da mesma têmpera que aquele de FRANCESCO CARNELUTTI, que viu na sentença de condenação sentença declarativa do ilícito ou da responsabilidade.
_____. Appunti sulla sentenza come fatto giuridico, *Rivista di Diritto Processuale Civile*, IX (1932), 15-23.
_____. La condanna "generica" ai danni, *Rivista di Diritto Processuale Civile*, X (1933), Parte L, 357-387.
_____. *Introduzione allo Studio sistematico dei Provvedimenti cautelari*, Padova, 1936.
_____. La sentenza dichiarativa di fallimento come procedimento cautelare, *Rivista di Diritto Commerciale*, 1936, Parte I.
_____. La sentenza civile comme mezzo di prova, *Rivista di Diritto Processuale,* 15 (1938), I, 108 s.
_____. *Delle buene relazioni tra i giudice e gli avvocati,* Firenze, 1942.
_____. *Istituzioni di Diritto Processuale Civile*, Padova, 1943, I; 1944, II.
CALDA, *L'Impugmativa dei credito nell'Esecuzione forzata della sentenza,* Bologna, 1907.
_____. Le nullità assolute della sentenza civile, *Archivio Giuridico,* 1908, 80.
CALDAS, FRANCISCO DE (CALDAS) PEREIRA DE CASTRO, *Commentarius analyticus ad Leg. Si curatorem habens, Cod.*, de integrum restitutione minorum, Ulyssipone, 1583; Conimbricae, 1616; Francofurti, 1622.
_____. *Analytieus Commentarius ad Typum Instrumenti Emptionis et Venditionis,* Lugduni, 1670; Francofurti, 1670.
_____. *Syntagma universi Iuris Emphyteutici*, Lyone, 1670, I-IV.
_____. *Receptarum sententiarum sive quaestiones jorensium libri duo*, Lugduni, 1670; Ed. Francofurti, 1670; Ed. Coloniae Allobrogum, 1745.
CALMON DOS PASSOS, JOSÉ JOAQUIM, *Do Litisconsórcio no Código de Processo Civil*, Salvador, 1952.
_____. *Da revelia do demandado,* Salvador, 1960.
_____. *Comentários ao Código de Processo Civil,* Rio, São Paulo, III (s.d.).

CÂMARA LEAL, ANTÔNIO LUÍS DA, *Código de Processo Civil e Comercial do Estado de São Paulo*, 1930-1932.

_____. *Comentários ao Código de Processo Civil* PEDRO BATISTA MARTINS, Rio de Janeiro, 1940, V.

_____. *Comentários ao Código de Processo Penal Brasileiro*, Rio de Janeiro, 1942, I.

CAMINHA, GREGÓRIO MARTINS, *Tratado da Forma dos Libelos, das Alegações judiciais, do Processo do juizo secular, e eclesiástico e dos Contratos, com suas glosas*, Coimbra, 1549; Braga, 1567. Com adições de JOÃO MARTINS DA COSTA, Lisboa, 1608, 1621, 1680; Coimbra, 1731, I-II.

CAMMEO, FEDERICO, Le Azioni dichiarative nel Diritto inglese e nordamericano, *Studi di Diritto Processuale in onore de* GIUSEPPE CHIOVENDA, Padova, 1927.

CAMPHAUSEN, WALTER, *Die Beweislast bei der Rückforderungsklage wegen Nichteintritts des mit der Leistung bezweckten Erfolges*, Condictio ob causam non secutam (O Ônus da Prova na Ação de restituição por inadimplemento do resultado colimado com a prestação), Rostock, 1902.

CAMPION, L., *De l'Exercice antisocial des Droits subjectifs. La Théorie de l'Abus des droits*, Bruxelles, 1925.

CAMPOGRANDE, VALERIO, *Trattado della Fideiussione nel Diritto odierno*, Torino, 1902.

CANDIAN, AURELIO, Sentenza dichiarativa di fallimento e processo di fallimento, *Rivista di Diritto Processuale Civile*, VIII (1931), Parte I, 234-265.

_____. *Il Processo di Fallimento*, Padova, 1934.

_____. *Il Processo di Concordato preventivo*, Padova, 1937.

_____. La necessaria pluralità di creditori come condizione del fallimento e de concordato preventivo, *Rivista de Diritto Commerciale*, 1937, II.

Saggi di Diritto, Milano, 1941, III.

CÂNDIDO DE OLIVEIRA, Do Direito de Família, *Manual do Código Civil Brasileiro*, Rio de Janeiro, 1917, V.

Veja LACERDA, PAULO, *Manual*.

CANETTA, VICTOR, *Zur Lehre von den sog. alternativen Obligationen* (Para *a Doutrina das chamadas Obrigações alternativas*), Köln, 1898.

CANSTEIN, R. F. VON, Die Grundlagen des Beweisrechts (*Os Fundamentos do Direito da prova*), *Zeitschrift für deutschen Zivilprozess*, II, 297 s.

_____. *Die rationellen Grundlagen des Civilprozesses und deren Durchführung in den neuesten. Civilprozess-Gesetzentwürfen Österreichs und Deutschlands* (Os fundamentos racionais do Processo civil e seu andamento nos novos Projetos de lei da Áustria e da Alemanha), Wien, 1877.

_____. *Zeitschrift für deutschen Civilprozess,* I (1879), 319 s.

_____. *Lehrburch der Geschichte und Theorie des Österreichischen Zivilprozessrechts* (Tratado da História e Teoria do Direito processual civil austríaco), Berlin, 1880-1882, I-III; 2ª ed., 1893.

_____. *Das österreichische Zivilprozessrecht* (O Direito Processual Civil austríaco), 3ª ed., Berlin, 1905.

CAPPELLETTI, MAURO, Il Valore delle sentenze straniere in Italia, *Processo e Ideologia,* Bologna, 1969.

CARDOSO DO AMARAL, ANTÔNIO, *Summa seu Praxis ludicum et Advocatorum,* Ulyssipone, 1610; Conimbricae, 1685.
CARLE, G., *La Dottrina giuridica del Fallimento nel diritto privato internazionale,* Napoli, 1872.
CARNACINI, TITO, Observazioni sull'appello adesivo, *Rivista di Diritto Processuale Civile,* 13, Parte II.
_____. *Contributo alla Teoria del Pignoramento,* Padova, 1935.
CARNEIRO PACHECO, ANTÔNIO FARIA, *Do Direito de retenção,* Rio de Janeiro, 1912.
CARNELUTTI, FRANCESCO, Condanna generica al risarcimento dal dano, *Rivista di Diritto Processuale Civile,* II, Parte II.
_____. Intorno ao sequestro convenzionale, *Rivista di Diritto Processuale Civile,* VII, Parte I, 109-115.
Interessante explicação (110) do *seqüestro convencional* como relação normal de *depósito cumulativo* (cumulação subjetiva, derivada do número de depositantes). Ao curto mas excelente artigo convém advertir que o sequestro convencional não é relação normal de depósito cumulativo, subclasse, mas subclasse de negócio plurilateral de guarda, sendo o *depósito cumulativo* (guarda convencionada por mais de um depositante, para que se entregue a todos), o *depósito cumulativo,* para entrega a um dos depositantes (subclasse não prevista por FRANCESCO CARNELUTTI) e o seqüestro convencional (guarda convencionada para que se entregue ao que vencer a demanda), subclasse de negócio plurilateral de guarda, não de depósito cumulativo. Se assim não se entende, toma-se "depósito" em sentido latíssimo.
_____. *Studi di Diritto civile,* Roma, 1916.
_____. Durata dei provvedimento cautelare, *Rivista di Diritto Processuale Civile,* 14 (1937), Parte II, 97-100.
Lezioni di Diritto Processuale Civile, Padova, 1920, I; 1922, II; 1923, III; 1925, IV; 1929, V; 1929-1932, VI; 1931, VII. Reimpressão, 1933.
_____. *Studi di Diritto Processuale,* Padova, 1925, I; 1928, II; 1939, IV.
_____. *Processo di Esecuzione,* Milano, 1929.
_____. Lite e funzione processuale, *Rivista di Diritto Processuaie Civile,* V (1928), Parte I, 23-37, Lite e processo, 99-105.
Resposta a PIERO CALAMANDREI (ibd., 3-22), cujas críticas, aí feitas, às *Lezioni,* são excelentes. Contra as afirmações de FRANCESCO CARNELUTTI, também com razão, G. PAOLI (La nozione di lite nel processo penale, *Rivista,* VII, 1930, Parte I, 63-74) , com "Postilla" de FRANCESCO CARNELUTTI (74-77).
_____. Contro il processo fraudolento, *Studi di Diritto Processuale,* Padova, 1928, II, 25-36.
A fraude processual só atinge a eficácia. (¿*Quid iuris,* se, na fraude unilateral, foi citada, por edital, pessoa *morta,* ou que nunca existiu? Naturalmente, aqui falta a parte, fraudou-se a *existência* e não só a *identidade.* Não é possível deixar-se de distinguir.)
_____. Carattere e limiti della opposizione alia sentenza che dichiara li fallimento, *Rivista di Diritto Processuale Civile,* VI (1929), Parte II, 234-242.
Sentenze arbitrali di comodo, *Rivista di Diritto Processuale Civile,* VII (1930), Parte II, 58-62.

Sobre as conversões em diligência para ganhar tempo. O julgado do Tribunal de Florença, a 3 de julho de 1929, que FRANCESCO CARNELUTTI comenta, é notável no distinguir sentença só *na forma*, portanto interlocução, e sentença *no conteúdo*. Sentença somente é o que tem conteúdo de sentença.

_____. Filosofia e Scienza del Diritto, *Rivista di Diritto Processuale Civile*, VIII (1931), Parte I, 38-49.

_____. Titolo esecutivo, *Rivista di Diritto Processuale Civile*, VIII (1931), Parte I, 313-320.

A tentativa de FRANCESCO CARNELUTTI de reduzir a pretensão à execução e o processo executivo à pretensão à cognição (ao processo de cognição) choca-se nesse artigo contra a tentativa de E. T. LIEBMAN (*Le Opposizione di merito nel processo di esecuzione*, 143) a reduzi-los a menos ainda: à pretensão e processo *constitutivos*. A solução escapou a ambos, porque a pretensão executiva é específica. A classificação das ações segundo a eficácia *proponderante* das sentenças mostra serem sem sentido tais questões.

_____. Carattere della sentenza di fallimento, *Rivista di Diritto Processuale Civile*, VIII (1931), Parte II, 159-173.

_____. *Sistema di Diritto Processuale Civile*, Padova, 1936, I; 1938, II; 1939, III.

_____. *Teoria Generale del Diritto*, Roma, 1940, 2ª ed.; 1946, 3ª ed.; 1951.

_____. *Istituzioni del Nuovo Processo Civile Italiano*, 3ª ed., Roma, 1942, I-II, 4ª ed.; 1951, I-III.

CARPENTER, L. F. S., veja LACERDA, PAULO DE, *Manual*.

CARPZOV, B., *Iurisprudentia forensis Romano-Saxonica*, Lipsiae, 1674; 1721.

CARRACH, J. T., *Adnotationes ad* J. H. BOEHMER, *Doctrina de Actionibus*, Halae, 1775.

CARRÉ ET CHAUVEAU, *Lois de Procédure Civile et Commerciale*, 5ª ed., Paris, 1880-1888, I-XI.

CARSON, HAMPTON, *The History of the Supreme Court of the United States*, Philadelphia, 1904, I-II.

CARVALHO, CARLOS DE, *Nova Consolidação das Leis Civis*, Rio de Janeiro, s.d.

CARVALHO, EDUARDO J. DA S., *Manual do Processo de Execução*, Coimbra, 1908, I.

CARVALHO DE MENDONÇA, JOSÉ XAVIER, *Tratado de Direito Comercial Brasileiro*, Rio de Janeiro, 1919, V, 1ª parte; VI.

CARVALHO DE MENDONÇA, MANUEL INÁCIO, *Doutrina e Prática das Obrigações*, Rio de Janeiro, 1911, I-II.

_____. *Contratos no Direito Civil Brasileiro*, Rio de Janeiro, 1911, I-II.

_____. *Da ação rescisória das sentenças e julgados*, Rio de Janeiro, 1916, 2ª ed.; 1940.

CARVALHO SANTOS, J. M. DE, *Código Civil brasileiro interpretado*, Rio de Janeiro, 1934, VI.

_____. *Código de Processo Civil interpretado*, Rio de Janeiro, 1940, etc.; citados alguns volumes.

CASANOVA, MÁRIO, *Disciplina giuridica delle Obbligazioni di restituzione nel fallimento*, Pisa, 1933.

CASSIN, R., *De l'Exception tirée de l'inexécution dans les rapports sygnallagmatiques* (exception "non adimpleti contractus") *et de ses relations avec le droit de rétention, la compensation et la résolution*, Paris, 1914.

CASTANA, A., *La cessione dei beni ai creditori*, Milano, 1955.
CASTELJAU, X. DE, *L'Accès des Français devant les Tribunaux Allemands et la caution "iudicatum solvi"*, Cologne, 1922.
CASTELLARI, A., *La competenza per connessione*, Milano, 1896.
CASTELLETT, SAVERIO, Effetti della perenzione del giudizio di interdizione sulla nomina dei curatore temporaneo, *Rivista di Diritto Processuale Civile*, VI (1929), Parte II, 3-16.
CASTELNAU, H. DE, *De l'Interdiction des aliénés*, Paris, 1860.
_____. *Essai physiologique sur la Législation*, Paris, 1860.
CASTIGLIONE, JOSÉ F. L., *El Abuso del derecho,* Buenos Aires, 1921.
CASTRO, AMÍLCAR DE, *Comentários ao Código de Processo Civil*, 2ª ed., X, 1944.
_____. *Direito Internacional Privado,* Rio de Janeiro, 1956, I-II.
CASTRO MENDES, JOÃO DE, *Direito Processual Civil*, Lisboa, 1968, I.
CASTRO NUNES, *Do Mandado de Segurança,* São Paulo, 1937.
CASTRO, PAULO DE, *Dig. novi cum gloss. ordinar.*, Lugduni, 1534.
_____. *Consiliorum volumen primum, secundum, tercium,* Venetiis, 1571.
CAVALCÂNTI, TEMÍSTOCLES, *Do Mandado de Segurança*, Rio de Janeiro, 1934.
CÉPOLA, BARTOLOMEU, *Varii Tractatus,* Lugduni, 1547.
CÉZAR-BRU et MORIN, La Faute, le Risque et l'Abus du droit, *Annales de l'Université d'Aix,* 1906.
_____. Veja GARSONNET, E., *Traité.*
CHAMIZER, ERWIN, *Natur, Gebiet und Grenzen der Wahlschuld* (Natureza, domínio e limites da Obrigação com escolha), Leipzig, 1902.
CHARMONT, J., L'Abus du droit, *Revue Trimestrielle de Droit civil,* Paris, 1902.
CHESHIRE, G. C., *Private International Law,* Oxford, 1935, 3ª ed.; 1947.
CHIOVENDA, GIUSEPPE, *La Condanna nelle spese giudiziali,* Torino, 1901, 2ª ed.; Roma, 1935.
_____. *L'Azione nel sistema dei diritti*, Bologna, 1903; também nos *Saggi*, I.
Quando GIUSEPPE CHIOVENDA (nesse livro e nos *Saggi,* I, 20 s.) recorreu à noção de "poder" (no sentido em que falamos de "restrição de poder" para definir, nas classificações, as cláusulas de inalienabilidade e outras), incorreu no mesmo propósito de afastar determinação da vida, e valorizar o arbítrio humano. A sua inteligência via "algo" pré-processual; mas ele entendia que esse algo era "poder", e não *pretensão.* Aqui e ali falava de "direito de poder" (direito potestativo, dizia, em terminologia equívoca); ¡o que concedia além do que recusava, além da pretensão! Ver a nota a OSKAR BÜLOW, *Klage und Urteil.*
_____. Sulla Natura giuridica dell'espropriazione forzata, *Rivista di Diritto Processuale Civile*, III (1926), 85-104.
_____. *Principii di Diritto Processuale Civile*, 4ª ed., Napoli, 1928.
A 1ª edição foi de 1906, a 3ª de 1923, e espanta que não haja influído nos processualistas franceses e brasileiros do tempo.
_____. *Saggi di Diritto Processuale Civile,* Roma, 1930, I; 1931, II.
_____. *Istituzioni di Diritto processuale civile*, Napoli, 1933, I, 2ª ed.; 1935; 1934, II, 1.
CHIRONI, G. P., *La Colpa nel Diritto civile odierno,* Torino, 1903, I (Colpa extra-contrattuale); 1906, II (Colpa contrattuale).

_____. *Trattato dei Privilegi, delle Ipoteche e del Pegno*, 2ª ed., Torino, 1917-1918, I-II.

CHORINSKY, C., *Das Notariat und Verlassenschaftsabhandlung in Oesterreich* (O notariado e o trato da sucessão na Áustria), Wien, 1877.

CICU, ANTONIO, *L'Obbligazioni nel patrimonio del debitore*, Milano, 1948 (litogr.).

CINO DA PISTOLA, *In aliquot titulos Pandectarum commentaria*, Francofurti, 1518.

CITRON, Unpfändbarkeit einer Alternative bei Wahlschuld (*Impenhorabilidade de alternativa na dívida com escolha*), *Deutsche Juristen-Zeitung*, 15, 196.

CLAPARÈDE, H. DE, *Beiträge zur Lehre vom Leistungsverzuge mit besonderer Berücksichtigung des BGB. und des Schweizerischen Obligationenrechts* (Contribuições à Teoria da Mora de Prestação, com particular referência ao Código Civil e ao Direito das obrigações suíço), Genf, 1903.

COCCEIUS, H. DE, *Exercitationes curiosae palatinarum, traiectinarum et viadrinarum*, Lengoviae, 1722, I-II.

COCCEIUS, S. L. B. DE, *Ius civile controversum*, Lipsise, 1791, I-II, nova ed.

COCK, HENRY DE, Effets et exécution des jugements étrangers, *Recueil des Cours de l'Académie de Droit international de la Haye*, 10 (1925).

CODOVILLA, E., *Le Denunzie di nuova opera di danno temuto*, Torino, 1910.

_____. *Del Compromesso e del giudizio arbitrale*, 2ª ed., Torino, 1915.

COELHO DA ROCHA, M. A., *Instituições de Direito Civil português*, 3ª ed., Coimbra, 1851, I-II.

COELHO RODRIGUES, *Projeto do Código Civil*, Rio de Janeiro, 1897.

COESTER, ROBERT, *Die Rechtskraft der Staatsakte* (A Força jurídica do ato estatal), München und Leipzig, 1927.

O ato administrativo não tem eficácia de coisa julgada material, nem força, nem, sequer, efeito; pode tê-lo o ato administrativo processual, a *decisão*, se o ato estatal é declarativo, ou possui elemento suficiente de declaratividade.

COGLIOLO, PIETRO, Se la sentenza straniera per avere in Italia l'autorità di cosa giudicata debba essere sottoposta ad un giudizio di delibazione, *La Legge*, 1883, I.

_____. *Trattato teorico e pratico delle Eccezione di Cosa giudicata*, Torino, 1883.

COHEN, HERMANN, *Logik der reinen Erkenntnis* (Lógica do Conhecimento puro), Berlin, 1914.

COHN, G., *Der Kampf um den Wechselprotest* (A Luta pelo Protesto cambiário), Berlin, 1905.

COHNFELDT, R., *Die Lehre vom Interesse nach römischen Recht* (A Teoria do Interesse segundo Direito romano), Leipzig, 1868.

COLAGROSSO, ENRICO, *Diritto bancario*, Roma, 1947.

COLAGROSSO, ENRICO - GIACOMO MOLLE, *Diritto bancario*, Roma, 1960.

COLIN, A., H. CAPITANT, et JULLIOT DE LA MORANDIÈRE, *Cours élémentaire de Droit civil français*, 10ª ed., Paris, 1947-1950, 4ª ed. (A. COLIN et H. CAPITANT) foi em 1927 (I) e 1924 (II).

Collecção chronologica dos Assentos das Casas de Supplicação e do Civel, 4ª ed., Coimbra, 1852.

COLLINET, P., *Étude sur la Saisie privée*, Introduction (Droit romain), Paris, 1893.

CONDORELLI, O., *Ignorantia Iuris*, Catania, 1926.

Acertada distinção entre a obrigatoriedade (melhor dizemos a incidência da lei) e sua aplicação (29). O princípio *Error vel ignorantia iuris non excusat* prende-se à obrigatoriedade.

CONIGLIO, ANTONINO, *Il Sequestro giudiziario e conservativo*, Torino, 1926; Milano, 1942.

_____. *Il Processo esecutivo*, Padova, 1937.

_____. *Lezioni di Diritto Processuale Civile*, 1940, I-II.

CONRAD, HERMANN, *Deutsche Rechtsgeschichte* (História do Direito alemão), Müller-Karlsruhe, 1966, I-II.

CONTARDI, CESAR, *Comnaentarii in L. diffamari*, Spirae Nementum, 1586; Coloniae Agrippinae, 1616.

CONTIUS, ANTONIUS, *Disputationes iuris civilis*, Hannover, 1607.

COQUILLE, GUY, *Institutions du Droit français*, Paris, 1607.

CORDEIRO, JOÃO RODRIGUES, *Dubitationes Iuris in foro frequentes*, Conimbricae, 1713.

"Qui vero nostra aetate libri prodierunt, ne ut nominentur quidem digni sunt... Excipio Joannem Cordeirum, qui... edidit *Dubitationes in foro frequentiores* non prorsus contemnendas, Didacum Guerreirum..., itemque Silvestre Gomes Moralis..." (PASCOAL JOSÉ DE MELO FREIRE, *Historiae Iuris*, 100).

CORNIL, G., Debitum et obligatio, *Mélanges Girard*, Paris, 1912.

COROL, *La Théorie de l'Abus du droit et de l'Excès de droit en droit français*, Genève, 1910.

CORRADINUS, PETRUS MARCELLINUS, *Tractatus de Iure Praelationis*, Venetiis, 1722.

CORREIA TELES, JOSÉ HOMEM, *Manual do Processo Civil*, Suplemento do *Digesto português*.

_____. *Digesto português*, Coimbra, 1835 e 1836, I-III.

Cita-se a edição de 1909.

_____. *Doutrina das Ações*, ed. íntegra de PONTES DE MIRANDA, Rio de Janeiro, 1918.

COSACK, KONRAD, *Lehrbuch des deutschen bürgerlichen Rechts* (Tratado de Direito civil alemão), Berlin, 1913, I-II.

COSATTINI, LUIGI, *La Revoca degli atti fraudolenti*, 2ª ed., Padova, 1940; 1950.

_____. *Il Riconoscimento del figlio naturale*, Padova, 1942.

COSTA, A., *Le nullità della sentenza e la querela "nullitatis" nella historia del processo italiano*, Roma, 1916.

Sem razão, já encontrava traços da querela de "nulidade" no Direito Romano. Ora, as ações romanas sobre a *sententia nulla* sempre foram declarativas. Por mais que se investigue, o que poderia servir a A. COSTA seria o texto de PAULO, em que se fala do longo silêncio que impedia a revogação em duplo: seria o não ser vindo a ser; mas, em vez de convalescença, era de prescrição da ação que se tratava (cf. A. SKEDL, *Die Nichtigkeitsbeschwerde*, 2, contra M. BARDELEBEN, *De sententiarum nullitate, Commentatio iuridica*, 25, G. W. WETZELL, *System des ordentlichen Zivilprozess*, 787 s.).

COSTA, MANUEL DA, *Selectarum Interpretationum circa condictiones, et demonstrationes, et dies*, Conimbricae, 1551.

"...Goveano coaevus, et non multum el eruditione, et iuris scientia dissimilis, plura de Iure Romano scripta reliquit, quae, quantus qualisque vir esset, ostendunt..." PASCOAL JOSÉ DE MELO FREIRE, *Historiae Iuris Civilis Lusitani Liber Singularis*, 94.

COSTA, SERGIO, Sopra un caso di conflitto latente di giurisdizione, *Rivista di Diritto Processuale Civile*, VI, Parte, II, 153-61.

Considera, sem razão, sentença constitutiva a que se profere nos conflitos de jurisdição (159). A sentença é *mandamental*, com ou sem o efeito constitutivo negativo da anulação do processo feito pelo juiz incompetente.

_____. Le sentenze civile con la clausola "rebus sic stantibus", *Studi senesi*, 44 (1930), fasc. 2-4.

_____. La clausola "rebus sic stantibus" e i decreti di volontaria giurisdizione, *Rivista di Diritto Processuale Civile*, VIII (1931), Parte II, 87-99.

Confunde a) *ineficácia* por efeito da cláusula e b) nascimento da ação de modificação. Sem a distinção, perde todo o interesse o falar-se de cláusula *rebus sic stantibus*, nome que também aparece em GIUSEPPE CHIOVENDA, *Principii*, 1253, nota 2), a propósito de *b)*.

_____. *L'Intervento coatto*, Padova, 1935.

COSTA CALDEIRA, NUNO DA, *De Previlegiis creditorum*, Gadibus, 1661; Genevae, 1670: Grande jurista português, citado, em alguns países, como ACOSTA. Sobre a regra *Prior tempore potior iure* (324).

COSTA MANSO, *O Processo na Segunda Instância e suas aplicações à Primeira*, São Paulo, 1923, I.

COUTURE, EDUARDO J., *Fundamentos do Direito processual civil*, trad., São Paulo, 1946.

A referência especial a esse livro justifica-se por haver tradução brasileira e, pois, ser divulgado entre o povo. O autor é espírito científico que busca verdades e sabe, por conseguinte, corrigir o que pensou. É pena que, expondo as discussões em torno do conceito de "ação", não tenha chegado a definir precisamente pretensão à tutela jurídica, direito (subjetivo) material, pretensão e ação; depois, "ação", no sentido processual. As definições hispano-americanas, que cita, de "ação", encambulham pretensão à tutela jurídica do autor (e do réu) e ação. Ora, aquela é de direito público; essa de direito material, privado ou não. Seria de desejar que o autor se desembaraçasse da confusão reinante em torno, procurando não condescender com a meia cultura dos processualistas acientíficos do passado. Não o diríamos aqui se não se tratasse de espírito que estava em plena evolução. (Nota, essa, da 1ª ed.)

"O direito de defesa em juízo não é o direito substantivo contido na contestação, mas simplesmente o direito *processual* de defender-se" (72). Certamente o "direito de defesa" não é o direito material a que se refere, invocando-o, a contestação; mas esse direito não é, também, processual. É pré-processual. É a pretensão à tutela jurídica do réu. Pode achar-se ou não, em Constituições, isto é, ser ou não "constitucionalizado". Aliás, o autor, extrapolando o conceito de "direito de petição", seria coerente julgando o "direito de defesa" pré-processual, e não processual.

Tem razão, à p. 371, contra CAMANO ROSA (*Derecho de retención*, 89): não há execução de sentença por autoridade própria no caso do vencedor do direito de retenção se o vencido procura retomar a coisa. Diz bem: "...essa atitude de resistência privada seria legítima ainda mesmo na ausência de sentença que declarasse o direito".

_____. *Fundamentos del Derecho Procesal Civil*, 3ª ed., Buenos Aires, 1972.
COVARRUVIAS A LEYVA DIDACO, *Variarum resolutionum iuridicarum et iure pontificio, regio et caesareo libri* IV, Francofurti, 1578.
_____. *Opera Omnia,* Lugduni, 1606, I-II.
COVIELLO, LEONARDO, *Delle Ipoteche nel diritto civile italiano*, 2ª ed., Roma, 1936.
COVIELLO, NICOLA, *Corso completo del Diritto delle Successioni*, 2ª ed., Napoli, 1914, I-II.
CRAMER, J. U. DE, *Wetzlarische Nebenstunden* (Horas vagas de Wetzlar), Wetzlar, 1755-1773, I-IV.
CRÉMIEU, L., *La Justice privée*, Paris, 1908.
CRESCI SOBRINHO, ELÉCIO DE, *Contribuição ao Estudo do Dever de Verdade das partes, no Processo Civil*, São Paulo, 1972.
CRISTOFOLINI, G., La Dichiarazione del proprio dissesto nel processo di fallimento, *Rivista di Diritto Processuale Civile,* VIII (1931), 321-341.

Tem-se de repelir a concepção, que esse jurista italiano tentou introduzir, de serem a *decretação de ofício* da falência ou de concurso e, pois, as outras *resoluções* judiciais (sentenças) de ofício, casos de *jurisdição sem ação* (331), como a ação privada (defesa própria) ação sem jurisdição. Que exista ação (no sentido do direito material) sem jurisdição, não há dúvida. Há explicação sistemática e histórica para isso. Não, porém, jurisdição sem ação. Toda decretação ou resolução judicial *ex officio* tem por trás de si, assim histórica como logicamente, *outra* função do Estado (embora através do *mesmo* juiz, órgão dele, no caso, duplo órgão) que a de julgar: lá estão, portanto, o *agere* e o *iudicare.*

_____. *Il procedimento d'ingiunzione,* Padova, 1931.

Bem feita a distinção (11) entre as medidas cautelares e a execução provisória, em reação à confusão reinante na doutrina do seu país.

CROME, CARL, Die juristische Natur der Miethe nach dem deutschen Bürgerlichen Gesetzbuch (*A Natureza jurídica da Locação segundo o Código Civil alemão*), *Jherings Jahrbücher jür die Dogmatik*, 37 (1897), 64.
_____. *Die partiarischen Rechtsgeschäfte* (Os Negócios jurídicos parciários), Freiburg i. B., 1897.
_____. *System des deutschen Bürgerlichen Rechts* (Sistema do Direito Civil alemão), Tübingen u. Leipzig, 1900, I; 1902, II; 1905, III; 1908, IV; 1912, V.
CÜPPERS, JOSEPH, *Beiträge zur Lehre von der Beweislast* (Contribuições à Teoria do Ônus da prova), Düsseldorf, 1902.
CUJACIO, J., *Opera Omnia,* Napoli, 1722-1727, I-XI; Venetiis, 1758, I-III; Pars posterior, Mutinae, IV-XI, 1771-1783.
CUNHA, OSCAR DA, *A Homologação da Sentença Estrangeira e o Direito judiciário brasileiro*, Rio de Janeiro, 1933.
_____. *O Dolo e o Direito Judiciário Civil,* Rio de Janeiro, 1936.
CUNHA GONÇALVES, LUÍS DA, *Tratado de Direito Civil*, Coimbra, 1929, I; 1930, II-III; 1931, IV; 1932, V-VI; 1933, VII; 1934, VIII-IX; 1935, X; 1936, XI; 1937, XII.
CUNO, WILHELM, *Übergang der Gefahr bei Gattungsschulden nach dem BGB.* (Queda do Risco nas Obrigações genéricas segundo o Código Civil), Berlin, 1901.
CUPIS, ADRIANO DE, *I Diritti delia personalità*, Milano, 1950.
CUQ, E., *Les Institutions Juridiques des Romains,* Paris, 1891.

CURTI-FORRER, E., *Commentaire du Code Civil Suisse*, Neuchatel, 1912.
CUZZERI, E., *Del Fallimento*, 5ª ed., Torino, 1927 (A. CICU).
CZOERNIG, F. VON, *Vorlesungen über die Exekutionordnung* (Leituras sobre a Ordenança de Execução), Wien, 1898.
CZYHLARZ, KARL RITTER VON, *Zur Lehre von der Resolutivbedingung* (Para a Teoria da Condição resolutiva), Prag, 1871.
_____. em GLÜCK, *Pandecten*, Erlangen, 1887, 41-42, I, 1ª parte.
DABELOW, EPH. CHR. VON, *Ausführliche Entwicklung der Lehre vom Concurse der Gläubiger* (Explicação minuciosa da Teoria do Concurso de Credores), 2ª ed., Halle, 1801.
DABKOWSKI, P. VON, *Prawo prywatne polskie* (Direito privado polonês), 1911, II.
DAUBENSPECK, HERMANN, *Referat, Votum und Urteil* (Relatório, Voto e Decisão), Berlin, 1884; 3ª ed., 1888; 5ª ed., 1894; 12ª ed., 1929 (PAUL SATTELMACHER).
DAUDE, PAUL, *Das Aufgebotsverfahren* (O Procedimento edital), 3ª ed., Berlin, 1900, 5ª ed.; München, 1930 (EMIL DAUDE).
Ainda falta, no mundo, estudo científico, completo, do procedimento edital; o de DAUDE é, até agora, o melhor.
D'AVACK, CARLO, *La Natura giuridica dei Fallimento*, Padova, 1940.
DAY, ALBERTO A., *Efectos internacionaies de las sentencias civiles y comerciales*, Buenos Aires, 1901.
DE BOOR, HANS OTTO, *Die Aufklürung des Zivilprozesses* (O Esclarecimento do Processo Civil), 1939.
_____. *Zur Lehre vom Parteiwechsel und vom Partebegriff* (Para a Doutrina da Mudança de Parte e o Conceito de Parte), Leipzig, 1941.
_____. *Zivilprozessrecht* (Direito processual civil), Wiesbaden, 1951.
_____. *Zwangsvollstreckung, Konkurs und Vergleich* (Execução forçada, Concurso e Transação), Wiesbaden, 1951.
DEGENKOLB, HEINRICH, *Der Begriff des Vorvertrags* (O Conceito do Pré-contrato), Freiburg i. B., 1871.
Esse estudo de H. DEGENKOLB, o processualista, sobre o pré-contrato, foi, por ser raro, reimpresso no *Archiv fr die civiltstische Praxis* (71, 1-92), com "observação preliminar" do próprio autor.
_____. *Einlassungszwang und Urteilsnorm* (Coerção ao Contraditório e Norma decisional), Leipzig, 1877.
A relação de direito processual é de direito público, e não de direito privado. O completo "isolamento" da pretensão à tutela jurídica, inclusive à execução, como pretensão de direito público, mostrou-se concepção fecunda, tanto no terreno técnico e sistemático quanto no prático, forense (cp. OTTO GEIB, HEINRICH DEGENKOLB, *Archiv*, 106, 27 s.). A pretensão à tutela jurídica apareceu como instituto autônomo, e não emanação do direito privado, ou do direito processual propriamente dito. O seu caráter publicístico, extraprocessual, permitiu que se explicassem certas dificuldades da doutrina, se dissolvessem certas questões práticas e se eliminassem contradições com que lutava a concepção privatística.
H. DEGENKOLB (165 s.) sustentou a existência de pretensão à tutela jurídica, à formação da relação jurídica processual, em oposição a ADOLF WACH, que se ateve ao conceito de pretensão a determinada sentença. Antítese e tese. Abstrato *ou* concreto. Ora,

a pretensão à sentença *favorável* somente pode ser *interior* ao processo, ao passo que o conceito de HEINRICH DEGENKOLB é pré-processual. Assim fica superada a discordância, pela síntese explicativa. A preclusão (coisa julgada formal) e a coisa julgada material trancam as portas à pretensão "pré-processual", que assim se exaure.

A pretensão à resolução que é a pretensão abstrata à tutela jurídica (abstraktes Klagrecht), mediante o seu exercício em juízo, com a caracterização da ação (declarativa, condenatória, constitutiva, mandamental, executiva), que a especializa, e a satisfação dos requisitos processuais, incluída a apresentação do caso concreto, produz a pretensão *concreta*, já no terreno processual.

_____. Zur Lehre vom Vorvertrag (*Para a Doutrina do Pré-contrato*), *Archiv für die civilistische Praxis*, 71 (1887), 1-92.

Decisiva crítica a B. WINDSCHEID e enunciado do *princípio de independência dos pressupostos do pré-contrato*.

_____. *Das Anerkenntnisurteil* (A Sentença declaratória), Leipzig, 1902.

_____. *Beiträge zum Zivilprozess* (Contribuições ao processo civil), Leipzig, 1905.

_____. Die Lehre vom Prozessrechtsverhältnis (*A Teoria da Relação jurídica processual*), *Archiv für die civilistische Praxis*, 103 (1908), 385-416.

DEGNI, FRANCESCO, Effetti di sentenza contumaciale di condanna passata in giudicato pronunziata contro l'erede che non ha accettato, *Rivista di Diritto Processuale Civile*, 10 (1933), Parte II, 285-295.

_____. Ancora degli effetti di sentenza contumaciale..., *Rivista di Diritto Processuale Civile,* 12 (1935), Parte II, 54-59.

_____. *Le Persone fisiche e i Diritti della personalità,* Torino, 1939 (Vol. II, *1,* do *Trattato di Diritto Civile Italiano* de FILIPPO VASSALLI).

DE HODY, CAMILLE, *Die Schuldenhaftung nicht rechtsfähiger Vereine* (A responsabilidade por dívidas das Associações não capazes de direito), Strasburg, 1912.

DELBRÜCK, B., *Die dingliche Klage des deutschen Rechts* (A Ação real do Direito alemão), Leipzig, 1857.

DEL GIUDICE, *Nozioni di Diritto canonico*, 6ª ed., Milano, 1944.

DELITALA, GIACOMO, *Il divieto della "reformatio in pejus" nel processo penale,* Milano, 1927.

Mostrou GIACOMO DELITALA que as leis (isto é, a lei italiana então vigente e as outras semelhantes) não contêm a vedação da *reformatio in pejus*. Portanto, concluiu que não se lhes pode extrair o princípio vedativo da reforma para pior. O livro teve a vantagem de reavivar a discussão (FRANCESCO CARNELUTTI, *Rivista*, IV, Parte I, 181-183; PIERO CALAMANDREI, *Rivista*, VI, 297-307). Mantinha, na discussão, a diferença entre "capítulo" e "questões", de que a doutrina italiana tem usado e abusado. FRANCESCO CARNELUTTI opinou pela inexistência da diferença. O nosso MANUEL GONÇALVES DA SILVA (*Commentaria*, III, 108), quando falava de sentença que contém *plura capitula connexa* ou cujos capítulos são *plura capitula separata*, era evidentemente a "questões" que se referia. GIACOMO DELITALA pôs o bisturi no tumor quando escreveu que não se pode ter como parcial o exame se, no caso de cúmulo eventual de preliminares ou de prejudiciais (ele não classificou o exemplo que deu e agora o fazemos), fica *prejudicado* pelo acolhimento da primeira o que apela ("ad esempio se respinge la domanda per prescrizione, mentre il primo giudice l'aveva respinta per vizio di consenso senza scendere ad esaminare la seconda ipotesi subordinata"): porém não foi mais longe. Uma frase de GIACOMO DELITALA é extremamente importante: o juízo de apelação tem cognição plena, como se a sentença do primeiro grau não tivesse sido pronunciada (160). Faltou apenas dizer: salvo no que passou em julgado.

_____. *Il "fatto" nella teoria generale del reato,* Padova, 1930.
DEL POZZO, CARLO UMBERTO, *Le Impugnazioni penali,* Padova, 1951.
DE LUCA, ALFREDO, *Gli Oneri reali e le obbligaziont ob rem,* Roma, 1915.
DE LUCA, GIUSEPPE, *Lineamenti della Tutela cautelar penale,* Padova, 1953.
DEMANGEAT, C., *Histoire de la Condition des Étrangers en France dans l'ancien droit et dans le nouveau droit,* Paris, 1844.
DE MARTINI, ANGELO, La Cessione dei beni ai creditori, *Invista dei Diritto Comerciale,* 1942, I, 310 s.

_____. *Il Patrimonio dei debitore nelle procedure concorsuali,* Milano, 1956.
DEMELIUS, G., *Die Rechtsjiktion* (A Ficção jurídica), Weimar, 1858.

_____. *Die Exhibitionspflicht in ihrer Bedeutung für das classische und-heutige Recht* (O Dever de exibição em sua importância para o direito clássico e o hodierno), Graz, 1872.

_____. *Die* Confessio *im römischen Civilprozess und das gerichtliche Geständnis der neuesten Prozessgesetzgebung* (A *Confessio* no processo civil romano e a confissão judicial das mais novas legislações processuais), Graz, 1880.
DEMOGUE, RENÉ, *Les Notions fondamentales du Droit privé,* Paris, 1910.

_____. *Traité des Obligations en général,* Paris, 1923, I-III; 1924, IV; 1925, V; 1932, VI.
Uma vez que esse livro é muito lido no Brasil, advirta-se em que toda a Seção V do Capitulo XI (Tomo II, 337-373) se ressente da velha concepção do conceito de contrato ou de quase contrato processual, que a ciência contemporânea do direito processual repeliu. Aliás, como RENÉ DEMOGUE, outros "civilistas" franceses, como A. MAUPOINT (*Le Contrat judiciaire,* 221) e BODART (*De l'Acquiescement,* tese). O expediente consiste em "contratualizar" toda *declaração de vontade* feita durante a lide inclusive a aquiescência à demanda (II, 342), e algumas *comunicações de vontade,* que de modo nenhum estabelecem contrato ou quase contrato.
O Código Civil francês, art. 2.117, alínea 2ª, fala da hipoteca judiciária como a hipoteca "qui resulte des jugements ou actes judiciaires". Eficácia anexa da sentença, explicamo-lo hoje. Nem a hipoteca judiciária, nem os atos processuais, ditos aí judiciários, são contratos, ou quase contratos. O Código de Processo Civil francês, art. 54, referiu-se a convenções das partes, e está certo; mas daí a se falar de contratos e quase contratos não há dúvida que se está longe. O civilismo francês invadiu até à medula o direito processual, que por isso mesmo ficou aquém do direito processual de outros povos continentais.
DEMOLOMBE, C., *Cours de Code Napoléon,* Paris, 1880, I; 1881, II; 1880-1881, III-IV; 1881, V; 1882, VI; 1880, VII-VII1; 1880-1881, IX-X (X, 2ª ed.); 1880-1881, XI-XII; 1879-1880, XIII-XVII; 1880-1895, XVIII-XXIII; 1880-1895, XXIV-XXXI; 1896, XXXII; (P. GRÉVIN), 6. ed.
DENTI, VITTORIO, *L'Esecuzione forzata in forma specifica,* Milano.
DE PALO, *Teoria del Titolo esecutivo,* Napoli, 1901.
DERNBURG, HEINRICH, *Das Pfandrecht nach den Grundsätzen des heutigen römischen Rechts* (O Direito de penhor segundo os princípios básicos do direito romano hodierno), Leipzig, 1860, I; 1864, II.

_____. *Geschichte und Theorie der Compensation nach römischem und neuerem Rechte* (História e Teoria da Compensação segundo o direito romano e o novo), 2ª ed., Heidelberg, 1868.

_____. *Lehrbuch des preussischen Privatrechts* (Tratado de Direito privado prussiano), Halle, 1880, I-II.

_____. *Entwicklung und Begriff des juristischen Besitzes des römischen Rechts* (Evolução e Conceito da Posse jurídica do Direito romano), Halle a.d. S., 1883.

_____. *Pandekten* (Pandectas), 2ª ed., Berlin, 1888-1889, I-III.

_____. *Das bürgerliche Recht des Deutschen Reichs und Preussens* (O Direito civil da nação alemã e da Prússia), 3ª e 4ª ed., Halle, 1805-1911, I-V.

_____. DE SEMO, GIORGIO, *Diritto fallimentare,* Firenze, 1948.

_____. *Istituzioni di Diritto privato,* 7ª ed., Firenze, 1955.

DEYBECK, C., *Der Gerichtsstand der Vereinharung in historischer und dogmatischer Darstellung* (A Competência por acordo em exposição histórica e dogmática), Erlangen, 1888. Ainda é o mais importante estudo da prorrogação de competência por acordo.

DIANA, A., *La Giur£sdizione voluntaria,* Città di Castello, 1904, I.

_____. *La sentenza straniera e il giudizio di delibazione, Rivista di Diritto internazionale,* 1908.

_____. *Le Misure conservative interinali, Studi senesi,* 26 (1909).

_____. *L'Apertura dei fallimento su dichiarazione del commerciante, Studi senesi,* 30 (1914), 197 s.

DIAS FERREIRA, JOSÉ, *Código Civil Português Anotado,* Lisboa, 1870, I; 1871, II; 1872, III; 1875, IV; 1876, V.

_____. *Comentários ao Código de Processo Civil Português,* Coimbra, 1887, I; 2888, II; 1890, III.

DICEY, A. V., *A Digest of the Law of England with reference to the Conflict of Laws,* 5ª ed., London, 1932 (A. BERRIEDALE KEITH).

DIENA, GIULIO, *Principi di Diritto internazionale privato,* 2ª ed., Napoli, 1917.

_____. *Digesto italiano,* Enciclopédia metodica e alfabetica di legislazione, dottrina e giurisprudenza, Torino, 1884-1921, I-XXIV.

DIERSCHKE, ALFONS, *Die Vorlegung von Sachen zur Besichtigung nach dem BGB.* (A Exibição de coisas para exame segundo o Código Civil), Jena, 1901.

DIETZE, GOTTFRIED, *Über Formulierung der Menschenrechte* (Sobre Formulação dos Direitos do Homem), Berlin, 1956.

DIMITRESCU, M., *Des Clauses d'inaliénabilité suivant la jurisprudence,* Paris, 1910.

DI PAOLA, S., *Confessio in iure,* Milano, 1952.

DISTASO, NIOOLA, *Natura giuridica dell'Ipoteca,* 2ª ed., Milano, 1953.

DOBROVICI, C., *De l'Abus de droit,* Paris, 1909.

DONELO, HUGO, *De Evictione et Duplae Stipulatione,* Francof. ad Moenum, 1589.

_____. *Opera Omnia,* Lucae, 1766, IX.

_____. *Commentarii de iure civile,* ed. sexta, Norinbergae, 1822, I-V; 1823, VI; 1824, VII; 1825, VIII; 1827, IX-X; 1828, XI; 1829, XII; 1830, XIII-XIV; 1833, XV; 1834, XVI.

D'ONOFRIO, PAOLO, *Commento al Codice di Procedura Civile,* 4ª ed., Torino, 1957, I-II.

DOSE, CARLOS, *Sentencia, Fuero extraterritorial en el derecho privado,* Buenos Aires, 1886.

DRECHSLER, FRIEDRICH, Über die Begriffe "Civilprozess" und "Rechtsstreit" (*Sobre os conceitos "Processo civil" e "Conflito de direito"*), Archiv für die civilistische Praxis, 62 (1879), 405-434.

DUARENO, *Opera Omnia*, Liene, 1584; Aureliae Allobrogum, 1608. No vol. II está a *Disputatio de iuris et facit quaestionibus*, em que o autor procurou distinguir as questões de direito e as questões de fato.

DUARTE CALDEIRA, *De Erroribus Pragmaticorum*, Matriti, 1610.

DUARTE NUNES DE LEÃO, *Legislação d'El Rei D. Sebastião*, Coimbra, 1796.

DÜRINGER, A., *Richter und Rechtsprechung* (Juiz e Jurisprudência), Leipzig, 1909.

DÜRINGER, A., - M. HACHENBURG, *Das Handelsgesetzbuch* (O Código Comercial), 2ª ed., München, 1910, II.

ECCIUS, MAX ERNST, (F. FÖRSTER), *Theorie und Praxis des heutigen gemeinen preussischen Privatrechts* (Teoria e Praxe do hodierno Direito privado prussiano), 5ª ed., Berlin, 1888, IV, 7ª ed.; 1896, I.

ECK, ERNST, *Die sogenannten doppelseitigen Klagen* (As demandas ditas bilaterais), Berlin, 1870.

Foi ERNST ECK quem primeiro viu (140 s.), claramente, a semelhança entre a pretensão a dividir ou a partilhar e a pretensão a contratar.

_____. *Sammlung von Vorträgen über den Entwurf eines Bürgerlichen Gesetzbuches* (Coleção de relatório sobre o Projeto de Código Civil), Berlin, 1896, I.

ECK, ERNST, - R. LEONHARD, *Vorträge über das Recht des BGB*. (Dissertação sobre o Direito do Código Civil), Berlin, 1903, I-II.

ECKELMANN, *Bergriff und Funktion des Institutes. Rechtsschutzbedürfnis* (Conceito e Função do Instituto. Necessidade da tutela jurídica), Freiburg i. B., 1947.

ECKSTEIN, ERNST, Das Schenkungsversprechen, seine Erfüllung und sein Verhältnis zur "Realschenkung" (*A Promessa de doação, seu adimplemento e sua relação com a "doação real"*), Archiv für die Civilistische Praxis, 107 (1911), 384-426.

EGGER, AUGUST, *Vermögenshaftung und Hypothek naeh fränkischem Recht* (Garantia real e Hipoteca segundo o direito franco), Breslau, 1903, *Gierkes Untersuchungen*, 69, 106.

_____. Das Personenrecht (*O Direito das pessoas*), Kommentar zum schweizerischen Zivilgesetzbuch(A. EGGER, A. ESCHER, H. OSER, A. REICHEL u. C. WIELAND), Zürich, 1910, I.

_____. Das Familienrecht (*O Direito de Família*), Kommentar zum schweizerischen Zivilgesetzbuch, Zürich, 1914, II.

EHLERT, R., *Der Mitbesitz nach dem Rechte des BGB*. (A composse segundo o direito do Código Civil, Halle a. S., 1908.

EHRENZWEIG, ARMIN, *System des österreichischen Allgemeinen Privatrechts* (Sistema do Direito Privado Geral austríaco), 5ª ed., Wien, 1913; 7ª ed., 1920, I; 6ª ed., 1928, II, 1. *Das Recht der Schuldverhältnisse*, 7ª ed., 1920 (L. PFAFF).

EHRLICH, EUGEN, *Die stillschweigende Willenserklärung* (A declaração silente de vontade), Berlin, 1893.

_____. *Das zuingende und nicht zwingende Recht* (O direito cogente e o não cogente), Jena, 1899.

EICHHOFF, ERNST, *Die Lehre von der* compensatio lucri cum damno (A teoria da *compensatio lucri cum damno*), Kiel. Diss., 1896; Eberfeld, 1898.

EICHLER, H., *Die Rechtslehre vom Vertrauen* (A doutrina jurídica da Confiança), 1950.
EINERT, C., *Tractatus de Actione ad exhibendum, ex praeceptis iuris civilis romani*, Lipsiae, 1816.
EINERT, KARL, *Das Wechselrecht nach dem Bedürfnis des Wechselgeschäfts im 19. Jahrhundert* (O Direito cambiário segundo a exigência do negócio cambiário no século XIX), Leipzig, 1839.

_____. *Erörterungen einzelner Materien des Civilrechts* (Discussão de várias matérias de direito civil), Dresden u. Leipzig, 2ª ed., 1846.
EISELE, FRIDOLIN, *Cognitur und Prokuratur* (Cognitur e procurator), Freiburg i. B. u., Tübingen, 1881.

_____. *Über die* actio iudicati *und die Nichtigkeitsbeschwerde* (Sobre a *Actio iudicati* e a Querela recursal de nulidade), *Abhandlungen zum römischen Civilprozess*, Freiburg, 1889.

Esse livro (143 s.) contém o estudo fundamental sobre a declaração da inexistência da sentença, ao tempo das *legis actiones* e das *cognitiones*.
EISLER, Die Prozessvoraussetzungen im österr. Strafprozess (*Os pressupostos processuais no direito penal austríaco*), *Grünhuts Zeitschrift*, 17, 587 s.

_____. *Beziehungen zwischen Zivil- und Strafsache* (Relações entre matéria civil e matéria criminal), exemplar sem folha de rosto.
EKELÖF, OLAF, *Das rechtliche Interesse als Interventionsgrund* (*O Interesse jurídico como causa de Intervenção*), *Festschrift für* J. W. HEDEMANN, 1938, 206 s.
ELTZBACHER, PAUL, *Die Handlungsfähigkeit nach deutschem bürgerlichem Recht* (A capacidade de ato segundo o Direito civil alemão), Berlin, 1903, I.

_____. *Die Unterlassungsklage* (A Ação de abstenção). Berlin, 1906.
ELVERS, C. F., *Praktische Arbeiten* (Trabalhos práticos), Rostock, 1836.
EMMERICH, HUGO, *Pfandrechtskonkurrenzen* (Concorrências de Direitos de penhor), Berlin, 1909.

_____. *Die Sanierung* (A Sanação), Mannheim, 1930.
ENDEMANN, FRIEDRICH, *Einführung in d. Studium des BGB.* (Introdução ao estudo do Código Civil), 3ª-4ª ed., Berlin, 1897, I-II, 5ª-6ª ed.; 1898-1900, I-III; 8ª ed., 1903.

_____. *Lehrbuch des Bürgerlichen Rechts* (Tratado de Direito Civil), Berlin, 1903 I, 1-4, 8ª-9ª ed.; II, *1* 1905, 2, 1908; III, *1* 1919, *2*, 1920.
ENDEMANN, W., *Das Prinzip der Rechtskraft* (O Princípio da Força jurídica), Heidelberg, 1860.

_____. *Die Beweislehre des Zivilprozesses* (A Teoria da Prova no processo civil), Heidelberg, 1860.

_____. *Das deutsche Zivilprozessrecht* (O Direito processual civil alemão), Heidelberg, 1868.

_____. *Das deutsche Konkursverfahren* (O processo concursal alemão), Leipzig, 1889.
ENGELHARDT, EANS, *Welche Rechte stehen dem Oberbesitzer zu?* (Que direitos assistem ao sobrepossuidor?), Hamburg, 1902.
ENGELMANN, A. *Der Civilprozess*, Geschichte und System (O Processo Civil, *História e Sistema*), I. Allgemeiner Teil (Parte Geral). Breslau, 1889 s.; II. Geschichte des Civilprozesses (História do Processo Civil), 1895-1897; III. Der deutsche Civilprozess (Processo Civil alemão), Breslau, 1901.

_____. *Der mittelalterlich-deutsche Prozess* (O processo alemão medieval), Breslau, 1899.
ENGELMANN-KEIDEL, veja J. *von Staudingers Konamentar.*
ENGELMANN, TH., veja J. v. *Staudingers Kommentar.*
ENNECCERUS, L. *Rechtsgeschäft, Bedingung und Anfangstermin* (Negócio jurídico, Condição e Termo inicial), Marburg, 1889.
_____. *Das Bürgerliche Recht* (O Direito Civil), 2ª ed., Marburg, 1901, I-II.
ENNECCERUS, KIPP u. WOLFF, *Lehrburh des bürgerlichen Rechts* (Tratado do Direito civil), Marburg, 1922-1923; I, 30ª-34ª ed., 1928; II, 1, 1930; II, 2-3, 1928; III, 1929. Quando se cita outra edição, diz-se.
ENRIQUES, ENZO, *La Sentenza come fatto giuridico*, Padova, 1937.
ERMAN, WALTER, *Handkommentar zum BGB.* (Comentário manual ao Código Civil), Fränster-West., 1952, 2ª ed.; 1960 (HEINZ GORKE).
ERNST, W., u. M. KROHNE, *Die Zivilprozessordnung* (A ordenação processual civil), Berlin, 1904.
ESCHER, A., Erbrecht (*Direito das Sucessões*), *Kommentar zum schweizerischen Zivilgesetzbuch* (AUGUST EGGER), Zürich, 1912, III.
ESLE, E., *Vom Wesen des Rechts und der Sittlichkeit* (Da Essência do Direito e do Costume), Basel, 1925.
ESMARCH, K., *Vacuae possessionis traditio*, Prag, 1873.
ESMEIN, A., *Eléments de Droit constitutionnel français et comparé*, 7ª ed., Paris, 1922, I-II.
_____. Nota no *Recueil Sirey* 1898, 1, 17 (100).
_____. La jurisprudence et la doctrine, *Revue trimestrielle de Droit civil*, 1902.
_____. *Nouvelle Revue Historique*, 11.
ESPÍNOLA FILHO, EDUARDO, *Código de Processo Penal Brasileiro.*
ESQUIROU DE PARIEU, *Études historiques et critiques sur les Actions possessoires*, Paris, 1850.
ESSER, JOSEPH, *Lehrbuch des Schuldrechts* (Tratado de Direito das Obrigações), Karlsruhe, 1949, 2ª ed.; 1960.
ESTELITA, GUILHERME, *Da Ação declaratória no Direito Brasileiro*, Rio de Janeiro, 1933.
_____. *Da Coisa julgada,* Rio de Janeiro, 1936.
EVERS, H. U., *Der Richter und das unsittliche Gesetz* (O Juiz e a Lei Imoral), Berlin, 1956.
EXNER, ADOLF, Die imaginäre Gewalt (*O poder imaginário*), *Zeitschrift der Savigny-Stiftung für Rechtsgeschichte*, Parte germânica, VIII, 167.
_____. *Die Lehre vom Rechtserwerb durch Tradition nach österreichischem und gemeinem Recht* (A teoria da aquisição do direito pela tradição, segundo o direito austríaco e o comum), Wien, 1867.
FABER, A., *Rationalia in Pandectas,* Lugduni, 1659-1663, I-II.
_____. *Codex Fabrianus definitionum forensium et rerum in sacro Sabaudiae senatu tractatarum,* Coloniae Allobrogum, 1740. Também, Lugduni, 1606.
FABI, BRUNO, Disciplina delle pronuncia di incompetenza per continenza di causa, *Studi in onore di* EULA, Milano, 1957, I.
FADDA, CARLO, *Parte Generale del Corso di Diritto romano con speciale riguardo alla teoria del Negozio giuridico*, Napoli, 1909.

FADEL, SÉRGIO SAHIONE, *Código de Processo Civil comentado*, Rio de Janeiro, 1974, IV.
FALKMANN, Die Pfandbarkeit von Wahlforderungen (*A Penhorabilidade de Créditos com escolha*), *Das Recht*, 15 (1911), 1 s.
FALKMANN, R., - B. MUGDAN, *Die Zwangsvollstreckung* (A Execução forçada), 2ª ed., Berlin, 1914, I-II, 3ª e 8ª ed.; 1937 (HUBERNAGEL).
FASCHING, HANS, *Kommentar zu den Zivilprozessgesetzen* (Comentário às Leis de Processo Civil), Wien, 1959-1971, I-IV.
FAZZALARI, ELIO, *La Giurisdizione volontaria, profili sistematico*, Padova, 1953.
FEBO, MELCHIOR, *Decisiones Senatus Regni Lusitaniae*, Ulyssipone, 1619, I; 1625, II, 2ª ed.; 1672, 3ª ed.; (anotações de JOSÉ DOS SANTOS PALMA, provavelmente), 1713, I; 1731, II; Conimbricae, 1736, I-II.
FEDOZZI, P., *L'Arbitrato nel diritto processuale civile internacionale*, Palermo, 1908.
O autor repeliu, sem razão, a aplicação do laudo arbitral como peça lógica ajurisdicional. Publicizou, portanto, a função do árbitro, que é privada. Para isso, *cindiu* as decisões arbitrais em parte declarativa, que ficaria ao árbitro, e parte condenatória, que dependeria do *ato judicial* (39). Tal construção supõe ajurisdicionais as sentenças declarativas. Nem histórica nem sistematicamente seria de admitir-se. Mesmo porque, se assim fosse, a "sentença" arbitral nas espécies do art. 4° não precisaria de homologação. A fonte de tal erro de P. FEDOZZI está no seu adversário ALFREDO ROCCO (*La Sentenza civile*, 34), que pôs a tese falsa do primado do elemento declarativo em quaisquer sentenças.
FEENSTRA, R., Fidem emptoris sequi, *Studi in onore de* UGO ENRICO PAOLI, Firenze, 1956, 273-287.
FEHR, H., *Hammurapi und das salische Recht, eine Rechtsvergleichung* (Hammurapi e o Direito sálico, uma comparação jurídica), Bonn, 1910.
FHER, M., *Beiträge zur Lehre vom römischen Pfandrecht in der klassischen Zeit* (Contribuição à Teoria do Direito romano de penhor na era clássica), Upsala, 1910.
FEIN, E., *Das Recht der Collation* (O direito de colação), Heidelberg, 1842.
FERRARA, FRANCESCO, *Tratatto di Diritto civile*, Roma, 1921, I.
FERRARA JUNIOR, FRANCESCO, *Le Banche e le operazioni di banca*, Firenze, 1940.
_____. *La Teoria giurídica dell'Azienda*, Firenze, 1945.
FERRARA SANTAMARIA, MASSIMO, *La Vendita a rate con riserva di proprietà*, 2ª ed., Napoli, 1938.
FERRARI, G., *Introduzione ad uno studio sul Diritto pubblico consuetúdinario*, Milano, 1950.
FERRARIIS, PETRUS DE, *Nova Practica Singularis ac perutilis una cum additionibus* FRANCISCI DE CURTE *noviter correcta et emendata*, Lugduni, 1515.
FERREIRA, MANUEL ÁLVARES, *De Novorum Operarum aedificationibus eorumque nuntiationibus*, Portopoli, 1749.
FERREIRA, MANUEL LOPES, *Prática Criminal*, Lisboa, 1730-1733.
_____. *Direção para os Sindicantes*, Lisboa, 1733, I-IV.
FERREIRA, VALDEMAR, *O Loteamento e a Venda de terrenos a prestação*, São Paulo, 1938, I-II.
FERREIRA ALVES, J. A., *Manual* veja LACERDA, PAULO DE, *Manual*.
_____. *Consolidação das Leis relativas ao Juízo da Provedoria*, 5ª ed., Rio de Janeiro, 1912, I-II.

_____. Da Sucessão testamentária (*Manual do Código Civil Brasileiro*, Tomo XIX), Rio de Janeiro, 1917.
FERREIRA LOPES, LEVINDO, *Teoria e Prática do Processo Civil, Comercial e Criminal*, Belo Horizonte, 1914, nova edição.
FERRETUS, AEMYLIUS, *Libellus de Mora et Interesse*, Lugduni, 1564.
FERRI, GIUSEPPE, *La Fusione delle Società commerciali*, Roma, 1936.
FERRI, LUIGI, *La Trascrizione degli acquisti "mortis causa" e problemi connessi*, Milano, 1951.
FERRINI, CONTARDO, *Manuale di Pandete*, 3ª ed., Milano, 1908.
_____. Obbligazioni, *Enciclopedia giuridica italiana*, 12, Parte I.
FETZER, (e C. G. GMELIN), *Diss. de iure separationis, quod exorto super bonis emtoris concursu venditori in re vendita competit*, Tubingae, 1799.
FEUSTEL, CARL, *Der Anspruch aus § 1.007 BGB. verglichen mit den Klaggebilden des früheren Rechts* (A Pretensão oriunda do § 1.007 do Código Civil comparada com as criações de ações do direito anterior), Jena, 1900.
FIERICH, F. X. R. VON, *Unzulässigkeit des Rechtsweges* (Inadmissibilidade da via jurídica), Wien, 1913.
FILIPE, BARTOLOMEU, *De Fictionibus*, Salmanticae, 1536. "Optimum" (MELO FREIRE, PASCOAL JOSÉ DE, *Historiae Iuris*, 97).
FIORE, PASQUALE, *Questioni di diritto su casa controversa*, Torino, 1904.
FISCHER, HANS ALBRECHT, Konzentration und Gefahrtragung bei Gattungsschulden (*Concentração e Ônus de risco em Obrigações genéricas*), *Jherings Jahrbücher*, 51 (1907), 158-238. Também em separata (Jena, 1907).
FISCHER, OTTO, *Recht und Rechtsschutz* (Direito e Tutela jurídica), Berlin, 1889.
_____. Von den subjektiven Grenzen der Rechtskraft (*Dos limites subjetivos da coisa julgada*), *Jherings Jahrbücher*, 40 (1899), 151-248.
_____. Vollstreckbarkeit (*Executabilidade*), *Festgabe für* FELIX DAHN, Breslau, 1905, II.
_____. Kompetenzkonflikt gegenüber einem Zwangsvollstreckungsverfahren (*Conflito de competência em relação a processo de execução forçada*), *Das Recht*, 14 (1910), nº 1-6.
FISCHER, OTTO, e WILHELM HENLE, *Bürgerliches Gesetzbuch* (Código Civil), München, 1897; 2ª ed., 1898; 9ª ed., 1912.
FISCHER, OTTO, u. L. SCHÄFER, *Die Gesetzgebung betreffend die Zwangsvollsstreckung in das unbewegliche Vermögen* (A legislação relativa à execução forçada em bem imóvel), 2ª ed., Berlim 1910.
_____. *Unmöglichkeit als Nichtzigkeitsgrund bei Urteilen und Rechtsgeschäften* (Impossibilidade como fundamento de nulidade quanto a sentença e negócios jurídicos), München, 1912-1913.
Mostrou a *validade* da decisão sobre prestação impossível. Estudos posteriores melhor urdiram a teoria.
Polêmica com ADOLF WACH, que escreveu na *Rheinische Zeitschrift für Zivil- und Prozessrecht*, III (1011), 373 s.; IV (1912), 509 s.; VI (1914), 357 s.
_____. *Lehrbuch des deutschen Zivilprozess- und Konkursrechts* (Tratado de Direito civil alemão e de direito falencial), Berlin, 1918.
FITTING, HERMANN, Die Grundlagen der Beweislast (*Os Fundamentos do Ônus da prova*), *Zeitschrift für deutschen Zivilprozess*, 13, 179 s.

COMENTÁRIOS AO CÓDIGO DE PROCESSO CIVIL 293

_____. *Das Reichskonkursrecht u. Konkursverfahren* (Direito concursal do *Reich* e Processo concursal), Berlin, 1909.
FLAD, Von der Unterlassungsklage, insbesondere im Gebiet der unerlaubten Handlungen (*Sobre a Ação de abstenção, particularmente no domínio dos atos ilícitos*), *Jherings Jahrbücher,* 70, 336-381.
FLATAU, E., *Die Zwangsvollstreckung in Leihmöbel* (A execução forçada em móveis dados em uso), Berlin, 1909.
FLEGEL, MAX, *Der Begriff der Einrede im BGB.* (O Conceito da Exceção no Código Civil), Jena, 1902.
FONSECA, FRANCISCO XAVIER DOS SANTOS DA, *Additiones ad Doctorem Emmanuelem Barbosam in Remissionibus ad Ordinationes Regias*, Ulyssipone, 1732.
_____. *Additiones ad Emmanuelem Mendes de Castro*, Conimbricae, 1739.
FORSTER, JOHN W., *The Practice of Diplomacy,* Boston, 1906.
FORSTER, R., Die Hauptintervention (A intervenção principal), Erlangen, 1911.
FORSTHOFF, ERNST, *Lehrbuch des Verwaltungsrechts* (Tratado de Direito Administrativo), München, 1950, I.
FRAGA, AFONSO, *Teoria e Prática na Execução das Sentenças,* São Paulo, 1922.
_____. *Direitos reais de garantis, Penhor, Anticrese e Hipoteca*, São Paulo, 1933.
_____. *Instituições do Processo Civil do Brasil*, São Paulo, 1940.
FRAGALI, MICHELE, Il Deposito sospensivo della esecuzione mobiliari, *Rivista di Diritto Processuale Civile*, IV (1927), Parte II, 208-221.
_____. Deposito successivo al pignoramento, *Rivista di Diritto Processuale Civile*, V (1928), Parte II, 266-270.
Com apostila de FRANCESCO CARNELUTTI (270-271), que está com a razão (direito italiano) e cuja nota, como argumento, serve contra má interpretação do nosso art. 621.
_____. Natura gluridica del deposito sospensivo dell'esecuzione mobiliare, *Rivista di Diritto Processuale Civile*, 11 (1934), Parte II, 251-268. Veja nota acima e comentário deste livro ao art. 735.
FRAGISTAS, CH. N., *Das Präventionsprinzip in der Zwangsvollstreckung* (O princípio de prevenção na execução forçada), Mannheim-Berlin-Leipzig, 1931.
_____. *Fragmenta Vaticana* Mosaicarum et Romanarum legum collatio, ed. TH. MOMMSEN, Berlin, 1890 (*Collectio librorum iuris anteiustiniani*, III).
FRANÇA, FELICIANO DA CUNHA, *Arestos, ou Decisoens dos Senados deste Reino de Portugal*, Lisboa, 1664.
_____. *Additiones aureaeque Illustrationes ad quinque libros Emmanuelis Mendes de Castro,* Lisbone, 1765.
FRANCKE, Die Entstehung des Pfandrechts an gepfändeten Sachen (*O Nascimento do Direito de penhor em coisas penhoradas), Zeitschrift für deutschen Zivilprozess,* 36 (1906), 308 s.
FRANCK, W., *Civilistische Abhandlungen* (Dissertações civilísticas), Göttingen, 1826.
Contém estudo da querela de nulidade (recurso): *Beitrag zur Lehre von der Nichtigkeitsbeschwerde.*
_____. *Beiträge zur Erläuterung eingelner Rechtsmaterien* (Contribuições para elucidação de algumas matérias), Göttingen, 1828.
_____. *Exegetisch-dogmatische Kommentar über den Pandektentitel* de hereditatis petitio (Comentário exegético-dogmatico sobre o Título das Pandectas de *hereditatis petitio*), Göttingen, 1864.

FRANK, CARL, *Der Besitzwille nach dem Bürgerlichen Gesetzbuch* (A vontade de posse segundo o Código Civil), Bonn, 1898.

FRANK, REINHARD, Der Einfluss des Todes einer Partei auf das Feststellungsverfahren im ordentlichen Prozess (*O Influxo da Morte de uma parte sobre o processo cognitivo, no procedimento ordinário*), *Zeitschrift für deutschen Zivilprozess*, 13 (1889), 184 s.

FRANKENSTEIN, ERNST, *Internationales Privatrecht* (Direito internacional privado), Berlin, 1926, I; 1928, II; 1934, III; 1935, IV.

FREDERICO MARQUES, JOSÉ, *Manual de Direito Processual Civil*, São Paulo, 1974, I e II.

FREIRE, HOMERO, *Litisconsórcio necessário ativo*, Recife, 1954.

FRETTE-DAMICOURT, P., *De l'Intervention en première instance et en appel*, Rennes, 1906.

FREUND, ERNEST, *The Police Power, Public Police and Constitutional Rights*, Chicago, 1904.

FREUND, G. S., *Die Rechtsverhältnisse der öffentlichen Anleihen* (As relações jurídicas do Empréstimo público), Berlim 1907.

_____. *Der Schutz der Gläubiger gegenüber auswärtigen Schuldnerstaaten* (A Proteção do credor contra Estados estrangeiros devedores), Berlin, 1910.

FREUNDT, CARL, *Das Wechselrecht der Postglossatoren* (O Direito cambiário dos Pósglosadores), Leipzig, 1899.

FREYMUTH, Zurückname eines Rechtsmittels ceitens des einen von mehreren notwendigen Streitgenossen (*Desistência de um meio jurídico por parte de um de muitos litisconsortes necessários*), *Zeitschrift für deutschen Zivilprozess*, 28 (1901).

FRIEBE, GÜNTHER, *Ist zum Eigenbesitz der sogennante* animus dolini *erforderlich?* (¿É necessário à Posse própria o chamado *animus domini*?), Breslau, 1905.

FRIEDLAENDER, J., Die Lehre von der absoluten Nichtigkelt strafgerichtlicher Urteile (*A Teoria das Nulidades absolutas das sentenças da justiça penal*), *Gerichtssaal*, 58, 339 s.
Um dos escritos mais importantes, nos nossos tempos, sobre o não processo (processo inexistente), o processo nulo *ipso iure* (nulidade absoluta) e os processos nulos simplesmente. A decisão publicada. ou proclamada pelo presidente do tribunal "existe" ainda que falsa a proposição da ementa; tem-se de atacá-la pelos meios contra as sentenças existentes (352). A não sentença (sentença inexistente) não tem eficácia, nem se lhe aplicam as regras referentes à nulidade.

_____. *Das Verfahren ausser von Streitsachen* (O processo fora dos litígios), Wien, 1918.

FRIEDMANN, O., *Geheime Verhandlungen und Wahrung von Geheimnissen* (Audiência secreta e guarda dos segredos), Wien, 1895.

FRIEDRICHS, KARL, *Grundzüge des Steuerrechts im Reich und in Preussen* (Lineamentos de Direito tributário no Reich e na Prússia), Berlin, 1925.

FRIESE, J. B., *De pacto dominiunt in emtione venditione usque ad pretii solutionem reservante*, Ienae, 1706.

FRIETZSCHE, HANS, *Richteramt und Persönlichkeit, Wahrheit und Lüge im Zivilprozess* (Oficio judicial e Personalidade. Verdade e Mentira no processo civil), Zürich, 1921.

FROMMHOLD, G., *Erbrecht* (Direito das Sucessões), Berlin, 1900.

FUCHS (de Marburg), Über das Concursprivileg des Deponenten (*Sobre o Privilégio concursal do depositante*), *Archiv für die civilistische Praxis*, 62 (1879), 183-194.

FUCHS, EUGEN, *Das Wesen der Dinglichkeit* (A natureza da qualidade de Real), Berlin, 1889.
FULGÊNCIO, TITO, *Do Desquite,* São Paulo, 1923.
FURGOLE, *Traité des Testaments,* Toulouse, 1779.
FURNO, CARLO, *Contributo alla Teoria della Prova legale,* Padova, 1940.
_____. *Dissegno sistematico delle Opposizioni nel processo esecutivo,* Firenze, 1942.
_____. *Accertamento convenzionale e Confessione strapiudiziale,* Firenze, 1948.
_____. Confessione, *Enciclopedia del Diritto,* VIII, 876.
_____. *Rivista Trimestrale di Diritto e Procedura Civile,* XI (1957), 361-365.
FUSINATO, G., *Esecuzione delle sentenze straniere in materia civile e commerciale,* Roma, 1884.
_____. Delibazione (Giudizio di), *Enciclopedia Giuridica Italiana,* Milano, 1911, IV, Partes I, II e III.
GABBA, C. F., *Teoria della retroattività delle leggi,* Torino, 1891, I; 1897, II-III; 3ª ed., 1898, IV.
GAEDEKE, Die Nachzahlungspflicht aus § 125 ZPO (*O dever de pagamento posterior oriundo do § 125 da Ordenação Processual Civil*), *Juristische Wochenschrift,* 65 (1936), 1634.
GARTNER, MAX, *Der gerichtliche Schutz gegen Besitzverlust nach römischem und neuem deutschen Recht* (A proteção judicial contra perda da posse segundo o direito romano e o novo direito alemão), Breslau, 1901.
GAETANO, PAOLO, *Gai Institutiones,* ed. P. KRÜGER et G. STUDEMUND, Berlin, 1891, ed. III; 1923, ed. VII (*Collectio librorum iuris anteiustiniani,* I).
_____. I Privilegi, em F. VASSALLI, Torino, 1939, 2ª ed., 1949.
GAILL, ANDREAS, *Tractatus de manuum iniectionibus, impedimentis, sive arrestis Imperii,* em GAILL, *Pract. observ.*
_____. *Practicarum observationum, tem ad processum iudiciarum, praesertim Imperialis Camerae, qwam causarum decisiones pertinentium libri duo,* 1580; Coloniae Agrippinae, 1721, editio postrema.
GALGANO, *Sulla Dottrina della Sostituzione processuale,* Napoli, 1911.
GALLUPPI, ENRICO, *Teoria della Opposizione del terzo,* Torino, 1895.
GAMA, ANTÔNIO DA, *Decisionum Supremi Senatus Lusitaniae centuriae,* IV, Ulyssipone, 1578; Antuerpiae, 1699.
_____. *Decisiones Supremi Senatus Regni Lusitaniae.* Ulyssipone, 1578.
GAMA BARROS, HENRIQUE DA, *História da Administração Pública em Portugal nos séculos XII a XV,* Lisboa, 1914, III.
GAMA CERQUEIRA, JOÃO DA, *Tratado da Propriedade Industrial,* Rio de Janeiro, 1946, I; 1952, II, *I*; 1956, II, *II.*
GANGI, CALOGERO, *Persone fisiche e persone giuridiche,* Milano, 1946.
GARBAGNATI, EDOARDO, *Il Concorso di Creditori nell'espropriazione singolare,* Milano, 1938.
_____. *La Sostituzione processuale,* Milano, 1962.
GABEIS, KARL, *Der Allgemeine Teii des bürgerlichen Gesetzbuches* (A Parte Geral do Código Civil), Berlin, 1900.
GARSONNET, E. e C. CÉZAR-BRU, *Traité théorique et pratique de Procédure civile et commerciale,* 3ª ed., Paris, 1912-1925, I-IX.

GATTI, ACHILLE, *L'Autorità della Cosa giudicata in materia civile*, 2ª ed., Roma, 1911.
_____. *Dell'Autorità del giudicato civile*, Torino, 1902.
GAUPP L., u. FRIEDRICH STEIN, *Die Zivilprozessordnung* (A Ordenação do Processo Civil), 10ª ed., Tübingen, 1911; 11ª ed., 1913, I-II.
GAUPP L., u. FRIEDRICH STEIN,-DONAS (MARTIN), *Kommentar zur Zivilprozessordnung*, 14ª ed., Tübingen, 1928-1929, I-II.
GEIB, OTTO, *Die rechtliche Natur der* actio communi dividundo (A natureza jurídica da *Actio communi dividundo*), Tübingen, 1882.
_____. *Theorie der gerichtlichen Compensation* (Teoria da Compensação judicial), Tübingen, 1897.
_____. *Rechtsschutzbegehren und Anspruchsbestätigung im deutschen Zivilprozess* (Exigência de tutela jurídica e com provação da pretensão no processo civil alemão), München, 1909.
GEIER, KURT, *Der Begriff der Einrede nach dem BGB*. (O conceito de exceção segundo o Código Civil), Jena, 1901.
GELLIUS, A., (GÉLIO, AULO) *Noctes Atticae*, um século antes de Cristo, HERTZ, Lipsiae, 1886.
GENSLER, J. C., Kurze Bemerkungen über das vertragsmässig vorbehaltene Eigentum an der verkauften und tradirten Sache (*Curtas considerações sobre a Propriedade reservada contratualmente em coisas compradas e entregues*), *Archiv für die civilistische Praxis*, II (1821), 291-293.
GÉNY, FRANÇOIS, *Science et Téchnique en Droit Privé positif*, Paris, 1914, I-II; 1921, III.
Sobre quantificação e *venia aetatis* (III, 64).
_____. *Méthode d'Interprétation et sources en Droit privé positif*, 2ª ed., Paris, 1919.
GEORG, FRANÇOIS, *Les Droits sur les Lettres missives étudiés principalement en vue du système postal français*, Paris, 1911, I-II.
GEORGII, F. G., Beitrag zur Lehre von der Rückanwendung neuer Gesetze, mit besonderer Rücksicht auf einige von WEBER deshalb alfgestellte Grundsätze (*Contribuição à Doutrina da Aplicação retroativa de novas leis, com particular referência a alguns princípios fundamentais postos a respeito por* WEBER), *Archiv für die civilistische Praxis*, III (1833), 145-194.
GERBER, H., *Beichträge z. Lehre von Klagegrunde u. d. Beweislast* (Contribuição à Doutrina do Fundamento da Ação e do ônus da Prova), Jena, 1858.
GERNSHEIM, E., *Die Ersetzungsbefugnis* (facultas alternativa) *im deutschen bürgerlichen Recht* (A Permissão de substituir (*facultas alternativa*) no direito civil alemão), Berlin, 1906.
GESLER, HELMUTH, § *328 ZPO.*, Ein Beitrag zu der Lehre von der zwingenden Natur der Kollisionsnormen (§ 328 da Ordenação Processual Civil, *Contribuição à Doutrina da natureza cogente das normas de colisão*), 1933.
GESTERDING, F. C., *Lehre vom Pfandrecht* (Doutrina do Direito de penhor), Greifswald, 1816.
_____. *Ausführliche Darstellung der Lehre vom Eigentum* (Exposição circunstanciada da Doutrina da Propriedade), Greifswald, 1817.
GHIRARDINI, Sull'arbitrato, *Rivista di Diritto Civile*, 1910.
GIANNINI, A. D., *Il Rapporto giuridico d'Imposta*, Milano, 1937.

GIANTURCO, E., *Sistema di Diritto civile italiano*, Napoli, 1907, I, 3ª ed., 1910.
_____. em *Digesto italiano*, III.
GIERKE, OTTO VON, *Das deutsche Genossenschaftsrecht* (O Direito corporativo alemão), Berlin, 1868, I; 1873, II; 1881, III.
_____. *Die Genossenschftstheorie und die deutsche Rechtsprechung* (A Teoria da Corporação e a jurisprudência alemã), Berlin, 1887.
_____. *Deutsches Privatrecht* (Direito privado alemão), Leipzig, 1895, I; 1917, III.
_____. *Die Bedeutung des Fahrnisbesitzes für streitiges Recht* (A significação da Posse de bens móveis para direito litigioso), Jena, 1897.
_____. *Vereine ohne Rechtsfähigkeit nach dem neuen Recht* (Associações sem capacidade de direito segundo o novo direito), 2ª ed., Berlin, 1902.
_____. *Schuld un Haftung im älteren deutschen Recht* (Dívida e Responsabilidade no antigo Direito alemão), Breslau, 1910.
GIESE, WILHELM, *Besitzrechtsschutz im BGB*. und actio in rem Publiciana (Proteção do Direito de posse no Código Civil e *actio in rem Publiciana*), Berlin, 1941.
GIESKER, H., *Das Recht des Privaten an der eigenen Geheimsphäre* (O Direito dos Particulares à própria esfera íntima), Zürich, 1905.
GIL, BENTO, *Directorium Advocatorum et de privilegiis eorum*, Ulyssipone, 1613 (B. EGIDIUS).
GIONFRIDA, GIULIO, Appunti sulla connessione e continenza di cause, *Rivista trimestrale di Diritto e Procedura Civile*, 14 (1960), 130-150.
GIORGIANNI, M., *Il Negozio d'Accertamento,* Milano, 1939.
GIOVENE, ACHILLE, *Il Negozio giuridico rispetto ai Cerzi*, Torino, 1917.
GIPHANIUS, HUBERTUS, *Explanationes difficilior. et celebrior. Leg. Cod.,* Coloniae Paucianae, 1614.
GIRARD, P. F., *Manuel élémentaire de Droit Romain*, 4ª ed., Paris, 1906.
GIRTANNER, W., *Die Bürgschaft nach gemeinem Civilrecht* (A França segundo Direito civil comum), Jena, 1850, I; 1851, II.
GIUDICEANDREA, NICOLA, *Le Impugnazioni civili,* Milano, 1952.
GLASSON, E., et A. TISSIER, *Traité théorique et pratique d'Organisation judiciaire, de Compétence et de Procédure civile,* 3ª ed., Paris, 1925, I.
GLÜCK, CHR. FR. VON, *Opuscula iuridica*, Erlangae, 1785-1790, I-IV.
_____. *Ausführliche Erläuterung der Pandecten* (Explicação minuciosa das Pandectas), Erlangen, 1867, VI.
GMELIN, C. G. VON, *Commentatio de iure pignoris vel hypothecae, quod creditori debitor in re sibi non propria constituit*, Ulmae, 1778.
_____. *Die Ordnung der Gläubiger bei dem Gantprocesse nach dem Römischen, Teutschen u. bes. K. Württemberg. Rechte* (A Ordem dos credores no processo falencial segundo o direito romano, alemão e especialmente do reino de Vurtemberga), 5ª ed., Stuttgart u. Tübingen, 1813.
GMELIN, J. G., *Die Vollstreckbarkeit nach dem Reichszivilprozessrecht* (A executabilidade segundo o direito processual do Reich) Tübingen, 1898.
GMÜR, MAX, *Kommentar zum Schweizerischen Zivilgesetzbuch* (Comentário ao Código Civil Suíço), 2ª ed., Bern, 1919, Einleitung (MAX GMÜR), Personenrecht (ERNST HAFTER), I; 1914, Familienrecht, Das Eherecht (1914, MAX GMÜR, 2ª ed., 1919 MAX GMÜR e E. HAFTER), II, 1; 1913, Die Verwandtschaft (A. SILBERNAGEL),

2ª ed., II, 2, 1927 (A. SILBERNAGEL u. P. WÄBER), II, 2; 1918, Die Vormundschaft (JOSEPR KAUFMANN), 2ª ed., 1924, II, 3; 1913, Das Erbrecht (P. TUOR), III, 1929; 1925, Das Sachenrecht, Das Eigentum (H. LEEMANN), 2ª ed., IV; 1925, Die beschränkten dinglichen Rechte (H. LEEMANN), IV, 2; 1917, Besitz und Grundbuch (FRITZ OSTERTAG), IV, 3; 1926, Schlusstitel, Anwendungs-und Einführungsbestimmungen (P. MUTZNER) 2ª ed., V, 1, ; 1932, Einführungs-und Ubergangsbestimmungen (E. BECK), V, 2; 1921-1945, Das obligationenrecht (HERMANN BECKER), 2ª ed., VI, 1, 2ª ed., 1934, 2; 1942, Kommentar zum revidierten Bürgschaftsrecht (S. GIOVANOLI); 1943, Die Kollektiv und Kommanditgesellschaft (WILHELM HARTMANN), VII, 1; 1939, Die Gesellschaft mit beschränkter Haftung (A. JANGGEN u. H. BECKER), VII, 3; 1940, Handelsregister (E. HIS), VII, 4; Schluss-und Übergangsbestimmungen (W. STAUFFER), VII, 7.

_____. Einleitung (*Introdução*), *Kommentar zum schweizerischen Zivilgesetzbuch*, Bern, 1919, 2ª ed., I, 48.

_____. GOEDEN, HENNING, *Iudicarii ordinis processus,* Coloniae Agrippinae, 1552.

GONNER, nº TH., *Handbuch des deutschen gemeinen Prozesses* (Manual do Processo comum alemão), 1ª ed., Erlangen, 1802; 2ª ed., 1804-1805, I-IV.

GÖPPERT, H., *Über die organischen Erzeugnisse* (Sobre os Produtos orgânicos), Halle, 1869.

GÖSCHEN, J. F. L., *Grundriss zu Pandecten-Vorlesungen* (Resumo para Preleções sobre as Pandectas), Göttingen, 1827.

GOESSEL, A. F., *De vi reservati dominii et hypotecae in re vendita, moto concursu creditorum sese imprimis exserente,* Cellae, 1793.

GOETZ, M. W., *Commentatio de errore in transactionibus rede aestimando,* Altdorf, 1797.

GOETZ, OTTO WALTER, *Die Pflicht zur Vorlegung von Uskunden im BGB. und in der ZPO.* (O Dever de exibição de documentos no Código Civil e na Ordenação Processual Civil), München, 1911.

GOETZELER, *Beiträge zu der Lehre von der Nebenintervention nach geltendem und zukünftiyem Recht* (Contribuições à Teoria da Intervenção anexa segundo vigente e futuro direito), 1937.

GÖTZMANN, PAUL, *Grundurteil und Rechtskraft* (Sentença básica e coisa julgada), Heidelberg, 1930.

GOLDBERGER, J. T., *Der Schutz gutgläubiger Dritter im Verkehre mit Nichtbevóllmächtigten nach Bürgerlichem Gesetzbuch* (A Proteção dos terceiros de boa-fé no trato com o não investido de poderes, segundo o Código Civil), Berlin, 1908.

GOLDENRING, Das Mahnverfahren (*O Processo monitório*), Zeitschrift für deutschen Zivilprozess, I.

GOLDFELD, Vortrag (nota prévia), *Deutsehe Juristen-Zeitung,* I (1896), 256.

Trata-se de breve nota prévia apresentada à Sociedade Hamburguesa de juristas sobre "a posição do executor testamentário segundo os Projetos de Código Civil".

GOLDFRED, FRITZ, *Die Ansprüch des Dritteigentümer non untechtmässiger Mobiliarzwangsvollstreckung vor und seit den inkrajttreten des BGB.* (As Pretensões do Terceiro proprietário por execução forçada mobiliária antes e após a vigência do Código Civil), Münster, 1901.

GOLDMANN, ERNST SELMAR, *Publicianischer Schutz im römischen und im preussischen Recht* (A Proteção Publiciana no direito romano e no prussiano), Berlin, 1897.
GOLDMANN, E., e H. LILIENTHAL, *Das Bürgerliche Gesetzbuch* (O Código Civil), 2ª ed., Berlin, 1903, I, 2ª ed., 1912, II.
GOLDSCHMIDT, CARL LEOPOLD, Über Vergleiche nach rechtskräftigen Erkenntnissen (*Sobre Transação após cognições com eficácia de coisa julgada*), *Archiv für die civilistische Praxis*, IX, 76-88.
GOLDSCHMIDT, JAMES, *Das Verwaltungsstrafrecht* (Direito penal administrativo), Berlin, 1902.
Todas as sentenças definitivas criminais têm eficácia (força ou efeito) de coisa julgada material (124 s.), diferentemente do que ocorre no processo civil, onde nem todas têm elemento declarativo suficiente.
_____. Materielles Justizrecht (*Direito judiciário material*), *Festgabe für* Prof. Dr. BERNHARD HUBLER, Berlin, 1905.
_____. *Ungerechtfertigter Vollstreckungsbetrieb* (Prosseguimento executivo injustificado), München, 1910.
Deve-se a JAMES GOLDSCHMIDT (*Ungerechtfertigter Vollstreckungsbetrieb*, 73 s.) a distinção entre o *ius executionis*, direito de execução, e o *ius exequendi*, direito à execução, como se fala, em matéria de posse, de *ius possessionis* e de *ius possidendi*.
_____. Zwei Beiträge zum materiellen Ziviljustizrecht (*Duas Contribuições ao direito judiciário civil material*), *Festgabe für* HEINRICH BRUNNER, Berlin, 1914.
_____. Hat das ordentliche Gericht bei späteren Rechtsstreitigkeiten ein Nachprüfungsrecht hinsichtlich der Würdigungder Rechtsnatur eines gemäss den Bekanntmachungen vom 16/17, Dezember 1916 aufgelösten Vertrages durch das Reichsschiedsgericht für Kriegswirtschaft? (*¿Tem a justiça ordinária, em litígios posteriores, direito de reexame no tocante à apreciação pela justiça arbitral federal para economia de guerra da natureza jurídica de contrato concluído de acordo com as Proclamações de 16/17 de dezembro de 1916?*), *Archiv für die civilistische Praxis*, 117 (1919), 1-45.
_____. *Der Prozess als Rechtslage* (O Processo como situação jurídica), Berlin, 1925.
Livro de grande valor; um dos livros de direito processual mais preciosos, nos últimos cinquenta anos. Dá-se com ele, porém, a singularidade de serem verdadeiras quase todas as proposições com que trabalha, excelente o material de que se serviu, de profunda correção lógica as suas conclusões parciais; mas *falsa a tese central da obra*, que é de ser o processo situação jurídica, e não *relação jurídica*. JAMES GOLDSCHMIDT forçou a tecla, ainda a respeito do direito romano, como provou L. WENGER. Tanto mais o autor se esforça por eliminar a relação jurídica processual, mais ela reaparece, no seu livro, em pontos isolados, ou o que bem mais significativo – vista mesmo por cima do processo.
Quando JAMES GOLDSCHMIDT diz que a obrigação do réu, perante o Estado, que o chama, nasce da relação jurídica geral que liga ao Estado o cidadão (aliás o judiciável) e não de relação jurídica processual, toma a classe e apaga a subclasse. Ninguém ousaria demonstrar que a relação jurídica política que nasce do alistamento não exista, porque é a mesma relação jurídica geral que liga ao Estado o cidadão. Quando se operou a evolução pela qual o Estado pôs ao alcance dos particulares, nos seus choques, antes resolvidos por autotutela (justiça própria), a tutela jurídica e, depois, a monopolizou,

não é verdade que se tenha *apagado* a relação jurídica processual: apenas se criou e acentuou a intromissão do Estado (autor, juiz; juiz, réu), com a angularidade típica da relação. O judiciável tem de submeter-se à jurisdição, está certo; e bem certo também é que essa obrigação é pré-processual, de direito constitucional e de direito das gentes. Mas, sem a petição do réu, não se forma a relação jurídica processual. Por onde bem se vê que a obrigação geral, abstrata, de sujeição à Justiça, não exaure o que se passa. A relação jurídica processual é ineliminável. Como o é a pretensão à tutela jurídica. Ainda nos processos *inaudita altera parte.*

O argumento de que falar-se de relação jurídica processual é aludir-se à relação jurídica material, ao passo que isso não se dá quando se emprega o conceito de situação jurídica, é tão frágil que não mereceria crítica. Exatamente no distinguir as *duas relações* é que está o maior mérito discriminativo da concepção. Salvo se JAMES GOLDSCHMIDT pretendia usar *dois* nomes (relação, situação) em vez de dois adjetivos (material, processual). Aliás, A. HEGLER (*Gerichtssaal*, 93, 446; *Archiv für die civilistische Praxis*, 333, 225), respondeu-lhe com toda a segurança; também, G. PETSCHEK, em *Gerichts-Zeitung,* 1929, 262.

_____. *Zivilprozessrecht* (Direito *Processual Civil*), Berlin, 1929, 2ª ed., Aalen, 1969.

GOLDSCHMIDT, LEVIN, *Handbuch des Randelsrechts* (Manual de Direito Comercial), 2ª ed., Stuttgart, 1875, I.

Sobre usos e costumes (I, 329-337).

GOMES, ALEXANDRE CAETANO, *Manual Prático Judicial Civil e Criminal,* Lisboa, 1748; 2ª ed., 1751.

P. 178: "...determinamos tratar mais difusamente esta matéria (arrematação real por real), por não haver até o presente tempo Doutor (*saltem* dos que temos notícia), que dela escrevesse". À p. 179 frisou ser regra não completa a da arrematação *real por real* (adjudicação), bem como não se confundir com o penhor e a anticrese. ou com a penhora *in fundo fructifero.*

GOMES, ANTÔNIO, *Variarum Resolutionum Iuris Civilis et Regni Libri tres* Salmanticae, 1532; Francofurti, 1573; Venetiis, 1572.

_____. *In Leges Tauri Commentaria*, Salmanticae, 1557; 2ª ed., 1582. Há outras edições (*e. g.*, Lugduni, 1602).

ANTÔNIO GOMES não era espanhol, como dizem os juristas europeus, inclusive espanhóis (*e. g.*, L. PRIETO CASTRO, *La Acción declarativa,* 34). Nasceu em Portugal; foi professor em Salamanca, à semelhança de tantos outros juristas portugueses, que ensinaram na Itália, em Espanha, na França, em Praga, etc. Foi a maior autoridade sobre as leis taurinas. No comentário à L. XL, encontra-se a melhor exposição dos fundamentos da ação declarativa que, através de RODRIGO SUÁREZ e outros, se vinha desprendendo da ganga romano-germânica.

_____. *Opus praeclarum et utilissimum super legibus Tauri,* Salmanticae, 1567, 2ª ed., 1582.

GOMES, ORLANDO, Os Professores e a legislação do trabalho, *Revista Forense,* 86, 691.

GONDIN NETO, JOAQUIM GUEDES CORREIA, *Posse Indireta,* Recife, 1943.

GORLA, GINO, *L'Assegnazione giudiziali dei crediti,* Roma, 1933.

_____. *Le Garanzie reali dell'obbligazione,* Milano, 1935.

_____. Pegno, Ipoteche, *Commentario dei Codice Civile* de A. SCIALOJA e G. BRANCA, Libro sesto, Bologna-Roma, 1945.

GORPHE, FRANÇOIS, *L'Appreciation des preuves en justice,* Paris, 1947.
GOULART DE OLIVEIRA, A., *Renovação de Contrato,* Rio de Janeiro, 1941, I; 1942, II.
GOUVEIA PINTO, ANTÔNIO JOAQUIM DE, *Manual de Apelações e Agravos,* Bahia, 1816. Veja TRIGO DE LOUREIRO.
_____. *Tratado regular e prático de Testamentos e Sucessões,* Rio de Janeiro, 1929, 2ª ed.
GRANDI, DINO, *Relazione alla maestà del re imperatore del ministro guardasigilli presentata nell'udienza del 28 ottobre 1940 XVIII per l'approvazione del testo del Codice do procedura civile, Gazzetta Ufficiale,* 28 ottobre, 1940.
Atribuiu, sem razão, à ordem sistemática do Código de Processo Civil italiano (primeiro, jurisdição), índice de mudança de mentalidade: o Código anterior apresentava os problemas do ponto de vista do litigante que pede justiça; o novo os propôs do ponto de vista do juiz que deve administrá-la. Aí, a interpretação de DINO GRANDI era política, se não psicanalítica; mais provavelmente, esforço consciente para adaptar à estrutura fascística, patriarcal, insinuando significado *ontológico,* a simples ordem metodológica.
GRASSETTI, CESARE, *L'Interpretazione del Negozio giuridico com particolar riguardo ai contratti,* Padova, 1938.
GRASSO, *Dei Poteri del giudice,* Torino, 1963.
GRASSUS, MICHAEL, *De Pacto futuri contractus praeparatorio,* Tübingae, 1688.
GRASSUS (30) caracterizou que o obrigado do pré-contrato *quer* concluir no futuro e não *declara a vontade* do segundo contrato. A declaração *futura* é conteúdo do que se promete (declaração *atual* de vontade). Cf. art. 641.
_____. *Tractatus de reditu dominii legali,* 1ª ed., Tübingae, 1724, 1692.
GRASZYNSKI, R., *§ 826 BGB. und die Rechtskraft des Urteils* (O § 826 do Código Civil e a Força jurídica da decisão), Breslau, 1909.
GRAWEIN, A., *Verjährung und gesetzliche Befristung* (Prescrição e Prazo legal), Leipzig, 1880.
GRIMM, JAKOB, *Weisthümer* (Ensinamentos jurídicos), Cassei, 1846. Expressão do médio alto alemão.
GROSS, C., *Beweistheorie im kanonischen Recht (*Teoria da prova no direito canônico). Sem folha de rosto.
GROSSE, WALTHER, Der Rechtsschutzanspruch des Beklagten (*A pretensão à tutela jurídica do réu*) *Zeitschrift für deutschen Zivilprozess,* 36 (1907), 113 s.
Trata-se do mais notável estudo da pretensão do *réu* à tutela jurídica. Apenas, em revisão (17), devemos dizer que a pretensão dele (*salvo inversão legal*) depende do exercício da pretensão à tutela jurídica por parte do autor ou de invasão estatal na sua esfera jurídica. Com razão, FRIEDRICH STEIN (*Über die Voraussetzungen,* 20) e, quanto à invasão estatal, JAMES GOLDSCHMIDT (*Materielles Justizrecht,* 54). Depende, digamos, em generalização suficiente, de ser *posto como réu,* ou de ter de *provocar* a ação de outrem.
Aliás, a pretensão é pré-processual, o que é antes de qualquer posição de réu. Réu só se é quando alguém já exerceu, *contra,* a pretensão à tutela jurídica.
_____. *Erledigung des Rechtsstreits ohne Urteil* (Evacuação da Controvérsia sem decisão), Berlin, 1907.
GUALTIER, S., *Du Droit de rétention,* Paris, 1898.

GUARNERI, G., *Sulla Teoria Generale del Processo penale,* Milano, 1939. Nos passos de JAMES GOLDSCHMIDT, tentou negar a existência de relação jurídica processual (70 s.), juntando-se, assim, a SALVATORE SATTA, Gli orientamenti publicistici del processo, *Rivista,* 1937, Parte I, e *Teoria e Pratica,* 150. Ambos sem razão.

GUASP, *Comentarios a Ia Ley de Enjuiciamento Civil,* Madrid, 1943, 1.

Tentou explicar o processo, não como relação jurídica, e sim como *instituição* (I, 15 e 22), porque há, nele, atas tendentes a um fim, presos por ideia comum: as vontades individuais ligam-se e subordinam-se a essa trama institucional. A ideia comum é a afirmação ou a negação da pretensão. ¿Que é que, no direito, com essa definição de instituição, não seria instituição? Demais, ¿que é que, com essa teoria, se explicaria dos problemas sutis que surgem durante o processo?

GUASTALLA, *I Depositi bancari ed il Servizio assegni,* Roma, 1928.

GUERRA, PANTALEAO DE ARAÚJO NETO E, *Commentaria ad Ordinationes Portugalliae Regni,* Conimbricae, 1740.

GUERREIRO, DIOGO (GUERREIRO) CAMACHO DE ABOIM, *De Munere Iudicis Orphanorum, opus in quinque tractatus divisum, quorum primus est de Inventario,* Conimbricae, 1699.

_____. *Tractatus de Recusationibus,* Conimbricae, 1699.

_____. *Tractatus Tertius. De Datione, et Obligatione Tutorum, et Curatorum in octo Libros distributus, et in duos tomos divisus,* Olissipone Occidentali, 1733.

_____. *Tractatus Quartus. De Rationibus reddendis distrahendisque, in octo Libros distributos in duosque tomos divisus,* Olissipone Occidentali, 1734.

_____. *Tractatus Quintus. De Processu Civili et Criminali, apud ludicem Orphanorum, formando unico Libro exaratus,* Olissipone Occidentali, 1734.

_____. *Tractatus Secundus. De Divisionibus et Partitionibus in octo Libros distributos in duosque tomos divisus,* Olissipone Occidentali, 1747.

_____. *Decisiones seu Quaestiones Forenses,* Ulyssipone, 1747.

GUTHE, G., Voraussetzungen und Inhalt der antizipierten Zwangsvollstreckung (*Pressupostos e conteúdo da Execução forçada por adiantamento), Zeitschrift für deutschen Zivilprozess,* 29 (1898).

GUILLOUARD, L., *Traité du Droit de rétention,* Paris, 1895.

GUIMARÃES, MÁRIO, *Recurso de Revista,* São Paulo, 1942.

GUIMARÃES DE SOUSA, MÁRIO, *Teoria Geral da Arrematação,* Recife, 1940.

GUIRAUD, P., *La Propriété foncière en Grèce jusqu'à la conquête romaine,* Paris, 1893.

GULDENER, MAX, *Das schweizerische Zivilprozessrecht* (O Direito processual civil suíço), Zürich, 1947, I; 1948, II.

GUSMÃO, MANUEL AURELIANO DE, *Processo Civil e Comercial,* São Paulo, 1921, I.

_____. *Coisa julgada,* 2ª ed., São Paulo, 1922.

GUTTERIDGE, H. C., *Le Droit comparé,* Paris, 1953.

GUTTMANN, Urteilszustellung und Vollstreckungsbeginn (*Entrega da sentença e começo da execução), Zeitschrift für deutschen Zivilprozess,* 29 (1902), 3-4.

HABICHT, HERMANN, *Die Einwirkung des BGB, auf zuvor entstandene Rechtsverhültnisse* (A influência do Código Civil nas relações jurídicas antes constituídas), 3ª ed, Jena, 1901.

HACHENBURG, MAX, *Das BGB., Vorträge* (O Código Civil, Elocuções), Mannheim, 1898; 2ª ed., 1900.

HANEL, ALBERT, *Deutsches Staatsrecht*, Leipzig, 1892, I.
HANSELL, O., *Die Besonderheiten der Unterlassungsschulden* (Obligationes in non faciendo), Jena, 1903.
HAFTER, E., No *Kommentar* de MAX GMÜR, 2ª ed., I.
HAHN, C., *Materialien zur Zivilprozessordnung* (Materiais para a Ordenação Processual Civil), Berlin, 1880, I-II.
HAMBURGER, F., *Die Ausbeutung der Rechtskraft gegen die guten Sitten* (O aproveitamento da coisa julgada contra os bons costumes), Berlin, 1909.
HAMEL, JOSEPH, et GASTON LAGARDE, *Traité de Droit Comercial*, Paris, 1954, I.
HAMILTON, ALEXANDRE, JAMES MADISON and JOHN JAY, *The Federalist: a Commentarg on the Constitution of United States*, ed. de 1898.
HANAUSEK, G., *Schiedsvertrag und Schiedsgericht nach tisterreichischem Recht* (Compromisso e Juízo arbitral segundo o direito austríaco), Wien, 1914.
HARTMANN, GUSTAV, *Verhandlungen 21. Deutschen Juristentages*, I.
_____. Wort und Wille im Rechtsverkehr (*Palavra e Vontade no tráfico jurídico*), *Jherings Jahrbücher*, 20 (1882), 1-79.
_____. Werk und Wille bei dem sogenannten stillschweingenden Konsens (*Obra e Vontade no Consenso chamado tácito*), *Archiv für die civilistische Praxis*, 72 (1888), 161-256.
HARTMANN, O. E., *Der* ordo iudiciorun *u.* die iudicia extraordinária *der Römer* (*O ordo iudiciorum e os iudicia extraordinaria* dos Romanos), hrsg. von A. UBBELOHDE, Göttingen, 1886.
HARTUNG, KARL, *Ein Beitrag zur Lehre von den Bedingungen* (Contribuição à Teoria das Condições), Leipzig, 1903.
HARTWIG, FRITZ, *Die Haftung juristischer Personen für Delikte* (A Responsabilidade das Pessoas jurídicas para Delitos), Breslau, 1899.
HASENBALG, H., *Die Bürgschaft des gemeinen Rechts* (A fiança do direito comum), Düsseldorf, 1870.
HASSE, JOH. CHR., *Über das Wesen der Actio* (*Sobre a Essência da* Actio, *Rheinisches Museum*, VI (1934), 1 s.
É notável que JOH. CHR. HASSE tenha visto, no seu tempo, a existência de ação sem a *obligatio* correspondente. Faltou-lhe apenas descobrir que a palavra é que correspondia a duas coisas diferentes, a ação de direito material e a "ação" de direito processual, e chegar à distinção entre a pretensão de direito material, com a sua ação, e a pretensão de direito público, à sentença de cognição ou à sentença de execução. A ele (1-12) devemos a primeira forma do enunciado. A *contestação não é necessária à formação das relações jurídicas processuais*, bem que possa o Estado fazer essencial à formação da relação processual a angularidade.
HAVENSTEIN, E., Die Gattung (*O Gênero*), *Gruchots Beiträge*, 55 (1911), 4-5 Cadernos.
HAVER, RUDOLF, *Der Selbsthiljeverkauf nach dem BGB.* (A Venda em justiça de mão própria, segundo o Código Civil), Berna-Leipzig, 1908.
HAVER, WALTER, *Die Gattungsschuld* (A Dívida de Gênero), Berlin, 1900.
HAYMANN, FR., *Anfechtung, Sachmängelgewähr und Vertragserjüllung beim Kauf* (Impugnação, Garantia pelo vício da coisa e Adimplemento contratual na Compra -e venda), Berlin, 1913.
HEALY, THOMAS, H., Théorie générale de l'ordre public, *Recueil des Cours de l'Académie de Droit International*, IX (1925), 411-553.

HECK, PH., *Grundriss des Sachenrechts* (Elementos de Direito das Coisas), Tübingen, 1931.

HEDDERICH, PHIL., Diss. de eo si pares arbitri fuerint adsumti cum cluasula: ut in casu dissensus tertium eligant, *quid iuris?*, *Dissertationes iuris ecclesiastici germanici*, Bonnae, 1783, I, 127 s.

HEDEMANN, JULIUS WILHFLM, *Der Vergleiehsirrtum* (O Erro da Transação), Jena, 1903. Concepção processualística da transação (70 s.) como PAUL. Veja H. LEHMANN.

_____. *Die Vermutung* (A Presunção), Jena, 1904.

_____. *Werden und Wachsen im bürgerlichen Recht* (Vir a ser e crescer, em direito civil), Berlin, 1913.

HEERWART, *Über die exceptio non adimpleti contractus und non rite adimpleti contractus*, *Archiv tür die civilistische Praxis*, VII (1833), 335-363.

HEFFTER, A. W., *Die athenäische Gerichtsverfassung* (A Constituição judiciária ateneia), Köln, 1822.

_____. *System des römischen und deutschen Zivilprozessrechts* (Sistema do Direito processual civil romano e alemão), 2ª ed., Bonn, 1842.

HEGEL, G. W. F., *Grundlinien der Philosophie des Rechts* (Linhas fundamentais da Filosofia do Direito), Berlin, 1821, 2ª ed., 1840 (Werke, VIII), 1833.

No § 212 está o trecho que inspirou a OSKAR BÜLOW a concepção da relação jurídica processual, como relação que se desenvolve com os passos do processo e com a obrigação do juiz de ditar a sentença (prestação jurisdicional). G. W. F. HEGEL iniciara a pesquísa do Estado como *fato*, não como o Estado qual *deve* ser, isto é, como havia de ser ensinado, nem como *deveria* ser, para que se construa tal qual; e sim como é (19 s.). Tal atitude lhe permitiu ver o processo com a isenção de preconceitos de que deu mostra, sem contar com os elementos de cultura jurídica que seriam indispensáveis à construção. OSKAR BÜLOW e o hegeliano JOSEF KOHLER tiveram essa missão.

HEGLER, A., *Beiträge zur Lehre vom prozessualen Anerkenntnis und Verzicht* (Contribuição à teoria do Reconhecimento processual e da Renúncia), Tübingen und Leipzig, 1903.

_____. *Die Unterscheidung des Sachverständigen vom Zeugen im Prozess* (*A Diferença entre Perito e Testemunha no processo*), *Archiv für die civilistische Praxis*, 104 (1909), 151-291.

_____. *Zur Stellung der Gerichte im Strafverfahren* (*Para a posição das Justiças no processo penal*), *Festschrift für* KARL BINDING, Leipzig, 1911. O trabalho capital sobre as funções da testemunha e do perito.

_____. *Mündlichkeit und Unmittelbarkeit im Prozess* (*Oralidade e imediação no processo*), *Der Rechtsgang*, I (1913), 192 s. 385 s.; II, 267 s. O mais notável estudo dos princípios de imediatidade e da oralidade.

HEILBORN, P., *Das System des Völkerrechts entwickelt aus den Völkerrechtlfchen Begriffen* (O Sistema do Direito das Gentes desenvolvido desde os conceitos de direito das gentes), Berlin, 1896.

HEIM, FRANZ FELICIAN, *Die Hauptintervention* (A intervenção principal), München, 1907. A oposição é ação de condenação contra o réu e declarativa contra o autor (37 e 39).

_____. *Die Feststellungswirkung des Zivilurteils* (A Eficácia declarativa da Sentença civil), München, 1912.

O autor examinou o a que chamamos *efeito*, e não só a *força* declarativa. Exagera em dizer puramente lógica a sentença declarativa (32-45). Não há sentença só declarativa.

Outro senão é o de confundir dolo com infração da fé alheia, isto é, *Arglist* e *Verstoss gegen Treu und Glauben.*

HEIN, O., *Handbuch der Zwangsvollstreckung* (Manual da Execução forçada), Hannover, 1911, 2ª ed., 1914 (H. WILLERS).

HEIN, WOLFGANG, *Duldung der Zwangsvollstreckung* (O Ter de sofrer a Execução forçada), Breslau, 1911. A obra principal sobre ação de condenação.

_____. *Identität der Partei* (Identidade da parte), Berlin, 1918, I; 1925, II.

HEINECCIUS, J. GOTTL., *Institutionum Imperialium Commentarius*, Venetiis, 1804, I-II.

HEINER, F., *Der kirchliche Zivilprozess* (Processo civil eclesiástico), Köln, 1910.

HEINITZ, ERNESTO, *I Limiti oggettivi della Cosa giudicata,* Padova, 1937.

HEINSHEIMER, KARL, Klage und Widerklage (*Ação e Reconvenção*), *Zeitschrift für den Zivilprozess*, 38 (1909), 1 s.

_____. *Juristische Wochenschrift,* 48 (1919), 327 (nota à jurisprudência).

_____. *Typische Prozesse* (Processos típicos), 7ª ed., Berlin, 1927.

HEINTZMANN, E., *Das Vereinsrecht nach den Bestimmungen des BGB.* (O Direito sobre associação segundo as disposições do Código Civil), Wiesbaden, 1900.

HELLMANN, FRIEDRICH, *Lehrbuch des deutschen Civilprozessrechts* (Tratado do Direito processual civil alemão). München, 1886.

_____. Klagerecht, Feststellungsklage und Anspruch (*Direito de ação, Ação declaratória e Pretensão*), *Jherings Jahrbücher*, 31 (1892), 79-136.

Sobre ações de desquite e de divórcio, o seu erro de as ter ccmo declarativas foi apontado por PAUL LANGHEINEKEN (*Der Urteilsanspruch*, 234 s.).

_____. Zur Lehre von der sogenannten notwendigen Streitgenossenschaft, *Zeitschrift für deutschen Zivilprozess*, 17 (1892).

HELLWEG, AUGUST, Geschichtlicher Rückblick über die Entstehung der deutschen Civllprozessordnung (*Vista retrospectiva da elaboração da ordenação processual civil alemã*), *Archiv für dic civilistische Praxis*, 61 (1878), 78-140.

HELLWIG, KONRAD, Gültigkeit der zweiten Ehe trota Aufhebung des Scheidungsurteils (*Validade do segundo casamento a despeito da infirmação da sentença de divórcio*), *Deutsche Juristen-Zeitung*, IX, 837.

995 - *Die Verpfändung und Pfändung von Forderung nach gemeinem Recht und Reichs-Civilprozess-Ordnung* (A Penhora e o Penhor segundo o direito comum e a Ordenação Processual Civil do Reich), Leipzig, 1883.

_____. *Die Verträge auf Leistung an Dritte* (Os contratos de prestação a terceiro), Leipzig, 1899.

_____. *Anspruch und Klagrecht* (Pretensão e Direito de ação), Jena, 1900; reimpressão anastática, Leipzig, 1910.

_____. *Wesen und subjektive Begrenzung der Rechtskraft* (Essência e Limitação subjetiva da Coisa julgada). Leipzig, 1901.

_____. *Lehrbuch des deutschen Zivilprocessrechts* (Tratado de Direito processual civil alemão), Leipzig, 1903, I; 1907, II; 1908-1909, III, 1ª parte.

_____. *Klagrecht und Klagmöglichkeit* (Direito de ação e Possibilidade de agir), Leipzig, 1905.

A concepção da relação jurídica processual como de direito público vem de H. DEGENKOLB e A. PLÓSZ, principalmente; como relação com três lados, de OSKAR BÜLOW, R. F. VON CANSTEIN e outros; como relação processual de direito público, porém não *tringular,* mas *angular,* de KONRAD HELLWIG, em *Klagrecht und Möglichkeit.* Em 1907, insistiu no que construíra (*Lehrbuch,* II, 28 s.): "Die Subjekte des Prozessverhältnisses. 1. Dies sind: einerseits das Gericht, anderseits die Parteien... 2. Stehen auf einer Parteiseite mehrere Personen ("Streitgenossen"), so ist das Prozessverhältnis ein mehrfaches... 3. Neben einer Partei kann ein "Nebenintervenlent" stehen, um jene (die sog. Hauptpartei) in der Prozessführung zu unterstützen". Sobre os precursores, veja *Prólogo.*

_____. *Civilprozesspracticum,* 1906, 3. Aufl.

_____. *Grenzen der Rückwirkung* (Limites da Retroeficácia), Giessen, 1907.

_____. *Justizreform* (Reforma da Justiça), Berlim 1908.

_____. Die Lüge im Prozess (*A Mentira no processo*), *Deutsche Juristen-Zeitung,* 14 (1909), 137 s.

_____. Prozesshandlung und Rechtsgeschäft (*Ato Processual e Negócio jurídico*), *Festgabe für* OTTO VON GIERKE, Breslau, 1910, II.

_____. *System des deutschen Zivilprozessrechts* (Sistema de Direito processual alemão), Leipzig, 1912, I e II, 1ª parte.

HENCKEL, W., *Parteilehre und Streitgegenstand im Zivilprozess* (Doutrina da Parte e o Objeto da Lide no Processo Civil), Heidelberg, 19.

HENLE, WILHELM, *Lehrbuch des Bürgerlichen Rechts* (Tratado de Direito civil), Berlin, 1926, I.

_____. *Bürgerliches Gesetzbuch,* 9ª ed., nota 3 ao § 1.612.

HERSHEY, *Die Kontrolle über die Gesetzgebung in den Vereinigten Staaten* (O controle da legislação nos Estados Unidos), Heidelberg, 1894.

HERZFELDER, F., Erbrecht (*Direito das Sucessões*), *J. v. Staudingers Kommentar,* V.

HESS, WILLY, *Der Besitzdiener des* § 855 B.G.B. (O Servidor da posse do § 855 do Código Civil), Jena, 1904.

HESSE, CHR., A., *Die Rechtsverhältnisse zwischen Grundstücksnachbarn* (As relações jurídicas entre vizinhos de prédios), Jena, 1880.

HEUSLER, ANDREAS, Die Grundlagen des Beweisrechtes (*Os Fundamentos do Direito sobre a prova*), *Archiv für die civilistische Praxis,* 62 (1879), 209-319. Trabalho capital sobre os fundamentos do direito sobre as provas.

_____. *Institutionen des deutschen Privatrechts* (Instituições do Direito privado alemão), Leipzig, 1885, I; 1886, II.

_____. *Der Zivilprozess der Schweiz* (O Processo civil da Suíça), Mannheim, 1923.

HEYER, F., Die Selbsthülfe (*A Auto-ajuda*), *Archiv für Bürgerliches Recht,* 19 (1901), 38-113.

HEYMANN, ERNST, *Die Grundzüge des gesetzlichen Verwandten-Erbrechts nach dem BGB.* (As Linhas essenciais do Direito hereditário legal dos parentes segundo o Código Civil), Breslau, 1896.

HINOJOSA, EDUARDO DE, *Estudios sobre la Historia del Derecho espanol,* Madrid, 1903.

_____. *El Elemento germanico en el Derecho español,* Madrid, 1915.

HIPPEL, E. VON, *Untersuchungen zum Problem des jehlerhaften Staatsakts* (Pesquisas para o problema dos atos estatais defeituosos), Berlin, 1924.

HIPPEL, FRITZ VON, *Wahrheitspflicht und Anfklärungspflicht im Zizflprozess* (Dever de verdade e dever de declaração no processo civil), 1939.

HIRSCH, HANS C., *Die Übertragung der Rechtsausübung, Vervielfältgung der Rechte* (A Transmissão do Exercício do direito, Multiplicação dos direitos), Berlin, 1910.
HIRSCH, PAUL, *Zur Revision der Lehre vom Gläubigerverzuge* (Para a Revisão da Teoria da Mora do credor), Leipzig, 1895.
HIRZEL, R., *Der Eid* (O Juramento), Leipzig, 1902.
_____. *Themis, Dike und Verwandte* (Themis, Dike e semelhantes), Leipzig, 1907.
HITZIG, H. F., *Das griechische Pfandrecht* (O Direito grego de penhor), München, 1895.
HÖLDER, EDUARD, Über Resolutivbedingungen una Endtermine (*Sobre condições resolutivas e termos finais*), *Kritische Vierteljahrsschrift*, 18 (1876).
_____. *Pandekten*, Freiburg i. B., 1886-1891.
_____. *Kommentar zum Allgemeinen Teil des BGB*. (Comentário à Parte Geral do Código Civil), München, 1900.
_____. Die Natur des gerichtlichen Geständniss (*A Natureza da Confissão judicial*), *Zeitschrift für Deutschen Civilprozess*, 28 (1901), 4 Heft.
_____. *Natürliche und juristische Personen* (Pessoas naturais e jurídicas), Leipzig, 1905.
HOENIGER, FRANZ, *Die Grenzstreitigkeiten nach deutschem bürgerlichem Rechte* (As Demandas de limites segundo o direito civil alemão), Berlin, 1901.
HOPFNER, *Über materiellrechtliche Einwendungen gegen die Vollsttreckung von Urteilen* (Sobre Objeções de direito material contra a execução de sentenças), Würzburg, 1892.
_____. *Vertretung ohne Vollmacht im Zivilprozess* (Representação sem poder no processo civil), Göttingen. Diss., 1899.
Um dos precursores da concepção da *relação jurídica processual* como relação em ângulo (KONRAD HELLWIG), em vez de em triângulo (ADOLF WACH), ou em linha singela (JOSEF KOHLER).
HOFACKER, K. E., *Principia iuris civilis rom.-germanici*, Tubingae, 1788, I-III; 1796-1801, ed. nova.
HOFMANN, F., *Über das periculum beim Kaufe* (Sobre o *periculum* na compra-e-venda), Wien, 1870.
HCFFMANN, OTTO, *Die Verjährung der Einreden nach dem BGB*. (A Prescrição das exceções segundo o Código Civil), Rostock, 1906.
HOLMES, OLIVER WENDELL, *Speeches*, Boston, 1913.
HOLTIUS, A. C., *Abhandlungen* (Dissertações), Utrecht, 1852 (trad. alemã).
HOLTZ, *Die Anwartschaftsrecht aus bedingter Übereignung als Kreditsicherungsmittel* (O Direito de expectativa da transmissão condicionada como meio assegurador do crédito), 1933.
HOLTZ, W., *Der Schwebezustand bei bedingten Rechtsgeschäften nach dem BGB*. (O Estado de suspensão, nos negócios jurídicos condicionados segundo o Código Civil), Rostock, 1904.
HOLZHAMMER, RICHARD, *Österreichisches Zivilprozessrecht* (Direito Processual Civil austríaco) Wien, 1970.
HOMMEL, B. J., *Dissertatio de exigua differentia inter testamentum militis et pagani in hostico conditum*, Lipsiae, 1720. (Pref. F. AUG. HOMMEL.)
HONIG, R., *Die Einwilligung des Verletzen* (O Consentimento da vítima), Mannheim, 1919, I.

HOOS, HEINRICH, *Besifzerwerb und Besitzerhaltung durch Stellvertreter* (Aquisição da Posse e Conservação da Posse por representante), Erlangen, 1904.

HORN, RICHARD, *Die Eigentümerhypothek* (A Hipoteca de proprietário), Breslau, 1906.

HORTEN, H., *Österreichische Zivilprozessordnung* (Ordenação Processual Civil austríaca), Wien, 1908, I.

HOSTIENSE, *Summa aurea super titulis Decretalium,* Lugduni, 1517.

HUBER, EUGEN, *System und Geschichte des schweizerischen Privatrechts* (Sistema e História do Direito privado suíço), Basel, 1886-1893.

_____. *Die Bedeutung der Gewere im deutschen Sachenrecht* (A Importância da "Gewere" no Direito das coisas alemão), Bern, 1894.

HUBERNAGEL, Doppelwirkungen und Konkurrenzen (*Efeitos duplos e Concorrências*), *Archiv für de civilistische Praxis,* 1933, 210 s.

HUC, THEOPHILE, *Commentaire au Code Civil français*, Paris, 1892-1903, I-XV.

HUNNEBECK, *Die Mahnung* (A Interpelação), Berna-Leipzig, 1906.

HÜRLIMANN, MAX, *Die Stiftungen, ihre Behändlung im zukünftigen schweizerischen ZGB.* (As Fundações, seu tratamento no futuro Código Civil suíço), Leipzig, 1907.

HURLIMANN, G., *Die Halftbarkeit der Erben für die Bürgschaftsschulden des Erblassers* (A Responsabilidade dos Herdeiros pela dívida de fiança do de cujo), Basel, 1896.

HUFELAND, G., *Über d. eigentümi. Geist des römischen Rechts* (Sobre o espírito próprio do Direito romano), Giessen, 1815.

HUGGENBERGER, JOSEPH, *Die Pflicht zur Urkundenedition* (O Dever de edição de documentos), München, 1889.

HUGO, GUSTAV, *Lehrbuch der Geschichte des römischen Rechts* (Tratado de História do Direito romano), 9ª ed., Berlin.

_____. *Civilistisches Magazin* (Magazine civilístico), Berlin, 1812, III.

_____. *Lehrbuch des heutigen römischen Rechts* (Tratado de Direito romano hodierno), 7ª ed., Berlin, 1826.

HUSCHKE, PH., E., *Über die Stelle des Varro von den Liciniern* (Sobre as passagens de Varro das Licinias), Heidelberg, 1835.

HUSSAREK VON HEINLEIN, M., *Die familienrechtliche Alimentation nach österreichischem Rechte* (A Alimentação de direito de família segundo o Direito austríaco), Wien, 1893.

IARANCA, P., *Tratado de los Protestos,* Madrid, 1768.

IBAÑEZ FROCHAM, MANUEL, *Tratado de los Recursos en el Processo Civil*, 4ª ed., Buenos Aires, 1969.

INVREA, FRANCESCO, Interesse e azione, *Rivista di Diritto Processuale Civile,* V (1928), Parte I, 320-339.

O autor procedeu a cerrada crítica quanto às regras semelhantes às do art. 76 do Código Civil e art. 4° do Código de Processo Civil, *ambos de origem italiana.* Reputou a noção de *interesse* noção incompleta, inexata e supérflua, tal como se arguia à feitura do velho Código de Processo Civil italiano. Acentuou principalmente a superfluidade, sem atender, todavia, a que os sistemas jurídicos (que são sistemas lógicos) contêm e às vezes precisam conter regras tautológicas. O artigo de FRANCESCO INVREA não resolveu o problema; mas é um dos materiais para futuras indagações de técnica *legislativa* e *interpretativa.*

_____. La natura giuridica della sentenza che dichiara il fallimento, *Rivista del Diritto Commerciale*, 28 (1930), 534-548.
Notável estudo sobre a natureza da admissão do concurso. Tem a ação e a sentença como constitutivas (541 s.). (Antes SEGNI, *L'Intervento adesivo*, 235). Neste livro, procedemos à revisão do que expuseram a respeito FRANCESCO INVREA e outros. É pena que FRANCESCO INVREA não atendesse à eficácia própria das sentenças constitutivas e recorresse, para certas explicações, ao conceito técnico de "peso da sentença" (546, nota 1).
Tenha-se, além disso, cuidado em lê-lo, porque a divisão das ações que adota (cp. *La Parte Generale del Diritto*, n° 306; La Sentenza di condanna, *Rivista*, 12, 53), dual (declarativa simples e declarativa constitutiva), é insuficiente e inaceitável.

_____. La servitù del giudicato, *Rivista di Diritto Processuale Civile*, VII (1930), 223-244.

_____. Contro il concetto del pressuposti processuali, *Rivista di Diritto Processuale Civile*, VIII (1931), Parte II, 100-113.

_____. *La Parte Generale del Diritto*, Padova, 1935. Inadmissível a divisão das ações em ações de "accertamento simples" e ações de "accertamento constitutivo".

_____. La Sentenza di condanna, *Rivista di Diritto Processuale Civile,* 12 (1935), Parte I, 30-53.

ISAY, ERNST, *Die Staatsangehörigkeit der juristischen Personen* (A Nacionalidade das Pessoas jurídicas), Tübingen, 1907.

ISAY, HERMANN, *Rechtsnorm und Entscheidung* (Norma jurídica e Decisão), Berlin, 1929.
Sobre o "irracional" nas decisões jurídicas.

ITABAIANA DE OLIVEIRA, *Elementos de Direito das Sucessões*, 2ª ed., Rio de Janeiro, 1929.

JACOBI, ERNST, *Die Westpapiere ais Legitimations mittel* (O papel de valor como meio de legitimação), München, 1906.

_____. *Anleitung zur Anfertigung von Zivilurteilen* (Guia para composição de Sentenças), 2ª ed., Berlin, 1930.

JACOBI, ERWIN, *Grundlehren des Arbeitsrechts* (Doutrinas fundamentais do Direito do Trabalho), Leipzig, 1927.

JÄCKEL, PAUL, *Die Subhastations-Ordnung v. 15. März 1869* (A Ordenação das Arrematações de 15 de março de 1869), Berlin, 1878; 2ª ed., 1880; 3ª ed., 1882.

_____. *Die Zwangsvolistreckung* (A execução forçada), 3ª ed., 1893.

JAEGER, ERNST, *Erbenhaftung und Nachlasskonkurs im neuen Reichsrecht* (Responsabilidade dos herdeiros e Concurso sucessorial no novo direito do *Reich*), Berlin, 1898.

_____. *Kommentar zur Konkursordnung* (Comentário à Ordenação Concursal), Berlin, 3ª-4ª ed., 1911; ,1931, I; 6ª-7ª ed., 1936, III.

_____. Die offene Handelsgesellschaft im Zivilprozess (*A sociedade em nome coletivo no processo civil*), *Festgabe der Leipziger Juristenfakultät für* RUDOLPH SOHM, München, 1915, 1 s.

_____. *Lehrbuch des deutschen Konkursrechts* (Tratado de Direito concursal alemão), Berlin u. Leipzig, 1932.

JAEGER, FELIX, *Die Umwandlungsklage* (A ação de modificação), Berlin, 1898.

JAEGER, NICOLA, *Diritto Processuale Civile*, 2ª ed., Torino, 1943.
JAFFÉ, R., *Der Eigentumsvorbehalt beim Kauf [BGB. § 455]* (A reserva de domínio na venda (Código Civil, § 455], Leipzig, 1910.
JANISZEWSKI, KASIMIR, *Schuts des früheren Besitwers auf Grund der § § 861 und. 1.007 des BGB.* (Proteção da Posse anterior com base nos § § 861 e 1.007 do Código Civil), Posen, 1903, (Jena, 1905).
JANKE, H., *Das Fruchtrecht des redlichen Besitzers und des Pfandgdäubegers* (O Direito de fruição, do possuidor de boa-fé e do credor pignoratício), Erlangen, 1862.
JANUZZI, ANGELO, *Manuale della Volontaria Gturisdizione*, 2ª ed., Milano, 1968.
JARACZEVER, M., *Die Haftung für rechtsgeschäftliche Schulden eines nicht rechtsfähigen Vereins nach BGB.* (A Responsabilidade por dívidas de associação incapaz de direito, oriundas de negócios jurídicos, segundo o Código Civil), Erlangen, 1905.
JASÃO DE MAINO, *Commentaria In Digestum et in Codicem,* Venetiis, 1578; Lugduni, 1581.
JAUERNIG, OTHMAR, *Das fehlerhafte Zivilurteil* (O julgado defeituoso), Frankfurt, 1958.
JELLINEK, GEORG, *Gesetz und Verordnuny* (Lei e Regulamento), Freiburg i. B., 1887.
_____. *System der subjektiven öffentlichen Rechte* (Sistema dos Direitos públicos subjetivos), 2ª ed., Tübingen, 1905.
JELLINEK, WALTER, *Der fehlerhafte Staatsakt und seine Wirkung* (O ato estatal defeituoso e sua eficácia), Tübingen, 1908.
_____. *Verwaltunpsrecht* (Direito Administrativo), 3ª ed., Berlin, 1931.
JENKS, EDWARD, *A Digest of Englisli Civil Law,* London, 1905, I; 1906-1910, II; 1911-1914, III; 1916, IV; 1917, V.
JHERING, RUDOLF VON, *Über den Grund des Besitzschutzes* (Sobre o Fundamento da Tutela possessória), 2ª ed., Jena, 1868.
A filosofia de RUDOLF VON JHERING ainda o levou a exigir ao *fato* da posse o ser fato de tocar: a posse passar-se-ia no plano da tangibilidade, da palpação, do tato, o que a limitaria a esse setor sensorial exíguo.
_____. *Die passive Wirkung der Rechte* (*A Eficácia passiva dos direitos*), *Jahrbücher für die Dogmatik*, 10 (1869), 387-580.
_____. *Der Zweck im Recht* (A Finalidade no Direito), Leipzig, 1884.
_____. *Der Geist des römischen Rechts* (O Espírito do Direito romano), 4ª ed., Leipzig, 1888, III, 3ª parte.
_____. *Der Besitzwille* (A vontade de posse), Jena, 1889.
_____. Unsere Aufgabe, *Jahrbücher für die Dogmatik,* I, 49 s.
_____. (Culpa in contrahendo), *Jahrbücher für die Dogmatik,* IV, 52.
_____. Der Besitz (*A Posse*), *Jherings Jahrbücher,* 32 (1893), 41-98.
JITTA, D.J., L'Evolution du droit international de la faillite, *Grotius Annuaire*, 1924.
JOÃO DE DEUS, *Cavillationes de statu advocatorum qualiter in iudicio assistere debeant.*
Sete livros: 1) advogados, suas condições, salários, deveres, etc.; 2) ações, idade do juiz e seus substitutos, contumácia, libelos *formandis, recipiendis, informandis,* etc.; 3) prazos, exceções e impugnações; 4) juízes; 5) relações dos vassalos com o senhor; 6) árbitros e acessores; 7) apelações e suplicações.
Manuscritos 631 e 387 da Biblioteca Nacional de Madrid.

COMENTÁRIOS AO CÓDIGO DE PROCESSO CIVIL 311

_____. *Super Decreto*, Manuscrito 399 da Biblioteca Nacional de Madrid.
JOÃO DE DEUS foi processualista, antes de tudo. O seu pensamento trabalhou como a procurar verdades sobre os fatos da vida jurídica por trás do direito positivo, de modo que esse precursor da investigação científica via, mais ao fundo, independente dos textos, nada menos que a *natura rei*, a natureza da coisa. O direito natural segundo esse Português culto, em direito e em literatura, era o *ius naturale* comum a todo animal mais o *ius naturale* próprio do homem, *ius naturale quedam in humane creature* a *natura insita* (*Super Decreto*, fólio 63). Trata-se de figura que emparelha, bem que colocada no plano da ciência, com ANTÔNIO DE LISBOA.
_____. *Effectus Actionum*, manuscrito 387 da Biblioteca Nacional de Madrid.
_____. *Summa Iudicum*. Códice da Biblioteca Nacional de Madrid, n° 243.
Escrito provavelmente antes de ser professor em Bolonha (1240). Tratou dos juízes, das partes e das ações, do réu e sua defesa, dos advogados e dos defensores.
JOHANNSEN, W., *Die Präsumtion im Prozess* (A presunção no processo), Hamburg, 1909.
DONAS, M., *Die Konkurjeststellung* (A declaração de concurso), Berlin, 1907.
DONAS-POHLE, *Kommentar zur Zivilprozessordnung,* veja STEIN-DONAS-POHLE.
JOSSERAND, LOUIS, *De l'Abus des droits,* Paris, 1903.
_____. *De l'Esprit des Droits et de leur relativité*, Paris, 1927.
JULIANEZ ISLAS, JULIO, *Procedimientos civiles y comerciales,* Buenos Aires, 1897.
JUNG, ERICH, Anspruch auf Einsichtsgestattung (§ 810 BGB.) vermöge Urheberrechts (*Pretensão à apresentação para exame* [§ *810 do Código Civil*] *em virtude de direito autoral*), *Jherings Jahrbücher*, 70 (1921), 215-222.
J. v. Staudingers Kommentar zum Bürgerlichen Gesetzbuch... nebst Einführungsgesetz.
I. Einleitung und Allgemeiner Teil (TH. LOEWENFELD u. E. RIEZLER), München, 1903-1904; 1910-1911, 5ª-6ª ed.; 1912, 7ª-8ª ed. II. a) Die allgemeinen Lehren des Rechts der Schuldverhältnisse (L. KUHLENBECK), 2ª ed., 1905; 7ª-8ª ed., 1912, b) Einzelne Schuldverhältnisse (K. KOBER, u. TH. ENGELMANN), 2ª ed., 1905; 7ª-8ª ed., 1912; III. Sachenrecht (K. KOBER), 1903-1904; 7ª-8ª ed.,1912; IV. Familienrecht (TH. ENGELMANN), 2ª ed., 1903-1905; V. Erbrecht (F. HERZFELDER), 1903-1904.
KAEMPFE, W., *Der Begriff der* iurisdictio (O conceito de *iurisdictio*), Wien, 1876.
KAMPFER, *Die Rechtsstellung des nicht rechtsfähigen Vereing* (A Posição jurídica da Associação incapaz do direito), 1906.
KAHL, W., *Lehrsystem des Kirchenrechts und der Kirchenpolitik* (Sistema doutrinal do Direito das igrejas e da política das igrejas), Freiburg i. B. und Leipzig, 1894, I.
KALLMANN, FRANZ, *Anerkennung und Vollstreckung ausländischer Zivilurteile und gerichtlfcher Vergleiche* (Reconhecimento e Execução de sentenças estrangeiras e Transação judicial), Basel, 1946.
KANKA, KARL, Die Mitbürgschaft (*A Confiança*), *Jherings Jahrbücher*, 87 (1937-1938), 123-198.
KARLOWA, OTTO, *Beiträge zur Geschichte des römischen Zivilprozesses* (Contribuições à História do Processo Civil romano), 1865.
_____. *Das Rechtgeschäft und seine Werkung* (O negócio jurídico e sua eficácia), Berlin, 1877.
_____. *Römische Rechtsgeschichte* (História do Direito romano), Leipzig, 1885; 1901, I-II.

KASER, MAX, *Das römische Zivilprozessrecht* (O Direito processual civil romano), München, 1961.

KELLER, F. L. VON, *Über Litis-Contestation und Urteil nach classischem Römischen Recht* (Sobre Litiscontestação e Sentença segundo o direito romano clássico), Zürich, 1827.

_____. *Der römische Civilprozess* (O Processo Civil romano), 2ª ed., 5ª ed., Leipzig, 1876 (ADOLF WACH); 6ª ed., 1883 (ADOLF WACH).

KELSEN, HANS, *Hauptprobleme der Staatsrechtslehre, entwickelt aus der Lehre von Rechtssäatzen* (Os problemas fundamentais da Teoria do Direito público, desenvolvido da Teoria dos Enunciados Jurídicos), 2ª ed., Tübingen, 1923.

KIPP, THEODOR, Appellatio, *Realenzyklopädie* (PAULY-WISSOWA), 1, B, IV, 5.

_____. *Lehrbuch*, veja WINDSCHEID, B.

_____. *Die Verurteilung zur Abgabe von Willenserklärungen und zur Rechtshandlung* (A condenação à emissão de declaração de vontade e ao ato jurídico), Leipzig, 1892.

_____. Rechtswahrnehmung und Reurecht (*Observação do direito e Direito de Arrependimento*), *Festgabe für* RICHARD KOCH, Berlin, 1903, 109-138.

_____. *Geschichte der Quellen des Römischen Rechts* (História das Fontes do Direito romano), Leipzig-Erlangen, 1919.

KISCH, GUIDO, *Der deutsche Arrestprozess* (O processo arrestatório alemão), Wien und Leipzig, 1914.

KISCH, WILHELM, Begriff des Nebenintervenienten (*Conceito do interveniente adesivo*), *Grünhuts Zeitschrift*, 26.

_____. Kiagverzicht *und* Erledigung der Hauptsache (*Renúncia à ação e Esvaziamento da causa principal*), *Das Recht*, 28, 5.

_____. *Begriff und Wirkungen der besonderen Streitgenossenschaft* (Conceitos e efeitos do Litisconsórcio especial), Berlin, 1899.

_____. *Die Wirkungen der nachträglich eintretenden Unmöglichkeit der Erfüllung* (Os Efeitos da Impossibilidade do adimplemento ocorrida posteriormente), Jena, 1900.

_____. *Beiträge zur Urteilslehre* (Contribuições à Teoria da Sentença), Leipzig, 1903.

Alguns juristas fundem as duas classes de sentenças, a declarativa e a de condenação, numa só, a declarativa (*e.g.*, WILHELM KISCH, Beiträge, 22 s.). Isso levou a arquitetar-se o hibridismo "declaração de condenação", que elide o problema da definição do elemento condenatório. Contudo, já punha em evidência a insuficiência da classificação das sentenças em declarativas e constitutivas.

_____. *Deutsches Zivilprozessrecht* (Direito processual civil alemão), Leipzig, 1909, II-III, 3ª ed., 1922; 4ª ed., 1929-1934.

_____. *Gattungsschuld und Wahlschuld* (Obrigação de espécie e obrigação de escolha), München, 1912.

_____. *Parteiänderung im Zivilprozess* (Mudança de parte no processo civil), München, 1912.

O autor distinguiu, com profundeza, a mudança de parte (mudança subjetiva) e a mudança da ação (VII), tirando as consequências (33), uma das quais a não aplicação do § 264 da Ordenação Processual alemã à mudança de parte (cp. art. 264).

Também se lhe deve classificação da distinção entre mudança e posterior individualização da parte.

_____. *Juristische Wochenschrift*, 50 (1921), 41 (nota ã jurisprudência).
_____. *Handbuch zum Patentrecht* (Manual de Direito de patente), 1923.
_____. Das Reichsgericht und der Parteibegriff (*A Corte Suprema do Reich e o conceito de Parte*), *Die Reichsgerichts praxis im deutschen Rechtsleben*, 1929, VI, 15 s.
_____. *Beiträge zum Sehiedsverfahren* (Contribuições ao Procedimento arbitral), Berlin-Leipzig, 1933.
KLANG, HEINRICH, *Kommentar zum Allgemeinen Bürgerlichen Gesetzbuch* (Comentário ao Código Civil Geral), Wien, 1927.
KLAUER-MOHRING, *Patentgesets* (Lei de Patente), 2ª ed., 1940.
KLEIN, FRANZ, *Die schuldhafte Parteihandlung* (O Ato obrigativo da parte), Wien, 1885.
_____. Pro-futuro – *Betrachtungen über das Problem der Zivilprozessreform in tisterreich* (Considerações antecipadas sobre o problema da reforma do processo civil, na Áustria), Leipzig und Wien, 1891.
_____. *Vorlesungen über die Praxis des Zivilprozesses* (Preleções sobre a praxe do processo civil), Wien, 1900.
KLEIN, FRANZ, - FRIEDRICH ENGEL, *Der Zivilprozess Österreichs* (O processo civil na Áustria), Mannheim, 1927. Um dos livros mais notáveis sobre política jurídica do processo.
KLEIN, PETER, *Anzeigepjlicht im Schuldrecht* (Dever de aviso no direito das obrigações), Berlin, 1908.
_____. Zurücknahme von "Willensmitteilungen" (*Revogação de comunicações de vontade*), *Archiv für Bürgerliches Recht*, 33 (1909), 245-272.
_____. Zurücknahme von "Vorstellungsmitteilungen" (*Revogação de comunicações de representação*), *Archiv für Bürgerliches Recht*, 34 (1910), 323-349.
_____. *Die Rechtshandlungen im engeren Sinne* (Os atos jurídicos no sentido estrito), München, 1912.
KLEIN, SIEGMUND, *Der mittelbare Besitz des BGB.* (A posse mediata do Código Civil), Bonn, 1899.
KLEINEIDAM, FEODOR, *Unmöglichkeit und Unvermögen nach dem BGB.* (Impossibilidade e Insolvência segundo o Código Civil), Jena, 1900.
KLEINFELLER, GEORG, *De Gerichtsstand der Widerklage* (O Foro da Reconvenção), München, 1882.
_____. *Lehrbuch des deutschen Konkursrechts* (Tratado de Direito concursal alemão), Berlin, 1912.
_____. Der Gegenstand der Rechtskraft (*O Objeto da Coisa julgada*), *Festschrift für* ADOLF WACH, 1913, II, 373-406.
_____. *Lehrbuch des deutschen Zivilprozessrechts* (Tratado de Direito processual civil alemão), 3ª ed., Berlin, 1925.
KLINGEMANN, J., *Inhalt, rechtliche Natur und Anwendungsgebiet sies beneficium competentiae* (Conteúdo, Natureza jurídica e zona de aplicação do *beneficium competentiae*), Borna-Leipzig, 1904.
KLÖPPEL, P., *Die Einrede der Rechtskraft* (A Exceção de coisa julgada), Berlin, 1882.
KNAUTH, RUDOLF, *Die Bedeutung des Eigenbesitzes nach dem Bürgerlichen Gesetzbuche* (A Significação da Posse própria segundo o Código Civil), Weimar, 1906.
KNIEP, FERDINAND, *Der Besitz des BGB, gegenübergestellt dem römischen und gemeinen Recht* (A Posse do Código Civil tratada em frente ao direito romano e ao comum), Jena, 1900.

KNIEP, K.F. F., *Die Mora des Schuldners* (A Mora do devedor), Rostock, 1871, I; 1872, II.
KNOKE, PAUL, *Das Recht der Gesellschaft nach dem BGB*. (Direito da sociedade segundo o Código Civil), Jena, 1901.
_____. Der Eintritt eines neuen Gesellschafters, in die Gesellchaft (*A Entrada de novo sócio na sociedade*), *Archiv für Bürgerliches Recht*, 20 (1902), 170-184.
_____. Die Sondernachfolge in die Schuld bei der befreienden Schuldübernahme (*A Sucessão singular na dívida pela assunção liberatório de dívida*), *Jherings Jahrbücher*, 60 (1912), 407-466.
KNORR, FERDINAND, *Die Natur und Funktion der Vorzugsrechte* (A Natureza e a Função do Direito de preferência), München, 1891.
KOBER, KARL, veja *J. von Staudingers Kommentar*, III, 776.
KOCH, C. F., *Das preussische Erbrecht aus dem gemeinen Deutschen Rechte entwickelt* (O Direito das sucessões prussiano desenvolvido desde o direito comum alemão), Berlin, 1866.
KOEPPEN, A., Der obligatorische Vertrag unter Abwesenden (*O contrato obrigatório entre ausentes*), *Jherings Jahrbücher für die Dogmatik*, 11 (1871).
KÖST, EWALD, *Die Erledigung der Hauptsache* (O Esvaziamento da Causa principal), 1939.
KÖHLER, ARTHUR, Zur Anzeigepflicht im Zivilrecht (*Sobre Dever de aviso no direito civil*), *Archiv für Bürgerliches Recht*, 25 (1905), 164-174.
KOHLER, JOSEF, Studien über Mentalreservation und Simulation (*Estudos sobre Reserva mental e Simulação*), *Jherings Jahrbücher für die Dogmatik*, 16 (1878), 91-158.
_____. Annahme und Annahmeverzug (*Aceitação e Mora na aceitação*), *Jherings Jahrbücher für die Dogmatik*, 17 (1879), 261-422.
_____. *Prozessrechtliche Forschungen* (Investigações processualísticas), Berlin, 1889.
_____. Die Aufrechnung nach dem BGB. (*A Compensação segundo o Código Civil*), *Zeitschrift für deutschen Zivilprozess*, 24 (1898), 1 s.
_____. Der sogenannte Rechtsschutzanspruch (*A Chamada Pretensão à tutela jurídica*), *Zeitschrift für deutschen Zivilprozess*, 33 (1904), 211 s.
_____. Kompensation und Prozess (*Compensação e processo*), *Zeitschrift für deutschen Zivilprozess*, 20, 1 s.
Nesse escrito, JOSEF KOHLER construiu a sua teoria, hoje dominante, da participação dos negócios jurídicos de direito material no destino do processo, se nele se realizam. Naturalmente, o direito processual diz a última palavra; sem que ao juiz se dispense aplicar o direito material, no que toca a esse direito.
_____. Prozesshandlungen mit Zivilrechtswirkung (*Atos processuais com eficácia de direito civil*), *Zeitschrift für deut sehen Zivilprozess*, 29 (1901), 1 s.
_____. Recht und Prozess (*Direito e Processo*), *Grünhuts Zeitschrift*, 14, 1-40.
_____. Über die Sukzession In das Prozessverhältnis (*Sobre a Sucessão na relação processual*), *Zeitschrift für deutschen Zivilprozess*, 12 (1888), 97 s.
_____. *Das Autorrecht, eine civilistiche Abhdl*. (O Direito de autor, dissertação civilística), Jena, 1880. Também em *Jherings, Jahrbücher für die Dogmatik*, 18 (1880), 129-478.
_____. *Pfandrechtliche Forschungen* (Investigações de direito de penhor), Jena, 1882.
_____. *Gesammelte Abhandlungen aus dem gemeinen und französischen Civilrecht* (Dissertações reunidas de direito civil comum e francês), Mannheim, 1883.

_____. Der Dispositionsniessbrauch (*O Usufruto com poder de disposição*), *Jherings Jahrbücher für die Dogmatik*, 24 (1886), 187-328.

Nesse artigo, JOSEF KOHLER (319) s.) falou da chamada *substituição processual* como instituto autônomo e deu-lhe o nome *Prozessstandschaft*, que é o estar no processo, a qualidade de se achar nele sem a ideia de "substituição" processual, que denuncia a lembrança da concepção privatística do processo. O nome é que é errado. Usou-o GIUSEPPE CHIOVENDA (*Principii*, 596).

_____. *Der Prozess als Rechtsverhältnis* (O processo como relação jurídica), Mannheim, 1888.

_____. Über executorische Urkunden (*Sobre Documentos executórios*), *Archiv für die civilistische Praxis*, 72 (1888), 1-41.

Notável sobre a pretensão a executar e a contra-ação.

_____. Zur Lehre von den Pertinenz (*Para a Teoria das Pertenças*), *Jherings Jahrbücher für die Dogmatik*, 26 (1888), 1-184.

_____. *Prozessrechtliche Forschungen* (Pesquisas processualísticas), Berlin, 1889.

_____. *Lehrbuch des Konkursrechts* (Tratado de Direito concursal), Stuttgart, 1891.

_____. Das Recht an Briefen (*O Direito às cartas*), *Archiv für Bürgerliches Recht*, VII (1893), 94-149.

_____. Ungehorsam und Vollstreckung im Zivilprozess (*Desobediência e Execução no Processo Civil*), *Archiv für die civillistische Praxis*, 80 (1893), 141-300.

_____. Gesammelte Beiträge zum Zivilprozess (Contribuições reunidas ao processo civil), Berlin, 1894. Sobre situações jurídicas (29).

_____. *Leitfaden des deutschen Konkursrechts* (Guia de Direito concursal alemão), Stuttgart, 1903.

_____. Zwölf Studien zum BGB.: III. Der Gläubigerverzug (Doze Estudos sobre o Código Civil: III. A Mora do credor), *Archiv für Bürgerliches Recht*, 13 (1897), 149-295.

_____. Zwölf Studien zum BGB.: VI. Das Vermogen als sachenrechtliche Einheit (*Doze Estudos sobre o Código Civil: VI. Os Bens como unidade de direito das coisas*), *Archiv für Bürgerliches Recht*, 22 (1903), 1-20.

_____. Über die Grundlagen des Civilprozesses (*Sobre os Fundamentos do Processo Civil), Archiv für die civilistiche Praxis,* 97 (1905), 1-16.

_____. *Lehrbuch des bürgerlichen Rechts* (Tratado de Direito Civil), Berlin, 1906, I-II, *1*; 1919, II, 2; 1919, III, *1*.

_____. *Urheberrecht an Schriftwerken und Verlagsrecht* (Direito autoral de obras escritas e Direito de edição, Stuttgart, 1906.

_____. Das keltische Pfändungs- und Prozessrecht (*O Direito céltico da penhora e do processo), Zeitschrift für vergleichende Rechtswissenschaft,* 1911.

_____. Zivilprozessrecht und Konkursrecht (*Direito Processual civil e Direito concursal*), *Enzyklopädie der Rechtswissenschaft* (F. VON HOLTZENDORFF), Leipaig, 1913, III.

Contém exposição rápida e crítica do princípio da ordenação legal por fases (327). Crítica à literatura processual anglo-americana (256). Sobre os princípios de impulsão processual, pelas partes ou pelo tribunal (303).

_____. Bürgerliches Recht (*Direito Civil*), *Enzyklopädie der Rechtswissenschaft* (F. VON HOLTZENDORFF), 7ª ed., Berlin, 1914, II, 1-191.

_____. Das materielle Recht im Urteil (*O Direito material na sentença*), *Festschrift für* FRANZ KLEIN, Wien, 1914.

_____. Prozess und Nichtprozess (*Processo e Não Processo*), *Der Rechtsgang*, II (1914). Separata.

KOPF, FRANZ, *Das Hinterlegungsverhältnis* (A Relação de Consignação), Berlin, 1903.

KOPP, J. A., *Auserlesene Proben des teutschen Lehnrechts* (Ensaios escolhidos de Direito feudal), Frankfurt, 1739, I-II.

KORMANN, KARL, *System der Rechtsgeschäftlichen Staatsakte* (Sistema do ato estatal jurídico negocial), Berlin, 1910.

_____. Beziehungen zwischen Justiz und Verwaltung (*Relações entre Justiça e Administração*), *Jharbücher des öffentlichen Rechts der Gegenwart*, VII (1913), 1 s.

KOSCHAKER, PAUL, *Babylonisch-assyrisches Bürgschaftsrecht* (Direito de fiança babilônico-assírio), Leipzig-Berlin, 1911.

_____. *Rechtsvergleichende Studien zur Gezetzgebung Hammurapis Königs von Babylon* (Estudos de Direito comparado sobre a legislação de Hammurapi, rei da Babilônia), Leipzig, 1917.

KRASNOPOLSKI, H., *Österreichischen Obligationenrecht* (Direito austríaco das obrigações), Wien, 1910.

KRAUSE HERMANN, *Die geschichtliche Entwicklung des Schiedsgerichtswesens in Deutschland* (A Evolução histórica do Juízo arbitral na Alemanha), Berlin, 1930.

KRAUSSE-KATLUHN-LINDENMAIER, *Kommentar zum Patentrecht* (Comentário ao Direito de Patente), 3ª ed., 1943.

KR.AUT, W. TH., *Grundriss zu Vorlesungen über das Deutsche Privatrecht* (Resumo para Prelações sobre o Direito privado alemão), 6ª ed., Berlin-Leipzig, 1888.

KREITTMAYR, W. X. A. VON, *Anmerkungen über den* Codicem Maximilianeum Bavaricum civilem, München, 1761-1768, I-V; 1844, nova ed.

KREMER, Zur Konstruktion des Zivilprozesses (*Para a Construção do Processo Civil*), *Grünhuts Zeitschrift*, 33 (1906), 289 s.

KRESS, HUGO, *Besitz und Recht* (Posse e Direito), Nürnberg, 1909.

KRETSCHMAR, PAUL, *Der Vergleich im Prozess* (A Transação no processo), Leipzig, 1895. Aí surgiram *e.g.*, 72) precisões científicas que mais tarde foram desenvolvidas por H. LEHMANN.

_____. *Die Theorie der Confusion* (A Teoria da Confusão), Leipzig, 1899.

_____. Zur Prozessvergleichslehre (*Sobre a Teoria da Transação processual*) *Jherings Jahrbücher für die Dogmatik*, 69 (1920).

KRETZSCHMAR, FERD., *Das Sachenrecht* (O Direito das Coisas), Leipzig, 1906.

KRICHAUFF, G., *Über die Erfordernisse einer den Verzug des Schuldners begründenden Mahnung und über die Zulässigkeit einer Vertretung bei derselben* (Sobre os requisitos de Interpelação fundada em mora do devedor e sobre a admissibilidade de Representação na mesma), Leipzig, 1903.

KRIES, A. VON, *Die Rechtsmittel des Zivilprozesses und des Straftprozesses* (O Meio de direito do processo civil e do processo criminal), Breslau, 1880.

KRONBERGER, CARL, *Die Ansprüche des Eigentümers nach BGB. im Vergleich zum bisherigen gemeinen Recht* (As Pretensões do Proprietário segundo o Código Civil, em comparança com o direito comum até agora vigente), München, 1898.

KROSCHEL, Die sogenannte absolute Nichtigkeit der Strafurteile (*A chamada Nulidade absoluta dos julgados penais*), *Gerichtssaal*, 69, 137 s.

KRÜCKMANN, PAUL, Die privatrechtlichen Nebenwirkungen der Zivilurteile (*Os Efeitos anexos privatísticos da sentença civil*), *Der Rechtsgang*, III, 114 s.
_____. *Einführung in das Recht* (Introdução ao Direito), Tübingen, 1912.
_____. Die materielle Urteilswirkung (*O Efeito material da sentença*), *Zeitschrift für deutschen Zivilprozess*, 47, 1 s.; 48, 1 s.
KRÜGER, PAUL, *Kritische Versuche des römischen Rechts* (Pesquisas críticas de direito romano), Berlin, 1870.
KUHLENBECK, LUDWIG, *Von den Pandekten zum bürgerlichen Gesetzbuch* (Das Pandectas ao Código Civil), Berlim 1897-1901, I-III.
_____. *Das Bürgerliche Gesetzbuch* (O Código Civil), 2ª ed., Berlin, 1903-1904, I-III (*Handkommentar*).
_____. *Handkommentar zum Bürgerlichen Gesetzbuch* (Comentário manual ao Código Civil), Berlin, 1903, I-II; 2ª ed., 1904, III.
_____. Veja *J. v. Stuudingers Kommentar*, 3ª e 4ª ed., II.
KUMMER, MAX, *Grundriss des Zivilprozessrechts nach den Prozessordnung des Kantons Bern und des Bundes* (Esboço de Direito processual Civil segundo a Ordenação processual do Cantão de Berna e da União), Bern, 1970.
KUNTZE, J. E., *Die Obligation und die Singularsuccession des römischen und heutigen Rechts* (A Obrigação e a Sucessão singular do Direito romano e hodierno), Leipzig, 1856.
_____. *Die Lehre von dem Inhaberpapieren* (A Teoria dos Títulos ao portador), Leipzig, 1857 (em dois tomos).
_____. *Der Gesamtakt, ein neuer Rechtsbegriff* (*O Ato coletivo, um mais novo conceito jurídico*), *Festgabe für* OTTO MULLER, Leipzig, 1892.
KUTTNER, GEORG, *Die Privatrechtlichen Nebenwirkungen der Zivilurteile* (Os Efeitos anexos privatísticos das sentenças civis), München, 1908.
Em *Die privatrechtlichen Nebenwirkungen*, pós GEORG KUTTNER, em forma sistemática (e, pela primeira vez, em termos de problema científico autônomo), arrancando-o dos casos forenses, o tema da eficácia lateral, anexa e reflexa, das sentenças. Mas isolar o fato coubera a ADOLF WACH, desde o seu *Handbuch* (I, 626 s.), com o defeito, porém, de entalhar tricotomia: a) eficácia de coisa julgada, b) eficácia de execução e c) eficácia de fato (*Tatbestandswirkung*), com o que punha no mesmo plano e em três compartimentos a eficácia própria da sentença, a) e b), e a lateral. No livro de GEORG KUTTNER (4 e 10) foi adotada a distinção entre eficácia *anexa* e eficácia *reflexa* (*Reflexwirkung*).
_____. *Das Verhältnis des Zivilprozesses zum Erbscheinverfahren* (*A Relação do Processo Civil com o Processo de certificado de herdeiro*), *Festgabe für* OTTO GIERKE, 1910, II, 161 s.
_____. *Rechtsvermutungen aus Akten der freiwilligen Gerichtsbarkeit* (*Presunções de direito, oriundas de atos da jurisdição voluntária*), *Jherings Jahrbücher für die Dogmatik*, 61 (1912), 109-178.
_____. *Urteilswirkung ausserhalb des Zivilprozesses* (Efeitos da Sentença fora do processo civil), München, 1914.
Nessa obra foi apontada e denominada a classe das ações mandamentais (21 s., 38 s.).
KUYK, J. VAN, *Rechtsingang en verstek in de middeleeuwschstedelijke procedure in verband met het recht der Republick* (A Entrada jurídica em Contumácia no processo municipal medieval em conjunto com o direito da República), s' Gravenhage, 1910.

LABAND, PAUL, *Die vermögensrechtlichen Klagen nach den sächsischen Rechtsquellen* (As Ações de direito patrimonial segundo as fontes jurídicas saxônicas), Königsberg, 1869, 1-9.

_____. *Zeitschrift für deutsches Recht*, 14, 121 s.

_____. Die Handelsusance (*O Uso comercial*), *Zeitschrift für das gesamte Handelsrecht*, 17 (1873).

LABORDE, A., *Traité théorique et pratique des Marques de fabrique et de Commerce*, Paris, 1914,

LACERDA, PAULO DE, *Manual do Código Civil Brasileiro,* Rio de Janeiro, 1918, I; 1923, *Dos Fatos Jurídicos* (EDUARDO ESPÍNOLA), III, *I*; 1926, *II*; 1929, *III;* 1932, *IV*; 1919, *Da Prescrição* (LUÍS FREDERICO SAUERBRONN CARPENTER), IV; 1918, *Do Direito de Família* (CÂNDIDO DE OLIVEIRA), V; 1925, *Do Direito de Família* (ESTEVÃO DE ALMEIDA), VI; 1918, *Do Direito das Coisas* (ASTOLFO DE RESENDE), VII; s. d., *Da Propriedade* (VIRGÍLIO DE SÁ PEREIRA), VIII; 1925, *Direito das Coisas* (DÍDIMO AGAPITO DA VEIGA), IX, *I-II*, 1929, *III;* 1928, *Do Direito das Obrigações* (TITO FULGÊNCIO), X; 1918, *Do Direito das Obrigações* (CLÓVIS BEVILÁQUA), XIV; 1921, *Dos Títulos ao portador* (PONTES DE MIRANDA), XVI, 1ª parte, 1933, 2ª ed.; 1927, *Da Promessa de Recompensa* (PONTES DE MIRANDA), XVI, 2ª parte, 1927, *Das Obrigações por Atos ilícitos* (PONTES DE MIRANDA), XVI, 3ª parte: 1918, *Do Direito das Sucessões* (HERMENEGILDO DE BARROS), XVIII; 1917, *Do Direito das Sucessões* (JOAQUIM AUGUSTO FERREIRA ALVES), XIX, 1930, *Do Inventário e Partilha* (ASTOLFO DE RESENDE), XX.

_____. *Da Falência nó Direito brasileiro*, São Paulo, 1931.

LACERDA DE ALMEIDA, FRANCISCO DE PAULA, *Obrigações*, 2ª ed., Porto Alegre, 1897; Rio de Janeiro, 1916.

_____. *Direito das Coisas*, Rio de Janeiro, 1908, I; 1910, II.

_____. *Sucessões*, Rio de Janeiro, 1915.

LACERDA, GALENO, *O novo Direito processual civil e os feitos pendentes,* Rio de Janeiro, 1974.

LACHAU, CHARLES, *Observations sur l'Exécution des jugements étrangers en France*, Paris, 1894, I; 1895, II.

LACOMBE, PIERRE, *De l'Autorité de la Chose jugée,* Paris, 1866.

LACOSTE, P., *De la Chose jugée em matière civile, criminelle, disciplinaire et administrative*, Paris, 1904.

LAFAIETE RODRIGUES PEREIRA, *Direito das Coisas,* Rio de Janeiro, 1877, I-II.

_____. *Direito de Família*, Rio de Janeiro, 1889.

LALLEMENT, P., *L'État de nécessité em matière civile*, Paris, 1922.

LA LOGGIA, ENRICO, *La Esecuzione delle sentenze straniere* (*in materia civae*), Toriino, 1902.

LAMBERT, ED., *Études de Droit commun législatif*, Paris, 1903.

LAMMFROMM, H., *Teilung, Darlehen, Auflage und Umsatz-Vertrag* (Partilha, Empréstimo, Encargo e Contrato comutativo), Leipzig, 1897.

LAMOR, F., *De la Caution* indicatum solvi, Paris, 1900.

LANDIM, NICOLAU COELHO DE, *Nova et scientifica Tractatio utrique foro perutilis 1. de Syndicatu iudicium 2. de Malefactoribus absentibus..., et 3. de Salariis Officialium Iudicium,* Ulyssipone, 1677.

LANGENBECK, WILHELM, *Die Beweisführung in bürgerlichen Rechtsstreitigkeiten* (A Produção de prova nas controvérsias jurídicas civis). Leipzig, 1861.
LANGHEINEKEN, PAUL, *Der Urteilsanspruch* (A Pretensão à sentença), Leipzig, 1899.
A obra principal sobre a ação constitutiva.
_____. *Anspruch und Einrede* (Pretensão e Exceção), Leipzig, 1903.
_____. Vertretbare und Gattungssachen, Mengesachen und Stücksachen (*Coisas Fungíveis e coisas de gênero, coisas-conjunto e coisas-pedaço*), *Zeitschrift für Rechtspflege in Bayern*, VII (1911), 176 s.
_____. *Zwangsvollstreckung, Zwangsversteigerang, Arrest und einstweilige Verfügung* (Execução forçada, Arrematação, Arresto e Medida provisória), Halle, 1919.
LANK, GEORG, *Observationes Forenses*.
LAPRADELLE, A. GEOUFFRE DE, *La saisié russe à Berlin, Révue de Droit internacional privé*, 1910, 779 s.
LARENZ, KARL, *Die Methode der Auslegung des Rechtsgeschäfts* (O método de interpretação do negócio jurídico), Leipzig, 1930.
_____. *Lehrbuch des Schuldrechts* (Tratado de Direito de dívida), München u. Berlin, 1953, I, 3ª ed., 1958, I; 1956, II.
LASK, E., *Die Lehre von Urteil* (A Doutrina da Sentença), Tübingen, 1912.
LASPEYRES, Über Anfechtung von Zahlungen mit der actio Pauliana (*Sobre Impugnação de pagamentos com a* actio Pauliana), *Arehiv für die civilistische Praxis,* 21, 35 s.
LASSEN, K., Rechtliche Natur und Inhalt des im § 561 Abs. 2 BGB. dem Vermieter gegebenen Anspruch auf "Herausgabe zum Zwecke der Zurückschaffung" (*Natureza jurídica e conteúdo da pertença dada ao locador, no § 561, alínea 2ª, do Código Civil, para "restituição com o fim de incorporação"*), *Archiv für Bürgerliches Recht*, 30 (1907), 263-287.
LAST, ADCLF, Fragen der Besitzlehre (*Questões de Doutrina da posse*), *Jherings Jahrbücher für die Dogmatik*, 62 (1913) 1-284, e 63 (1914), 71-168.
LAUN, RUDOLF VON, *Das freie Ermessen und seine Grenzen* (O arbítrio livre e seus limites), Leipzig u. Wien, 1910.
LAURENT, F., *Principes de Droit Civil français,* 1878, 10.
LAUTERBACH, WOLFGANG ALBRECHT, *Tractatus de Arbitris compromissariis*, Tubingae, 1765.
_____. *Collegium Pandectarum theoretico-practicum,* Tübingen, 1784.
LAWRENCE LOWELL, A., *Essays on Government,* Boston, 1889.
LAYER, M., *Überprüfung von Verwaltungsakten* (Sobre-exame de Atos de Administração). Sem folha de rosto.
LAZARUS, JOHANN, *Das Recht des Abzahlungsgeschäfts nach gemeinen Recht und BGB.* (O Direito do Negócio a prestações segundo o direito comum e o Código Civil), Berlin, 1898.
LEBRUN, A., *La Coutume, ses sources, son autorité en droit privé,* Paris. 1932.
LEEMANN. H., *Kommentar zum Schi'veizerischen Zivilgesetübuch* (Comentário ao Código Civil suíço), Bern, 1912, IV.
_____. Das Sachenrecht, no *Kommentar de* MAX GMUR.
LEFÈVRE, E., *Du Rôle des Tribuns de la Plèbe en procedure civile*, Paris, 1910.
Ainda é o mais relevante estudo sobre o papel dos tribunos da plebe, no que interessa ao processo civil.

LEGRAND, CHARLES, *Du Droit de rétention,* Paris, 1906.
LEGROS, C., *Des Clauses d'inaliénabilité dans les actes à titre gratuit,* Paris, 1909.
LEHMANN, HEINRICH, *Der Prozessvergleich* (A Transação processual), München, 1911.
Obra dogmática e metodológica que merece meditação. Com informes históricos. Excelente crítica a KONRAD HELLWIG (*Lehrbuch*, II, 388 s.) vem às ps. 119 s. Livrou-se ele, completando os estudos de PAUL KRETSCHMAR, digamos em 1896, da concepção materialístico-processualista de KONRAD HELLWIG (concepção que ignorava a evolução *posterior* ao direito romano) e ao mesmo tempo da concepção puramente privatística de K. PAUL e J. W. HEDEMANN. Provamos depois que a transação como negócio jurídico se passa no direito material (não necessariamente privado) e a Integração processual, que tem a eficácia de fazer cessar a relação jurídica processual, ainda de execução, é julgamento integrativo de eficácia constitutiva negativa da relação jurídica processual.
LEHMANN, KARL, *Recht der Aktiengesellschaften* (Direito das Sociedades por ações), Berlin, 1898, I.
LEIBL, RICHARD, *Das Pflichtteilsrecht der entfernteren Verwandten nach dem BGB* (O Direito à Parte de reserva dos Parentes distantes segundo o Código Civil), Berlin, 1902.
LEINWEBER, ARNOLD, *Die* hereditatis petitio, Berlin, 1899.
LEIST, B. W., *Civilistische Studien auf dem Gebiete dogmatischer Analyse* (Estudos civilísticos no domínio da Análise dogmática), Jena, 1854-1877, I-IV.
_____. *Mancipation und Eigentumstradition* (Mancipação e Tradição da propriedade), Jena, 1865.
_____. em GLÜCK, *Pandekten,* Erlangen, 1875, 37-38, III.
LEIST, E., *Der Wechselprotest* (O Protesto cambiário), Berlin, 1899.
LEITÃO, ANTÔNIO LOPES, *Praxis Finium Regundorunt,* Ulyssipone, 1654; Conimbricae, 1960.
_____. *Praxis de iudicio finium regundorum,* Conimbricae, 1747. (Liber utilissimus iudicibus, et advocatis ad praxim de iudicio finium regundorum).
LEITÃO, JOÃO ROÍS, *Tractatus de Subhastatione,* não publicado.
(Leu-o, ao que parece, JOAQUIM JOSÉ CAETANO PEREIRA E SOUSA, que nele se inspirou para os § § 424 s. das *Primeiras Linhas.* Todavia, não o referiu.)
LEITÃO, MATEUS HOMEM, *De Gravaminibus, Securitatibus et de Inquisitionibus,* no livro *De Iure Lusitano,* Conimbricae, 1643: 1736, I.
"...utilissimus tractatus" (PASCOAL JOSÉ DE MELO FREIRE, *Historiae Iuris,* 99). "Melhor lugar e sorte", em comparação com ANTÔNIO VANGUERVE CABRAL, ANTÔNIO CAETANO GOMES E MANUEL LOPES FERREIRA, merece-os, diz PASCOAL JOSÉ DE MELO FREIRE, com toda a razão, MATEUS HOMEM LEITÃO, *meliori loco et sorte digitus.*
LEITE, SOLIDÔNIO, *Unidade e Universalidade da Falência,* Porto, 1906.
LEITE VELHO, B. T. DE MORAIS, *Monografia jurídica e prática das Execuções de sentenças em processo civil,* Rio de Janeiro, 1885.
_____. *Adições à Monografia das Execuções,* Rio de Janeiro, 1889.
LENEL, OTTO, *Über Ursprung und Wirkung der Exzeptionen* (Sobre Origem e Eficácia das Exceções), Heidelberg, 1876.

_____. *Palingenesia Iuris Civilis*, Leipzig, 1889, I-II.

_____. Nochmals die Lehre von der Voraussetzung (*Mais uma vez a Teoria da pressuposição*), *Archiv für die civilistische Praxis*, 79 (1892), 49-107.

_____. *Das Edictum perpetuum*, Leipzig, 1883; 2ª ed., 1907.

_____. Die Anfechtung von Rechtshandlungen des Schuldners (*A Impugnação dos Atos jurídicos do devedor*), *Festschrift zu* A. S. SCHULTZES, 70. Geburtstag, Leipzig, 1903.

LENHOFF, A., *Einführung in das einheitliche Wechselrecht* (Introdução ao Direito cambiário uniforme), Wien u. Berlin, 1933.

LENT, FRIEDRICH, *Die Anweisung als Volimacht und im Konkurse* (A Assinação como Procuração e no Concurso), Leipzig, 1907.

_____. *Die Gesetzeskonkurrenz im bürgerlichen Recht und Zivilprozess* (A Concorrência de lei no direito civil e no processo civil), Leipzig, 1912, I; 1916, II.

_____. Prozessführung des Vermögensverwalters (*Intentação processual do Administrador de patrimônio*), *Festschrift für* ADOLF WACH, Leipzig, 1918.

_____. *Grundriss der freiwilligen Gerichtsbarkeit* (Elementos de Jurisdição voluntária), Leipzig, 1921.

_____. Die Rechtsprechung des Reichsgerichts über die prozessuale Stellung des Konkursverwalters (*A Jurisprudência do Tribunal do Reich sobre a posição processual do administrador concursal*), *Reichsgerichtspraxis im deutschen Rechtsleben*, VI, (1929), 275.

_____. Die notwendige oder die besondere Streitgenossenschaft (*O Litisconsórcio necessário ou o especial*), *Jherings Jahbücher für die Dogmatik*, 90 (1942), 27 s.

_____. Der Klageverzicht (*A Renúncia da Ação*), *Deutsche Rechtszeitschrift*, 1948, 9 s.

_____. *Zivilprozessrecht* (Direito processual civil), München und Berlin, 2ª ed., 1949; 4ª ed., 1952; 6ª ed., 1955; 13ª ed., 1966 (OTHMAR JAUERNIG).

_____. *Zwangsvollstreckungs- und Konkursrecht* (Direito de Execução forçada e de Concurso), München und Berlin, 2ª ed., 1949, 4ª ed.; 1952.

_____. *Freiwillige Gerichtsbarkeit* (Jurisdição voluntária), München und Berlin, 1951.

LENZ, FRIEDRICH, Der Rechtsbesdtz ausserhalb des BGB. (*A Posse de direito fora do Código Civil*), *Archiv für Bürgerliches Recht*, 33 (1909), 345-426.

LEONE, CARLO, *L'Istruzione della causa nel nuovo processo civile*, Città di Castelle e Bari, 1943.

LEONE, GIOVANNI, *Sistema delle Impugnazioni penali*, Napoli, 1935.

LEONHARD, FRANZ, *Vertretung beim Fahrniserwerb* (Representação pela aquisição do bem móvel), Leipzig, 1899.

_____. *Erfüllungsort und Schuldort* (Lugar de Execução e Lugar da dívida), Berlin, 1907.

_____. *Erbrecht* (Direito das Sucessões), 2ª ed., 1912, 419.

_____. Die Auslegung der Rechtsgeschäfte (*A Interpretação dos Negócios jurídicos*), *Archiv für die civilistische Praxis*, 120 (1922), 14-151.

_____. *Die Beweislast* (O ônus da prova), 2ª ed., Berlin, 1926.

Allgemeines Schuldrecht (Direito geral das Obrigações), 1929.

Besonderes Schuldrecht des BGB. (Direito especial das Obrigações), München u. Berlin, 1931.

LEONHARD, RUDOLF, *In wie weit gibt es nach den Vorschriften der Deutschen Zivilprozessordnung Fictionen?* (¿Até que ponto há, conforme os preceitos da Ordenação Processual alemã, ficções?), Berlin, 1880.
_____. *Der Erbschaftsbesitz* (A Posse da herança), Jena, 1899.
_____. *Der AIIgemeine Teil* (A Parte Geral), Berlin, 1900.
LESSA, PEDRO, *Do Poder Judiciário*, Rio de Janeiro, 1915.
LESSER, M., *Der Inhalt der Leistungspflicht* (O Conteúdo do Dever de prestar), Breslau, 1909.
LESSING, HANS, *Begriff der Rechtsnachfolge nach bürgerlichem Recht* (Conceito de Sucessão de direito segundo direito civil), Erlangen, 1902.
LESSONA, C., Nullitá e inesistenza della sentença, *Foro Italiano*, 1911, 10 s.
_____. *Trattato delle Prove in materia civile*, Firenze, 1914.
LETZGUS, *Die Anwartschaft des Küufers unter Eigentumsvorbehalt* (A Expectativa do Comprador sob reserva de propriedade), 1938.
LEUCHTENBERGER, H., *Unter welchen Voraussetzungen tritt bei Wahlschulden eine Beschränkung des Schuldverhältnisses auf eine Leistung ein?* (¿Sob quais pressupostos advém à prestação, restrição da relação obrigacional, nas obrigações de escolha?), Rostock, 1902.
LEVIS, OTTO, *Die Entmündigung Geiteskranker* (A interdição do Psicótico), Leipzig, 1901.
As sentenças de interdição são *constitutivas* (32, 207, 324), e não declarativas dos pressupostos da curatela, como pretendia FRIED-LÄNDER, e ainda muitos tentam de sustentar.
LEVY JULIUS, *Begriff des Wohnsitzes* (Conceito de Domicílio), Bayern, 1899.
Lex Salica, hrsg. von J. FR. BEHREND, n° d. Capitularien, z. L. S., bearb. von A. BORETIUS, Berlin, 1874.
Lex Visigothorum recessvindiana, Hannover, 1902, ed. de ZEUMER.
LEYSER, A. DE, *Meditationes ad Pandectaa*, Lipsiae, 1741-1762, I-XI; 1772-1775, I-XII; 1774-1783, I-XIII, ed. nova.
LIEBEZEIT, GEORG, *Die Rechte des Eigentümers und des früheren Besitzers gegen den Besitzdiener des gegenwdrtigen Besitzers* (Os Direitos do Proprietário e do Possuidor anterior contra o Servidor da posse do Possuidor de agora), 1907.
LIEBMAN, ENRICO TULLIO, Execução e Ação executiva, *Revista Forense,* 94, 215.
_____. Contro il patto "solve et repete" nei contratti, *Rivista di Diritto processuale civile*, VIII (1931), Parte II, 241-251.
LIEBMAN denunciou esse pacto como expediente capitalístico e chamou a atenção para o que ele significava, em termos decisivos (242). Também, na mesma *Rivista*, Variazioni intorno alia clausola "solve et repete" nei contratti, 10, 209-215.
_____. L'Azione per la delibazione delle sentenze straniere, *Rivista di Diritto Processuale Civile*, IV (1927), Parte I, 283-304.
_____. *Le Opposizioni di merito nel processo di esecuzione,* Roma, 1931.
_____. Il Titolo esecutivo riguardo ai terzi, *Rivista di Diritto Processuale Civile,* 11 (1934), 127-153.
_____. *Efficacia ed Autorità della sentenza,* Milano, 1935.
_____. Ancora sulla sentenza e sulla cosa giudicata, *Rivista di Diritto Processuale Civile,* 13 (1936), 237-259.

_____. Pluralità di legittimati all'impugnazione di un unico atto, *Rivista di Diritto Processuale Civile*, 14 (1937), Parte II, 87-97.

Aí fez ENRICO TULLIO LIEBMAN assaz claro e percuciente escrito para afastar, nos casos de pluralidade subjetiva e recurso do litisconsorte (art. 509), a noção de identidade de qualidade que faz as vezes de identidade de pessoa, de modo que a coisa julgada exclua as ações dos outros (GIUSEPPE CHIOVENDA, *Principii*, 281, 916; *Istituzioni*, I, 324, 380) e a impertinente noção de "substituição processual", de que pretendeu lançar mão FRANCESCO CARNELUTTI (*Lezioni*, IV, n° 384). Vale a pena reproduzir-lhe as respostas (89: a) a GIUSEPPE CHIOVENDA: a idêntica qualidade de sócio apenas é o pressuposto comum da legitimação pessoal e *autônoma* de cada um dos que se acham na situação determinada; b) a FRANCESCO CARNELUTTI: não se pode falar de "substituição processual" recíproca, isto é, de titularidade da relação jurídica processual pelos outros sujeitos da relação de direito material, porque o que propôs ação agiu por si e só *por si*. Há apenas um ponto que ENRICO TULLIO LIEBMAN não feriu e deverá ter ferido, porque lhe completaria, lisamente, a construção: a eficácia da sentença favorável ao litisconsorte solitário, quanto aos outros, ainda não citados, é a eficácia das sentenças constitutivas *erga omnes*, não se devendo admitir que um juiz, proferindo sentença declarativa ou condenatória, em que os outros interessados na *res individua* não foram citados nem compareceram, confira força de coisa julgada material quanto a esses, menos ainda força condenatória, ou efeito executivo. Se conferiu aquela força ou esse efeito, infringiu o art. 48. O art. 47 só se refere a litisconsortes que estão na relação jurídica processual. Para se admitir como *parte* o litisconsorte não citado e não comparecente, ter-se-ia de lançar mão de representação legal ou da noção de "substituição processual".

_____. *Eficácia e Autoridade da Sentença*, Rio de Janeiro, 1945 (trad. em port., contendo os trabalhos anteriores e outros).

Sem razão, entre outros pontos, sobre a ação pauliana, que seria "*extensão* da ação e responsabilidade executória" (171): há ação constitutiva negativa, com efeito mandamental: quando se estende (?) a execução, os bens não mais estão no património do terceiro, e isso, não visto com cuidado, dá a ilusão da extensão. Também, não é direito brasileiro a cognição necessariamente incompleta dos embargos de terceiros (178). O caso dos bens alienados em fraude de execução (172-174) nada tem com o dos bens alienados em fraude de credores; trata-se, nos arts. 592 e 593, de *ineficácia*; e não de *anulabilidade* ou *revogação* (caso dos atos *in fraudem creditorum*, no direito civil e no comercial).

_____. *Processo de Execução*, São Paulo, 1946.
_____. *Estudos sobre o Processo civil brasileiro*, São Paulo, 1947.
_____. *Manuale di Diritto Processuale Civile*, 2ª ed., Milano, 1957, I; 1959, II, 1.
_____. *Problemi del Processo Civile*, Napoli, s. d.

LIER, DE, *Pactum praeparatorium actionem producens et non producens,* Altdorf, 1716.
LILIE, FRANZ, *Schadenersatz bei unwirksamen Verträgen nach dem BGB.* Reparação do dano em contratos ineficazes segundo o Código Civil), Magdeburgo, 1898.
LIMA, ANTÔNIO TELES LEITÃO DE, *Commentaria in articulos Gabellarum (Sisas) ac regimen incapatationum* (Encabeçamentos) *Regni Portugalliae*, Lisboa, 1759.

Um dos precursores da doutrina do pré-contrato, tendo discutido, a respeito, o problema da *siza*.

LINDE, J. T. B., *Handbuch über die Lehre von den Rechtsmitteln* (Manual sobre a Doutrina dos Meios de direito), Giessen, 1831-1840, I-II.
LIPARI, F. G., *Il Dolo processuale,* Palermo, 1926.
_____. Caratteri e presupposti dell'Opposizione di terzo, *Rivista di Diritto Processuale Civile,* III (1926), 21-63.
_____. Gestione d'affari e rappresentanza processuale, *Studi in onore del prof.* GIUSEPPE CHIOVENDA, Padova, 1927, 490-519.
Escrito de valor sobre a inadmissibilidade, em princípio, da gestão de negócios no processo.
Nós temos o expediente da caução de rato.
_____. Struttura e funzione della sentença dichiarativa di fallimento, *Circulo Giuridico,* 1931, fasc. 1.
A sua classificação da sentença de abertura de falência como resolução administrativa destoa de toda a técnica jurídica, que *processualizou* os concursos.
LIPPMANN, Die rechtliche Stellung des Konkursverwalters, (*A Posição jurídica do Administrador concursal*), *Jherings Jahrbücher für die Dogmatik,* 41 (1900), 112-250.
LIPSIUS, J. H., *Das attische Recht und Rechtsverfahren, mit Benutzung des attischen Prozesses* (O Direito ático e o Processo, com emprego do processo ático) (von M. H. E. MEIER und G. F. SCHÜMANN dargestellt), Leipzig, 1905, I; 1912. II.
LITTEN, FRITZ, *Die Wahlschuld* (A Dívida de escolha), Berlin, 1903.
LOBO DA COSTA, MOACYR, *Origem dos Embargos no Direito lusitano,* Rio de Janeiro, 1973.
LÖBL, RUDOLF, Geltendmachung fremder Forderungsrechte im eigenen Namen (*Fazer valerem direitos creditórios alheios no próprio nome*), *Archiv für die civilistische Praxis,* 129 (1928), 257-339; 130 (1929), 1-72.
LÖFFLER, ALEXANDER, *Über unheibare Nichtigkeit im österreichischen Strafverfahren* (Sobre Nulidade insanável no processo penal austríaco), Wien, 1904.
_____. Organisation, em ENGEL-LÖFFLER, *Organisation der Justiz und Strafverfahren* Wien, 1919.
LOENING, RICHARD, Die Widerklage (*A Reconvenção*), *Zeitschrift für den Zivilprozess,* IV (1881), Caderno I.
_____. Der Vertragsbruch und seine Rechtsfolgen (A Infração do contrato e suas consequências jurídicas), Strassburg, 1876.
LÖWENFELD, THEODOR, Einleitung und Allgemeiner Teil, J. v, *Staudingers Kommentar,* 7ª-8ª ed., München und Berlin, 1912, I.
LOPES CARDOSO, EURICO, *Manual da Ação Executiva,* 3ª ed., Coimbra, 1964.
LOPES DA COSTA, ALFREDO ARAÚJO, *Intervenção de Terceiros na Falência,* São Paulo, 1930.
_____. Da Citação no processo civil, Belo Horizonte, 1927.
_____. Direito Processual Civil brasileiro, Rio de Janeiro, 1947, I-III; 2ª ed., 1959, I-IV.
_____. Medidas preventivas, 2ª ed., São Paulo, 1958.
LÓPEZ, GREGÓRIO, *Las Siete Partidas del Rey don Alfonso el Nono nuevamente glosadas,* Salamanca, 1576, I-V.
LORENZEN, ERNEST, G., *Cases on the Conflict of Law,* 2ª ed., 1928; 3ª ed., 1932; 4ª ed., 1937.

LOWELL, EDWARD, na obra de JUSTIN WINDSOR, *Narrative and Critical History of America*, New York, 1888, VII.
LUGO E BERRI, *Codice di Processo Civile illustrato con i lavori-preparatori e con note di commento*, 2ª ed., Milano, 1942.
LUNZ, L. A., *Internationaler Zivilprozess* (Processo Civil internacional), Berlin, 1968.
LUTZ, WALTER, *Zur Frage der positiven Vertragsverletzungen* (Para a Questão das Infrações positivas do contrato), Berlin, 1907.
LUZZATTO, *Della Trascrizione*, Torino, 1888.
LYON-CAEN, C., e L. RENAULT, *Faillites, Banqueroutes et Liquidations judiciaires*, Paris, 1934, I-II.
MAASSEN, F., Zur Dogmengeschichte der Spolienklage (*Para a História dos Dogmas da Ação de espoliação*), *Jahrbfieher des gemeinen deutschen Rechts*, III (1859), 221-246.
MACEDO, ANTÔNIO DE SOUSA DE, *Flores de Espanha, Excelências de Portugal*, Lisboa, 1631.
_____. *Perfectus Doctor*, Londini, 1643.
_____. *Lusitania Libertata*, Londini, 1645.
_____. *Decisiones Supremi Senatus Iustitiae Lusitaniae*, Ulyssipone, 1660, 1677, 1699; Conimbriae, 4ª ed., 1743.
A ANTÔNIO DE SOUSA DE MACEDO (198) deve-se ter aludido à maior carga de eficácia da sentença de partilha que a das outras sentenças, as de condenação (est sententia *maioris vis* quam aliae sententiae): era à *força* executiva, que se referia, maior do que o *efeito* executivo da sentença de condenação. Depois, a sua lição, que é novíssima para processualistas europeus de hoje, foi recebida por MANUEL GONÇALVES DA SILVA (*Commentaria*, III, 403) e MANUEL ALMEIDA E SOUSA (*Tratado sobre as Execuções*, 19-20).
MACEDO SOARES, ANTÔNIO JOAQUIM DE, *Tratado jurídico-prático da Medição e Demarcação das Terras tanto particulares como públicas*, Rio de Janeiro, 1878, I; 1879, II.
MACHADO GUIMARÃES, LUÍS, *A Instância e a Relação Processual*, Rio de Janeiro, 1939.
Trata-se de duas acepções da palavra "instância", na língua portuguesa. Adotou o autor a noção de "relação jurídica processual" e tem-se mantido na estacada, em prol da processualística científica no Brasil, que iniciamos.
_____. *Comentários ao Código de Processo Civil* de PEDRO BATISTA MARTINS e outros, IV (1940).
MADAI, C O. v., *Die Lehre von der Mora* (A Teoria da Mora), Halle, 1837.
MADEIRA DE SOUSA, MANUEL, *Alegação de Direito sobre a Casa de Aveiro*, manuscrito (1784?).
_____. *Alegações sobre a Casa do Aveiro*, manuscrito, 7, nº 13.
MAENNER, KARL, *Das Sachenrecht nach dern Bürgerlichen Gesetzbuche* (O Direito das Coisas segundo o Código Civil), München, 1906.
_____. *Die Pflichtteilsberechtigten* (*Os Legitimados à parte reservada*), *Das Recht*, XXIV (1920).
MAIERINI, ANGELO, *Della Revoca degli atti fraudolenti fato dal debitore in pregiudizio dei creditori*, Firenze, 1912 (G. GEORGI).
MAILHER DE CHASSAT, A., *Traité de la Rétroactivité des Lois*, Paris, 1845.

MAINZ, CHARLES, *Cours de Droit romain*I, 5ª ed., Paris, I-II.
MAIORCA, C., Della Trascrizione, em D'AMELIO, *Commentario* (L. della tutela dei diritti), Firenze, 1943.
MANDRIOLI, CRISANTO, *L'Esecuzione forzata in forma specifica*, Milano, 1953.
_____. *L'Azione esecutiva*, Milano, 1955.
MANDRY, G., *Der civlrechtliche Inhalt der Reichsgesetze* (O Conteúdo civilístico das leis do *Reich*), Tübingen, 1878; 2ª ed., 1882; 3ª ed., 1885; 4ª ed., 1898 (GEIB).
MANDY, G., *La caution iudicatum solvi*, Paris, 1897.
MANIGK, ALFRED, *Das Anwendungsgebiet der Vorsehriften für die Rechtsgeschäfte* (O Domínio de Aplicação dos preceitos para os negócios jurídicos), Breslau, 1901.
_____. *Die Voraussetzungen des Eigenbesitzes nach BGB*. (*Os Pressupostos da Posse própria segundo o Código Civil*), *Archiv für Bürgerliches Recht*, 25 (1905), 317-325.
_____. *Über Rechtswirkungen und juristische Tatsachen* (Sobre Efeitos jurídicos e Fatos jurídicos), Jena, 1905.
Conceito de eficácia jurídica (6-13).
_____. *Willenserklärung und Willensgeschäft* (Declaração de vontade e Negócio jurídico), 1907.
_____. *Gläubigerbefriedigung durch Nutzung, ein Institut der antiken Recht* (A satisfação do credor pelo uso, instituto dos antigos direitos), Berlin, 1910.
_____. Antichretische Grundstückshaftung im gräko-ägyptischen Recht (*Responsabilidade predial anticrética no direito greco-egípcio*), *Festgabe für* Dr. KARL GUTERBOCK, Berlin, 1910.
MANZINI, VICENZO, *Trattato di Diritto Penale*, Torino, 1937, VIII.
MARCELO CAETANO, *Lições de História do Direito Português*, Lisboa, 1962.
MARQUARDT, J., *Römische Staatsvertoxltung* (Administração pública romana), Leipzig, 1873-1878, I-III; 2ª ed., 1881.
MARQUES, JOSÉ FREDERICO, *Ensaio sobre a Jurisdição Voluntária*, São Paulo, 1952.
_____. *Instituições de Direito Processual Civil*, Rio de Janeiro, 1958, I-II; 1959, III-IV; 1960, V.
_____. *Manual de Direito Processual Civil*, São Paulo, 1974, I; 1975, II-III.
MARTIN, ALFRED, L'Abus du droit et l'Acte illicite, *Zeitschrift für schweizerisches Recht*, 1905.
MARTÍNIO, MATIAS, *Lexicon philologicum et praecipue etymologicum*, Bremae, 1623.
MARTINS, SAMUEL, *Execução das Sentenças estrangeiras no Brasil*, Recife, 1906.
MARTINS DA COSTA, JOÃO, *Domus Supplicationis Curiae Lusitanae Ulyssiponensis magistratus Styli, Supremique Senatus consulta*, Ulyssipone, 1692.
MARWITZ, W., u. F. LORENZ, *Das Urteil in bürgerl. Rechtsstreitigkeit* (A sentença em controvérsias jurídicas civis), 2ª ed., Berlin, 1929.
MASCARDUS, JOH., *Tractatus de Probationibus*, Francofurti, 1661.
MASSÉ, G., *Le Droit commercial dans ses rapports avec le Droit des Bens et de Droit civil*, Paris, 1861, I-IV, 3ª ed., 1874.
MATOS PEIXOTO, JOSÉ CARLOS DE, *Recurso extraordinário*, Rio de Janeiro, 1935.
MATTHIASS, BERNHARD, *Lehrbuch des Bürgerlichen Rechts* (Tratado do Direito civil), 6ª e 7ª ed., Berlin, 1914, I-II.
MATTIROLO, L., *Trattato di Diritto Giudiziario Civile italiano*, 2ª ed., Torino, 1902; 4ª ed., I; I-VI.

MAUPOINT, A., *Le Contrat judiciaire*, Paris, 1911.
Veja a nota a R. DEMOGUE, *Traité*.
MAXEN, J., *Über Beweislast, Einreden und Exceptionen* (Sobre Ônus da prova, Defesa e Exceções), Göttingen, 1861.
MAXIMILIANO, CARLOS, *Direito das Sucessões*, Rio de Janeiro, 1937, I-II, 5ª ed., 1964, 1-III.
_____. *Condomínio*, Rio de Janeiro, 1944.
MAYER, KARL, *Anspruch und Rechtskrajt im deutschen Zivilprozess* (Pretensão e Coisa julgada no processo civil), Stuttgart, 1930.
MAYER, L., *De la Caution imposée à l'étranger demandeur,* Paris, 1890.
MAYER, OTTO, Zur Lehre von der materiellen Rechtskraft in Verwaltungssachen (*Para a Teoria da Coisa julgada material em casos administrativos*), *Archiv für öffentliches Recht*, 21, 1 S.
_____. *Deutsches Verwaltungsrecht* (Direito administrativo alemão), 3ª ed., Leipzig, 1895, I, München, 1924, I-II.
_____. *Zur Lehre von der materiellen Rechtskralt* (Para a Teoria da Coisa Julgada material), Leipzig, 1906.
Chamou OTTO MAYER às sentenças determinativas, *sentenças dispositivas* (verfügende Urteile). É falsa a sua teoria da coisa julgada *absoluta* e *relativa* (sentenças dispositivas).
MAYNZ, CHARLES, *Cours de Droit romain*, 5ª ed., Bruxelles-Paris, 1891, I-III.
MAYR, R. VON, *Der Bereicherungsanspruch* (A ação de enriquecimento), Leipzig, 1903.
MAZEAUD, HENRI et LÉON, *Traité de la Responsabilité civile*, Paris.
MEDEIROS DA FONSECA, ARNOLDO, *Direito de retenção*, 3ª ed., Rio de Janeiro, 1957.
MEERMANN, GERARD, *Novus thesaurus iuris civilis et canon., cont. var. rara optim. interpretum incprimis Hispaniae et Galliae opera,* Hagae Comit., 1751-1756, I-VIII.
MEIBOM, VIKTOR VON, *Das deutsche Pfandrecht* (O Direito alemão de penhor), Marburg, 1867.
MEIER, M. H. E., u. SCHÖMANN, G. FR., *Der attische Prozess* (O Processo ático), Halle, 1824, 2ª ed., Berlin, 1883-1887. (LIPSIUS).
MEILI, FRIEDRICH, *Lehrbuch des internationalen Konnursrechts* (Tratado de Direito concursal internacional), Zurich, 1909.
MEISCHEIDER, EMIL, *Die letzwilligen Verfügungen nach dem Bürgerlichen Gesetzbuch* (A Disposição de última vontade segundo o Código Civil), Leipzig, 1900.
MEISNER, J., *Das Bürgerliche Gesetzbuch kommentiert* (O Código Civil comentado), Breslau, 1898, I-III.
MEISSNER, F. A., *Vollständige Darstellung der Lehre vom stillschweigenden Pfandrechte* (Tratação completa da Teoria do Direito de penhor tácito), Leipzig, 1803, I; 1804, II.
MEISTER, C. F. G., *Selectorum opusculoruna maxíme al ius civile et criminale eiusque historiana pertinentium sylloge*, Goettingae, 1766, I-II.
MEISTER, E., *Die Veräusserung im Streit befangener Sachen und Abtretung rechtshängiger Ansprüche nach § 265 Z.P.O.* (A Alienação das coisas em litígio e Cessão das pretensões litíspendentes segundo o § 265 da Ordenação Processual Civil), Leipzig, 1911.
MELO FREIRE, PASCOAL JOSÉ DE, *Institutiones iuris Civilis Lusitani cum Publici tum Privati*, Conimbricae, 1791-1793.

I-IV; 2ª ed., 1827. Usou-se a 5ª ed., de 1859, I; 1860, II-V, 1861, VII. Principalmente, IV (*De obligationibus et actionibus*).

_____. , *Historiae Iuris Civilis Lusitani Liber Singularis*, Conimbricae, 1794, 5ª ed., 1860.

MENCKE, GODOLF. LUDOV., *Introductio in doctrina de actionibus for.*, Halae, 2ª ed., 1769 (G. S. MADIHN, CHR G. HOMMEL e L. G. MADIHN).

MENDELSSOHN-BARTHOLDY, A., *Grenzen der Rechtskraft* (Limites da Coisa julgada), Leipzig, 1900.

Explicação da coisa julgada (material) como *direito* (433, 503) entre as partes (e seus sucessores), sem persuadir; excelentes análises da coisa julgada entre as diferentes classes de possuidores, e. g., possuidores indiretos e diretos (454). Tentativa de explicar a coisa julgada material como eficácia *erga omnes* (305 s.), tentativa foi repelida pela ciência.

_____. Rechtskraftwirkung des Schiedsspruches (*Eficácia de coisa julgada da decisão arbitral*), *Festschift für* FRANZ KLEIN, Wien, 1914.

_____. Reichsgericht, *Juristische Wochenschrift*, 50 (1921), 240.

_____. MENDES DE ALMEIDA, CÂNDIDO, *Auxiliar Jurídico*, Rio de Janeiro, 1869 (apêndice à 14ª ed., do *Código Filipino*).

_____. *Código Filipino* 14ª ed., Rio de Janeiro.

MENDES DE ALMEIDA, JOÃO. *Direito Judiciário Brasileiro*, 2ª ed., Rio de Janeiro, 1918; 3ª ed., 1940.

JOÃO MENDES DE ALMEIDA aproximou-se de distinção entre direito e ação quando a apontou come acidente: mas a distinção entre *acidens* e *substantia*, de que lançou mão, não bastaria a explicação. Porque há: direito, pretensão e ação; há ações sem direito e direitos sem pretensão e pretensões sem ação. Aliás, a dogmática fora prejudicada por esse e outros pendores filosóficos acientíficos. Desde que há ações que não correspondem a direito, tanto a analogia do processualista quanto afirmações dos civilistas franceses (e. g., "o direito deixaria de ser se não tivesse em seu seio ação", "direito dotado de ação é pleonasmo") são falsas: não se ajustam aos fatos. À p. 543, o autor quase isolara a ação mandamental: "Quando a condenação (?) é direta, tem com efeito a execução imediata; quando a condenação é indireta, o julgado produz outra ação, que nasce da sentença". Em todo caso, teria sido tarde: GEORG KUTTNER já a havia descoberto – ou, melhor, isolado – em 1914.

_____. *As Codificações estaduais das leis do processo*, Rio de Janeiro, 1919.

"Na ação judiciária, tudo quanto se refere ao direito de agir e à capacidade das partes, não pertence às leis do processo ou ao *direito processual*, mas às leis civis, comerciais e criminais, por analogia chamadas leis *substantivas*". O fato de notar a *pré-processualidade* de alguns dos elementos a que se referia já estremava JOÃO MENDES DE ALMEIDA dos seus contemporâneos, no Brasil. Claro, que lhe repugnou ver na pretensão à tutela jurídica, que era o elemento a que ele queria reportar-se, fato de direito formal (não material). Daí ter lançado os olhos para o direito privado e o criminal. Faltou-lhe o conhecer o livro de JAMES GOLDSCHMIDT (*Materielles Justizrecht*, 10 s.) sobre a pretensão à tutela jurídica que fora publicado havia alguns anos (1905) ou meditar sobre o que escrevia ADOLF WACH (*Handbuch*, I, 19 s.). Outro senão do texto de JOÃO-MENDES DE ALMEIDA é falar de capacidade das partes sem distinguir a capacidade de ser parte e a capacidade processual: só àquela poderia, com acerto, referir-se.

MENDES DE ALMEIDA, JOAQUIM CANUTO, *A Contrariedade*, São Paulo, 1937.

_____. *Ação penal* (Análise e confrontos), São Paulo, 1938.

Sobre a ação penal no sentido do direito material. O livro contém valiosa contribuição ao estudo do nosso direito pré-processual (penal).

_____. Controvérsia acerca da supressão da ação privada, *Arquivos da Policia Civil de São Paulo*, X, 1945.

Contém contribuição à solução de *iure condendo* do problema das relações entre a ação de direito privado e a de direito público, bem como da mantença ou eliminação da ação privada.

MENDES DE CASTRO, MANUEL, *Practica Lusitana*, Conimbricae, 1680, I-III.

O maior dos processualistas de Portugal e do Brasil.

Desse livro disse PASCOAL JOSÉ DE MELO FREIRE (*Historia Iuris Civilis Lusitani*, 99): "Nullam certe aliam hac meliorem practicam habemus; illius auctor, non contemnendo prosus ordine, et mira simplicitate Praxim ecclesiastici, et saecularis fori tum civilis, tum criminalis prosequitur, et praecipuas, quotidianasque quaestiones clare, dilucideque resolvit".

Quanto à relação jurídica processual, veja-se o que dissemos no Tomo I, ps. XVII e XXV.

MENDES, OTÁVIO, *Ensaios de Direito comercial*, São Paulo, 1920.

MENDES PIMENTEL, ÁLVARO, *Observações sobre o Projeto do Código de Processo Civil*, Rio de Janeiro, 1939.

MENDONÇA LIMA, ALCIDES DE, *Sistema de normas gerais dos Recursos cíveis*, Rio de Janeiro, 1963.

_____. O Dever da Verdade no Código de Processo Civil Brasileiro, *Revista Forense*, 172, 42 s.

_____. *Comentários ao Código de Processo Civil*, Rio de Janeiro, 1974, VI, Tomos I e II.

_____. Os Recursos do novo Código de Processo Civil, *Revista do Instituto dos Advogados Brasileiros*, Tomo 31.

MENESES, ALBERTO CARLOS DE, *Prática dos Tombos e segunda parte anexa aos Juízos Divisórios*, 2ª ed., Lisboa, 1843.

As ps. 177 e 178 desse livro o autor faz o quadro da classificação das ações em: (I) *prejudiciais* só as de sexo, idade, qualidade, cidade, família; (II) reais; (III) pessoais; (IV) extraordinárias, como as cominatórias, a *ex confesso*, a restituição *in integrum*, as petições ao Soberano. A classificação é sem valor científico.

_____. *Prática dos Inventários, Partilhas e Contas*, Lisboa, 1849, 7ª ed., Rio de Janeiro, 1914 (anotações de JOSÉ TAVARES BASTOS).

MENESTRINA, FRANCESCO, *L'Accessione nell'esecuzione*, Wien, 1901.

_____. *La Pregiudiciale nel processo civile*, Wien, 1904. Também: Milano, 1963.

Distinguiu o ponto prejudicial, a questão prejudicial e a causa prejudicial (26, 123 e 145).

_____. *Il Processo civile nello Stato Pontificio*, Torino, 1907.

_____. Il Passagio in giudicato della sentenza di primo grado, *Rivista di Diritto Processuale Civile*, V (1928), Parte II, 202-222.

Excelente artigo quanto a natureza da sentença de primeiro grau; porém FRANCESCO MENESTRINA (218) sustentou que o *momento* da abertura da superior instância é o em que se *comunica*, segundo a lei, a sentença. Mostramos ser falsa, histórica e logicamente essa opinião.

_____. *L'Azione di sindicato,* Padova, 1929.

MENGER, ANTON, Beiträge zur Lehre von der Execution (*Contribuições à Doutrina da Execução*), *Archiv für die civilistische Praxis,* 55 (1872), 371-481.

O primeiro estudo científico sobre a *ação executiva* e a *pretensão a executar.*

_____. *System des österreichischen Zivilprozessrechts* (Sistema do Direito processual austríaco), Wien, 1876.

MENGERS, SIEGFRIED, *Der Vergleich und der Irrtunt beim Vergleich, nach dem BGB.* (A Transação e o Erro na Transação segundo o Código Civil), Berlin, 1898.

MENÓQUIO, J., *Consiliorum sive Responsorum* (D. JACOBI *iurisconsulti papiensis*) *liber primus* (*secundus* etc.), Venetiis, 1609.

_____. *Opera omnia,* Genevae, 1690.

MERKEL, J., *Abhandlungen aus dem Gebiet des Römischen Rechts* (Dissertações do Domínio do Direito privado romano), Halle, 1881-1888.

O vol. II contém a dissertação sobre a apelação clássica (1883).

MERKEL, P., *Die Urkunde im deutschen Strafrecht* (O Documento no Direito penal alemão), München, 1902.

1496, MERKL, ADOLF, *Die Lehre von der Rechtskraft* (A Doutrina da Coisa julgada), Wiener straatswissenschaftliche Studien, 1923.

MERLIN, *Répertoire universel et raisonné de Jurisprudence,* 5ª ed., Paris, 1827-1828, I-XVIII.

MESSINA, GIUSEPPE, *Contributo alla Dottrina della Confessione,* Sassari, 1902.

_____. *Negozii fiduciarii,* Soc. Ed. Lib., 1908 (fora do comércio).

MESSINEO, F., *Dottrina generale del Contratto,* 3ª ed., Milano, 1948.

MEURER, CHRISTIAN, *Die juristischen Perwnen nach deutschem Reichsrecht* (As pessoas jurídicas segundo o direito do Reich), Stuttgart, 1901.

MIMO, DAVI, *Tractatus iuridicus de Arrestis,* Francofurti et Lipziae, 1674.

MEWALDT, REINHOLD, Denegare actionen *im römischen Fornzularprozess* (*Denegare actionem* no processo formular romano), Erlangen, Diss., 1912.

MEYER, ALEXANDER, *De Nullitate sententiarum contra ius constitutum latarum,* Berolini, 1858 (?).

MEYER, EDMUND, *Die Legitimationskraft des Besitzers nach § 851 BGB.* (A Força de legitimação do Possuidor segundo o 851 do Código Civil), Berlim 1913.

MEYER, HERBERT, *Das Publizitätsprinzip im deutschen bürgerlichen Recht* (O princípio de publicidade no Direito civil alemão), München, 1909.

MEYER, MAX, *Die Mahnung und ihre Äquivalente im Deutschen Bürgerlichen Recht* (A Interpelação e seu equivalente no direito civil alemão), Münster in Westfalen, 1910.

MICHAELIDES-NOUAROS, G., *Le Droit moral de l'auteur,* Paris, 1935.

MICHEL, ARTUR, *Absolute Nichtigkeit von Zivil-und Straftrteilen* (Nulidade absoluta de sentenças cíveis e criminais), 1906.

MICHELI, GIAN ANTONIO, Nulità del lodo arbitrale per deposito presso pretore incompetente, *Rivista di Diritto Processuale Civile,* 14 (1937), Parte II, 141-159.

_____. Per una revisione delle nozione di Giurisprudenza volontaria, *Rivista di Diritto Processuale Civile,* 1927, 18-45.

_____. Efficacia, validità e revocabilità del provvedimenti de Giurisdizione volontaria, *Rivista di Diritto Processuale Civile,* 190-209.

Em ambos os artigos acertadas críticas a alguns autores.

_____. Esecuzione forzata, *Commentario del Codice Civile* de ANTONIO SCIALOJA e GIUSEPPE BRANCA, Bologna - Roma. 1953, Libro sesto.
_____. *Corso di Diritto Processuale Civile,* Milano, 1959-1960.
MICHELSEN, A. L. J., *Über die* festuca notada *und die germanische Traditions-Symbolik* (Sobre a *festuca notata* e a simbólica germânica da tradição), 1856.
MIETHKE, P., *Wesen und Umfang der Klage des* § *1.007 des BGB.* (Natureza e Âmbito da Ação do § 1.007 do Código civil), Erlangen, 1900.
MIGLIAZZA, ALESSANDRO, *Le Sentenze straniere nel Diritto italiano,* Milano, 1963.
MILLAR, ROBERT WYNESS, *The formative Principles of Civil Procedure,* Boston, 1927. Tentativa de trazer ao direito anglo-americano as descobertas de lógica do processo, em seus princípios fundamentais, ditos formativos, ao mesmo tempo que estudo comparativo. É livro de ciência ainda não assimilada convenientemente nos Estados Unidos da América, nem continuada. Presta ao seu país excelente serviço e aos próprios países latinos, onde ainda não há obra sobre esses princípios. É de esperar-se livro que integre em nossa cultura, sem serem tratado, ou comentário, o conhecimento desses princípios formativos ou alicerçais.
Veja *Illinois Law Review,* VIII (1923).
MILLET, *Traité du Bornage et de la compétenet, des actions que en dérivent,* 3ª ed., Paris, 1862.
MINOLI, EUGENIO, *Contributo alla Teoria del Giudizio divisorio,* Milano, 1950.
MIRABELLI, G., *Del Diritto dei terzi secondo il Codice Civile italiano,* Torino, 1889-1891, I-II.
MIRANDA LIMA, L. C. DE, O foro contratual e o Código de Processo Civil, *Revista Forense,* 88, 369-376.
MITTAG, *Der Vollstreckungstitel in seiner Bedeutung für die Wirksamkeit der Zwangsvollstreckung* (O título executivo em sua importância para a eficácia da execução forçada), Hamburg, 1929.
MITTEIS, LUDWIG, *Die Lehre von der Stellvertretung nach römischem Recht mit Berücksichtung des österreichischen Rechtes* (A Doutrina da Representação segundo o Direito romano som referência ao Direito austríaco), Wien, 1885.
_____. Zur Lehre von der sog. *condictio generalis* (*Para a Teoria da chamada* condictio generalis), *Jherings Jahrbücher,* 39 (1898), 1953-173.
_____. *Römisches Privatrecht bis auf die Zeit Diokletians* (Direito privado romano até o tempo de Diocleciano), Leipzig, 1908.
_____. Zur Kritik des § 123 des BGB. (*Para a crítica do § 123 do Código Civil*), *Leipziger Zeitschrift für Handels-, Konkurs- und Versicherungsrecht,* III (1909), 634-642.
MITTEIS, LUDWIG, u. U. WILCKEN, *Grundzüge und Chrestomathie der Papyruskunde* (Traços fundamentais e Crestomatia da Papirologia), Leipzig, 1912, I-II.
MITTELSTEIN, MAX, *Die Miete nach dem Rechte des BGB.* (A Locação de coisas segundo o direito do Código Civil), 2ª ed., Berlin, 1900; 3ª ed., 1913.
MITTERMAIER, C. J. A., *Der gemeine deutsche bürgerliche Prozess in Vergleichung mit dem preussischen un französischen Civilverfahren und mit den neuesten Fortschritten der Prozessgesetzgebung* (O Processo Civil comum alemão em comparação com o procedimento prussiano e francês e com os mais novos progressos da legislação processual), Bonn, 1822-1827, I-IV (em dois volumes).

Relevante contribuição sobre o princípio da igualdade das partes durante a lide.

_____. Über das teutschrechtliche Verfahren bei dem Zeugenbeweis in Vergieichung mit dem preussischen und französischen Verfahren und den neuesten Fortschriften der Prozessgesetzgebung (*Sobre o Processo do direito alemão na prova testemunhal em comparação com o Processo prussiano e francês e os novos preceitos da legislação processual*), *Archiv für die civilistische Praxis*, V (1830), 69-104.

MOLITOR, J. P., *Traité de la Possession, de la Revendication, la Publicienne et les Servitudes en droit romain*, Gant, 1851.

_____. *La Possession, la Revendication, la Publicienne et les Servitudes en droit romain*, Paris, 1868; 2ª ed., 1874.

MOMMSEN, FR., *Die Unmöglichkeit der Leistung* (A impossibilidade da prestação), Braunschweig, 1853.

_____. *Die Lehre von der Mora nebst Beiträgen zur Lehre von der Culpa* (A Teoria da Mora, junto a contribuições à Teoria da Culpa), Braunschweig, 1855.

MOMMSEN, TH., *Abriss des römischen Staatsrechts* (Esboço de Direito Público romano), Leipzig, 1892, 2ª ed., 1907.

MONACCIANI, LUIGI, *Azione e Legittimazione*, Milano, 1951.

MONACO, RICARDO, *Il Giudizio di delibazione*, Padova, 1940.

_____. Il Giudizio di delibazione secondo il nuovo Codigo de Procedura Civile, *Rivista di Diritto Processuale Civile*, XIX (1942).

MONGALVY, *Traité de l'Arbitrage en matière civile et rommerciale*, 2ª ed., Bruxelles, 1837, I-II.

MONIZ DE ARAGÃO, E. D., *Embargos de nulidade e infringentes do julgado,* São Paulo, 1965.

_____. *Comentários ao Código de Processo Civil*, Rio de Janeiro, 1974, II; 2ª ed., 1976.

MONTEIRO, JOÃO, *Direito das Ações,* São Paulo, 1905.

_____. *Programa do Curso de Processo Civil*, São Paulo, 1905, I (Prolegômenos); II (Do Processo ordinário, 1ª parte); III (Do Processo ordinário, 2ª parte).

Atrasado, em relação à ciência processual do seu tempo. Quanto à classificação das ações segundo a eficácia, nem sequer conheceu a distinção em duas classes (declarativas constitutivas; declarativas ou de cognição executivas). Decidido propugnador da unidade legislativa processual (202). A despeito dos erros, ainda é utilizável curso de Direito Processual Civil, embora obsoleto pela superveniência do Código de 1939. Também tem o título de *Teoria do Processo Civil.*

MONTEIRO, MANUEL ANTÔNIO, *Tratado Prático Jurídico Cível e Criminal*, Lisboa, 1745.

As medidas preventivas chamava "procedimentos de segurança" (137).

MONTENEGRO, CAETANO PINTO DE MIRANDA, *Trabalhos judiciários*, Rio de Janeiro, 1902.

MONTESANO, LUIGI, Appunti sull'interesse ad agire in mero accertamento, *Rivista di Diritto Processuale Civile*, VI, 1951, *I*, 253-258.

_____. *Contratto preliminare e Sentenza costitutiva,* Napoli, 1953.

_____. *I Provvedimenti d'urgenza nel processo civile*, Napoli, 1955.

MORAES E BARROS, HAMILTON DE, *O Prejulgado no processo civil brasileiro,* Rio de Janeiro, 1958. Em cópias fotostásticas.

_____. *Comentários ao Código de Processo Civil*, Rio de Janeiro, 1974, Tomo IX.
MORAIS, SILVESTRE GOMES DE, *Tractatus de Executionibus instrumentorunt et sententiarunt*, Conimbricae, 1729, Livros I-IV, em três volumes.
Um dos maiores livros sobre execuções, em todo o mundo; sem igual, no seu século. Sobre arrematação, no Tomo XII. 369 s.
Nas Ordenações Filipinas, Livro III, Título 66, § 9, lia-se: "E quando as partes confessarem em juízo, ou coisas, por que foram demandadas perante os julgadores, e eles lhes mandarem, que paguem, não serão condenados por sentenças condenatórias, mas por preceito de solvendo, do que mandarão passar mandados". Esses mandados tinham outras aplicações (cf. Livro III, Título 96, §§ 22 e 27). SILVESTRE GOMES DE MORAIS (VI, 99) andou à procura do que é comum a essas resoluções judiciais, para cuja "execução" não se precisa de extrair carta (alvarás, mandados *de solvendo*, embargos do executado *separato a processu executionis*). Quase isolou a sentença mandamental.
MORAIS CARVALHO, ALBERTO ANTÔNIO DE, *Praxe Forense ou Diretório prático do Processo Civil brasileiro*, 3ª ed., Rio de Janeiro, 1910.
MORATO, FRANCISCO, *Miscelânea Jurídica*, São Paulo, 1945, I-II.
MOREAU, JEAN-PIERRE, *Les Limites au Principe de la Divisibilité de l'Instance quant aux Parties*, Paris, 1966.
MOREL, RENÉ, *Traité élémentaire de Procédure Civile*, 1932.
MORELLI, GAETANO, Giudizio di delibazione, *Rivista di Diritto Internazionale*, 1924.
Foi o precursor da classificação da sentença proferida nas homologações de sentenças estrangeiras e nas deliberações.
_____. *La Sentenza internazionale*, Padova, 1931, especialmente ps. 68 s.
_____. *Il Diritto processuale civile internazionale*, Padova, 1938.
MORTARA, LODOVICO, *Commentario del Codice e delle Leggi di Procedura Civile*, 4ª ed., 1923, J; 1918, 3ª ed., II-V.
_____. La querela incidentale di falso nei giudizi di appello, *Annuario della Procedura Civile*, III, 11 s.
Ainda pretendia que a declaração de falsidade do documento tivesse eficácia *adversus onmes*, reminiscência das discussões do direito comum, hoje afastadas, de todo, pela fixação da natureza das ações declarativas.
MOSLER, WILLY, Das beneficium excussionis personalis *des diritten Pfandbesitzers und des Drittschuldners* (O *beneficium excussionis personalis* do terceiro possuidor do penhor e do terceiro devedor), Greifswald, 1895.
MOURA, MÁRIO DE ASSIS, *Vendas de Terras em Lotes*, São Paulo, 1939.
MÜLLER, C. O., *Die Lehre des römischen Rechts von der Eviktion* (A Doutrina da Evicção do direito romano), Halle, 1851.
MÜLLER, EMIL, *Chemie und Patentrecht* (Química e Direito de Patente), 2ª ed., 1938; 3ª ed., 1951.
MÜLLER, HANSWERNER, *Zivilprozess* (Processo Civil). Berlin, 1951.
MÜLLER, R., Die Verpflichtung der Rechtsanwälte zur Herausgabe der Handakten, *Juristische Wochenschrift*, 32 (1903), 368-370.
MÜLLER, WALDEMAR, *Wahlschuld und alternative Ermächtigung des Schuldners* (Obrigação com escolha e autorização alternativa do devedor), Rostock, 1902.
MÜLLER, WILHELM A., *Die Wirksamkeit des Pfändungspfandrechts* (A eficácia do direito de penhor da penhora), Berlim, 1907.

MUGDAN, B (ENNO), *Die gesammten Materialien zum BGB, für das deutsche Reich* (Os Materiais conjuntos para o Código Civil para o Reich alemão), Berlin, 1899, I-III.

MUMM, M., *Zur Lehre von der Geldübermittlungspflicht* (Para a Doutrina do Dever de remessa de dinheiro), Rostock, 1908.

MUÑOZ, *Colección de Fueros municipales y cartas pueblas de los reinos de Castilla, Léon, Corona de Aragón y Navarra,* Madrid, 1847.

MUTHER, TH., *De Origine Processus Provocatorii ex Lege difamari,* Erlangae, 1853.

_____. *Sequestration und Arrest im römischen Recht* (Seqüestro e Arresto no direito romano), Leipzig, 1856.

_____. *Zur Lehre von der römischen* Actio... (Para a Doutrina da *Actio* romana), Erlangen, 1857.

Já TH. MUTHER *pensava* (40 s.), antes de ADOLF WACH, em relação jurídica processual com o Estado, em direito à fórmula, que seria, na linguagem de hoje, pretensão à tutela jurídica. Mas ainda obscuramente. GIUSEPPE CHIOVENDA (*Saggi*, I, 62) entendia que a concepção remonta a HASSE, em 1834. Remontaria a MANUEL MENDES DE CASTRO, em 1676.

NAGELSCHMIDT, WALTER, *Der Eigentumsanspruch wegen Besitzentziehung nach gemeinem Recht und dem BGB.* (A pretensão de propriedade por esbulho de posse segundo o direito comum e o Código Civil), Greifswald, 1901.

NAGLER, JOHANNES, Der Parteibegriff im Zivil- und Strafverfahren (*O Conceito de Parte no processo civil e penal*), *Der Rechtsgang,* I (1913), 56.

NATOLI e FERRUCCI, *Delta Tutela dei diritti,* IV, *I,* Torino, 1959.

NAVARRINI, UMBERTO, *Trattato di Diritto fallimentare secondo la nuova legislazione,* Bologna, 1934, I; 1935, II.

NAVE, ALFRED, *Einzelklage und Erbschaftsanspruch* (Questão isolada e Pretensão da herança), Bern - Leipzig, 1908.

NAVES, CÂNDIDO, *Comentários ao Código de Processo Civil* de PEDRO BATISTA MARTINS e outros, VI.

_____. *Impulso processual e Poderes do Juiz,* Belo Horizonte, 1949.

NEGREIROS, MANUEL FIGUEIRA, *Introdução ad ultimas voluntates continens omnia necessaria ad confectionem Testamenti,* Ulyssipone, 1613.

NEGRO, FRANCO, *La Cauzione per le spese,* Padova, 1952.

_____. Intorno all'istituto italiano della cauzione per le spese, *Rivista di Diritto Processuale Civile,* IX (1954), 111-119.

NEIKES, HANS, *Die Klage aus § 1.007 des BGB. und ihre Grundlagen unter bes. Berücksichtigung der* actio Publicana (A Ação do § 1.007 do Código Civil e seus fundamentos, em especial consideração da *actio Publiciana*), Rostock, 1903.

NENCIONI, G., *L'Intervento voluntario litisconsorziale nel processo civile,* Padova, 1935.

NEPPI, VITTORIO, *La Rappresentanza nel Diritto privato moderno,* Padova, 1930.

NETTO ARMANDO, J., O Empregado na Falência do empregador, *Diário do Comércio e Indústria,* 7 de abril de 1960, e *Estado de São Paulo,* 15 de abril de 1960.

NEUMANN, G., *Die Executions-Ordnung* (A Ordenação de Execução), Wien, 1900.

_____. *Kommentar zur Exekutionsordnung* (Comentário à Ordenação de Execução), Wien, 2ª ed., 1909-1910; 3ª ed., 1913.

_____. *Kommentar zu den Zivilprozessgesetzen* (Comentários às Leis processuais civis), 4ª ed., Wien, 1927.

NEUMANN, G., e L. LICHTBLAU, *Kommentar zur Exekutionsordnung* (Comentário à Ordenação de Execução), 3ª ed., Wien, 1928-1930.

NEUMANN, H., *Handausgabe des bürgerlichen Gesetzbuchs* (Edição manual do Código Civil), 2ª ed., Berlin, 1900, 1ª-2ª ed., I-II; III; 6ª ed., 1912.

NEUNER, ROBERT, *Privatrecht und Prozessrecht* (Direito privado e Direito processual), Mannheim, 1925.

_____. *Internationale Zuständigkeit* (Competência internacional), 1929.

_____. *Grundriss des tschechoslowakischen Zivilprozessrechts* (Lineamentos de Direito processual civil tchecoslováquico), Prag, 1935.

NEVES, CELSO, *Da Arrematação de real a real,* São Paulo, 1958.

_____. *Contribuição ao estudo da Coisa julgada civil,* São Paulo, 1970.

NIBOYET, J. P. (A. PILLET et), *Manuel de Droit international privé,* Paris, 1924.

NIBOYET, J. P., *Traité de Droit International Privé Français,* 2ª ed., Paris, 1947, I.

NIEBUHR, B. G., *Römische Geschichte* (História Romana), Berlin, 1873, I-III.

NIEMEYER, TH., *Das internationale Privatrecht des Bürgerlichen Gesetzbuches* (O Direito internacional privado do Código Civil), Berlin, 1901.

_____. *Zur Gerichtsbarkeit über fremde Staaten, Deutsche Juristen-Zeitung,* XVI (1910), 106 s.

NIENDORF, O., *Mietrecht nach alem BGB.* (Direito de locação segundo o Código Civil), 10ª ed., Berlin, 1914.

NIESE, WERNER, *Doppelfunktionelle Prozesshandlungen* (Atos processuais de dupla função), 1950.

NIKISCH, ARTHUR, *Der Streitgegenstand im Zivilprozess* (O objeto do litígio no processo civil), 1935.

_____. *Zivilprozessrecht* (Direito processual civil), 2ª ed., Tübingen, 1952.

NITSCHKE, GUSTAV H. A., *Die Vitalität im Civil- und Criminalrecht* (A Vitalidade no Direito civil e criminal), Greifswald, 1892.

NOGUEIRA, LUÍS, *Quaestiones singulares,* Conimbricae, 1698.

NOOD, GERH., *Commentarius in Pandectas,* Lugduni Bat., 1716, I-IV (também, *Opera,* 1724, I-27).

NUNO ESPINOSA, *História do Direito Português,* 1966-1967.

NUSSBAUM, ARTHUR, Beiträge zur Auslegung des § 54 Satz 2 des BGB. (*Contribuições para interpretação do § 54, 2ª parte, do Código Civil*), *Sächsisches Archiv,* 10 (1900), 10, 115.

_____. Die nichtrechtsfähigen Vereine im Prozess und Konkurs (*As Associações incapazes de direito no processo e no concurso*), *Zeitschrift für deutschen Zivilprozess,* 34 (1905), 107.

_____. *Die Prozesshandlungen ihre Voraussetzungen und Erfordernisse* (Os atos processuais, seus pressupostos e necessidades), München, 1908.

_____. *Kriegsprobleme des grosstädtischen Realkredits.* (Problemas de guerra do Crédito real das grandes cidades), Tübingen, 1917.

_____. *Die gesetzliche Neu-Ordnung des Schiedsgerichtswesen* (A nova Ordenação legal do juízo arbitral), Berlim, 1918.

OBERNECK, H., *Das Reichsgrundbuchrecht* (O Direito do Livro fundiário do *Reich*). Berlin, 3ª ed., 1904, I-II. A 1ª ed. foi em 1900.

OELTZE, G. E., *De Partu vivo vitali et non vitali,* Ienae, 1769.

OERTMANN, PAUL, *Das Recht der Schuldverhältnisse* (O Direito das Relações obrigacionais), Berlin, 1899; 2ª ed., 1906; 3ª-4ª ed., 1910; 5ª ed., 1928, I; 1929, II, 5ª ed.

_____. *Der Vergleich im gemeinen Civilrecht* (A Transação no Direito civil comum), Berlin, 1895.

_____. Allgemeiner Teil (Parte Geral), em *Kommentar zum Bürgerlichen Gesetzbuch*, 2ª ed., 1908, I.

_____. Die rechtliche Natur der Vollstreckungsgegenklage (*A Natureza jurídica da Ação contra a execução*), *Archiv für die civilistische Praxis*, 107 (1911), 199-245.

_____. Zur Lehre von der Abänderungsklage (*Para a doutrina da ação de modificação*), *Archiv für die civilistische Praxis*, 109 (1912), 265-320.

_____. Dingliche und persönliche Herausgabeansprüche (*Pretensões à restituição real e pessoal*), *Jherings Jahrbücher für die Dogmatik*, 61 (1912), 44-58.

_____. *Rechtsordnung und Verkehrssitte* (Ordenamento jurídico e Uso do tráfico), Leipzig, 1914.

_____. Ausbeutung der Rechtskraft (*Exploração da Coisa julgada*), *Archiv für Bürgerliches Recht*, 42 (1916), 1-27.

O mais importante estudo sobre a força ou efeito de coisa julgada material da sentença injusta ou exorbitante.

_____. *Die Aufrechnung im deutschen Zivilprozessrecht* (A compensação no direito processual alemão), Berlin, 1916.

_____. OETKER, FRIEDRICH, *Konkursrechtliche Grundbegriffe* (Conceitos fundamentais de Direito concursal), Stuttgart, 189, I.

_____. Gültigkeit derzweiten Ehe troiz Aufhebung des Scheidungsurteils (*Validade do segundo casamento a despeito da infirmação da sentença de divórcio*), *Deutsche Juristen-Zeitung*, IX (1904), 1030-1032.

OFNER, JULIUS, *Der Urentwurf und die Beratungs-Protokolle des Österreichischen allgemeinen bürgerlichen Gesetzbuches* (O projeto primitivo e os Protocolos de conselho do Código Civil Geral austríaco), Wien, 1887-1889, I-II.

OLDENDÓRPIO, JOÃO, *Interpretatio L. diffamari C. de ingen, manum*, Basileae, 1559.

OLIVEIRA ANDRADE, DARCY BESSONE DE, *Do Direito do Comerciante à Renovação do Arrendamento*, Belo Horizonte, 1940.

OLIVEIRA DA COSTA, SIMÃO DE, *De Munere Provisoris Practicum Compendium*, Ulyssipone, 1670.

OLIVEIRA FILHO, CÂNDIDO DE, *Teoria e Prática dos Embargos*, Rio de Janeiro, 1918.

_____. *Prática Civil*, Rio de Janeiro, 1933, IX.

OLIVA E SOIZA, FELICIANO DE, *Tractatus de Foro Ecclesiae*, Conimbricae, 1649, I; Coloniae Allobrogum, 1650, II-III Partes.

OLSHAUSEN, J. VON, *Kommentar zum Strafgesetzbuch* (Comentário ao Código Penal), Berlin, 1927, I-II, 11ª ed (KARL LORENZ, HANS FREIESLEBEN, EMIL NIEHAMMER, CARL KIRCHNER, GEORG GUTAJAHR).

OLYMPIO DE CASTRO FILHO, JOSÉ, *Comentários ao Código de Processo Civil*, Rio de Janeiro, 1976, Tomo X.

OPPENHEIM, BRUNO, *Begriff und Stellung des Besitzdieners* (Conceito e Posição do Servidor da Posse), Coburg, 1900.

OPPERMANN, Zur Lehre von der Änderungsklage (*Para a Doutrina da Ação de modificação*), *Zeitschrift für deutschen Zivilprozess*, 38 (1909), 445 s.

ORTOLAN, *Explication historique des Institutes de l'Empereur Justinian*, Paris, 1880.

OSER, HUGO, e WILHELM SCHÖNENBERGER, Das Obligationenrecht, *Kommentar zum Schweizerischen Zivilgesetzbuche*, V, 2ª ed., Zürich, 1929, Parte, 1; 1936, Parte 2; 1945, Parte 3; 1938, Parte 4; 1945, Parte 5ª, 5 b, 5 c; 1945 s., Parte VI-VIII.

_____. *Osservazioni e proposte sul Progetto di Códice di Procedura Civile*, Roma, 1938, III.

OSÓRIO, BENTO CARDOSO, *Praxis de Patronatu Regio et saeculari*, Ulyssipone, 1726.

OSTERTAG, FRITZ, *Sachenrecht*, em MAX GMÜR, *Kommentar zum Schweizerischen Zivilgesetzbuch*, 2ª ed., Bern, 1917.

OTHMER, W., *Die rechtliche Wirkung der Vormerkung nach Reichsrecht* (A eficácia jurídica da averbação segundo o direito do Reich), Breslau, 1902.

OTT, E., Richterliches Fragerecht und eidliche Parteivernehmung (*Direito de interrogar judicial e audição da parte sob juramento*), *Allg. österr. Gerichtszeitung*, 1894. Artigo de suma importância sobre interrogatório das partes.

_____. *Soustavny úvod ve studium noveho rizeni soudniho* (Introdução sistemática ao Estudo dos Novos Rumos do Direito), 2ª ed., 1908.

OTTO, HANS, *Das Verfahren vor d. Einzelrichter* (O processo perante o juiz singular), Leipzig, 1928.

PAASCHE, ERICH, *Unmöglichkeit der Leistung und Verzug bei Leistungen, die in einem Unterlassung bestehen* (Impossibilidade da prestação e Mora nas prestações que consistem em abster-se), Freiburg, i B., 1903 (Diss.).

PACCHIONI, GIOVANNI, *Trattato delle Obbligazioni secondo il Diritto civile italiano*, Torino, 1927.

PACIFICI-MAZZONI, E., *Istituzioni di Diritto civile italiano*, Firenze-Torino, 1907, III, 4ª ed., 1908, IV; 5ª ed., 1921-1929, I-VII (G. VENZI).

PAECH, (FRITZ), *Der Leistungsverzug, eine Studie zum BGB.* (A mora de prestação, estudo do Código Civil), Berlin, 1902.

PAGENSTECHER, E., *Die römische Lehre vom Eigentum in ihrer modernen Anwendbarkeit* (A Teoria romana de Propriedade em sua moderna aplicabilidade), Heidelberg, 1856-1858, I-III.

PAGENSTECHER, MAX, Zur Lehre vom Rechtsschutzanspruch des Beklagten (*Para a Doutrina da Pretensão à tutela jurídica do réu*), *Archiv für die civilistische Praxis*, 97 (1905), 17-44.

Contra a pretensão à tutela jurídica por parte do réu.

Sem razão, *ab initio*; a respeito, leia-se o artigo de GROSSE; e veja-se JAMES GOLDSCHMIDT (*Der Prozess als Rechtslage*, 268-273).

_____. Zur Lehre von der materielien Rechtskraft (Para a Teoria da Coisa julgada material), Berlin, 1905.

_____. Die praktische Bedeutung des Streits über das Wesen der Rechtskraft (*A Importância prática da Controvérsia sobre a natureza da Coisa julgada*), *Zeitschrfift für deutschen Zivil prozess*, 37 (1908), 1 c.

_____. Zur Frage von der Rechtskraftwirkung des Urteils Dritter gegenüber (*Para a Questão da Eficácia de coisa julgada a respeito de terceiro*), *Zeitschrift für deutsche Zivilprozess*, 37 (1908), 229 s.

_____. *Prozessprobleme* (Problemas processuais), Manheim, 1930.

_____. *Der Konkurs* (O Concurso), München und Berlin, 2ª ed., 1950.
PAIVA E PONA, ANTÔNIO DE, *Orfanologia Prática*, Lisboa, 1713; 2ª ed., 1769.
PALMEIRA, PEDRO, *Sistemática dos Recursos nos Códigos de Processo Civil do Brasil e de Portugal*, Rio de Janeiro, 1964.
PALO, DE, *Titolo executivo*, Napoli, 1901.
PANORMITANO, Abade (NICOLAU TUDESCO), *Commentaria in Decretalium*, Venetiis, 1571. A edição de 1617, ilustrada por ALEXANDRE DE NÉVIO, foi a usada.
Parece que foi o abade PANORMITANO quem definiu em termos mais claro em 1571, os *errores in iudicando* e *in procedendo*: "aut sententia est contra ius habito repectu ad merita causae, aut illud ius contra quod est lata sententia concernit extrinsecus aliam iniustitiam a meritis causae, puta ut sententia non feratur die feriata, vel aliquid simile".
PANUCCIO, V., *La Confessione stragiudiziale*, Milano, 1960.
PAOLI, G., La nozione di lite nel processo penale, *Rivista di Diritto Processuale Civile*, VII (1930), Parte I, 63-74.
PAPPENHEIM, R. H., *Rangstreitigkeiten im Verurteilungsverfahren* (Disputas de grau no processo de distribuição), Berlin, 1931.
PARRELLA, ALBERTO, Il potere del giudice nelle prestazioni di volontà, *Rivista di Diritto Processuale Civile*, VIII (1931), Parte I, 355-359.
Neste livro caracterizamos através de todo o Código as ações e sentenças executivas fora do art. 585 e da execução de sentença. Quando PIERO CALAMANDREI publicou nos *Scritti in onore* di ALFREDO ASCOLI o seu estudo sobre La sentenza come atto di esecuzione forzata, ALBERTO PARRELLA viu a fecundidade do enunciado científico que apontava a ação do art. 641 como ação executiva. É de toda justiça consignar-se que ele escreveu as seguintes proposições: "...quello che mi lascia sempre perplesso è se questo fenomeno sia per il nostro ordinamento giuridico un fenomeno di eccezione o se non debba per avventura estendersi a tutti i casi di obbligazioni dirette ad emettere una dichiarazione di volontà di *contenuto determinado*, lasciando fuori soltanto quelli delle obbligazioni dirette ad una dichiarazione di voluntà di contenuto da determinarsi" (356).
PARTSCH, J., *Griechisches Bürgschaftsrecht* (Direito grego da Fiança), Leipzig, 1909.
PASSAGERIUS, ROLANDINUS DE, *Flos testamentorum*, Venetiis, 1574.
_____. *Summa totius arts notariae*, Venetiis, 1574.
PAUL, K., *Der Vergleich im Zivilprozess* (A transação no processo civil), Leipzig, 1898.
Sustentou haver apenas, se no processo, negócio jurídico processual (43 s.). Sem razão. Veja H. LEHMANN.
PAULA BATISTA, FRANCISCO DE, *Compêndio de Teoria e Prática do Processo Civil* (Pernambuco), 3ª ed., 1872.
Foi FRANCISCO DE PAULA BATISTA (204-205) quem primeiro reagiu contra a teoria da compra-e-venda na arrematação e lançou os fundamentos da teoria publicística da arrematação, mais acorde com os dados históricos. Depois vieram HEINRICH DERNBURG (1864) e, no século XIX, FRIEDRICH STEIN (1913). Aliás, antes, SILVESTRE GOMES DE MORAIS.
_____. *Compêndio de Teoria e Prática do Processo Civil*, 7ª ed., Lisboa, 1910.
PAULI, *Libri quinque sententiarum, fragmenta minora*, Ed. PAUL KRUGER, Berlin, 1873 (*Collectio librorum iuris anteiustiniani*).
PAVANINI, GIOVANNI, *Natura dei Giudizi divisori*, Padova, 1942.
_____. *Il Litisconsorzio nei giudizi divisori*, Padova, 1948.

PAGAS, MANUEL ÁLVARES, *Commentaria ad Ordinationes Regni Portugalliae*, Ulyssipone, 1669-1703, I-XIV.
_____. *Tractatus de Competentiis*, Lugduni, 1675.
_____. *Resolutiones Forenses*, Ulyssipone, I-II, 1682; III, 1737; IV, 1744; V, 1735; VI, 1736; VII, 1740.
_____. *De maioratus possessorio Interdicto* (Opusculum), Ulyssipone, 1695.
_____. *Tractatus varii*. I, *Opusculum de Maioratus possessorio interdicto, seu de ordine procedendi in causis Maioratus possessionis, et proprietatis*. II, *De Alternativa Beneficiorum provisione Sede Papali plena*. III, *Tratado Histórico e Jurídico sobre o sacrifício, e furto de Odivelas*, Olissipone Occidentali, 1730.
PEIPERS, A., *Die Besitzrechtsklage nach § 1.007 BGB, gegenüber der actio Publiciana des römischen und gemeinen Rechts* (A ação de direito de posse segundo o § 1.007 do Código Civil, em confronto com a *Actio Publiciana* do direito romano e comum), Rostock, 1902.
PELLEGRINI GRINOVER, ADA, *Ação declarativa incidental*, São Paulo, 1972.
PERDIGÃO MALHEIRO, A. M., *Suplemento ao Manual do Procurador dos Feitos da Fazenda Nacional*, s. d. (1870).
Foi o livro que a literatura brasileira do século XIX nos legou sobre os processos em que funcionava o representante da Fazenda Pública. A 1ª edição saíra em 1859. Antes, eram consultados os subsídios de JOSÉ ANTÔNIO DA SILVA MAIA, de pouco alcance e pouca extensão.
_____. *Manual do Procurador dos Feitos da Fazenda Nacional*, 2ª ed., com Apêndice, Rio de Janeiro, 1873.
PEREIRA, SÍLVIO, *Imóveis a Prestações*, São Paulo, 1938.
PEREIRA BRAGA, A., *Exegese do Código de Processo Civil de 1939*, Rio de Janeiro, 1942.
PEREIRA DE CARVALHO, JOSÉ, *Primeiras Linhas sobre o Processo orfanológico*, 2ª ed., Rio de Janeiro, 1879, I-II.
PEREIRA DE CASTRO, GABRIEL, *Tractatus de Manu Regia*, Ulyssipone, 1622, I; 1625, II. Edição usada: a edição dita "editio novissima", 1642.
Há outra edição, pouco usada (Lugduni, 1673). A "editio novissima" traz adições.
_____. *Decisiones Supremi Eminentissimique Senatus Fortugalliae*, Ulyssipone, 1699.
PEREIRA DE SOUSA, INÁCIO, *Tractatus de Revisionibus*, Ulyssipone, 1672.
A obra mestra sobre o velho recurso de revista.
PEREIRA E SOUSA, JOAQUIM JOSÉ CAETANO, *Esboço de um Dicionário Jurídico*, Lisboa, 1825, I; 1827, II. Sem numeração de páginas.
_____. *Primeiras Linhas sobre o Processo Civil*, Lisboa, 1863, I-IV, nova edição.
PERETTI GRIVA, *Il Processo per ingiunzione*, Torino, 1938.
PEREZ, ANTONIO, *Praelectiones in duodecim Libros Codicis Iustiniani imper.*, Amstelaed, 1661.
PERNICE, A., *Murcus Antistius Labeo*, Halle, 1873-1892, I-III.
_____. *Parerga*, Weimar, 1884-1901, Cf. *Zeitschrift der Savigny-Stiftung für Rechtsgeschichte*, II-X.
PEROZZI, SILVIO, *Istituzioni di Diritto romano*, 2ª ed., Roma, 1928, I-II.
PERROT, E., *L'Appel dans la procédure de l*'ordo iudiciorum, Paris, 1907.

PESCATORE, GUSTAV, *Die Sogenannte alternative Obligation* (A chamada Obrigação alternativa), Marburg, 1830.

_____. *Die Wahlschuldverhältnisse* (As relações alternativas), München, 1905.

PESSOA, EPITÁCIO, Do Recurso extraordinário, *Revista de Direito*, V.

PETER KARL, Die Möglichkeit mehrerer Gründe derselben Rechtsfolgen und mehrerer gleicher Rechtsfolgen (*A possibilidade de muitos fundamentos da mesma consequência jurídica e muitas consequências jurídicas iguais*), *Archiv für die civilistische Praxis*, 132 (1932), 63.

PETERSEN, JULIUS, *Die Berufung zur Erbschaft und die letztwilligen Verfügung* (A vocação hereditária e as disposições de última vontade), Berlin, 1889.

PETERSEN, J. – E. ANGER, *Die Zivilprozessordnung* (A Ordenação Processual civil), 4ª ed., Lahr, 1899.

_____. *Konkursordnung für das Deutsche Reich* (Ordenação Concursal para o *Reich* alemão), Lahr, 1878; 2ª ed., 1890 (G. KLEINFELLER); 3ª ed., 1892; 4ª ed., 1900.

PETSCHEK, GEORG, *Die Zwangsvollstreckung in Forderungen nach österreichischem Recht* (A Execução forçada em créditos segundo o direito austríaco), Wien, 1901.

A penhora de créditos estabelece direito em direitos (Recht an Rechten) e é verdadeiro "direito de penhor" (110). Sobre isso, nossas notas aos arts. 646-707 e 813-821 do Código de Processo Civil (notas preliminares).

_____. Relativ unbeachtliche Entscheidungen (*Decisões relativamente inconsideradas*), *Festnr. der Gerichts-Zeitung für* FRANZ KLEIN, 44, 300.

_____. *Zuständigkeitsfragen* (Questões de Competência), 1911.

_____. *Der österreichische Zivilprozess,* Wien, 1963 (FRIEDRICH STAGEL).

PFEIFFER, B. W., *Praktische Ausführungen aus allen Teilen der Rechtswissenschaft* (Exposições práticas tiradas de todas as partes de Ciência do Direito), Hannover, 1825-1850.

PFENNINGER, *Die Realexekution im schweizerischen Recht* (A execução real no direito suíço), Zürich, 1924.

PFLÜGER, HEINRICH HACKFELD, *Die sogenannten Besitzklagen des römischen Rechts* (As chamadas Ações possessórias do Direito romano), Leipzig, 1890.

PHILLIMORE, ROBERT, *The ecclesiastical law of the Church of England,* London, 2ª ed., 1895, II.

PICARDI, *La trascrizione delle demande giudiziali,* Milano, 1968.

PICARO, P., *Revocatoria ordinaria e fallimentare,* Tarento, 1946.

PIETZKER, E., *Das Patentgesetz* (A Lei de Patente), Berlin, 1929, I.

PILENKO, A., *Das Recht des Erfinders* (O Direito do inventor), Berlin, 1907.

PILLET, A., *De l'Ordre public en Droit international privé,* Grenoble, 1890.

_____. *Traité pratique de Droit internacional privé*, Grenoble-Paris, 1923, I; 1924, II.

PIMENTA-BUENO, J. A., *Apontamentos sobre as formalidades do Processo civil,* Rio de Janeiro, 1850; 3ª ed., 1911.

_____. *Direito internacional privado,* Rio de Janeiro, 1863.

PIMENTEL, WELLINGTON MOREIRA, *Comentários ao Código de Processo Civil,* São Paulo, 1975.

PINELO, B., *Selectarum Iuris Interpretationum*, Venetiis, 1613, I; Lugduni, 1670.

B. PINELO, que os escritores europeus citam como jurista italiano, foi BENTO PINHEL, de Lisboa. Estudou em Coimbra, discípulo de RUI LOPES DA VEIGA. Foi professor em Pisa; depois, em Praga. Um dos responsáveis pela teoria de não ser infração do direito expresso o erro no interpretar por analogia (*error contra simile ou similitudinem legis*). Hoje, porém, existindo (como é de regra) normas expressas, *literais*, sobre fonte e interpretação das leis, os seus argumentos seriam insustentáveis. Aliás, BENTO PINHEL distinguia o julgar *contra similitudinem* e o julgar *contra origem similitudinem*. O Abade PANORMITANO fora mais longe. No fundo, esses velhos escritores confundiam a operação pela qual se verifica se o caso concreto *entra* nos conceitos e no enunciado da lei e a operação lógica pela qual se interpreta a lei mesma.

Quem infringe regra escrita de interpretação infringe regra escrita. Poder-se-ia negar isso?

PINHEIRO, FRANCISCO, *De Censu et Emphyteusi Tractatus*, Conimbricae, 1655; Eborae, 1681.

_____. *Tractatus de Testamentis,* Conimbricae, 1681, I-II; 1684, 1710.

PINHEL, veja AIRES PINHEL e PINELO, B., que é BENTO PINHEL.

PININSKI, L., *Der Tatbestand des Sachbesitzerwerbs nach gemeinem Recht* (O Suporte fáctico da Aquisição da posse da coisa, segundo o direito comum), Leipzig, 1885, I; 1888, II.

PIRK, Der Staat als Prozesspartei (*O Estado como parte processual*), *Juristische Blatt*, 1903.

PISKO, OSKAR, no *Kommentar* de H. KLANG, I.

_____. *Lehrbuch des österreichischen Handelsrechts* (Tratado de Direito Comercial austríaco), Wien, 1923.

PLÁCIDO E SILVA, DE, *Comentários ao Código de Processo Civil*, 2ª ed., São Paulo, 1941, I-II.

PLANCK, G., Sprechsal, *Deutsche Juristen-Zeitung*, IV, 38.

_____. *Bürgerliches Gesetzbuch* (Código Civil), 2ª ed., Berlin, 1899, I; 3ª ed., 1901; 1900, II; 1900, III; 1901, IV; 1902, V; 1901, VI (A. ACHILLES, F. ANDRÉ, M. GREIFF, F. RITGEN, K. UNZNER). A mesma obra, antes do título *Kommentar*.

_____. *Kommentar zum Bürgerlichen Gesetzbuch* (Comentário ao Código Civil), 4ª ed., Berlin, 1913, I (P. KNOKE, O. STRECKER, F. FLAD); 1914, II, *1* (H. SIBER), II, *2*; 4ª ed., 1920, III (E. BRODMANN, U. STRECKER) 4ª ed.

PLANCK, J. W., *Die Mehrheit der Rechtsstreitigkeiten im Prozessrecht* (A Pluralidade de litígios jurídicos no processo civil), Göttingen, 1844.

Esse livro de J. W. PLANCK foi de extraordinária repercussão na ciência do Direito Processual, bem como no estudo da história dos elementos romanos e germânicos dos sistemas jurídicos.

Litisconsórcio é o caso de pluralidade de partes, pois que a pluralidade pode ocorrer sem que se caracterize com-sorte. O tema legislativo consiste em se determinar o limite extremo em que a pluralidade se considera litisconsórcio. Depois, até onde deve ser necessário, e até onde tenha de ser admitido (voluntário). Noutros termos: até onde deva e até onde possa ocorrer.

Quanto à necessidade, costuma-se lançar mão de conceito do direito material. Vale dizer-se: aludir-se ao direito que rege a *res in iudicium deducta*, a pretensão de direito material. Esse conceito é o de *comunhão*. Mas acontece que esse conceito *varia*.

Tentou-se sustentar, até J. W. PLANCK e depois, que a necessidade era conceito de direito processual, tirado da observação dos fatos, e não artificial. J. W. PLANCK negou-o (*Die Mehrheit der Rechtsstreitigkeiten,* 107 s., 151, 403 s.). Foi enorme o seu serviço de ter mostrado que, no terreno do Direito Processual, apenas se *uniram* as sortes de duas ou mais controvérsias. Na história, essa união apenas atendeu a razões práticas, à *economia*. O Direito Romano desconhecia a *exceptio plurium litisconsortium* ("processual"). Portanto, o fundamento da pluralidade não foi o evitar-se a contradição de julgados. Mas verdade é que a essa tese da autonomia, da singularidade das partes, se opôs a antítese germânica, que legou à *exceptio plurium litisconsortium* (cp. GIUSEPPE CHIOVENDA, *Saggi*, II, 432 s.).

Hoje, havemos de entender – diante do art. 47 (litisconsórcio unitário) – que o *timor, ne varie iudicetur* presidiu à distinção entre litisconsórcio necessário unitário e litisconsórcio necessário não unitário. A afirmação de F. WACHENFELD (*Die Notwendige Streitgenossenschaft,* 126 s.), de que o litisconsórcio necessário unitário só existe na imaginação dos juristas cai diante dos exemplos concretos. Quanto à necessidade, é dado que se vá buscar à pretensão de direito material, com os critérios-limites que a lei processual impõe.

_____. *Die Lehre von dem Beweisurleil* (A Teoria do Julgamento da prova), Göttingen, 1848.

_____. *Das deutsche Gerichtsverjahren im Mittel-alter* (O processo judicial alemão na Idade Média), Braunschweig, 1878-1879, I-II.

_____. *Lehrbuch des deutschen Civilprozessrechts* (Tratado de Direito processual civil alemão), Nördlingen, 1887, I; München, 1896, II.

Um dos precursores (1, 201) da concepção da relação jurídica processual como em ângulo (KONRAD HELLWIG), em vez de triângulo (ADOLF WACH) ou em linha singela (JOSEF KOHLER).

PLANIOL, MARCEL, *Traité élémentaire de Droit Civil*, 10ª ed., Paris, 1925, I (rev. por GEORGES RIPERT), 10ª ed. (rev. por GEORGES RIPERT); 1926, II, 9ª ed.; 1924, III.

_____. Études sur la responsabilité civile, *Revue Critique,* 1905, 290 s.

"Les hommes passent leur vie à se nuire les uns aux autres, la vie des sociétés est une lutte perpétuelle et universelle; toute action, tout travail est un fait de concurrence économique ou social, tout homme, toute nation qui acquiert une supériorité dans une branche quelconque de son activité en supplante d'autres, évince ses concurrents, leurs nuit et *c'est son droit de leur nuire".*

Não é o jurista; é o truste, o cartel, que pensa *aí*. HOBBES e DARWIN fizeram bons discípulos, mesmo entre *juristas*. Quando Cristo serve, invocam-no; quando não serve, esquecem-no. Por essa época em França, G. HANOTAUX, historiador e político, dizia em *Le Journal,* artigo "La Concurrence" (novembro de 1910) : "Chez l'homme le travail, la noblesse, l'amour, la vertu même, s'excitent au fouet de l'émulation. Prétendez-vous supprimer ce ressort des actions humaines, et, si, vous l'atrophiez, n'allez-vous pas atteindre la vie même?". O estado de espírito não escapou àquele personagem de ANATOLE FRANCE, em *Histoire Comique,* 207. Cp. P. ROUSSEL, *L'Abus du droit,* 101 s.

PLANITZ, HANS, *Die Vermögensvollstreckung im deutschen mittelalterlichen Recht* (Execução real no direito medieval alemão), Leipzig, 1912, I.

_____. Studien zur Geschichte des deutschen Arrestprozesses. Der Arrest gegen *fugitivus* (Estudos para a história do Arresto alemão. *O arresto contra o* fugitivus), *Zeitschrift der Savigny-Stiftung für Rechtsgeschichte,* Parte germânica, 34 (1913).

PLATNER, E., *Der Prozess und die Klagen bei den Attikern* (O Processo e as Ações nos Áticos), Darmstadt, 1824-1825, I-II.

PLÓSZ, A., *Beiträge zur Theorie des Klagrechts* (Contribuições à Teoria do Direito de Ações), Leipzig, 1880.
A edição húngara apareceu em 1876, de modo que a concepção da relação jurídica processual como de direito público se deve a ele e a H. DEGENKOLB (1877). O autor (134 s.) desenvolveu os melhores argumentos quanto à executividade dos processos monitórios. A tradição do nosso direito já era no sentido de se considerar início de execução o *mandado* mesmo, ainda se baseado em cognição superficial.
PODETTI, J. RAMIRO, *Tratado de los Recursos,* Buenos Aires, 1958.
POLACCO, VICENZO, *Le Obbligazioni nel Diritto Civile italiano*, 2ª ed., Roma, 1915, I-II.
POLACCO, VITTORIO, *Delle Sucessioni*, 2ª ed., Milano, 1937, I-II.
POLLAK, RUDOLF, *Zwangsverwaltung wirtschaftlicher Unternehmungen* (Administração forçada de empresas económicas). Sem folha de rosto.
_____. *Das gerichtliche Geständnis im Zivilprozess* (A confissão judicial no processo civil), Berlin, 1893.
Exposição da *confissão* como *meio de prova*, e não como declaração de vontade, nem comunicação de vontade.
Grave questão relativa à confissão era a do elemento *declaração* em relação ao elemento *vontade*: a) ¿vale o que está declarado, a despeito da falta de *animus confitendi*?; ou b) ¿somente vale a confissão em que há o *animus confitendi*? A melhor doutrina contemporânea propendeu para a solução a), desde RUDOLF POLLAK, em 1893 (depois, no *System*, 1ª ed., 357; 2ª ed., 368; FRIEDRICH STEIN, *Grundriss*, 163). Aí está diferença sensível entre os atos de direito processual e os atos de direito material (cp. Código Civil, art. 85). Veja nesta obra, nota 2) aos arts. 348-354.
_____. *Die Lehre von der Stoffsammlung im Erkenntnisverfahren des Civilprozesses* (A Teoria da congregação das matérias no procedimento de cognição do Processo Civil), Wien, 1901.
_____. *System des österreichischen Zivilprozessrechts* (Sistema de Direito Processual Civil austríaco), 2ª ed., Wien, 1932.
Um dos mais científicos e mais simples sistemas de direito processual. Grande clareza, informação minuciosa e segurança no trato das questões fundamentais, sendo como é, livro destinado à prática.
POLLAK, RUDOLF e R. BARTSCH, *Konkursordnung, Ausgleichsordnung, Anfechtungsordnung* (Ordenação concursal, Ordenação de regularização e Ordenação de impugnação), (in Verb. mit A. LÖFFLER u. F. BARTSCH), Wien, 1916.
PONCET, *Traité des Actions*, Dijon, 1817.
PONTES DE MIRANDA, *História e Prática do Habeas-Corpus,* Rio de Janeiro, 1916; 7ª ed., 1972, I-II.
_____. *Tratado de Direito de Família,* Rio de Janeiro, 1917, 2ª ed.; 1939, I, 3ª ed., I-III; 1947.
_____. *Dos Títulos ao Portador,* Rio de Janeiro, 1921; 2ª ed., 1932, I-II.
_____. Rechtssicherheit und innerliche Ordnung (*Segurança jurídica e Ordem intrínseca*), *Blätter für vergleichende Rechtswissenschaft*, 17 (1922), 1-9.
_____. *Sistema de Ciência Positiva do Direito*, Rio de Janeiro, 1922, I-II, 2ª ed., I-IV; 1972.

_____. Subjektivismus und Voluntarismus im Recht (*Subjetivismos e Voluntarismo no direito*), *Archiv für Rechts- und Wirtschaftsphilosophie* (JOSEF KOHLER u. FRITZ BEHOLZHEIMER), 16 (1922-1923), 522-543.

_____. *Da Promessa de Recompensa,* Rio de Janeiro, 1927.

_____. *Fontes e Evolução do Direito Civil Brasileiro,* Rio de Janeiro, 1928.

_____. *História e Prática do Arresto ou Embargo,* São Paulo, 1929.

_____. *Tratado dos Testamentos,* Rio de Janeiro, 1930, I-II; 1931, III; 1935, IV; 1936, V.

_____. A Saisina no direito brasileiro, *Ciência do Direito,* III, 115-145.

_____. *Os Fundamentos atuais do Direito Constitucional,* Rio de Janeiro, 1932.

_____. Problemas de direito processual interlocal, *Ciência do Direito,* I (1934), 191-202.

_____. *Ação rescisória contra as sentenças,* 1ª e 2ª ed., Rio de Janeiro, 1934 (A 3ª ed., sob o título *Tratado da Ação rescisória das sentenças e outras decisões,* Rio de Janeiro, 1957), 4ª ed., 1964; 5ª ed., 1976.

_____. *Tratado do Direito Internacional Privado,* Rio de Janeiro, 1935, I e II.

_____. *Embargos, Prejulgados e Revista no Direito Processual brasileiro,* Rio de Janeiro, 1937.

_____. *Tratado do Direito Cambiário:* I. *Letra de Câmbio.* II. *Nota Promissória.* III. *Duplicata Mercantil.* IV. *Cheque,* Rio de Janeiro, 1938; 2ª ed., I-IV (1954-1955).

_____. La Création et la Personnalité des persones juridiques en Droit International privé, *Mélanges* STREIT, Athènes, 1939.

_____. *Democracia, Liberdade, Igualdade, os três caminhos,* Rio de Janeiro, 1945.

_____. *Comentários à Constituição de 1946,* Rio de Janeiro, 1947, I-IV; 3ª ed., 1960, I-VIII.

_____. *Tratado de Direito Predial,* Rio de Janeiro, 1947, I e II; 1948, III e IV; 2ª ed., 1953, I-V.

_____. *Comentários ao Código de Processo Civil de 1939,* 1947, I-II; 1948, III, 1; 1949, III, 2; IV-VI; 1958, I-III, 2ª ed.; 1959, IV-IX; 1960, X-XII; 1961, XII-XIV; 1962, XV.

_____. Natura giuridica della Decisione di incosti tuzionalità, *Atti del Congresso Internazionale di Diritto Processuale Civile,* Padova, 1950 (1953).

_____. *Tratado de Direito Privado,* Rio de Janeiro, 1954, I-1V; 1955, V-XIV; 1956, XV-XVII; 1957, XVIII-XIX;1958, XX-XXIII; 1959, XXIV-XXVI; 1960, XXVII-XXX; 1961, XXXI-XXXV; 1962-1969, XXXVI-LX; 4ª ed., I-X.

_____. *Comentários à Constituição de 1967, com a Emenda n° 1,* 1ª ed., São Paulo, 1967; 2ª ed., 1970, I-VI.

PORCHEROT, E., *De l'Abus du droit,* Dijon, 1901.

_____. *Portugalliae Monumenta Historica,* Lisboa, 1863. *Leges et Consuetudines.*

FOSTIUS. L., *De Subhastatione, Tractatus,* Coloniae Allobrogum, 1692; Nova ed. 1733, I-II.

_____. *Tractatus mandati de manutenendo,* Genevae, 1717, I-III.

PGTHIER, R. *Traité des Obligations,* Paris, 1761, 1813, ed. BERNARDI, I-II; 1883, ed. A. MASSON.

_____. *Traité des donations testamentaires,* 1717, I-III.

POULLET (VICOMTE), *Manuel de Droit international priva belge*, Louvain-Paris, 1928.
POUND, ROSCOE, *The Spirit of the Common Law*, Boston, 1921.
PREDARI, C., *Die Grundbuchordnung* (A Ordenação do Livro fundiário, Berlin, 1902, I-II; 1906, IV; 1907, V; 1913, 2ª ed.
PRIETO CASTRO, LEONARDO, *La Accion declarativa*, Madrid, 1932.
Ignora (67, nota 16) que já se assentou existir a pretensão à tutela jurídica do réu. Desconhecia, portanto, a argumentação de ADOLF WACH (*Handbruch*, I, 19 s.), FRIEDRICH STEIN (*Der Urkunden und Wechselprozess*, 59; *Über die Voraussetzungen des Reclztsschiztzes*, 20), PAUL LANGHEINECKEN (*Der Urteilsanspruch*, 24), o magnífico artigo de WALTHER GROSSE (Der Rechtsschutzanspruch der Belklagten, *Zeitschrift für deutschen Zivilprozess*, 36, 113 s.), GEORG SCHOLER (*Der Urteilsanspruch*, 68 s.), e JAMES GOLDSCHMIDT (*Der Prozess als Rechtslage*, 268-273), todos anteriores à monografia de LEONARDO PIETRO CASTRO. As críticas existentes a essa pretensão do réu à tutela jurídica mais cerradas foram as de MAX PAGENSTECHER (Zur Lehre vom Rechtsschutzanspruch des Beklagen, *Archiv für die civilistische Praxis*, 97, 17-44) e a de WILHELM SAUER (*Grundlagen*, 550 s.), porém não convenceram. Rápidas linhas de ARTHUR NUSSBAUM (*Die Prozesshandlungen*, 147 s.), muito menos.
_____. *Derecho Procesal Civil*, Madrid, 1964.
PRINZ, F. L., *Der Einfluss der Hypothekenbuchverfassung auf das Sachenrecht* (A Influência da Organização do registro hipotecário no direito das coisas), Berlin, 1858.
PROUDHON, J., *Traité sur l'État des personnes*, 3ª ed.
_____. *Traité des Droits d'usufruit, d'usage, d'habitation et de superficie*, 3ª ed., Paris, 1836-1848.
PROVINCIAL, RENZO, *Sequestro d'azienda*, Roma, 1948.
_____. L'Amministrazione giudiziaria dell'immobile soggetto ad espropriazione, *Studi in onore di* ENRICO REDENTI, Milano, 1950, II.
_____. *Manuale di Diritto fallimentare*, 2ª ed., Milano 1951; 3ª ed., 1955.
_____. *Sistema delle Impugnazioni civili*, Padova, 1942.
_____. *Delle Impugnazioni in generale*, Napoli, 1962.
FRZIBILLA, E., *Erwerb und Verlust des mittelbaren Besitzes, unter Ausschluss des Erwerbs durch Stellvertreter* (Aquisição e Perda da Posse mediata, com exclusão da aquisição pelo representante), Bonn, 1905.
PUCHTA, G. F., *Pandekten*, 9ª ed., Leipzig, 1863.
_____. *Das gewohnheitsreclzt* (O Direito costumeiro), Erlangen, 1827, I; 1837, II.
_____. *Vorlesung über das heutige römische Recht* (Preleções sobre o Direito romano hodierno), Leipzig, 1852, I; 4ª ed., 1855; 6ª ed., 1872, I-II.
PUGLIATTI, SALVATORE, L'Atto di disposizione e il trasferimento dei diritti, *Annali dell'Università di Messina*, I (1926), 190 s.
_____. *Esecuzione forzata e Diritto sostanziale*, Milano, 1935.
_____. Sulla natura della vendita e della rivendita forzata, *Rivista di Diritto processuale civile*, 13 (1936), Parte I, 165-190.
_____. *Studi sulla Rappresentanza*, Milano, 1965.
FUNTSCHART, V., *Die fundamentalen Rechtsverhäaltnisse des römischen Privatrechts* (As relações jurídicas fundamentais do direito privado romano), Innsbruck, 1885.

QUENTIN, A. H., Bermerkungen über das Prinzip des gemeinrechtlichen Arrestes (*Notas sobre o Princípio do Arresto de direito comum*), Archiv für die civilistische Praxis, 23 (1840), 239-251. Sobre o princípio de igualdade das partes durante a lide (251).
QUESADA, ERNESTO, *Estudos sobre Quiebras*, Buenos Aires, 1882.
QUINTELA, INÁCIO DA COSTA, *Bibliotheca Iurisconsultorum Lusitanorum,* Ulyssipone, 1730.
_____. *Lucubrationes et Commentaria in libros quatuor Institutionum Imperialium,* Ulyssipone, 1731.
RAAPE, L., Internationales Privatrecht (*Direito internacional privado*), J. v. Staudingers Kommentar, 9ª ed., VI.
_____. *Das gesetzliche Veräusserungsverbot* (A proibição legal de alienação), Berlin, 1908.
RABEL, ERNST, Elterliche Teilung (*Partilha parental*), Festschrift zur 49. *Versammlung deutscher Philologen und Schulmänner in Basel im Jahre*, 1907.
_____. *Grundzüge des römischen Privatrechts* (Fundamento do Direito privado romano), München-Leipzig-Berlin, 1915.
RAMALHO, JOAQUIM INÁCIO, *Prática civil e comercial*, São Paulo, 1861.
_____. *Praxe Brasileira*, São Paulo, 1869.
_____. *Postilas de Prática*, São Paulo, 1872.
_____. *Instituições orfanológicas*, São Paulo, 1874.
RAMELLA, A., *Trattato del Fallimento,* Milano, 1915, I-II.
RAMOS, J. P., *Estatutos da Universidade de Coimbra,* Lisboa, 1772.
RANDA, ANTON, *Zur Lehre von den Zinsen und der Konventionsstrafe* (Para a Teoria dos Juros e da Pena convencional), Wien, 1869.
_____. *Der Besitz nach österreichischem Rechte* (A posse segundo o direito austríaco), 2ª ed., Leipzig, 1876; 4ª ed., 1895.
RANELLETTI, ORESTE, *Istituzioni di Diritto pubblico*, 5ª ed., Padova, 1935.
RAPPAPORT, A., *Die Einrede aus dem fremden Rechtsverhältniss* (A exceção oriunda da relação jurídica do estranho), Berlin, 1904.
Contém a distinção nítida entre exceções que somente negam a pretensão, e não o direito (18 s., 234), as exceções que atacam o direito mesmo e as que defendem direitos (142). Tal classificação de A. RAPPAPORT não é suficiente. O conceito de exceção já ultrapassou o conceito romano da *exceptio* e tem de abranger todo o campo do direito material e do direito processual. Nesse, tudo o que o réu opõe ao autor, tendo de provar, exceção é. A estrutura do caso é que decide, portanto. (ANDREAS VON TUHR, *Der Allgemeine Teil*, I, 289).
RAVIART, ÉMILE, *Traité théorique et pratique des Actions possessoires et du Bornage*, 3ª ed., Paris, 1909; 5ª ed., 1929.
REALE, MIGUEL, *O Direito como Experiência, Introdução à Epistemologia Jurídica*, São Paulo, 1968.
REBOUÇAS, A. P., *A Consolidação das Leis Civis,* 2ª ed, aumentada por A. TEIXEIRA DE FREITAS, *Observação*, Rio de Janeiro, 1867.
REDENTI, ENRICO, *Il Giudizio civile con pluralità di parti*, Milano, 1911.
_____. *Struttura del Procedimento esecutivo.*
_____. *Lezioni introd. allo studio delia procedura civile,* Bologna, 1929-1930 (litografia).

COMENTÁRIOS AO CÓDIGO DE PROCESSO CIVIL 347

_____. *Profili pratici del Diritto Processuale Civile*, 1ª ed., Milano, 1938; 2ª ed., 1939.
À p. 78 diz que "i provvedimenti di condanna... sono muniti dalla legge di una autorità particolarissima, che potremmo chiamare di *legitimazione all'executione*". Nem sempre. Mostramos que se trata de "efeito", e não de "força" específica. Exemplo: a sentença de condenação da Fazenda Pública. Por outro lado, há execução *per se*.
_____. *Diritto Processuale Civile*, Milano, 1949, I, II; 1954, III.
REGELSBERGER, FERDINAND, *Civilrechtliche Erörterungen* (Discussões civilísticas), Weimar, 1868.
_____. *Pandekten*, Leipzig, 1893, I.
_____. Anspruch des Gläubigers auf Leistung von Sicherheit für betagte oder bedingte Forderungen wegen Eintritts einer Verschlechterung in der Vermögenslage des Schuldners (*Pretensão do credor à prestação de segurança pelo crédito com prazo ou condicionado, devido à ocorrência de empioramento na situação patrimonial do devedor*), *Jherings Jahrbüeher für die Dogmatik*, 40 (1898), 451-483.
_____. Der gerichtliche Besitzschutz nach römischem Recht, nach gemeinem Recht und nach dem BGB (*A Proteção judicial da Posse segundo direito romano, segundo direito comum e segundo o Código Civil*), *Festschrift für die juristische Fakultät in Giessen*, Giessen, 1907, 233 s.
REHBEIN, HUGO, *Das Bürgerliche Gesetzbuch* (O Código Civil), Berlin, 1899, I; 1905, II.
REICHEL, HANS, Der Begriff der Frucht im römischen Recht und im deutschem EGB (*O Conceito de Fruto, no direito romano e no Código Civil alemão*), *Jherings Jahrbücher für die Dogmatik*, 42 (1901), 205-308.
_____. Die Vormerkung im Deutschen Bürgerliche Gesetzbuche (*A Averbação no Código Civil Alemão*), *Jherings Jahrbücher für die Dogmatik*, 46 (1904), 59-182.
_____. Prozessuale Behandlung der Klagen auf Rechnungslegung und Auskunfterteilung (*Tratamento processual das ações de prestação de contas e de apresentação de balanço*), *Zeitschrift für deutschen Zivilprozess*, 37 (1908), 1-2. Heft.
_____. *Die Schuldmitübernahme*, Kumulative Schuldübernahme (A cotransmissão de dívida, *Transmissão cumulativa de dívida*), München, 1909.
_____. Zur Behandlung formnichtiger Verpflichtungsgeschäfte (*Para trato dos negócios obrigacionais nulos quanto à forma*), *Archiv für die civilistische Praxis*, 104 (1909), 1-150.
_____. *Unklagbare Ansprüche* (Pretensões inacionáveis), Jena, 1911.
Também nos *Jherings Jahrbücher für die Dogmatik*, 59, ps. 409-460; 60, ps. 38 s.-105. Importantíssimo sobre pretensões desprovidas de ação. Veja a nota sob o mesmo título, na *Deutsche Juristen-Zeitung*, 18 (1913), col. 1194-1195.
_____. *Rechtskraft und uaagerechtfertigte Bereicherung* (Coisa julgada e enriquecimento injustificado), Leipzig, 1913.
_____. *Gesetz und Richterspruch* (Lei e decisão de juiz), Zürich, 1915.
_____. *Gewillkürte Haftungsbeschränkung* (Restrição voluntária da responsabilidade), 1915.
REICHMAYR, H., *Zwangszahlurag aus frenaden Mitteln* (Pagamento forçado com meios alheios), Wien, 1910. Fez a classificação da fase final da arrematação (11).

REIMER, EDUARD, *Patentgesetz und Gesetz betreffend den Schutz von Gebrauchsmustern* (Lei de Patente e Lei concernente à Proteção dos Modelos de utilidade), Albert Nauck & Co., 1949, I; 1950, II.
REINHART, TH., *Die Anfechtungsklage wegen Verkürzung der Gläubiger*, actio Pauliana, *nach römischem und gemeinem Recht* (A Ação de impugnação por prejuízo dos credores, *actio Pauliana*, segundo direito romano e comum), Winterthur, 1871.
REINHOLD, CARL, Zur Lehre von der Beweislast (*Para a Teoria do Ônus da prova*), *Zeitschrift für deutschen Zivilprozess*, 20 (1894).
REINOSO, MIGUEL DE, *Observationes Practicae*, Conimbricae, 1675.
REIS, JOSÉ ALBERTO DOS, *Processo ordinário sumário*, 2ª ed., Coimbra, 1928.
_____. *Código de Processo Explicado*, Coimbra, 1939.
_____. *Processo de Execução*, Coimbra, 1943, I; 2ª ed., 1957.
_____. *Código de Processo Civil anotado*, Coimbra, 1952, V.
_____. *Processos especiais*, Coimbra, 1955; Lisboa, 1956, II.
REISS, CARL, *Über mittelbaren Besitz* (Sobre posse mediata), Frankfurt a. M., 1904.
RENAUD, A., *Lehrbuch des gemeinen deutschen Civilprozessrechts* (Tratado de Direito comum alemão), Leipzig und Heidelberg, 1873.
RENAULT, J., *Des Actes discrétionnaires*, Paris, 1899.
RENELLETTI, ORESTE, *Istituzioni di Diritto pubblico*, 5ª ed., 665, nota 4.
RENOUARD, A., *Traité des Droits d'auteurs dans la littérature, les sciences et les beaux-arts*, Paris, 1838, I; 1839, II.
_____. *Repertório das Ordenações e Leis do Reino de Portugal*, Coimbra, 1857, I-IV.
RESENDE FILHO, GABRIEL JOSÉ RODRIGUES DE, *Curso de Direito Processual Civil*, São Paulo, 1944-1946, I-III, 2ª ed., 1951.
Discreto e honesto livro didático. Adota a classificação ternária das sentenças (declaratórias, condenatórias, constitutivas); de modo que, apurando-se bem, reconhece *quatro* classes de ações (declarativas, condenatórias, constitutivas e executivas), o que só por si representa vantagem sobre os outros autores. A noção de sentença constitutiva, que dá, é certa (III, 21): "...sem se limitar a mera declaração do direito da parte e sem estatuir a condenação de réu ao cumprimento de uma prestação, *cria, modifica* ou *extingue* um estado ou relação jurídica". Mas os dois textos alheios, que cita, não são aceitáveis. Esperemos que dê o passo até à classificação quinária.
RETES, J. F., *De Interdictis et Remediis possessoriis scolastica Relectio*, em GERARD MEERMANN, Tomo VII, 425-540.
REUTER, C., *Über die Berechtigung des Gegensatzes "Verjährung und gesetzliche Befristung" und die Bedeutung der materiellrechtlichen Ausschlussfristen* (Sobre a correção da oposição "Prescrição e prazo legal" e a importância dos prazos preclusivos de direito material), Erlangen, 1896.
REYN10ND, JEAN, *Les Lois d'Interprétation et de leur rétroactivité*, Aix-en-Provence, 1925.
REYNAUD, L., *L'Abus du droit*, Paris, 1904.
REZENDE, ASTOLFO DE, no *Manual do Código Civil brasileiro* de PAULO DE LACERDA, 20.
RIBAS, ANTÔNIO JOAQUIM, *Consolidação das Leis do Processo Civil*; 2ª ed., Rio de Janeiro, 1880, 1915.

_____. *Da Posse e das Ações possessórias*, Rio de Janeiro, 1883; São Paulo, 1901 (?), nova edição.
RIBEIRA, MANUEL SOARES DA, *Iuris Observationum liber singularis*, Lugduni, 1562.
_____. *Annotationes breviores marginales ad Arii Pinelli* (L. 2, C., de rescind. vendit.) Venetiis, 1580. "... Fuit Grace Latineque apprime doctus, et in libris Iureconsultorum, sive Graecorum, sive Romanorum versatissimus..." (MELO FREIRE, PASCOAL JOSÉ DE, *Historiae Iuris*, 94).
_____. *Annotationes ad Antonii Gomesii Variarum Resolusionum Libros*, Venetiis, 1584.
_____. *Thesaurus receptarum sententiarum utriusque Iuris*, Venetiis, 1569; Coloniae, 1593.
RIBEIRO NETO, MANUEL, *Commentaria in Ius Civile in quibus universa ultimarum voluntatum materiam, tam speculative quam practice explicatur*, Ulyssipone, 1678.
RICCA-BARBERIS, M., Sanatoria per comparizione, *Rivista di Diritto Processuale Civile*, IX (1932), Parte II, 121-136.
RICHTER, H., *Begriff und rechtliche Bedeutung des Zubehörs* (Conceito e importância jurídica da Pertença), Greifswald, 1904.
RICHTER, LUTZ, Das subjektive öffentliche Recht, *Archiv des öffentlichen Rechts*, VIII, 41.
RIEDINGER, PAUL, *Besitz an gepfändeten Sachen* (Posse em coisas penhoradas), Breslau, 1903.
RIESSER, *Das Bankdepotgesetz* (A Lei de Depósitos em banco), Berlin, 1906.
RIEZLER, ERWIN, *veja J. v. Staudingers Kommentar*.
_____. *Internationales Zivilprozessrecht* (Direito processual internacional), 1949.
_____. Zur sachlichen internationalen Unzuständigkeit (*Sobre Incompetência material internacional*), *Beiträge zum Zivilprozessrecht*, Festgabe zum siebzigsten Geburtstag von LEO ROSENBERG, München u. Berlin, 1949, 199-216.
RINTELEN, A., *Exekution auf Sachen in fremder Gewahrsam und auf Leistungsansprüche* (Execução das coisas em guarda de estranho e em caso de pretensão à prestação), Wien, 1903.
_____. *Die einstweilige Verfügung* (As Medidas provisórias), Wien, 1905.
_____. *Grundriss des Verfahrens ausser Streitsachen* (Elementos de Processo fora dos litígios), München, 1914.
_____. Prozessvertretung des Nachlasses (*Representação processual de herança*), *Festschrift für* FRANZ KLEIN, Wien, 1914.
RINTELEN, M., *Schuldhaft und Einlanger im Vollstreckungsverfahren des altniederländischen und sächsischen Rechts* (Prisão por dívida e introdução no processo executivo do antigo direito neerlandês e saxônico), Leipzig, 1908.
RINTELEN, V., *Der Civilprozess* (O processo civil), Berlin, 1890.
_____. *Das Konkursrecht* (O Direito concursal), Halle, 1902, 2 Aufl.
RIPERT, GEORGES, *Traité élémentaire de Droit commercial*, 2ª ed., Paris, 1951; 3ª ed., 1954; 4ª ed., 1959.
RISCH, C., *Die Lehre vom Vergleiche mit Ausschluss des Eides und Compromisses* (A Teoria da Transação, com exclusão do Juramento e do Compromisso), Erlangen, 1855.
RISO, J. P., *Das Recht der Eigenmacht nach dem sächischen und dem deutschen BGB*. (O direito de força própria, segundo o Código Civil saxônico e o alemão), Leipzig, 1900.

RITGEN, F., em G. PLANCK, *Bürgerlfches Gesetzbuch* (Código Civil), Berlin, 1902, V.
RIVINUS, I. F., *Programmata ex vario iure,* Lipsiae, 1735.
ROBERT, M., *Le Origini dell'Esecutore testamentario nella storia del diritto italiano,* Modena, 1913.
ROCCO, ALFREDO, *La Sentenza Civile,* Torino, 1908.
ALFREDO ROCCO reconheceu, com razão, a natureza privatística do laudo arbitral (38 s.), porém caiu no exagero de degradá-lo à categoria de *declaração de vontade* (elemento de determinação da vontade privada).
_____. *Il Fallimento,* Torino, 1917.
Deve-se-lhe ter apontado que as medidas cautelares não são *tertium genus* com as ações de cognição e de execução (78).
Por influência de JOSEF KOHLER, pretendeu explicar pela venda do penhor a "venda" dos bens em arrematação (67), atrasando, com isso, a evolução da doutrina Italiana, até que se fizeram caminho as críticas de SALVATORE PUGLIATTI (*Esecuzione forzata e diritto sostanziale,* 290) e de MARCO TULLIO ZANZUCCHI (*Diritto Processuale Civile,* III, 74 s.).
ROCLO, UGO, *L'Autorità della cosa giudicata e i suoi limiti soggettivi,* Roma, 1917.
_____. *Trattato di Diritto processuale civile,* Torino, 1957, I-II; 1958, III; 2ª ed., Torino, 1966.
ROCHWIN, Über Präjudicialität (*Sobre Prejudicialidade*), *Gerichts-Zeitschrift,* 1914, 234.
RODRIGO OTÁVIO, *Do Cheque,* Rio de Janeiro, 1913.
RODRIGUES, AMADOR, *Tractatus de Executione sententiae et eorum quae paratam habet executionem,* Matriti, 1613.
_____. *Tractatus de modo et forma videnti et examinandi processum in Causis Civilibus via ordinaria prima instantia intentatis,* Matriti, 1613.
_____. *Tractatus de concursu et privilegias creditorum in bonis debitoris, et de praelationibus eorum, atque de ordine et gradu quo solutio fieri debet,* Matriti, 1616; Venetiis, 1644.
RODRIGUES BASTOS, *Notas ao Código de Processo Civil,* 2ª ed., Lisboa, 1971, II; III, sem data.
RODRIGUES, ALBERTO, M., *Comentários al Codigo de procedimiento civil en materia civil y comercial de la Capital de la Republica Argentina,* Buenos Aires, 1941, nova ed.
RÖNNBERG, W., *Das Erbrecht von Gortyna* (O Direito das Sucessões de Gortina), Berlin, 1888.
ROGNONI, VIRGILIO, *La Condanna in futuro,* Milano, 1958.
RONDE, (E.), *Studien im Besitzrecht* (Estudos no Direito da Posse), Düsseldorf, 1907, XXI; 1908-1909, XVI, XIX, XX; 1911, XIV, XV; 1913, XXII.
ROMANO-DI FALCO, *Processo penale e azioni civili e amministrative,* Roma, 1950.
ROMEICK, K. R., *Zur Technik des BGB.,* Heft III; Rechtsnachfolge (Para a Técnica do Código Civil, Caderno III: Sucessão jurídica), Stuttgart, 1904.
ROQUEBERT, P., *De la Clause d'inaliénabilité et d'insaisissabilité, inserée dans les dispositions entre vifs et testamentaires,* Paris, 1905.
ROSA, CAMANO, *Derecho de retención,* Montevidéu, 1941.
ROSA, ELIÉZER, *Dicionário de Processo Civil,* 2ª ed., São Paulo, 1973.
ROSENBERG, LEO, *Die Beweislast nach der Zivilprozessordnung und dem BGB.* (O ônus probatório segundo a Ordenação Processual e o Código Civil), Berlin, 1900; 2ª ed., 1923.

_____. *Der Verzug des Gläubigers* (A Mora do Credor), *Jherings Jahrbücher für die Dogmatik*, 43 (1901), 141-298.
_____. Zur Lehre vom sog. qualifizierten Geständnisse, Die verteilung der Bewelslast bei Streit über den Abschluss und Inhalt eines Vertrages (*Para a Teoria da chamada Confissão qualificada, a distribuição do ônus da prova no litígio sobre a conclusão e conteúdo do contrato*), *Archiv für die civilistische Praxis*, 94 (1903), 1-141. Nachtrag, 314-316.
_____. *Stellvertretung im Prozess* (Representação no processo), Berlin, 1908.
_____. *Sachenrecht* (Direito das Coisas), München, 1919-1922.
_____. *Lehrbuch des deutschen Zivilprozessrechts* (Tratado de direito processual civil alemão), Berlim 1927, 3ª ed., 1931; 4ª ed., 1949; 5ª ed., 1951.
Contradição: A distinção entre jurisdição contenciosa e jurisdição voluntária é ligada, somente, à forma do procedimento. O legislador distribui os casos conforme a sua conveniência (31). Porém reconhece que alguns mais se afeiçoam a uma do que a outra.
Quanto à pretensão à tutela jurídica, o livro contém o ataque mais brilhante, mais esfusiante, mais ríspido, que já se lhe fez (254-261); porém não convincente. A falta do conceito prejudica, aqui e ali, a exposição do autor, em certos problemas práticos. Quanto à relação jurídica processual, LEO ROSENBERG reputava que se lhe exagerou a importância. Ele mesmo não a tira da cabeça em todo o livro.
_____. Die *Zivilprozessgesetzgebung* (A Legislação processual civil), Berlin, 1930.
_____. *Festgabe für Richard Schmidt*, 1932.
ROSENBERG, LEO, KARL HEINZ SCHWAB, *Zivilprozessrecht*, München, 1969, 10 Aufl.
ROSENSTOCK, EUGEN, *Der ewige Prozess des Rechts gegen den Staat* (O processo eterno do Direito contra o Estado), Leipzig, 1919.
ROSENTHAL, ALFRED, Erledigung des Klageantrages und Enttastung des Reichsgerichts (*O Esvaziamento do pedido da demanda, e repulsa da Justiça do Reich*), *Juristische Wochenschrift*, 50, 730.
ROSIN, H., *Das Recht der öffentlichen Genossenschaft* (O direito da corporação pública), Freiburg, i. B., 1886.
ROSSHIRT, C. F., Zur Lehre vom Besitz und insbesondere von der *quasipossessio* (*Para a doutrina de posse e particularmente da* quasipossessio), *Archiv für die civilistiche Praxis*, VIII (842), (1842), 1-74.
_____. *Dogmengeschichte des Zivilrechts* (História dos dogmas do Direito Civil), Heidelberg, 1853.
ROSSI, LANCIOTTO, Sull'attitudine della sentenza di accertamento a fondare l'azione esecutiva, *Rivista di Diritto Processuale Civile*, II, Parte Seconda, 208-225.
ROSSTEUTSCHER, E., *Die Passivlegitimation bei* rei vindicatio, Publiciana *und* hereditas petitio, Coburg, 1899.
ROTERING, Aus der Lehre vom Besitz (*Da Doutrina da Posse*), *Archiv für Bürgerliches Recht*, 27 (1906), 55-99.
ROTHENBERG, Die rechtliche Natur der Zwangsversteigerung (*A Natureza jurídica de Arrematação*), *Archiv für die civilistische Praxis*, 94 (1903), 265-283.
Tentativa de reação na doutrina. Atraso de quase meio século em relação a FRANCISCO DE PAULA BATISTA.
ROUBIER, PAUL, *Les Conflits de Lois dans le Temps*, Paris, 1929, I-II.

_____. *Le Droit de la Propriété industrielle*, Paris, 1952, I; 1954, II.
ROUSSEL, P., *L'Abus du droit*, 2ª ed., Paris, 1914.
RUDORFF, H., *Zur Rechtsstellung der Gäste im mittelalterlichen städtischen Prozess* (Sobre a situação jurídica do hóspede no processo municipal medieval), Breslau, 1907.
RUCK, *Die Organisation der römischen Kurie* (A Organização da Cúria romana), Tübingen, 1883.
RÜHL, HELMUT, *Eigentumsvorbehalt und Abzahlungsreschäft* (Reserva de propriedade e negócio a prestações), Berlin, 1930.
RÜMELIN, GUSTAV, *Die Teilung der Rechte* (A Partilha dos direitos), Tübingen, 1883.
RÜMELIN, MAX, *Das Selbstcontrahieren des Stellvertreters nach gemeinem Recht* (O Contratar consigo mesmo do representante segundo o direito comum), Freibug, i. B., 1888.
Oskar Bülow, *Archiv für die civilistische Praxis*, 193 (1908), 1-33.
RUI BARBOSA, *A Transação do Acre no Tratado de Petrópolis,* Rio de Janeiro, 1906. Conhecia a distinção entre sentenças declarativas e sentenças constitutivas, bem como, muito embora vagamente, a existência de elemento declarativo em todas as sentenças: "Embora", dizia ele (50), "as sentenças que ultimam, ou resolvem tais processos" – de divórcio, de interdição ou de adoção – "não sejam declaratórias, o princípio geral de que o caráter das sentenças é declaratório subsistirá ileso". Achava serem constitutivas, e com razão, as sentenças de desquite, interdição e adoção. Mas a expressão "caráter", referindo-se ao elemento declarativo de todas as sentenças, ultrapassa a realidade.
RUMPF, M., *Gesetz und Richter* (Lei e Juiz), Berlin, 1906.
RUTZ, OTTMAR, *Die gesetzliche Befristung* (O Prazo legal), München, 1905.
_____. *Die Wesensverschiedenheit von Verjährung und gesetzlicher Befristung* (*A Diferença essencial entre Prescrição e Prazo legal*), *Archiv für die civilistische Praxis*, 101 (1907), 435-457.
RYS, JOH., *Die Rechtskraft der Incidententscheidung über Präjudicialrechte* (A força julgada da decisão incidental sobre direito prejudicial), Horgen, 1867.
SABELLI, *Summa diversorum tractatuum*, Venetiis, 1692.
SACCHI, ALESSANDRO, *Trattato teorico-pratico delle Servitù prediali*, Torino, 1904, II-III.
SACHS, HANS HERMANN, *Worin unterscheiden sich die Vorschriften des Bürgerlichen Gesetzbuches über das Recht des Besitzers auf Ersatz von Verwendungen (§ 994 ff.) von den Vorschriften des* corpus iuris civilis? (¿Em que distinguem as regras do Código Civil sobre o direito do possuidor ao reembolso de despesas (§ 994 s.) das regras do *corpus iuris civilis*?), München, 1902.
_____. *Sachsenspiegel* (Espelho da Saxônia), Leipzig, 1561.
SALANSON, L., *De L'Abus du droit*, Paris, 1903.
SALEILLES, RAYMOND, *Étude sur la Théorie Génerale des Obligations*, 2ª ed., Paris, 1901.
SALGADO DE SOMOZA, FRANCISCO, *Labyrinthus creditorum concurrentium ad litem per debitorem communem inter illos causatam,* Lugduni, 1654.
SALICETO, BARTOLOMEU, *Commentaria in Codicem*, Veretiis, 1586.
SALMANN, R., *Über den Satz* Quae ad agendum sunt temporalia, ad excipiendum sunt perpetua (Sobre o princípio *Quae ad agendum...*), Berlin, 1891.
SALPIUS, B. VON, *Novation und Delegation nach römischem Recht* (Novação e delegação segundo o direito romano), Berlin, 1864.

SALVI, FERDINANDO, *La Cessione dei beni ai creditori*, Milano, 1947.
SAMPAIO DE LACERDA, J. C., *Da Negocixbilidade dos Títulos emitidos por armazéns gerais e seus efeitos*, Rio de Janeiro, 1955.
SAMTER, K., *Die Anderungen der Zivilprozessordnung, des Gerichtsverfassungsgesetzes, des Gerichtskostengesetzes, der Gebührenordnung, für Rechtsanwälte nach der Novelle v. 1.6.1909* (As alterações da Ordenação processual civil, da Lei da organização judiciária, da Lei de Custas e da Ordenação de Ética para os Advogados segundo a Novela de 1º de junho de 1909) , Berlin, 1909.
SANDER, H., *Das zivilgesetzliche Verfahren ausser Streitsachen nach dem österreichischen Rechte systematich dargestellt* (O Processo judicial civil fora do litígio segundo o direito austríaco exposto sistematicamente), Wien, 1907.
_____. *Die Syndikatsklage wegen der von richterlichen Beamten in Ausübung ihrer amtlichen Wirksamkeit zugefügten Rechtsverletzungen* (A Ação de sindicato por ofensas a direito por funcionários judiciais no exercício de sua eficácia oficial), Wien, 1909.
SANSEVERINO, MILTON, - ROQUE ROMATSU, *A Citação no Direito Processual Civil*, São Paulo, 1977.
SANTOS SILVEIRA, JOSÉ DOS, *Impugnação das Decisões em processo civil*, Coimbra, 1970.
SÁ PEREIRA, VIRGÍLIO DE, Da Propriedade, *Manual do Código Civil Brasileiro*, VIII.
SARDEGNA, G. NOTO, *L'Abuso dei diritto*, Palermo, 1907.
SAREDO, GIUSEPPE, *Dei Procedimento in camara di consiglio*, Napoli, 1874.
SARWEY, O. VON, *Die Konkurs-Ordnung für das Deutsche Reich v. 10 Febr. 1877* (A Ordenação Concursal para o *Reich* alemão de 10 de fevereiro de 1877), 2ª ed., Berlin, 1882.
SATTA, SALVATORE, Gli effetti secondari della sentenza, *Rivista di Diritto Processuale Civile*, 11 (1934), 251-272.
_____. *L'Esecuzione forzata*, Milano, 1937; 2ª ed., 1952.
_____. *Teoria e Pratica del Processo,* Roma, 1940.
Há em *Teoria e Pratica del Processo* algumas proposições inadmissíveis, *e. g.*, a ação de condenação absorve-se (!) completamente na ação executiva (45), só há duas espécies de sentença, a constitutiva e a executiva (!), isto é, a resolução e a execução (39 e 40). Ali, confunde-se com o efeito a força executiva e bastaria respondermos: se assim é, que o autor da ação de condenação se satisfaça com a sentença e não proponha a ação de execução; aqui, que o autor da ação declarativa não proponha a de condenação. *Chassez le naturel*.
Aliás, o mesmo autor, na concepção da ação constitutiva, emitiu frases de verdade ressaltante, porém que levariam a reconhecer que há fundo comum, declarativo, de caráter unicamente interno, em todas as sentenças (30, 31).
_____. *Guida pratica para il nuovo processo civile*, Padova, 1941.
_____. *Istituzioni di Diritto fallimentare*, 2ª ed., Roma, 1946; 4ª ed., 1953; 6ª ed., Padova, 1959.
_____. *Diritto Processuale Civile*, Padova, 1950, 7ª ed., 1967.
_____. *Commentario al Codice de Procedura Civile*, Milano, 1966, I e II, Parte I.
SAUER, WILHELM, *Grundlagen des Strafrechts* (Fundamentos do Direito Penal), Berlin, 1921.
_____. *Grundlagen des Prozessrechts* (Fundamentos do Direito processual), 2ª ed., Stuttgart, 1929. Sobre sentenças que fazem coisa julgada material sem serem sentenças sobre o mérito, 1255 s.).

_____. *Allgemeine Prozessrechtslehre* (Doutrina geral do Direito processual), Köln-München, 1951.

SAVIGNY, F. C. VON, *Geschichte des römischen Rechts im Mittelalter* (História do Direito romano na Idade Média), Heidelberg, 1815-1831, I-VI.

_____. *Das Recht des Besitzes* (O direito da posse), Giessen, 1827; 7ª ed., Wien, 1865.

_____. *System des heutigen römischen Rechts* (Sistema de Direito romano hodierno), Berlin, 1840-1849, I-VIII.

SCACCIA, SEGISMUNDO, *Tractatus de Appellationlbus in duas Partes et vigente quaestiones divisus*, Romae; 1612; Coloniae, 1717.

Muito consultado pelos juristas luso-brasileiros, nos séculos XVII e XVIII, embora a doutrina já estivesse formada.

_____. *Tractatus de Sententia et Re iudicata*, Romae, 1628; Genevae, 1670.

SCADUTO, FRANCESCO, *La Giustizia Penale e Civile nei rapporti pregiudiziali*, Torino, 1915.

SCADUTO, GIOACCHINO, *Gli Arbitratori nel diritto privato*, Cortona, 1923.

SCAGLIONI, *Diritto Processuale Civile italiano*, Genève, 1944, I.

Ainda por influência de FRANCESCO CARNELUTTI, sustenta (16) que a sentença de condenação tem por objeto declarar o ato ilícito ou a responsabilidade. É assim como escrever que a água é o oxigênio do hidrogênio, ou coisa que o valha, e o oxigênio é o oxigênio do oxigênio.

SCAGLIONI, ALFREDO, *Il Sequestro nel processo civile*, Milano, 1969.

SCHAEFER, HENRIQUE, *História de Portugal*, Porto, 1893, I. *Das querimas ou querimônias nasceram os agravos* (247).

SCHAEFER, JOSEF, *Vergleich zwischen Sachbesitz und Erbschaftesbesitz ureter Berücksichtigung der geschichtlichen Entzvickzung* (Comparação entre Posse de coisa e Posse de herança, tendo-se em vista a evolução histórica), Greifswald, 1904.

SCHALL, WILHELM, Das Privatrecht des Arbeftstarifvertrag (*O Direito privado dos Contratos coletivos de Trabalho*), *Jherings Jahrbiicher für die Dogmatik*, 52 (1907), 3-208.

SCHEIFF, L., *Die Divergenz zwischen Wille und Erklärung* (A Divergência entre Vontade e Declaração), Bonn, 1879.

SCHEPPLER, FRANZ, *Die Alimentationspflicht der Ehegatten* (O Dever de Alimentação dos cônjuges), München, 1909.

SCHERER, WILHELM, *Unterschiede zwischen der* actio Publiciana *und der Klage aus* § *1.007 des BGB.* (Diferenças entre a *actio Publiciana* e a ação oriunda do § 1.007 do Código Civil, Kempen (Rhein), Diss. Erlangen, 1904.

SCHETTINO, J., *Tractatus varii*, Venetiis, 1702.

A parte do livro, intitulada *De tertio ad causam,* muito influiu no direito processual luso-brasileiro. Nele foram buscadas as alterações e BÁRTOLO DE SAXOFERRATO (*In segundam Digesti Novi Partem,* Venetiis, 1567), que tinha de ser consultado, de preferência, sobre intervenção e litisconsórcio.

SCHIFFNER, L., *Pflichtteil, Erbenausgleichung und die sonstigen gesetzlichen Vermächtnisse* (Parte reservada, Cotação e os outros Legados legais), Jena, 1897.

SCHIMA, H., *Die Versäumnis im Zivilprozess* (A contumácia no processo civil), Leipzig, und Wien, 1928.

SCHIMANSKI, FRANZ, *Die Ansprüche aus früherem Besitze.* Die actio In rem Publiciana. *Die preussische Klage aus besserem Recht zum Besitz und § 1.007 des BGB.* (As Pretensões oriundas de posse anterior, a *actio in rem Publiciana*, a ação prussiana por melhor direito à posse e o § 1.007 do Código Civil), Grefswald, 1903.
SCHIRMER, J. T., *Die Grundidee der Usucapion im römischen Recht* (A ideia fundamental da Usucapião no Direito romano), 1855.
SCHLEGELBERGER, FRANZ, *Das zurückbehaltungsrecht* (O direito de retenção), Jena, 1904.
_____. *Die Gesetze über die Angelegenheiten der freiwilligen Gerichtsbarkeit* (As Leis sobre as matérias da Jurisdição voluntária), Berlin, 1927, I-II.
SCHLIECKMANN, *Die Urkundenedition von Seiten Dritter nach R.Z.P.O.* (A edição de documentos do lado do terceiro, segundo a Ordenação Processual Civil do Reich), Halle, 1896.
SCHLOSSER, PETER. *Gestaltungsklagen und Gestaltungsurteile* (Ações constitutivas e Sentenças constitutivas), Bielefeld, 1966.
SCHLOSMANN, SIEGMUND, *Der Vertrag* (O Contrato), Leipzig, 1876.
_____. Über die letztwillige Schiedsgerichtsklausel (*Cláusulas compromissórias de última vontade*), *Jherings Jahrbücher für die Dogmatik,* 37 (1897), 301-326.
_____. *Die Lehre von der Stellvertretung* (A Doutrina da Representação), Leipzig, 1900, I; 1902, II.
_____. Über den Vorvertrag und die rechtliche Natur der sogenannten Realkontrakte (*Sobre o Pré-contrato e a natureza jurídica dos chamados contratos reais*), *Jherings Jahrbücher für die Dogmatik,* 45 (1903), 1-96.
SCHMELZER, WILLI, *Selbstschutz des Besitzers im BGB.* (Autotutela do Possuidor no Código Civil), Leipzig, 1904.
SCHMID, A., *Die Grundlehren der Cession nach römischen Recht dargestellt* (As Teorias fundamentais de Cessão expostas segundo o direito romano), Braunschweig, 1863, I; 1866, II.
SCHMIDT, BRUNO, *Das Gewohnheitsrecht als Form des Gemeinwillen,* Leipzig, 1899.
SCHMIDT, E., *Gesetz und Richter, Wert un Unwert des Positivismus* (Lei e Juiz, Valor e não valor do Positivismo), Karlsruhe, 1952.
SCHMIDT, J. L., *Praktisches Lehrbuch von gerichtlichen Klagen und Einreden* (Tratado prático das Ações judiciais e das Exceções), Ienae, 1774, 2ª ed., 1823.
SCHMIDT, K. A., *Das Interdiktenverfahren der Römer* (O Processo interdital dos Romanos), Leipzig, 1853.
SCHMIDT, LEO, *Über das possessorische Klagrecht des juristischen Besitzers gegen seinem Repräsentanten* (Sobre o Direito de ação do Possuidor jurídico contra seus representantes), Giessen, 1838.
SCHMIDT, RICHARD, *Die Klagänderung* (Mudança da ação), Leipzig, 1888.
_____. *Die Anderung des Zivilprozessrechts nach den Novellen d.J. 1898* (A mudança do direito processual civil segundo as novelas do ano de 1898), Leipzig, 1898.
_____. *Prozessrecht und Staatsrecht* (Direito processual e Direito Público), Freiburg, 1903.
_____. *Lehrbuch des deutschen Zivilprozessrechts* (Tratado de Direito Processual Civil alemão), Leipzig, 1898, 2ª ed., 1906.

Falou RICHARD SCHMIDT (*Lehrbuch*, 25) de relação entre o juiz e o Estado, alegando que todos, e não só as partes, têm interesse em que se emitam sentenças. O autor, grande processualista, foi ainda maior publicista, de modo que aos seus olhos a relação de direito público constitucional *prima*. Isso o fez enunciar as frases da p. 25, que pareciam negar a relação entre a parte e juiz, ou entre parte-autora e juiz e entre juiz e parte-ré. A relação entre o Estado e o seu órgão existe, porém não é processual; processual é a relação entre o Estado, por seu órgão, e as partes. A RICHARD SCHMIDT (25) deve-se a correção a ADOLF WACH, que ainda prendia às partes (ao irem ao juízo) a pretensão à tutela jurídica: há maior número de pessoas com ela do que as partes (pré-processualidade da pretensão à tutela jurídica). No processo, as partes exercem-na.

_____. *Allgemeine Staatslehre* (Teoria Geral do Estado), Leipzig, 1903, II, parte I.

_____. *Die Richterverein* (A reunião de juízes), Berlin, 1911.

_____. *Der negatorische Beseitigungsanspruch* (A pretensão negatória de afastamento), 1924.

_____. *Festgabe für* RICHARD SCHMIDT, 1932.

SCHNEIDER, E. CH., *Vollständige Lehre vom rechtlichen Beweise in bürgerlichen Rechtssachen* (Teoria completa da Prova jurídica em matéria civil), Glessen, 1842 (hrsg. von C. HOFMANN).

SCHNEIDER, KARL, *Das Urteil als Ersatz von Willenserklärungen* (O julgado como substituto das declarações de vontade), Tübingen, 1903.

Contra a concepção do julgado do art. 641 como sentença constitutiva (46, 47); principalmente, excelente argumentação contra THEODOR KIPP.

SCHNEIDER, KARL ALB., *Die allgemein subsidiären Klagen des römischen Rechts* (As ações geralmente subsidiárias do direito romano), Rostock, 1833.

SCHNEIDER, KONRAD, Das Beschlussverfahren und die Rechtskraft in privatrechtlichen streitigen Angelegenheiten der freiwilligen Gerichtsbarkeit (*O Processo administrativo e a Coisa julgada em matérias controvertidas de direito privado, da jurisdição administrativa*), *Zeitschriit für deutschen Zivilprozess*, 29, 96 s.

_____. *Über richterliche Ermittlung und Feststellung des Sachverhalts im Zivilprozess* (Sobre Pesquisa judicial e Declaração do material no processo civil), Leipzig, 1888.

Primeira tentativa de síntese na discussão sobre o ônus da afirmação da notoriedade.

SCHNEIDERS, H., *Der Konkurs über das Vermögen des nicht rechtsfähigen Vereins* (O Concurso sobre o patrimônio da Associação incapaz de direito), Rostock, 1904.

SCHNITZER, ADOLF F., *Handbuch des International Privatrechts* (Manual de Direito internacional privado), Basel, 1957, I.

SCHÖLLER, W., Die Folgen schuldhafter Nichterfüllung, insbesondere der Schadenersatz wegen Nichterfüllung bei Kauf (*As Consequências do Inadimplemento constritivo, especialmente a reparação por inadimplemento na compra-e-venda*), Gruchots Beiträge, 46 (1902), 1-42, 253-291.

SCHÖMANN, F., *Handbuch des Civilrechts (Manual de Direito Civil)*, Giessen, 1805.

SCHÖNKE, ADOLF, *Beiträge zur Lehre vom Adhäsionsprozess* (Contribuições à Teoria do Processo de Adesão), Berlin und Leipzig, 1935.

Sobre a parte civil no processo penal.

_____. *Das Rechtsschutzbedürfnis* (A Necessidade de Tutela Jurídica), Detmold, Frankfurt a. M., Berlin, 1950.

_____. *Das Schiedsgerichtsverfahren nach dem heutigen deutschen Recht* (O procedimento arbitral segundo o direito alemão hodierno), Berlin, u. Köln, 1954.
_____. *Lehrbuch des Zivilprozessrechts* (Tratado de Direito processual civil), 7ª ed., Berlin, 1951; Karlsruhe, 1956, 8ª ed (HORST SCHRODER-WERNER NIESE).
SCHOETENSACK, A., Über Rechtsmittel und Wiederaufnahmeklagen (*Sobre Meio de direito e Ação de revisão*), *Festschrift für* HUGO VON BURCKHARD, Stuttgart, 1910.
_____. Zur Urteilssystematik des Straf- und Zivilprozesses (*Para a Sistemática da Sentença do processo penal e civil*), *Rechtsgang*, 1916, III, 2 s.
SCHOLLMEYER, FRIEDRICH, *Recht der Schuldverhältinisse* (Direito das Relações de dívida), München, 1900.
_____. *Das Recht der eizelnen Schuldverhältnisse* (O Direito das Relações especiais de dívida), 2ª ed., Berlin, 1904 (1ª ed., 1897).
SCHOLT, KARL-HEINZ, *Die Unterbrechungsgründe im Mahnverfahren* (Fundamento de Interrupção no processo monitório), Giessen, 1934.
SCHOTT, H., *Das ius prohibendi und die formula prohibitoria*, *Festgabe des Doctor-jubiläum des H.G.R. u. Prof. Dr.* BERNHARD WINDSCHEID, Leipzig, 1888.
SCHOTT, RICHARD, *Zur Geschichte des Armenrechts* (Para a História da Assistência judicial gratuita), Breslau, 1899.
_____. *Das Armenrecht der deutschen Zivilprozessordnung* (O Direito do pobre da Ordenação Processual Civil), Jena, 1900.
SCHOTT, R. S., *Gewähren des Rechtsschutzes im römischen Zivilprozess* (Garantias da Tutela jurídica no Direito processual civil romano), Jena, 1903.
_____. *Römischer Zivilprozess und moderne Prozesswissenschaft* (O Processo Civil romano e a moderna Ciência do processo), Jena, 1904.
SCHREIBER, KURT, *Der Mitbesitz* (A Composse), Jena, 1900.
SCHREIER, FRITZ, *Die Interpretation der Gesetze und Rechtsgeschäfte* (A Interpretação das Leis e Negócios jurídicos), Wien, 1927.
SCHRÖDER, MAX, *Das Klagerecht des Forderungspfandgläubigers gegen den Drittschuldner nach gemeinen Recht* (O Direito de ação do credor pignoratício de crédito contra o terceiro devedor segundo o direito comum), Greisfswald, 1893.
SCHRÖTER, J. C. C., *Theoretische und praktische Abhanlung von der Lehnware und anderen Belehnungsgebühren mit* J. L. ECKARDT'S *Vorrede von der Lehntrtigerschaft* (Dissertação teórica e prática sobre Prestações em mercadorias pelo arrendatário, e outras prestações feudais, com prólogo de J. L. ECKARDT sobre feudalidade), Berlin, 1789.
SCHRUTKA VON RECHTENSTAMM, EDLER, *Praktische Fragen des österreichischen civilgerichtlfchen Verfahrens* (Questões práticas de processo judicial civil austríaco), Prag. u. Leipaig, 1884.
_____. *Die Richtigkeit der Forderungen als Voraussetzung der Kompensation* (A exatidão dos créditos como pressuposto da compensação), Wien, 1900.
_____. *Grundriss dez Zivilprozessrechts* (Elementos de Direito processual civil), Wien-Leipzig, 2ª ed., 1900, I; 2ª ed., 1917, II.
_____. *Ius novorum* (sem folha de rosto).
SCHÜLER, GEORG, *Der Urteilsanspruch* (A pretensão à sentença), Tübingen, 1921. Interessante sobre a pretensão à tutela jurídica (47 s.) e o que isolamos depois, como especificação; contém respostas a argumentos de JOSEF KOHLER E OSKAR BÜLOW; esclarecimentos sobre a pretensão à tutela jurídica do réu.

SCHULIN, F., *Über Resolutivbedingungen und Endtermine* (Sobre condições resolutivas e termos finais), Marburg, 1875.

SCHULIN, P., *Der Aufbau vom Tatbestand, Gutachten und Entscheidungsgründen* (A Construção do Suporte fáctico, Pareceres e Fundamentos de decisão), Detmold-Köln, 2ª ed., Berlin, 1940; 3ª ed., 1951.

SCHULTING, A., *Iurisprudentia vetus anteiustinianea,* Lipsiae, 1737.

SCHULTZ, ERWIN, *Die Pfandansprüche nach § 1227 des BGB.* (A pretensão pignoratícia segundo o § 1.227 do Código Civil), Leipzig, 1903.

SCHULTZ, FRITZ, *Rückgriff und Weittergriff* (Incursão regressiva e incursão em frente), Breslau, 1907.

SCHULTZ-SCHÄFFER, H., *Das subjektive Recht* (O Direito subjetivo, Marburg, 1915.

SCHULTZE, ALFRED, *Die langobardischen Treuhänder und ihre Umbildung zur Testamentsvollstreckung* (A Fidúcia langobarda e a sua transformação para a execução testamentária), nas *Untersuchungen* (Investigações) de OTTO VON GIERKE, caderno 49.

_____. Treuhänder im geltenden bürgerlichen Recht (*Fiduciário no vigente Direito civil*), *Jherings Jahrbücher für die Dogmatik*, 43 (1901), 1-104.

SCHULTZE, A. S., *Privatrecht und Prozess in ihrer Wechselbeziehung* (Direito privado e processo em suas relações mútuas), Freiburg i. B. und Tübingen, 1883, I.

_____. *Zur Leltre von Urkundenbeweise* (Para a doutrina de provas documentais), Wien, 1994.

SCHULIZE, FRITZ, e FRITZ SEIFERT, *Der Gesamte neue Vollstreckungsschutz* (A nova tutela executiva comum), Berlin und Leipzig, 1934.

SCHULTZENSTEIN, M., *Beiträge zur Lehre vom Pflichtteilsrecht* (Contribuição à Doutrina da Parte de reserva), Berlin, 1878.

_____. Die Lüge im Recht (A Mentira no Direito), *Juristische Wochenschrift*, XLIX (1920), 871-874.

SCHUMANN, OTTO, *Konstruktion und Streit fragen des pignus nominis* (Construção e Controvérsias do *pignus nominis*), Halle a. S., 1899.

SCHUPPENHAUER, A., *Die Rückwirkung der Resolutivbedingung* (A Retroeficácia da Condição resolutiva), Greisfwald, 1902.

SCHURPF, JERONIMO, *Consiliorum seu responsorum iuris,* Francofurti ad Moenum, 1612.

SCHUSTER, V. - M. BONNOTT, *Oesterreichisches Zivilprozessrecht* (Direito processual civil austríaco), 4ª ed., Wien, 1907.

SCHWAB, KARL HEINZ, *Der Streitgegenstand in Zivilprozess* (O Objeto da lide no Processo), München-Berlin, 1954.

SCHWALBACH, TH., Die Prozessvoraussentzungen im Reichszivilprozess (*Os Pressupostos processuais no processo civil do Reich*), *Archiv für die civilistiche Praxis,* 63 (1880), 390-430.

_____. Wiederaufnahme des Verfahrens und Urteilsnichtigkeit nach der Reichszivilprozessordnung (*Revisão do processo e Nulidade da sentença na Ordenação Processual Civil do Reich*), *Archiv für die civilistische Praxis,* 64 (1880), 122-136.

SCHWARTZ, A. B., Die einseitigen Rechtsgeschäfte (*Os Negócios jurídicos unilaterais*), *Archiv für Rechts- und Wirtschaftsphilosophie,* vol. 16, 551-563.

SCHWARTZ, GUSTAV, Rechtssubjekt und Rechtszweck eine Revision der Lehre von den Personen (*Sujeito de direito e Fim de direito, Revisão da Teoria das Pessoas*), *Archiv für Bürgerliches Recht,* 32 (1908), 12-139.

_____. Kristisches über Rechtssubjekt und Rechts zweck (*Crítica sobre sujeito de direito e Fim de direito*), Archiv für Bürgerliches Recht, 35 (1910), 10-90.
SCHWARTZ, JOHANN CHRISTOPH, *400 Jahre deutscher Zivilprozessgebung* (400 anos de Legislação alemã de processo civil), Berlin, 1898.
_____. Absolute Rechtskraft und heutiges Deutsches Recht (*Coisa julgada absoluta e direito alemão hodierno*), Festgabe für HEINRICH DERNBURG, Berlin, 1900.
_____. *Das Billigkeitsurteil des § 829 BGB.* (A Sentença de equidade do § 829 do Código Civil), Halle, 1904.
SCHWARZE, Selbsthülfe, J. WEISKE, *Rechtslexikon für Juristen*, 10, 125 s.
SCHWEITZER, CHR. WILHELM, *Über den Provokationsprozess, besonders nach sächsischen Recht* (Sobre o Processo provocatório, particularmente segundo o direito do Saxe), Leipzig, 1906.
SCHWEPPE, ALBR., *Das Römische Privatrecht in seiner heutigen Anwendung* (O Direito Privado romano em sua hodierna aplicação), Göttingen, 1814-1815, I-V, 4ª ed., 1828, I-II; 4ª ed., 1831, III; 4ª ed., 1832, IV; 4ª ed., 1833, V.
SCHWERIN, CLAUDIUS VON, *Über den Begriff der Rechtsnachfolge im geltenden Civilrecht* (Sobre o Conceito de Sucessão jurídica no direito civil vigente), München, 1905.
SCIALOJA, VITTORIO, *Lezioni sui Negozi giuridici*, 2ª ed., 1907 (G. PULVIRENTI).
SEABRA FAGUNDES, M., *Da Desapropriação no Direito brasileiro,* Rio de Janeiro, 1941.
_____. *Dos Recursos ordinários em matéria civil*, Rio de Janeiro, 1946.
SECKEL, EMIL, Die Gestaltungsrecht (*Os Direitos formativos*), Festgabe für RICHARD KOCH, Berlin, 1903.
SECKT, F., *Beitrag zur Lehre von der Testamentsvollstreckung* (Contribuição à Doutrina da Execução do testamento), Rostock, 1899.
SEELMANN, W., *Der Rechtszug im älteren deutschen Recht* (A via jurídica no antigo direito alemão), Breslau, 1911.
Tentou mostrar (91 e s.) que o remédio da *Lex Visigothorum* (II, 1, 21 e 29) era declarativo, e não constitutivo negativo. Sem razão. Certo BETHMANN-HOLLWEG, *Der Civilprozess*, IV, 222.
SEGNI, ANTONIO, *L'Intervento adesivo,* Roma, 1919.
Um dos precursores da classificação das sentenças declaratórias de falência como sentenças *constitutivas*. Errou, porém, em dizê-las (sempre) *contra* o falido.
_____. *L'Intervento volontario in appello*, Sassari, 1922.
_____. Il principio di eventualità e la riforma del processo civile, *Studi sassaresi*, 1937.
SEGOVIA, L., *El Derecho internacional privado y el Congreso sud-americano*, Buenos Aires, 1889.
SEMEKA, GREGOR, Das Wartrecht (*O Direito expectativo*), Archiv für Bürgerliches Recht, 35 (1910), 121-190.
SENTIS MELENDO, SANTIAGO, *La Sentencia extranjera* (Exequatur), Buenos Aires, 1958.
SEQUEIRA DA GAMA, LUÍS DE, *Tractatus de Citationibus.*
Não foi publicado. O autor, como desembargador dos agravos influiu na evolução do processo luso-brasileiro, na primeira metade do século XVIII.

SERPA LOPES M. M. DE, *Tratado dos Registros Públicos,* Rio de Janeiro, 1940, III.
SEUFFERT, J. A., *Erörterung einzelner Lehren des römischen Privatrechts* (Discussão de algumas teorias do Direito privado romano), Würzburg, 1820.
_____. *Praktisches Pandektenrecht* (Direito prático das Pandectas), Würzburg, 1860-1872, 4ª ed. (E. A. SEUFFERT).
SEUFFERT, LOTHAR, *Über richterliches Ermessen* (Sobre Arbítrio judicial), Giessen, 1880.
_____. *Poenae temere litigantium, Archiv für die civilistische Praxis,* 67 (1884), 323-365.
_____. *Zur Geschichte und Dogmatik des deutschen Konkursrechts* (Para a História e a Dogmática do Direito concursal alemão), Nördlingen, 1888.
_____. *Deutsches Konkursprozessrecht* (Direito processual concursal alemão), Leipzig, 1899.
_____. *Kommentar zur Zivilprozessordnung,* 8ª ed., München, 1902, 11ª ed., 1910; 12ª ed., 1932-1933, I-II (HANZ WALSMANN).
SEUFFERT, LOTHAR, e HANS WALSMANN, *Kommentar zur Zivilprozessordnung* (Comentário à Ordenação processual civil), München, 1932-1933, I-II. Suplementos em 1934 e 1935.
SEVE NAVARRO, *Prática do Processo Civil comparado com o Comercial,* Pelotas, 1880.
SFETEA, J., *La Nature personnelle du Droit d'auteur,* Paris, 1923.
SIBER, HEINRICH, *Das gesetzliche Pfandrecht des Vermieters und des Gastwirts nach dem BGB.* (O Direito legal de penhor do locador e do hoteleiro segundo o Código Civil).
_____. *Einrede (Exceção), Handwörterbuch,* II, 192.
_____. *Der Rechtszwang im Schuldverhältnis nach deutschem Reichsrecht* (A Coerção jurídica na relação obrigacional segundo o direito do Reich alemão), Leipzig, 1903.
_____. *Die Passivlegitimation bei der* rei vindicatio *als Beitrag zur Lehre von d. Aktionenkonkurrenz* (A Legitimação passiva na *rei vindicatio* como contribuição à teoria da concorrência de ações), Leipzig, 1907.
_____. *Allgemeiner Teil*(Parte Geral), em G. PLANCK, *Kommentar zum Bürgerlichen Gesetzbuch,* 4ª ed., 1914, II, 2.
_____. *Römisches Recht in Grundzügen für die Vorlesung* (Direito romano em lineamentos para o Curso), Berlin, 1928, II (Römisches Privatrecht).
SICILIANI, *Natura ed effetti dell'intervento coatto "iussu tudicis"* (separata dos *Annali della Rivista Università di Bari*), Bari, 1927.
SICILIANI (16 s.) foi exato em considerar parte o chamado *iussu iudicis.* Desde que se admite ou se impõe que a intervenção seja ordenada de ofício, não se compreenderia que não fosse *parte* o citado. Tem-se de afastar a ideia de eficácia somente notificatória.
SIEGEL, E., *Die Vorlegung von Urkunden im Prozess* (A exibição de documentos no processo), Jena, 1904.
SIEGEL, HEINRICH, *Geschichte des deutschen Gerichtsverfahrens* (História do procedimento judicial alemão), Giessen, 1857, I.
_____. *Das Versprechen als Verpflichtungsgrund im heutigen Rechte* (A promessa como fonte de obrigação no direito hodierno), Berlin, 1873.
SIEGEL, JULIUS, *Die privatrechtlichen Funktionen der Urkunden* (As funções privatísticas dos documentos), *Archiv für die civilistische Praxis,* 111 (1914), 1-134.

SIEGERT, K., *Die Prozesshandlungen, ihr Widerruf und ihre Nachholung* (Os atos processuais, sua revogação e suprimento), Berlin, 1929.
Livro precioso, mas tenta, sem razão, distinguir a sentença de condenação como declaração de vontade em sentido estrito e a sentença declarativa como negócio jurídico (30, 32), o que riscada, até certo ponto, o elemento declarativo das sentenças de condenação.
SILVA, FRANCISCO FREIRE DA, *Remissões à Prática do Dr. Manuel.Mendes de Castro, com o aditamento de muitas conclusões*, Coimbra, 1739.
SILVA, JOSÉ AFONSO DA, *Do Recurso adesivo no processo civil brasileiro,* São Paulo, 1973.
SILVA, MANUEL GONÇALVES DA, *Commentaria ad Ordinationes Regni Portugalliae*, Ulyssipone, 1731-1733, I-III: 1741, I: 1742, II-III; 1740, IV.
Estilo, erudição, clareza e coerência no discutir e no opinar. O que mais se há de admirar em MANUEL GONÇALVES DA SILVA é, todavia, a sua vocação de processualista, a segurança com que, enfileirando as suas notas e ferindo assuntos de direito civil, a que os textos o obrigam, nunca lhe escapa o fio do direito processual.
SILVA, PLÁCIDO GOMES DA, *Quando liceat haeredi veniri contra factum defuncti,* Mediolani, 1671.
SILVA DE ARAÚJO, JERÔNIMO DA, *Perfectus advocatus*, Ulyssipone, 1743.
SILVA PEREIRA, JERÔNIMO, *Repertório das Ordenações do Reino*, Lisboa, 1747, I-V.
SILVA RAMOS, JOAQUIM JOSÉ PEREIRA, *Manual Prático do Processo Comercial*, Rio de Janeiro, 1864, I-II.
SIMAS, HUGO, *Comentários do Código de Processo Civil,* Rio de Janeiro, 1940, VIII.
SIMÉON, P., *Lehrbuch des Bürgerlichen Rechts* (Tratado de Direito Civil), 8ª-9ª ed., Berlin, 1919.
SIMONCELLI, VICENZO, *Lezioni di Diritto giudiziario*, Roma, 1913 (litografia).
_____. Della Enfiteusi, *Il Diritto Civile italiano secondo la dottrina e la giurisprudenza* a cura di P. PIORE e continuato da B. BRUGI, 2ª ed., Napoli-Torino, 1922, VI, *I*.
SINNER, J. A., *Dissertatio de Actione Rescissoria,* Traj. ad. Rhen., 1697.
SINTENIS, F., Der simulierte Prozess (*O processo simulado*), *Zeitschrift für deutschen Zivilprozess*, 30 (1902), 358 s.
SIOTTO-PINTOR, Lo Stato estero e la giurisdizione, *Rivista di Diritto processuale civile,* III, 1926, II, 93.
_____. Lo Stato estero, il giudice italiano e la sentenza immutabae, *Rivista di Diritto processuale civile*, IV, 1927, II, 222 s.
SKEDL, A., Parteinunfähigkeit, absoluter Nichtigkeitsgrund (*Incapacidade de ser parte, fundamento de nulidade absoluta*), *Rheinische Zeitschrift*, 12, 347-361.
A incapacidade de ser parte (não a incapacidade processual) produz nulidade insanável, *ainda quando a lei não o diga. No Direito brasileiro, impede a existência do processo.*
_____. *Die Nichtigkeitsbeschwerde in ihrer geschichtlinchen Eniwicklung* (A querela de nulidade em sua evolução histórica), Leipzig, 1886.
_____. *Das Mahnverfahren* (O processo monitório), Leipzig, 1891.
_____. *Das österreichische Zivilprozessrecht* (O Direito processual civil austríaco), Leipzig, 1900, I.
_____. *Zur Zivilprozessreform* (Para a Reforma do Processo Civil), Wien, 1912.
SKONIETZKI, R.,-M. GELPCKE, *Zivilprozessordnung* (Ordenação Processual Civil), Berlin, 1911, I; 1912-1919, II (in Verbindung mit Rechtsanwalt Dr. W. KRAEMER, Landrichter Dr. R. SCHULZE).

SLEVOGT, J. P., *Disp. de in ius vocatione antiqua et nova,* Ienae, 1705.
SMOIRA, M., *Die Haftung des redlichen Gläubigers nach beendigter Zwangsvollstreckung in bewegliche, dem Schuidner nicht gehörige Sachen* (A responsabilidade do credor de boa-fé por execução forçada feita em bem móvel não pertencente ao devedor), Berlin, 1911.
SOBERNHEIM, F., *Das ungünstige Parteivorbringen als Urteilsgrundlage im Zivilprozess* (A Alegação desfavorável da parte como fundamento de sentença no processo civil), Berlin, 1916.
SOCINO, BARTOLOMEU, *Commentarium pars II,* Venetiis, 1572.
SOCINO (MARIANO e LARTOLOMEU), *Prima (secunda) Pars Consiliorum,* Lugduni, 1551.
V. III, c. XCIV: "...licet reus imploraverit officium iudicis coram uno ex suis iudicibus: tamen actor provocatus potest eum convenire coram alio iudice ipsius rei. Ita reperio tenere praeceptorem meum ...et sequítur insignis praeceptor meus dominus Joannes Bapti (sta) de Sancto Severino". O último foi CACCIALUPO; T. MUTTER (*De Origine Processus Provocatorii,* 140) sustenta que o primeiro foi ANDRÉ BARBATIA.
SOHM, MARTIN, Der Selbsthilfeverkauf (*A venda em justiça de mão própria), Zeitschrift für das gesamte Handelsrecht,* 53 (1903), 79-140.
SOHM, RUDOLPH, *Die Lehre vom* Subpignus, Rostock, 1864.
_____. *Der Prozess der* Lex Salica (O Processo da Lex Salica), Leipzig, 1867.
_____. *Die altdeutsche Reichs- und Gerichtsverfassung* (A velha organização estatal e judiciária teuta), Weimar, 1871, I.
Há reimpressão de 1911.
_____. *Der Gegenstand* (O Objeto), Leipzig, 1905.
_____. *Wesen und Voraussetzung der Widerspruchsklage* (Essência e Pressupostos da Ação de oposição), Leipzig, 1908.
Os embargos à execução seriam ação constitutiva. Hoje, têm-se por mandamentais.
_____. *Die* litis contestatio *(A litis contestatio),* München und Leipzig, 1914.
O mais completo e decisivo estudo da latis contestatio romana e medieval como fato *histórico,* contra as concepções escolásticas e românticas (an-históricas).
_____. *Institutionen,* Geschichte und System des römischen Privatrechts (Instituições, *História e Sistema do Direito privado romano*), 16ª ed., München u. Leipzig, 1919.
_____. Die subjektiven Rechte (*Os Direitos subjetivos*), *Jherings Jahrbücher für die Dogmatik,* 73 (1923), 268-298.
SCKOLOWSKI, PAUL, *Die Philosophie im Privatrecht* (A filosofia no direito privado): I, *Sachbegriff und Körper* (Conceito de Coisa e Corpos), Halle a. S., 1902; II, *Der Besitz* (A Posse). Halle a. S., 1907.
SOLANO DO VALE, MANUEL ÁLVARES, *Cogitationes Iuridicae atque Forenses,* Ulyssipone, 1739.
SOTELO, J. CALVO, *La Doctrina del Abuso del derecho,* Madrid, 1917.
SOTGIA, SERGIO, *Appunti per un corso di Diritto bancario,* Padova, 1944.
SCUSA PINTO, J. M. F. DE, *Primeiras linhas sobre o Processo Civil Brasileiro,* Rio de Janeiro, 1850, I-II.
SOUTO-MAIOR, LOURENÇO, *Additiones ad Observationes* de REYNOSO, Conimbricae, 1677.

SPANGENBERG, E. P. J., Über die Verjährung der *actio iudicati* (Sobre a prescrição da *actio iudicati*), *Archiv für die civilistische Praxis*, VI (1831), 374-440.
_____. *Einleitung in das Römisch-Justinianische Rechtsbuch* (Introdução ao Código romano-justinianeu), Hannover, 1808.
SPENCER VAMPRÈ, *Tratado elementar de Direito Comercial*, 122, I-II.
SPERL, HANS, *Sukzession in den Prozess* (Sucessão no processo), Graz, 1895.
_____. *Vereinbarung der Zuständigkeit und des Erfüllungsortes naeh dem österreiehischen Zivilprozessrecht* (Acordo de competência e lugar de adimplemento segundo o direito processual civil austríaco), Wien, 1897.
_____. *Die Vollstreekungshilfe zwischen Oesterreich und Deutschland* (A proteção de execução entre Áustria e Alemanha), Wien, 1909, I.
_____. *Die Zwangsvollstreckung* (A execução forçada), Graz, 1915.
_____. *Lehrbuch der bürgerlichen Rechtspflege* (Tratado do Funcionamento da Justiça civil), Wien, 1925-1930.
SPIEGELBERG, WILHELM, *Aus einer ägytischen Zivilprozessorderung der Ptolomäerzeit* (De uma Ordenação Processual Civil do tempo de Ptolomeu), München, 1929.
SPOLEDER, GEORG, *Der UnterhaUsanspruch naeh dem BGB.* (A pretensão de alimentos segundo o Código Civil), Rostock, 1801.
SPOTA, ALBERTO G., *Tratado de Derecho Civil*, 3ª ed., Buenos Aires, 1950, I.
SPRINGGUTH, CARL, *Die Rechtsverhältinisse zwischen Vererben und Nacherben* (As relações jurídicas entre pré-herdeiro e pós-herdeiro), Greifswald, 1903.
STAMMLER, RUDOLF, *Das Recht der Schuldverhält nisse in seinen allgemeinen Lehren* (O Direito das Relações de dívida em suas teorias gerais), Berlin, 1897.
_____. *Die Lehre von dem richtigen Recht* (A Doutrina do Direito justo), Berlin, 1902.
_____. *Unbestimmtheit des Rechtssubjekts* (Indeterminação do sujeito de direito), Giessen, 1907.
STAUB, HERMANN, Die positiven Vertragsverletzungen und ihre Rechtsfolgen (*As Violações positivas do contrato e suas consequências jurídicas*), *Festschrift für d. XXVI Deutschen Juristentag*, Berlin, 1902, 2ª ed., 1904 (E. MÜLLER).
Devem-se a HERMANN STAUB o conceito das violações positivas do contrato (aliás, melhor diremos dos negócios jurídicos e atos jurídicos *stricto sensu*) e o estudo científico delas. Depois, vieram, principalmente, os trabalhos de HEINRICH LEHMANN (Die positiven Vertragsverletzungen, *Archiv für die civilistische Praxis*, 96, 60-113), de ARN BRECHT (System der Vertragshaftung, *Jherings Jahrbücher für die Dogmatik*, 53, 212-302, de ERNST ZITTELMANN (Nichtererfüllung und Schlechterfüllung, *Festgabe für* PAUL KRÜGER, 265 s.) e de KRÜCKMANN.
STEFKO, *Grundprobleme des Zivilprozessrechts* (Problemas fundamentais do Direito Processual Civil), 1915. Sobre HEINRICH DEGENKOLB e ADOLF WACH, a propósito do direito abstrato de ação (*Klagrecht*) ou do direito concreto pré-processual, respectivamente (244 s., 248, nota 4).
STEIN, FRIEDRICH, Über KONRAD HELLWIG (Sobre KONRAD HELLWIG), *Zeitschrift für deutschen Zivilprozess*, 41, 417 s.
Artigo da *Zeitschrift für deutschen Zivilprozess*, 24, 224 s.
_____. *Der Urkunden- und Wechselprozess* (O processo documental e cambiário), Leipzig, 1887.

_____. *Das private Wissen des Richters* (O Saber privado do Juiz), Leipzig, 1893.

_____. *Über die bindente Kraft richterlichen Entscheidungen* (Sobre a força vinculante das decisões judiciais), 1897.

_____. *Das Zivilprozessrecht* (O Direito processual civil), K. BIRKMEYER, *Encyklopädie der Rechtswissenschaft*, Berlin, 1901.

Ganhando a frente a L. VON BAR e outros que ainda confundiam – ou misturavam – o princípio de imediatidade e o de oralidade, FRIEDRICH STEIN (1182) chamou a atenção para que aquele não só se aplica a alegações como provas e esse só às alegações. Isso bastaria para os diferenciar. Posteriormente, foram fixados como não coincidentes os conteúdos dos dois princípios, que podem juntar-se, mas acidentalmente. Em todo o caso, a oralidade exige certa imediatidade, porém não toda.

_____. *Über die Voraussetzungen des Rechtsschutzes* (Sobre os Pressupostos da Tutela jurídica), Halle 1903.

_____. *Die Zivilprozessordnung* Tübingen 1911, I, 10ª ed. do Kommentar de GAUPP; 1913, II.

_____. *Grenzen und Beziehungen zwischen Justiz und Verwaltung* (Limites e Relações entre Justiça e Administração), Tübingen, 1912.

_____. Eedingte Prozesshandlungen (*Atos processuais condicionados*), *Deutsche Juristen-Zeitung*, 18 (1913), 35-42.

_____. *Grundjragen der Zwangsvollstreckung* (Questões fundamentais da execução forçada), Tübingen, 1913.

Concepção publicista da execução (7), pretensão a executar, de direito público, contra o Estado, e não de direito privado *contra* o devedor (18).

Descoberta das "máximas de experiência" como terceiro elemento entre *lei* e *fatos concretos* provados, terceiro elemento do "conhecimento" do juiz. À velha regra de que o juiz *não pode julgar com sua consciência* sem fatos que as partes produzissem, já RICHARD SCHMIDT havia feito a sua crítica; mas foi FRIEDRICH STEIN, no ano seguinte, que submeteu à maior pesquisa o conceito do *fato notório* e chegou, finalmente, a "isolar" as máximas de experiência. O conceito alcançou, depois, o próprio terreno da lógica e da filosofia matemática. A compreensão da verdadeira função de tais "máximas de experiência" nos processos, certos esclarecimentos sobre *questões de fato* e *questões de direito*, bem como sobre *prejudiciais* e *motivos*, foram resultantes da descoberta de FRIEDRICH STEIN.

Também mostrou ele que as *questões de classificação jurídica e qualificação jurídica são questões de direito*, e não de fatos (118). Atendemos às lições, neste livro.

_____. *Grundriss des Zivilprozessrechts* (Lineamentos do Direito Processual Civil), Tübingen, 1920.

_____. *Grundriss des Zivilprozessrechts u. des Konkursrechts* (Lineamentos de Direito Processual Civil e de Direito concursal), 2ª ed. (JOSEF JUNCKER), Tübingen, 1924.

STEIN (FRIEDRICH) – MARTIN JONAS, *Kommentar zur Zivilprozessordnumg* (Comentário à Ordenação do Processo Civil), 1938-1939 (POHLE), 17ª ed. (ADOLF SCHÖNKE); Tübingen, 1949-1951, I-II, 18ª ed., 1953-1958, I-II.

S'IEINBACH, FRIEDRICH, *Die Ansprüche wegen Verwendungen nach dem Rechte des Bürgerlichen Gesetzbuches* (As pretensões por despesas segundo o Direito do Código Civil), Augsburg, 1897.

STEINBERGER, *Restitution*, veja J. WEISKE, *Rechtstexikon.*
STEINER, A., *Zwangsversteigerung und Zwangsverwaltunw* (Venda forçada e administração forçada), München, 1935.
STEINLECHINER. P., *Das Wesen* der iuris communio *und* iuris quasi communio (A essência da *iuris communio* e da *iuris quasi communio*), Insbruck, 1876-1878, I-II.
STEPHAN, A., *Die Unterlassungsklage* (A ação de abstenção), München, 1908.
STIER-SOMLO, F., *Das freie Ermessen (O livre arbítrio), Festgabe für* PAUL LABAND, Tübingen, 1908, 451 s.
STINTZING, R., *Das Wesen von* bona fides und titulus *in der römischen Usucapionslehre* (A Natureza da *bona fides e* do *titulus* na doutrina romana da Usucapião), Heidelberg, 1852.
STINTZING, WOLFGANG, *Die Vorverpflichtung im Gebiet der Schuldverhältnisse* (A Pré-endividação no domínio das relações obrigacionais), Jena, 1903.
_____. *Die Übertragung beweglicher Sachen* (Transferência de coisas móveis), Leipzig, 1911.
STOBRE, OTTO, *Zur Geschichte des älteren deutschen Konkursprozesses* (Para a História do mais velho Direito concursal alemão), Berlin, 1888.
_____. *Handbuch des deutschen Privatrechts* (Manual de Direito privado alemão), 3ª ed., Berlin, 1903-1906, I-II.
STÖLZEL, A., *Die Lehre von der* operis novi nuntiatio *und dem* interdictum quod vi aut ciam, Cassei und Göttingen, 1865.
_____. *Jahrbücher für die Dogmatik,* VIII (1866), 142 s.
_____. *Völkerrecht* (Direito das gentes), Leipzig, 1901.
STRANZ, J., *Ein Protest gegen den Wechselprotest* (Um Protesto contra o Protesto cambiário), Berlin, 1903.
STRECKER, CONR. WILH., *Specimen de laudo arbitrorum eiusque iuris effectibus,* Erfurt, 1733.
STRECKER, O., veja G. PLANCK, *Kommentar zum BGB.*
STROHAL, EMIL, *Succession in den Besitz nach römischen und heutigem Recht* (Sucessão na posse segundo o direito romano e hodierno), Graz, 1885.
_____. Zum Besitzrecht des Entwurfs eines bürgerlichen Gesetzbuchs für das Deutsche Reich (*Para o Direito de Posse do Projeto do Código Civil para o Reich alemão), Jahrbücher für die Dogmatik,* 29 (1890), 336-396.
_____. Zum Besitzrecht des Entwurfs eines BGB (*Para o Direito de Posse do Projeto do Código Civil*), *Jahrbücher für die Dogmatik,* 31 (1892), 1-78.
_____. Der Sachbesitz nach dem BGB (*A posse de coisa segundo o Código Civil*), *Jherings Jahrbücher für die Dogmatik,* 38 (1898), 1-137.
_____. *Das deutsche Erbrecht* (O direito das sucessões alemão), 2ª ed., Berlin, 1901.
_____. *Grenzen der Urteilsrechtskraft bei betagter und bedingter Berechtigung* (Limites da força jurídica sentencial quanto a autorizações a prazo e condicionais), Leipzig, 1905. Separata da *Festhschrilt für* HEINRICH DEGENKOLB.
_____. Schuldübernahme (*Cessão de dívida*), *Jherings Jahrbücher für die Dogmatik,* 57 (1910), 231-492.
Tem separata, que às vezes se cita.
_____. *Relative Unwirksamkeit* (Ineficácia relativa), Wien, 1911.
_____. Der gesetzliche Übergang der Sicherungsrechte des Gläubigers auf den zahlenden Bürgen in neuer Beleuchtung (*A queda legal dos direitos de segurança do credor*

quanto aos fiadores pagantes, em nova elucidação), Jherings Jahrbücher für die Dogmatik, 61 (1912), 59-108.

STRUVE, G. A., *Syntagma iuris civilis sec. ord. Pandectarum,* Francofurti, 1692-1701, I-IV (adições de P. MÜLLER).

STRYK, SAMUEL, *Usus moderni Pandectarum specimen,* Hallae, 1690-1692, I-IV.

_____. *De Cautelis testamentorum,* Hallae, 1716; ed. VI, 1768.

_____. *Praelectiones viadrinae de cautelis contractum necessariis,* Wittenbergae, 1722.

_____. *Opera Omnia,* Lipsiae, 1743-1753, I-XIX.

_____. *Tractatus ad actionibus forensibus investigandis et caute eligendis,* Wittebergae, 1769.

_____. *De Iure Sensuum,* Francofurti ad Viadr. 1775.

STUBENRAUCH, M. VON, *Kommentar zum Allgemeinen österreichischen Bürgerlichen Gesetzbuche* (Comentário ao Codigo Civil geral austríaco), 4ª ed., Wien, 1876, 6ª ed., 1892-1894, I-II; 7ª ed., 1899; 8ª ed. (MAX SCHUSTER, V. BONNOTT u. KARL SCHREIBER).

STURM, AUGUST, *Die Lehre vom Vergleiche nach gemeinem und preussischem Rechte* (A Teoria da Transação segundo o direito comum e prussiano), Berlin, 1889.

_____. *Die Lehre von den Testamentsvollstreckern nach dem Bürgerlichen Gesetzbuch* (A Doutrina do Testamenteiro segundo o Código Civil), Leipzig, 1898.

SÜSS, G., *Abtretung künftiger Ansprüche* (Cessão de pretensões futuras), München, 1910.

SUSS, THEODOR, Die Anerkennung ausländischer Urtelle (*O Reconhecimento de Sentenças estrangeiras*), *Beiträge zum Zivilprozessrecht,* Festgabe zum siebzigsten Geburtstag von LEO ROSENBERG, München u. Berlin, 1949, 229-274.

SURVILLE, F., De la validité des contrats passés en France par un étranger incapable d'après la loi française, *Journal de Droit international prive,* 1909.

TARDIFF, *Étude sur la* litis contestatio *en droit romain en les effets de la demande en justice en droit français,* Paris, 1881.

TARTAGNO DE ÍMOLA, ALEXANDRE, *Prima et secunda de Dig. novo Prima et secunda pars commentariorum,* Lugduni, 1535.

TEDESCHI, *L'Abuso del diritto,* Torino, 1912.

TEIXEIRA DE FREITAS, AUGUSTO, *Doutrina das Ações* (J. H. CORREIA TELES), Rio de Janeiro, s. d.

_____. *Consolidação das Leis Civis,* Rio de Janeiro, 1857.

_____. *Nova apostila à censura do senhor Alberto de Morais Carvalho sobre o Projeto de Código Civil português,* Rio de Janeiro, 1859.

"A ação é a faculdade complementar do direito..." "...as ações nada mais são do que conseqüências dos direitos..." "Não se confunda, porém..., a ação *ius persequendi* com a sanção do direito, nem com o meio ou forma do processo... "O direito, a ação, o meio e forma da ação são três fatos que a análise distingue" (68 e 69). Mas ainda enunciava a regra falsa: "O direito não pode existir sem a ação". Andou perto de ver a pretensão à tutela jurídica: "A forma da ação pode existir sem a ação, e sem o direito".

_____. *Código Civil, Esboço,* Rio de Janeiro, 1860, I; 1861, II; 1867, III.

_____. *Primeiras Linhas sobre o Processo Civil,* Rio de Janeiro, 1879, I-III; 1907, nova edição.

Acomodação do livro de PEREIRA E SOUSA.
_____. *Tratado dos Testamentos e Sucessões*, por ANTÔNIO JOAQUIM DE GOUVEIA PINTO, Rio de Janeiro, 1881.
Vocabulário Jurídico, Rio de Janeiro, 1883.
TEMUDO DA FONSECA, MANUEL, *Decisiones Senatus Archiepiscopalis Ulyssiponis*, Ulyssipone, 1643, I; 1644, II; 1650, III; 1722, IV. Também, 1688, I-III.
TENGLER, ULRICH, *Der neu Layenspiegel* (O novo Espelho de Leigos), Augsburg, 1512; Strassburg, 1527.
TENÓRIO, OSCAR, *Lei de introdução ao Código Civil Brasileiro*, Rio de Janeiro, 1955.
TENTOLINI, OTTORINO, *L'Esecuzione forzata sui bem mobili*, Torino, 1926-1928, I-II.
TEVENAR, JOH. WILH, VON, *Theorie des Beweises im Civilprocess* (Teoria da prova no processo civil), Magdeburg, 1780, nova ed.
THALLER, E., - J. PERCEROU, *Traité élémentaire de Droit commercial à l'exclusion du Droit maritime*, 7ª ed., Paris, 1925.
THEILEMEYER, W. *Der Selbsthilfeverkauf* (A venda em justiça privada), Erlangen, 1899.
THEODORO JÚNIOR, HUMBERTO, *Processo cautelar*, São Paulo, 1976.
THIBAUT, A. F. J., *Civilistische Abhandlungen* (Dissertações civilísticas), Heidelberg, 1814.
_____. Über Vergleiche gegen rechtskräftige Urteile (*Sobre transações contra sentenças com eficácia de coisa julgada*), *Archiv für die civilistische Praxis*, VIII, 301-308.
THIELE, Studien zum ehelichen Güterrecht des Bürgerlichen Gesetzbuchs, Die Surrogation nach §§ 1.381, 1.382 (*Estudos para o direito matrimonial de bens do Código Civil, A subrogação segundo os §§ 1.381 e 1.382*), *Archiv für die civilistiche Praxis*, 91, 1-72.
_____. *Pie Kündigung (A Denúncia)*, *Archiv für die civilfstische Praxis*, 89 (1899), 85-165.
THIESING, Einige Bemerkungen über Rechtsverhältnis zwischen Vorerben und Nacherben (*Algumas notas sobre a Relação jurídica entre o Pré-herdeiro e o Pós-herdeiro*), *Archiv für die civilistische Praxis*, 94 (1903), 229-264.
THÖL, H., *Einleitung in das Deutsche Privatrecht* (Introdução ao Direito privado alemão), Güttingen, 1851.
_____. *Das Handelsrecht* (O Direito Comercial), 5ª ed., Leipzig, 1875, I, 1; 1876, I, 2, 3ª ed., 1873, II; 1880, III.
THOMA, R., *Der Polizeibefehl im badischen Recht* (O comando policial no direito badense), Tübingen, 1906, I.
THOMAS, HEINZ, und HANS PUTZO, *Zivilprozessordnung* (Ordenação Processual Civil), 3ª ed., München, 1968; 4ª ed., 1970.
THON, AUGUST, *Rechtsnormen und subjektives Recht* (Normas jurídicas e Direito subjetivo), Weimar, 1878.
_____. Die arechtsverfolgende Einrede (A *exceção persecutória do direito*), *Jahrbücher für die Dogmatik,* 28 (1889), 37-84.
THORSCH, E., *Der Pactum reservati dominii*, Strassburg, 1875.
TISSIER, A. *Théorie et Pratique de la Tierce opposition*, Paris, 1890.
TTIZE, HEINRICH, *Die Notstandsrechte im deutschen Bürgerlichen Gesetzbuche und ihre geschichtliche Entwicklung* (Os direitos de estado de necessidade no Código Civil alemão e sua evolução histórica), Leipzig, 1897.

_____. *Die Unmöglichkeit der Leistung nach deutschem Bürgerlichem Recht* (A impossibilidade da prestação segundo o Direito Civil alemão), Leipzig, 1900.

_____. *Die Lehre zom Missverständnis* (A Doutrina do Mal-entendido), Berlin, 1910.

_____. *Bürgerliches Recht,* Recht der Schuldverhältnisse (Direito Civil, *Direito das Obrigações*), 1932, 4ª ed., 1948.

_____. *Die Wahrheitspflicht im Zivilprozess* (*O dever de verdade no processo civil*), *Festschrift für* FRANZ SCHLEGELBERGER, 1936, 165 s.

TÖPFER, RICHARD, u. EBERHARD, FRIEDLER, *Das Armenrecht in der gerichtlichen Praxis* (O direito do pobre na praxe judiciária), 1934.

TORNAGHI, HÉLIO, *Comentários ao Código de Processo Civil*, São Paulo, 1975, Volume II.

TREITEL, RICHARD, *Die Unmöglichkeit der Leistung und Verzug bei Interlaussungsverbindlichkeiten* (A impossibilidade da prestação e a mora nas obrigações de abstenção), Berlin, 1902.

TRIEPEL, H., *Völkerrecht und Landsrecht* (Direito das Gentes e Direito local), Leipzig, 1899.

TRIGO DE LOUREIRO, ANTÔNIO FERNADES, *Manual de Apelações e Agravos*, Rio de Janeiro, 1872.

Reedição, alterada, do livro de ANTÔNIO JOAQUIM DE GOUVEIA PINTO. P. XIII: "Sendo grande parte deste escrito a reprodução umas vezes textual, outras vezes parafraseada ou resumida da doutrina vigente do *Manual de Apelações e Agravos* de GOUVEIA PINTO".

TRIGO DE LOUREIRO, L., *Instituições de Direito Civil brasileiro*, 5ª ed., Rio de Janeiro, 1884, I-II.

TROPLONG, R., *De la Prescription*, Paris, 1838.

TROTSCHE, C. H. C., *Das Verpfändungsrecht des Pfandgläubigers* (O direito de penhor do credor pignoratício), Güstrow, 1834.

TRUTZSCHLER, F. K. A., *Die Lehre von der Präclusion bei entstandenem Concurse der Gläubiger* (A Teoria da Preclusão pelo concurso instalado dos credores), 2ª ed., Leipzig, 1802.

TRUTTER, J., *Über prozessualische Rechtsgeschäfte* (Sobre negócios jurídicos processuais), Müchen, 1890.

_____. Bona fides *im Zivilprozess* (*Bons fides* no processo civil), 1892.

_____. *Das österreichische Zivilprozessrecht* (O Direito Processual Civil austríaco), Wien, 1897.

TSCHIERSCHKY, J., *Recht des Nacherben* (Direito do Pós-herdeiro), Heidelberg, 1915.

TUCCIO, *Le Questioni pregiudiziali*, Palermo, 1895.

TUHR, ANDREAS, VON, *Der Nothstand im Civilrecht* (O estado de necessidade no Direito Civil), Heidelberg, 1888.

_____. Naturalherstellung und Geldersatz (*Restauração natural e reparação em dinheiro*), *Jherings Jahrbücher für die Dogmatik*, 46 (1904), 39-58.

_____. *Der Allgemeine Teil des Deutschen Rechts* (A Parte Geral do Direito Civil alemão), Leipzig, 1910, I; München und Leipzig, 1914, II; München und Leipzig, 1918, III.

TUOR, PETER, *Erbrecht* (Direito das Sucessões), no *Kommentar* de MAX GMÜR, III.

TURNAU, W., – K. FÖRSTER, *Das Liegenschajtsrecht* (O Direito imobiliário), 1ª ed., Paderborn, 1900, I-II; 2ª ed., 1902, I; 2ª ed., 1903, II; 3ª ed., 1906, I-II.
UBBELOHDE, A., em O. E. HARTMANN, *Der ordo iudiciorum und die iudicia extraordinaria der Römer*, Göttingen, 1886, I.
ULMANN, D., *Das österreichische Zivilprozessrecht* (O Direito Processual Civil austríaco), 3ª ed., Prag. u. Leipzig, Wien, 1892.
ULRICH, F. TH., *Die Deposition und Dereliktion behufs Befreiung des Schuldners* (A Deposição e a Derrelição com fito de deliberanças do devedor), Zürich, 1877.
UMRATH, SIEGFRIED, *Der Begriff des wesentlichen Bestandteils und die Frage seiner Anwendung auf Fabrik und Maschinen* (O Conceito de Parte integrante essencial e questão da sua aplicação à fábrica e máquinas), Stuttgart, 1908.
UNGER, JOSEPH, *System des österreichischen allgemeinen Privatrechts* (Sistema do Direito privado geral austríaco), 4ª ed., Leipzig, 1876.
_____. Handeln auf fremde Gefahr (*Obrar a risco alheio*), Jena, 1894. Nos *Jherings Jahrbücher für die Dogmatik*, 33, 299-359.
UNGERER, M., *Der Schutz des Besitzes gegen verbotene Eigenmacht nach dem BGB.* (A Tutela da Posse contra força própria proibida segundo o Código Civil), Erlangen, 1905.
VALASCO, ÁLVARO, *Quaestionum Iuris emphyteutici*, Ulyssipone, 1591.
_____. *Decisionum Consultationum ac rerum iudicatarum,* Conimbricae, 1686.
O primeiro grande processualista português para o Direito português.
_____. *Praxis Partitionum et Collationum inter haeredes,* Conimbricae, 1686 (junto à obra anterior).
_____. *Opera omnia,* Coloniae Allobrogum, 1740.
VALÉRY, JULES, *Des Lebres missives,* Paris, 1912.
_____. *Manuel de Droit international privé,* Parle, 1914.
VALETTE, em J. PROUDHON, *Traité sor l'état des personnes*, 3ª ed., Paris, I.
VALLADÃO, HAROLDO, *Homologação de sentença estrangeira*, São Paulo, 1933.
VALLIMARESCO, A., *La Justice privée en droit moderne,* Paris, 1926.
VALTICOS, *L'Autorité de la Chose jugée au criminel sor le civil,* Paris, 1953.
VALVERDE, TRAJANO DE MIRANDA, *Comentários à Lei de Falências,* Rio de Janeiro, 1948, I-II; 1949, III.
VANGEROW, KARL AD. VON, *Lehrbuch der Pandekten* (Tratado das Pandectas), 7ª ed., Marburg u. Leipzig, 1876, I-III.
VANGUERVE CABRAL, ANTÔNIO, *Prática Judicial,* Coimbra, 1730.
_____. *Epílogo jurídico de vários casos cíveis e crimes,* Lisboa, 1729.
VAN HESS, ANT. HENR., *Dissertationes de ius, quae antiquites apud Romanos inter litigatores liten contestatam fiebant,* Lugduni, Batav., 1747.
VANNI, LUTIO, *Lezioni di Filosofia del Diritto*, Bologna, 1915, 4ª ed., 1920.
VANNINI, *Istituzioni di diritto processuale penale,* Milano, 1942.
VASELLI, MARIO, *I Debiti della massa nel processo di fallimento,* Padova, 1951.
VASSALI, F., *La Sentenza condizionale,* Roma, 1917.
_____. Sulla condanna ai danni, salvo liquidazione, *Corte di Cassazione*, 1924, I, 424-427.
VAZ, TOMÉ, *Locupletissimae et utilissimae Explanationes in novam Iustitiae Reformatione*, Ulyssipone, 1656.
TOMÉ VAZ citado nos praxistas, em latim, "Thomas Valascus".

_____. *Allegationes super varias materias*, Portu, 1812, 3ª ed., Conimbricae, 1731.
VECCHIO, GIORGI DEL, *Lezioni di Filosofia del Diritto*, Città di Castello, 1930.
VEIGA, DÍDIMO AGAPITO DA, *As Servidões Reais (Estudo de Direito civil)*, Rio de Janeiro, 1887.
_____. *Direito hipotecário. Comentário ao Decreto n° 169-A, de 19 de janeiro de 1890*, Rio de Janeiro, 1899.
_____. *Manual do Código Civil Brasileiro*, IX, Rio de Janeiro, 1925.
VELLANI, MARIO, La Conversione del sequestro conservatio in pignoramento, *Quarderni dell'Associazione fra gli studiosi del processo civile*, Milano, 1955.
VETSCH, JAKOB, *Die Umgehung des Gesetzes* (In fraudem legis agere), Zürich, 1917.
_____. *Sukzessivlfeferung* (Entrega sucessiva), Zürich, 1924.
VIANA, ATALIBA, *Inovações e obscuridades do Código de Processo Civil e Comercial Brasileiro*, São Paulo, 1940.
_____. *Ações especiais,* São Paulo, 1941.
VICAT, B. P., *Vocabularium Iuris utriusque,* Neapoli, 1760, I-IV.
VICENTE SABINO JÚNIOR, A Reconvenção no anteprojeto do Código de Processo Civil, *Diário do Comércio e Indústria de São Paulo*, 20 de julho de 1966.
VIDIGAL, LUÍS EULÁLIO DE BUENO, *Da Execução direta das Obrigações de prestar declaração de vontade,* São Paulo, 1940.
_____. *Da Ação Rescisória dos Julgados,* São Paulo, 1948.
Monografia útil. É pena que se refira a consideração que fizemos quanto às sentenças inexistentes, nulas *ipso iure* e rescindíveis, em livro de 1934, qua havia de seguir o direito anterior ao Código; já estavam publicados os Tomos I e II dos *Comentários ao Código de Processo Civil de 1939* (1ª ed.).
M. J. CARVALHO DE MENDONÇA, JORGE AMERICANO e EDUARDO ESPÍNOLA entendiam que a ação rescisória não estabelece a exceção de litispendência (isto é, não induz litispendência). Sustentamos a afirmação, com o que ficou o autor dessa monografia; porém estranhou ele o exemplo que demos. Há, no assunto, dois problemas: se a ação rescisória produz litispendência quanto a outra ação rescisória e se a produz quanto à ação não rescisória. O exemplo que demos, *acontecido*, é para esse, e não para aquele. É também inexata a sua afirmação da nota 272 e texto correspondente: JORGE AMERICANO, desde a 3ª edição de *Da Ação Rescisória* (1936), corrigiria o que havia escrito; referimo-nos à 2ª ed. (1926), pois o nosso livro saiu em 1934. Abra a 2ª ed. do livro de JORGE AMERICANO, p. 124.
VINNIUS, ARNOLD, *Selectarum Iuris Quaestionum Libri duos,* Francofurti, 1736, ed. novíssima.
VINOGRADOFF, PAUL, *Outlines of Historical Jurisprudence*, Oxford, 1922, II.
VITA LEVI, MARCO, *De Restitutione in integrum*, Augustae Taurinorum, 1881.
VÖLDERNDORFF, O. VON, *Konkursordnung für das Deutsche Reich* (Ordenação Concursal para o Reich alemão), 2ª ed., Erlangen, 1879; 1884, 1885, I-III.
VOET, JOHANN, *Commentarius ad Pandectas,* Lugduni, 1698; Halae, 1776-1780, I-IV; *Coloniae Allobrogum*, 1778, I-II.
VOGT, KARL, *Die Besitzverhältnisse an einer gepfandeten Sache* (As relações de posse numa coisa empenhada), Rostock, 1903.
VOIGT, JULIUS, *Vom Besitz des Sequester nach dem römischen Recht zur Zeit der klassischen Jurisprudenz* (Da posse do sequestratário segundo o direito romano ao tempo da jurisprudência clássica), Freiburg im B., 1885.

VOIGT, M., *Die Lehre von* Ius naturale, aequum et bonum *und* Ius gentium *der Römer* (A Doutrina do *ius naturale, aequum et bonum e ius gentium* dos Romanos), Leipzig, 1856, I-IV.

_____. *Über die* condictiones ob causam *und über* causa *und* titulus *im Allgemeinen* (Sobre as *condictiones ob causam* e *titulus* em geral), Leipzig, 1862.

_____. *Die XII Tafeln, Geschichte und System* (As XII Tábuas, História e Sistema), Leipzig, 1883, I-II.

Continha (658) o melhor exame do texto de CÍCERO, *Pro Flacco*, 21, 49. Mas a sua fantasia de *actio revocatoria* contra o julgado ao tempo das XII Tábuas é de repelir-se.

VOLK, OTTO, *Der Anspruch des früheren Besitzers aus § 1.007 BGB. mit besonderer Rücksicht auf die Verteilung der Behauptungs- und Beweislast* (A pretensão do possuidor anterior oriunda do § 1.007 do Código Civil com especial referência à repartição da postulação e do ônus da prova), Jena, 1903.

VOLKMAR, ERICH, u. KARL HEINSHEIMER, *Zivilprozessordnung* (Ordenação Processual Civil), 7ª ed., Mennheim, 1929.

VOSS, Zur Lehre vom *ius offerendi* (*Para a Teoria do* ius offerendi), *Jherings Jahrbücher für die Dogmatik*, 15 (1877), 332-383.

_____. Über den Begriff "Unwirksamkeit" in § 29 KO. und § 1 des Anfechtungsgesetzes (Sobre o Conceito "Ineficácia" no § 29 da Lei concursal e no § 1 da Lei de Impugnação), *Jherings Jahrbücher für die Dogmatik*, 51 (1907), 413-468.

WACH, ADOLF, *Der Arrestprozess in seiner geschichtlichen Entivicklung* (O Processo do Arresto em sua evolução histórica), Erster Teil (*Der italtenische Arrestprozess*), Leipzig, 1868.

_____. *Vorträge über die Reichszivilprozessordnung* (Dissertações sobre a Ordenação de direito processual civil do Reich), Leipzig, 1868, 2ª ed., Bonn, 1896.

_____. Das Geständniss (*A Confissão*), *Archiv für die civilistische Praxis*, 84 (1881), 202-255.

_____. *Handbuch des deutschen Zivilprozessrechts* (Manual do Direito Processual civil alemão), Leipzig, 1885, I.

Ao livro de ADOLF WACH (I, 19 s.) deve-se a concepção da pretensão à tutela jurídica (*Rechtsschutzanspruch*), reafirmada em *Feststellungsanspricch*. O fio histórico parte de TH. MUTHER (*Zur Lehre*, 40 s.), no que teve razão GIUSEPPE CHIOVENDA (*Saggi*, I, 11, 9). Aliás, o germe estava em JOH. CHR. HASSE. "...il suo insegnamento ha varcato i confini della sua patria. E, fora gli altri, anch'io mi sento scolaro di questo Maestro che no mal conosciuto" (GIUSEPPE CHIOVENDA), *Rivista*, III, Parte I, 369).

Também nesse livro ADOLF WACH (626 s.) isolou o chamado efeito anexo, para ele, então, efeito ou eficácia do fato da sentença (*Tatbestandswirkung*), distinta da eficácia que neste livro dizemos *própria* da sentença. A. RENAUD (*Lehrbuch*, 472) e A. MENDELSSOHN-BARTHOLDY (*Grenzen der Rechtskraft*, 39) ainda os tinham metidos na ganga da eficácia probatória.

_____. *Gruchots Beiträge*, 30 (1886).

_____. Der Feststellungsanspruch (*A Pretensão à declaração*), Leipzig, 1889. Separata da *Leipziger Festgabe für* B. WINDSCHEID.

A obra principal sobre ação declarativa.

_____. *Die Mündlichkeit im österreichischen Civilprozess Entwurf* (A Oralidade no Processo civil austríaco), Wien, 1895.

_____. Das Beweissystem, *Vorträge über die Reichscivilprozessordnung*, 2ª ed., Bonn, 1896.

Prozessvollmacht und Einrede der Aufrechnung (*Procura processual e exceção de compensação*), *Zeitschrift für deutschen Zivilprozess*, 27 (1900), 1-19.

_____. Die Beweislast nach dem BGB. (*O Ônus da prova segundo o Código Civil*), *Zeitschrift für deutschen Zivilprozess*, 29 (1902), 3-4 cadernos.

_____. Der Rechtsschutzanspruch (*A pretensão à tutela jurídica*), *Zeitschrift für deutschen Zivilprozess*, 32 (1904), X, 1 s.

_____. *Urteilsnichtigkeit (Nulidade do julgamento), Rheinische Zeitschrift für Zivil- und Prozessrecht*, III (1911), 373 s.

_____. *Grundfragen und Reform des Zivilprozesses* (Questões fundamentais e Reforma do Processo Civil), Berlin, 1914.

WACH, ADOLF, u. PAUL LABAND, *Zur Lehre von der Rechtskraft* (Para a Doutrina da Coisa julgada), Leipzig, 1899.

WACHENFELD, F., *Die notwendige Streitgenossenschaft* (O litisconsórcio necessário), Hannover, 1894.

WACHTER; C.G. VON, *Erörterungen aus dem Römischen, Deutschen- und Württembergischen Privatrechte* (Discussões tiradas do direito romano, alemão e vurtemberguês), Stuttgart, 1845-1846.

_____. *De Partu vivo non vitali*, Leipziger Programme, 1862-1866, Paris I-V.

WAGENFÜHR, E., *Die Bedingungen nach dem BGB*. (As condições segundo o Código Civil), Erlangen, 1897.

WALCH, K. F., *Introductio In controversias iuris civilis recentiores inter iurisconsultos agitatas*, 4ª ed., Ienae, 1810.

WALKER, GUSTAV, *Internationales Privatrecht* (Direito internacional privado), 4ª ed., Wien, 1926.

WALKER, G., - JAITNER, *Exekutionsrecht* (Direito de execução), 3ª ed., Wien, 1925.

_____. *Österreichisches Executionsrecht* (Direito austríaco de execução), 4ª ed., Wien, 1932.

WALLER, A., *Surrogation*, Bonn, 1904.

WALSMANN, HANS, *Die Voraussetzungen der Zwangsvollstreckung* (Os Pressupostos da Execução forçada), Leipzig, 1904.

_____. *Die streitgenössische Nebenintervention* (A intervenção anexa litisconsorcial), Leipzig, 1905.

_____. Der Irrtum im Prozessrecht (*O erro no direito processual*), *Archiv für die civilistische Praxis*, 102 (1907), 1-214.

É sem fundamento (211) aplicar-se aos erros, no direito processual, regra de direito civil, que é direito privado. O processo possui normas próprias para o tratamento do erro. Tem-se de partir do conceito de ato processual. Mas o próprio HANS WALSMANN ainda incorreu nisso (90-92, 210 s.), em aplicação analógica escusada.

_____. Ein Beitrag zur Lehre von der Wallensbedingung (*Contribuição à doutrina dei Condição potestativa*), *Jherings Jahrbücher für die Dogmatik*, 54 (1909), 197-302.

_____. *Der Verzicht* (A Renúncia), Leipzig, 1912.

_____. *Allgemeine Grundlagen einer Verzichtslehre und Verzicht im Privatrecht* (Fundamentos gerais de doutrina da Renúncia e Renúncia no direito privado), Leipzig, 1912.

_____. Prozesszweck und Verfahren im Zivilprozess (*Fim do processo e procedimento no processo civil*), *Rheinische Zeitschrift für Zivil- und Prozessrecht*, 12 (1923), 414, s.

_____. *Rechtsstreit und Vollstreckung* (*Controvérsia jurídica e execução*), 1938.

WALTHER, A., *Das altbabylonische Gerichtswesen* (A Justiça babilônica antiga), Leipziger Semitsche Studien, IV (1917), fasc. 4-8.

WALTHER, VIKTOR, *Finden auf die Gebäude des § 95 des BGB. die Vorschriften des BGB. und der die Zwangsvollstreckung betreflenden Gesetze über bewegliche und unbewegliche Sachen Anwendung?* (¿Encontram aplicação nos domínios do § 95 do Código Civil as regras do Código Civil e das leis relativas à execução forçada sobre coisas móveis e imóveis?), Borna-Leipzig, 1908.

WARNEYER, OTTO, *Kommentar zum Bürgerlichen Gesetzbuch* (Comentário ao Código Civil, Tübingen, 1923-1927, I-II.

WEBER, ADOLF DIETRICH, *Über die Verbindlichkeit zur Beweisführung* (Sobre a Vinculação à Produção da Prova), Leipzig, 1845, 3ª ed. (A. W. HEFFTER). Deve-se-lhe a critica mais enérgica ao argumento de que fatos negativos não se podem provar (104 s.) e à teoria da presunção em matéria de ônus da prova (183 s.).

WEBER, H. VON, *Die Prüfung von Amtswegen* (*A Prova de ofício*), *Zeitschrift für deutschen Zivilprozess*, 59 (1932), 91 s.

WEHRN, C. G., *Doctrina iuris explicatrix principiorum et causarum damni, doli, mali, culpae, morae, eiusque quod interest, ratione praestandi*, Lipsiae, 1795.

WEEIDEMANN, WALTHER, *De mittelbare Besitz des BGB.* (A posse mediata do Código Civil), Berlin, 1902.

WE1RAUCH, Geht das Pfändungspfandrecht aus § 810 ZPO. dem gesetzlichen Pfandrechte des Verpächters vor? (¿*Prefere ao direito de penhor legal do locatário de prédio rústico o direito de penhor oriundo da penhora?*), *Deutsche Juristen-Zeitung*, X (1905), 357 s.

WEISK, J., *Rechtslexikon für Juristen aller deutschen Staaten* (Léxico jurídico para juristas de todos os Estados alemães), Leipzig, 1842-1861, I-XV.

WEISMANN, JAKOB, Einheitliches Recht und einheitliche Rechtssprechung (*Direito uniforme e jurisprudência uniforme*), *Zeitschrift für deutschen Zivilprozess*, IX. *Die Feststellungsklage* (A ação declarativa), Bonn, 1879.

JAKOB WEISMANN (116, 117, 124-136) pretendeu mostrar no "fim" da tutela jurídica ("que?", na declaratória; "para quê?", na condenatória) a diferença entre as ações declarativas e as de condenação: a sentença declarativa é neutra quanto aos resultados. Tudo isso é inaceitável; o que as distingue é "aquilo" mesmo que preponderantemente se tutela. ADOLF WACH (*Der Feststellungsanspruch,* 36-38; *Handbuch*, 11 e 12) é que tinha razão, se bem que não entendesse tratar-se de preponderância. Também sem razão RODULF LEONHARD, que se reportava à eficácia – não a força – da sentença.

_____. *Hauptintervention una Streitgenossenschaft* (Intervenção principal e litisconsórcio), Leipzig, 1884.

_____. *Lehrbuch des deutschen Zivilprozessrechts* (Tratado de Direito Processual Civil alemão,), Stuttgart, 1903, I; 1905, II.

WEISS, ANDRÉ, *Traité théorique et pratique de Droit international privé*, Paris, 1907-1913, I-VI.

_____. *Manuel de Droit international privé*, 9ª ed., Paris, 1925.

WEISS, CHRISTIAN, *Verjährung und gesetzliche Befristung* (Prescrição e prazo legal), München, 1905.

WEISSBART, JOSEPH, *Das Befriedigungsrecht Dritter in der Zwangsvollstreckung nach § 268 des BGB*. (O Direito da liberação do terceiro na execução forçada segundo o § 268 do Código Civil), Würzburg, 1899.

WEISSLER, ADOLF, *Das deutsche Nachlassverfahren* (O processo sucessoral alemão), Berlin, 1900, I; 2ª ed., 1920 (F. WEISSLER).

WEIZSÄCKER, C., *Das römische Schiedsrichteramt unter Vergleichung mit dem* officium iudiciis (A Ofício do juiz arbitral romano em comparação com o *officium iudicilis*), Tübingen, 1879.

WELLSPACHER, M., *Das Vertrauem auf äussere Tatbestände im BGB*. (A confiança no suporte fáctico exterior), Wien, 1906.

WELZEL, HANS, *Die Wahrheitspflicht im Zivilprozess* (*O dever de verdade no processo civil*), 1935.

WENDT, OTTO, *Die Lehre vom bedingten Rechtsgeschäft* (A Doutrina do Negócio jurídico condicionado), Erlangen, 1872.

_____. Das Faustrecht oder Besitzverteidigung und Besitzverfolgung (*O direito do mais forte ou defesa da posse e a tutela da posse*), Jherings Jahrbücher für die Dogmatik, 21 (1883), 56-342. Separata, 1883.

_____. Die Beweislast bei der negativen Feststellungsrlage (*O ônus da prova na Ação declarativa negativa*), Archiv für die civilistisehe Praxis, 70 (1886), 1-41.

_____. Besitz und Inhabung (*Posse e Detenção*), Archiv für die civilistische Praxis, 74 (1889), 135-178.

_____. Die Haftung der Erben (*A Responsabilidade do herdeiro*), Archiv für die civilistische Praxis, 86 (1896), 353-437.

_____. Der mittelbare Besitz des bürgerlichen Gesetzbuches (*A Posse mediata do Código Civil*), Archiv für die civilistische Praxis, 87 (1897), 40-76.

_____. Unterlassungen und Veräumnisse im Bürgerlichen Recht (Omissões e Negligências no Direito Civil), Tübingen und Leipzig, 1902. Também Archiv für die civilistische Praxis, 92 (1902), 1-287,

_____. Die Exceptio doli generalis *im heutigen Recht* (*A exceptio doli generalis* no direito hodierno), Tübingen, 1906.

_____. Wie etwas heisst und was es ist! (*Como algo se chama e o que é!*), Archiv für die civilistische Praxis, 103 (1908) 417-460.

WENGER, LEOPOLD, Exceptio, PAULY-WISSOWA, *Realenzpklopädie*, VI. 1553 s.

_____. Editio, PAULY-WISSOWA, *Realenzyklopädie*, V, 1690 s.

_____. Zur Lehre von der Actio iudicati (Para a Teoria da *Actio iudicati*), Graz, 1901.

Nessa obra, o autor, contra E. I. BEKKER, sustentou haver *actio iudicati* no direito romano, como *regra*, e não só em casos especiais. Mostrou havê-la no próprio processo de cognição (255) e poder ser antes da lide (106 e 259).

_____. Institutionen des römischen Zivilprozessrechts (Instituições de Direito processual civil romano), München, 1925.

_____. Abriss des römischen Zivilprozessrechts (Resumo do Direito processual civil romano), 3ª ed., Berlin-Göttingen-Heidelberg, 1949.

WERR, JOSEPH, *Das Recht des Eigentümers zur Vertiefung seines Grundstüks nach gemeinem Recht und dem BGB.* (O Direito do proprietário à escavação do seu imóvel segundo direito comum e o Código Civil), Düren, 1896.

WESTERMANN, HARRY, *Lehrbuch des Sachenrechts* (Tratado de Direito das Coisas), Karlsruhe, 1951, 2ª ed., 1953; 3ª ed., 1956.

WETZELL, G. W., *Der römischen Vindicationsprozess* (O Processo romano da Vindicação), 1845.

_____. *System des ordentlichen Zivilprozess* (Sistema do processo civil ordinário), 3ª ed., Leipzig, 1878.

WEYL, RICHARD, *System der Verschuldenshegriffe im BGB.* (Sistema dos Conceitos de culpa no Código Civil), München, 1905.

WHARTON, F., *A Digest of the International Law of the United States*, Washington, 1887, I.

_____. *A Treatise on the Conflict of Laws or Private International Law*, 3ª ed., Rochester, nº Y., 1905, I.

WICHMANN, K., *Die Beweislast beim Kauf nach Probe nach gemeinem Rechte und dem BGB.* (O ônus da prova na venda por prova segundo o direito comum e o Código Civil), Parchim i. M., 1905.

WIECZORECK, BERNHARDT, *Zivilprozessordnung und Nebengesetze* (Ordenação Processual Civil e Leis extravagantes), Berlin, 1957.

WIEDEMANN, C. P., *Beiträge zur Lehre von den idealen Vereinen* (Contribuições à doutrina das associações ideais), Bern, 1908.

WIELAND, KARL, Sachenrecht *(Direito das Coisas)*, no *Kommentar zum schweizerischen Zivilgesetzbuch*, Zürich, 1909, IV.

WIGMORE, J. H., *The Science of Judicial Proof*, 3ª ed., Boston, 1937.

A mais notável obra de direito processual dos povos anglo-saxões.

WILKE, HEINRICH, *Die Magen der Mitbesitzer gegen einander* (As Ações dos Compossuidores entre si), Berlin, 1890.

WILKE, RICHARD, *Erbrecht* (Direito das sucessões), Berlin, 1900.

WILLENBÜCHER, HEINRICH, *Das Liegenschaftsrecht des BGB.* (O Direito predial do Código Civil), Berlin, 1904.

WILLWEBER, PAUL, *Das Recht der Untermiete* (O Direito da Sublocação), Berlin, 1901.

WILMOWSKI, G. VON, *Deutsche Reichs-Konkursordnung erläutert* (Ordenação Concursal do Reich explicada), Berlin, 1878; 2ª ed., 1881; 3ª ed., 1885; 5ª ed., 1896.

WIMPHEIMER, H., *Die GeseWchaften des Handelsrechts und des bürgerlichen Rechts im Stadium der Liquidation* (As sociedades de direito comercial e de direito civil em estado de liquidação), München, 1908.

_____. Kann ein Gegenstand Zubehör mehrerer Sachen sein? (*¿Pode um objeto ser pertença de muitas coisas?*), *Archiv für Bürgerliches Recht,* 29, 84-91.

WINDELBAND, W., *Präludien* (Prelúdios), Tübingen, 1919, I e II.

WINDMÜLLER, E., *Die Bedeutung und Anwendungsfälle des Satzes* Pretium succedit in locum rei, res in locum pretii *nach gemetnem Recht* (A Significação e os casos de aplicação do Princípio Pretium succedit... segundo o direito comum), Heidelberg, 1902.

WINDSCHEID, B., *Die Wirkung der erfüllten Bedingung* (A Eficácia da Condição impleta), Basel, 1851. Deve-se-lhe o primeiro ataque à teoria da retroeficácia do implemento da condição.

_____. *Die* Actio *des römischen Zivilrechts vom Standpunkt des heutigen Rechts* (A Actio do direito civil romano, do ponto de vista do direito de hoje), Düsseldorf, 1856.
_____. *Die* Actio, *Abwehr gegen Dr.* THEODOR MUTHER, Düsseldorf, 1857.
_____. *Wille und Willenserklärung* (Vontade e Declaração de vontade), Leipzig, 1878.
_____. *Lehrbuch des Pandektenrechts* (Tratado de Direito das Pandectas), 9ª ed. (com as notas de THEODOR KIPP), Frankfurt am Main, 1906, I-III.
WISSINGER, JULIUS, *Die L. 25, § 2, D.,* de exceptione rei iudicatae, 44, 2 (A Lei 25, § 2, D., *de exceptione rei iudicatae*, 44, 2), Berlin, 1907.
WITTE, HERMANN, *Das* interdictum uti possidetis *als Grundlage des heutigen* possessorium ordinarium (O i.u.p. como fundamento do hodierno p.o.), Leipzig, 1863.
WITTMAACK, H., Das gerichtliche Geständnis (*A Confissão judicial*), *Archiv für die civilistische Praxis*, 88 (1898), 5 s.
WLASSAK MORITZ, Cognitio, PAULY-WISSOWA, *Realenzyklopädie*, I.
_____. *Actio*, PAULY-WISSOWA, *Realenzyklopädie*, I, 303 s.
Deve-se a MORITZ WLASSAK a melhor investigação contemporânea do processo civil romano. Para os sociólogos e os juristas, os seus trabalhos mostram o que está entre o primitivo árbitro das contendas privadas e a estatalização propriamente dita. Percebe-se, então, o que ainda resta, nos nossos dias, de fundamentalmente privado.
_____. *Römische Prozessgesetze*, Ein Beitrag zur Geschichte des Formularverfahrens (Leis processuais romanas, *Contribuição à História do Processo formular*), Leipzig, 1888-1891, I-II.
_____. *Zur Geschichte der Cognitur* (Para a História da Cognitur), Breslau.
_____. *Ursprung der römischen Einrede* (Origem da Exceção romana), Wien, 1910.
_____. *Praescriptio* und bedingter Prozess (Praescriptio e *processo condicional*), *Zeitschrift für Rechtsgeschichte*, Röm. Abt., 33 (1913), 81 s.; Weimar, 1912.
WÖFFLIN, em *Archiv für lateinische Lexikographie*, II, 596.
WOLFF, CARL, *Der Beweischerungsanspruch des Widerspruchsberechtigten nach beendigter Zwangsvollstreckung* (A pretensão por enriquecimento do legitimado à oposição após execução forçada ultimada), Greifswald, 1897.
WOLFF, KARL, *Grundriss das österreichiachen Zivilprozessrechts* (Compêndio de Direito Processual Civil austríaco), Wien, 1947.
WOLFF, MANFRED, *Das Anerkentnis im Prozessrecht* (O reconhecimento no Direito do processo), Berlin, 1969.
WOLFF, MARTIN, *Das Recht zum Besitze* (O direito à posse), Berlin, 1903.
_____. Die Zwangsvollstreckung eine dem Schuldner nicht gehörige bewegliche Sache (*A Execução forçada em coisa móvel não pertencente ao devedor*), *Festgabe für Prof. Dr.* BERNHARD HÜBLER, Berlin, 1905.
_____. Das Sachenrecht, *Lehrbuch des bürgerlichen Rechts* (ENNECCERUS).
WOLFF, MAX Sachmängel beim Kauf (*Vícios da coisa na compra-e-venda*), *Jherings Jahrbücher für die Dogmatik*, 56 (1910), 1-85.
WÜNSCH, OTTO, *Zur Lehre vom* beneficium competentiae (Para a Doutrina do *beneficium competentiae*), Leiprig, 1897.
WURZER, Die ungerechtfertigte Durchbrechung der Rechtskraft (*Injustificada mutilação da coisa julgada*), *Jherings Jahrbücher für die Dogmatik*, 65 (1915), 335-502.
_____. Die Zwangsvollstreckungsnatur (*A Natureza da Execução forçada*), *Archiv für die civilistische Praxis*, 118, 248-280.

_____. Verurteilung unter falschem Namen (*Julgamento sob falso nome*), *Archiv für die civilistische Praxis*, 120 (1922), 409-420.
_____. *Nichturteil und nichtiges Urteil* (Não sentença e sentença nula), Breslau, 1927.
Tentativa de redução da sentença nula a não sentença. Contra, por exemplo, o nosso art. 741, I, e a doutrina, dominante no seu próprio país.
ZANOBINI, GUIDO, L'Esercizio privato delle funzioni e dei servizi pubblici, *Primo Trattato complete di Diritto Amministrativo italiano*, II, Parte III.
ZANZUCCHI, MARCO TULLIO, *L'Azione in opposizion.e del terzo nel processo esecutivo (ordinario, fallimentare, procedimenti speciali)*, Milano, 1910.
_____. *Le Domande in separazione nell'esecuzione forzata*, Milano, 1916.
_____. *Nuove domande, nuove eccezioni e nuove prove in appello,* Milano, 1916.
_____. *Lezioni di Diritto Processuale* (1928-1929). Milano, 1930.
_____. *Diritto Processuale Generale Civile e Penale*, 2ª ed., Milano, 1935-1936, 1; II.
_____. *Diritto Processuale Civile*, 4ª ed., Milano, 1946, I-III, 6ª ed.; IV, 1948; I, 1964, 5ª ed.; II, 1955.
A sua concepção de ação (I, 47-57), como se somente pertencessem ao direito material o direito e a pretensão, elide algo. Esse "algo" é exatamente a ação, que é de direito material e no direito material nasce e desaparece. O que não pertence ao direito material é o exercício da pretensão à tutela jurídica, pretensão pré-processual que se exercita já *no plano* processual (demanda). Todo o mal está em quererem as teorias privatísticas eliminar a pretensão à tutela jurídica, que é de direito público e pré-processual, e fundir a ação e o remédio jurídico processual e as teorias publicísticas em tentarem apagar a ação, que é de direito material, privado ou não.
Ainda influenciado por WILHELM KISCH, que distinguia a sentença constitutiva e a declarativa pela eficácia ser *ex tunc* ou *ex nunc* (o que a ciência repeliu, e bastaria pensar-se na ação de nulidade de casamento), o autor (I, 136) mantém o romanismo da *nullitas = inexistentia*, quando, nos nossos dias, o nulo é, porém, *inválido*. A chamada "declaração de nulidade" é decretação; e textos como o do art. 4°, I, do Código de Processo Civil de 1973 não permitem que se proponha "ação de declaração" de nulidades absolutas, posto que essas possam ser e devam ser, de *regra*, "pronunciadas pelo juiz, quando conhecer do ato ou dos seus efeitos e as encontrar provadas, não lhe sendo permitido supri-las, ainda a requerimento das partes" (Código Civil italiano, art. 146, parágrafo único).
Outro ponto que há de ser repelido. A ação do art. 641 do Código de Processo Civil de 1973 foi concebida pelo autor (I, 136-137) como ação constitutiva. Trata-se de ação *executiva*, no Direito brasileiro e no italiano (novo Código Civil, art. 2.932).
ZARA, L., *Du Droit de rétention*, Paris, 1902.
ZEILLER, EDLER RITTER FRZ. ALOYS VON, *Commentar über das Allgemeine bürgerliche Gesetzbuch für die gesammten deutschen Erbländer der österreichischen Monarchie* (Comentário sobre o Código Civil geral para os territórios alemães herdados da Monarquia austríaca), Wien u. Triest, 1811-1813.
ZIEBARTH, K., *Die Realexekution und die Obligation* (A Execução real e a Obrigação), Halle, 1866.
ZIMMERMANN, Über die Teilung unter wenigen von mehreren Communions-Interessenten (*Sobre a partilha entre alguns de muitos interessados na comunhão*), *Archiv für die civilistische Praxis*, 34 (1851), 192-224, 323-349.

ZIMMERN, M., *Traité des Actions,* Paris, 1846.

ZIMMERN, S.G., *De Iudicio, quod vocant rescindente ac rescissorio, disputatio,* Ienae, 1826.

ZITELMANN, ERNST, *Internationales Privatrecht* (Direito Internacional Privado), München und Leipzig, 1879, I-II.

_____. *Irrtum und Rechtsgeschäft* (Erro e negócio jurídico), Leipzig, 1879.

_____. *Die Rechtsgeschäfte im Entwurf eines BGB.* (Os negócios jurídicos no Projeto do Código Civil), Berlin, 1889, I-II.

_____. *Allgemeiner Teil* (Parte Geral), Leipzig, 1900.

_____. *Das Recht des BGB.* (O Direito do Código Civil), Leipzig, 1900, I.

_____. Ausschluss der Widerrechtlichkeit (*Exclusão da contrariedade a direito*), *Archiv für die civilistische Praxis,* 99 (1906), 1-130. Também, Tübingen, 1906.

_____. Nichterfüllung und Schlechterfüllung (*Não adimplemento e adimplemento mau*), *Festgabe für* PAUL KRUGER, 1910, 265 s.

_____. Selbstmahnung des Schuldners (*Auto-interpelação do devedor*), *Festgabe für* PAUL KRUGER, Berlin, 1911.

ZOEPFL, H., *Deutsche Rechtsgeschichte* (História do Direito alemão), 3ª ed., Stuttgart, 1858, I e II.

ZORN, A., *Völkerrecht* (Direito das Gentes), Leipzig, 1903.

LIVROS NÃO JURÍDICOS

AMADOR ARRAES, *Dialogos de Dom Frey Amador Arraes,* Coimbra, 1604, 2ª impressão.

BENTO PEREIRA, *Tesouro da Língua portuguesa,* ed. de 1647.

BRÉAL, M., *Mémoires de la Société de Linguistisque,* Paris, 1872, V.

BRUGMANN, *Grundriss der vergleichender Grammatik der indogermanischen Sprachen* (Esboço de Gramática comparada das Línguas indogermânicas), 2ª ed., Strassburg, 1897, I-II.

CONSTÂNCIO, FRANCISCO SOLANO, *Novo Dicionário crítico e etimológico da Língua Portuguesa,* 4ª ed., Paris, 1852.

CORTESÃO, A. A., *Subsídios para um Dicionário completo (histórico etimológico) da Língua portuguesa,* Coimbra, 1900.

DUARTE NUNES DE LEÃO, *Chronicas de El-Rei D. João de Gloriosa Memória, e dos Reis de Portugal o decimo e as dos Reis D. Duarte e D. Affonso V,* Lisboa, 1645.

LINDSAY, W. M., *Die Zateinische Sprache* (A Língua latina), Leipzig, 1897. Tradução de H. HOHL.

MEUNIER, *Mémoires de la Société de Linguistique,* Paris, 1868, I.

MORAIS E SILVA, ANTÔNIO DE, *Dicionário da Língua Portuguesa,* 3ª ed., Lisboa, 1823, I-II.

PLUTARCO, *Works,* London, 1914-1926, I-XI.

SÃO LUÍS, F. DE, *Ensaio sobre alguns Sinônimos da Língua Portuguesa,* Santos, 1859, I; 1860, II.

SUETÔNIO, *De Vita Caesarum.*

TOMÁS DE AQUINO, *Opera omnia,* Paris, 1871-1880, I-XXXIV.

VANICEK, *Etymologisches Wörterbuch der lateinischen Sprache* (Dicionário Etimológico da Língua Latina), 2ª ed., Leipzig, 1881.

VITERBO, JOAQUIM DE SANTA ROSA DE, *Elucidário das Palavras, Termos e Frases que em Portugal antigamente se usaram*, 2ª ed., Lisboa, 1865.

WALDE, ALOIS, *Lateinisches Etymologisches Wörterbuch* (Dicionário latino etimológico), 2ª ed., Heidelberg, 1910.

Wölfflins Archiv für lateinische Lexikographie und Grammatik, II, 590.

ZIMMERMANN, A., *Etymologisches Wörterbuch der lateinischen Sprache* (Dicionário etimológico da língua latina), Hannover, 1915.

I

ÍNDICE ALFABÉTICO DOS AUTORES
(Os números referem-se às páginas.)

Adler, Karl, 77.
Affolter, Friedrich, 16, 18, 20.
Almeida e Sousa, Manuel de, 18.
Americano, Jorge, 94, 115.
Amorim Lima, 88, 117.
Andrade, Luís Antônio de, e J. J. Marques Filho, 97.
Andrade, Odilon de, 131, 166, 188, 193.
Aubry, C., et C. Rau, 107.
Aulo Gélio, 16.
Baldo de Ubáldis, 18.
Barry, Paul, 107.
Bártolo de Saxoferrato, 18.
Bergmann, Fr., 16.
Bernhöft, Franz, 168.
Betti, Emilio, 188.
Beviláqua, Clóvis, 107, 121, 135, 169, 199.
Böhmer, J. H., 18.
Bouvier, François, 124.
Bruto, Júnio, 16.
Bülow, Oskar, 255.
Butera, Antonio, 107.
Caldas, Francisco de (Caldas) Pereira de Castro, 80.
Camargo, Laudo de, 123, 132.
Camargo, Raul, 123.
Campos Sales, 203.
Cândido de Oliveira, 202, 203.
Carneiro Pacheco, Antônio Faria, 107.
Carnelutti, Francesco, 238.
Carvalho de Mendonça, J. X., 169.
Carvalho Santos, J. M. de, 70, 115, 159, 188, 189, 193, 199, 205, 227.
Castro, Paulo de, 18.

Castro Nunes, 123.
Cévola, Quinto Múcio, 16, 32.
Chiovenda, Giuseppe, 187, 238.
Cícero, 17, 32.
Cino da Pistoia, 18.
Colin, A., e H. Capitant, 107.
Correia Teles, José Homem, 80.
Costa, Edgar, 123.
Costa Manso, 52.
Crome, Carl, 193.
Cujácio, 17.
Degenkolb, Heinricii, 77, 78.
De Imola, João, 18.
Domat, J., 18.
Ehrlich, Eugen, 114.
Eisele, Fridolin, 77.
Faria, Bento de, 123.
Febo, Melchior, 20, 47.
Ferreira, Waldemar, 65, 71, 72.
Fraga, Afonso, 107.
Gierke, Otto Von, 168, 190, 192.
Göppert, H., 77.
Góes Nobre, 228.
Goldschmidt, James, 187.
Gonçalves de Oliveira, 124.
Goulart de Oliveira, A., 122, 125, 131.
Grassus, Michael, 74, 75.
Gualtier, S., 107.
Gutemann, 82.
Hartmann, Gustav, 114.
Heffter, A. W., 90.
Hellwig, Konrad, 12, 168, 256.
Hitzig, H. F., 90.
Hölder, Eduard, 192.
Huc, T., 185.

Kipp, Theodor, 78, 83.
Kisch, Wilhelm, 120.
Knoke, Paul, 192.
Kohler, Josef, 187.
Legrand, Charles, 107.
Leite Velho, B. T. de Morais, 80.
Lenel, Otto, 90.
Lier, De, 74.
Machado Guimarães, Luís, 71, 80, 87, 88, 124.
Mailher de Chassat, 24.
Manílio, 16.
Matthiass, Bernhard, 77.
Medeiros da Fonseca, Arnoldo, 108.
Meier, M. H. E., e G. Fr. Schömann, 89, 90.
Melo Freire, Pascoal José de, 18.
Moura, Mário de Assis, 71.
Neumann, G., e L. Lichtblau, 83.
Nonato, Orosimbo, 123.
Oliveira Andrade, Darcy Bessone de, 125.
Olympio de Castro Filho, José, 42.
Paulo, 18.
Pereira, Sílvio, 71.
Plácido e Silva, De, 70.
Planck, G., 77.
Platner, E., 89.
Pollak, Rudolf, 83.
Pompônio, 90.
Pontes de Miranda, 11, 76, 116, 127, 199, 227.
Regelsberger, Ferdinand, 19, 77.

Resende, Flamínio de, 120.
Reymond, Jean, 24.
Robespierre, 20.
Rocco, Ugo, 188.
Rosenberg, Leo, 83.
Roubier, Paul, 16, 20, 24, 27.
Sandeu, Felino Maria, 18.
Schlossmann, Siegmund, 77, 114.
Schwartz, A. B., 122.
Segni, Antonio, 238.
Serpa Lopes, M. M. de, 70, 71.
Silva, Manuel Gonçalves da, 18, 91.
Silva Costa, 135.
Simas, Hugo, 227.
Stintzing, W., 78.
Struve, Gustav Von, 19.
Tartanho de Ímola, Alexandre, 18.
Teixeira de Freitas, 80.
Teofrasto, 90.
Thöl, Heinrich, 73, 74.
Torrens, Robert, 135.
Tuhr, Andreas Von, 168, 190.
Ulpiano, 18, 90.
Unger, Josef, 74.
Valasco, Álvaro, 47.
Viana, Ataliba, 117.
Warneyer, Otto, 77, 80, 83.
Wimpfheimer, H., 169.
Windscheil, B., 78.
Zara, L., 107.
Zitelmann, Ernst, 168.

II

ÍNDICE CRONOLÓGICO DA LEGISLAÇÃO
(Os números referem-se às páginas.)

1. CONSTITUIÇÕES

Constituição Política do Império de 1824,
    art. 179, § 3º: 10, 32.
Constituição de 1891: 10, 135, 204.
– art. 11: 10, 32.
– art. 59, I, d): 53
Constituição de 1934: 132.
– art. 113, 3): 10, 32.
– art. 127: 132.
– art. 145: 204.
Constituição de 1937: 10, 13.
Constituição de 1946: 4, 56.
– art. 141, § 3º: 10, 12, 32.
– art. 155, parágrafo único: 230.
– art. 175: 56.
– art. 201: 46.
Constituição de 1967, com a Emenda nº 1:
    12, 17, 32.
– art. 4º: 231.
– art. 4º, III: 231.
– art. 4º, VI: 231.
– art. 8º, XVII: 52.
– art. 8º, XVII, b): 48.
– art. 8º, XVII, c): 58.
– art. 13: 58.
art. 19, III, a): 58.
art. 23: 48.
arts. 27-72: 30.
– art. 115, II: 52.
– art. 119, I, a): 53.
– art. 119, I, b): 53.
– art. 119, I, c): 53.
– art. 119, I, d): 53.
– art. 119, I, g), 2ª parte: 53.
– art. 119, I, i): 53.
– art. 119, I, j): 53.
– art. 119, I, l): 53.
– art. 119, I, m): 16, 50.
– art. 119, I, m): 2ª parte: 51.
– art. 119, III, a): 52.
– art. 119, III, d): 52.
– art. 122, I, a): 16, 50.
– art. 122, I, a), 2ª parte: 51.
– art. 125, I: 50.
– art. 125, § 1º: 46.
– art. 125, § 1º, 1ª parte: 46.
– art. 126: 45, 48, 50.
– art. 144: 51, 52.
– art. 144, § 1º: 52.
– art. 144, § 5º: 51, 52.
– art. 153, § 3º: 5, 6, 10, 11, 12, 13, 16, 22, 29, 30, 31, 32, 36, 39, 249.
– art. 153, § 3º, 1ª parte: 29.
– art. 153, § 29: 30.
– art. 153, § 31: 57, 187.
– art. 173: 230.
– art. 173, § 1º: 230.
– art. 173, § 2º: 230.
– art. 180: 55.
– art. 180, parágrafo único: 55.
Constituição de 1967, com a Emenda nº 7,
    art. 119, § 1º: 52.
– art. 119, § 3º: 52.
– art. 119, § 3º, c): 53, 54.

2. DIREITO ROMANO

L. 30, D., *de iudicis: ubi quisque agire vel convenire debeat,* 5, 1: 14, 15.

L. 3, § 1. D., *commodati vel contra*, 13, 6: 90.
L. 10, D., *commodati vel contra*, 13, 6: 90.
L. 13, pr. D., *commodati vel contra*, 13, 6: 90.
L. 17, § 5, D., *commodati vel contra*, 13, 6: 90.
L. 25, C., *de locato et conducto*, 4, 65: 91.
Lei das XII Tábuas: 16.
Novela 19 (ano 536): 29, 30.
Constituição de Constantino, *de pactis pignorum* (320): 17.
Constituição de Teodósio II (424): 17.
Constituição de Teodósio II e de Valentiniano III (426): 17.
Constituição de Anastácio (508): 17.
Constituição de Urbano II, em 1095: 17.
Constituição de Alexandre III, c. 9, 10, *de consacr. eccl.*, 3, 40: 17.
Constituição de Alexandre III, c. 5, 10, *de usuris*, 5, 19: 17.

3. DIREITO CANÔNICO

Gregório, O Grande (598): 17.
Gregório IX (1230): 17.

4. DIREITO GERMÂNICO

Lex antiqua Visigothorum (466-484): 17.
Lex romana Visigothorum (Breviário de Alarico, 506): 17.
Código Visigótico (Chindasvindo, 642-652): 17.
Código Visigótico (Recesvindo, 652-672): 17.

5. ORDENAÇÕES REINÍCOLAS

Ordenações Afonsinas, Livro IV, Título 75: 91.
Ordenações Filipinas, Livro III, Título 6, § 2: 19.
– Livro III, Título II, § 1: 19.
– Livro III, Título 26 § 1: 19.
– Livro III, Título 30, § 3, *in fine*: 90.
– Livro IV, Título 2, pr.: 19.
– Livro IV, Título 13, § 8: 18.
– Livro IV, Título 23: 89, 90.
– Livro IV, Título 23, § 1: 90.
– Livro IV, Título 23, § 2: 90.
– Livro IV, Título 24: 89.
– Livro IV, Título 24, pr.: 90, 121.
– Livro IV, Título 24, § 1: 90.
– Livro IV, Título 37, § 1: 19.
– Livro IV, Título 44, § 8: 19.
– Livro IV, Título 53, § 2: 90.
– Livro IV, Título 54, pr.: 90, 91.
– Livro IV, Título 54, § 1: 90, 91.
– Livro IV, Título 54, § 3: 90, 91.
– Livro IV, Título 54, § 4: 90, 91.
– Livro IV, Título 86, § 18: 19.

6. CÓDIGOS DE PROCESSO

Código de Processo Civil, art. 1°: 56, 198.
– art. 3°: 71, 123.
– art. 4°: 57.
– art. 4°, parágrafo único: 159.
– art. 5°, 57.
– arts. 8°-13: 184.
– art. 9°, II: 295.
– art. 10: 95.
– art. 12: 95.
– art. 12, VII: 37.
– art. 16: 61, 72, 73, 117, 118.
– art. 17: 86, 87.
– art. 17, 11: 123.
– art. 18: 127.
– art. 19, § 2°: 140
– art. 26: 100.
– arts. 36-40: 3.
– art. 39, parágrafo único, 1ª parte: 50.
– art. 42: 40.
– art. 42, § 1°: 40.
– art. 42, § 2°: 40.
– art. 42, § 3°: 40.
– art. 43: 40.
– art. 44: 40.
– arts. 46-49: 133.
– art. 50: 102.
– arts. 51-55: 95.

– art. 54: 102.
– arts. 56-61: 12.
– art. 66: 51.
– art. 68, 11: 39.
– art. 74: 40.
– art. 75: 40.
– arts. 77-80: 40.
– art. 87: 36.
– art. 94: 47.
– art. 94, § 1°: 47.
– art. 94, § 2°: 47.
– art. 94, § 3°: 47.
– art. 94, § 4°: 47.
– art. 95: 47.
– art. 96, parágrafo único: 47.
– art. 97: 47.
– art. 98: 47.
– art. 99: 47.
– art. 99, parágrafo único: 47.
– art. 100: 47.
– art. 100, parágrafo único: 47.
– art. 101: 47.
– arts. 102-109: 47.
– art. 107: 137, 138.
– art. 110: 47.
– art. 110, parágrafo único: 47.
– art. 111: 47.
– art. 111, § 1°: 47.
– art. 111, § 2°: 6, 47.
– arts. 125-133: 3.
– art. 128: 66.
– art. 129: 70, 94, 102, 118, 122.
– arts. 129-131: 175.
– art. 130: 118.
– art. 131: 70, 85, 87, 118, 149.
– art. 155, I: 59.
– art. 155, 11: 59.
– art. 162: 58.
– art. 162, § 1°: 58.
– art. 162, § 2°: 58.
– art. 162, § 3°: 59.
– arts. 162-165: 3.
– art. 181: 195.
– art. 183: 125.
– art. 184: 41, 225.
– art. 184, § 1°: 41.

– art. 184, § 2°: 41, 59.
– art. 186: 103.
– art. 190: 208.
– art. 200: 3.
– art. 201: 3.
– arts. 205-208: 49.
– art. 207: 137, 138.
– art. 217: 109.
– art. 218: 39.
– art. 218, § 3°: 50.
– art. 221, I: 39.
– art. 221, III: 59.
– art. 222: 39.
– art. 223: 39.
– art. 223, § 1°: 9.
– art. 225: 141.
– art. 225, II: 39.
– art. 227: 102, 213.
– arts. 231-233: 59.
– art. 232, I: 235.
– art. 232, V: 9, 39.
– art. 234: 10.
– art. 236: 59.
– art. 236, § 1°: 59.
– art. 237: 60.
– art. 240: 71.
– art. 241, III: 59.
– arts. 243-250: 175.
– art. 244: 241.
– art. 253 s.: 10.
– art. 256: 101.
– art. 265, III: 40.
– art. 265, IV, a): 40.
– art. 265, IV, c): 40.
– art. 267: 35, 63, 70, 170.
– art. 267, I: 127.
– art. 267, II: 37.
– art. 267, § 4°: 36.
– art. 268: 36.
– art. 269: 63, 70.
– art. 271: 250.
– art. 273: 65.
– art. 275: 38.
– arts. 275-281: 38.
– arts. 276-281: 72.
– art. 282: 111, 127, 139, 140.

– art. 283: 111, 127, 139, 170.
– art. 284: 50.
– art. 285: 38.
– art. 285, 2ª parte: 9, 38.
– art. 295: 127.
– art. 295, I: 50.
– art. 295, III: 50.
– art. 295, VI: 50.
– art. 297: 37, 97.
– art. 301: 6, 97.
– art. 301, V: 6.
– art. 301, § 4°: 6.
– art. 302: 6, 97.
– art. 303: 97.
– art. 309: 6.
– art. 319: 114, 115, 123, 149, 180, 182, 184, 239.
– art. 321: 6.
– art. 322: 97.
– art. 323: 6, 97.
– art. 325: 6, 37.
– art. 326: 6, 114.
– art. 330: 6, 37, 94, 97.
– art. 330, I: 94.
– art. 331, I: 116.
– art. 331, II: 116.
– art. 333: 149.
– art. 333, parágrafo único: 7.
– art. 334: 174.
– art. 340, II: 7.
– art. 342: 7.
– art. 343: 7.
– art. 343, § 1°: 149.
– art. 344, parágrafo único: 7.
– arts. 345-347: 7.
– arts. 355-362: 243.
– art. 363, parágrafo único: 7.
– art. 367: 7.
– art. 369: 9.
– art. 381: 6.
– art. 401-404: 7.
– art. 405, § 1°: 7.
– art. 405, § 2°: 7.
– art. 405, § 3°: 7.
– art. 405, § 4°: 7.
– arts. 408-410: 7.

– art. 411: 7.
– art. 412, § 1°: 7.
– art. 419: 47.
– art. 419, parágrafo único: 7.
– art. 420, parágrafo único: 117.
– art. 421: 39, 235.
– art. 421, § 1°: 295.
– art. 421, § 2°: 7.
– art. 422: 7.
– art. 423: 235.
– art. 424: 7.
– art. 427: 7.
– art. 429: 235.
– art. 431: 7.
– art. 434: 7.
– art. 434, parágrafo único: 7.
– art. 435: 7.
– art. 435, parágrafo único: 7.
– art. 436: 137, 235.
– art. 437: 235.
– art. 439: 84.
– art. 440: 7.
– arts. 440-443: 37.
– art. 441: 7.
– art. 442: 7.
– art. 442, parágrafo único: 7.
– art. 443: 7.
– art. 443, parágrafo único: 7.
– arts. 444-457: 185.
– art. 447: 7.
– art. 447, parágrafo único: 7.
– arts. 447-449: 37.
– art. 448: 7.
– art. 449: 7.
– art. 453, § 2°: 149.
– art. 454, § 3°: 7.
– art. 456: 36, 37.
– art. 457: 36.
– art. 457, § 1°: 8.
– art. 457, § 3°: 8, 36.
– art. 459: 8.
– art. 459, parágrafo único: 8.
– art. 463: 141.
– art. 464: 142.
– art. 465: 8.
– art. 465, parágrafo único: 8.

- art. 466: 8.
- art. 466, parágrafo único: 8.
- art. 473: 8.
- art. 474: 8.
- art. 475: 8.
- art. 476: 8.
- art. 476, parágrafo único: 8.
- art. 477: 8.
- art. 478: 8.
- art. 478, parágrafo único: 8.
- art. 479: 8.
- art. 479, parágrafo único: 8.
- arts. 480-482: 8.
- art. 483: 53.
- art. 484: 154.
- arts. 485-495: 16, 50, 51.
- art. 495: 12, 31.
- art. 502: 8.
- art. 503: 8.
- art. 503, parágrafo único: 8.
- art. 504: 8.
- art. 506, 11: 36.
- art. 513: 35, 63, 70, 144, 175.
- art. 520: 241.
- art. 522: 70.
- art. 532, § 1°: 59.
- art. 536: 59.
- art. 539: 8.
- art. 540: 8.
- art. 542: 8.
- art. 543: 8.
- art. 543, § 1°: 8.
- art. 543, § 2°: 8.
- art. 543, § 3°: 8.
- art. 543, § 4°: 8.
- art. 544: 8, 62.
- art. 544, parágrafo único: 8, 62.
- art. 545: 8.
- art. 545, parágrafo único: 8.
- art. 546: 8.
- art. 546, parágrafo único: 53.
- art. 549, parágrafo único: 52.
- art. 550: 8, 52.
- art. 551: 8.
- art. 551, § 3°: 8, 52.
- art. 555: 52.
- art. 557: 8.
- art. 557, parágrafo único: 8.
- art. 559: 8, 52.
- art. 559, parágrafo único: 8, 52.
- art. 565: 8, 52, 54.
- art. 565, parágrafo único: 8, 52, 54.
- art. 566: 8.
- art. 567: 8.
- art. 568: 8.
- art. 569: 8.
- art. 570: 8.
- art. 573: 8.
- art. 574: 8.
- arts. 576-579: 8.
- art. 578: 47.
- art. 578, parágrafo único: 48.
- art. 584: 8.
- art. 584, V: 40.
- art. 584, parágrafo único: 8.
- art. 585: 9.
- art. 585, VI: 47.
- art. 585, § 1°: 9.
- art. 585, § 2°: 9.
- art. 588, parágrafo único: 9.
- art. 598: 37.
- art. 602: 9, 11.
- art. 602, § 1°: 11.
- art. 602, § 2°: 11.
- art. 602, § 3°: 11.
- arts. 603-611: 128, 193.
- art. 607, parágrafo único: 38.
- art. 612: 40.
- art. 616: 9.
- art. 617: 9.
- art. 618: 9.
- arts. 629-631: 9.
- art. 632: 130.
- art. 633: 130.
- art. 634, § 4°: 9.
- art. 634, § 5°: 9.
- art. 634, § 6°: 9.
- art. 634, § 7°: 9.
- art. 637: 9.
- art. 637, parágrafo único: 9.
- art. 639: 73, 77, 82.
- art. 640: 61.
- art. 641: 61, 66, 67, 74, 77, 79, 80, 81, 82, 83, 94, 112, 115.

- art. 644: 9.
- art. 650: 40.
- art. 652: 128.
- art. 652 § 1°: 9.
- art. 652, § 2°: 9.
- art. 653: 9.
- art. 653, parágrafo único: 9.
- art. 654: 9.
- art. 655, § 1°: 9.
- art. 655, § 2°: 9.
- art. 656, VI: 9.
- art. 658: 49.
- art. 659, § 3°: 9.
- art. 665: 9.
- art. 666: 183, 184, 185, 248.
- art. 667: 49, 185.
- art. 670: 41, 49, 187.
- art. 672, § 4°: 9.
- art. 673, § 2°: 9.
- art. 677, § 1°: 49.
- art. 678: 49.
- art. 678, parágrafo único: 49.
- art. 679: 49.
- art. 684: 38.
- art. 685: 12.
- art. 686-707: 49.
- art. 687: 38.
- art. 690, § 1°: 9.
- art. 690, § 2°: 9.
- art. 695, § 2°: 9.
- art. 696: 41.
- art. 697: 41.
- art. 704: 41.
- art. 709: 9.
- art. 709, II: 40, 107.
- art. 709, parágrafo único: 9.
- arts. 710-713: 9.
- art. 714: 50.
- art. 715: 50.
- art. 716: 41.
- arts. 716-729: 50.
- art. 719: 9.
- art. 719, parágrafo único: 9.
- art. 720: 9.
- art. 732, parágrafo único: 9.
- art. 733: 62.

- arts. 736-747: 12.
- art. 739: 9.
- art. 739, I: 50.
- art. 739, III: 50.
- art. 741: 41.
- art. 741, III: 50.
- art. 741, IV: 50.
- art. 741, VII: 50.
- art. 743: 50.
- art. 744, § 1°: 11.
- art. 744, § 2°: 9.
- art. 744, § 3°: 9.
- art. 745: 9.
- art. 747: 49, 50.
- art. 749: 39.
- arts. 749-753: 9.
- arts. 750-753: 39.
- art. 751, I: 39.
- arts. 754-767: 9.
- art. 754-786: 39.
- arts. 768-773: 9.
- arts. 774-776: 9.
- art. 777: 39.
- arts. 777-786: 9.
- art. 778: 39.
- art. 787: 38.
- arts. 791-794: 9.
- art, 793: 37.
- art. 797: 37.
- art. 801: 238, 245.
- arts. 801-803: 237.
- art. 802: 238, 245.
- art. 803: 245.
- art. 803, parágrafo único: 182.
- art. 804: 38, 245.
- arts. 827-838: 237, 246.
- arts. 831-834: 9.
- art. 834, parágrafo único: 9.
- arts. 836-838: 9.
- arts. 840-843: 9.
- art. 844: 9.
- art. 845: 9.
- arts. 855-860: 9.
- arts. 861-866: 210, 220, 238, 243.
- art. 862, parágrafo único: 9.
- art. 865: 151.

– art. 866: 9.
– art. 866, parágrafo único: 9.
– art. 870: 9.
– art. 870, parágrafo único: 9.
– art. 875: 9.
– art. 888: 37.
– art. 889: 37.
– art. 890: 86.
– arts. 890-900: 245.
– art. 893: 86.
– art. 912: 9.
– art. 912, parágrafo único: 9.
– art. 940, § 2°: 9.
– art. 985: 9.
– art. 993, parágrafo único: 186.
– art. .1.001: 9.
– arts. 1.019-1.021: 9.
– art. 1.029: 184.
– art. 1.029, parágrafo único: 9.
– art. 1.030: 9.
– art. 1.031: 184.
– art. 1.039: 9.
– art. 1.040: 189.
– art. 1.046, § 2°: 9.
– art. 1.046, § 3°: 9.
– arts. 1.046-1.054: 12.
– art. 1.047: 10.
– art. 1.054: 9.
– arts. 1.072-1.076: 9.
– art. 1.085: 9.
– art. 1.085, § 1°: 9.
– arts. 1.086-1.088: 9.
– art. 1.087: 37.
– art. 1.090: 9.
– art. 1.094: 9.
– art. 1.094, parágrafo único: 9.
– art. 1.112: 9.
– art. 1.113: 236.
art. 1.113, § 1°: 9.
– art. 1.113, § 2°: 9.
– art. 1.116, parágrafo único: 249.
– art. 1.141: 9.
– art. 1.142: 102.
– art. 1.144: 9.
– art. 1.147: 9.
– art. 1.152, § 1°: 9.

– art. 1.158: 156.
– arts. 1.159: 102, 186.
– art. 1.160: 102.
– art. 1.161: 156.
– art. 1.171, § 2°: 9.
– art. 1.174: 9.
– art. 1.178: 9.
– art. 1.181: 9.
– art. 1.182, § 1°: 9.
– art. 1.182, § 2°: 9.
– art. 1.182, § 3°: 9.
– art. 1.184: 155.
– arts. 1.187-1.192: 182.
– art. 1.193: 182.
– art. 1.194: 182.
– art. 1.197: 182.
– art. 1.211: 3, 5, 11, 12, 30, 35, 39, 43, 110, 118, 250.
– art. 1.211, 2ª parte: 3, 4, 5, 15, 31, 32, 33.
– art. 1.212: 3, 44, 46.
– art. 1.212, parágrafo único: 47, 48.
– arts. 1.212-1.214: 3.
– art. 1.213: 3, 48, 49, 51, 58, 93.
– art. 1.214: 51, 52,
– art. 1.215: 54, 55, 56, 57.
– art. 1.215, § 1°: 54, 57.
– art. 1.215, § 2°: 54, 57.
– art. 1.216: 3.
– art. 1.217: 3, 24, 60, 61.
– art. 1.218: 3, 63, 250.
– art. 1.218, I: 64.
– art. 1.218, 11: 64, 92.
– art. 1.218, III: 64.
– art. 1.218, IV: 64, 135.
– art. 1.218, V: 64, 251, 252.
– art. 1.218, VI: 64, 157.
– art. 1.218, VII: 64.
– art. 1.218, VIII: 196.
– art. 1.218, IX: 64.
– art. 1.218, X: 64.
– art. 1.218, XI: 64.
– art. 1.218, XII: 64.
– art. 1.218, XIII: 64.
– art. 1.218, XIV: 64.
– art. 1.218, XV: 64.
– art. 1.219: 3, 248.

– art. 1.220: 3, 249, 250.
Código de Processo Civil de 1939, art. 1º: 118.
– art. 1º, última parte: 110.
– art 2º, parágrafo único: 219.
– art. 3º: 125, 127.
– art. 3º, parágrafo único: 126.
– art. 10: 138.
– art. 24: 11.
– art. 25: 11.
– art 27: 41, 225.
– art. 27, alínea 2ª: 178.
– art. 29: 9, 37.
– art. 35: 125.
– art. 35, parágrafo único: 103.
– art. 38: 125.
– art. 39: 37.
– art. 55: 100.
– art. 58: 140.
– art. 61: 9.
– art. 63: 127.
– art. 63, § 2º: 127.
– art. 80, § 1º, b): 235.
– arts. 80-87: 184.
– art. 81: 94911.
– art. 93: 102.
– art. 95, § 1º: 141.
– art. 99, parágrafo único: 39.
– art. 113: 87.
– art. 115: 94, 102.
– art. 117: 118.
– art. 118: 85, 118.
– art. 129: 9.
– art. 132, parágrafo único: 9.
– art. 136: 137.
– art. 137: 138.
– art. 140, § 2º: 9.
– art. 140, § 3º: 9.
– art. 158: 111.
– arts. 158-160: 127.
– art. 159: 111.
– art. 164: 109.
– art. 166, § 2º: 113.
– art. 168, § 1º: 101.
– art. 170: 141.
– art. 171: 102.

– art. 181: 6, 36.
– art. 190, 2ª parte: 6.
– art. 192: 99.
– art. 192, IV: 99.
– art. 192, V: 99.
– art. 201, I: 127.
– art. 203: 36.
– art. 209: 6, 97, 115, 123, 180.
– art. 209, § 1º: 124.
– art. 211: 124.
– art. 224, parágrafo único: 9.
– art. 232: 9.
– art. 233: 9.
– art. 239: 9.
– art. 239, § 1º: 9.
– art. 243: 9.
– art. 254: 9.
– art. 255: 117.
– arts. 260-262: 7.
– arts. 263-272: 185.
– art. 264, parágrafo único: 9.
– art. 265: 9.
– art. 266: 9.
– art. 266, III: 114.
– arts. 267-272: 170.
– art. 271, parágrafo único: 36.
– arts. 282-284: 9.
– art. 292: 111.
– art. 294, IV: 138.
– art. 314: 86.
– arts. 314-318: 245.
– art. 318: 87.
– arts. 343, § 2º: 9.
– art. 345: 67, 68, 69.
– art. 345, 2ª parte: 69.
– art. 345, 4ª parte: 70.
– art. 345, § 1º: 68, 70, 71.
– art. 345, § 2º: 68, 69, 70.
– art. 345, § 3º: 68.
– arts. 345-349: 66,73.
– art. 346: 66, 76, 79, 81, 82, 83, 85, 86.
– art. 346, § 1º: 83.
– art. 348, § 1º, a): 83.
– art. 346, § 1º, b): 84, 137.
– art. 346, § 1º, c): 83, 137.
– art. 346, § 2º: 83, 84, 85.
– art. 346, § 3º: 84, 85, 137.

– art. 346, § 4°: 84.
– arts. 346-349: 67, 81.
– art. 347: 86, 87.
– art. 347, parágrafo único: 104.
– art. 348: 87.
– art. 349: 87, 89.
– art. 350: 93, 95, 96, 97, 99, 102.
– art. 350, *in fine*: 97.
– art. 350, parágrafo único: 93, 97.
– arts. 350-353: 92.
– art. 351: 94, 100, 101.
– art. 352: 100, 101, 102, 103.
– art. 352, § 1°: 101.
– art. 352, § 2°: 101.
– art. 353: 109, 110.
– art. 354: 111, 114, 115, 134.
– art. 354, *in fine*: 117.
– art. 354, parágrafo único: 135, 139.
– arts. 354-365: 130.
– art. 355: 115, 118, 119, 120, 121, 134.
– art. 355, § 1°: 118, 119, 120, 129.
– art. 355, § 2°: 118, 120.
– art. 356: 113, 119, 120, 121.
– art. 357: 121.
– art. 358: 116, 121, 122, 123, 124, 125.
– art. 359: 124, 126.
– art. 360: 125, 127, 128, 134.
– art. 361: 128, 129.
– art. 362: 130, 131.
– arts. 362-365: 111.
– art. 363: 130, 131.
– art. 364: 131, 132, 134.
– art. 364, § 1°: 131, 134.
– art. 364, § 2°: 131, 132, 134.
– art. 365: 131.
– art. 432: 137.
– art. 436: 137.
– art. 454: 142.
– art. 456: 137.
– art. 456, parágrafo único: 137.
– art. 457: 135, 136.
– arts. 457-464: 135.
– art. 458: 136.
– art. 459: 137.
– art. 459, I: 137.
– art. 459, II: 137, 138.

– art. 459, III: 137, 140.
– art. 459, IV: 137.
– art. 461: 141, 142.
– art. 462: 140, 141.
– art. 463: 141, 142.
– art. 463, § 1°: 1414174.
– art. 463, § 3°: 142, 143.
– art. 463, § 4°: 142.
– art. 464: 142.
— art. 471, § 4°: 186.
– art. 512: 184.
– art. 512, parágrafo único: 184.
– art. 514: 189.
– art. 542: 9.
– art. 543: 9.
– art. 547: 9.
– art. 579, 102.
– art. 580: 9.
– art. 595: 144, 252.
– art. 595, § 1°: 144.
– art. 595, § 2°: 179.
– arts. 595-597: 153.
– arts. 595-599: 144, 155, 251.
– art. 596: 144, 149, 150.
– art. 597: 144, 149.
– art. 598: 144, 152, 153.
– art. 598, § 1°: 152, 153.
– art. 598, § 2°: 154.
– art. 599: 178, 144.
– arts. 600-603: 182.
– art. 602: 9.
– art. 603, parágrafo único: 182.
– art. 604: 182.
– art. 647: 159.
– arts. 647-651: 76.
– arts. 647-651, pr.: 157.
– art. 648: 160.
– art. 649: 199 s.: 160.
– art. 649, I: 160.
– art. 649, II: 160.
– art. 650: 161.
– art. 651: 157, 162.
– art. 651, § 1°: 158, 162.
– art. 651, §§ 1°-3°: 157.
– art. 651, § 2°: 158, 162.
– art. 651, § 2°, *in fine*: 158.

– art. 651, § 3º: 158, 162.
– art. 655: 166, 167, 168.
– arts. 655-674: 165.
– art. 656: 170.
– art. 656, § 1º: 170, 175.
– art. 656, § 2º: 170, 175.
– art. 656, § 2º, alínea 1ª: 174.
– art. 656, § 2º, alínea 2ª: 174, 175.
– art. 657: 166, 172, 175, 176, 182, 184.
– art. 657, § 1º: 172, 175, 177.
– art. 657, § 1º, alínea 1ª: 178.
– art. 657, § 1º, alínea 2ª: 177, 178.
– art. 657, § 2º: 175, 178.
– art. 657, § 3º: 172, 175, 176, 177, 178.
– art. 658: 178, 182.
– art. 659: 179, 182.
– art. 660: 179.
– art. 660, I: 179.
– art. 660, II: 179.
– art. 660, II, 2ª parte: 180.
– art. 660, III: 179.
– art. 630, IV: 179.
– art. 660, V: 179.
– art. 660, VI: 179, 184.
– art. 660, VII: 180.
– art. 661: 181.
– art. 662: 181, 182.
– art. 663: 182, 185.
– art. 663, *in fine*: 183.
– arts. 663-666: 183.
– art. 664: 183, 184, 185.
– art. 664, 2ª parte: 184.
– art. 665: 183, 184, 185.
– art. 666: 183, 184, 185.
– art. 667: 185.
– art. 668: 185, 186.
– art. 669: 186.
– art. 670: 187.
– art. 671: 173, 185, 188, 189.
– art. 671, parágrafo único: 237.
– art. 672: 189.
– art. 673: 189, 190, 191, 193.
– art. 673, 1ª parte: 193.
– art. 673, 2ª parte: 193.
– art. 674: 191.
– art. 683: 245.

– art. 684: 237, 239, 245.
– art. 685: 237, 239, 245.
– arts. 690-692: 237.
– art. 702: 9.
– art. 704: 173, 241, 247.
– art. 705: 241, 247.
– art. 711: 9.
– art. 718: 9.
– art. 718, parágrafo único: 9.
– arts. 720-723: 228.
– arts. 735-738: 204, 210, 220.
– art. 738: 151.
– art. 742: 200, 220.
– arts. 742-745: 196, 197.
– art. 743: 195, 199, 204, 220.
– art. 743, alínea 2ª: 199.
– art. 745: 219.
– art. 754: 221, 222.
– art. 754, I: 222.
– art. 754, II: 222.
– art. 754, III: 222.
– art. 754, IV: 222.
– art. 755: 221, 223.
– art. 756: 223, 224, 225.
– art. 756, § 1º: 224, 225, 226, 227.
– art. 756, §§ 1º-3º: 228.
– art. 756, § 2º: 224, 226.
– art. 756, § 3º: 224.
– art. 756, § 4º: 224, 226, 227.
– art. 757: 230.
– arts. 757-761: 229, 230.
– art. 758: 225, 231.
– art. 759: 232.
– art. 759, parágrafo único: 232.
– art. 760: 232, 233.
– art. 761: 233.
– art. 762: 233, 234.
– art. 762, I: 234.
– art. 762, II: 234.
– art. 762, III: 234.
– art. 762, § 1º: 234.
– art. 762, § 2º: 234.
– arts. 762-764: 224.
– art. 763: 235.
– art. 763, 2ª parte: 236.
– arts. 763-768: 244.

- art. 764: 233, 236.
- art. 765: 237, 240, 244.
- art. 765, alínea 2ª: 240.
- arts. 765-768: 77.
- art. 766: 238, 240.
- art. 766, alínea 1ª: 238.
- art. 766, alínea 2ª: 238, 239.
- art. 767: 239.
- art. 768: 240.
- art. 769: 241.
- arts. 769-771: 77.
- art. 770: 241, 242.
- art. 770, parágrafo único: 241.
- art. 771: 242, 243.
- art. 771, 2ª parte: 243.
- art. 771, § 1°: 242.
- art. 771, § 2°: 242.
- art. 771, § 3°: 242.
- art. 771, § 4°: 243.
- art. 772: 244, 246.
- arts. 772-775: 244, 247.
- art. 773: 245, 247.
- art. 773, I: 244, 245.
- art. 773, II: 244, 245.
- art. 774: 246.
- art. 774, § 1°: 246.
- art. 774, § 2°: 246, 247.
- art. 774, § 3°: 246.
- art. 775: 247.
- art. 775, parágrafo único: 247.
- arts. 787-790: 9.
- art. 808, IV: 8.
- art. 808, § 2°: 8.
- art. 809: 8.
- art. 810: 8.
- art. 820: 70, 175.
- art. 822, parágrafo único, II: 41.
- art. 830, § 2°: 142.
- art. 833, parágrafo único: 53.
- art. 841: 35.
- art. 842: 70.
- art. 842, I: 70.
- art. 846: 34, 63, 115.
- arts. 853-861: 8.
- art. 870, § 3°: 9.
- art. 870, § 4°: 9.
- art. 870, § 5°: 9.
- art. 871, parágrafo único: 9.
- art. 875, § 1°: 52.
- art. 879, parágrafo único: 9.
- art. 886: 9.
- art. 899, § 2°: 49.
- art. 905: 9.
- arts. 906-917: 128, 193.
- art. 911: 11.
- art. 912: 11.
- art. 915: 9.
- art. 923: 88.
- art. 926: 88.
- art. 942, IV-XV: 9.
- art. 943, II: 9, 40.
- art. 972, § 3°: 9.
- art. 977: 107.
- art. 986: 38.
- art. 1.006: 66, 67, 74, 76, 79, 80, 81, 82, 83, 94, 112, 115, 136, 158.
- art. 1.006, § 1°: 115.
- art. 1006, § 2°: 73, 82, 84.
- art. 1.047: 10, 14.
- art. 1.047, § 1°: 10, 12, 13, 30.
- art. 1.047, § 2°: 10, 12, 14, 15, 30.
- art. 1.048: 30.
- art. 1.051: 58, 59.

Códigos de Processo Civil Estaduais *Distrito Federal*
Código de Processo Civil, art. 937: 166.
- art. 941: 179.
- art. 950: 186.
- art. 953: 187, 188.
- art. 955: 189.

Minas Gerais
Código de Processo Civil, art. 1.235: 187.

Rio de Janeiro
Código de Processo Civil, art. 2.060: 187.

Santa Catarina
Código de Processo Civil, art. 1.598: 187.

São Paulo
Código de Processo Civil, art. 1.049: 103.

7. CÓDIGO DE DIREITO PRIVADO

Lei de Introdução ao Código Civil: 32.
– art. 12: 203.
– art. 15: 53.
Código Civil de 1916, art. 20, § 2°: 37.
– arts. 31-34: 200.
– arts. 31-42: 46.
– arts. 36-41: 200.
– art. 69: 80.
– arts. 70-73: 160.
– art. 73: 161.
– art. 134, II: 80.
– arts. 136-144: 204.
– art. 143: 199, 203.
– art. 172, I: 113.
– art. 172, III: 113.
– art. 180, I: 196, 198, 203, 209.
– art. 180, II: 196, 209.
– art. 180, III: 196, 201, 209.
– art. 180, IV: 196, 202, 203, 209.
– art. 180, V: 196, 202, 209.
– art. 180, parágrafo único, 196, 203.
– art. 181: 204, 205, 206, 217.
– art. 181, pr.: 205.
– art. 181, § 1°: 195, 205, 206, 217, 218.
– art. 181, § 2°: 207.
– art. 182: 208.
– art. 182, parágrafo único: 205, 208.
– art. 183, XI: 196, 209.
– art. 183, XIV: 202.
– art. 184, parágrafo único: 210.
– art. 185: 247, 248, 255, 257, 261, 263.
– art. 188: 196, 209
– art. 189: 208.
– art. 190: 208.
– art. 191, parágrafo único: 210.
– art. 192: 206.
– arts. 192-194: 218.
– art. 193: 212.
– art. 196: 196, 209.
– art. 198: 210, 212, 216, 217, 218.
– art. 198, pr.: 218.
– art. 198, § 1°: 218.
– art. 198, § 2°: 218.
– art. 199: 210, 212, 217.
– art. 199, II: 211, 217.
– art. 199, parágrafo único: 210, 214, 216, 217, 218.
– art. 200: 210, 214, 216, 218, 219.
– art. 200, I: 214.
– art. 200, II: 214
– art. 200, III: 214.
– art. 200, § 1°: 219.
– art. 200, § 2°: 216.
– art. 200, § 5°: 211.
– art. 202, parágrafo único: 148, 198, 203.
– art. 205: 148.
– art. 214: 215.
– art. 219, III: 211.
– art. 222: 219.
– art. 227: 213.
– art. 227, I: 205.
– art. 228, IV: 213.
– art. 623, II: 95.
– art. 634: 95.
– art. 881: 79.
– art. 930: 96.
– art. 930, parágrafo único: 96.
– art. 1.088: 80.
– art. 1.092, parágrafo úinco: 78, 96.
– art. 1.122: 74, 75.
– art. 1.193, parágrafo único: 93.
– art. 1.195: 111.
– art. 1.197: 93, 99.
– art. 1.199: 98, 108.
– art. 1.202, § 2°: 132.
– art. 1.209: 93.
– art. 1.213: 93.
– art. 1.252: 91, 92.
– art. 1.289, § 1°: 205.
–. art. 1.289, § 2°: 205.
– art. 1.289, § 4°: 205.
– art. 1.331: 109.
– art. 1.340: 109.
– art. 1.399: 165.
– art. 1.404: 165.
– art. 1.407: 166, 174.
– art. 1.409: 189.
– art. 1.564: 107, 108, 109.
– art. 1.807: 197.

Código Comercial, art. 72: 233.
– art. 100: 224.
– art. 211: 225.
– art. 301, alínea 2ª: 190.
– art. 302, inciso 6: 173, 177, 184, 189.
– art. 304: 173.
– art. 309: 189.
– art. 335: 165, 173.
– art. 335, *in fine*: 169.
– art. 336: 165.
– art. 344: 176, 178, 184.
– arts. 344-353: 173, 174, 189.
– art. 345, inciso 2: 181.
– art. 346: 184.
– art. 348: 173.
– art. 449, inciso 2: 226.
– art. 470, inciso 4: 233.
– art. 470, inciso 5: 222.
– art. 470, inciso 6: 222, 223, 233.
– art. 470, inciso 8: 223, 233.
– art. 472: 223.
– art. 477: 233.
– art. 478: 236.
– art. 504: 222, 244.
– art. 505: 244.
– art. 509: 244.
– art. 510: 226, 227, 244.
– art. 511: 244.
– art. 515: 221, 222, 223.
– art. 515, alínea 1ª: 221.
– art. 516: 221, 222, 223.
– art. 516, alínea 2ª: 223.
– art. 518: 280, 281, 282, 283, 284.
– art. 531: 236.
– art. 608: 226, 227.
– art. 613: 246.
– art. 614: 245.
– art. 618, alínea 1ª: 226, 227.
– art. 618, alínea 2ª: 226.
– art. 619, alínea 3ª: 226.
– art. 619: 237.
– art. 731-739: 241.
– art. 732: 241.
– art. 734: 241, 242.
– art. 735: 242.
– art. 745: 218.

– art. 746: 244.
– art. 753, inciso 3: 235, 236.
– art. 761: 237.
– art. 762: 234, 237.
– art. 763: 234.
– art. 764: 234, 237.
– art. 765: 234.
– art. 766: 234, 237.
– art. 772: 233.
– art. 774: 236.
– art. 775: 235, 236.
– art. 783, alínea 3ª: 239.
– art. 784: 237, 238.
– art. 785: 237, 238.
– art. 787: 236.
– art. 788: 236

8. LEIS EXTRAVAGANTES

Alvará de 18 de fevereiro de 1766: 19.
Lei nº 144, de 11 de setembro de 1861: 143.
Lei nº 173, de 10 de setembro de 1893, art. 13: 187.
Lei nº 2.681, de 7 de dezembro de 1912, art. 8º, pr.: 227.
– art. 23: 227.
Lei nº 3.446, de 31 de dezembro de 1917: 135.
Lei nº 4.827, de 7 de fevereiro de 1924: 143.
Lei nº 5.063, de 6 de novembro de 1926, art. 45: 143.
Lei nº 5.542, de 1º de outubro de 1928, art. 1º: 199.
Lei nº 379, de 16 de janeiro de 1937: 196.
– art. 9º: 195.
Decreto-lei nº 58, de 10 de dezembro de 1937: 61, 65, 73, 76.
– art. 1º: 67, 81.
– art. 2º: 68, 87.
– art. 2º, § 1º: 61.
– art. 2º, § 2º: 61, 69.
– art. 5º: 65, 88.
– art. 12: 78.
– art. 12, § 2º: 88.

– art. 14: 85.
– art. 14, § 1°: 85.
– art. 14, § 2°: 85.
– art. 15: 72, 77, 80, 81.
– art. 16: 61, 72, 85.
– art. 16, § 1°: 61.
– art. 16, § 2°: 61.
– art. 16, § 3°: 61.
– art. 17: 87.
– art. 22: 61, 67, 76, 78, 81, 82, 85.
– art. 27: 87.
Decreto-lei n° 483, de 8 de junho de 1938 (Código Brasileiro do Ar), art. 72: 227.
– art. 87: 228.
– art. 91, § 2°: 227.
– art. 94: 224.
Decreto-lei n° 869, de 18 de novembro de 1938: 65.
Decreto-lei n° 960, de 17 de dezembro de 1938, art. 67: 45, 47.
Decreto-lei n° 986, de 27 de dezembro de 1938: 247.
Decreto-lei n° 1.608, de 18 de setembro de 1939: 60, 63, 64, 93.
Decreto-lei n° 2.627, de 26 de setembro de 1940: 165.
– art. 2°: 165.
Decreto-lei n° 2.784, de 20 de novembro de 1940: 230.
Decreto-lei n° 3.077, de 26 de fevereiro de 1941: 249.
– art. 1°: 249.
Decreto-lei n° 3.200, de 19 de abril de 1941, art. 8°, § 5°: 164.
– arts. 19-23: 160.
– art. 20: 159.
– art. 21: 159.
Decreto-lei n° 3.365, de 21 de junho de 1941: 251.
Decreto-lei n° 4.565, de 11 de agosto de 1942, art. 28: 186.
Decreto-lei n° 4.598, de 20 de agosto de 1942: 92.
Decreto-lei n° 5.169, de 4 de janeiro de 1943: 93.
– art. 6°: 117.
Decreto-lei n° 5.335, de 22 de março de 1943: 251.

Decreto-lei n° 6.790, de 15 de agosto de 1944, art. 1°: 113.
Decreto-lei n° 7.661, de 21 de junho de 1945: 63, 105, 251.
– art. 102, § 2°, III: 105, 106.
–.art. 102, § 2°, III, 1ª parte: 106.
– art. 102, § 2°, III, 2ª parte: 106.
– art. 150, II: 129.
– art. 162, I: 129.
– art. 169, III: 129.
Decreto-lei n° 9.669, de 29 de agosto de 1946: 93.
– art. 18: 121.
Lei n° 649, de 11 de março de 1949: 76.
– art. 1°: 67, 73, 81, 82.
– art. 16: 73.
Lei n° 818, de 18 de setembro de 1949, art. 4°, § 3°: 63.
– art. 6°, § 4°: 63.
– art. 33: 63.
Lei n° 1.060, de 5 de fevereiro de 1950: 251.
– art. 16: 251.
– Lei n° 1.110, de 23 de maio de 1950: 195, 196.
– art. 3°: 195, 196.
– art. 4°: 196.
– art. 7°: 195.
– art. 10: 195.
Lei n° 1.300, de 28 de dezembro de 1950: 93.
– art. 4°, 2ª parte: 121.
Lei n° 1.533, de 31 de dezembro de 1951: 61, 250.
– art. 12: 61.
– art. 12, parágrafo único: 62.
– art. 13: 62.
Lei n° 2.180, de 5 de fevereiro de 1954, arts. 75-104: 230.
– art. 83: 229.
– art. 83, *a*): 229.
– art. 83, *b*): 229.
– art. 83, *c*): 229.
– art. 83, parágrafo único: 229.
– art. 84: 229.
– art. 85: 229.

Lei nº 2.786, de 21 de maio de 1956: 251.
Lei nº 2.970, de 24 de novembro de 1956: 52.
Lei nº 3.081, de 22 de dezembro de 1956: 251.
Decreto-lei nº 1, de 7 de fevereiro de 1957: 251.
Decreto-lei nº 221, de 28 de fevereiro de 1957, art. 4°: 231.
– art. 24: 231.
Lei nº 3.764, de 25 de abril de 1960: 143, 147.
Lei nº 4.137, de 10 de setembro de 1962: 251.
Decreto-lei nº 23, de 23 de outubro de 1963: 251.
Lei nº 4.348, de 26 de junho de 1964: 251.
Lei nº 4.357, de 16 de julho de 1964: 251.
Decreto-lei nº 53, de 31 de agosto de 1964: 251.
Lei nº 4.494, de 25 de novembro de 1964: 93, 97.
– art. 27, parágrafo único: 63.
Lei nº 4.619, de 28 de abril de 1965: 251.
Lei nº 4.717, de 29 de junho de 1965: 250.
Decreto-lei nº 4, de 7 de fevereiro de 1966: 93, 97.
Decreto-lei nº 6, de 14 de abril de 1966: 93.
Lei nº 5.021, de 9 de junho de 1966: 251.
Lei nº 5.172, de 25 de outubro de 1966, art. 5°: 48.
– art. 9°: 48.
– art. 12: 48.
Decreto-lei nº 32, de 18 de novembro de 1966 (Código Brasileiro do Ar), art. 94: 224.
Decreto-lei nº 44, de 18 de novembro de 1966, art. 2°: 231.
– art. 3°: 231.
Lei nº 5.316, de 14 de setembro de 1967: 251.
Lei nº 5.334, de 12 de outubro de 1967: 93.
Lei nº 5.433, de 8 de maio de 1968: 56.
– art. 1°: 56.

– art. 1°, § 1°: 56.
– art. 1°, § 2°: 56.
– art. 1°, § 3°: 56.
– art. 1°, § 4°: 56.
– arts. 1°-4°: 56.
– art. 1°, § 5°: 56.
– art. 1°, § 6°: 56.
– art. 1°, § 7°: 56.
– art. 2°: 56.
– art. 3°: 56.
– art. 3°, § 1°: 56.
– art. 3°, § 2°: 57.
– art. 4°: 57.
– art. 5°: 57.
– art. 6°: 57.
Lei nº 5.438, de 20 de maio de 1968: 231.
Lei nº 5.441, de 24 de maio de 1968: 93.
Lei nº 5.478, de 25 de julho de 1968: 251.
– art. 19, § 2°: 62, 63.
– art. 19, § 3°: 63.
Decreto-lei nº 890, de 26 de setembro de 1969, art. 2°: 93, 97.
Decreto-lei nº 911, de 1° de outubro de 1969: 251.
Decreto-lei nº 1.075, de 22 de janeiro de 1970: 251.
Lei nº 5.869, de 11 de janeiro de 1973: 249.
Lei nº 5.925, de 1° de dezembro de 1973: 249.
Lei nº 5.972, de 11 de dezembro de 1973: 251.
Lei nº 6.014, de 27 de dezembro de 1973: 24, 61, 62, 63, 72, 73, 110, 250, 251.
– art. 1°: 61.
– art. 2°, § 1°: 61.
– art. 2°, § 2°: 61.
– art. 3°: 61, 62.
– art. 4°: 62.
– art. 4°, § 3°: 63.
– art. 7°: 63.
– art. 12: 110, 117, 118, 134.
– art. 15: 61.
– art. 16: 61, 72.
– art. 16, § 1°: 61, 72.
– art. 16, § 2°: 61, 72
– art. 16, § 3°: 61, 72.

– art. 22: 61.
Lei nº 6.015, de 31 de dezembro de 1973:
    135, 138, 143, 148, 150, 157, 160, 161,
    162, 164, 195, 196, 197, 201, 205, 206,
    207, 209, 214, 220, 251.
– art. 1º, § 1º: 251.
– art. 1º, § 1º, I: 251.
– art. 1º, § 1º, II: 251.
– art. 1º, § 1º, III: 187.
– art. 1º § 1º, IV: 187.
– art. 2º: 150.
– art. 29, I-VIII: 251.
– art. 29, § 1º: 251.
– art. 29, § 1º, a): 251.
– art. 29, § 1º, b): 251.
– art. 29, § 1º, c): 252.
– art. 29, § 1º, d): 252.
– art. 29, § 1º, e): 252.
– art. 29, § 1º, f): 252.
– art. 63: 246.
– art. 67: 196, 197, 200.
– art. 67, § 1º: 200, 206.
– art. 67, § 2º: 200.
– art. 67, § 3º: 200, 206, 207.
– art. 67, § 4º: 200, 205, 207.
– art. 67, § 5º: 201.
– art. 67, § 6º: 201.
– arts. 67-69: 197.
– arts. 67-76: 196.
– art. 68: 195, 201.
– art. 68, § 1º: 201.
– art. 68, § 2º: 201.
– art. 69: 209.
– art. 69, § 1º: 209.
– art. 69, § 2º: 209.
– art. 70: 220, 221.
– art. 70, § 5º: 220.
– art. 71: 275.
– arts. 71-75: 196.
– art. 72: 220.
– art. 73: 220.
– art. 73, § 1º: 220.
– art. 73, § 2º: 220.
– art. 73, § 3º: 220.
– art. 74: 220.
– art. 74, parágrafo único: 221.

– art. 75: 221.
– art. 76: 213, 214.
– art. 76, § 1º: 213.
– art. 76, § 2º: 213.
– art. 76, § 3º: 213.
– art. 76, § 4º: 214.
– art. 76, § 5º: 214.
– art. 109: 144, 148, 151, 156, 252.
– art. 109, § 1º: 148, 151, 153, 156, 252.
– art. 109, § 2º: 144, 151, 153, 156, 252.
– art. 109, § 3º: 144, 152, 153, 252.
– art. 109, § 4º: 144, 148, 151, 156, 252.
– art. 109, § 5º: 152, 153, 252.
– art. 109, § 6º: 148, 155, 252.
– arts. 109-113: 151, 154, 155.
– art. 110: 252.
– art. 110, § 1º: 252.
– art. 110, § 2º: 252.
– art. 110, § 3º: 252.
– art. 110, § 4º: 148, 253.
– art. 111: 253.
– art. 112: 144, 150, 152, 154, 156, 253.
– art. 113: 144, 150, 153, 154, 156, 253.
– art. 260: 159.
– arts. 260-264: 165.
– arts. 260-265: 157.
– art. 261: 160.
– art. 262: 160.
– art. 262, I: 160.
– art. 262, II: 160.
– art. 263: 162.
– art. 264: 162.
– art. 264, § 1º: 158, 162.
– art. 264, § 2º: 163.
– art. 264, § 3º: 159, 163.
– art. 265: 164.
– art. 277: 136, 138.
– arts. 277-288: 135, 138.
– art. 278: 137, 138.
– art. 278, I: 137, 138.
– art. 278, II: 137, 138.
– art. 278, III: 137, 138.
– art. 278, IV: 137, 139.
– art. 278, § 1º: 137, 139.
– art. 278, § 1º, a): 137, 139.
– art. 278, § 1º, b): 137, 139.

– art. 278, § 1°, *c*): 137, 139.
– art. 278, § 2°: 137, 139.
– art. 279: 136, 139.
– art. 280: 139.
– art. 281: 139.
– art. 282: 139, 140.
– art. 283: 139.
– art. 284: 139.
– art. 285: 139.
– art. 285, § 1°: 139.
– art. 285, § 2°: 139, 140.
– art. 286: 139, 140.
– art. 287: 139.
– art. 288: 140.
Lei n° 6.071, de 3 de julho de 1974: 24, 62, 251.
Lei n° 6.140, de 28 de novembro de 1974: 251.
Lei n° 6.216, de 30 de junho de 1975: 251.
Lei n° 6.246, de 7 de outubro de 1975: 55, 56, 57.
Lei n° 6.248, de 8 de outubro de 1975: 251.
Lei n° 6.282, de 9 de dezembro de 1975: 251.
Lei n° 6.404, de 15 de dezembro de 1976: 171, 194.
– art. 136, VII: 171.
– art. 206: 171.
– art. 206, I: 171.
– art. 206, I, *a*): 171, 194.
– art. 206, I, *b*): 171, 194.
– art. 206, I, *c*): 171, 194.
– art. 206, I, *d*): 171, 194.
– art. 206, I, *e*): 171, 194.
– art. 206, II: 171.
– art. 206, II, *a*): 171, 194.
– art. 206, II, *b*): 171, 194.
– art. 296, II, *c*): 171, 194.
– art. 206, III: 171.
– art. 207: 171, 194.
– art. 208: 194.
– arts. 208-218: 171.
– art. 209: 171, 194.
– art. 212: 171.
– art. 216: 171.

– art. 216, § 1°: 171.
– art. 216, § 2°: 171.
– art. 219: 171.
– art. 219, I: 171, 194.
– art. 219, II: 171, 194.
Consolidação das Leis das Alfândegas, art. 283: 244.
– art. 283, parágrafo único: 242.
– art. 291, § 3°: 241.
– art. 293: 241, 243.

9. DECRETOS E REGULAMENTOS

Reg. n° 737, de 25 de novembro de 1850: 133, 255.
– art. 52: 235.
– art. 212: 235.
– art. 411, § 2°: 2390.
Decreto n° 3.069, de 17 de abril de 1863: 143.
Decreto n° 5.737, de 2 de setembro de 1874: 198.
Decreto n° 3.705, de 14 de outubro de 1882, art. único: 240.
Decreto n° 9.886, de 7 de março de 1888: 147, 151.
– art. 16: 147, 151.
– art. 25: 147, 151.
– art. 26: 147, 151.
Decreto n° 10.044, de 22 de setembro de 1888: 143.
Decreto n° 181, de 24 de janeiro de 1890: 143.
– art. 1°: 198.
– art. 1°, § 1°: 199.
Decreto n° 451-B, de 31 de maio de 1890: 135.
– art. 1°: 136.
– art. 6°: 136.
– art. 75: 135.
Decreto n° 773, de 20 de setembro de 1890: 197, 198, 199.
– art. 1°: 198.
– art. 1°, pr.: 198.
– art. 2°: 198.
– art. 3°: 198.

– art. 4°: 198.
Decreto n° 955-A, de 5 de novembro de 1893: 135.
– art. 5°, § 1°: 138.
– art. 8°: 137, 138.
Decreto n° 434, de 4 de julho de 1891, art. 156: 169.
Decreto n° 3.084, de 5 de novembro de 1898, Parte IV, art. 145: 230.
– arts. 145-150: 230.
Decreto n° 15.788, de 8 de novembro de 1922, art. 14: 222.
Decreto n° 18.542, de 24 de dezembro de 1928: 143.
– art. 4°: 146, 150.
– art. 84: 216.
– art. 87: 199.
– art. 117: 151.
– art. 120: 151.
Decreto n° 20.303, de 19 de agosto de 1931: 229.
Decreto n° 20.829, de 21 de dezembro de 1931: 230.
Decreto n° 22.866, de 26 de junho de 1933, art. 1.°: 233.
Decreto n° 24.150, de 20 de abril de 1934: 110, 117, 121, 122, 132.
– art. 1°: 111, 121, 135.
– art. 2°: 111, 116, 133, 135.
– art. 2°, *b)*: 111.
– art. 2°, *c)*: 114.
– art. 3°: 110, 111, 130, 135.
– art. 4°: 111, 133.
– art. 5°: 111, 133.
– art. 5°, *a*): 116.
– art. 7°, parágrafo único: 115.
– art. 8°, *a*): 116.
– art. 8°, *b*): 116.
– art. 8°, *b*): parágrafo único: 116.
– art. 8°, *b)-e)*: 133.
– art. 8°, *c)*: 116.
– art. 8°, *c)*, § 1°: 116.
– art. 8°, *d)*: 125, 134.
– art. 8°, *d)*: parágrafo único: 124.
– art. 8°, *e)*: 122, 125, 131.
– art. 8°, *e)*, parágrafo único: 123.

– art. 9°: 117.
– arts. 9°-12: 118.
– arts. 9°-15: 117.
– art. 10: 117.
– art. 10, *a*): 117.
– art. 10, *b*): 117 .
– art. 11: 117.
– art. 11, parágrafo único: 117.
– art. 13: 117.
– art. 13, § 6°: 118.
– art. 14: 118.
– art. 15: 118.
– art. 16: 117, 125.
– art. 20: 124, 128.
– art. 20, §§ 1°-4°: 124.
– art. 20, § 3°: 128.
– art. 21: 150, 123.
– art. 21, § 1°: 123, 124.
– art. 21, § 2°: 124.
– art. 21, § 3°: 124.
– art. 21, § 4°: 124.
– art. 21, § 5°: 124.
– art. 22: 128.
– art. 23: 125.
– art. 25: 125, 128.
Decreto n° 24.288, de 24 de maio de 1934, art. 144: 230.
Decreto n° 220-A, de 3 de julho de 1935, art. 235: 230.
– art. 238: 230.
Decreto n° 3.079, de 15 de setembro de 1938: 65, 69, 70, 72, 76, 88.
– art. 1°, § 4°: 84.
– art. 2°: 68, 71.
– art. 2°, § 1°: 71.
– art. 2°, § 2°: 71.
– art. 2°, § 3°: 68.
– art. 2°, § 5°: 70.
– art. 11, *g*): 84.
– art. 16: 76.
– art. 16, § 1°, *c)*: 76.
– arts. 16-18: 72.
– art. 17: 86.
– art. 27: 87.
Decreto n° 4.857, de 9 de novembro de 1939: 143.
– art. 4°: 146, 150.

– art. 68: 199.
– art. 84: 216.
– art. 87, *a*): 148.
– art. 117: 147, 151.
– art. 120: 151.
– art. 121: 147, 151.
– art. 277: 162.
Decreto nº 5.318, de 29 de fevereiro de 1940: 143.
Decreto nº 1.603, de 18 de outubro de 1940: 13.
Decreto nº 7.270, de 29 de maio de 1941: 143.
Decreto nº 4.565, de 11 de agosto de 1942, art. 24: 111.
Decreto nº 13.556, de 30 de setembro de 1943: 143.
Decreto nº 52.025, de 20 de maio de 1963: 251.
Decreto nº 4, de 7 de fevereiro de 1966, art. 1º: 121.
– art. 3º: 122.

10. REGIMENTOS INTERNOS

Regimento Interno do Supremo Tribunal Federal, art. 309: 54.

11. AVISOS, PORTARIAS e RESOLUÇÕES

Aviso do Ministério da Justiça, de 14 de janeiro de 1891: 203.
Portaria nº 12, de 31 de outubro de 1942: 92.
Resolução nº 23, de 1959: 52.

12. ATOS INTERESTATAIS

Convenção de Varsóvia (Decreto nº 20.704, de 24 de novembro de 1931): 228.

13. INSTRUÇÕES

Instruções de 1º de setembro de 1830: 95.

14. DIREITO ESTRANGEIRO

Alemanha:
Preussisches Allgemeines Landrecht, I, 9, § 512: 26.

– I, 9, § 516: 26.
– I, 9, § 528: 26.
– I, 9, § 529: 26.
– I, 9, § 530: 26.
Einführungsgesetz, art. 169, alínea 1ª, 2ª parte: 27.
– Ordenação Processual Civil, § 894: 98.
Código Civil, art. 1.316: 207.

Argentina:
Código Civil, art. 3.942: 107.

Áustria:
Lei de Execução, § 367: 82.

Espanha:
Código Civil, art. 9º, 2ª parte: 207.

França:
Declaração dos Direitos do Homem de 1789, art. 8: 18.
Constituição de 24 de junho de 1793, art. 14: 18.
Lei de 14 de março de 1919: 65.
Lei de 19 de julho de 1924: 65.
Lei de 8 de abril de 1927: 27.
Ordenança de 1969, art. 6, Edicto de 1967: 211.
Código de Processo Civil, art. 342, alínea 2ª: 14.
– art. 343: 14.
Código Civil, art. 65: 207.
– art. 295: 28.
– art. 1.872: 184.
– art. 2.281: 26.

Itália:
Código Civil, art. 99, alínea 2ª: 207.
– art. 1.220: 79.
– art. 2.311, alínea 3ª: 183.

Portugal:
Código Civil, art. 107, § 2º: 207.

Suíça:
Código das Obrigações, art. 22, 1ª parte: 75.

Uruguai:
Lei nº 8.733, de 17 de junho de 1931: 65.
– art. 15: 72.

Venezuela:
Código Civil, art. 96: 207.

III

ÍNDICE CRONOLÓGICO DA JURISPRUDÊNCIA
(Os números referem-se às páginas.)

Assento de 5 de abril de 1770: 19.
Assento de 23 de julho de 1811: 89.
Tribunal de Justiça de Alagoas, 27 de março de 1851: 104.
Relação do Recife, 12 de julho de 1873: 104.
Parecer do Conselho de Estado, Seção de Justiça, 1º de março de 1882, com aprovação imperial a 7 de outubro de 1882: 240.
Relação do Rio de Janeiro, 9 de junho de 1882: 174.
Supremo Tribunal Federal, 3 de agosto de 1895: 135.
Tribunal de Justiça de São Paulo, 20 de abril de 1896: 218.
– 14 de outubro de 1896: 218.
Supremo Tribunal Federal, 22 de janeiro de 1898: 223.
– 2 de outubro de 1901: 235.
2ª Câmara Cível da Corte de Apelação do Distrito Federal, 20 de outubro de 1905: 169.
– 19 de janeiro de 1906: 174.
Corte de Apelação do Distrito Federal, 28 de novembro de 1906: 169.
2ª Câmara Cível da Corte de Apelação do Distrito Federal, 20 de agosto de 1907: 169.
Câmaras Reunidas da Corte de Apelação do Distrito Federal, 25 de agosto de 1909: 192.
Câmara Civil do Tribunal de Justiça de São Paulo, 19 de maio de 1914: 104.
Corte de Apelação do Distrito Federal, 27 de julho de 1917: 186.
Supremo Tribunal Federal, 17 de agosto de 1921: 246.
2ª Câmara Cível da Corte de Apelação do Distrito Federal, 15 de dezembro de 1922: 192.
Supremo Tribunal Federal, 24 de maio de 1924: 104.
Corte de Apelação do Distrito Federal, 24 de dezembro de 1926: 179.
3ª Câmara Cível da Corte de Apelação do Distrito Federal, 16 de maio de 1927: 104.
– 23 de novembro de 1927: 104.
– 18 de junho de 1928: 104.
6ª Câmara Cível da Corte de Apelação do Distrito Federal, 10 de março de 1931: 218.
– 1º de outubro de 1931: 199.
– 27 de junho de 1933: 218.
4ª Câmara Cível da Corte de Apelação do Distrito Federal, 16 de julho de 1934: 98.
Corte de Apelação do Distrito Federal, 5 de outubro de 1934: 159.
Prejulgado da Corte de Apelação do Distrito Federal, 28 de julho de 1937: 122.
5ª Câmara Civil da Corte de Apelação de São Paulo, 1º de setembro de 1937: 104.
4ª Câmara Civil da Corte de Apelação de São Paulo, 8 de setembro de 1937: 104.
Conselho de Justiça da Corte de Apelação do Distrito Federal, 2 de novembro de 1937: 164.

Supremo Tribunal Federal, 7 de janeiro de 1938: 227.
1ª Câmara Civil do Tribunal de Apelação de São Paulo, 16 de setembro de 1940: 168.
– 11 de novembro de 1940: 100.
Supremo Tribunal Federal, 20 de novembro de 1940: 242.
1ª Câmara Civil do Tribunal de Apelação de São Paulo, 13 de janeiro de 1941: 70.
Tribunal de Apelação do Pará, 15 de janeiro de 1941: 12.
2ª Câmara Civil do Tribunal de Apelação de São Paulo, 18 de fevereiro de 1941: 149.
Conselho de Justiça do Tribunal de Apelação do Distrito Federal, 9 de maio de 1941: 151.
1ª Câmara Cível do Tribunal de Apelação de Minas Gerais, 29 de maio de 1941: 178.
Supremo Tribunal Federal, 16 de julho de 1941 (Recurso extraordinário nº 2.817): 122.
5ª Câmara Cível do Tribunal de Apelação do Distrito Federal, 18 de julho de 1941: 120.
3ª Câmara Cível do Tribunal de Apelação do Distrito Federal, 22 de agosto de 1941: 103.
1ª Câmara Civil do Tribunal de Apelação de São Paulo, 29 de setembro de 1941: 152.
– 13 de outubro de 1941: 89.
1ª Turma do Supremo Tribunal Federal, 18 de dezembro de 1941: 176.
3ª Câmara Cível do Tribunal de Apelação do Distrito Federal, 6 de janeiro de 1942: 120.
4ª Câmara Civil do Tribunal de Apelação de São Paulo, 12 de março de 1942: 126.
Câmaras Cíveis Reunidas do Tribunal de Apelação do Distrito Federal, 23 de abril de 1942: 104.
2ª Câmara Civil do Tribunal de Apelação de São Paulo, 19 de maio de 1942: 144.
Tribunal de Apelação do Distrito Federal, 7 de agosto de 1942: 240.
Supremo Tribunal Federal, 12 de agosto de 1942: 184.
2ª Câmara Civil do Tribunal de Apelação de São Paulo, 25 de agosto de 1942: 82.
2ª Câmara Cível do Tribunal de Apelação do Rio Grande do Sul, 16 de dezembro de 1942: 73.
3ª Câmara Cível do Tribunal de Apelação do Distrito Federal, 19 de janeiro de 1943: 168.
4ª Câmara Cível do Tribunal pie Apelação do Distrito Federal, 16 de fevereiro de 1943: 241.
2ª Câmara Cível do Tribunal de Apelação do Rio de Janeiro, 2 de março de 1943: 96.
Tribunal de Apelação do Rio Grande do Norte, 13 de abril de 1943: 191.
3ª Câmara Cível do Tribunal de Apelação do Rio Grande do Sul, 13 de maio de 1943: 92.
3ª Câmara Civil do Tribunal de Apelação de São Paulo, 2 de junho de 1943: 170.
1ª Câmara Cível do Tribunal de Apelação do Rio Grande do Sul, 3 de novembro de 1943: 151.
Supremo Tribunal Federal, 5 de novembro de 1943: 11.
2ª Turma do Supremo Tribunal Federal, 26 de novembro de 1943: 144, 147.
4ª Câmara Cível do Tribunal de Apelação do Distrito Federal, 10 de dezembro de 1943: 11.
Supremo Tribunal Federal, 21 de dezembro de 1943: 11.
4ª Câmara Civil do Tribunal de Justiça de São Paulo, 17 de fevereiro de 1944: 176.
2ª Câmara Civil do Tribunal de Apelação de São Paulo, 21 de março de 1944: 178.
Tribunal de Apelação do Ceará, 3 de abril de 1944: 12.
4ª Câmara Cível do Tribunal de Apelação do Distrito Federal, 30 de abril de 1944: 73.
3ª Câmara Cível do Tribunal de Apelação do Distrito Federal, 5 de maio de 1944: 169.

2ª Turma do Supremo Tribunal, 9 de maio de 1944: 73.
3ª Câmara Civil do Tribunal de Justiça de São Paulo, 31 de maio de 1944: 176.
Tribunal de Apelação de São Paulo, 2 de junho de 1944: 193.
1ª Câmara Civil do Tribunal de Apelação de São Paulo, 5 de junho de 1944: 92, 96.
– 10 de junho de 1944: 96.
3ª Câmara Cível do Tribunal de Apelação do Distrito Federal, 18 de junho de 1944: 145.
3ª Câmara Civil do Tribunal de Apelação de São Paulo, 30 de agosto de 1944: 73.
Tribunal de Justiça do Rio Grande do Sul, 4 de setembro de 1944: 99.
Câmaras Reunidas do Tribunal de Apelação do Rio Grande do Sul, 8 de setembro de 1944: 12.
4ª Câmara Cível do Tribunal de Apelação do Distrito Federal, 14 de setembro de 1944: 145.
1ª Câmara Civil do Tribunal de Apelação de São Paulo, 30 de outubro de 1944: 92.
4ª Câmara Cível do Tribunal de Apelação do Distrito Federal, 7 de novembro de 1944: 234.
1ª Câmara Civil do Tribunal de Apelação de São Paulo, 27 de novembro de 1944: 73.
1ª Câmara Cível do Tribunal de Apelação de Minas Grais, 22 de fevereiro de 1945: 96.
1ª Câmara Civil do Tribunal de Apelação de São Paulo, 12 de março de 1945: 73.
1ª Câmara Cível do Tribunal de Apelação do Rio Grande do Sul, 27 de março de 1945: 193.
1º Grupo de Câmaras Civis do Tribunal de Apelação de São Paulo, 4 de junho de 1945: 73.
Câmaras Reunidas do Tribunal de Apelação de São Paulo, 8 de junho de 1945: 73.
4ª Câmara Cível do Tribunal de Justiça do Distrito Federal, 29 de julho de 1945: 145, 146.

Supremo Tribunal Federal, 2 de fevereiro de 1946: 149.
Câmaras Cíveis Reunidas do Tribunal de Apelação do Ceará, 4 de setembro de 1946: 95.
8ª Câmara Cível do Tribunal de Justiça do Distrito Federal, 7 de outubro de 1946: 146.
2ª Turma do Supremo Tribunal Federal, 8 de outubro de 1946: 104.
8ª Câmara Cível do Tribunal de Justiça do Distrito Federal, 16 de outubro de 1946: 98.
7ª Câmara Cível do Tribunal de Justiça do Distrito Federal, 19 de novembro de 1946: 146.
6ª Câmara Cível do Tribunal de Justiça do Distrito Federal, 28 de janeiro de 1947: 161.
Tribunal de Justiça de São Paulo, 6 de março de 1947: 176.
1ª Câmara Civil do Tribunal de Justiça de São Paulo, 25 de março de 1947: 147.
5ª Câmara Cível do Tribunal de Justiça do Distrito Federal, 2 de maio de 1947: 146.
1ª Turma do Supremo Tribunal Federal, 12 de maio de 1947: 225.
4ª Câmara Civil do Tribunal de Justiça de São Paulo, 22 de maio de 1947: 99.
1ª Câmara Civil do Tribunal de Justiça de São Paulo, 20 de junho de 1947: 147.
1ª Câmara Cível do Tribunal de Justiça do Rio Grande do Sul, 16 de setembro de 1947: 145, 147.
3ª Câmara Civil do Tribunal de Justiça de São Paulo, 18 de setembro de 1947: 92.
Supremo Tribunal Federal, 15 de outubro de 1947: 149.
5ª Câmara Civil do Tribunal de Justiça de São Paulo, 17 de outubro de 1947: 99.
6ª Câmara Civil do Tribunal de Justiça de São Paulo, 21 de novembro de 1947: 225.
2ª Câmara Cível do Tribunal de Justiça de Minas Gerais, 24 de novembro de 1947: 145, 147.

Supremo Tribunal Federal, 21 de janeiro de 1948: 147.
1ª Câmara Cível do Tribunal de Justiça do Rio de Janeiro, 22 de janeiro de 1948: 146.
2ª Câmara Cível do Tribunal de Justiça de Minas Gerais, 2 de fevereiro de 1948: 146.
5ª Câmara Civil do Tribunal de Justiça de São Paulo, 12 de março de 1948: 66.
3ª Câmara Civil do Tribunal de Justiça de São Paulo, 4 de maio de 1948: 99.
5ª Câmara Civil do Tribunal de Justiça de São Paulo, 7 de maio de 1948: 149.
3ª Câmara Cível do Tribunal de Justiça do Rio de Janeiro, 31 de maio de 1948: 146.
3ª Câmara Cível do Tribunal de Justiça do Rio Grande do Sul, 3 de junho de 1948: 127.
8ª Câmara Cível do Tribunal de Justiça do Distrito Federal, 10 de agosto de 1948: 127.
Conselho de Justiça do Distrito Federal, 27 de agosto de 1948: 176.
2ª Câmara Cível do Tribunal de Justiça da Paraíba, 30 de agosto de 1948: 99.
3ª Câmara Cível do Tribunal de Justiça do Rio de Janeiro, 13 de setembro de 1948: 69.
Câmaras Reunidas do Tribunal de Justiça do Distrito Federal, 14 de outubro de 1948: 112.
Conselho de Justiça do Tribunal de Justiça do Distrito Federal, 25 de outubro de 1948: 104.
7ª Câmara Cível do Tribunal de Justiça do Distrito Federal, 14 de dezembro de 1948: 133.
4ª Câmara Cível do Tribunal de Justiça do Distrito Federal, 17 de dezembro de 1948: 132.
4ª Câmara Civil do Tribunal de Justiça de São Paulo, 31 de janeiro de 1949: 99.
1ª Câmara Civil do Tribunal de Justiça de São Paulo, 15 de março de 1949: 92.

Tribunal de Justiça de Minas Gerais, 17 de março de 1949: 92.
1ª Turma do Supremo Tribunal Federal, 4 de abril de 1949: 127.
6ª Câmara Cível do Tribunal de Justiça do Distrito Federal, 22 de abril de 1949: 104.
2ª Turma do Supremo Tribunal Federal, 25 de abril de 1949: 127.
– 3 de maio de 1949: 66, 81.
6ª Câmara Civil do Tribunal de Justiça de São Paulo, 6 de maio de 1949: 184.
1ª Turma do Supremo Tribunal Federal, 30 de maio de 1949: 111.
6ª Câmara Cível do Tribunal de Justiça do Distrito Federal, 14 de junho de 1949: 131.
2ª Turma do Supremo Tribunal Federal, 19 de julho de 1949, 147.
2ª Câmara Civil do Tribunal de Justiça de São Paulo, 2 de setembro de 1949: 98, 104.
3ª Câmara Civil do Tribunal de Justiça de São Paulo, 8 de setembro de 1949: 82.
1ª Turma do Supremo Tribunal Federal, 12 de setembro de 1949: 127.
Câmaras Reunidas do Tribunal de Justiça do Distrito Federal, 29 de setembro de 1949: 131.
1ª Turma do Supremo Tribunal Federal, 21 de novembro de 1949: 112.
1ª Câmara Civil do Tribunal de Justiça de São Paulo, 22 de novembro de 1949: 99.
1ª Câmara do Tribunal de Justiça do Paraná, 10 de janeiro de 1950: 98.
1ª Câmara Civil do Tribunal de Justiça de São Paulo, 24 de janeiro de 1950: 228, 247.
2ª Turma do Supremo Tribunal Federal, 24 de janeiro de 1950: 112.
2ª Câmara Cível do Tribunal de Justiça de Minas Gerais, 20 de março de 1950: 115.
2º Grupo de Câmaras Civis do Tribunal de Justiça de São Paulo, 24 de março de 1950: 115.

3ª Câmara Civil do Tribunal de Justiça de São Paulo, 27 de março de 1950: 128.
1ª Turma do Supremo Tribunal Federal, 3 de abril de 1950: 125.
6ª Câmara Civil do Tribunal de Justiça de São Paulo, 21 de abril de 1950: 119.
2ª Turma do Tribunal Federal de Recursos, 10 de maio de 1950: 227.
1ª Câmara Civil do Tribunal de Justiça de São Paulo, 16 de maio de 1950: 66, 81.
2ª Câmara Civil do Tribunal de Justiça de São Paulo, 16 de maio de 1950: 98.
1ª Câmara Civil do Tribunal de Justiça de São Paulo, 23 de maio de 1950: 119.
1ª Câmara Cível do Tribunal de Justiça de Minas Gerais, 25 de maio de 1950: 152.
3º Grupo de Câmaras Civis do Tribunal de Justiça de São Paulo, 16 de junho de 1950: 238.
7ª Câmara Cível do Tribunal de Justiça do Distrito Federal, 16 de junho de 1950: 119.
3ª Câmara Civil do Tribunal de Justiça de São Paulo, 27 de junho de 1950: 98.
8ª Câmara Cível do Tribunal de Justiça do Distrito Federal, 18 de julho de 1950: 66, 81.
5ª Câmara Cível do Tribunal de Justiça do Distrito Federal, 1º de agosto de 1950: 147.
Tribunal de Justiça do Espírito Santo, 3 de agosto de 1950: 104.
6ª Câmara Civil do Tribunal de Justiça de São Paulo, 4 de agosto de 1950: 125.
1ª Câmara Cível do Tribunal de Justiça do Rio de Janeiro, 7 de agosto de 1950: 133.
2ª Turma do Supremo Tribunal Federal, 11 de agosto de 1950: 135.
2ª Câmara Civil do Tribunal de Justiça de São Paulo, 22 de agosto de 1950: 152.
Câmara Cível do Tribunal de Justiça do Ceará, 24 de agosto de 1950: 96, 100.
8ª Câmara Cível do Tribunal de Justiça do Distrito Federal, 25 de agosto de 1950: 227.

4ª Câmara Civil do Tribunal de Justiça de São Paulo, 31 de agosto de 1950: 191.
4ª Câmara Cível do Tribunal de Justiça do Distrito Federal, 1º de setembro de 1950: 100.
5ª Câmara Civil do Tribunal de Justiça de São Paulo, 22 de setembro de 1950: 191.
6ª Câmara Cível do Tribunal de Justiça do Distrito Federal, 26 de setembro de 1950: 157.
2ª Turma do Supremo Tribunal Federal, 6 de outubro de 1950: 119.
5ª Câmara Cível do Tribunal de Justiça do Distrito Federal, 6 de outubro de 1950: 104.
1ª Câmara Cível do Tribunal de Justiça de Minas Gerais, 19 de outubro de 1950: 153.
6ª Câmara Cível do Tribunal de Justiça do Distrito Federal, 20 de outubro de 1950: 206.
3ª Câmara Civil do Tribunal de Justiça de São Paulo, 26 de outubro de 1950: 119.
Tribunal Federal de Recursos, 6 de novembro de 1950: 101.
8ª Câmara Cível do Tribunal de Justiça do Distrito Federal, 7 de novembro de 1950: 104.
1ª Câmara Cível do Tribunal de Justiça do Distrito Federal, 14 de novembro de 1950: 100.
4ª Câmara Cível do Tribunal de Justiça do Distrito Federal, 21 de novembro de 1950: 96.
2º Grupo de Câmaras Civis do Tribunal de Justiça de São Paulo, 23 de novembro de 1950: 104.
– 27 de novembro de 1950: 98.
4ª Câmara Cível do Tribunal de Justiça do Distrito Federal, 28 de novembro de 1950: 113.
Juízo de Direito do Rio Pardo, 29 de novembro de 1950: 113.
7ª Câmara Cível do Tribunal de Justiça do Distrito Federal, 12 de dezembro de 1950: 116.

2ª Turma do Supremo Tribunal Federal, 16 de janeiro de 1951: 119.
8ª Câmara Cível do Tribunal de Apelação do Distrito Federal, 26 de janeiro de 1951: 92.
1ª Câmara Cível do Tribunal de Justiça de Minas Gerais, 28 de janeiro de 1951: 147.
2ª Câmara Civil do Tribunal de Justiça de São Paulo, 13 de fevereiro de 1951: 67, 81.
2ª Câmara Cível do Tribunal de Justiça do Paraná, 15 de fevereiro de 1951: 110.
6ª Câmara Civil do Tribunal de Justiça de São Paulo, 2 de março de 1951: 12.
2ª Turma do Supremo Tribunal Federal, 6 de abril de 1951: 81.
4ª Câmara Civil do Tribunal de Justiça de São Paulo, 12 de abril de 1951: 115.
Turma Julgadora do Tribunal de Justiça de Alagoas, 17 de abril de 1951: 152.
1ª Turma do Supremo Tribunal Federal, 10 de maio de 1951: 96, 100.
2ª Câmara Cível do Tribunal de Justiça de Minas Gerais, 28 de maio de 1951: 92.
2ª Turma do Supremo Tribunal Federal, 29 de maio de 1951: 227.
1ª Turma do Supremo Tribunal Federal, 31 de maio de 1951: 92.
2ª Turma do Supremo Tribunal Federal, 1º de junho de 1951: 92.
6ª Câmara Civil do Tribunal de Justiça de São Paulo, 1º de junho de 1951: 104.
4º Câmara Civil do Tribunal de Justiça de São Paulo, 11 de junho de 1951: 112.
2ª Turma do Supremo Tribunal Federal, 19 de junho de 1951: 128.
7ª Câmara Cível do Tribunal de Justiça do Distrito Federal, 19 de junho de 1951: 100.
1ª Câmara Cível do Tribunal de Justiça do Rio de Janeiro, 12 de julho de 1951: 92.
8ª Câmara Cível do Tribunal de Justiça do Distrito Federal, 12 de julho de 1951: 119.
4ª Câmara Cível do Tribunal de Justiça do Distrito Federal, 31 de julho de 1951: 92.
1ª Turma do Supremo Tribunal Federal, 2 de agosto de 1951: 112.
– 13 de agosto de 1951: 119.
1ª Câmara Cível do Tribunal de Justiça de Minas Gerais, 27 de setembro de 1951: 104.
2ª Câmara Civil do Tribunal de Justiça de São Paulo, 9 de outubro de 1951: 147.
2ª Turma do Supremo Tribunal Federal, 16 de outubro de 1951: 112.
1ª Câmara do Tribunal de Alçada de São Paulo, 31 de outubro de 1951: 92.
Tribunal de Justiça do Espírito Santo, 6 de novembro de 1951: 69.
2ª Turma do Supremo Tribunal Federal, 13 de novembro de 1951: 118.
4ª Câmara Civil do Tribunal de Justiça de São Paulo, 29 de novembro de 1951: 115.
1ª Turma do Supremo Tribunal Federal, 24 de janeiro de 1952: 112.
– 28 de janeiro de 1952: 112.
Câmara Cível do Tribunal de Justiça do Ceará, 4 de fevereiro de 1952: 95.
4ª Câmara Civil do Tribunal de Justiça de São Paulo, 7 de fevereiro de 1952: 67, 81.
1ª Câmara do Tribunal de Alçada de São Paulo, 20 de fevereiro de 1952: 104.
Câmara Cível do Tribunal de Justiça do Ceará, 28 de fevereiro de 1952: 95, 104.
3ª Câmara Civil do Tribunal de Justiça de São Paulo, 13 de março de 1952: 133.
2ª Câmara Civil do Tribunal de Justiça de Minas Gerais, 17 de março de 1952: 153.
1º Grupo de Câmaras Civis do Tribunal de Apelação de São Paulo, 19 de março de 1952: 92.
6ª Câmara Civil do Tribunal de Justiça de São Paulo, 21 de março de 1952: 147.
2ª Câmara Cível do Tribunal de Justiça do Rio de Janeiro, 9 de maio de 1952: 92.

3ª Câmara Civil do Tribunal de Justiça de São Paulo, 15 de maio de 1952: 153.
2ª Câmara Cível do Tribunal de Justiça do Paraná, 5 de junho de 1952: 104.
4ª Câmara Civil do Tribunal de Justiça de São Paulo, 31 de julho de 1952: 104.
1ª Câmara Cível do Tribunal de Justiça do Rio de Janeiro, 25 de agosto de 1952: 104.
1ª Câmara do Tribunal de Alçada de São Paulo, 5 de novembro de 1952: 92.
Supremo Tribunal Federal, 28 de abril de 1953: 127.
3ª Câmara Civil do Tribunal de Justiça de São Paulo, 21 de maio de 1953: 95.
1ª Câmara Civil do Tribunal de Justiça de São Paulo, 9 de junho de 1953: 69.
Supremo Tribunal Federal, 23 de julho de 1954: 76.
2ª Câmara Cível do Tribunal de Justiça do Rio Grande do Sul, 9 de novembro de 1955: 191.
Supremo Tribunal Federal, 30 de novembro de 1956: 52.
5ª Câmara Civil do Tribunal de Justiça de São Paulo, 20 de agosto de 1957: 176.
Supremo Tribunal Federal, 7 de janeiro de 1958: 226.
5ª Câmara Civil do Tribunal de Justiça de São Paulo, 19 de dezembro de 1958: 191.
Tribunal Regional do Trabalho, 25 de setembro de 1959: 10.

Juízo de Direito da 18ª Vara Cível do Estado da Guanabara, janeiro de 1961: 141.
Tribunal de Justiça do Distrito Federal, 26 de março de 1961: 101.
Juiz de Direito da 18ª Vara Cível do Distrito Federal, 8 de maio de 1961: 113.
2ª Câmara Cível do Tribunal de Alçada do Estado da Guanabara, 30 de novembro de 1967: 129.
Supremo Tribunal Federal, 9 de fevereiro de 1972: 33.

JURISPRUDÊNCIA ESTRANGEIRA

França:
Corte de Cassação, 3 de agosto de 1812: 24.
Aix, 2 de janeiro de 1826: 26.
Corte de Cassação, 16 de julho de 1828: 24.
Nancy, 31 de julho de 1834: 26.
Caen, 20 de fevereiro de 1838: 26.
Nimes, 20 de fevereiro de 1838: 27.
Aix, 14 de junho de 1838: 26.
Dijon, 4 de agosto de 1838: 27.
Corte de Cassação, 18 de novembro de 1846: 24.
Corte de Cassação, 26 de junho de 1927: 26.
Tribunal Comercial de Marselha, 5 de fevereiro de 1932: 25.

Holanda:
Corte dos Países Baixos, 21 de novembro de 1856: 27.

IV

ÍNDICE ALFABÉTICO DAS MATÉRIAS
(Os números referem-se às páginas.)

Ação: no sentido do direito processual, 33.
Ação de abstenção de registro de loteamento, 68.
Ação de acidentes do trabalho, 251.
Ação de alimentos, 251.
Ação declaratória: direito intertemporal, 37.
Ação de despejo: história e natureza da ação de despejo, 89; legitimação ativa, 95; legitimação passiva, 95; pendência da ação de despejo, 96; citação do fiador, 96; relação jurídica de locação, 96; rito processual da ação de despejo: princípio e exceção ao princípio da ordinariedade, 97; pluralidade de réus, 97; preclusão e não confissão, 97; prazo para a contestação e outras regras jurídicas, 98; exceção de benfeitorias necessárias ou úteis, 98; reconvenção, 99; litispendência e coisa julgada, 100; abandono da posse do prédio antes de proferir a sentença, 100; imissão de posse, 100; prazo para desocupar, 101; habitantes do prédio, 102; retirada ou depósito, 103; prazo irrenunciável e indispensável, 103; óbice do despejo, 103; direito de retenção do locatário e alienação do bem, 104; credores do dono ou titular do crédito sobre a coisa retenda, 105; credores privilegiados e titulares dos direitos reais, 107; conteúdo de regra jurídica sobre suspensão do despejo, 109; enfermidade grave, 110.
Ação de liquidação: e dissolução de sociedades, 110.
Ação de liquidação de sociedades, 168.
Ação de loteamento e venda de imóveis a prestações: 69; loteamento e estrutura econômica, 69; impugnação do pedido de registro, 68; dúvida sem ter havido impugnação, 69; rejeição "in limine", 68; sentença, 68; dúvidas e provas, 70; recursos, 70; dúvida do oficial do registro, 70; pressuposto de se tratar de direito real, 71; pré-contraente vendedor e pré-contraente comprador, relação jurídica entre eles, 72; pré-contraente comprador e sua pretensão de direito material, 79; pré-contrato em forma particular, 79; natureza da sentença, 72; sentença com força executiva, 83; cláusulas do pré-contrato, 83; execução e não ficção, 83; propriedade gravada, 84; notificação, 84; impugnação, 84; instrução e procedimento, 85; mora e ação do outorgado pré-contraente, 85; recurso, 86; pretensão a liberar-se, 86; alegações em caso de depósito, 88; a risco do promitente, 89; cobrança de ofício, 89; multas e dever do juiz, 88.
Ação de mandado de segurança, 250.
Ação discriminatória: direito intertemporal, 251.
Ação discriminatória de terras públicas, 251.
Ação para assistência judiciária, 251.
Ação para cumprimento da obrigação garantida por alienação fiduciária, 251.
Ação popular, 57.
Ação por abuso do poder econômico, 251.
Ação regressiva da União contra seus agentes, 251.

Ação renovatória de contrato de locação de imóveis destinados a fins comerciais: histórico da ação de renovação de contrato de locação de imóveis, 110; pretensão à renovação, inconfundível com a pretensão à prorrogação do contrato de locação, 111; pressupostos da pretensão de direito material, 111; espécies em que o réu não contesta ou contesta, 114; diferença assaz relevante entre regras jurídicas, 114; natureza da sentença, 115; conteúdo da contestação, 116; questão de derrogação de lei, 117; eficácia da sentença, 117; coisa julgada, 118; elemento mandamental da sentença, 119; renovação não é prorrogação, 119; início do prazo, 119; embargos de declaração, 120; erro de terminologia, 120; cláusula de vigência no caso de alienação, 120; erro de terminologia, 121; ciência dada pelo oficial de registro, 121; direito de retomada, 121; alcance da regra jurídica, 122; ônus da prova, 123; destinação do prédio que se pede, 124; direito material e indenização, 124; prazo para desocupação, 125; espécies, 126; impostos, taxas e contribuições, 129; ações exercíveis, 130; legitimação do locatário e da sociedade comercial de que faz parte, 130; sócio que não sucedeu à firma, 130; sócio sobrevivente ou herdeiro do sócio premorto, 131; sublocatário, 131; litisconsórcio entre o sublocador e proprietário, 132; pretensão de direito material que têm os sublocatários, 133; direito à renovação, 134; espécie do locador estranho ao efeito, 134; pretensão contra o proprietário, 135.

Ações de desapropriação: e o art. 1.217, 251.

Ações de desapropriação por utilidade ou necessidade pública, 251.

Ações de filiação legítima e ilegítima, 147

Ações discriminatórias: e o art. 1.217, 61.

Ações regidas pelo Código de Processo Civil de 1939, 61.

Adoção: e dissolução, averbação das escrituras, 252.

Agravo de petição: extinção, direito intertemporal, 35.

Apelação: direito intertemporal, 12.

Apreensão de embarcações: processo, 82; embarcações que se digam brasileiras sem o serem, 228; registro, 230; apreensão, 230; apreensão, posse mediata do juiz e posse imediata de depositário judicial, 231; arrolamento e inventário, 232; contrabando e apreensão, 232; competência da autoridade fiscal, 232; apreensão de navio e pertenças, 232; natureza da sentença, 233; venda judicial, natureza da ação, 233; dedução de despesas, 233; percentagem do depositário, 233.

Arribadas forçadas: processo, 64; conceito de arribada forçada, 244; descarga, 244; reembarque, 244; porto alfandegado e porto não alfandegado, 245; abandono do navio, 245; transporte da carga ao seu destino, 245; quase alijamento, 246; direito e pretensão à disposição, 246; caução, 246; natureza da comunicação do art. 774, § 2º, 247; vendas de mercadorias avariadas, 247; competência judicial, 247; Ministério Público, 247; decisões dos arts. 722-775 do Código de 1939 e sua natureza, 247.

Ato jurídico perfeito: e direito intertemporal, 28.

Atos-fatos jurídicos: e direito intertemporal, 29.

Atos preparatórios: direito intertemporal, 23.

Ausência: sentença declarativa, registro, 251.

Autos: incineração, Lei n. 6.246, de 7 de outubro de 1975, 57.

Avaria a cargo do segurador: processo, 64; natureza da ação do art. 762, 233; início da ação, 234; avarias grossas e avarias simples, 234; peritos, 235; causa do dano, 235; individuação, 235; valor dos bens avariados, 235; presença e ausência dos interessados, 235; natureza da sentença, 235; recurso, 235; venda em leilão, 235; venda do navio, 236; cálculo da avaria, 236.

Avarias: processo, 64; conceito de avaria, 236; pretensão à asseguração do pagamento da avaria, 237; caução e recusa de caucionar, 238; pretensão à tutela jurídica, por parte do capitão, 238; natureza das ações do art. 768, 1ª e 2ª alíneas, 238; alcance técnico do art. 766 do Código de 1939, 238; prazo e penalidade, 300; legitimação ativa para a regulação da avaria, 239; em que consiste a regulação da avaria, 239; impugnação e não impugnação, 239; ajustador e salário, 240; natureza da sentença, 240; cumprimento do mandado e recurso, 240.

Avarias grossas: e avarias simples, 235.

Averbações ou retificações do registro civil: processo, 64; conceito de registro civil, 143; restauração, suprimento e retificação, 144; outros registros públicos, 146; atribuições de inserção e de mudança, 148; direito judiciário material, 148; procedência do pedido, 148; falta de impugnação, 149; competência, 149; natureza da sentença, 149; eficácia de coisa julgada formal, 151; recurso, 152; averbação, 152; explicitação contida no art. 109, § 5º, 153; ações de filiação legítima e ilegítima, 154, correções de inexatidões materiais, erro de escrita, ou de cálculo, 155; direito processual civil e direito material, 155.

Bem de família: processo, 64; conceito e pressupostos, 159; circunstâncias posteriores, 159; ato de instituição, 159; dívidas anteriores, 160; ato jurídico a causa de morte e pré-contrato ou promessa unilateral de contratar, 160; procedimento edital, 160; publicação antes do registro, 161; competência do oficial do registro, 161; resumo da escritura, 161; reclamação de interessados, 161;

eficácia real, 161; transcrição, e não inscrição, 161; transcrição e inscrição, 162; reclamação e suspensão do registro, 162; registro a despeito da reclamação, 164; natureza da decisão do juiz, 164; transcrição contendo o despacho, 164; cancelamento da transcrição, 164; instituição embutida em regra jurídica de transmissão, 164.

Cartas cautelares: e Justiça Federal, 48.

Cartas precatórias: e Justiça Federal, 48. natureza, 51.

Casamentos: direito intertemporal, 150; registro, 251; sentenças que decidem nulidade ou anulação de casamento, 251.

Caução: e recusa de caucionar, avarias, 239.

Citação: direito intertemporal, 48; e o art. 1.216, 59.

Cobrança de dívida ativa da União: 45.

Coisa julgada: e direito intertemporal, 26.

Competência: direito intertemporal, 13.

Conciliação: direito intertemporal, 7.

Contrabando: e apreensão, 232.

Convenção: e ônus da prova, 7.

Costumes: e direito intertemporal, 7.

Debate oral: e direito intertemporal, 7.

Decisão que decreta prisão: recurso, 62.

Declaração: e decretação, distinção, 168.

Depósito em dinheiro: conta especial movimentada por ordem do juiz, 248.

Desentranhamento de documentos, 54.

Despachos: que têm de ser publicados, 58.

Despesas de publicação: 58.

Despejo: e procedimentos, 64.

Dever de publicação: 55.

Devolução à Fazenda Pública: 169.

Dinheiro: depósito, 248.

Dinheiro a risco: processo, 64; direito comercial e dinheiro a risco, 221; dinheiro a risco e venda de mercadoria, 221; direito cogente, 221; prova das soldadas pagas, 221; prova da falta de fundos, 222; prova do pressuposto do art. 754, III, 222; remissão, 222; competência judicial, 223, eficácia da decisão, 223; natureza da sentença, 223.

Direito adquirido: e processo, 5; dados históricos, 17.
Direito de remição: direito intertemporal, 38.
Direito intertemporal: 3; contestação e reconvenção, 6; ônus da prova e convenção, 7; audiência, 6; recursos, 8; execução, 8; medidas cautelares, 9; juízo arbitral, 9; jurisdição voluntária, 9; revelia, 9; processo pendente, 9; ação rescisória, 12; teorias, 13; e o Código de 1973, 14; dados históricos, 16; conceitos científicos, 20; problemáticas, 30 s.; recursos especiais, 31 s.; testamento, 22; prescrição, 17; casamento e outros atos matrimoniais, divórcio, 28; coisa julgada, 28; leis processuais, 30; direito ao recurso, 35; e direito público, 32; provas e prazos, 35; competência, 36; inspeção judicial, 37; ação declaratória, 37; execução, 37; processo sumaríssimo, 38; direito de remição, 38; partilha, 40; direito de preferência do credor nas penhoras, 40.
Disposições finais e transitórias: direito intertemporal, 3; processos pendentes, 3; art. 1.211, 3; incidência e lugar em que incide, 3; início de incidência do Código de Processo Civil, 4; processos pendentes, 10; direito formal e incidência, 10; dados históricos, 16; conceitos científicos, 20; direito intertemporal das leis processuais, 30; art. 1.212 e parágrafo único, 44; cobrança da dívida ativa da União, 45; atos dos órgãos da União nas Justiças dos Estados-membros, do Distrito Federal e dos Territórios, 47; petições e outros atos processuais, 47; art. 1.213, 48; cartas precatórias: citatórias, probatórias, executórias ou cautelares, 49; natureza das cartas, 51; art. 1.214, 51; Direito federal e Direito local, 51; adaptação e limitações, 51; art. 1.215, e §§ 1° e 2°, 54; eliminação dos autos, 55; desentranhamento de documentos, 57; valor histórico, 57; art. 1.216, 57; despesas de publicações, 59; dever de publicação. 60; art. 1.217, 60; adaptação das regras jurídicas sobre recursos regulados em leis especiais e no Código de 1939, 60; Lei n. 6.014, de 27 de dezembro de 1973, 61; art. 1.218, 63; ações regidas pelo Código de Processo Civil de 1939, 64; retirada de ações que constavam do direito processual civil anterior, 65; A – Ação de loteamento e venda de imóveis a prestações, 65; B – Ação de despejo, 89; C – Ação renovatória de contrato de locação de imóveis destinados a fins comerciais, 110-135; D – Processo do Registro Torrens, 135-143; E – Averbações ou retificações do registro civil, 143-159; F – Bem de família, 157-165; G – Dissolução e liquidação das sociedades, 165-195; H – Habilitação para casamento, 195-221; I – Dinheiro a risco, 221-223; J – Vistoria de fazendas avariadas, 223-229; K – Apreensão de embarcações, 229-233; L – Avaria a cargo do segurador, 233-236; M – Avarias, 236-241; N – Salvados marítimos, 244-249; O – Arribadas forçadas, 244-249; art. 1.219; 249; depósito de dinheiro, 249; leis especiais, 249; art. 1.220, 249; entrada em vigor, 249; "lex posterior derogat priori", 249; procedimentos mantidos, 250; posfácio, 250.
Dissolução e liquidação das sociedades: processo, 64; sociedades de direito privado e de direito público, 165; dissolução "ipso iure", 166; elemento declarativo comum às sentenças, 167; liquidação judicial, 168; legitimação ativa, 168; subsistência da sociedade, 168; devolução à Fazenda Pública, 169; quando é que se pode prescindir da ação de liquidação, 169; instrução da petição, 170; dissolução de pleno direito, 170; dissolução dependente de sentença, 171; poderes do juiz, 174; rito especial, 175; ação de liquidação, 175; liquidante, 175;

nomeação do liquidante e determinação legal, 177; votação, 177; imperatividade da regra jurídica do art. 657, § 1°, 2ª alínea, 177; escolha feita pelo juiz, 177; limitação à incidência do art. 657, § 1°, 178; pluralidade de liquidantes, 178; nomeação de liquidante e termo a ser assinado, 178; método de escolha, cogência do art. 658, 179; sequestro dos bens e nomeação de depositário, 179; deveres do liquidante, 179; inventário e balanço, 180; dever de cobrar e dever de solver, 180; balancete mensal da liquidação, 181; proposta da forma de diviso ou da partilha, 181; prestação de contas, 181; destituição dos liquidantes, 181; forma de destituição, 182; audiência dos interessados, 182; ação ordinária, 183; plano de partilha, 183; audiência dos interessados sobre o plano, 184; natureza da partilha entre sócios, 185; solução de todas as questões, 185; liquidante-sócio e comissão, 185; comissão do liquidante, 185; retirada do sócio sem dissolução da sociedade, 185; ausência do comerciante ou sócio, 186; liquidação de firma individual, 186; no juízo da arrecadação. 186; "actio popularis", 187; natureza da ação, 187; terminologia equívoca, 188; sociedade sem personalidade jurídica, 188; processo da divisão e partilha, 188; sobrepartilha, 188; sociedades civis e sociedades comerciais, 189; recolhimento de importâncias em dinheiro, 189; qualificação segundo estatuto estrangeiro, 189; liquidação das sociedades, processo, 189; dissolução da sociedade sem personalidade jurídica, 192; natureza da sentença de dissolução da sociedade não personificada, 193; competência, 193; procedimento ordinário, 193; sociedades anônimas, 194.

Distrito Federal: dívidas da União, 44.
Dívida ativa da União: 45.
Divórcio: e direito intertemporal, 28; averbação da sentença que o decreta, 176.

Documento de valor histórico: 57.
Emancipação: registro, 251.
Errores in procedendo: 255.
Execução: e direito intertemporal, 11.
Execução de títulos extrajudiciais: 38.
Falecimentos: registro, 202.
Falência: ações relativas a ela, 251.
Fatos jurídicos "stricto sensu": e direito intertemporal, 29.
Fazendas avariadas: e vistoria, 223; derrogação do art. 618 do Código Comercial, 227; protesto, 227.
"Finais", expressão imprópria nos arts. 1.212-1.214, 3.
Gratuidade das publicações no órgão oficial, 57.
Habilitação para casamento: processo, 64; habilitação, ato preparatório do casamento. 195; natureza da ação, 195; casamento religioso, 196; habilitação para o casamento civil, 196; certidão de idade ou prova equivalente, 197; declaração do estado, do domicílio e da residência atual dos contraentes e de seus pais, se forem conhecidos, 196; assentimento das pessoas sob cuja dependência estiverem, ou ato judicial que o supra, 201; declaração de duas testemunhas, 202; prova da inexistência de casamento anterior, 202; residência alhures, 203; prova de sanidade, 204; formalidade dos proclamas, 204; certidão de não oposição de impedimento, 206; residências dos nubentes em circunscrições diferentes, 207; registro dos editais, 208; dispensa da publicação, 208; elementos exigidos, 209; atestado de residência, 209; justificações requeridas, 210; Ministério Público, 210; dispensa de proclamas, 210; iminente risco de vida, 214; audiência dos interessados, 218; justificação no juízo mais próximo, 218; habilitação posterior ou protraída, 220; habilitação dos nubentes, 220; casamento "in extremis", 221.

Incidência: e aplicação das regras do Código de Processo Civil, 3; e direito formal, 11.
Incidência do Código de 1973: entrada em vigor, 249; procedimentos mantidos, 250.
Incineração de autos: e Lei n° 6.246, de 7 de outubro de 1975, 55.
Inspeção judicial: direito intertemporal, 37.
Interdição: registro, 155.
Intimação por edital: e despesas, 59.
Ius retentionis, 105, 107.
Juízo arbitral: e compromisso, lei que o rege, 5.
Legitimação adotiva: registro, 251.
Legitimação dos filhos havidos ou concebidos antes do casamento: averbação, 252.
Loteamento e venda de imóveis a prestações: procedimento, 64; dúvida, 67; rejeição, 69; recursos, 70; pré-contraente vendedor, 73; pré-contraente comprador, 73; sentença com força executiva, 83; cláusulas, 83; propriedade gravada, 84; mora, 85; recurso, 86; pretensão a liberar-se, 86; risco do promitente, 87; cobrança de ofício, 87; multas e dever do juiz, 88; pedido de registro e impugnação, 68.
Litisconsórcio: entre sublocatário e proprietário, 95.
Mandado de segurança: e recurso, 60.
Medidas cautelares: direito intertemporal, 9.
Media tempora non nocent, 22.
Ministério Público: e dívidas ativas da União, 44; arribadas forçadas, 244.
Nacionalidade: opção, registro, 251.
Nascimentos: registro, 251.
Navio: apreensão e pertenças, 232.
Nome: averbação, 153.
Nulidade de casamento: e anulação, averbação, 152.
Óbitos: registro, 150.
Opção de nacionalidade: registro, 251.

Oposição de terceiro: direito intertemporal, 12.
Órgão oficial: publicações, 55.
Posfácio, 255.
Prazo para recurso: e direito intertemporal, 32.
Prazos: direito intertemporal, 32.
Prescrição: e direito intertemporal, 29.
Princípio da irretroatividade da lei, 4, 30.
Princípio da legalidade, 29.
Princípio da origem democrática da lei, 29.
Procedimento edital provocatório, 157.
Procedimento sumaríssimo: direito intertemporal, 39.
Procedimentos mantidos pelo Código de 1973, 250.
Procedimentos regulados antes de 1974 e conservados, 64
Processo do Registro Torrens, 64; Registro Torrens, 135; eficácia, 135; legitimação ativa, 136; imóvel rural, 136; condomínio e pedido de registro, 136; direito real, 136; documentos que hão de instruir o pedido, 137; atos jurídicos relativos ao imóvel, 138, encargos do imóvel, 138; foro, 138; particularidade das regras jurídicas, 138; dúvida e impugnação, 140; procedimento edital, 140; prazo, 140; custas, 140; notificações, 141; inserção na figura do réu, 141; recebimento e julgamento da contestação, 141; rito processual ordinário, 142; falta de contestação e matrícula, 142; procedimento edital e falta de contestação, 142; incapacidade e ônus da prova, 142; cognição inicial, 142; procedimento ordinário, 143; recurso e matriculação, 143.
Processos pendentes, 3.
Prova: e direito intertemporal, 35.
Provocatio ad agendum, 158.
Publicação: dos despachos, intimações, atas das sessões dos tribunais e notas de expediente dos cartórios, 57.
Reconhecimento de filhos ilegítimos: averbação, 252.

Recurso: direito intertemporal, 8, 30.
Recursos: adaptação das regras jurídicas ao Código de 1973, 60.
Recursos regulados em leis especiais, 60.
Registro: procedimento, 251.
Registro civil: averbações ou retificações, 64, 143; procedimento, 143; recurso, 143.
Registro civil das pessoas naturais: e das pessoas jurídicas, 251.
Registro Torrens: procedimento, 64, 135, 136, 138, 140.
Regras jurídicas finais do Código de 1973, 3.
Renovação: e prorrogação, distinção, 119.
Renovação de contrato da locação de imóveis destinados a fins comerciais, 64, 110, 111.
Resoluções sobre organização judiciária: adaptação à lei federal, 51.
Restabelecimento da sociedade conjugal: averbação, 152.
Salvados marítimos: processo, 65; salvados marítimos e venda, 241; autorização judicial, 241; assistência do empregado fiscal, 241; competência judicial, 241; navio naufragado, pertencente à nação estrangeira, 242; produto líquido do leilão, 242; depósito, 243; alegações dos interessados, 243; protesto por preferência, 243; salvados remanescentes, 244.

Sentença estrangeira: e homologação, 53.
Sentenças que julgarem ilegítimos filhos concebidos na constância do casamento, averbação, 251.
Separação de corpos: direito intertemporal, 28; averbação, 251.
Sociedade de fato, 191.
Sociedades anônimas: dissolução, 171.
Sociedades de direito privado: e sociedades de direito público, 165.
Suplemento de idade: registro, 251.
Supremo Tribunal Federal: recursos e direito intertemporal, 8.
Teorias do direito intertemporal, 13.
Termo de audiência: direito intertemporal, 8.
Testamento: direito intertemporal, 22.
Vistoria "ad perpetuam rei memoriam": e avaria a cargo do segurador, 224.
Vistoria de fazendas avariadas: processo, 64; fazendas avariadas e vistoria, 223; vistoria e exame administrativo, 224; presunção da entrega em bom estado, 224; derrogação do art. 618 do Código Comercial, 227; quinze dias de prazo, 227; protesto, 228; protesto preparatório, 228; direito material e direito formal, 228.

RIO DE JANEIRO: Travessa do Ouvidor, 11 – Centro – Rio de Janeiro – RJ – CEP 20040-040 –
Tel.: (0XX21) 3543-0770 – Fax: (0XX21) 3543-0896 –
e-mails: bilacpinto@grupogen.com.br/andrea.sales@grupogen.com.br

Endereço na Internet: http://www.forense.com.br

A marca FSC é a garantia de que a madeira utilizada na fabricação do papel com o qual este livro foi impresso provém de florestas gerenciadas, observando-se rigorosos critérios sociais e ambientais e de sustentabilidade.

CTP & IMPRESSÃO:

Rua Conde de Leopoldina, 644
São Cristovão - Rio de Janeiro
Tel (21) 3878-8700 Fax (21) 3878-8712
e-mail: minister@graficaminister.com.br
www.graficaminister.com.br

1 2 3 4 5 6 7 8 9 10